Die Wahrheit ist Person

Julia Knop · Magnus Lerch · Bernd J. Claret (Hg.)

Die Wahrheit ist Person

Brennpunkte einer christologisch gewendeten Dogmatik

Festschrift für Karl-Heinz Menke

Verlag Friedrich Pustet
Regensburg

Bibliografische Information der Deutschen Nationalbibliothek

Die Deutsche Nationalbibliothek verzeichnet diese Publikation
in der Deutschen Nationalbibliografie;
detaillierte bibliografische Daten sind im Internet über
dnb.d-nb.de abrufbar.

ISBN 978-3-7917-2664-9
© 2015 by Verlag Friedrich Pustet, Regensburg
Umschlaggestaltung: Martin Veicht, Regensburg
Umschlagbild: Christusmosaik, Santa Prassede / Rom, © Barbara Wildfeuer
Druck und Bindung: Friedrich Pustet, Regensburg
Printed in Germany 2015

Weitere Publikationen aus unserem Verlagsprogramm finden Sie unter
www.verlag-pustet.de.

Inhaltsverzeichnis

Geleitwort
Friedrich Cardinal Wetter 9

Vorwort der Herausgeber
Julia Knop – Magnus Lerch – Bernd J. Claret 11

PERSONALE OFFENBARUNG

Theismus nach Kopernikus
Über die Frage, wie Gott in seiner Einmaligkeit
zugleich Prinzip des Alls sein kann
Saskia Wendel 17

Karl-Heinz Menkes Trinitätstheologie
als „Begriff" der Selbst-Offenbarung Gottes
Michael Schulz 47

Die Offenbarung Gottes in Jesus Christus
als dogmatisches Kriterium für die Terminologie der Trinitätslehre
Christologische Auswege aus trinitätstheologischen Sackgassen
Georg Essen 73

Kenosischristologie
Strukturen und Probleme
Thomas Marschler 101

Jesus als Gott der Sohn?
Eine Auseinandersetzung mit der Christologie
von Karl-Heinz Menke
Klaus von Stosch 129

Die menschliche Freiheit Jesu als Selbstmitteilung Gottes
Überlegungen im Anschluss an Thomas Pröpper und Karl Rahner
Magnus Lerch 151

Stellvertretung und Solidarität, Versöhnung und Befreiung
Zur Diskussion soteriologischer Paradigmen
Julia Knop 181

„... gestorben für unsere Sünden"
Stellvertretung ohne Sühnetod?
Hansjürgen Verweyen 209

Unversöhnt in alle Ewigkeit?
Hartmut Langes Novelle *Das Konzert*
und die Hoffnung auf Versöhnung
Jan-Heiner Tück 225

SAKRAMENTALE GEGENWART

Repräsentation, Realismus und Antirealismus
Bernd Irlenborn 251

Gottes sakramental wirksame Wirklichkeit
Beobachtungen zum Theoriestatus des Gott-Welt-Mensch-
Verhältnisses im Theologiekonzept von Karl-Heinz Menke
Thomas Peter Fößel 277

Wirken Gottes in der Welt
Anstöße aus Theologie und Metaphorik
Sabine Pemsel-Maier 305

„Mitvollzug der Inkarnation"
Zu Karl-Heinz Menkes Option im gegenwärtigen Theodizee-
Diskurs und einer der christlichen Theologie inhärenten Gefahr
Bernd J. Claret 327

„Alleinwirksamkeit Gottes" oder „direkte Proportionalität"?
Zur „Sakramentalität" als möglicher lutherisch-katholischer
Grunddifferenz
Markus Lersch 355

Glaube, der sich bildet
Zur freiheitstheoretischen Begründung religiöser Bildung
Paul Platzbecker 377

Zeugnis für die Wahrheit
Franz Jägerstätter und die Frage des Gewissens
auf dem II. Vatikanischen Konzil
Manfred Scheuer 401

„Was ich bin, das gebe ich dir"
Anmerkungen zum christlichen Unterschied in der Liebe
Georg von Lengerke 419

Autorenverzeichnis 440

Geleitwort

Mit der vorliegenden Festschrift ehren Schüler, Freunde und Kollegen Karl-Heinz Menke zum 65. Geburtstag und zu dem damit verbundenen bevorstehenden Abschied aus der akademischen Lehrtätigkeit. Sie ehren ihn, indem sie Erkenntnisse aus seinen Arbeiten aufgreifen und entfalten und damit die Fruchtbarkeit seines theologischen Denkens zur Darstellung bringen.

Diese Vielfalt darf nicht darüber hinwegtäuschen, dass sein Denken stets um eine zentrale Frage kreist, in der das Ganze der Offenbarung zur Sprache kommt. Das ist das Verhältnis des Menschen zu Gott, das uns Gott selbst in seinem Sohn Jesus Christus eröffnet hat, der Mensch geworden ist und als der Gekreuzigte und Auferstandene im Geheimnis der Kirche bei uns bleibt. In ihm ist uns Gemeinschaft mit dem lebendigen Gott geschenkt.

Bei Karl-Heinz Menke wird deutlich, dass es in der Theologie nicht um ein Lehrgebäude geht, sondern um Jesus Christus, der die Wahrheit in Person ist und nur im Glauben erfasst werden kann. Dieser Wahrheit ist seine Theologie verpflichtet, was ihr existenziellen Ernst verleiht. Bei ihm wird auch deutlich, dass hohe Theologie mit geistlichem Tiefgang verbunden ist, ist doch die spirituelle Tiefe der Erweis ihrer Qualität.

Er stellt bisweilen hohe Ansprüche an den mitdenkenden Leser, doch seine Theologie ist nicht abgehoben, sondern geerdet. Das zeigt er in seinen Predigten und Ansprachen, in denen er das konkrete menschliche Leben mit dem Licht des Glaubens erhellt.

Mit seiner Theologie hat uns der Jubilar reich beschenkt. Diese Festschrift ist ein Zeichen der Anerkennung und des Dankes. Mit der Berufung in die Internationale Theologenkommission hat sein fruchtbares Wirken eine hohe Würdigung erfahren. Möge er auch nach Beendigung seiner Lehrtätigkeit noch lange sein theologisches Arbeiten fortsetzen und uns auch weiterhin mit den Früchten seiner Arbeit beschenken.

München, 1. Januar 2015 *Friedrich Cardinal Wetter*

Vorwort der Herausgeber

Die Wahrheit ist Person. Gottes Wahrheit – und welche sonst vermöchte dem Menschen zu genügen, welche sonst vermöchte ihn zu retten? – wurde Mensch. Sinn und Heil oder, in der Diktion des Evangelisten Johannes ausgedrückt, „der Weg, die Wahrheit und das Leben" (Joh 14,6) aller Menschen aller Zeiten ist ein Mensch, der vor 2000 Jahren lebte, qualvoll starb und der, so wird überliefert, am dritten Tag von den Toten auferstand: Jesus von Nazaret. Dieses Bekenntnis unterscheidet die christliche Antwort auf menschliche Sinnsuche von einem spekulativen Wahrheitsbegriff. Es unterscheidet christlichen Erlösungsglauben von Versuchen, Heil innerweltlich mit einem politischen System oder integralistisch mit einem kirchlichen Programm zu identifizieren oder aber in spirituellen Techniken esoterischer Zirkel zu erwarten. Gottes Herrlichkeit ist der lebendige Mensch: *gloria Dei vivens homo*, hatte Irenäus von Lyon im 2. Jahrhundert formuliert. Man darf ergänzen: Des Menschen Sinn und Heil ist der lebendige Gott, der in Jesus Christus ein für allemal offenbar geworden ist.

Wer Karl-Heinz Menke als Priester und Wissenschaftler in Predigten, Vorträgen oder Lehrveranstaltungen erlebt, seine Bücher und Aufsätze studiert und mit ihm in wissenschaftlichem Austausch steht, kommt nicht umhin, sich mit dem so markierten Zentrum des christlichen Glaubens und der theologischen Reflexion auseinanderzusetzen. Aus solchen Diskursen sind eine Reihe wegweisender Publikationen und engagierter theologischer Debatten erwachsen. In 25 Jahren Lehrtätigkeit hat Karl-Heinz Menke zudem eine beeindruckende Zahl von Schülerinnen und Schülern auf allen akademischen Qualifikationsstufen begleitet, die ein vielgestaltiges Panorama an Themen, Perspektiven und Problemen traktiert haben. Ihre Arbeiten illustrieren, wie anregend es ist, von Karl-Heinz Menke zu lernen und in der Entwicklung eines eigenen wissenschaftlichen Profils begleitet zu werden. Sicher hätten viele von ihnen gern ihren Beitrag zu dieser Festschrift geleistet. Das hätte jedoch schon quantitativ, erst recht aber aufgrund ihrer Vielfalt jeden Rahmen gesprengt. Die Auswahl der Beiträge, die wir – die ehemaligen Assistenten von Karl-Heinz Menke – schlussendlich angefragt haben und die Eingang in diese Festschrift fanden, resultiert stattdessen aus einer thematischen Entscheidung: den von ihm vorgenommenen theologischen Weichen- und Problemstellungen zu folgen und sein wissenschaftliches Opus im konstruktiven Diskurs zu würdigen. Neben einigen Schülern von Karl-Heinz Menke treten dazu Kollegen, Weggefährten und Diskurspartner in die Debatte um die zentralen Thesen seiner Theologie ein.

In Anlehnung an seine beiden Hauptwerke *Jesus ist Gott der Sohn. Denkformen und Brennpunkte der Christologie* (2008, ²2011, ³2012) und *Sakramentalität. Wesen und Wunde des Katholizismus* (2012, ²2013) haben wir zwei große thematische Schwerpunkte ausgewählt, deren gemeinsamer Fluchtpunkt das christozentrische Profil von Karl-Heinz Menkes Dogmatik ist: Die Wahrheit ist Person. Unter den Überschriften *Personale Offenbarung* und *Sakramentale Gegenwart* soll zur Geltung gebracht werden, was Karl-Heinz Menkes Werk zuinnerst bestimmt und in seinen beiden Hauptwerken prononciert hervortritt, nämlich der enge Zusammenhang von Inkarnationschristologie und Soteriologie, Gnadenlehre und Ekklesiologie. Denn der offenbaren Wahrheit entspricht auch die Form ihrer bleibenden Gegenwart: Wie Gott sich in seiner absoluten, vergebenden und erlösenden Liebe als eine konkrete, geschichtliche Person selbst mitgeteilt hat, so ist sein gegenwärtiges Handeln in Welt und Geschichte stets ein sakramental vermitteltes, das jedes Einzelnen bedarf und ihn als einmalige Sendung beruft. Karl-Heinz Menke hat in seiner fundamentaltheologisch orientierten Dogmatik betont, dass dieser soteriologische Universalitäts- und epistemologische Wahrheitsanspruch philosophische Anforderungen an den Dogmatiker mit sich bringt.

Beide Hauptteile der vorliegenden Festschrift werden daher propädeutisch eingeleitet. Den Auftakt des ersten Teils *Personale Offenbarung* macht *Saskia Wendel*, die die Bedingungen der Möglichkeit einer (spät-)modernen Rede von Gott reflektiert. Von unterschiedlichen Ansätzen und aktuellen Brennpunkten her werden sodann die trinitätstheologischen Voraussetzungen der Inkarnation entfaltet *(Michael Schulz, Georg Essen)* und in kritisch-konstruktiver Absicht divergierende Konzeptionen der Christologie und Offenbarungstheologie in der Moderne untersucht *(Thomas Marschler, Klaus von Stosch, Magnus Lerch)*. Drei Beiträge schließlich explizieren den von Karl-Heinz Menke stets aufs Engste mit der christologischen Theoriebildung verbundenen Erlösungsglauben, indem sie aktuelle Krisen, Herausforderungen und Chancen der Soteriologie benennen, die sich sowohl philosophisch-theologisch *(Julia Knop, Hansjürgen Verweyen)* als auch literarisch niederschlagen *(Jan-Heiner Tück)*.

Der zweite Teil *Sakramentale Gegenwart* setzt wieder mit einem propädeutischen Beitrag ein, der die philosophischen Voraussetzungen eines sakramentalen Wirklichkeitsverständnisses bedenkt *(Bernd Irlenborn)*. Es folgen Beiträge zur Frage nach der Verhältnisbestimmung von göttlichem

Handeln und menschlicher Freiheit, die nicht nur Karl-Heinz Menkes gesamtes Werk, sondern insbesondere auch sein Verständnis von „Sakramentalität" prägt *(Thomas P. Fößel, Sabine Pemsel-Maier)*. Dieses spannungsreiche und zentrale Thema einer christologisch gewendeten Dogmatik verbindet Karl-Heinz Menke mit dem klaren Plädoyer, gerade in diesem Kontext das Theodizee-Problem unverkürzt wahrzunehmen und systematisch zu reflektieren *(Bernd J. Claret)*. An das als Bundesverhältnis bestimmte Gott-Mensch-Verhältnis schließen sich Konsequenzen für das ökumenische Gespräch an, die Karl-Heinz Menke dezidiert vertritt und die weitere Diskussionen evozieren *(Markus Lersch)*. Den Abschluss bilden drei Beiträge *(Paul Platzbecker, Manfred Scheuer, Georg von Lengerke)* zu unterschiedlichen Dimensionen des gelebten und praktisch vollzogenen Glaubens. Wie sollte dies anders sein, ist doch für Karl-Heinz Menke die primäre und letztlich angemessene Antwort auf das personale Offenbarungsgeschehen dessen personal-aktive Weitergabe – also eine Christopraxis, die ihre befreiende Erlösung in dem Maße empfängt und erfährt, in dem sie diese glaubend, hoffend und liebend bezeugt.

Allen Autorinnen und Autoren gilt unser herzlicher Dank. Ihre große Bereitschaft, an diesem Band mitzuwirken, und ihre Freude an der Auseinandersetzung mit den Themen, die Karl-Heinz Menke bearbeitet, und mit den Thesen, die er entwickelt hat, mündeten in eine Reihe hochkarätiger Beiträge. Sie werden die allfällige theologische Diskussion um das Zentrum des christlichen Glaubens entscheidend weiterführen. Das ist gewiss die schönste Form der Würdigung und Anerkennung seines theologischen Opus. Henning Tippkötter hat es dankenswerterweise übernommen, die Beiträge in eine druckfähige Form zu bringen. Barbara Wildfeuer verdankt dieser Band sein Cover: eine Fotografie des Christus-Mosaiks aus der Zeno-Kapelle der römischen Basilika Santa Prassede. Sehr herzlich danken wir schließlich dem Lektor des Pustet-Verlags, Dr. Rudolf Zwank, der dieses Projekt von Anfang an wohlwollend und kompetent begleitet und zu einem erfolgreichen Abschluss gebracht hat.

Der eigentliche Dank aber gebührt dem Geehrten selbst, der als Theologe und als Priester so viele und so vieles Gute auf den Weg und zur Reife gebracht hat. Unser aller Dank ist verbunden mit herzlichen Glück- und Segenswünschen anlässlich seines 65. Geburtstages.

Zum 28. Januar 2015   *Julia Knop, Magnus Lerch, Bernd J. Claret*

Personale Offenbarung

Theismus nach Kopernikus

Über die Frage, wie Gott in seiner Einmaligkeit zugleich Prinzip des Alls sein kann

Saskia Wendel

Karl-Heinz Menke hat sich in seiner theologischen Reflexion stets dem Theismus und einer entsprechenden Christologie verpflichtet, in der Jesus von Nazareth als das „ein für allemal" der Selbstmitteilung Gottes und als menschgewordener Logos bezeugt wird; für den Erweis dieser Überzeugung greift er auch auf transzendentalphilosophische und subjekttheoretische Denkformen zurück. Basierend auf jener Denkform möchte ich mich im Folgenden der Frage zuwenden, inwiefern der Theismus im Rahmen einer philosophischen Theologie rational gerechtfertigt werden kann, die zugleich die kopernikanische Wende von der Geozentrik hin zur Anerkenntnis der Unendlichkeit des Universums vollzogen hat. Diese Frage stellt sich dann, wenn man zu konstatieren bereit ist, dass sich die Theologie häufig immer noch insgeheim gegen diese Wende immunisiert oder sie zumindest in ihren Reflexionen verdrängt. Auf dieses Verdrängungspotenzial der Theologie hat etwa Armin Kreiner in seinen Spekulationen über die Möglichkeit der Existenz extraterrestrischer Intelligenz hingewiesen; die Theologie habe, so Kreiner, aus der kopernikanischen Wende von der Geozentrik hin zur Anerkenntnis der Unendlichkeit des Universums und einer Vielzahl von Welten immer noch keine ernsthaften Konsequenzen gezogen, was er am Beispiel der Christologie und deren religionstheologischen Folgen verdeutlicht hat.[1] Wem diese Anklänge an das Genre

---

1 „Wie die Weichen an diesem Punkt gestellt werden, hat Konsequenzen, deren Reichweite gar nicht überschätzt werden kann. Man kann […] die Existenz Außerirdischer leugnen und an der Einmaligkeit und Universalität des Christusereignisses festhalten, was eine in sich stimmige, aber extrem riskante Strategie darstellt. Man kann die Möglichkeit Außerirdischer einräumen, ansonsten aber alles beim Alten lassen, was wenig durchdacht wirkt und eher auf Verdrängung schließen lässt. Man kann die Probleme offen benennen, ohne eine Lösung anzubieten, was einem theologischen Offenbarungseid gleichkommt." (*Armin Kreiner*, Jesus, Ufos, Aliens. Außerirdische

der „Science-Fiction" zu spekulativ erscheinen und wer deshalb vielleicht den Vorwurf der Verdrängung nicht nachvollziehen kann, wird jedoch mit einem vergleichbaren Gedanken in Klaus Müllers Überlegungen zur Plausibilität monistischer Intuitionen christlicher Theologie konfrontiert. Müller verzichtet zwar auf die exotheologischen Spekulationen, die Kreiner angestrengt hatte, kommt aber in Bezug auf eine heimliche Geozentrik des klassischen Theismus und den „dogmatischen Schlummer", in dem die Theologie sich in diesem Punkt immer noch befindet, und damit auch des „Mainstreams" christlicher Theologie, zu einem ähnlichen Ergebnis. Und auch wenn man Müllers monistische bzw. panentheistische Position nicht teilt, wird man seinen Befund des dogmatischen Schlummers der Theologie in Sachen kopernikanischer Wende nicht pauschal abweisen können.²

Nimmt man nun die kopernikanische Wende gerade auch aus der Perspektive einer transzendentalen bzw. bewusstseins- wie freiheitstheoretischen Denkform wirklich ernst, kommt man nicht umhin zu akzeptieren, dass Theologien, die auch in der Tradition dieser Denkform stehen, im Kontext schöpfungstheologischer bzw. kosmologischer Reflexionen häufig allein den Aspekt des Mentalen berücksichtigen. Das Aufkommen des Physischen bleibt offen, jedenfalls dann, wenn man auf die Annahme einer ewigen Materie verzichtet bzw. unter Schöpfung mehr versteht als lediglich eine Ordnung der ungeformten Materie; gleichwohl wird aber der Gedanke einer Schöpfung aus Nichts verteidigt. Darüber hinaus bleibt offen, wie Gott nicht nur Grund der Welt im Sinne der terrestrischen Welt sein kann, sondern Prinzip des gesamten (per definitionem unendlichen) Universums; hier genügt es nicht, Gott in Differenz zur Welt (gemeint ist meist: die Erde) zu setzen, er müsste sich vielmehr vom ganzen Universum unterscheiden. Zugleich aber kann er nicht einfach als eine der Unendlichkeit des Alls äußere Grenze gedacht werden, als „jenseits des Universums", da das Universum ja in seiner unendlichen Ausdehnung grenzenlos ist – zumal man Gott dann auch noch räumlich gedacht hätte. Selbst wenn man Gott in den Bahnen eines Alteritätsdenkens und strikt negativer Theologie als ein „jenseits des Seins" bzw. „anders als Sein" bestimmte

---

Intelligenz als Herausforderung für den christlichen Glauben, Freiburg/Br. 2011, 176–177.

2 Vgl. z. B. *Klaus Müller*, Streit um Gott. Politik, Poetik und Philosophie im Ringen um das wahre Gottesbild, Regensburg 2006; ders., Über den monistischen Tiefenstrom der christlichen Gottesrede, in: Ders. – Magnus Striet (Hg.), Dogma und Denkform. Strittiges in der Grundlegung von Offenbarungsbegriff und Gottesgedanke, Regensburg 2005, 47–84.

oder als Leere, bliebe das Problem bestehen, da er als dieses Andere des Seins bzw. als „Lauterkeit des Seins" (Meister Eckhart) keineswegs per se „nichts" ist, sondern „nichts" lediglich im Vergleich zum „esse" des Seienden. Außerdem dächte man das Universum gar nicht wirklich als All, das alle möglichen Welten umfasst, also weder in seiner Unendlichkeit noch in seiner Ganzheit, konstruierte man ein göttliches „Außerhalb", quasi eine Art „Hinterwelt" jenseits des Universums, und so hätte man denn noch nicht wirklich akzeptiert, dass das All unendlich ist und eine entsprechend unendliche Vielzahl von Welten umfasst – und die Erde im Vergleich dazu nichts mehr als Sternenstaub. Stattdessen müsste Gott als Grund des Universums bestimmt werden, der kein „Außerhalb" ist und somit nicht radikal von der Welt unterschieden, sondern in einer unauflöslichen Relation zu ihr, die mehr bedeuten muss als bloße Zuwendung oder Nähe zu einem Anderen. Zudem muss auf Gott als Prinzip des Universums Mentales wie Physisches gleichermaßen zurückgehen. Wie aber ist dies denkbar, ohne Gott selbst schon Ausdehnung, also einen Körper zuzusprechen, zumal dieser Körper das Universum doch wieder als eine Art „Hinterwelt" begrenzen würde? Muss man, um solchen abstrusen Gedankengängen einer „schlechten Metaphysik" zu entkommen, das Universum selbst schon als Ausdehnung Gottes begreifen? Inwiefern aber ist diese Perspektive wiederum mit dem Theismus vereinbar, also der Annahme der Einzigkeit Gottes, seiner Personalität und der Freiheit seines Handelns sowie der Annahme der Schöpfungsdifferenz zwischen Gott und Welt? Müssen diejenigen, die den Theismus gegenüber unterschiedlichen Anfragen und Kritiken verteidigt haben, spätestens an diesem Punkt kapitulieren und den Theismus beerdigen? Oder gibt es die Möglichkeit eines Theismus auch nach Kopernikus?

1 Gott denken nach Kopernikus – Lösungsversuche philosophischer Theologien

1.1 Minimalbestimmung Gottes: Die Idee des Unbedingten

Am Beginn einer Reflexion über die Möglichkeit eines „Theismus nach Kopernikus" steht die Aufgabe einer Minimalbestimmung des Gottesbegriffs, denn andernfalls ist unklar, über wen oder was man reflektiert, wenn man über Gott reflektiert, und wer oder was in religiöser Hinsicht als existierend geglaubt wird, wenn man die Überzeugung artikuliert, dass Gott existiert.³ Nur in Bezug auf diese Minimalbestimmung wird denn auch deutlich, auf wen oder was ein theistisches Gottesverständnis abzielt. Dabei ist zunächst festzuhalten, dass der Begriff „Gott" weder ein Eigenname ist noch ein einzelnes Seiendes neben anderen Seienden bezeichnet und so auch kein höchstes Seiendes oder Wesen. Hier kommt die ontologische Differenz zwischen Sein und Seiendem zum Tragen: Der Seinsbegriff bezeichnet den Grund und Ursprung alles Seienden, der zugleich auch alles Seiende umfasst und darin zugleich auch noch den Unterschied zwischen Sein im Sinne von Existenz und Nichts, da dieser Unterschied die Differenz zwischen der Existenz eines einzelnen Seienden im Sinne eines „etwas" oder „jemand" (Dinge, Ereignisse, Personen) und „nichts" bedeutet. Würde man Gott im Sinne eines Seienden verstehen, hätte man ihn verdinglicht bzw. verendlicht, und die spezifische Differenz zwischen Gott und einem jeglichen Seienden wäre eingezogen.⁴ Genau aus diesem Grund hat auch Wolfhart Pannenberg Gott als die „alles bestimmende Wirklichkeit" als Grund wie Ziel von allem, was existiert, bezeichnet:

---

3 „Solange der Gottesbegriff alles und nichts bedeuten kann, macht es wenig Sinn danach zu fragen, ob Gott existiert oder nicht, weil überhaupt nicht feststeht, wer oder was da existieren soll. Die Frage nach der Bedeutung des Gottesbegriffs ist nicht zuletzt auch die Frage, welchen Unterschied es macht, ob Gott existiert oder nicht. Würde dies keinen Unterschied mehr machen, hätte sich die Frage ohnehin erledigt." (*Armin Kreiner*, Das wahre Antlitz Gottes. Was wir meinen, wenn wir Gott sagen, Freiburg/Br. 2006, 20).

4 Vgl. hierzu auch Karl Rahner: „[D]en Gott gibt es wirklich nicht, der als ein einzelnes Seiendes neben anderem Seienden sich auswirkt und waltet und so gewissermaßen selber noch einmal in dem größeren Haus der Gesamtwirklichkeit anwesend wäre. Suchte man einen solchen Gott, dann hätte man einen falschen Gott gesucht. Der Atheismus und ein vulgärer Theismus leiden an derselben falschen Gottesvorstellung; nur lehnt der eine diese ab, während der andere meint, sie dennoch denken zu können. Beides ist im Grunde falsch." (*Karl Rahner*, Grundkurs des Glaubens. Einführung in den Begriff des Christentums, Freiburg/Br. 1984, 72).

„Von Gott zu reden bedeutet, vom schöpferischen Ursprung alles Wirklichen zu reden. [...] Weiß man, was man sagt, wenn man von ‚Gott' redet, so kann man die Wirklichkeit von Welt und Mensch nicht mehr denken, ohne Gott als ihren Ursprung zu denken, und umgekehrt kann man dann Gott nur so denken, dass man zugleich die Gesamtheit alles Wirklichen als von ihm hervorgebracht denkt."[5]

Pannenbergs Bestimmung Gottes als „alles bestimmende Wirklichkeit" setzt nun ebenso wie andere traditionelle Bestimmungen Gottes etwa als das selbstursprüngliche Sein (ipsum esse per se subsistens) bzw. Sein als solchem (ens inquantum ens) oder auch – eher an der ontologischen Differenz orientiert – als Sein des Seienden bereits implizit die ontologische Verpflichtung auf die Existenz Gottes voraus und schreibt dem Begriff so einen ontologischen Gehalt ein, der ja eigentlich erst noch in einer Reflexion über die mögliche Existenz Gottes zu erweisen wäre und der zudem in seiner Funktion als Begriffsbestimmung durch die Ineinssetzung von Gott und Wirklichkeit bzw. Sein analog zum ontologischen Argument die Identität von (notwendigem) Sein und Begriff bzw. von Realität und Existenz behauptet und den Gottesbegriff so gesehen immer noch im Sinne eines „ens realissimum" und „ens necessarium" versteht. In einer philosophischen Theologie nach Kant jedoch hat diese Voraussetzung gelinde gesagt ihre Selbstverständlichkeit eingebüßt. Hinzu kommt das Problem, dass es ja auch Modelle gibt, die in der Folge einer Kritik der von Martin Heidegger so bezeichneten Onto-Theologie und in expliziter Aufnahme von Traditionen negativer Theologie Gott gerade nicht als Sein, sondern als „jenseits des Seins (und des Nichts)" bestimmen; diese Bestimmungen wären in einer sich am Seinsbegriff oder demjenigen der Wirklichkeit orientierten Bestimmung a priori ausgeschlossen bzw. erweisen sich im Blick auf diese Alternativen als zu einseitig.[6] Aus diesem Grund wird eine Minimalbestimmung Gottes nicht schon ontologisch gefasst sein können, sondern sie muss strikt formal gefasst sein, ohne dass dadurch ontologische Anschlussbestimmungen ausgeschlossen sind.

Diese formale Bestimmung Gottes wird häufig durch Bezug auf die Begriffe des Unendlichen oder der Transzendenz zu leisten versucht, doch beide Begriffe erweisen sich als zu unspezifisch, um die anvisierte Bestimmung leisten zu können: Der Begriff des Unendlichen könnte auch im

---
5 *Wolfhart Pannenberg*, Theologie und Philosophie. Ihr Verhältnis im Lichte ihrer gemeinsamen Geschichte, Göttingen 1996, 12.16.
6 Vgl. hierzu etwa *Jean-Luc Marion*, Gott ohne Sein, Paderborn u. a. 2014.

Sinne eines „Schlecht-Unendlichen", etwa im Sinne unendlicher Ausdehnung oder Unabgeschlossenheit, aber auch im Sinne einer unendlichen Verschiebung von Bedeutung missverstanden werden; dessen Resultat wäre dann nichts anderes als ein infiniter Regress bzw. Progress, worauf z. B. Hegel in seiner Unterscheidung zwischen dem schlechten und dem wahrhaft Unendlichen aufmerksam gemacht hat. Der Begriff der Transzendenz wiederum könnte auch auf ein bloßes „Mehr" bzw. „Darüber hinaus" verweisen, das auch im Sinne einer anderen Person oder eines anderen geschichtlichen Zustands verstanden werden kann, also als quasi „innerweltliches Mehr bzw. Darüber hinaus". Es könnte auch der Prozess der Selbsttranszendenz einer Person in der Bewegung der Selbstreflexion oder der Ekstase gemeint sein, deren Ziel jedoch nicht notwendigerweise mit Gott identisch sein muss.[7] Aus diesem Grund ist der Bezug auf einen anderen formalen Begriff vorzuziehen, auf den Begriff des Unbedingten, durch den dann auch die Begriffe „Unendlichkeit" und „Transzendenz" näher spezifiziert und so vom „Schlecht-Unendlichen" wie von rein innerweltlicher Transzendenz abgegrenzt werden können. Der Begriff des Unbedingten zielt nämlich auf die Selbstursprünglichkeit desjenigen ab, das er bezeichnet, genauerhin bezeichnet der Begriff den grundlosen Grund bzw. die Möglichkeitsbedingung alles dessen, was durch diesen Grund bedingt ist und so nicht aus sich selbst begründet ist (und in diesem Sinne als bedingt bestimmt werden kann). Jener Begriff des Unbedingten entspricht zum einen der Kennzeichnung Gottes als „das, worüber hinaus Größeres nicht gedacht werden kann" durch Anselm von Canterbury und zum anderen derjenigen Idee, die René Descartes die der Vernunft a priori eingeschriebene Idee des Unendlichen nennt.[8] Unbedingtheit ist kein ausschließlich ontologischer Begriff (im Sinne eines schlechthin unbedingten Seins oder Wesens), sondern ebenso ein epistemologischer und anthropologischer (unbedingtes Ich, unbedingte Freiheit) sowie ethischer Begriff (unbedingtes Sollen). Der Begriff des Unbedingten ist stets mit der Funktion eines Prinzips bzw. Grundes verbunden – sei es ein Seinsgrund, ein Erkenntnisprinzip, ein ethisches Prinzip.

In Bezug auf die Aufgabe der Minimalbestimmung Gottes lässt sich also sagen: Wenn wir über „Gott" sprechen, so sprechen wir zunächst über Unbedingtes auch und gerade in seiner prinzipiellen Funktion – unabhängig davon, ob dieses Unbedingte existiert etwa als schlechthin unbedingtes

---

7 Vgl. zum Problem, Gott durch die Begriffe „Unendlichkeit" und „Transzendenz" zu bestimmen, auch *Saskia Wendel*, Religionsphilosophie, Stuttgart 2010, 49–64.
8 *René Descartes*, Meditationes de prima philosophia III, 28.

Sein oder Wesen. Die Funktion des Grundes („principium") ist hier allerdings klar von derjenigen der Ursache („causa") zu unterscheiden; der Konnex von Ursache und Wirkung, der Kausalnexus, gilt nämlich allein im Bereich des konkreten einzelnen Seienden, nicht aber im Blick auf einen als unbedingt zu nennenden Grund, der gerade in seiner Unbedingtheit noch diesen Kausalnexus sowohl überschreitet als auch gründet. Insofern ist „Gott", verstanden als Unbedingtes, Absolutes, und darin zugleich als Prinzip, gerade keine „causa", weder „causa sui" noch „causa prima" – und so gesehen auch nicht immer schon identisch mit dem Gott, von dem Heidegger zufolge die Onto-Theologie gesprochen hatte.[9]

Unbeschadet dieser Minimalbestimmung ist zu konstatieren, dass sich religiöse Überzeugungen nicht nur auf eine Idee des Unbedingten beziehen, sondern eine ontologische Verpflichtung implizieren, nämlich diejenige, dass Unbedingtes nicht nur intramental als Vernunftidee gegeben ist, sondern auch extramental existiert etwa als schlechthin unbedingtes Sein oder Wesen. Hier käme dann die Bestimmung der „alles bestimmenden Wirklichkeit" oder des „ens inquantum ens" in seiner Unterschiedenheit vom einzelnen, bedingten Seienden durchaus zum Zuge, jedoch erst in Verknüpfung und vor allem in Explikation eben jener ontologischen Verpflichtung, die religiöse Überzeugungen kennzeichnet, die aber nicht schon in der Voraussetzung des Begriffs des Unbedingten selbst schon mit Notwendigkeit mitgesetzt ist – das war ja noch die Behauptung des ontologischen Arguments gewesen, die spätestens seit Kants Kritik der Gottesbeweise ihre Selbstverständlichkeit verloren hat. So kann man konstatieren, dass es das entscheidende Charakteristikum von Religionen ist, sich in ihren Überzeugungen und Praxen auf Unbedingtes zu beziehen, welches sie zugleich als existierend glauben und bezeugen. Dies gilt gleichermaßen für theistische wie nichttheistische Religionen; insofern ist der Begriff des Unbedingten bzw. Absoluten nicht schon a priori identisch mit demjenigen eines Gottes. So gilt: Wer über „Gott" spricht, spricht über Unbedingtes, nicht aber, dass, wer über Unbedingtes spricht, auch über „Gott" spricht.

---

9   Insofern ist Heideggers folgende durchaus häufig rezipierte Einschätzung unzutreffend, denn „Gott" ist als Grund weder durchgängig als „causa" bestimmt worden noch ist alle Theologie mit Onto-Theologie identisch: „Das Sein des Seienden wird im Sinne des Grundes gründlich nur als causa sui vorgestellt. [...] So lautet der sachgerechte Name für den Gott in der Philosophie. Zu diesem Gott kann der Mensch weder beten, noch kann er ihm opfern. Vor der Causa sui kann der Mensch weder aus Scheu auf die Knie fallen, noch kann er vor diesem Gott musizieren und tanzen." (*Martin Heidegger*, Identität und Differenz, Pfullingen 1957, 51.64).

1.2 Das Problem des klassischen Theismus: Anthropozentrische und geozentrische Restbestände

Geht man nun in religiöser Hinsicht von der Existenz von Unbedingtem etwa im Sinne eines unbedingten Seins oder Wesens aus, dann liegt es nahe, dieses Unbedingte in seiner prinzipiellen Funktion auch und gerade als ontologisches bzw. anthropologisches und kosmologisches Prinzip zu verstehen, also als Grund eines jeden einzelnen Seienden wie des ganzen Universums. Das Unbedingte ist somit beides: Prinzip des Einzelnen wie Prinzip des Alls. Das aber kann es nur sein, insofern es eben gemäß der ontologischen Differenz selbst kein individuell Seiendes, sprich: kein Individuum ist, denn andernfalls könnte es nicht Prinzip sowohl des Individuellen wie des Universums sein. Entsprechend der kopernikanischen Wende gilt dies jedoch nicht nur im Blick auf das „irdisch" Einzelne und Besondere, also auf das quasi „terrestrische" In-der-Welt-Sein bzw. Dasein, und schon gar nicht allein in Bezug auf dasjenige Dasein, das wir als bewusstes Leben kennzeichnen. Es muss sich als Prinzip des ganzen Universums ausweisen lassen sowie der gesamten Vielzahl von Welten. Klammert man diesen Aspekt aus, hat man die kopernikanische Wende in der Gotteslehre noch nicht wirklich vollzogen. Das schlechthin Unbedingte muss also als Prinzip jedes einzelnen (bewussten) Lebens, jeder einzelnen „Welt" des Universums und des in sie einbeschlossenen (bewussten) Lebens sowie des Universums als Ganzem, dem All, gedacht werden können, um wirklich unbedingt, d. h. auch „principium", und „alles bestimmende Wirklichkeit" sein zu können. Es ist aber zu fragen, ob der klassische Theismus in seiner Bestimmung Gottes als von Welt und Mensch unterschiedener handelnder Person dies leisten kann oder ob er nicht immer noch in einem heimlichen Geozentrismus gefangen ist, und vor allem: ob er „Gott" nicht immer noch in verkürzter Art und Weise eines wenn auch „unbedingten" Individuums denkt und damit in einem anthropomorphen Projektionsmechanismus verstrickt bleibt – zumal man „Gott" dann genau besehen gar nicht als unbedingt denkt, wenn man ihn immer noch als Individuum und damit als „höchstes Seiendes" bestimmt, sondern verendlicht und somit quasi „entgöttlicht".

Es kommt noch ein weiteres Problem hinzu, dasjenige der Verhältnisbestimmung von Ursprung und Entsprungenem, und zwar mit Blick darauf, dass das von „Gott" Gesetzte selbst nicht nur intelligibel ist bzw. mentale Eigenschaften besitzt. Sowohl das individuell Seiende wie auch das ganze Universum ist ja durch Mentales und Physisches gekennzeichnet, durch Geist wie Materie bzw. Körper. Dann aber müssen dem Prinzip dieses gleichsam mental wie physisch verfassten Seins ebenso Mentales wie Physisches zukommen bzw. muss beides in sich einschließen, soll es wirklich Prinzip dieses so gekennzeichneten Seins sein können. Andernfalls bliebe das Problem bestehen, dass entweder das Aufkommen des Mentalen oder das Entstehen des Physischen unbegründet bliebe bzw. zu fragen ist, ob und ggf. wie aus Mentalem Physisches oder umgekehrt aus Physischem Mentales und damit jeweils qualitativ Anderes entstehen kann, es sei denn, man bezöge sich auf die recht spekulative Annahme eines zufälligen qualitativen Sprungs. Denkt man „Gott" zudem im Sinne eines sowohl Mentales wie Physisches umfassenden Individuums, hätte man schlichtweg dasjenige Dasein verdoppelt, das sowohl über mentale wie physische Eigenschaften verfügt, und zu einem unbedingten Dasein hypostasiert – nichts anderes hatte Ludwig Feuerbach unter dem Stichwort des Projektionsverdachts dem Theismus vorgeworfen –, und dies zudem noch womöglich mit der absurden Vorstellung verbunden, dass dieses göttliche Individuum über einen Körper verfügte und entweder als Teil des Universums gleichsam „über" der Erde und „neben" den Welten oder „hinter" dem Universum und seinen Welten, also in einer „Hinterwelt", imaginiert würde. Das wäre dann in der Tat eine schon ins Lächerliche übergehende „schlechte Metaphysik", was im Übrigen auch dann der Fall ist, wenn dieses Individuum als rein intelligibel vorgestellt wird. Denn auch dieses wäre ja entweder Teil des Universums (und damit nicht dessen Prinzip) oder in einer ihm vorbehaltenen Welt „hinter" diesem Universum anzusiedeln, dann aber handelte es sich erstens um eine pure Verdoppelung der Welt, und zweitens wäre das Universum wie bereits eingangs schon erwähnt nicht Universum, gäbe es noch eine Welt außer bzw. „hinter" ihm. Die Vorstellung Gottes als ein quasi „überirdisches Individuum" erweist sich so als mythologischer Restbestand, unterstützt durch die Anwendung der von Kant so bezeichneten transzendentalen Anschauungsformen Raum und Zeit über den Bereich möglicher Erfahrung hinaus auf den Gottesbegriff.[10]

---

10 Dazu gehört im Übrigen auch die Anwendung des Substanzbegriffs auf „Gott" mitsamt der Vorstellung substanzieller wie akzidentieller göttlicher Eigenschaften, denn die Substanzkategorie wird bekanntermaßen über einzelnes, individuell Seiendes ausgesagt und über Phänomene, also Gegenstände möglicher Erfahrung. „Gott" aber ist nun weder Individuum im Sinne eines Einzelseienden noch „phainomenon", und damit kann auch der Substanzbegriff nicht auf ihn angewendet werden. Auf „Gott" hin kann also folgerichtig weder der Begriff des Individuums noch derjenige der Substanz ausgesagt werden. Man könnte einwenden, dass dies nur für univoke und analoge, nicht aber auf äquivoke Bestimmungen Gottes zutrifft. Dann aber handelt man sich

1.3 Wege aus dem klassischen Theismus vor und nach Kopernikus

Noch lange vor Kopernikus hatte bereits Meister Eckhart basierend auch auf intellekttheoretischen Spekulationen von Schülern des Albertus Magnus wie etwa Dietrich von Freiberg[11] den Gottesbegriff aus den Bahnen der Substanzontologie herausgeführt: Gott als Grund der Seele ist weder „dies noch das", folglich kein Seiendes und damit auch keine Substanz; er ist auch kein „Etwas" in Raum und Zeit im Sinne eines Individuums, sondern in diesem Sinne zeit- und ortlos.[12] Ebenso kennzeichnete Eckhart Gott als Sein und Nichts zugleich, als Fülle und Leere bzw. Lauterkeit des Seins, da er kein dinghaft und individuiertes Seiendes ist: Im Vergleich zu diesem ist er einerseits nichts hinsichtlich des konkreten „esse" des Seienden, andererseits ist das Seiende nichts im Vergleich zur Fülle und Vollkommenheit Gottes, aus dem es stammt. Gott ist zeit- und raumlos, kein verursachtes, begrenztes Ding in Raum und Zeit, unendlich und unbegrenzt, ungeschaffen und grundlos. Deshalb ist er auch keine Substanz, da die Substanzkategorie nur auf dinghaft Seiendes zutrifft.[13]

Nikolaus Cusanus weitete diese Gedanken im II. Buch von „De Docta Ignorantia" aus hin zur These der Unendlichkeit des Universums und der Existenz einer ebenso unendlichen Vielzahl von Welten, wiewohl das Universum selbst nur als „endliche Unendlichkeit" bzw. als „geschaffener Gott" zu begreifen ist, da es sich Gott als seinem Ursprung verdankt und da ein jegliches Seiendes von ihm in seinem Existieren abhängt.[14] Entsprechend der cusanischen Bestimmung des Absoluten als Koinzidenz der Gegensätze und ebenso entsprechend dem Gedanken der Ausfaltung (explicatio) des Absoluten in die Vielheit und der Einfaltung (complicatio) von allem in das Absolute wird das Universum als Bild Gottes bestimmt, der die Einfaltung wie Ausfaltung aller Dinge ist – nicht im Sinne eines bloßen Abbildes oder einer bloßen Repräsentation, auch nicht im Sinne

---

      das Problem der Unbestimmtheit und Willkür einer äquivoken Rede von Gott nebst strikt negativer Theologie ein; das Problem wäre nur verschoben, nicht aber gelöst.
11 Vgl. zu diesen mittelalterlichen Intellekttheorien ausführlich *Saskia Wendel*, Affektiv und inkarniert. Ansätze Deutscher Mystik als subjekttheoretische Herausforderung, Regensburg 2002, 143–174.
12 Vgl. z. B. *Meister Eckhart*, Das Buch der göttlichen Tröstung, in: Ders., Die Deutschen Werke Band V, Stuttgart 1936, 484; ders., Predigt 46, in: Ders., Die Deutschen Werke Band II, 708. Vgl. hierzu auch *Wendel*, Affektiv und inkarniert, 188–190.
13 Vgl. hierzu *Meister Eckhart*, Utrum in deo sit idem esse et intelligere, in: Ders., Die Lateinischen Werke Band V, Stuttgart 1936, 37–48; vgl. auch *Wendel*, Affektiv und inkarniert, 191–193.
14 Vgl. *Nikolaus Cusanus*, De Doct. Ign. II, 104.110.

bloß gestufter Partizipation, sondern im Sinne realsymbolischer Präsenz. Das All, so Cusanus, ist das Bild und Gleichnis des absolut Größten insofern, als es ihm gleicht, jedoch auf begrenzte und eingeschränkte Art und Weise als eingeschränkt Größtes.[15] Der Mittelpunkt des Universums ist denn auch nicht die Erde, sondern allein Gott als Prinzip des Alls.[16]

Nach Kopernikus hatte Giordano Bruno diesen cusanischen Gedanken aufgenommen und weiter entfaltet. Bruno bestimmte das Absolute als nichtdingliches, daher auch zeit- wie ortloses Sein im Unterschied zum einzelnen Seienden; dieses Absolute ist Bruno zufolge universaler, ein Intellekt bzw. spiritus, der sich in eine Vielfalt ausdifferenziert und nicht durch die Hinzufügung eines von außen kommenden Stoffes, sondern durch sich selbst heraus individuiert und so allen Individuen unmittelbar gegenwärtig ist.[17] Bruno setzte dieses Absolute in Analogie zur Figur des Kreises und fasste dementsprechend auch die Bewegung des Universums als ewige Kreisbewegung auf; Mitte und Herz des Universums ist der universale spiritus, aus dem alles kommt und in den alles wieder zurückfließt. Das Universum ist somit ewig und auch ewig in Bewegung, so wie das Absolute ewig ist, aus dem es kommt und an dem es teilhat.[18] Das Absolute erhält das Universum und verbindet das aus ihm geflossene Viele durch das Band, die „Fessel" der Anziehung und Liebe: „Was als Schönes und Gutes auf absolute Weise fesselt, ist das Universum. Es verliert nichts, indem es alles enthält. Alles hat das Begehren, zu sein, aber nicht im Universalbegriff und auf einfache Weise, sondern als ein dies oder das."[19] Das Absolute ist allerdings nicht allein universaler Intellekt, also nicht nur

---

15 Vgl. *Nikolaus Cusanus*, De Doct. Ign. IV, 112–116. Dieser nicht mehr in der Tradition der platonischen Methexis-Lehre stehende Bildbegriff wurde bereits von Meister Eckhart im Rahmen seiner Seelengrundlehre entfaltet: Der Seelengrund ist Bild Gottes und darin konstituiert sich eine Identität in Differenz von Gott und Seelengrund. Auf der einen Seite sind Gott und Seelengrund „ein und dasselbe Sein" und darin geeint, auf der anderen Seite ist der Seelengrund als Gott als dessen Bild hervorgegangen und so von ihm *als* Bild unterschieden – ein Verhältnis zwischen Gott und Seelengrund, welches man auch mit Burkhard Mojsisch als „univoke Korrelationalität" zwischen Gott und Seelengrund bezeichnen kann. Dieser Bildbegriff, der sich auch bei Anselm von Canterbury schon findet, wird von Johann Gottlieb Fichte transzendental reformuliert. Vgl. zum Bildbegriff Eckharts auch im Vergleich zu Fichte ausführlich *Wendel*, Affektiv und inkarniert, 195–209.
16 Vgl. *Nikolaus Cusanus*, De Doct. Ign. XI, 159.
17 Vgl. *Giordano Bruno*, Von den heroischen Leidenschaften, Hamburg 1989, 41; ders., Über die Monas, die Zahl und die Figur, Hamburg 1991, 26–27.
18 Vgl. *Bruno*, Über die Monas, die Zahl und die Figur, 17–19.27–28.
19 *Giordano Bruno*, Über die fesselnden Kräfte im Allgemeinen, in: Giordano Bruno, Ausgewählt und vorgestellt von Elisabeth von Samsonow, München 1999, 166–228, 167.

mental gefasst, sondern zugleich auch universale Materie; als Koinzidenz der Gegensätze umfasst es Geist und Materie, Akt und Potenz. Bruno überwindet so den Dualismus zwischen Geist und Materie, aber auch den aristotelischen Hylemorphismus von (aktiver) Form und (passivem) Stoff. Allerdings ist Materie nicht schon identisch mit körperhaft Individuellem, und so ist auch das Absolute kein Körper bzw. ein körperhaftes Individuum. Vielmehr trägt es das Potenzial in sich, dass körperhaft Einzelnes aus ihm entstehen kann; Materie und Körper sind nicht schlichtweg identisch, sondern Körper sind objektivierte und aktuierte Materie. Nur dann, wenn es Geist und Materie, Form und Stoff, Akt und Potenz bereits in sich umfasst, oder anders formuliert, wenn es zugleich und gleichursprünglich mentale wie physische Eigenschaften in sich einschließt und aus sich heraus entfalten kann, kann es Bruno zufolge überhaupt Absolutes sein, Prinzip des Alls und umgekehrt das All Ausdruck des Absoluten.

Bruno sprengte hier nicht nur die Onto-Theologie und die Vorstellung von Gott als einem höchsten Seienden oder Wesen auf; „Gott" ist für Bruno als universaler spiritus sowohl Leere und Nichts als auch Fülle und Vollkommenheit: In der Leere vermag er alles zu umfangen und zu fassen, als Fülle setzt er alles aus sich heraus. Als Sein im Unterschied zum Seienden ist er Nichts im Vergleich zum Seienden, dieses wiederum im Vergleich zur Seinsfülle nichts – ein Gedanke, den Bruno mit Meister Eckhart teilt.

Da das Universum aus dem universalen spiritus stammt, der in seiner Fülle unendlich ist, ist auch das Universum selbst unendlich, und da aus dieser unendlichen Fülle eine Vielzahl von Welten herausgesetzt werden, sind auch diese Welten unendlich; so kommt es zur These der Unendlichkeit des Universums und der Unendlichkeit der Welten:

„Daher muss notwendig dem unzugänglichen göttlichen Angesicht auch ein unendliches Spiegelbild entsprechen, in welchem sich unzählige Welten als unzählige Glieder befinden. [...] Zur Aufnahme dieser unzähligen Weltkörper ist ein unendlicher Raum erforderlich."[20]

Zwischen dem Absoluten bzw. Gott und dem Universum gibt es allerdings eine Differenz, die im Bildbegriff markiert ist bzw. im Verhältnis von Grund und Gegründetem, das Bruno entsprechend zu Cusanus gestaltet hat: Beide sind unendlich, das Universum jedoch nicht absolut und

---

20 *Giordano Bruno*, Zwiegespräche vom unendlichen All und den Welten, Darmstadt 1968, 36.

schlechthin bzw. aus sich heraus, sondern allein in seiner Abkünftigkeit aus Gott:

> „Ich nenne das All als Ganzes unendlich [...]; ich sage aber: das All ist nicht absolut und völlig unendlich, weil jeder Teil, den wir von ihm erfassen können, begrenzt und jede einzelne der unzähligen Welten, die es in sich begreift, begrenzt ist. Ich nenne Gott in seiner Ganzheit unendlich, weil er jegliche Grenze von sich ausschließt und jedes seiner Attribute einzig und unendlich ist, und ich nenne Gott absolut und völlig unendlich, weil er überall ganz ist in der Welt und in jedem ihrer Teile unendlich und völlig allgegenwärtig ist, – im Gegensatz zur Unendlichkeit des Weltalls [...]"[21]

Diese Überlegungen von Cusanus und vor allem Bruno wurden häufig pan(en)theistisch interpretiert[22] und rezipiert bis hin zur Preisgabe sowohl eines personalen Gottesverständnisses als auch der Differenz zwischen Gott und Welt bzw. Universum. Vor allem in der Prozessphilosophie und -theologie kamen diese Gedanken zum Tragen. Alfred N. Whitehead identifizierte allerdings das Prinzip des Universums nicht mit Gott, sondern mit der Kreativität als elementarem metaphysischen Prinzip, die sich in einzelnen Entitäten bzw. Ereignissen aktualisiert, und fasste Gott als deren „wichtigste Exemplifikation"[23], als eine wenn auch höchste bzw. bedeutsamste aktuale Entität und „wirkliches Einzelwesen" mit den beiden Polen Ur- und Folgenatur, aus dessen mentaler Urnatur zwar die Welt als physische Folgenatur entspringt, die selbst aber nicht Prinzip ist, sondern Aktualisierung der noch übergeordneten Kreativität. Genau besehen entspricht Whiteheads Gott sowohl dem platonischen Demiurgen, der die Welt ord-

---

21 *Bruno*, Zwiegespräche vom unendlichen All und den Welten, 40–41.
22 Verstärkt wurde dies noch durch Spinozas monistische Metaphysik, in der der cartesische Substanzdualismus durch Annahme der göttlichen all-einen Substanz, die Denken und Ausdehnung als Attribute umfasst, überwunden wurde. Die all-eine Substanz drückt sich in der unendlichen Vielfalt ihrer Modi aus, die in ihrer Gesamtheit als „Natur" bezeichnet werden können – analog zum Gedanken der Unendlichkeit des Alls und dessen Vielzahl von Welten. Gerade mit Blick auf die Metaphysik Spinozas entstanden ja auch die allesamt von Friedrich Heinrich Jacobi angestoßenen großen Dispute „Atheismusstreit", „Pantheismusstreit" und „Streit um die göttlichen Dinge", verbunden mit der Frage, ob das Christentum mit einer pan(en)theistischen Perspektive verknüpft werden kann oder nicht.
23 *Alfred N. Whitehead*, Prozess und Realität. Entwurf einer Kosmologie, Frankfurt/M. 1987, 613. Vgl. auch ebd., 614: „Als uranfänglich betrachtet ist er die unbegrenzte begriffliche Realisierung des absoluten Reichtums an Potentialitäten. Unter diesem Aspekt ist er nicht *vor*, sondern *mit* aller Schöpfung."

net, nicht aber hervorbringt, als auch der alttestamentlichen Weisheit bzw. dem arianisch interpretierten Logos, der zwar selbst schöpferisch tätig ist, jedoch als „vornehmstes Geschöpf".

Anders dagegen Charles Hartshorne in seinem panentheistischen Modell eines „neoklassischen Theismus": Gott ist das Lebensprinzip der Welt, die Welt wiederum Körper Gottes – so sind Hartshorne zufolge Mentales wie Physisches in Gott geeint und zugleich Gott und Welt in ein Verhältnis nicht der Entgegensetzung, sondern der (differenzierten) Einheit gesetzt; das Universum ist der leibliche Teil und Ausdruck Gottes bzw. gehört ihm als dessen Ausdruck zu, ist aber nicht schlichtweg mit ihm identisch: Gott ist nicht die Welt, die Welt aber Gott – als dessen Teil und Ausdruck, Körper. Diese panentheistische Bestimmung des Gott-Welt-Verhältnisses will Hartshorne dadurch noch als theistisch beschreiben, dass er Gott als „kosmisches Individuum" interpretiert, wobei er den Begriff des Individuums von demjenigen des Einzelnen (ob Ding, Ereignis oder Person) löst und an den Begriff der Interaktion bindet. Gott ist dann dasjenige Individuum, das aufgrund seiner Einheit mit dem Universum mit allen konkreten Individuen dieses Universums in Interaktion treten und aufgrund seines Interagierens selbst als Individuum gekennzeichnet werden kann, jedoch als Individuum, das nicht nur mit wenigen anderen Individuen, sondern mit allen interagieren kann.[24]

2 Mit Verve heraus aus dem klassischen Theismus – und munter hinein in die Aporie

Nun ist es unbestritten, dass Modelle wie dasjenige der Prozesstheologie versuchen, die kopernikanische Wende ernst zu nehmen und auf heimliche Geozentrik zu verzichten. Es ist allerdings fraglich, ob sie sich als tragfähige Alternative zum klassischen Theismus erweisen und ob etwa prozesstheologische Ansätze wie derjenige Hartshornes zu Recht das Label „neoklassischer Theismus" für sich in Anspruch nehmen können.

Gegen Whiteheads Gottesbegriff etwa ist einzuwenden, dass er Gott nicht mit einem unbedingten Prinzip identifiziert, sondern ihn diesem Prinzip unterordnet und auf diese Weise den selbstwidersprüchlichen Begriff eines „geschaffenen Gottes" kreiert. Auf diese Weise unterläuft

---

24 Vgl. zu Hartshorne ausführlich *Julia Enxing*, Gott im Werden. Die Prozesstheologie Charles Hartshornes, Regensburg 2013; dies. – Klaus Müller (Hg.), Perfect Changes. Die Religionsphilosophie Charles Hartshornes, Regensburg 2012.

Whitehead beständig den Gottesbegriff, zumal dieser „Gott" weder selbstursprünglich ist noch unbedingt noch vollkommen, sondern abhängig vom Prinzip der Kreativität, das sich in ihm realisiert. Nicht Gott ist Kreativität, sondern die Kreativität ist quasi göttlich und bringt dann erst Gott im Sinne einer aktualen Entität hervor.

Hier kommt ein zweites Problem dieses Gottesbegriffs zum Tragen: Das Prinzip des Universums, die Kreativität, ist apersonal und nicht individuell gedacht, anders kann es der Metaphysik Whiteheads entsprechend auch nicht als Prinzip fungieren; Gott dagegen wird von Whitehead als aktuale Entität und wirkliches Einzelwesen bestimmt, damit aber wird er zum Teil der Welt, denn Whitehead geht im Blick auf das Seiende in der Welt einer nominalistischen Ontologie folgend davon aus, dass das Einzelne, ob Einzelding, Einzelereignis oder einzelne Person, die ontologische Basiskategorie darstellt, durch die das Seiende in der Welt gekennzeichnet ist. Hinzu kommt, dass Gott hier stets noch als Individuum vorgestellt wird, wenn auch nicht als ein „hinter" oder „über" der Welt hockendes Einzelwesen. Whiteheads Gottesverständnis erweist sich so als ambivalent: Auf der einen Seite depotenziert er Gott zu einer vom eigentlichen Unbedingten, dem Kreativitätsprinzip, abhängigen Größe – und verabschiedet sich damit vom Theismus monotheistischer Prägung, denn streng genommen könnte es ja neben diesem Gott, gedacht als wirkliches Einzelwesen, auch noch andere göttliche Einzelwesen, also Götter, geben, die vom Prinzip der Kreativität abhängig sind und in denen es sich realisiert; dass dies sich allein in einer einzigen göttlichen aktualen Entität vollzieht, ist nicht erwiesen, sondern eigentlich eine bloße Setzung und könnte nichts anderes sein als Whiteheads unbewusste Reminiszenz an die monotheistische Tradition. Auf der anderen Seite hält er an der Individualität Gottes im Sinne eines Einzelwesens fest und damit an einem Restbestand des klassischen Theismus, der ja gerade spätestens nach Kopernikus brüchig geworden ist, nur mit dem Unterschied, dass er diesen Gott nicht mehr in eine Welt „hinter" bzw. „über" der Erde und auch nicht „hinter" das Universum projiziert, sondern in das Geschehen im All mit hineinnimmt.

Problematisch wird das Konzept allerdings auch in Bezug auf die bekannte prozessphilosophische These der Unterscheidung von Ur- und Folgenatur Gottes. Qua Letzterer setzt Gott die Welt, also auch andere Einzelwesen, so dass Gott hinsichtlich seiner Folgenatur gewissermaßen als „Einzelwesen aller Einzelwesen" bzw. als alle Einzelwesen in sich einschließendes Einzelwesen konstruiert wird. Wie die Möglichkeit solch eines alle Einzelwesen umfassenden Einzelwesens genauer zu denken ist, bleibt aber offen. Ebenso bleibt ungeklärt, inwiefern Gott in sich einen mentalen wie physischen Pol einschließt, der physische Pol dann aber als Folgenatur zugleich mit der Welt identifiziert werden kann, denn die Welt bzw. das Universum besitzt ja nicht nur physische, sondern mentale Eigenschaften. Dementsprechend muss auch die Folgenatur beides umfassen, Mentales wie Physisches – analog etwa zu Spinozas Begriff der Natur als Modus Gottes, der wiederum viele verschiedene Modi umfasst, denen allesamt die göttlichen Attribute, somit auch Denken und Ausdehnung zukommen. Ungeklärt bleibt auch, wie Gott als wirkliches Einzelwesen und Teil des Universums überhaupt eine Folgenatur besitzen kann, aus der wiederum das Universum und seine Welten, mithin auch eine Vielzahl von Einzelwesen, entspringen. Anders formuliert: Wie kann Gott einerseits so universal sein, dass er eine Ur- und Folgenatur besitzt und Letztere wiederum mit der Welt identisch ist, und andererseits selbst ein Individuum und damit doch eigentlich schon Teil jener Folgenatur, die doch aus ihm selbst kommt?

Diese Aporien in Whiteheads Prozessmetaphysik scheint Hartshorne mit seinem panentheistischen Modell sowie mit seiner Bestimmung Gottes als „kosmisches Individuum" überwunden zu haben: Gott ist kein Einzelwesen in der Welt und einem Prinzip untergeordnet, sondern er ist selbst das Prinzip allen Lebens, und als dieses Prinzip schließt er beide Pole, Mentales wie Physisches, in sich ein. Als Folgenatur Gottes hat die ganze Welt, der ganze Kosmos zu gelten, und dieser wird genau besehen in einer Analogie zur traditionellen „anima forma corporis"-Lehre sowie in Anklängen an die Tradition des Panpsychismus als Körper Gottes verstanden. Damit umgeht Hartshorne das Problem, wie Gott als Einzelwesen andere Einzelwesen umfassen und setzen kann und wie er als Einzelwesen zugleich eine universale Folgenatur (die Welt) besitzen kann. Ebenso könnte das Problem umgangen werden, wie die Folgenatur auch mentale Eigenschaften besitzen kann, denn Gott umfasst potenziell beides, Mentales wie Physisches, und realisiert dies in seiner Folgenatur, die dann nicht ausschließlich als physischer Pol Gottes zu gelten hat. So kommt es denn auch zu dem Gedanken eines „kosmischen Individuums", wobei Gott streng genommen kein Individuum im Sinne eines Einzelwesens mehr darstellt, da er ja mit dem Universum qua Folgenatur eins ist und nicht entweder ein von ihm unterschiedenes quasi „absolutes" oder ein ihm zugehörendes „höchstes", „größtes" o. ä. einzelnes Seiendes oder Wesen. Allerdings ist zu fragen, ob hier der Ausdruck „Individuum" nicht äquivok gebraucht wird: Ist Gott in seiner Einheit mit dem Universum und damit mit der Einheit und Ganzheit des Alls noch ein „Individuum"? Inwiefern kann ein Individuum zugleich „kosmisch" sein und umgekehrt der Kosmos zugleich „individuell" – wird hier nicht ein hölzernes Eisen ersonnen? Und mutet es nicht willkürlich an, den Ausdruck „Individuum" allein durch die Fähigkeit zur Interaktion zu legitimieren – und dabei zudem auch den Aspekt der Interaktion zu monopolisieren? Wird hier der Begriff des Individuums nicht so ausgeweitet, dass er seine spezifische Differenz und damit seine Bedeutung verliert? Und wird in der Folge des äquivoken Gebrauchs von „Individuum" nicht auch „Interaktion" äquivok gebraucht, denn Gott „interagiert" ja mit keinem von ihm unterschiedenen Anderen, einem Gegenüber, sondern mit sich selbst, mit seiner Folgenatur, seinem Körper – das aber ist nicht „Interaktion", sondern Selbstreferenz, es sei denn, man wollte, um bei der Analogie zu bleiben, den Bezug eines Selbst auf seinen eigenen Körper als „Interaktion" bezeichnen, wobei man dann zwischen dem Selbst und seinem Körper unterscheiden würde, also die leibseelische Einheit des Selbst aufsprengen würde, denn andernfalls gäbe es ja kein „Zwischen".

Man könnte einwenden, dass Hartshorne dieses Problem durch seinen Panentheismus umgeht: Gott ist zwar kosmisches Individuum und darin eins mit dem Universum als seiner Folgenatur, doch in diese Einheit ist zugleich eine Differenz eingeschrieben, eben weil das Universum die Folgenatur Gottes ist und so ihm zugehörig; es bleibt aber quasi der „nicht verkörperte Rest" der Urnatur Gottes. So könnte ja ein „Zwischen" von Gott und Universum gedacht werden und damit auch eine Interaktion zwischen beiden. Doch auch dieser Lösungsversuch greift nicht, denn erstens soll ja Gott als „kosmisches Individuum" mit dem Universum und allem, was ihm zugehört, interagieren – und da dieses Universum in gewisser Hinsicht Gott selbst ist, auch wenn er nicht in ihm qua Urnatur aufgeht, handelt es sich eben nicht um Interaktion, sondern um nichts anderes als einen permanenten Bezug Gottes auf sich, auf seinen eigenen kosmischen Körper. Die Unterscheidung von Ur- und Folgenatur und auch das Bemühen um eine nicht pantheistische plane Gleichsetzung von Gott und Welt, sondern um die Verhältnisbestimmung einer differenzierten Einheit von Gott und Welt, in der die Welt zwar Gott zugehört, Gott aber nicht restlos in der Welt aufgeht, ändert nichts an dieser Konstruktion göttlicher Selbstreferenz. Und zum anderen bleibt das Problem, inwiefern ein apersonales Lebensprinzip (und mit solch einem Prinzip wird Gott ja in diesem Modell identifiziert) zur Interaktion fähig sein kann – die Fähigkeit der Interaktion ist ja ein Aspekt kommunikativen Handelns, und jenes Handeln wiederum hat sowohl ein handelndes wie ein freies Subjekt zu seiner Möglichkeitsbedingung, ebenso die Unterscheidung einander begegnender agierender und kommunizierender Subjekte, die jeweils qua

Subjektivität über eine Ich-Perspektive verfügen, mittels derer sie sich auf ihnen begegnendes Anderes beziehen, mit dem sie in Interaktion treten. Ein apersonales, kosmisches Prinzip also ist zur Interaktion gar nicht fähig, und insofern kann es gar nicht als Individuum bestimmt werden, auch dann nicht, wenn man den Begriff des Individuums von seiner ursprünglichen Bedeutung des Einzelwesens ablöste und allein im Sinne der Fähigkeit zur Interaktion verwendete. Geht man somit von einer Interaktion eines „kosmischen Individuums" mit den Teilen, Momenten, Geschehnissen, Dingen, Personen, Welten des Universums aus, dann ist dieses Individuum entweder nicht „kosmisch" bzw. nicht mit dem Universum identisch, sondern Teil jenes Universums – dann aber ist es nicht mehr Gott, oder man handelte sich Whiteheads Problem der Kreation eines „geschaffenen Gottes" ein. Oder es ist „kosmisch", dann aber kein interagierendes Individuum, sondern ein das Universum durchwaltendes Prinzip, womit dann auch kein Theismus mehr gedacht ist, und das Projekt eines „neoklassischen Theismus" wäre gescheitert. Oder Gott ist „mehr" als das Ganze des Alls, muss aber dann, soll er als dieses „Mehr" interagierend gedacht werden können, auch „mehr" sein als lediglich absolutes Prinzip bzw. abstrakte, die Folgenatur transzendierende Urnatur, die sich allein in ihrer Folgenatur aktuiert, verwirklicht und solcherart konkretisiert, mithin bewusstes Leben, welches durch die Möglichkeitsbedingungen zur Interaktion ausgezeichnet ist, also Subjektivität wie Freiheit. Das aber ist nicht mehr rein prozesstheologisch einholbar, weil die Prozesstheologie ja auf genau diese Voraussetzungen verzichtet. So aber liefern die genannten Modelle keine überzeugende Variante eines „Theismus nach Kopernikus", sondern sie verstricken sich in selbst verursachte Aporien, die mit prozesstheologischen Mitteln allein nicht zu lösen sind.[25]

Manche plädieren mit Blick auf diese Aporien auch eines „neoklassischen Theismus" auf einen Verzicht auf den Theismus; im Anschluss an Bruno oder Spinoza ließen sich denn auch monistische Metaphysiken formulieren, die auf die theistische Annahme gänzlich verzichten, oder es böte sich an, wie Thomas Nagel ein Modell eines nichtmaterialistischen Naturalismus bzw. neutralen Monismus zu vertreten, welches das Mentale als eigenständiges Phänomen der Welt bzw. des Kosmos versteht und in seinem Aufkommen zu rechtfertigen versucht, ohne dabei auf den The-

---

25 An diesem Punkt waren sowohl Bruno als auch Spinoza radikaler, weil sie nicht mehr bestrebt waren, den Theismus zu retten bzw. „neoklassisch" zu modifizieren und ihre Philosophie in eine Tradition einzuschreiben, die sie doch denkerisch schon längst verlassen hatten.

ismus zu setzen.²⁶ Der Reiz dieses Vorschlags von Thomas Nagel besteht darin, dass er sowohl den klassischen Theismus mit seiner Vorstellung eines außerhalb der Welt befindlichen intervenierenden Individuums als auch den materialistischen Reduktionismus kritisiert. Nagel versteht das Mentale als ein eigenständiges Phänomen, will dies aber in seinem Aufkommen naturalistisch rechtfertigen; der Ursprung von allem ist für Nagel „Natur", diese hält Nagel zufolge in sich selbst schon alle Möglichkeiten des Aufkommens sowohl des Mentalen wie des Physischen bereit. Diese Position fordert auch diejenigen heraus, die mit Verweis auf die Eigenständigkeit des Mentalen bzw. des Bewusstseins einen nichtnaturalistischen religiösen Monismus vertreten wollen, in dessen Zentrum der Glaube an eine apersonale Gottheit, ein göttliches Lebensprinzip etc. steht. Denn Nagels nichtmaterialistischer Monismus, den er auch als Panpsychismus bezeichnet²⁷, anerkennt allein die „Natur" bzw. den „Kosmos" als Grund und Ursprung seiner selbst, nicht nochmals ein den Kosmos gründendes „göttliches" Prinzip. Die psychophysische Verbindung von Geist und Körper ist in der Natur selbst schon angelegt:

„Wir sollten eine Form des Verstehens anstreben, die uns in die Lage versetzt, uns selbst und andere bewusste Organismen als spezifische Ausdrucksformen der zugleich physikalischen und mentalen Beschaffenheit des Universums zu sehen."²⁸

---

26 „Meine Überlegung besagt [...], dass diese Elemente [die mentalistischen und rationalen, S. W.] der natürlichen Welt angehören könnten und keinen transzendenten individuellen Geist implizieren müssen, geschweige denn ein vollkommenes Wesen. [...] Eine zufriedenstellende Erklärung würde zeigen, dass die Realisierung dieser Möglichkeiten nicht im Geringsten unwahrscheinlich war, sondern in Anbetracht der Naturgesetze und der Zusammensetzung des Universums eine erhebliche Wahrscheinlichkeit besaß. Sie würde Geist und Vernunft als grundlegende Aspekte einer nichtmaterialistischen Naturordnung erkennbar machen. [...] Ein wesentlicher Grundzug eines solchen Verständnisses bestünde darin, das Auftreten von Leben, Bewusstsein, Vernunft und Wissen weder als zufällige Nebenfolgen der physikalischen Gesetzmäßigkeit der Natur noch als Ergebnis eines intendierten Eingreifens von außen in die Natur zu erklären, sondern als eine erwartbare, wenn nicht gar zwangsläufige Konsequenz der Ordnung, welche die natürliche Welt von innen beherrscht." (*Thomas Nagel*, Geist und Kosmos. Warum die materialistische neodarwinistische Konzeption der Natur so gut wie sicher falsch ist, Frankfurt/M. 2013, 52–54).
27 Vgl. *Nagel*, Geist und Kosmos, 87: „Alle Elemente der physischen Welt sind zugleich mental."
28 *Nagel*, Geist und Kosmos, 103; vgl. auch ebd., 107: „Die Frage ist, wie wir den Geist im vollen Sinne als ein Erzeugnis der Natur verstehen können – oder anders gesagt, wie wir die Natur als ein System verstehen können, das fähig ist, Geist zu erzeugen."

Folgt man Nagel, scheiden sowohl reduktionistischer Materialismus wie Mentalismus, klassischer Theismus, aber auch ein theologischer bzw. religiöser Monismus in Form eines Pantheismus oder Panentheismus aus, es sei denn, man identifizierte „Gott" von vornherein mit der Natur und der ihr innewohnenden Teleologie – damit würde der Gottesbegriff jedoch äquivok gebraucht, da er nicht mehr auf Unbedingtes abzielt, von der Preisgabe bestimmter theistischer Prädikate, die den Begriff „Gott" (im Unterschied zum Göttlichen) bestimmen, ganz zu schweigen. Umso mehr ergibt sich die Anforderung, die Möglichkeit eines Theismus nach Kopernikus auszuloten – jenseits des klassischen Theismus, des „neoklassischen Theismus", aber auch jenseits unterschiedlicher Monismen, ob naturalistisch oder nicht. Denn gibt es diese Möglichkeit nicht, dann haben das Christentum (und mit ihm andere theistische Religionen) ihren rationalen Gehalt eingebüßt.

3 Theismus nach Kopernikus

Ausgangspunkt meiner folgenden Überlegungen ist keine kosmologische, sondern eine anthropologische Reflexion, und dies deshalb, weil die Frage nach dem Gottesverständnis entsprechend dem Grundsatz der „anthropologischen Wende" eng mit derjenigen nach dem Selbstverständnis menschlichen Daseins verknüpft und ausgehend von den Erfahrungen, die das einzelne Dasein macht, reflektiert und beantwortet wird. Nicht die abstrakte Frage nach dem „Sein" steht hier im Zentrum, sondern die konkrete Perspektive des Existenzvollzugs jedes einzelnen menschlichen Daseins und damit auch zunächst keine kosmologische, sondern eine anthropologische Perspektive. Die menschliche Existenz zum Ausgangspunkt zu wählen, bedeutet keineswegs schon Anthropozentrik und dann Geozentrik; diese Verengungen stellen sich erst dann ein, wenn die Gottesfrage auf die anthropologische Perspektive reduziert wird und wenn zudem der Grundsatz vernachlässigt wird, dass über Gott nur analog gesprochen werden kann, dass also sämtliche Bestimmungen Gottes, die in Bezug auf anthropologische Reflexionen getroffen werden, nicht univok, sondern allein analog ausgesagt werden. Dementsprechend ist es durchaus legitim, das Gottesverständnis im Rekurs auf Reflexionen über die Verfasstheit und Struktur menschlicher Existenz zu bestimmen, unter der Voraussetzung, dass diese Reflexionen dann nochmals kosmologisch geweitet werden.

3.1 Bewusstes Leben: Subjekt, Person, Freiheit

Setzt man nun zunächst beim menschlichen Selbstverständnis an, liegt es nahe, auf Bewusstseinstheorien zurückzugreifen, die menschliches Dasein als eine Form bewussten Lebens verstehen, ihm also Bewusstsein zusprechen und seinen Existenzvollzug als Vollzug bewussten Lebens begreifen. Ich habe bereits mehrfach ausführlich das Bewusstseinsverständnis erläutert und begründet, welches ich der Bestimmung bewussten Lebens zugrunde lege, und möchte deshalb an dieser Stelle die zentralen Motive nur nochmals kurz referieren und nicht nochmals detailliert herleiten und begründen. Ich definiere Bewusstsein im Sinne präreflexiver Bewusstseinstheorien als vorreflexive Vertrautheit mit sich eines jeden einzelnen mit eben jenem Bewusstsein begabten Daseins bzw. bewussten Lebens. Zugleich gehe ich jedoch anders als nichtegologische vorreflexive Bewusstseinstheorien von einem egologischen Verständnis des Bewusstseins aus und setze es mit Selbstbewusstsein gleich, wobei die vorreflexive Vertrautheit mit sich als „Wissen um sich" mit Selbstgewissheit identisch ist. Dadurch ist Bewusstsein egologisch bestimmt, also stets als mit einer Ich-Perspektive verbunden gedacht. Von jener rein formalen vorreflexiven Selbstgewissheit ist eine auf materiale Gehalte und Eigenschaften bezogene reflexive Selbsterkenntnis zu unterscheiden, wie Manfred Frank ausführt:

> „Unter ‚Selbstbewusstsein' verstehe ich die unmittelbare (nicht-gegenständliche, nicht-begriffliche und nicht-propositionale) Bekanntschaft von Subjekten mit sich. Als ‚Selbsterkenntnis' bezeichne ich die Reflexionsform von Selbstbewusstsein: also das explizite, begriffliche und in vergegenständlichter Perspektive unternommene Thematisieren des Bezugsgegenstandes von ‚ich' oder der Befunde des psychischen Lebens."[29]

Aufgrund der im Bewusstsein gegebenen Selbstgewissheit kann demjenigen Dasein, das über Bewusstsein verfügt, Einmaligkeit zugesprochen werden; es ist in seiner im Selbstbewusstsein gegebenen Ich-Perspektive unvertretbar und unhintergehbar, niemand anderes kann seinen Platz einnehmen. Aufgrund der Selbstgewissheit und der mit ihr verknüpften irreduziblen Ich-Perspektive nun ist dasjenige Dasein, das über Selbstbe-

---

[29] *Manfred Frank*, Selbstbewusstsein und Selbsterkenntnis. Essays zur analytischen Philosophie der Subjektivität, Stuttgart 1991, 7.

wusstsein verfügt, von anderen Phänomenen, seien es Dinge, seien es Ereignisse, zu unterscheiden: Es ist „jemand", nicht „etwas".

Diese Ich-Perspektive des seiner selbst bewussten Daseins kann nun auch als Subjekt-Perspektive des Daseins bezeichnet werden, wobei der Subjektbegriff hier nicht mit einem Substanzbegriff verwechselt werden darf: Er bezeichnet keine Entität, sondern eine Perspektive bzw. Struktur des selbstbewussten Daseins als solchem; zugleich bedeutet er die Singularität des Daseins, das kraft Bewusstsein seiner selbst gewiss ist, und er bedeutet die Perspektive des Daseins, aufgrund derer ihm überhaupt ein Bezug zu sich selbst und zu Anderem möglich ist, also die Möglichkeitsbedingung einer Relation zu sich selbst und zum Anderen seiner selbst, zu dem, was wir „Welt" nennen, das „Zur-Welt-Sein" des Daseins.

Von der Subjektperspektive ist die Personperspektive zu unterscheiden: Sie bedeutet nicht die Einmaligkeit des bewussten Lebens, auch nicht sein „Zur-Welt-Sein", sondern das „In-der-Welt-Sein" des Daseins und „Mit-Anderen-Seins", seine konkrete Relation, seinen Bezug, seine Eröffnetheit auf Anderes und Andere hin, also nicht nur die diesen Bezug ermöglichende Selbstgewissheit, die mit der Subjektperspektive verbunden ist, sondern den konkreten Vollzug einer Bezugnahme auf Anderes und Andere sowie eines In-Bezug-genommen-Seins durch Anderes und Andere.[30] Auch „Person" ist hier keine Entität, sondern Vollzugsform, Struktur bewussten Daseins als solchem. Bewusstes Leben vollzieht sich also sowohl als Subjekt als auch als Person, wobei die Subjektperspektive derjenigen der Person als Möglichkeitsbedingung dafür, überhaupt zu Anderem wie zu sich selbst in Relation treten zu können, vorausgeht, eben im Sinne einer rein formalen Selbstgewissheit bzw. Vertrautheit mit sich. Verbleibt die Subjektperspektive im Status reiner Formalität, so ist die Personperspektive offen für materiale Bestimmungen und Gehalte, eben weil sie quasi den Weltbezug des Daseins darstellt und damit auch den Ankerpunkt der in diesem Bezug auf vielgestaltige Weise gegebenen und vermittelten materialen Bestimmun-

---

30 Diese Bestimmung von Personalität unterscheidet sich von derjenigen Dieter Henrichs, der unter Personperspektive allein das Einzeln-sein versteht, folglich die Individualität bewussten Lebens im Unterschied zu seiner Singularität. In seiner Personperspektive erfasst sich Henrich zufolge bewusstes Leben als Einzelwesen neben und mit anderen Einzelwesen. Zudem sind für ihn Subjekt- und Personperspektive gleichursprünglich im Bewusstsein verbunden. Ich setze dagegen die Personperspektive mit Relation gleich, nicht mit Individualität, und ich verbinde Subjekt und Person nicht gleichursprünglich im Bewusstsein, sondern gehe von einem Primat der Subjektperspektive als Möglichkeitsbedingung der Personperspektive aus, entsprechend zu meiner Identifizierung von Bewusstsein mit Selbstbewusstsein. Vgl. hierzu auch *Wendel*, Affektiv und inkarniert, 271–283.

gen und Gehalte. Bewusstes Dasein ist folglich nicht allein als Person zu kennzeichnen, sondern als Subjekt/Person in eben jener Doppelstruktur seines Bewusstseins: Als „Subjekt" ist es in seiner Einmaligkeit „jemand", als „jemand" bezieht es sich auf Anderes, und in dieser Relation ist „jemand" wiederum „Person". Jene Relation ist reziprok insofern, als der Bezug auf Anderes sowohl die aktive Bezugnahme auf Anderes als auch das passive In-Bezug-genommen-Sein durch Anderes einschließt.

Hinzu kommt allerdings noch ein weiterer zentraler Aspekt des Selbstbewusstseins: Es zeichnet Dasein nicht nur als Subjekt/Person aus, sondern als ein Dasein, das sich als Freiheit vollzieht; Freiheit bezeichnet hier ein Vermögen, welches dem Dasein in seinem Bewusstsein selbst schon gegeben ist, also ebenfalls keine Substanz, sondern ein Potenzial, über das bewusstes Leben eben aufgrund seines Bewusstseins verfügt. Mit Freiheit ist somit nicht allein im Sinne negativer Freiheit eine „Freiheit wovon" gemeint, also Autonomie, sondern insbesondere im Sinne positiver Freiheit eine „Freiheit wozu", ein Vermögen bzw. eine Fähigkeit, die dadurch bestimmt ist, einen Anfang setzen zu können (Immanuel Kant) bzw. Neues hervorbringen und somit auch verändernd tätig sein zu können (Hannah Arendt). Freiheit bedeutet in diesem positiven Sinn Kreativität, ein schöpferisches Vermögen also, welches mit Spontaneität verknüpft ist.[31] Bewusstes Dasein steht somit nicht nur in einer Relation zu sich selbst und zur Welt, sondern in freier Relation; es begegnet nicht nur Anderem, sondern es vermag sich zu diesem frei zu verhalten und darin kreativ, also verändernd und spontan tätig zu sein und darin Neues zu schaffen, wenn auch – und das ist entscheidend – nicht absolut, sondern bedingt, weil das Dasein selbst bedingt, endlich ist. Allerdings ist hier wiederum auf die Differenz von Subjekt- und Personperspektive zu achten: Als Person und damit in seinem konkreten Vollzug ist bewusstes Dasein bedingt und ebenso sein Freiheitsvollzug; in seiner Subjektperspektive jedoch ist eben jenes Dasein in transzendentaler Hinsicht unbedingt, da weder das Dasein selbst noch ein anderes Dasein für das Auftreten seiner Selbstgewissheit und der mit ihr verbundenen Singularität der Subjektperspektive aufkommen kann; mit jener Unbedingtheit des Selbstbewusstseins und der Subjektperspektive ist nun zugleich die ebenso strikt transzendental zu denkende Unbedingtheit jenes kreativen Vermögens verknüpft, das Freiheit genannt wird und das ebenfalls weder durch das seiner selbst bewusste

---

31 Vgl. hierzu etwa *Saskia Wendel*, Vergebung und Zusage. Hannah Arendts Begriff des Handelns und seine Bedeutung für die Bestimmung des Handelns Gottes, in: ZKTh 135 (2013) 414–423.

Dasein noch durch ihm begegnendes Anderes hergestellt bzw. in seinem Aufkommen begründet werden kann. So kommt dem Dasein entsprechend seiner Doppelstruktur von Subjekt und Person eine Doppelstruktur von Unbedingtheit und Bedingtheit zu: transzendental unbedingt in seiner unbestimmten und unthematischen Selbstgewissheit und in seiner formalen Freiheit (als Subjekt bzw. Zur-Welt-Sein), zugleich aber zutiefst bedingt in seinen konkreten Relationen und in seinem konkreten materialen, bestimmten Existenzvollzug (als Person bzw. In-der-Welt-Sein). Bewusstes Dasein ist somit als freie Subjekt/Person von Dingen und Ereignissen darin unterschieden, dass es seine Existenz nicht nur als „jemand", sondern vor allem auch frei (in der Doppelung von Kreativität und Autonomie) vollzieht.

Aus diesen Bestimmungen folgt, dass bewusstes Dasein nicht einfach nur „Individuum" ist, also Einzelwesen, sondern freie Subjekt/Person, und dass der Begriff der Individualität sich von demjenigen der Singularität unterscheidet: Seiner selbst bewusstes Leben ist nicht primär individuell, „einzeln" (neben anderen Einzelwesen), sondern singulär, einmalig, „einzig". Zwischen Einzelheit und Einzigkeit besteht also eine wichtige Differenz, weder bedeuten sie das Gleiche noch erschöpft sich Singularität in Individualität. Zugleich ist bewusstes Dasein nicht nur „einzig" (Subjekt), sondern relational, bezogen (Person), wobei der Personbegriff jedoch auch von demjenigen des Individuums zu unterscheiden ist; Personalität bedeutet genau besehen nicht „Einzelheit", sondern im Gegenteil den Bezug eines „jemand" auf Andere und Anderes. Der Personbegriff bezeichnet also nicht die Individualität, sondern die Relation zu Anderem, die wiederum ihre Möglichkeitsbedingung in der Einzigkeit und Einmaligkeit hat, in der Subjektivität. Auch wenn die Einzelheit des Daseins in seiner Verkörperung wurzeln sollte und somit in Materie als „principium individuationis", so kann doch die Selbstgewissheit als Prinzip von dessen Singularität verstanden werden. Nicht die Verkörperung als Einzelwesen, sondern die Einzigkeit als freie Subjekt/Person ist somit die entscheidende, differenzspezifische Bestimmung bewussten Lebens.

3.2 Eine schlechthin unbedingte Subjekt/Person als Prinzip des Universums

Offen blieb bislang die Frage nach dem Grund eines Lebens, das sich als Bewusstsein und Freiheit vollzieht, nach dem Grund sowohl von Selbstbewusstsein und Freiheit. Dieser Grund kann auf vielfache Weise gedeutet werden, da er sich der reflexiven Bestimmung entzieht; weiß ich um mich im Selbstbewusstsein, so ist darin allerdings kein unmittelbares Wissen um den Grund dieses Bewusstseins mitgesetzt, er ist vielmehr dem Denken unverfüglich in Entsprechung zur vorreflexiven Basis des Selbstbewusstseins. Eine Deutungsmöglichkeit dieses Grundes ist die religiöse im Sinne eines unbedingten Prinzips von Selbstbewusstsein, welches dann nicht nur als Idee verstanden, sondern einer religiösen Haltung gemäß als existierend bekannt wird etwa im Sinne eines schlechthin unbedingten Seins oder Lebens. Als Prinzip von „jemand" muss es dann genau besehen gleichermaßen als „jemand" verfasst sein, also als freie Subjekt/Person, sprich: als mit einer Ich-Perspektive begabtes bewusstes Leben, somit als „einzig" im Sinne von einmalig, und als Relation, Bezugnahme und In-Bezug-genommen-Sein, sowie als frei sowohl im Sinne von Kreativität als auch Autonomie. Solch ein schlechthin unbedingtes bewusstes Leben ist dann jedoch nicht ausschließlich Gottheit bzw. ein absolutes, göttliches Prinzip, sondern „Gott", da als freie Subjekt/Person, also als „jemand", nicht „etwas" bestimmt und ausgezeichnet. Auf diese Art und Weise lässt sich eine theistische Bestimmung des Grundes bzw. eines Absoluten rechtfertigen.

Nun ist aber auf die genannten Probleme zu reflektieren, dass dieses Prinzip nicht nur Grund des bewussten Lebens ist, vor allem nicht nur eines terrestrischen „jemand", sondern des gesamten Universums, und dass dieser Grund zudem nicht nur Grund des Mentalen, sondern auch des Physischen sein muss, um Prinzip des Universums sein zu können. Es reicht somit nicht, allein aus der Verfasstheit bewussten Lebens in analoger Art und Weise auf die Bestimmung des Absoluten zu schließen, wenn dabei sowohl die kosmische Perspektive ausgeschlossen als auch eine Reduktion des Bewusstseins auf das Mentale impliziert wäre.

Mit Blick auf das skizzierte Verständnis bewussten Lebens ist jedoch ein Zweifaches möglich: Zum einen kann verdeutlicht werden, dass „Gott", verstanden als schlechthin unbedingtes bewusstes Leben, nicht wie bei Hartshorne als „kosmisches Individuum" gekennzeichnet ist, sondern als „einzig" eben qua bewusstes Leben. Gerade als schlechthin Unbedingtes ist „Gott" singulär, einzig, mithin Subjekt in seiner Selbstgewissheit, die ihm als bewusstes Leben ebenso zukommt wie jedem bedingten bewussten Dasein. Zugleich ist er Relation, Bezug, also Person. Gottes Personalität bedeutet dann aber nicht Einzelheit bzw. seine Existenz als Einzelwesen, sondern seine Relation zu sich selbst und zu Anderem.

Jenes Andere jedoch ist kein bloßes Gegenüber, das „Gott" begegnet, so wie selbstbewusstem Dasein Anderes in der Welt begegnet, sondern es ist ein Anderes, das aus ihm selbst als Prinzip kommt, das er kraft seiner Kreativität aus sich selbst gesetzt hat. So ist es zugleich mit ihm geeint, da aus ihm kommend und in ihm gründend, als auch von ihm unterschieden – eben als aus ihm kommend und in ihm gründend. Jenes Verhältnis der Einheit in Unterschiedenheit von Gott und dem ihm Anderen ist allerdings nicht partizipationsontologisch bzw. präsenzmetaphysisch im Sinne einer Teilhabe bzw. Teilnahme zu verstehen, sondern eben als Verhältnis der Relation: Gott setzt ein Anderes seiner selbst aus sich, dies jedoch nicht in absoluter Differenz, sondern in Relation zu sich, und er setzt sich in Relation zu dem von ihm gesetzten Anderen. Diese Verhältnisbestimmung entspricht derjenigen des Bildverhältnisses zwischen Gott und Seelengrund bei Meister Eckhart, zwischen Gott und Universum als „geschaffenem Gott" bzw. absolut und eingeschränktem Unendlichen bei Cusanus oder demjenigen zwischen universalem spiritus und Universum bei Bruno.

Möglichkeitsbedingung dieser Relation ist Gottes Einzigkeit, also seine mit einer Subjektperspektive verbundene Selbstgewissheit, sowie sein Vermögen der Kreativität, also das Potenzial, Anderes bzw. Neues hervorzubringen und in diesem Sinne einen Anfang zu setzen. Da aber dieses Andere nicht „nur" ein Einzelnes ist, auch nicht „nur" die Erde, sondern das All, der Kosmos, so ist das Verhältnis Gottes zu seinem Anderen quasi kosmisch: Er bezieht sich auf Einzelnes wie auf das All zugleich, auf eine Vielzahl von Welten im Universum und auf das Universum als Ganzes. So gesehen ist er auf der einen Seite Subjekt, „einzig", auf der anderen Seite Person, doch als Person bezieht er sich auf alles, was ist. In diesem Sinne ist Gott eine „kosmische Person", nicht aber „kosmisches Individuum" und nicht nur Interaktion, sondern interagierendes Subjekt, da die Subjektperspektive nicht allein einem begrenzten, verkörperten Einzelwesen zukommen muss. Vielmehr ist zu berücksichtigen, was es heißt, Gott als schlechthin Unbedingtes zu bestimmen: Unbedingt ist er dann nämlich nicht nur in seiner Selbstursprünglichkeit, sondern darin, dass er erstens als dieses Unbedingte über das unbedingte Vermögen verfügt, aus sich selbst, aus seiner eigenen Fülle und in diesem Sinne aus „nichts" ein Anderes hervorzubringen, das sich in eine unendliche Vielzahl von Welten und damit als All ausfaltet; das Universum ist folglich die Explikation Gottes, geeint mit ihm als Grund, unterschieden von ihm als dessen Setzung. Zweitens ist er schlechthin unbedingt darin, dass er zugleich über das ebenso unbedingte Vermögen verfügt, zu sich selbst wie zu einem jeglichen Seienden und zum All als Ganzem gleichermaßen zugleich und in gleicher Hinsicht in Relation zu treten (im Unterschied zu begrenzten, dem Widerspruchsprinzip unterworfenen Individuen), und gerade darin erweist er sich auch als „alles bestimmende Wirklichkeit", denn diese kann er ja nur sein, wenn er sich auf alles beziehen kann.

„Gott" ist also als Relation zum All „kosmische Person", und er ist zugleich in seiner Einzigkeit „kosmisches Subjekt". Seine Subjektivität ist rein formal und entspricht seiner Funktion als Prinzip, seine Personalität dagegen impliziert materialen Gehalt.

Diese Doppelstruktur Gottes als Subjekt und Person entspricht durchaus der Dipolarität Gottes als Ur- und Folgenatur bzw. schöpferischer wie erwidernder Liebe, von der die Prozesstheologie spricht, allerdings unter Einschreibung des Theismus. Denn die „Urnatur" Gottes ist kein ichloser Grund, sondern mit einer Ich-Perspektive verbundenes Bewusstsein, worin seine Singularität, seine „Einzigkeit" markiert ist. Und seine „Folgenatur", die Personalität, hat diese Einzigkeit zu ihrer Möglichkeitsbedingung. Gleichzeitig schließt diese Folgenatur Mentales und Physisches in sich ein, sie ist nicht als der rein materielle bzw. physische Pol Gottes zu verstehen, sondern als die Ausfaltung sämtlicher Aspekte der göttlichen Wirklichkeit, somit auch von Mentalem wie Physischem gleichermaßen. Stellt die Personperspektive quasi die Ausfaltung (explicatio) Gottes dar, von der Cusanus gesprochen hatte, und dies in reziproker Relation von aktiver Bezugnahme zu und passivem In-Bezug-genommen-Sein durch Anderes – hier: des Alls als „eingeschränkt Unendlichem", so kommt die Personperspektive mit der cusanischen Einfaltung Gottes (complicatio) überein: Sie ist das eine und einzige Prinzip, in dem Alles schon enthalten ist und aus und durch das qua Relation Alles hervorgeht. Doch Gott setzt das Universum nicht mit Notwendigkeit aus sich; die Explikation ist kein notwendiges Emanieren, sondern kreatives und spontanes Agieren eines schlechthin unbedingten bewussten Lebens, das nicht notwendig, sondern frei Anderes setzt und Neues hervorbringt. Nicht die Kreativität ist Prinzip von allem, was ist, und Gott dieser untergeordnet, sondern umgekehrt ist Gott Prinzip und die Kreativität ein ihm zugehörendes Vermögen.

Dieser Theismus ist weder anthropozentrisch noch geozentrisch, denn erstens gelten die bewusstseinstheoretisch gewonnenen Bestimmungen Gottes wie bereits erwähnt nur analog, nicht etwa univok. Zweitens ist

Gott kein Individuum im Sinne eines Seienden in der Welt; er ist kein verkörpertes Einzelwesen und „hat" so verstanden auch keinen Körper. Drittens steht das gesamte Universum in Relation zu Gott, nicht nur die Erde und somit nicht nur terrestrisches Dasein, sei es bewusst oder nicht.

Auf diese Art und Weise ist eine kosmische Weitung des Theismus möglich, ohne panentheistische Gedanken übernehmen zu müssen. Denn die Welt ist zwar kein bloßes Gegenüber zu einem imaginierten „Gottesindividuum", aber auch nicht schlichtweg Moment und Teil einer all-einen göttlichen Wirklichkeit. Gott ist insofern „eins", als neben ihm kein ihn begrenzendes Seiendes besteht, sei es ewig, sei es geschaffen, sondern ein aus ihm Kommendes und von ihm Abhängiges, somit einerseits „ein und dasselbe Sein", da aus *Gott*. Andererseits ist er unbeschadet dieser Einheit von diesem aus ihm Kommenden unterschieden, da es *aus* Gott und *allein durch* ihn in eine daher auch *eigenständige* Existenz gesetzt ist. Und Gott ist zugleich „einzig", da er nicht einfach „nur" Prinzip allen Seins und Lebens ist, sondern als dieses Prinzip immer schon bewusstes Leben in der Doppelstruktur von Subjekt und Person, denn andernfalls könnte er weder schöpferisch tätig noch Prinzip allen Lebens, somit auch des bewussten Lebens, sein.

Die Relation von Gott und Universum ist nun, wiewohl ein Freiheitsverhältnis und wiewohl insofern asymmetrisch bestimmt, als sich das Universum in seinem Hervorgehen Gott verdankt und von ihm in Entstehen wie Erhaltung abhängig ist, so doch durchgehend reziprok zu verstehen, und auf diese Weise ist auch die Intuition etwa von Prozesstheologien berücksichtigt, die auch Gott ein Werden zusprechen und ihn als durch die Welt bestimmt verstehen wollen. Gott hat Anderes aus sich gesetzt, steht zu diesem in unauflöslicher Relation als Person und „kann" nicht mehr ohne dieses, da diese Relation nicht nur aktive Bezugnahme Gottes impliziert, sondern auch sein passives In-Bezug-genommen-Sein durch jenes aus ihm kommende Andere. Dieses „Nicht-mehr-Ohneeinander" von Gott und Welt unterscheidet sich jedoch vom Gedanken einer Ewigkeit der Welt insofern, als Welt nicht immer schon mit Gott koexistiert – er könnte sich auch schlichtweg nur auf sich beziehen in einer Art innergöttlicher Relation und Personalität –, sondern Kreation Gottes ist. Nun aber wirkt diese Kreation auf Gott zurück, mit dem sie in unauflöslicher Relation steht. Insofern können Gott und Welt in ihrem Verhältnis differenzierter Einheit „nicht mehr ohneeinander", trotz der Autonomie der Welt ihrem Prinzip gegenüber sowie der Eigenständigkeit Gottes der Welt gegenüber.

Wenn Gott nun aber kein ichloses Lebensprinzip ist, ist zu fragen, wie er Mentales wie Physisches zugleich umfassen und hervorbringen kann, denn beides kennzeichnet ja den Kosmos. In seiner Subjektivität, seiner Einzigkeit, umfasst Gott weder Mentales noch Physisches, denn diese ist ja rein formal und bar jeglichen materialen Gehalts, sie ist die „reine Lauterkeit" Gottes, von der Meister Eckhart gesprochen hat, pures göttliches Selbstbewusstsein, darin zugleich aber die Seinsfülle bzw. Vollkommenheit, aus der sämtlicher Gehalt entspringt, der auf Seiten der Person zum Tragen kommt. Hier koinzidieren auch – wiederum mit Cusanus gesprochen – „mental" und „physisch"; Gott umfasst beides als „coincidentia oppositorum", diese Koinzidenz kommt allerdings erst auf der Personebene, nicht aber auf der Ebene des formalen Prinzips der Subjektivität zum Tragen; dort ist jeglicher Gehalt „eingefaltet", der sich als diese Koinzidenz der Gegensätze auf der Personebene „ausfaltet". In seinem göttlichen Grund, der „reinen Lauterkeit" der Subjektivität, „besitzt" Gott also streng genommen keine mentalen Vermögen, und der göttliche Grund ist auch nicht mit einem konkreten Vermögen, etwa Intellekt oder Willen, identisch. Gott entfaltet diese Vermögen erst als Person in Relation zu sich und zu Anderem, denn diese Vermögen schließen ja Intentionalität mit ein, sei es Gerichtetheit auf sich selbst, sei es Gerichtetheit auf das Andere seiner selbst.[32] Zugleich sind diese Vermögen Potenziale, die sich im durch Gott hervorgebrachten Anderen (dem Universum) realisieren.

Das Physische wiederum ist, sofern es Gott schon zugehört, ebenfalls als ein Vermögen, eine Potenz zu verstehen, welche sich erst in Relation zu einem Anderen realisiert. Es ist kein Körper in Gott, und Gott ist nicht verkörpert, sondern er trägt Physisches als Potenzial in sich. Das Physische ist weder ungeformte noch geformte Materie, die Gott zugehört oder von ihm umschlossen wird, sondern ein im Akt der Setzung eines Anderen Aktualisiertes als Prinzip der Entstehung verkörperter Individuen. Die Welt ist dann auch nicht Körper Gottes, zumal diese ja auch mentale Phänomene umfasst, sie ist vielmehr Ausdruck sämtlicher Potenziale, die schlechthin unbedingtes bewusstes Leben besitzt, ohne selbst verkörpert zu sein. In Gott ist das Universum bzw. die Welt also nicht im Sinne realer Teilhabe, sondern im Sinne aller in Gottes Person einbeschlossenen Möglichkeiten, die im kreativen Akt der Setzung des Alls aus Gott realisiert werden.

Vielleicht könnte es auf diesem Wege gelingen, den Theismus von seinen anthropozentrischen wie geozentrischen Restbeständen zu befreien,

---

32 Dies lässt sich auch trinitätstheologisch reformulieren, wenn man die göttlichen „Personen" nicht als miteinander kommunizierende und interagierende Individuen missversteht, sondern als innergöttliche Relationen sowie als distinkte Vermögen Gottes.

ohne dabei die „terrestrische" Perspektive und damit unseren Erfahrungshorizont des menschlichen Existenzvollzugs, von dem wir in unseren Reflexionen in Gott ausgehen, ja ausgehen müssen, preiszugeben. Und vielleicht käme auf diese Weise das zusammen, was in einer Reflexion über das Gottesverständnis zusammenkommen muss: die anthropologisch-ethische Perspektive konkreter menschlicher Existenz und die kosmologische Perspektive im Blick auf die Unendlichkeit des Alls.

Karl-Heinz Menkes Trinitätstheologie als „Begriff" der Selbst-Offenbarung Gottes

Michael Schulz

„Es lässt sich über Gott nichts anderes sagen als über Jesus Christus."[1] Die Identifikation von Gotteslehre und Christologie stellt Karl-Heinz Menke in den Mittelpunkt seiner umfangreichen Studie *Jesus ist Gott der Sohn*, in der er laut Untertitel *Denkformen und Brennpunkte der Christologie* erörtert.[2] Die Gleichsetzung von Christologie und Gotteslehre würde es freilich nicht verhindern, dass sich zu Menkes Œuvre noch die Darstellung einer eigenständigen *Theo*logie hinzugesellt.[3] Dabei würde sich erneut bestätigen, dass die Christologie, die Menke entwickelt, ohne Trinitätstheologie undurchführbar ist. Nur Trinitätstheologie ist unverkürzte Christologie. Dieses reziproke Inklusionsverhältnis von Trinitätstheologie und Christologie resultiert aus Menkes offenbarungstheoretischen Reflexionen. Der vorliegende Artikel zeichnet nach, wie Menke vom Gedanken der Selbstoffenbarung Gottes in Christus notwendigerweise zur Trinitätstheologie vorstößt (77–79). Begründungstheoretische Überlegungen stehen am Anfang, die in christologischen und trinitätstheologischen Reflexionen ihre Fortsetzung finden (1–4). Exegetische und dogmengeschichtliche Aspekte werden nur gestreift (5). Besprochen wird Menkes Diskussion der Pluralistischen Religionstheologie und die interreligiöse Dimension des offenbarungstheoretisch „erzwungenen" Glaubens an die Trinität (6–8).

---

1 *Karl-Heinz Menke*, Jesus ist Gott der Sohn. Denkformen und Brennpunkte der Christologie, Regensburg ³2012, 465. Bei eingeklammerten Zahlen nach Zitaten handelt es sich im Folgenden um Seitenangaben aus diesem Buch. Diese Studie umfasst zentrale christologische Aufsätze, die Menke vorab an anderer Stelle veröffentlichte und die in diesem Buch ihre endgültige Gestalt gefunden haben.
2 Zu Beginn seiner Studie Jesus ist Gott der Sohn, 27, vgl. die Feststellung: „Immer wieder sind wir versucht, uns Gott anders zu denken als diesen Jesus. […] Nein, in Ihm, in diesem einen und einzigen Menschen hat sich *Gott selbst* ausgesagt."
3 Vgl. etwa seine Trinitätstheologie des Gebets: *Karl-Heinz Menke*, Thesen zur Christologie des Bittgebets, in: Magnus Striet (Hg.), Hilft beten? Schwierigkeiten mit dem Bittgebet, Freiburg – Basel – Wien 2010, 87–105.

Da Menkes christologisch ansetzende Gotteslehre im Mittelpunkt des Beitrags steht, kommt die Thematik des Heiligen Geistes nicht in dem Maß zum Zuge, wie man es im Blick auf das Thema dieses Aufsatzes erwarten könnte. Selbstverständlich ist Menkes Christologie nicht geistvergessen. Aber Menke thematisiert den Geist in strikt christologischer Perspektive, weil eine eigenständige Pneumatologie neben der Christologie darauf hinauslaufen könnte, neben der Selbstmitteilung Gottes in Christus Jesus noch eine zweite zu postulieren: die des Geistes. Es gibt aber nur die eine Selbstmitteilung Gottes in Christus, betont Menke gegenüber entsprechenden Ansätzen; der Geist dient der einen Offenbarung als ihr Universalisierer.[4] Vergleichbar christozentrisch komponiert Menke seine Gnadenlehre und Sakramententheologie.[5]

1 Begründungstheoretische Voraussetzungen und christologische Konsequenzen

„Wenn Gott so ist, wie er sich in Jesus Christus geoffenbart hat, dann gehört die Beziehung zwischen Vater und Sohn zur Identität Gottes selbst; dann ist Gott Beziehung." (506) Jesus offenbart und definiert Gott, weil sich Gott durch Jesu Leben, Leiden, Sterben und Auferstehen offenbart und definiert. Um eine Zirkularität in der Begründung der Christologie und Offenbarungstheologie zu vermeiden, stellt Menke die Frage nach dem Erkenntnisgrund für die Glaubensüberzeugung, nach der sich durch Jesus die Offenbarung des dreieinen Gottes ereignet. Menke stellt drei Modelle vor, die die Möglichkeit der Offenbarung in Jesus plausibilisieren.[6] Mit Plausibilisieren ist allerdings keine Ableitung der Offenbarung aus ihren Voraussetzungen intendiert; es bleibt beim Aufweis der Denkbarkeit und Vernunftkompatibilität des Offenbarungsereignisses. Menke erörtert den ästhetisch-ontologischen Ansatz Hans Urs von Balthasars, den bild- und anerkennungstheoretischen Hansjürgen Verweyens und

---

4　Vgl. *Karl-Heinz Menke*, Das Kriterium des Christseins. Grundriss der Gnadenlehre, Regensburg 2003, 17–20.

5　Vgl. *Menke*, Das Kriterium des Christseins, 17–20 und ders., Sakramentalität. Wesen und Wunde des Katholizismus, Regensburg 2012, 163–185.243–250.

6　Vgl. *Karl-Heinz Menke*, Kann ein Mensch *erkennbares* Medium der göttlichen *Selbst*offenbarung sein? Anmerkungen zur Verhältnisbestimmung von „Realsymbol" und „Inkarnation", in: Joachim Valentin – Saskia Wendel (Hg.), Unbedingtes Verstehen?! Fundamentaltheologie zwischen Erstphilosophie und Hermeneutik, Regensburg 2001, 42–58.

den freiheitsanalytisch-transzendentallogischen Thomas Pröppers. Auch Karl Rahners anthropologischer Ansatz bietet ein entsprechendes Begründungsprogramm, das Menke zu schätzen weiß.

1.1 Hans Urs von Balthasar

Hans Urs von Balthasar[7] entwickelt, inspiriert von der Seinsauslegung Gustav Siewerths und Ferdinand Ulrichs[8], eine anthropologisch und christologisch gewendete Ontologie, um den Menschen als das *concretum* zu erschließen, in dem sich das *universale* des Gesamtsinns der Wirklichkeit eröffnet (387–391.503–505). Danach ist jedes Seiende und erst recht der Mensch in seiner leiblich-geistigen Struktur Dasein und konkrete Gestalt des umfassenden Seinsaktes, den der Schöpfer frei hervorbringt. Thomas von Aquin zufolge ist dieser Seinsakt einfach und vollkommen, für sich aber nicht subsistierend (*„esse significat aliquid completum et simplex, sed non subsistens"*[9]); real wird der Seinsakt nur (nach Maßgabe des von Gott gewollten Wesens) in Form des konkreten Seienden. Die geistige Offenheit des Menschen folgt diesem universalen und allein konkret realen Sein. Auf diese Weise vermag der Mensch den Ursprung aller Wirklichkeit zu erfassen. Denn das nichtsubsistierende (kenotisch „sich" verströmende) Sein verweist auf ein durch sich selbst subsistierendes, reales Sein – vermittelt doch das konkrete Seiende den Seinssinn „Realität" (Subsistenz). Deshalb kann das Denken nicht die Realität in einem irrealen Sein verankern; vielmehr muss der irreale Seinsakt auf reales Sein zurückgeführt werden. In diese ontologisch begründete Offenheit des Menschen für alles, was *des Seins ist*, kann sich Gott als das Sein selbst hineinvermitteln und durch und mit einem einzigen Menschen für alle Menschen handeln. Das geschieht da, wie Menke erläutert, wo in der Tat ein Mensch in seiner Freiheit und Bezogenheit auf Gott vorbehaltlos alle Menschen annimmt und anerkennt. Offenbarung durch einen Gottmenschen ist möglich.

---

7   Vgl. *Menke*, Kann ein Mensch *erkennbares* Medium der göttlichen *Selbst*offenbarung sein?, 43–46.
8   Vgl. *Hans Urs von Balthasar*, Herrlichkeit. Eine theologische Ästhetik, Band III/1: Im Raum der Metaphysik, 360–390.958–983; *Gustav Siewerth*, Das Sein als Gleichnis Gottes, in: ders., Gesammelte Werke, Band 1: Sein und Wahrheit, hg. v. F.-A. Schwarz, Düsseldorf 1975, 651–685, bes. 673; *Ferdinand Ulrich*, Homo Abyssus. Das Wagnis der Seinsfrage, Einsiedeln 1961.
9   *Thomas von Aquin*, De pot. 1, 1.

Auf der Grundlage dieses Begriffs des Gottmenschen kann Menke mit Balthasar das Lebensgeschick Jesu als dramatische Offenbarungshandlung der göttlichen Personen erschließen und damit die trinitarische Dimension der Offenbarung sichtbar machen, insbesondere am soteriologischen Begriff der inklusiven Stellvertretung (385–405). Die unvorzeitliche Sendung, die Jesu Bewusstsein immer schon bestimmt, macht die Person Jesu als die des Sohnes offenbar; es ist die göttliche Sendung zur Rettung der Menschheit durch eine radikale Selbstüberschreitung auf den Vater hin, in die hinein alle am Kreuz von Christus als Gottverlassenheit erfahrenen Abgründe der Sünde integriert werden.

Menke diskutiert den in diesem soteriologischen Zusammenhang geprägten Ausdruck der *Unterfassung*, mit dem Balthasar zu verstehen gibt, dass auch nicht der abscheulichste Sünder aus Christi Solidarität mit allen Menschen herausfällt: dass die von Jesus durchlittene Trennung von Gott jede andere Trennung eines Menschen von Gott nochmals unterwandert. Menke möchte in dieser soteriologischen Vorstellung aber weder eine Entmündigung noch einen Ersatz des Sünders erkennen, sondern die Ermöglichung des Einsatzes des Sünders zugunsten seines eigenen Heils und des Heils aller. Außerdem würde eine derartige soteriologische Entmündigung den Versuch einer ontologisch-anthropologischen Vermittlung des Offenbarungsgeschehens torpedieren, die nur dann gelingen kann, wenn der Mensch vor Gott Bestand hat und Gott den Eigenstand des Menschen nicht unterwandert – selbst wenn dabei die edelsten Motive im Spiel sind. Zum rechten Verständnis von Stellvertretung und Unterfassung markiert Menke die trinitarische Dimension des soteriologischen Geschehens, auf die im Sinn dieses Beitrags besonders aufmerksam gemacht werden soll:

„[...] was Balthasar mit dem an sich missverständlichen Bild der Unterfassung sagen will, ist dies: dass der trinitarische, in Christus als Stellvertreter offenbare Gott niemals aufhört, dem durch seine Sünde pervertierten Geschöpf die Möglichkeit offen zu halten, an die von ihm – und *nur* von ihm – besetzbare ‚Stelle' oder ‚Rolle' zurückzukehren." (400)[10]

---

10 Zum Ganzen vgl. die Habilitationsschrift von *Karl-Heinz Menke*, Stellvertretung. Schlüsselbegriff christlichen Lebens und theologische Grundkategorie, Einsiedeln – Freiburg ²1997, 266–310.449–453 (zu einer trinitarischen Ontologie der Stellvertretung).

Der Heilige Geist habe die Aufgabe, den Christen Christus beizugesellen, um in der neu empfangenen Rolle (Sendung) für andere ein zweiter Christus zu werden.[11]

1.2 Hansjürgen Verweyen

Hansjürgen Verweyen, dessen Ansatz Menke ebenfalls immer wieder aufgreift,[12] reflektiert zunächst den von Gustav Siewerth übernommenen Gedanken der im Staunen aufscheinenden exemplarischen Identität endlicher und unendlicher Wirklichkeit, um die Möglichkeit des Glaubens an die Offenbarung ontologisch zu begründen.[13] Um nicht bei einer Evidenz des Staunens stehen zu bleiben, so Menke, die vielleicht auch eine Täuschung darstellt, habe Verweyen eine rationale Begründung für die Einheit des Subjekts (Ich) mit allem, was es nicht ist (Nicht-Ich), in Kategorien einer sich an Johann Gottlieb Fichte anlehnenden Transzendental- und Bildphilosophie entwickelt. Dadurch soll sich die Möglichkeit des im Staunen gewahrten Erscheinens des Absoluten im Kontingenten erschließen lassen.[14] Ziel der religionsphilosophischen Überlegung Verweyens ist es, einen Begriff letzten Sinns zu generieren, der die rationale Möglichkeit von Offenbarung in der Geschichte verbürgt. Letzter Sinn wird identifiziert mit der Erfahrung von Anerkennung des Subjekts durch das Andere, das Nicht-Ich und mit der selbst realisierten Anerkennung, und zwar im Modus von Endgültigkeit und Unbedingtheit – von Letztheit. Dieser Sinn soll dadurch konstituiert sein, dass das Subjekt zur Übereinstimmung mit sich kommt, was das Nicht-Ich einschließt. Denn durch das Nicht-Ich erfasst sich das Ich allein als Ich. Dazu muss das Ich in einer ursprünglichen Einheit, ja Vertrautheit mit dem Nicht-Ich stehen; andernfalls wäre dem Ich das Nicht-Ich nicht bekannt. Realisiert werden kann diese sinnstiftende Einheit allein unter der Bedingung, dass das Nicht-Ich sich nicht als ein Objekt, sondern ebenso als Ich präsentiert, als Anderes und Bild des

---

11 Vgl. *Menke*, Das Kriterium des Christseins, 18.134–138.
12 Vgl. exemplarisch *Menke*, Kann ein Mensch *erkennbares* Medium der göttlichen *Selbst*offenbarung sein?, 46–52 und ders., Die Einzigkeit Jesu Christi im Horizont der Sinnfrage, Einsiedeln – Freiburg 1995, 116–128.
13 Vgl. *Hansjürgen Verweyen*, Ontologische Voraussetzungen des Glaubensaktes. Zur transzendentalen Frage nach der Möglichkeit von Offenbarung, Düsseldorf 1969, 159–173.177–189.193–197.203–205.211–226.
14 Vgl. *Hansjürgen Verweyen*, Gottes letztes Wort. Grundriss der Fundamentaltheologie, Regensburg ⁴2002, 133–210.

Ich und dabei zugleich ein unverfügbares Nicht-Ich bzw. Anderes bleibt. Menke hebt hervor, dass es für Verweyen entscheidend ist einzusehen, dass die Bildwerdung des Nicht-Ich für das Ich die Qualität eines unbedingten Sollens haben muss. Denn die Bildwerdung gelingt nur, wenn sie vollkommen gelingt, und d. h., wenn sie mit der restlosen Anerkennung des jeweils Anderen erfolgt. Andernfalls könnte es sein, dass das Andere nur ein Zerrbild des Ich re-flektiert und dadurch seine Andersheit in der Begegnung verbirgt. Wäre dies der Fall, könnte die Ich-Identität des Subjekts nicht verwirklicht werden. Ich und Anderes begegnen sich also im Modus unbedingten Sollens – oder sie begegnen und spiegeln sich nicht.

Die Vermittlung unbedingten Sollens durch den jeweils Anderen beinhaltet die von Menke anvisierte offenbarungstheoretisch ausschlaggebende Einsicht, dass in kontingenter geschichtlicher Begegnung von Menschen sich Unbedingtes und insofern Absolutes zu ereignen vermag. Ein Mensch wird denkbar, der dieses unbedingte Sollen auch tatsächlich realisiert und nicht hinter diesem Sollen zurückbleibt, wie es nach menschlicher Erfahrung stets geschieht. Letzter Sinn ist konstituiert, erläutert Menke, wenn alle füreinander unbedingtes Bild geworden sind.

Das Lebensgeschick Jesu kann in diesen Koordinaten als Ereignis unbedingter Anerkennung erschlossen werden.[15] Menke sieht in Verweyens Ansatz den Vorteil einer strikt philosophischen Begründung; Balthasar würde hingegen voraussetzungsvoll metaphysisch und trinitätstheologisch verfahren.[16] Balthasars ästhetischer Ansatz steht in der Tat in einem gewollten Gegensatz zu transzendentalphilosophischer Letztbegründung. Balthasar zweifelt an Möglichkeit und Sinn eines Denkens in reinen Begriffen, da dabei die genetische Vermittlung dieser Begriffe ausgeklammert wird mit der Folge, dass die Realitätsreferenz des Begriffs ausgespart bleiben muss. Das Wahrheitskriterium liegt in der Klarheit des Begriffs. Deshalb sieht es so aus, dass die tatsächliche (wirklichkeitsvermittelte) Offenheit des Subjekts für eine es ergreifende, durch den Heiligen Geist vermittelte Sendung noch auf ihre Begründung wartet.[17]

---

15 Vgl. *Menke*, Die Einzigkeit Jesu Christi im Horizont der Sinnfrage, 128–138.
16 Vgl. *Menke*, Kann ein Mensch *erkennbares* Medium der göttlichen *Selbst*offenbarung sein?, 51–52.
17 Vgl. z. B. *Balthasar*, Herrlichkeit, 798. Signifikant sind Balthasars Sympathien für Johann Georg Hamann und dessen Kritik an geschichts-, traditions- und sprachvergessenen Begriffen in der Aufklärungsphilosophie und selbst bei Kant: *Balthasar*, Herrlichkeit. Eine theologische Ästhetik, Band II: Fächer der Stile, 601–643. Vgl. ähnliche Anfragen von *Joseph Kardinal Ratzinger*, Zur Lage von Glaube und Theologie heute, in: IKaZ 25 (1996) 359–372, bes. 369 („[…] die menschliche Vernunft ist gar nicht autonom. Sie lebt immer in geschichtlichen Zusammenhängen […]") und

1.3 Thomas Pröpper

Menke diskutiert den freiheitsphilosophischen Ansatz von Thomas Pröpper, der im Unterschied zu Verweyen nicht bei einem Begriff letzten Sinns ansetzt, um nicht „die Selbstursprünglichkeit der Freiheit doch noch in einer ihr äußeren Instanz zu verankern"[18]. Pröpper argumentiert hingegen von der formalen Unbedingtheit der Freiheit aus, deren adäquater Inhalt nur ebenso unbedingt sein kann. Dieser Inhalt ist aber zwischenmenschlich nicht erreichbar, wenngleich er widerspruchsfrei zu denken ist – d. h., wenn man die Bedingungen des Endlichen verlässt und einen Gottesbegriff formuliert. Die materiale Bedingtheit endlicher Freiheitsrealisierung erlaubt es lediglich, intentional und symbolisch einen material unbedingten Inhalt durch unbedingte Anerkennung anderer formal unbedingter Freiheit zu setzen. Allein in Gott ist die Einheit formaler und materialer Freiheit denkbar. Diese göttliche Freiheit kann die menschliche Freiheit unbedingt wollen und sich als ihre Erfüllung anbieten. Diese freiheitstheoretisch begründete Vorstellung impliziert für Pröpper die theologisch interessante These, die z. B. schon von Wolfhart Pannenberg vertreten wurde,[19] nämlich die von einer *Bestimmbarkeit* Gottes durch endliche Freiheit. Gottes Offenbarung wird in dieser Weise denkbar. Ist sie Ereig-

---

die nur teilweise diplomatische Anm. 20, die bei der späteren Veröffentlichung des Aufsatzes gestrichen wurde: *Joseph Kardinal Ratzinger*, Glaube – Wahrheit – Toleranz. Das Christentum und die Weltreligionen, Freiburg ²2003, 93–111, bes. 109–111. Auf der anderen Seite ist nicht schon jeder postmodern und Vertreter eines *pensiero debole*, der auf die genetisch-geschichtliche Abkünftigkeit der Begriffe aufmerksam macht und eine „saubere" Trennung zwischen Genese und Geltung als abstrakt betrachtet. Es geht lediglich um einen erkenntnistheoretischen Realismus, der ebenso Unbedingtes in der Subjektivität und Freiheit eruiert. Aus der reziproken Bedingtheit von Begriff (Geltung) und Erfahrung (Genese, Vermittlung) kann der Mensch nur unter Missachtung seiner endlichen Verfasstheit ausbrechen. Man nimmt die Endlichkeit menschlichen Erkennens jedoch genauso wenig ernst, wenn man das Erkennen gegen jeden Bezug zum Absoluten und unendlich Unbedingten abschottet und auf diese Weise die menschliche Endlichkeit selbstwidersprüchlich verabsolutiert.

18 *Menke*, Kann ein Mensch *erkennbares* Medium der göttlichen *Selbst*offenbarung sein?, 52–58, hier 52–53; *Thomas Pröpper*, Zur theoretischen Verantwortung der Rede von Gott. Kritische Adaption neuzeitlicher Denkvorgaben, in: Markus Knapp – Theo Kobusch (Hg.), Religion – Metaphysik(kritik) – Theologie im Kontext der Moderne/Postmoderne, Berlin 2001, 230–252.

19 Vgl. *Wolfhart Pannenberg*, Wissenschaftstheorie und Theologie, Frankfurt a. M. 1977, 304–305: Beim Begriff Gottes als der alles bestimmenden Wirklichkeit sei implizit „mitgedacht, dass diese alles bestimmende Macht nur durch sich selbst bestimmt ist, keiner Bestimmung durch ein anderes unterliegt, es sei denn, sie bestimme sich selbst dazu, so von anderem bestimmt zu werden".

nis in der Geschichte durch eine menschliche Freiheit, dann haftet dieser allerdings, so Menke mit Pröpper, die Diskrepanz und Antinomie von formaler Unbedingtheit und symbolischer Repräsentanz an. Diese Diskrepanz verhindert keineswegs die Möglichkeit der Inkarnation. Aber eine unmittelbare Evidenz des Absoluten in der Geschichte bzw. der Offenbarung ist nicht gegeben. Gegenüber Verweyens Ansatz gibt Menke deshalb zu bedenken: Das Absolute kann trotz seiner restlosen Bildwerdung allein symbolisch erscheinen. Nach Menkes Pröpper-Referat bestätigt erst die Auferstehung die symbolischen Akte Jesu. Jetzt wird evident, dass sich Jesus in seiner menschlichen Freiheit dazu bestimmt hat, ganz von der Freiheit des Vaters und von dessen Liebe zu den Menschen bestimmt zu sein. Auf diese Weise offenbart die menschliche Freiheit Jesu, wie Menke mit Georg Essen zu verstehen gibt, die Beziehung Gottes zu Jesus, weshalb Jesus in der Weise zu Gott gehört, dass seine menschliche Freiheit als die geschichtliche Präsenz und kenotische Fortbestimmung der Freiheit des ewigen Sohnes zu verstehen ist (372–375).

2 Todesmächtige Liebe als Garant der Einheit der Offenbarung

Menke will die von Pröpper angesprochene Bestätigung der Symbolhandlungen Jesu durch die Auferstehung aber nicht als einen Akt verstehen, der allein in Gottes Aktivität gründet und im Gegenzug den leidenden und sterbenden Jesus allein als passiven Empfänger voraussetzt.

Anknüpfend an Überlegungen von Béla Weissmahr[20] und Verweyen (50–64)[21] sieht Menke in der Liebe, zu der sich Jesus kraft seiner menschlichen Freiheit bestimmt hat, die entscheidende vorösterliche Wirklichkeit, die bereits stärker ist als der Tod und in ihrer Stärke an Ostern durch das eschatologische Handeln Gottes an Jesus zum Durchbruch kommt.[22] Andernfalls – auf diese Einsicht kommt es Menke an – würde die Offen-

---

20 Vgl. *Béla Weissmahr*, Kann Gott die Auferstehung Jesu durch innerweltliche Kräfte bewirkt haben?, in: ZKTh 100 (1978) 441–469. Jesu unbedingte Gottes- und Nächstenliebe begreift Weissmahr als die innerweltliche Kraft und Ursache für die Auferstehung (456).
21 Menke bezieht sich dabei auf eine spannende Kontroverse zwischen Verweyen und Hans Kessler: Letzterer betont Jesu Zerbrechen in der Passion und am Kreuz; die Auferstehung stellt demgegenüber einen souveränen Neubeginn durch Gottes Initiative dar. Der Mensch Jesus kann keinen eigenen Beitrag leisten, um aus dem Tod befreit zu werden.
22 Vgl. *Menke*, Die Einzigkeit Jesu Christi im Horizont der Sinnfrage, 148–166; *Karl-Heinz Menke*, Das systematisch-theologische Verständnis der Auferstehung Jesu. Be-

barung Gottes in Jesus ihre Kohärenz verlieren und in zwei sich widersprechende Momente zerbrechen: Bis zum Kreuz verkündet und bezeugt Jesus den Gott, dessen Allmacht die Liebe ist, die sich allein mit ihren Mitteln gegen Gewalt und Sünde durchzusetzen vermag – die aber dann doch am Kreuz scheitert. Die Auferstehung hingegen würde zur Offenbarung des Gottes avancieren, der sich machtvoll und siegreich gegen alle Feinde Jesu zurückmeldet. Zu diesem *Deus ex machina* passt nicht das Kreuz als Offenbarungssymbol, sondern vielmehr das Victory-Zeichen (523) einer Kavallerie, die mit ihrer Stärke dem schon Todgeweihten plötzlich den Weg aus hoffnungsloser Lage freischießt. Soll Jesus wirklich die Selbstoffenbarung Gottes und Christologie Gotteslehre sein, dann müssen Kreuz und Ostern eine innere Einheit bilden. Diese Einheit offenbart sich als Liebe, die stärker ist als der Tod, weil sie sich nicht mit Gewalt, sondern nur mit sich selbst durchsetzt. Diese Liebe, die ihren Ursprung in Gott hat, bestimmt kraft des Heiligen Geistes Jesu Freiheit, weil Jesus sich zu ihr und durch sie bestimmt hat.

Außerdem verbannt nach Menkes Einschätzung das Verständnis der Auferstehung, das ganz auf einen innovativen Neuanfang nach dem Tod Jesu setzt, das Absolute und Ewige aus dem Relativen und Zeitlichen der Geschichte. Lessings garstiger Graben zwischen dem Absoluten und dem Geschichtlichen bleibt erhalten, wenn nicht das kontingente Leben Jesu selber – durch die Liebe – in die Wirklichkeit des ewigen Lebens hineinreicht; der Graben schließt sich, wenn Absolutes und Ewiges sich in der oder besser *als* Geschichte eines Menschen ereignen (55.299–307).

Mit Weissmahr und Verweyen bedenkt Menke näherhin die Eigenschaft der Liebe, die stärker ist als der Tod.[23] Es kann sich dabei nur um die Liebe handeln, die kraft des Heiligen Geistes und menschlicher Entschiedenheit[24]

---

merkungen zu der von Gerd Lüdemann ausgelösten Diskussion, in: ThGl 85 (1995) 458–484.
23 Vgl. *Menke*, Die Einzigkeit Jesu Christi im Horizont der Sinnfrage, 153–164.
24 Insofern *Menke* in Die Einzigkeit Jesu Christi im Horizont der Sinnfrage, 158, ausführt, dass Jesu Handeln „auf Grund seiner Einheit mit Gott" die Auferstehung bewirkt, wird deutlich, dass er nicht davon ausgeht, dass ein Mensch ganz von sich aus in der Lage ist, den Tod zu besiegen; das vermochte nach traditioneller Vorstellung ebenso wenig der paradiesische Adam. Für ihn ist die immer nur potenzielle Unsterblichkeit *(posse non mori)* eine präternaturale Gabe dank der Urstandsgerechtigkeit. „Ganz unannehmbar" sei nach *Joseph Kardinal Ratzinger*, Zur Lage von Glaube und Theologie heute, 372[20], „die Rückführung der Auferstehung Jesu auf ein Handeln des Menschen Jesus". Aber es ist stets deutlich, dass Menke das Handeln des Menschen Jesus in strikter Einheit mit Gott konzipiert (vgl. nur gegenüber der PRT *Menke*, Die Einzigkeit Jesu Christi im Horizont der Sinnfrage, 142). Insofern ist die Auferste-

jede falsche Egozentrik hinter sich gelassen hat und in ihrer Pro-Existenz auch das menschliche Dasein ganz in ihre Bewegung integriert – ist doch der Verlust der Integrität, nämlich die Korruption und Dekomposition des Daseinsvollzugs, unmittelbar die Folge der Sünde und die physische Korruption und Dekomposition im Tod daher Symbol der moralischen Korruption und Desintegration (62–64). Insofern die geistig-leibliche Existenz Jesu in Jesu Liebe integriert ist, muss sich an seinem Leib nicht das physische Symbol der moralischen Korruption und Dekomposition zeigen, was ein leeres Grab zur Folge hat. Die in Jesus mächtige Liebe des Vaters, zu deren Vermittlung sich Jesus in seiner Freiheit bestimmt (und die die göttliche Freiheit des Sohnes ist), offenbart den Gott unzerstörbaren Lebens; unzerstörbar ist das göttliche Leben wegen seines trinitarischen Beziehungsreichtums, der die Beziehungslosigkeit des Todes überwindet. Das Absolute ist demnach in der Kontingenz menschlichen Handelns – im Handeln Jesu – gegenwärtig; es ist allgemeingültig, weil die unbedingte Liebe Jesu keinen ausschließt, sich also nur „notwendigerweise" universell ereignen kann und alle dazu befähigt, sie weiterzugeben.

3 Trinitätstheologisches in begründungstheoretischer Perspektive

Die transzendentalphilosophischen Überlegungen zur Möglichkeit von Offenbarung bringt Menke auf den gedanklichen Bahnen von Pröpper (506)[25] und Verweyen in den Zusammenhang mit dem christlichen Gottesbegriff[26] – nicht um ihn strikt philosophisch abzuleiten, aber um seine Vernunftkompatibilität aufzuweisen. Zum Grundgedanken einer Differenz-Einheit von Ich und Nicht-Ich und einem sinnstiftenden reziproken Anerkennungsverhältnis „passt" die Vorstellung von der Trinität als einer absoluten Differenz-Einheit. Der trinitarische Gott ist und lebt als unbedingte Anerkennung des Anderen, da der Andere in Gott und damit das Prinzip aller Andersheit die Person des Sohnes ist. Den Sohn begreift die Tradition (Menke bezieht sich mit Verweyen auf Anselm von Canterbury) als Bild des Vaters. Bild bedeutet jedoch nicht bloße Kopie oder Abziehbild; verhielte es sich so, hätte sich der Vater nur verdoppelt. Ein Double des Vaters fällt mit dem Original zusammen und ermöglicht daher keine

---

hung sozusagen eine „katholische", nämlich eine gottmenschliche, kooperative Tat, keine „protestantische" Tat *sola gratia*.
25 Vgl. *Menke*, Kann ein Mensch *erkennbares* Medium der göttlichen *Selbst*offenbarung sein?, 54–55.
26 Vgl. *Menke*, Die Einzigkeit Jesu Christi im Horizont der Sinnfrage, 126–128.

wirkliche Beziehung, kein Anerkennungsverhältnis. Nur als der Andere des Vaters, als Sohn, als der Gezeugte des Zeugenden ist er das Bild des Vaters. Nur dieser Sohn, der als der Andere des Vaters dessen Bild ist, ermöglicht Schöpfung, wahre nichtgöttliche Andersheit, die nicht aus dem Sinnrahmen der Differenz-Einheit fällt, die also in ihrer Endlichkeit Bild des trinitarischen Gottes ist. Allein in einer Schöpfung, die für sich Bild des Absoluten ist (Attributionsanalogie), können die zwischenmenschlichen Sinnverhältnisse *imagines Trinitatis* (Proportionalitätsanalogie) sein.

Auch aus den freiheitsphilosophischen Überlegungen Pröppers leitet Menke – angeregt von entsprechenden Überlegungen Georg Essens und Magnus Striets – die Berechtigung ab, eine soziale Trinitätsthese zu formulieren. Sich gegenseitig anerkennende Freiheiten bilden dann die göttliche Trinität, wenn sie ein Anerkennungsverhältnis konstituieren, das nicht nur formal-intentional, sondern auch inhaltlich-material vollkommen ist (506). Der von Johannes Duns Scotus aufgegriffene Terminus des *condilectus*, den Richard von St. Victor zur Begründung der Dreiheit in der göttlichen Liebe heranzieht, erschließt auch für Menke die dritte Person in Gott sowie Gottes Freude, anderes zu erschaffen, das nicht nur Objekt, sondern wesentlich Subjekt ist: das mit seiner Freiheit Gott zu bestimmen vermag (508). Tritheistische Missklänge vernimmt Menke in diesem sozialen Trinitätsmodell nicht (mehr)[27]. Freilich müsste man noch genauer klären, wodurch sich die drei Freiheiten unterscheiden, damit sie nicht Wiederholungen desselben Freiheitsvollzugs darstellen. Ein augustinisches Modell der Trinitätstheologie, das am menschlichen Geistvollzug Maß nimmt, bietet für Menke auch nicht von selbst die Garantie für eine größere Einheit Gottes, da dieser Geistvollzug – nach den vorangegangenen Ausführungen zu Fichte – nicht ohne Bezug auf das Nicht-Ich gedacht werden kann. Gerade deshalb lehnt es Fichte ab, Gott personal zu denken: Personalität verlangt ein Gegenüber.[28] Aus dieser Einsicht müsste die

---

27 Vgl. *Menkes* Anfrage an Magnus Striets Trinitätskonzept des Kommerziums von drei gleichursprünglichen Freiheiten in: Anmerkungen zu Magnus Striets „Monotheismus und Schöpfungsdifferenz. Eine trinitätstheologische Erkundung", in: Peter Walter (Hg.), Das Gewaltpotential des Monotheismus und der dreieine Gott, Freiburg – Basel – Wien 2005, 154–165, hier 164: „[…] sind nicht drei formal und material unbedingte Freiheiten notwendig auch drei verschiedene Wesenheiten?" Die soziale Trinitätslehre, die sich großer Beliebtheit erfreut, wird wieder kritisch überprüft von *Thomas Schärtl*, Trinität, Einheit und Eigenschaften Gottes, in: Muna Tatari – Klaus von Stosch (Hg.), Trinität – Anstoß für das islamisch-christliche Gespräch, Paderborn 2013, 13–68.
28 Vgl. *Johann Gottlieb Fichte*, Über den Grund unseres Glaubens an eine göttliche Weltregierung (Fichtes Werke, hg. v. I. H. Fichte), Band 5, Berlin 1971, 177–189,

Notwendigkeit der Schöpfung (als Offenbarung) resultieren. Die Lösung kann nur trinitätstheologisch mit dem Verweis auf ein gottinternes Gegenüber erfolgen, dessen Bild die Schöpfung, der Mensch ist. Und dieses göttliche Gegenüber muss ein Nicht-Ich sein.

Die trinitarische Spitze des transzendentallogischen Begriffs eines letzten Sinns und vollendeter Freiheit ist folgerichtig, wenn man den Beitrag des Christentums zur Geistesgeschichte würdigt.[29] Die Positivität der Differenz im Absoluten vermochte die philosophische Tradition nicht gedanklich zu sichern, im Gegenteil, sie wies die Kategorien der Differenz und Andersheit aus dem Absoluten aus und begriff sie als Bestimmungen des Endlichen, dem man einen defizienten Seinsmodus gegenüber dem Absoluten und höchsten Einen attestierte. Das trinitarische Konzept des Absoluten initiiert eine ontologische Revolution, indem es Differenz als Ausweis der Fülle des Seins und Lebens einführt und zugleich die Kategorie der Beziehung neu bewertet. Nur eine Schöpfung, deren Existenz keinen „Abfall" gegenüber dem Ureinen darstellt, sondern Bild ihres Ursprungs ist, gewinnt die Qualität, als Offenbarungsort ihres Schöpfers zu fungieren.

4 Trinitätsaufweise?

Es bleibt allerdings die Frage nach der epistemischen Begründbarkeit eines trinitarischen Konzepts des Absoluten, die im Folgenden andiskutiert wird. Auch wenn man schon angesichts der genetischen Abhängigkeit dieses Konzepts vom Offenbarungsereignis keinen strikten Trinitätsbeweis führen, sondern nur eine Vernunftplausibilität der Trinität erreichen möchte, bleibt dasselbe Problem bestehen, das auch jeder strikte Trinitätsbeweis aufwirft, den beispielsweise Anselm von Canterbury, Richard von St. Victor oder Georg Wilhelm Friedrich Hegel geführt haben. Methodisch wird man immer versucht sein, die Trinität als Explikation einer Eigenschaft des göttlichen Wesens, wie die der Liebe (Richard von St. Victor) oder der dialektisch zu sich vermittelten Einheit (Hegel), zu erschließen. Dadurch drängt sich allerdings der Eindruck auf, den muslimische Autoren – wie Al-Ghazali oder in der Gegenwart Abd Al-Wahid Pallavicini – gegenüber

---

hier 187. Vgl. dazu *Falk Wagner*, Der Gedanke der Persönlichkeit Gottes bei Fichte und Hegel, Gütersloh 1971, 32–38.59–62.

29 Vgl. dazu *Schönberger*, Die Transformation des klassischen Seinsverständnisses. Studien zur Vorgeschichte des neuzeitlichen Seinsbegriffs im Mittelalter, Berlin – New York 1986, 74–94.

der christlichen Trinitätslehre artikulieren, dass die göttlichen Personen lediglich hypostasierende Illustrationen dieser Eigenschaft oder schlicht operative Eigenschaften Gottes darstellen.[30] Problematisch scheint auch, dass durch die pro-trinitarische Argumentation die Personen nur in ihrer Summe die Verwirklichung der maßgeblichen göttlichen Wesenseigenschaft erreichen, was ihre Identität mit dem vollkommenen göttlichen Wesen in Frage stellte. Seit Albertus Magnus hat man auf philosophische Trinitätsbeweise verzichtet, um sich nicht, wie Thomas von Aquin bestätigt, bei den Heiden lächerlich zu machen.[31] Thomas zufolge ist der Maßstab, der über die Realisierung höchster Liebe entscheidet, das *summum bonum*, nicht die Personenvielfalt per se. Auch im Selbstbezug, wenn er das höchste Gut verwirklicht, sieht Thomas eine vollkommene Beziehung und Liebe, so dass das höchste Gut auch von einem einpersönlichen Gott verwirklicht werden kann.[32] Die je größere Unähnlichkeit von göttlichen und menschlichen Verhältnissen lässt dieses Argument zu, obgleich es quer zur menschlichen Erfahrung der interpersonalen Gestalt der Liebe liegt, in der man die Wirklichkeit des höchsten Guten erkennt. Die argumentative Abstinenz bei der Darlegung von rationalen Gründen zugunsten der Trinität führt auf anthropologischer Ebene immerhin dazu, das Personale nicht als Modus und Konkretion der Essenz zu betrachten, sondern die unvertretbare Personalität des einzelnen Menschen zu profilieren. Menke erkennt im Schöpfungs- und Offenbarungshandeln exakt dieses jüdisch-christliche Spezifikum: die Konzentration auf den Einzelnen (508). Dieses

---

30 Vgl. *Al-Ghazalis* Schrift Wider die Gottheit Jesu, hg. v. Franz-Elmar Wilms, Leiden 1966, 97–105; Al-Ghazalis Argumente treffen insbesondere Trinitätstheologien wie die des arabischen Christen *Jahja Ibn Adi*: Die Philosophie und Gotteslehre des Jahja Ibn Adi und späterer Autoren, hg. v. Georg Graf, Münster 1910; vgl. den rezenten Entwurf von *Abd Al-Wahid Pallavicini*, Islām interiore. La ricerca della Verità nella religione islamica, Mailand 2002, 99–101: Vater, Sohn und Geist werden als weitere Namen und Attribute Gottes verstanden.
31 *Thomas von Aquin*, In Boeth., De Trin. I 4, ad 2.
32 Vgl. dazu *Hans Christian Schmidbaur*, Personarum Trinitas. Die trinitarische Gotteslehre des heiligen Thomas von Aquin, St. Ottilien 1995, 595–605. In der Gegenwart sympathisieren mit dem Trinitätsbeweis Richard von St. Victors beispielsweise *Peter Hofmann*, Analogie und Person. Zur Trinitätsspekulation Richards von Sankt Victor, in: ThPh 59 (1984) 191–234, und *Jörg Splett*, Leben als Mit-Sein. Vom trinitarisch Menschlichen, Frankfurt a. M. 1990, 55–89. *Falk Wagner*, Der Gedanke der Persönlichkeit Gottes bei Fichte und Hegel, 219–270, folgt hingegen den geistmetaphysischen und subjektphilosophischen Spuren Hegels. *Wolfhart Pannenberg*, Systematische Theologie, Band 1, Göttingen 1988, 311–325, wendet sich gegen alle diese und ähnliche Trinitätsbeweise im Namen der Eigenständigkeit des Personalen und der Unableitbarkeit der Offenbarung. Vgl. zur Debatte vom Autor Sein und Trinität, St. Ottilien 1997, 358–371.

Anliegen muss ebenso in der Trinitätslehre Berücksichtigung finden. Selbst die der augustinischen Tradition verpflichtete thomasische Trinitätstheologie postuliert deshalb einen logischen Primat der Relationen vor den Prozessionen, um die relational konstituierten Personen nicht als Resultate essenzieller Vorgänge des Geistseins Gottes, von Erkennen / Zeugung und Wollen, Lieben / Hauchung begreifen zu müssen.[33] Dieser „Positivismus" des Personalen (oder von unhintergehbarer Freiheit) stört zwar die Logik des auf Ableitungen drängenden Begriffs, rettet aber eben das Personale vor seiner „Essentialisierung" und die Trinität selbst. Methodisch ist daher bei den konkreten heilsökonomischen Gegebenheitsweisen der Trinität (Karl Rahner, Josef Wohlmuth) anzusetzen, bei den sich dabei zeigenden Aktzentren (Wolfhart Pannenberg) des göttlichen Offenbarungsgeschehens. Die relationale und wesenhafte Einheit dieser Aktzentren ist sodann aufzuweisen. Der Pröppers Freiheitsanalysen entnommene Trinitätsbegriff sichert die Rationalität dieses Vorgehens. Allerdings ist hinzuzufügen: Der Nachweis, dass es sich dabei um eine Offenbarung Gottes handelt und die Aktzentren in der Tat göttlich sind, lässt sich ohne Rekurs auf den göttlichen Wesensbegriff kaum bewerkstelligen. Balthasar, der eine soziale Trinitätstheologie vorzieht, empfiehlt daher, immer „beidseitig" anzusetzen: von den differenten Gegebenheitsweisen Gottes in der Offenbarung auf die Einheit Gottes hin zu denken wie auch gegenläufig von der wesenhaften Einheit Gottes die Dreiheit in den Blick zu nehmen (ohne die Dreiheit aus der Einheit zu deduzieren).[34] Diese Empfehlung berücksichtigt den endlichen Standpunkt des Menschen, dem es nicht zukommt, einen Begriff zu generieren, in dem die beiden Anwege nochmals ihre abschließende Synthese finden.

5 Der „historische Christus" und Gottessohn der Kirche

Breiten Raum nimmt Menkes Diskussion der biblischen Grundlagen der Christologie und ihrer Genese in der Antike ein (68–92.211–281). Vor der Debatte der einzelnen Argumente steht die Analyse der philosophischen und theologischen Prämissen, die die exegetischen und dogmengeschicht-

---

33 Vgl. *Thomas von Aquin*, S.th. I 40, 4: generatio est operatio personae Patris. Sed paternitas constituit personam Patris. Ergo prius est, secundum intellectum, paternitas quam generatio. Darum ist es der Vater, der zeugt; er ist (er „wird") nicht der Vater, weil er zeugt.
34 Vgl. *Hans Urs von Balthasar*, Theologik II: Die Wahrheit Gottes, Einsiedeln 1985, 35.

lichen Untersuchungen ausdrücklich oder indirekt beherrschen und über ihre Stichhaltigkeit entscheiden. Menke verfolgt zwei Strategien, die sich aus seiner offenbarungstheoretischen Option ergeben: Zum einen verdeutlicht er, dass sich die Offenbarung JHWHs an das Volk Israel richtet und Israel durch Gottes Offenbarung konstituiert wird. Die Offenbarung fällt demnach nicht in Gestalt der Torah vom Himmel. Die Torah enthält vielmehr die von Israel rezipierte und kodifizierte Willensoffenbarung Gottes. Fundamentaltheologisch und bibelhermeneutisch ausschlaggebend ist die Anwendung dieser Verhältnisbestimmung von Offenbarung, Gottesvolk und Torah auf Kirche und Heilige Schrift: Wie die Torah aus der Mitte Israels heraus erwächst und daher auch dort ihren hermeneutischen Ort hat, so geht gleichfalls die Kirche dem Neuen Testament voraus, das ihr Produkt ist und die in Jesus erfolgte Offenbarung Gottes normativ bezeugt. Folglich muss die Kirche auch als authentische Interpretin ihrer literarischen Produktion begriffen werden. In diesem kirchlichen Rahmen hat sich jede Exegese zu bewegen. Christologie und trinitarisches Dogma der Kirche können darum nicht durch neutestamentliche Studien „widerlegt", sondern allein in ihrer Genese verständlich gemacht, präzisiert und für die jeweilige Gegenwart aktualisiert werden.

Bei der Untersuchung des neutestamentlichen Offenbarungszeugnisses kommt es Menke zum Zweiten darauf an, die schon angesprochene Offenbarungseinheit des vorösterlichen Jesus und nachösterlichen Christus herauszustellen. Demselben Zweck dienen seine Überlegungen zu den Lebensmysterien Jesu (480–505). Menke beruft sich u. a. auf den nicht unumstrittenen Heidelberger Neutestamentler Klaus Berger (327–330), der die bislang betonte Unterscheidung zwischen dem irdischen Jesus vor Ostern und dem nach Ostern von der Gemeinde verkündeten Christus des Glaubens relativiert. Menke will die dreiunddreißig Lebensjahre Jesu zusammen mit Ostern als das eine Offenbarungsgeschehen begreifen, das zu Recht zur Ausbildung sowohl der Inkarnationschristologie als auch des Trinitätsdogmas führte. Diese Lehrentwicklung ist für Menke in ihrer kontingenten Geschichtlichkeit dennoch kein bloßer Zufall, nicht Ergebnis von puren Machtinteressen, sondern im Kern eine konsequente Entwicklung, zu der es von der Sache her keine ernsthafte Alternative gegeben hat. Die Lehrentwicklung gehört zur geschichtlichen Selbstvergegenwärtigung der Offenbarung. Würde man gewissermaßen der Offenbarung die Möglichkeit nehmen, sich als Heil auch authentisch dem geschichtlichen und kulturell geprägten Verstehen des Menschen zu vermitteln, verlöre sie ihren Sinn.

6 Menkes Kritik der trinitätsvergessenen Offenbarungstheorie der Pluralistischen Religionstheologie

Von diesen fundamentaltheologischen Überlegungen aus und auf der Grundlage exegetischer und dogmengeschichtlicher Untersuchungen zur Genese der Christologie diskutiert Menke die zwar eine Offenbarung des Absoluten annehmenden, aber Christologie und Trinitätsdogma relativierenden oder übergehenden Entwürfe der Pluralistischen Religionstheologie (PRT) (420–445)[35]. Menke präsentiert Entwürfe und Spielarten der Inspirationschristologie, die die Genese der PRT vorbereiten. Zwar überwinden die inspirationschristologischen Ansätze den Englischen Deismus, der bereits die Vorstellung einer Offenbarung in der Geschichte übergeht oder Jesu Handeln lediglich auf die Wiederbelebung der natürlichen Religion reduziert, die seit Anbeginn der Menschheit zu ihr gehört (Matthew Tindal). Aber die Offenheit für die Vorstellung von einer Offenbarung führt nur zu einer gradualistischen Christologie, die Jesus als eine Manifestation des Geistes Gottes unter vielen anderen betrachtet; die Pneumatologie ersetzt faktisch die Christologie. Menke erläutert, dass Logos und Pneuma in ihrer trinitarischen Differenz in einen Gottgeist eingeschmolzen werden, der alles Sein durchflutet und sich zuweilen in religiösen Genies verdichtet. Wie schon im (Sozianismus und) Deismus wird das Trinitätsdogma suspendiert, zumal im interreligiösen Kontext, auf den sich nun die PRT bezieht.

John Hick, der die PRT maßgeblich geprägt hat, entzieht der Trinitätstheologie dadurch die Grundlage, dass er behauptet, über den personalen oder impersonalen Charakter des Absoluten lasse sich nichts Definitives ausmachen.[36] Vielmehr spiegle sich im personalen bzw. impersonalen Verständnis des Absoluten die jeweilige Kultur, in der das Absolute erscheint und auf die die Menschen dieser Kultur mit ihrer Begriffsbildung antworten. Religionen sind kulturell imprägnierte Antworten auf die Epiphanie des Absoluten. Weil die Wahrheit des Absoluten von Hick jenseits der Differenz von Personalität und Impersonalität platziert wird, folgert Menke, dass sich dieses Absolute in seiner Wahrheit dem Menschen nie mitteilen kann, was angesichts dieser Begrenzung des Absoluten dessen Absolutheit in Frage stellen muss. Eine Selbstoffenbarung des zwar erscheinenden Ab-

---

35 Vgl. *Menke*, Die Einzigkeit Jesu Christi im Horizont der Sinnfrage, 75–110; ders., Das Kriterium des Christseins, 18–20.
36 Vgl. im summarischen Werk von *John Hick*, Religion. Die menschlichen Antworten auf die Frage nach Leben und Tod, München 1996, 274–320.

soluten findet dennoch nicht statt. Hick ordnet das Absolute unter der Rubrik von Gegenständen ein, die nach Kant in ihrem noumenalen Ansichsein unerkannt bleiben.[37] Die Menschen können nach dem Beispiel eines den Lehrreden Buddhas entlehnten Elefantengleichnisses nie das Ganze des Absoluten erfassen, sondern immer nur Teile. Unklar bleibt bei Hick (nicht bei Buddha![38]), wer von welchem erkenntnistheoretischen Standpunkt aus mit dem Überblickswissen ausgestattet ist, um das Gleichnis überhaupt erzählen zu können. Hick nimmt theoriepragmatisch ein Wissen in Anspruch, das im Widerspruch zur propositionalen Ebene seiner Epistemologie steht. Menke problematisiert das allein ethische Kriterium des Altruismus, das Hick zur Unterscheidung der Religionen einführt und aus dem sich die Realität des Absoluten korrespondenztheoretisch ergeben soll. Denn angesichts der postulierten Unfassbarkeit des Absoluten in seinen Erscheinungen bleibt unklar, wie der ethische Bezug zum Absoluten begründet sein soll. Hick löst ebenso die Inkarnationschristologie auf. Jesu Selbstlosigkeit mag ihn als Meister des Altruismus auszeichnen, wie Hick einräumt, aber fest steht genauso, dass er nur metaphorisch und nicht metaphysisch Gottes Inkarnation zu nennen ist.[39] Scharf weist Menke Hicks Kritik an den christologischen Entscheidungen des Konzils von Chalcedon zurück, weil Hick eine Art Vergottung der menschlichen Natur Christi unterstellt bzw. bei seiner Kritik voraussetzt, eine Person könne sich in eine andere verwandeln. Kurzum, die Bestreitung der Christologie und des Trinitätsdogmas verhindert das Verständnis der Offenbarung als Selbstmitteilung Gottes. Dies trifft auch für andere Vertreter der PRT zu (Paul F. Knitter, Raimundo Panikkar).

Menke referiert schließlich Perry Schmidt-Leukels PRT, nach der Offenbarung sehr wohl kommunikationstheoretisch als Selbstmitteilung Gottes aufzufassen sei.[40] Doch macht die Behauptung eines kommunikativen Offenbarungsgeschehens die Annahme der Personalität des Absoluten unabdingbar. Kommunikation geschieht zwischen Personen. Aus diesem Grund kann aber nicht Gott als personal und impersonal zugleich

---

37 *Hick*, Religion, 262–269.
38 Das betont jetzt auch *Perry Schmidt-Leukel*, Gott ohne Grenzen. Eine christliche und pluralistische Theologie der Religionen, Gütersloh 2005, 174: Das Gleichnis lasse sich sogar exklusivistisch lesen – von dem Standpunkt dessen aus, der um die Blindheit der anderen weiß und im Unterschied zu ihnen perspektivenfrei die Realität tatsächlich erfasst.
39 *Hick*, Religion, 59.399–400; ders., The Metaphor of God Incarnate. Christology in an Pluralistic Age, Louisville, Kentucky 1994, bes. 99–111.
40 Vgl. *Schmidt-Leukel*, Gott ohne Grenzen, 212–216.

betrachtet oder jenseits dieses Unterschieds angesetzt werden. Menke diagnostiziert in Perry Schmidt-Leukels Ansatz die inspirationstheologische Verschmelzung von Logos und Pneuma in eine permanente Offenbarungsdynamik, die Gott zugleich in der Vielheit seiner Manifestationen verbirgt.

Menke resümiert ausdrücklich, dass keiner der referierten Autoren die Trinitätslehre konzeptionell berücksichtigt, weshalb

„keiner von ihnen verstehen [kann], dass ein Mensch, dessen Personalität (Einzigkeit) die des innertrinitarischen Sohnes ist, als wahrer Mensch die Offenbarkeit des einzigen Sohnes beim Vater und also – bezogen auf die gesamte Menschheitsgeschichte – ein singuläres Ereignis ist" (444).

Die Trinitätslehre ist Menkes Maßstab für die konsistente Rede von der Offenbarung.

7 Trinität – interreligiös

Die trinitarisch-christologische Definition des Christentums und der Offenbarung führt unmittelbar zur Frage nach ihrer interreligiösen Anschlussfähigkeit, zumal im Blick auf das Judentum und den Islam.

Menke setzt sich ausführlich mit der Christologie vor dem Hintergrund von Antijudaismus, Antisemitismus und Shoa auseinander. Zentrale Einsichten entfaltet er anhand der Leitfrage *Jesus Christus – „Wiederholung"* oder *„Bestimmung" der Heilsgeschichte Israels?* (446).

Gegenüber der These von einer Wiederholung und Wiederkehr der Einzigkeit Israels im Lebensgeschick Jesu, die die klassische Zuordnung von alttestamentlicher Verheißung und neutestamentlicher Erfüllung substituiert und damit jede christologisch motivierte Vorstellung von einer Ablösung des Judentums durch das Christentum parieren soll, setzt Menke auf die Kategorie der Bestimmung der Singularität Israels durch Jesu Einzigkeit. Die erste These exemplifiziert Menke anhand des protestantischen Systematikers Friedrich-Wilhelm Marquardt (447–458)[41], der dazu tendiere, die Christologie inhaltlich durch die Geschichte Israels zu bestimmen: Die Heilsuniversalität Israels werde von Jesu Heilsuniversalität expliziert. Israel sei Segen und Licht aller Völker, denn im auserwähl-

---

41 Vgl. *Friedrich-Wilhelm Marquardt*, Das christliche Bekenntnis zu Jesus, dem Juden. Eine Christologie, 2 Bände, Kamen, Nachdruck 2013 (1991).

ten Gottesvolk werde Gottes universeller Heilswille in Gestalt der Torah offenbar. Marquardt übernimmt faktisch die Position des jüdischen Philosophen Franz Rosenzweig, wenn er, wie Rosenzweig, Israel eine Gottunmittelbarkeit attestiert, die Christen niemals erreichen können bzw. in die die „nicht-jüdischen Heiden" nur durch Christus hineinvermittelt werden.[42] Christus wird von Marquardt als die Fleischwerdung der vom nachbiblischen Judentum präexistent gedachten Torah gedeutet. Jesu Einzigkeit verdankt sich der Einzigkeit Israels. Menke unterstreicht jedoch: Marquardt zufolge bietet Jesus nur *de facto* die Vermittlung der Nichtjuden mit dem auserwählten Volk, nicht jedoch mit ontologisch begründeter Notwendigkeit, d. h. ohne Rekurs auf die hypostatische Union von Logos und menschlicher Natur. Die Inkarnation interpretiere Marquardt vielmehr als Begriff für Gottes Heilsnähe: Gottes Wort werde nicht allein an bestimmten Orten Wohnung nehmen, sondern insbesondere dahin gebracht, wo die Logik der Gewalt und des Todes herrsche. Den Terminus „Fleisch" im Johannesprolog versteht er im Sinn des Widergöttlichen, der selbstherrlichen Welt. Dorthin bringe Jesus Gottes Wort, wodurch Gott selber leide. Aber Marquardt lehnt es eben ab, so Menke, dass unter den soteriologischen Vorzeichen der Sühne und des Opfers der Tod zum Prädikat der zweiten menschgewordenen göttlichen Person wird. Menke zufolge bestreitet Marquardt eine definitive Überwindung des Todes durch Jesu Kreuzestod. Die Entmachtung des Todes bleibt eschatologisch aufgeschoben. Eine christologische und soteriologische Kompatibilität von Gott und Tod untergräbt nach Marquardts Einschätzung den Widerstand gegen Tragödien wie Auschwitz. Eine protestantische *theologia crucis* legitimiere Opfertode und zeichne das Zerrbild von einem Menschenfressergott, weil sie den Tod als Nähe zu Gott glorifiziere.

Menke nennt Marquardt ironisch einen „Meister der Interpretation" (456), um auf die Gewaltsamkeiten in der Paulus-Deutung aufmerksam zu machen, die allein Marquardts Wiederholungs-Thesen ein biblisches Fundament zuspielen. Seine Sachkritik formuliert Menke durch das Referat der israelorientierten Christologie des im Alter von vierzehn Jahren

---

42 Vgl. *Franz Rosenzweig*, Brief vom 31.10.1913 an Rudolf Ehrenberg, in: Franz Rosenzweig, Der Mensch und sein Werk. Gesammelte Schriften I: Briefe und Tagebücher, hg. von Raphaël Rosenzweig und Edith Rosenzweig-Scheinmann unter Mitwirkung von Bernhard Casper, Haag 1979, 1. Band 1900–1918, 132–137: „Was Christus und seine Kirche in der Welt bedeuten, darüber sind wir einig: es kommt niemand zum Vater denn durch ihn. *Es kommt* niemand zum Vater – anders aber wenn einer nicht mehr zum Vater zu kommen braucht, weil er schon bei ihm *ist*. Und dies ist nun der Fall des Volkes Israel […]" (135).

vom Judentum zum Katholizismus konvertierten Jean-Marie Lustiger, der 1981 zum Erzbischof von Paris ernannt und 1995 zum Kardinal erhoben wurde (458–470)[43]. Mit einer Kategorie, die Menke von Thomas Pröpper übernimmt und die in Lustigers Schriften in dieser Weise nicht anzutreffen ist, mit der Kategorie der „Bestimmung" (462),[44] interpretiert Menke das von Lustiger herausgestellte „Mehr" der Christologie gegenüber dem Judentum. Lustiger erkennt in Jesus denjenigen, in dem sich die Berufung Israels erfüllt. Den ontologischen Grund hierfür sieht Lustiger in der Inkarnation. Wenn Jesus die Verwirklichung von Israels Berufung ist, lässt sich Jesus von Israel niemals abtrennen; Jesus kann Israels Berufung niemals ersetzen, wenn er durch Toraherfüllung den Heilswillen Gottes zu seinem eigenen Willen macht. Ganz vom Willen des Vaters bestimmt, formuliert Menke, ist Jesus nicht allein die Wiederkehr oder Wiederholung, sondern die erfüllende Bestimmung Israels.

Für die trinitätstheologische Fragestellung entscheidend ist das Verständnis der Torah im Verhältnis zum Logos (32–33). Menke argumentiert: Die Torah verbindet denjenigen, der sie befolgt, mit Gott. Sie vermittelt darum dasselbe Heil, das Jesus verkündet. Menke markiert ebenso den Unterschied zwischen Torah und Jesus Christus: Während die Torah in die Gemeinschaft mit Gott zu vermitteln vermag, *ist* sie „im Unterschied zu Jesus Christus nicht die Gemeinschaft mit JHWH (das ewige Leben)" (33). Jesus kann diese Gemeinschaft mit Gott nur sein, weil er die Inkarnation des Logos darstellt. Deshalb affirmiert Menke im Blick auf den Johannesprolog, dass Gott ohne Logos nicht denkbar ist, dass der Gott Israels aber durchaus ohne Torah vorgestellt werden kann (520). Kein Jude könne der Torah Göttlichkeit attribuieren im Sinn der Paraphrase „Und die Tora war Gott" (33). Der Johannesprolog bekennt hingegen: „Der Logos war Gott". Mit Joseph Ratzinger / Benedikt XVI. sagt Menke: „Jesus ist mehr als die Tora" (201).[45] Deshalb wird sie aber nicht überflüssig; sie wird vielmehr zum Sakrament Christi, „zu einem Sakrament der Gemeinschaft mit dem Vater" (521). Während die Torah vor Christus die

---

43 Menke bezieht sich auf die folgenden Publikationen *Lustigers* (459[1063]): Gotteswahl. Gespräche mit Jean-Louis Missika und Dominique Wolton, München 1992; Wagt den Glauben. Artikel, Vorträge, Predigten, Interviews *1981–1984*, Einsiedeln 1986; Die Verheißung vom Alten zum Neuen Bund, Augsburg 2003.

44 *Thomas Pröpper*, Wegmarken einer Christologie nach Auschwitz, in: Jürgen Manemann – Johann B. Metz (Hg.), Christologie nach Auschwitz. Stellungnahmen im Anschluss an Thesen von Tiemo Rainer Peters, Münster 1998, 135–146, 139.

45 Menke resümiert an dieser Stelle zustimmend christologische Aussagen Joseph Ratzingers / Benedikts XVI.

Selbstmitteilung Gottes im Logos antizipiert habe, so Menke, sei sie durch Christus ein Weg zu ihm geworden. Menke weist also die populär gewordene These zurück, nach der Jesus „die Person gewordene Tora" darstelle (33). Der Bonner Systematiker bestreitet damit nicht Präexistenzvorstellungen im Frühjudentum, die darauf abzielen, diejenigen Größen in eine privilegierte Nähe zu Gott zu rücken, die Gottes Heilspräsenz vermitteln sollen: Torah, Wort, Weisheit (168–211), Geist, Messias (157–159). Jedoch werden diese präexistenten Größen nicht bzw. nicht eindeutig in das Wesen Gottes eingetragen; sie bezeichnen keine Existenzweise Gottes.[46] Insofern sie aber nach Einschätzung Menkes die Offenbarkeit Gottes darstellen und daher als eine Antizipation der Selbstoffenbarung Gottes in Jesus zu betrachten sind, kann man, so ist zu folgern, dem Judentum kaum eine trinitarische Tendenz absprechen, im Gegenteil. Greift man Menkes Kategorie der Bestimmung auf, dann ist die Trinität weder als Entfremdung vom Gott des auserwählten Volkes aufzufassen noch als dessen Relativierung oder Überwindung, sondern als christologisch begründete Bestimmung des Gottes Israels, der der Gott Jesu ist.

Menke streift ebenso das Offenbarungsverständnis des Islam (34). Im Unterschied zum Judentum und Christentum betrachtet er es als zulässig, den Islam als Buchreligion zu qualifizieren; weder eine Personengruppe wie im Fall Israels noch eine Person stehe im Zentrum des Offenbarungsgeschehens, sondern eine Botschaft, die in einem Buch ihren Niederschlag gefunden hat. Offenbarung ist *Inlibration* oder, wie Menke zu Recht präzisiert, *Inverbation* (34), insofern die Offenbarung *geschieht*, sobald der

---

46 *Angelika Strotmann*, Relative oder absolute Präexistenz? Zur Diskussion über die Präexistenz der frühjüdischen Weisheitsgestalt im Kontext von Joh 1,1–18, in: Michael Labahn – Klaus Scholtissek – Angelika Strotmann (Hg.), Israel und seine Heilstraditionen im Johannesevangelium, Paderborn u. a. 2004, 91–106, weist nach, dass nach dem Zeugnis der Weisheitsliteratur die Weisheit nicht geschaffen ist wie alles andere (bara) – nur vor der Schöpfung. Vielmehr werde sie hervorgebracht, geboren oder in Besitz genommen (qnh), was ihre graduelle, aber nicht unbedingt wesenhafte Unterordnung unter Gott andeutet. Deshalb sei der Unterschied zwischen geschaffener Weisheit und ungeschaffenem Logos nicht so groß, wie für gewöhnlich angenommen werde. Die Weisheit sei die Menschen und Welt „zugewandte Seite Gottes" (102). Insofern würde sie doch zur Existenzweise des Schöpfers gehören. Also ist die Andeutung des Trinitarischen in der Weisheitsgestalt stärker als in der Regel angenommen. Vgl. dazu *Paolo Gamberini*, Incarnation at the Crossroad: The Doctrine of the Pre-existence of Jesus Christ in Dialogue with Judaism and Islam, in: IThQ 73 (2008) 99–122. Detailliert zur Präexistenz der Torah nach rabbinischer Theologie vgl. *Gottfried Schimanowski*, Weisheit und Messias, Tübingen 1985, 207–285.305–307 und *Gabriele Boccaccini*, The Preexistence of the Torah: A Commonplace in Second Temple Judaism, or a Later Rabbinic Development?, in: Henoch 17 (1995) 329–350.

Koran rezitiert und vom Hörer des Wortes aufgenommen wird. Menke nennt eine Konsequenz des muslimischen Offenbarungsverständnisses: Stammt jeder Satz des Koran von Gott und spielt der menschliche Faktor bei der Offenbarungsvermittlung und -annahme keine wesentliche Rolle, dann muss eine historisch-kritische Untersuchung dieses Offenbarungsbuches unterbleiben. Man kann freilich hinzufügen, dass die unterschiedlichen Offenbarungsanlässe die Möglichkeit zu einer historischen und kontextbezogenen Interpretation bieten. Dadurch können einzelne Verse des Koran auf konkrete Situationen bezogen und von daher in ihrem Geltungsanspruch genauer eruiert werden. Infolgedessen ist auf der Basis islameigener Methoden eine Korandeutung legitim, die mit dem menschlich-geschichtlichen Faktor rechnet, was Freiräume der Interpretation eröffnet. Inwieweit sie tatsächlich genutzt werden, ist eine heikle Frage.[47] Menke verweist auf die Position der Muʿtaziliten, die die Geschaffenheit des Koran postulierten. Diese Position ermöglicht erst recht eine historisch-kritische Hermeneutik des Koran. Der Preis dafür ist allerdings hoch: Denn der Verlust der Ewigkeit und Göttlichkeit des Koran steht im sachlogischen Widerspruch zum islamischen Offenbarungsanspruch. Soll die Offenbarung definitiv sein, dann erfordert dies in letzter Konsequenz die Annahme einer göttlichen Qualität, eines göttlichen Inhalts dieser Offenbarung. Andernfalls bliebe ein bloßes Autoritätsargument ohne einen überzeugenden Sachgrund. Die Aschʿariten bieten die Formel vom göttlichen Wort im menschlichen Wort, was den Offenbarungsanspruch begründet und einen menschlichen Faktor nicht ausblendet. Unklar bleibt jedoch die Beziehung zwischen Gott und ungeschaffenem Urkoran. Menke spricht sogar von einem Verbot, die „transzendentallogischen Voraussetzungen der behaupteten Identität des Koran mit Gottes Wort" zu klären (34[8]). In der Tat besteht an dieser Stelle ein spekulatives Defizit.[48] Dessen Auflösung würde wiederum die faktische Nähe des Islam zur Trinitätslehre zeigen, die sich aus dem islamischen Offenbarungsanspruch ergibt. Man kann ebenso auf die Funktion des Geistes im Islam hinweisen, der u. a. die

---

47 Der iranische Theologe *Hasan Yusefi Eshkevari* verwendet diese islaminterne Exegese dazu, die Kompatibilität von Islam und Demokratie zu begründen: Eine demokratische islamische Regierung, in: Katajun Amirpur (Hg.), Unterwegs zu einem anderen Islam, Freiburg 2009, 122–148.
48 Vgl. in diesem Sinn *Klaus von Stosch*, Streit um die Trinität, in: Tatari – von Stosch (Hg.), Trinität – Anstoß für das islamisch-christliche Gespräch, 237–258, bes. 253, ebenso ders., Der muslimische Offenbarungsanspruch als Herausforderung komparativer Theologie. Christlich-theologische Untersuchungen zur innerislamischen Debatte um Ungeschaffenheit und Präexistenz des Koran, in: ZKTh 129 (2007) 53–74.

Aufgabe hat, die Gemeinschaft der Muslime in der überlieferten Wahrheit zu halten. Diesen Dienst an der Offenbarung göttlichen Inhalts vermag der Geist an sich nur zu leisten, wenn er sich auf demselben – ungeschaffenen – Niveau bewegt wie das Offenbarungswort. Aber diese Schlussfolgerung zieht der Islam nicht. Das Judentum hingegen steht dieser Einsicht näher. Der Geist schenkt nicht nur das Leben, was seine göttliche Qualität signalisiert (Ps 104,29–30; Ez 37,1–14); er befähigt auch nach prophetischer Botschaft zur Umsetzung der Torah im Leben Israels (Ez 36,26–27). Insofern scheint es konsequent, wenn nicht nur der Torah, sondern auch dem Geist eine Präexistenz zugesprochen wird.

8 Der reziproke Inklusivismus der trinitarischen Offenbarungsreligionen

Menkes Überlegungen zum Verhältnis der Christologie zur Theologie der Torah dokumentieren, dass der Glaube an die Trinität als Bestimmung des Glaubens an den Gott Israels verstanden werden kann. Analoges lässt sich aus Menkes Anmerkungen zum Koran entnehmen. Zumindest im Blick auf das Offenbarungsverständnis der sogenannten abrahamitischen Religionen ergibt sich eine trinitarische Signatur, sobald sie Offenbarung als Selbstmitteilung Gottes begreifen. Die Trinitätstheologie entspringt folglich keinem hellenistisch inspirierten Hang zur Spekulation mit dem Material der biblischen Überlieferung, sondern ist nichts anderes als konsequente Offenbarungstheologie. Die Qualität des interreligiösen Dialogs kann man daran ablesen, ob es möglich ist, Gott und seine Offenbarung selber zum Thema zu machen, um über die strikt theologischen Implikationen des Offenbarungsverständnisses ins Gespräch zu kommen. Dazu gehört ebenso die Frage nach einer Theorieform dieses Gesprächs.

Als negatives Ergebnis bleibt festzuhalten, dass nach dem Urteil Menkes diese Theorieform nicht durch die PRT bereitgestellt wird, da sie die Mitte der Offenbarungsreligionen verdunkelt, wenn nicht entkernt. Menke selber bietet die Methode des Vergleichs: Er diskutiert die Christologie im Horizont der jüdischen Theologie und Soteriologie. Demnach würde sich das Programm der komparativen Theologie[49] empfehlen; es regt dazu an,

---

49 Das Programm einer komparativen Religionstheologie hat im deutschen Sprachraum insbesondere *Klaus von Stosch* in kritischer Wendung gegen die PRT entwickelt: Komparative Theologie als Wegweiser in der Welt der Religionen, Paderborn 2012. International ist neben den grundlegenden Arbeiten von Keith Ward die des Jesuiten *Francis Xavier Clooney*, Komparative Theologie. Eingehendes Lernen über religiöse

die eigene Tradition im Licht einer anderen zu dechiffrieren und dadurch neu zu entdecken. Menke begnügt sich allerdings nicht mit dem Vergleich. Er stellt die Heilsfrage und positioniert sich religionstheologisch auf der Seite des Inklusivismus (z. B. die Torah als Sakrament Christi). Ausgehend von dieser Position scheint es konsequent, den nichtchristlichen Religionen ebenso einen komparativ ansetzenden Inklusivismus zuzugestehen, wenngleich einzuräumen ist, dass Religionen selbst nur allmählich das Thema der Religion aufgegriffen haben und Vergleiche von Religionen vornehmen.[50] Der Inklusivismus bietet den Vorteil, dass der Wahrheitsanspruch keiner Religion, die sich am interreligiösen Dialog beteiligt, durch eine Metatheorie neutralisiert wird. Man anerkennt die Präsenz der „eigenen" Wahrheit auch in anderen religiösen Traditionen; auch dort hat sie sozusagen „Angehörige" – einmal vorausgesetzt, religiöse Wahrheit ist nie eigener Besitz, vielmehr gehört man ihr, ist man ihr Angehöriger. In diesem Sinn kann der Islam – von der Mitte seines Selbstverständnisses aus – Juden und Christen die Schriftbesitzer nennen, die Anteil haben an der definitiv im Koran fixierten Offenbarung, und ihnen deshalb eine Heilschance zuerkennen, unbeschadet der herben Kritik an Juden und Christen in der Vergangenheit.[51] Nicht durch die protestantische Exegese von Marquardt, sondern durch einen jüdischen Denker wie Rosenzweig lässt sich ein jüdischer Inklusivismus skizzieren: Das Judentum kann aus seiner Perspektive den Christen eine Heilschance zugestehen. Christus führt nämlich alle „Heiden" zum Gott Israels, bei dem die Juden immer schon angekommen sind, so dass sie einer christologischen Vermittlung der rettenden Nähe Gottes nicht bedürfen. Auch die Inkarnation Gottes in Christus

---

Grenzen hinweg, Paderborn 2013, maßgeblich. Freilich wird es spannend sein, zu begreifen, was es genau bedeuten soll, dass Gott sich „umgestellt hat und nun beabsichtigt, uns inmitten religiöser Diversität zu treffen" (149); die Nähe zur PRT ist nämlich nicht zu übersehen, wenngleich im Unterschied zu ihr gilt, dass „Jesus Christus […] alle Realität umfasst und erlöst" (ebd.). Demnach müsste auf christologischer Grundlage und, das ignatianische Prinzip *Gott in allen Dingen finden* aufgreifend, Gott in der Diversität der Religionen neu zu entdecken und zu finden sein. Vgl. zur Debatte *Norbert Hintersteiner*, Wie den Religionen der Welt begegnen? Das Projekt der Komparativen Theologie, in: SThZ 11 (2007) 153–174.

50 Vgl. dazu *Hans-Michael Haußig*, Der Religionsbegriff in den Religionen. Studien zum Selbst- und Religionsverständnis in Hinduismus, Buddhismus, Judentum und Islam, Berlin 1999.

51 Vgl. *Johan Bouman*, Der Koran und die Juden. Die Geschichte einer Tragödie, Darmstadt 1990; *Heribert Busse*, Die theologischen Beziehungen des Islam zum Judentum und Christentum, Darmstadt ²1991; *Adel Theodor Khoury*, Toleranz im Islam, München 1980; ders., Der Islam, Freiburg ⁴1996, 219–236.

kann jüdisch in einem weiteren, andere Inkarnationen, Herabkünfte und Einwohnungen Gottes *(Shekhina)* nicht ausschließenden Sinn verstanden werden.[52] Die Muslime sind durch die Rezeption der Abrahams- und Propheten-Tradition der hebräischen Bibel mit dem Gott Israels verbunden. Für die religionstheologische Position eines reziproken Inklusivismus lassen sich also auf der gedanklichen Linie Menkes einige stichhaltige Argumente anführen.

Das von Menke durchaus positiv gewürdigte Dokument der Glaubenskongregation *Dominus Iesus* (6. August 2000), das sich gegen die PRT wendet (31–32), führt den christologisch begründeten (in *Lumen gentium* 62 auf Maria bezogenen) Terminus der „teilhabenden Mittlerschaft" (Nr. 14) ein: In Christus können Elemente anderer Religionen zu Medien seiner Gnade werden.[53] Andere Religionen könnten in ähnlicher Weise aus ihrer Perspektive diesen Begriff entwickeln, was in der Summe einem reziproken Inklusivismus teilhabender Mittlerschaften entspricht.

Menkes Christologie und Soteriologie sind ausgezeichnet durch ihre begründungstheoretische Tiefe und ihre trinitätstheologische Höhe. Die Trinitätstheologie expliziert nicht nur die Christologie, sondern bringt die als Selbstmitteilung verstandene Offenbarung auf den Begriff – ohne dadurch dem Zugriff denkender Bewältigung ausgesetzt zu sein. Die von Menke präferierte soziale Form der Trinitätslehre wird besonders der ökonomischen Gegebenheitsweise der Dreieinigkeit gerecht. Die freiheitstheoretische Form der Trinitätstheologie verbindet mit dem begründungstheoretischen Ansatz. Dadurch wechselt die Trinitätslehre nicht die Disziplin, sie wird nicht zur Trinitätsphilosophie, aber die Trinitätstheologie wird in ihrer Vernunftkompatibilität ersichtlich. Weil die Trinitätstheologie den Begriff der Offenbarung als Selbstmitteilung Gottes sichert, steht sie im Zentrum des interreligiösen Dialogs, an dem Christen beteiligt sind. Das Trinitätsdogma überholt den jüdischen Glauben an den Gott der Väter nicht, sondern besiegelt, bestimmt und präzisiert ihn. Aus christlicher Perspektive stellt das Bekenntnis der Trinität den Fluchtpunkt dar, auf den sich andere monotheistische Offenbarungsreligionen zubewegen. In der Trinität liegt der Grund für die Möglichkeit, dass Gottes Heiliger Geist Elemente anderer Religionen als Heilsmedien des einen und einzigen Mittlers zwischen Gott und den Menschen, des Menschen Christus Jesus

---

52 Vgl. *Jean-Bertrand Madragule Badi*, Inkarnation in der Perspektive des jüdisch-christlichen Dialogs, Paderborn u. a. 2006, 69–137.
53 Vgl. vom Autor: „Teilhabende Mittlerschaft" und wechselseitige Inklusion. Zur Christozentrik des interreligiösen Dialogs, in: Rivista teologica di Lugano 6 (2001) 303–318.

(1 Tim 2,5), hervorbringt. Diese Heilsmedien können dabei die Qualität eines Sakraments Christi erreichen wie im Fall der *von Gott selbst* (traditionell formuliert) *eingesetzten Torah*; sie können wirksames Zeichen sein für das, „was in diesen Religionen wahr und heilig ist", z. B. „Handlungs- und Lebensweisen", die zwar von christlichen Maßstäben abweichen können, „doch nicht selten einen Strahl jener Wahrheit erkennen lassen, die alle Menschen erleuchtet" (*Nostra aetate* 2).

Hoffentlich ist es Karl-Heinz Menke noch gegönnt, in gewohnter Weise, d. h. durch den Nachvollzug dialektisch aufeinander bezogener Positionen und Gegenpositionen, eine Studie über Denkformen und Brennpunkte der Trinitätslehre in interreligiöser Perspektive vorzulegen.

Die Offenbarung Gottes in Jesus Christus als dogmatisches Kriterium für die Terminologie der Trinitätslehre

Christologische Auswege aus trinitätstheologischen Sackgassen

Georg Essen

1 „Die ‚ökonomische' Trinität ist die ‚immanente' Trinität und umgekehrt" – Trinitätstheologische Weichenstellungen nach Karl Rahner

Wie so häufig in der katholischen Theologiegeschichte der Moderne sorgte auch in der trinitätstheologischen Debattenlage ein Aufsatz von Karl Rahner für einen furiosen Innovationsschub. 1967 erschien in dem als heilsgeschichtliche Dogmatik konzipierten Werk „Mysterium Salutis" sein Beitrag mit dem Titel „Der dreifaltige Gott als transzendenter Urgrund der Heilsgeschichte"[1]. Mit ihm leitete Rahner innerkatholisch eine Renaissance der Trinitätstheologie ein, wie sie für die protestantische Theologie bereits seit Karl Barth zu beobachten war.[2] In diesem Aufsatz finden sich nicht nur programmatische Grundaussagen zu nahezu allen Problemkonstellationen, die seither in der Trinitätstheologie leidenschaftlich diskutiert werden, sondern auch Theoreme und Einsichten, hinter die keine Theologie mehr zurückfallen kann, ohne das mit Rahner erreichte Problembewusstsein zu unterbieten. Rahner kritisiert in seinem Aufsatz ja nicht nur die „Isolierung der Trinitätslehre in Frömmigkeit und Schultheologie"[3] und etabliert mit seiner Klage über den Relevanzverlust

---

1 Vgl. *Karl Rahner*, Der dreifaltige Gott als transzendenter Urgrund der Heilsgeschichte, in: Johannes Feiner – Magnus Löhrer (Hg.), Mysterium Salutis. Grundriss heilsgeschichtlicher Dogmatik, II. Die Heilsgeschichte vor Christus, Einsiedeln u. a. 1967, 317–397.
2 Vgl. *Michael Murrmann-Kahl*, „Mysterium trinitatis"? Fallstudien zur Trinitätslehre in der evangelischen Dogmatik des 20. Jahrhunderts (TBT, 79), Berlin u. a. 1997.
3 *Rahner*, Der dreifaltige Gott als transzendenter Urgrund der Heilsgeschichte, 319; vgl. 319–323.

der Dreieinigkeitslehre so etwas wie ein eigenes Genre der trinitätstheologischen Selbstbesinnung, das seither nur selten auf Kants Bemerkungen verzichten mag, aus ihr ließe sich „schlechterdings nichts fürs Praktische machen"[4]. Sondern Rahner legt, wichtiger noch, die Defizite der Traktatarchitektur der neuscholastischen Dogmatik bloß, die unter anderem für diese Ortlosigkeit im Ganzen von Theologie und Glaube verantwortlich waren. Denn die schultheologisch bevorzugte Zweiteilung der Gotteslehre in die Traktate *De Deo uno* und *De Deo trino* hatte zur Folge, dass die Lehre von Gottes Wesen und Eigenschaften, die im Traktat *De Deo uno* angesiedelt war, keinen Bezug zur Trinität erkennen ließ.[5] Diesbezügliche Aussagen wurden einem vortrinitarischen Gottesbegriff prädiziert. Desgleichen sollten Aussagen zur Trinität selbst ohne den Rekurs auf einen offenbarungstheologischen Bestimmungsgrund hergeleitet werden. Und desgleichen wurde der jeweils vorausgesetzte Begriff göttlicher Einheit als bloßer Vernunftbegriff unbesehen vorausgesetzt.[6]

Unabhängig von weiteren systematischen Folgeproblemen, die noch zu diskutieren sein werden, kann Rahner zufolge die Bedeutung der Trinität als „Heilsmysterium" nur in dem Maße einsichtig werden, wie es der Dogmatik gelingt, die Trinitätslehre strukturbildend in allen Traktaten zu verankern. In der Konsequenz dieser Einsicht wiederum gelangt Rahner zu dem bekannten Grundaxiom, das den gesuchten Konnex zwischen den Dogmatiktraktaten freilegt: „Die ‚ökonomische' Trinität ist die ‚immanente' Trinität und umgekehrt."[7] Für die Begründung dieser These ist entscheidend, dass Rahner mit ihrer Hilfe der Trinitätslehre eine heilsgeschichtliche Grundlage verschaffen will. Ihre epistemische Ort- beziehungsweise Funktionslosigkeit im Gesamt der Dogmatik soll dadurch überwunden werden, dass die Trinität auf einen offenbarungstheologischen Bestimmungsgrund zurückgeführt wird, der seinerseits alle trinitätstheologischen Aussagen

---

4   *Immanuel Kant*, Der Streit der Fakultäten, in: ders., Schriften zur Anthropologie, Geschichtsphilosophie, Politik und Pädagogik (Werke, hg. v. Wilhelm Weischedel, 6), Darmstadt 1998, 265–393, 303 (Str. d. F. A 50). Vgl. *pars pro toto Gisbert Greshake*, Der dreieine Gott. Eine trinitarische Theologie, Freiburg 1997, 15–22.
5   *Rahner*, Der dreifaltige Gott als transzendenter Urgrund der Heilsgeschichte, 323–327.
6   Vgl. *Georg Essen*, Durch Liebe bestimmte Allmacht. Zum Verhältnis von ökonomischer und immanenter Trinität, in: Michael Böhnke u. a. (Hg.), Die Filioque-Kontroverse. Historische, ökumenische und dogmatische Perspektiven. 1200 Jahre nach der Aachener Synode (QD 245), Freiburg u. a. 2011, 240–259.
7   *Rahner*, Der dreifaltige Gott als transzendenter Urgrund der Heilsgeschichte, 328; vgl. ebd., 327–329. Die folgenden Seitenverweise im Text beziehen sich auf diesen Aufsatz.

begründet und trägt. Diesen Bestimmungsgrund findet Rahner in der Inkarnation der Person des Gottessohnes. „Das, was Jesus als Mensch ist und tut", so lautet das Kernargument, „ist das den Logos selbst offenbarende Dasein des Logos als unseres Heiles bei uns. Dann aber kann wirklich ohne Abschwächung gesagt werden: Hier ist der Logos bei Gott und der Logos bei uns, der immanente und der ökonomische Logos streng derselbe" (336). Diese These versieht Rahner im Weiteren seiner Argumentation mit einem trinitätstheologischen Geltungssinn. Denn (zumindest) in der Notwendigkeit, die Christologie trinitarisch zu explizieren, ist der „Fall" gegeben, dass die „Sendung" des Sohnes diesem ganz und gar eigentümlich ist und nicht, wie in der Schuldogmatik zumeist unterstellt, äußerlich zugeeignet, das heißt lediglich appropriiert wird.

Die weitere Entfaltung der Trinitätstheologie, wie Rahner sie konzipiert, muss uns an dieser Stelle nicht weiter interessieren, wohl aber sein Hinweis auf die systemische und hermeneutische Verankerung der Trinitätslehre in der Christologie und Pneumatologie. Ganz am Ende seiner Ausführungen weist Rahner noch einmal auf die „Eigentümlichkeit" des von ihm vorgelegten Traktats hin. Ihm zufolge „sind Christologie und Gnadenlehre, streng genommen, Trinitätslehre". Aus dieser Einsicht zieht er den Schluss, dass diese, sofern sie, wie in seinem Beitrag geschehen, als systematischer Gesamtentwurf eingeführt wird, „eine gewisse formale Antizipation der Christologie und Pneumatologie (Gnadenlehre)" sei. Zur Begründung verweist er einerseits auf das bereits erwähnte Argument zurück, dass eine Christologie ernst zu nehmen habe, dass „‚nur' der Logos Mensch wurde" und dieses Menschsein den Logos „als solchen" zeige (339). Andererseits aber verweist er auf die Begründungsfunktion der Pneumatologie, in der eine trinitarisch strukturierte Gnadenlehre zu zeigen habe, dass die unableitbar freie Gegenwart der ungeschaffenen Gnade im Menschen in eins die personale Selbsterschließung Gottes als Geist ist.[8] Sofern nun, so die Schlussfolgerung, in beiden Traktaten die beiden „Grundmodalitäten göttlicher Selbstmitteilung" thematisch werden,[9] werde, so Rahner, „die eigentliche Trinitätslehre in der Christologie und Pneumatologie vorgetragen" (381.397).

Diese konzeptionellen Grundeinsichten, die Rahner hier vorträgt, leuchten, so denke ich, unmittelbar ein. Sie machen ja Ernst mit der

---

8 Vgl. *Rahner*, Der dreifaltige Gott als transzendenter Urgrund der Heilsgeschichte, 336–340.
9 Vgl. *Rahner*, Der dreifaltige Gott als transzendenter Urgrund der Heilsgeschichte, 376–382. „Die göttliche Selbstmitteilung geschieht in Einheit und Unterschiedenheit in Geschichte (der Wahrheit) und im Geiste (der Liebe)." Ebd., 382.

Eigentümlichkeit, dass wir Gottes Heils- und Gnadenhandeln als ein Offenbarungsgeschehen verstehen müssen. Dies besagt aber näherhin, dass wir die Sendung des Sohnes wie des Geistes als das eine und doch in sich differenzierte Ereignis der Selbstmitteilung Gottes zu begreifen haben. Damit ist insofern die Schwelle zur Trinitätslehre erreicht, als die Selbstgegenwart Gottes in seinem Heilshandeln nicht ohne das Bekenntnis zur Gottheit des Sohnes wie des Geistes gedacht werden kann. Vorausgesetzt nur, Gottes geschichtliches, in der Sendung von Sohn und Geist kulminierendes Offenbarungsgeschehen wird als ein Handeln begriffen, in dem er als Vater durch den Sohn und im Geist für uns Menschen da ist. Die ökonomische Trinität jedoch, die damit begrifflich eingeführt ist, „ist" die immanente Trinität, weil Gott selbst in diesem Geschehen sich selbst offenbart hat und als er selbst gegenwärtig ist. Nicht zu Unrecht hat das Rahner'sche Axiom in der auf seinen Vorstoß folgenden Diskussion jedoch eine entscheidende Präzision erfahren. Denn trotz ihres inneren Zusammenhangs ist die immanente von der ökonomischen Trinität zu unterscheiden. Ihr innerer Zusammenhang ist zu wahren, um an der Identität Gottes mit seinen Offenbarungsgestalten und Erscheinungsweisen festhalten zu können, ihre Unterschiedenheit aber, weil sonst das heilsökonomische Offenbarwerden Gottes nicht mehr in Gott selbst begründet werden könnte und also seines Grundes verlustig gehen würde. Folglich ist sowohl um der Gottheit Gottes wie um der Freiheit seiner Offenbarung willen die „Wesens-" von der „Offenbarungstrinität" real zu unterscheiden.[10] Ihr Verhältnis wiederum ist als wechselseitige Priorität zwischen dem gnoseo-

---

10 Zur Unterscheidung von „Wesensdreieinigkeit" und „Offenbarungsdreieinigkeit" vgl. bereits *Franz Anton Staudenmaier*, Die christliche Dogmatik 2, Freiburg/Br. 1844, 475–479. Bei Staudenmaier findet sich bereits die These von der Identität von immanenter und ökonomischer Trinität: „Die göttliche Dreieinigkeit ist eben so Dreieinigkeit des Wesens […] als Dreieinigkeit der Offenbarung." Ebd., 475. Einmal mehr zeigt sich hier, wie verhängnisvoll der lehramtlich sanktionierte Antimodernismus, wie er sich im Laufe der katholischen Theologiegeschichte des 19. Jahrhunderts entwickelt hatte, auf das diskursiv zu erschließende Problembewusstsein der katholischen Theologie ausgewirkt hat. Die theologiehistorisch epochale Bedeutung Rahners für unser Thema liegt ja darin, dass er – gleichsam *ex nihilo* – die Trinitätsspekulation der katholischen Theologie auf ein Reflexionsniveau hob, auf dem, genau besehen, die katholische Theologie in der ersten Hälfte des 19. Jahrhunderts bereits diskutiert hatte. Eine Einbeziehung der dort geführten Debatten hätte in systematisch-theologischer Hinsicht ja nicht nur dazu beitragen, die Argumentationsbasis zu verbreitern, auf der der trinitarische Gottesbegriff theologisch zu begründen und rational zu verantworten ist. Sondern deren Berücksichtigung würde auch heute noch wesentlich dazu beitragen, der im Hintergrund stehenden modernitätstheoretischen Frage nach einer der christlichen Glaubenswahrheit angemessenen Denkform erst die nötige Tiefenschärfe zu geben.

logischen Vorrang der ökonomischen und dem sachlogischen Prius der immanenten Trinität zu denken.[11] Zwar hatte Rahner, wie gesehen, den trinitarischen Gottesgedanken aus der Selbstmitteilung des Vaters durch den Sohn und im Geist begründet und diese selbst als Offenbarungsgeschehen gekennzeichnet, das sich in Geschichte und innerer Erfahrung vollzieht. Darum auch konnte er ja die Trinitätslehre als formale Antizipation von Christologie und Pneumatologie bezeichnen und entsprechend diese beiden Traktate als Explikation der Trinitätslehre konzipieren. Auch hier blieb jedoch der auf Rahner folgenden Diskussion die weitere Klärung der Frage überlassen, wie sich die Trinitätslehre im Ausgang von der Offenbarung Gottes in Jesus Christus und im Geist begründen lässt. Insbesondere Wolfhart Pannenberg hat in diesem Zusammenhang auf ein konzeptionelles Desiderat bei Rahner hingewiesen, das theologisch äußerst folgenreich ist. Rahner belasse es bei formalen Hinweisen auf den Begriff der „‚Selbstmitteilung' des Vaters durch den Sohn" und verzichte darauf, die Trinitätslehre aus dem Inhalt der Offenbarung Gottes in Jesus Christus zu begründen und also auszugehen vom Verhältnis des Menschen Jesus zum Vater.[12] Als einen der maßgeblichen Gründe, die für Rahner ausschlaggebend seien, trinitarische Aussagen über den einen Gott, sein Wesen und seine Eigenschaft nicht im Rückgang auf den im Verhältnis Jesu zum Vater und zum Geist offenbaren dreieinigen Gott zu begründen, macht Pannenberg Rahners Ablehnung der Annahme von drei Subjektivitäten in Gott verantwortlich.[13] Rahners Reserven gegenüber der trinitarischen Prädizierung des Personbegriffs beruhen darauf, dass der neuzeitliche Personbegriff selbstbewusstseins- und freiheitstheoretische Implikationen habe. Eine persontheoretische Reformulierung der innertrinitarischen *relationes* müsste folglich die Konsequenz nach sich ziehen, dass die Dreiheit von Personen als Kommunikation für sich seiender Individuen aufzufassen wäre, was wiederum den Begriff göttlicher Einheit verunklart. Rahner glaubt, auf den Personbegriff deshalb verzichten zu können, weil die göttliche Einheit nicht als communio aufzufassen sei, in der die Personen in der Anredeform der zweiten

---

11 Zu dem hier vorausgesetzten Verhältnis von immanenter und ökonomischer Trinität vgl. vor allem *Wolfhart Pannenberg*, Systematische Theologie 2, Göttingen 1991, 327–330; ders., Systematische Theologie 1, Göttingen 1988, 326–335; *Hans Urs von Balthasar*, Theodramatik, II. Die Personen des Spiels, 2. Die Personen in Christus, Einsiedeln 1998, 469–489; ders., Theodramatik, III. Die Handlung, Einsiedeln 1980, 297–305.
12 Vgl. *Pannenberg*, Systematische Theologie 1, 326–335; Zitat ebd., 335.
13 Vgl. *Pannenberg*, Systematische Theologie 1, 335.

Person Singular, „Du", miteinander kommunizieren würden. Im Gegenzug führt Rahner, in deutlicher Nähe zu einem Vorschlag von Karl Barth, bekanntlich die Termini „konkrete Gegebenheits-" respektive „Existenzweisen" beziehungsweise „distinkte Subsistenzweise" ein.[14] Helmut Hoping hat darauf hingewiesen, dass sich die gegenwärtige Diskussionslage in der Trinitätstheologie nicht verstehen lasse ohne die Einwände, die Rahner gegen die trinitätstheologische Verwendung des Personbegriffs vorgebracht habe.[15] Mit dieser Bemerkung spielt er einerseits auf den von Gisbert Greshake vorgelegten Entwurf einer „trinitarischen Theologie" von 1997 an und andererseits auf eine, wenn ich recht sehe, von Magnus Striet 2002 ausgelöste Debatte, in der unter anderem auch auf meine eigenen trinitätstheologischen Anschlussüberlegungen zu meiner Christologie Bezug genommen wird.[16] In diesem Debattenumfeld lasse sich, so Hoping, die Tendenz beobachten,

---

14 Vgl. *Rahner*, Der dreifaltige Gott als transzendenter Urgrund der Heilsgeschichte, 366; vgl. ebd., 342f.353f.364–366.385–392.

15 *Helmut Hoping*, Deus Trinitas. Zur Hermeneutik trinitarischer Gottesrede, in: Magnus Striet (Hg.), Monotheismus Israels und christlicher Trinitätsglaube (QD 210), Freiburg u. a. 2004, 128–154, 136.

16 Vgl. *Greshake*, Der dreieine Gott; *Magnus Striet*, Spekulative Verfremdung. Trinitätstheologie in der Diskussion, in: HerKorr 56 (2002) 202–207; *Herbert Vorgrimler*, Randständiges Dasein des dreieinigen Gottes? Zur praktischen und spirituellen Dimension der Trinitätslehre, in: StdZ 220 (2002) 545–552; *Gisbert Greshake*, Streit um die Trinität. Ein Diskussionsbeitrag. in: HerKorr 56 (2002) 534–537. Vgl. *Georg Essen*, Die Freiheit Jesu. Der neuchalkedonische Enhypostasiebegriff im Horizont neuzeitlicher Subjekt- und Personphilosophie (ratio fidei 5), Regensburg 2001. Zum weiteren Verlauf der Kontroverse vgl. (ohne Anspruch auf Vollständigkeit) *Thomas Schärtl*, Theo-Grammatik. Zur Logik der Rede vom trinitarischen Gott (ratio fidei 18), Regensburg 2003; *Bernhard Nitsche*, Gott und Freiheit. Skizzen zur trinitarischen Gotteslehre (ratio fidei 34), Regensburg 2008; *Magnus Striet (Hg.)*, Monotheismus Israels und christlicher Trinitätsglaube (QD 210), Freiburg u. a. 2004; ders., Monotheismus und Schöpfungsdifferenz. Eine trinitätstheologische Erkundung, in: Peter Walter (Hg.), Das Gewaltpotential des Monotheismus und der dreieine Gott (QD 216), Freiburg u. a. 2005, 132–153; vgl. *Helmut Hoping*, Theozentrik und Christozentrik in der Liturgie, in: George Augustin u. a. (Hg.), Gott denken und bezeugen. FS Kasper, Freiburg u. a. 2008, 437–458; ders., Die Selbstvermittlung der vollkommenen Freiheit Gottes. Kritische Anmerkungen zu Magnus Striets trinitätstheologischem Vorstoß, in: *Walter (Hg.)*, Gewaltpotential, 166–177; *Muna Tatari – Klaus von Stosch (Hg.)*, Trinität – Anstoß für das islamisch-christliche Gespräch (Beiträge zu Komparativen Theologie 7), Paderborn u. a. 2013; *Karl-Heinz Menke*, Anmerkungen zu Magnus Striets „Monotheismus und Schöpfungsdifferenz. Eine trinitätstheologische Erkundung", in: *Walter (Hg.)*, Gewaltpotential, 154–165. Die Druckfassung der Dissertation von Magnus Lerch hat mich erst nach der Fertigstellung dieses Beitrages erreicht, so dass es mir leider nicht möglich ist, die Ergebnisse dieser beeindruckenden Arbeit mit einzubeziehen. Sie erscheint 2015 in der Reihe *ratio fidei* unter

"ausgehend von personen- und freiheitstheoretischen Überlegungen die Momente selbstbewusster Subjektivität und Freiheit auch für die Personen der göttlichen Trinität zu beanspruchen, Vater, Sohn und Geist also eine eigene, durch Subjektivität und Freiheit bestimmte Personalität zuzuschreiben"[17].

Nun sind Rezeptionsverhältnisse dieser Art in trinitätstheologischen Zusammenhängen alles andere als neu, sondern prägen die Auseinandersetzungen seit dem ausgehenden 18. Jahrhundert. Insbesondere in den Kontroversen des 20. Jahrhunderts zeigt sich, dass Einschätzungen zur trinitarischen Verwendung des neuzeitlichen Personbegriffs von der Wahl des jeweils zugrunde liegenden trinitätstheologischen Grundkonzepts abhängen. Wer, wie dies bei Karl Rahner der Fall ist, den trinitarischen Gottesgedanken in die von Augustinus her auf uns gekommene Traditionslinie einschreibt, steht dem infrage stehenden Personbegriff in der Regel reserviert bis ablehnend gegenüber. Wer hingegen, wie dies beispielsweise bei Hans Urs von Balthasar der Fall ist, in der von Richard von St. Victor ausgehenden Tradition steht, bevorzugt die trinitarische Verwendung des Personbegriffs.[18] „Während der eine die Annahme von drei göttlichen Bewusstseinszentren verwirft, meint der andere, die reale Differenz der göttlichen Personen ohne das Moment selbstbewusster Subjektivität nicht festhalten zu können."[19] In der Regel folgt die wechselseitige Zuschreibung stereotyper Allgemeinplätze auf dem Fuße: „Modalismus" versus „Tritheismus".

---

dem Titel „Selbstmitteilung Gottes. Herausforderungen einer freiheitstheoretischen Offenbarungstheologie".
17 *Hoping*, Deus Trinitas, 128.
18 Dieser Hiatus ließe sich, was ich an dieser Stelle nicht ausführen werde, auch an Positionen festmachen, die in früheren Diskurskonstellationen vertreten wurden. Informative Überblicke und theologiehistorische Durchblicke finden sich bei *Murrmann-Kahl*, „Mysterium trinitatis"?; *Nitsche*, Gott und Freiheit; *Greshake*, Der dreieine Gott, 74–172.
19 So fasst *Hoping*, Deus Trinitas, 129, die polemischen Vorhaltungen Greshakes und Vorgrimlers zusammen. Vgl. *Vorgrimler*, Randständiges Dasein des dreieinigen Gottes?; *Greshake*, Streit um die Trinität.

2 Begründungsprobleme heutiger Trinitätstheologie

Es liegt auf der Hand, dass polemisch zugespitzte Selbstblockaden dieser Art extrem unbefriedigend sind und erst recht nicht zielführend. Lohnender dürfte hingegen der Versuch sein, die theoretischen Hintergrundannahmen freizulegen, die erst zu den angedeuteten Positionierungen verleiten. Dabei legt sich die Vermutung nahe, dass eine Lösung des Problems eher verstellt wird, wenn die Legitimität des trinitätstheologischen Gebrauchs des neuzeitlichen Personbegriffs *unvermittelt* durch einen Rekurs auf eine der beiden genannten spekulativen Trinitätskonzeptionen verifiziert beziehungsweise falsifiziert werden soll. Das hängt nicht nur damit zusammen, dass die Wahl des jeweiligen Paradigmas ihrerseits eigens zu begründen ist. Der bloße Hinweis auf eventuell gar nur scheinbar unlösbare Schwierigkeiten, die man bei der jeweils anderen Konzeption glaubt ausfindig zu machen, stellt jedenfalls noch keinen hinreichenden Grund dar, für das entsprechende Alternativkonzept zu votieren, dessen blinder Fleck geflissentlich verschwiegen wird.[20] Statt sich unbesehen dem Pendelschlag der trinitätstheologischen Debattenverläufe zu überlassen, der seit jeher zwischen dem augustinisch-anselmianischen einerseits und dem viktorianischen Modell andererseits hin und her schwingt, lohnt es sich, einem Hinweis von Pannenberg zu folgen,[21] der mit dem nötigen theologiehistorischen Problembewusstsein aufgezeigt hat, dass die Rezeption beider Traditionslinien dem Missverständnis aufgesessen ist, sie als Argumentationsfiguren beanspruchen zu wollen, um aus ihnen die Dreiheit aus der Einheit spekulativ herzuleiten. Wir haben es hier mit dogmatisch verselbständigten Argumentationsstrategien zu tun, die aus dem Blick verloren haben, dass die Trinitätslehre die Auslegung jenes Verhältnisses Jesu zum Vater und zum Geist ist, wie es in der Geschichte Jesu für uns offenbar wurde. Dabei hätte doch bereits der dogmenhistorische Entdeckungszusammenhang trinitätstheologischer Aussagen hinreichend

---

20 Auf diesem Wege ließe sich freilich der faktische Gang der Debattenverläufe sowohl in der protestantischen wie in der katholischen Theologie rekonstruieren, in denen die kommunikativ-personalen Konzeptionen in dem Maße jeweils an Plausibilität gewannen, wie sich die Einsicht durchsetzte, dass weder die Position von Karl Barth noch die von Karl Rahner konsensfähig waren. Doch kaum gewannen personorientierte Trinitätskonzeptionen an Profil, formierten sich wiederum Positionen, die eine Affinität zum augustinisch-anselmianischen Ansatz aufweisen. Vgl. *Thomas Schärtl*, Trinität, Einheit und Eigenschaften Gottes, in: Muna Tatari – Klaus von Stosch (Hg.), Trinität, 13–68.

21 Vgl. *Pannenberg*, Systematische Theologie 1, 308–314, sowie bereits ders., Grundzüge der Christologie, Gütersloh 1964, 181–189.

Auskunft darüber gegeben, dass die im Inkarnationsgedanken festgehaltene Einheit Jesu mit Gott die trinitarische Explikation der Christologie erforderlich machte.²² Eine solche begründungslogische Verselbständigung der Trinitätstheologie gegenüber ihrem offenbarungsgeschichtlichen Fundament lässt sich meiner Einschätzung nach in der gegenwärtigen Debatte an kaum einem Entwurf so genau studieren wie an den elaborierten Vorstößen, die Thomas Schärtl in jüngster Zeit zur Diskussion gestellt hat.²³ Auf der einen Seite überträgt er der Trinitätslehre die Aufgabe, „ein Interpretationsrahmen zu sein für die [...] Selbstmitteilung in Jesus von Nazareth"²⁴. Dieser Aufgabe wiederum komme die Trinitätstheologie durch die Einbeziehung einer dreifachen Fragestellung nach. Religionsphilosophisch sei die interreligiöse Vereinbarkeit des christlichen Gottesbegriffs zu prüfen. Fundamentaltheologisch und dogmatisch sei die Trinitätslehre angesichts des Befundes zu begründen, dass sie trotz biblischer Grundlegung auf außerbiblische Legitimationsfiguren zurückgreifen muss. Metaphysisch wiederum sei auf das Zusammendenken von Trinität und dem Begriff der Einheit und Einfachheit Gottes zu reflektieren.²⁵ Vor dem Hintergrund dieser Problemexposition ist es auf der anderen Seite mehr als verwunderlich, dass Schärtl in Argumentationsfiguren, die er vorträgt, dieser Kohärenz von philosophisch-theologischen Begründungsleistungen nicht entspricht. Stattdessen entkoppelt er seine Reflexionen, die allein auf einen in sich konsistenten Begriff göttlicher Einheit gerichtet sind, von jeglicher offenbarungstheologischer Begründungsnotwendigkeit. Dieses Verfahren

---

22 Vor diesem Hintergrund mag man die methodische Vorentscheidung Greshakes bedauern, die Trinitätslehre nicht in der Gestalt vorgelegt zu haben, dass sie verständlich wird als christliche Aussage über die Wirklichkeit des in der Geschichte Jesu offenbaren Gottes. Seine Monographie präsentiert sich faktisch als trinitarische Theologie, die die Vielzahl der Glaubensaussagen trinitarisch expliziert, und findet ihren Skopus in einem Relevanzaufweis, der die theoretische Bedeutung und praktische Konsequenz des trinitarischen Gottglaubens erschließt. Vgl. *Greshake*, Der dreieine Gott, 15–44. Die, wenn man so will, offene Flanke, die Greshakes Trinitätstheologie dadurch bietet, dass er der Selbstreferentialität seiner Communiotheologie aufgrund eines Verzichts auf ein christologisches Begründungsfundament nur schwerlich entkommt, lässt in der Tat Raum für jene Rückfragen, die Vorgrimler in bemerkenswert unsachlicher Weise glaubt vortragen zu müssen. Zur Kontroverse vgl. *Vorgrimler*, Randständiges Dasein des dreieinigen Gottes?; *Greshake*, Streit um die Trinität.
23 Vgl. jüngst *Thomas Schärtl*, Trinität als Gegenstand der Analytischen Theologie, in: ZKTh 135 (2013) 26–50. Vgl. ferner ders., Trinität, Einheit und Eigenschaften Gottes.
24 *Schärtl*, Trinität als Gegenstand der Analytischen Theologie, 26.
25 Ebd.

verwundert umso mehr, als Schärtl dem seinerseits von Karl Barth und Karl Rahner eingeschlagenen Weg grundsätzlich zuzustimmen scheint, „die Trinitätstheologie als das folgerichtige Resultat einer eindringlichen Reflexion auf den christlichen Offenbarungsbegriff"[26] zu begreifen. Und an anderer Stelle heißt es mit wünschenswerter Deutlichkeit, dass die Trinitätstheologie vor allem eine die Christologie stützende Theorie sein müsse.[27] Freilich zieht Schärtl aus dieser Einsicht, soweit ich sehen kann, keine systematisch-theologischen Konsequenzen, die doch darin bestehen müssten, die von ihm aufgeführten Problemaspekte kohärent miteinander zu verfugen. Dabei käme es vor allem darauf an, aus seiner These, die Trinitätslehre als „Interpretationsrahmen" der Christologie zu begreifen, die Schlussfolgerung zu ziehen, die im engeren Sinne philosophischen Fragerichtungen unter steter Bezugnahme auf den von ihm ja dem Grundsatz nach geteilten offenbarungshermeneutischen Begründungsrahmen zu entfalten. Auch müsste sich sein Abwägungsdiskurs, der die traditionellen Modelle des „Social Trinitarianism" und des „Latin Trinitarianism" beurteilt, in wesentlich stärkerem Maße von dogmenhermeneutischen, insbesondere christologischen Gesichtspunkten leiten lassen, als dies geschieht. Und schließlich wird nicht einmal erwogen, ob sich die trinitätstheologische Privilegierung des infrage stehenden Personbegriffs nicht explizit theologischen Erwägungen verdankt, die sich aus der von Schärtl selbst vermerkten Verfugung von Trinitätslehre und Christologie ergeben.[28] Nur deshalb scheint sich Schärtl darüber zu wundern, dass die

---

26 *Schärtl*, Trinität als Gegenstand der Analytischen Theologie, 26.
27 *Schärtl*, Trinität, Einheit und Eigenschaften Gottes, 15.
28 Rückfragen ergeben sich auch bei der Einführung des Begriffs der Einheit Gottes. Es mag ja sein, dass die Rede von der Einfachheit Gottes, wie Schärtl (Trinität, Einheit und Eigenschaften Gottes, 17) ausführt, in der Gotteslehre eine „außerordentlich wichtige Rolle" innegehabt hat. Wie immer es mit diesem Begriff bestellt sein mag, gegen dessen christlich-theologische Bedenken Pannenberg freilich gewichtige Einwände vorgebracht hat, die um das dem christlichen Gottesbegriff angemessene Verständnis von Gottes Wesen und Eigenschaften kreisen. Vgl. *Pannenberg*, Systematische Theologie 1, 389–401. Es ist jedenfalls erstaunlich, dass Schärtl den ebenfalls von Pannenberg, aber beispielsweise auch von Walter Kasper vorgetragenen Überlegungen keine Rechnung trägt, dass sich auch der Begriff der Einheit des göttlichen Wesens einer *offenbarungstheologischen* Begründung verdankt, und zwar in dem Sinne, dass der Einheitsbegriff als „Inbegriff der personalen Beziehungen zwischen Vater, Sohn und Geist" verstanden werden muss. Ebd., 363. *Walter Kasper*, Der Gott Jesu Christi (Das Glaubensbekenntnis der Kirche 1), Mainz 1982, 291–295, bezieht sich mit seiner Entfaltung der trinitarischen Struktur des in der Gotteslehre vorausgesetzten Einheitsbegriffs ausdrücklich auf den von Johann Evangelist Kuhn entwickelten Begriff des konkreten Monotheismus. Zu der im Hintergrund stehenden Zuordnung von philosophischem und theologischem Einheitsbegriff vgl. meine ebenfalls auf

auf Rahner folgende Diskussion dessen „berühmte Warnung" vor einem trinitätstheologischen Gebrauch des Personbegriffs in den, wie Schärtl schreibt, Wind geschlagen zu haben scheint. Diese Einschätzung dürfte freilich auf einer Verkennung der Argumentationsdynamik beruhen, wie sie für die trinitätstheologische Forschungsdiskussion der letzten dreißig Jahre zu beobachten ist. Es zeigt sich, dass schlussendlich vor allem die Berücksichtigung christologischer Begründungsverfahren dazu geführt hat, dem Rahner'schen Trinitätsmodell nicht zu folgen.[29] Das Gleiche gilt, so meine ich, für die Frage, ob der Personbegriff zur Explikation der Trinität heranzuziehen sei. Wer die Trinitätslehre als Auslegung des Verhältnisses Jesu zum Vater und zu dessen Geist versteht, kommt offenbar zu anderen Folgerungen für die Beurteilung der Terminologie als Positionen, die einem solchen offenbarungstheologischen Verfahren zur Begründung trinitarischer Aussagen gar nicht oder zumindest nicht in der dogmenhermeneutisch eigentlich doch gebotenen Konsequenz folgen. Es dürfte folglich auf einer verkürzten Wahrnehmung der trinitätstheologischen Debattenlage beruhen, diesbezügliche Konflikte lediglich als einen Streit um die Sprachregelung begreifen zu wollen, der um die Verwendung des Personbegriffs kreist.

3 Christologie und Trinitätslehre

Die zuletzt vorgetragene Kritik läuft im Umkehrschluss auf die These zu, dass eine systematische Begründung und Entfaltung der Trinitätstheologie von der Offenbarung Gottes in Jesus Christus auszugehen habe. Dies legt die Einsicht nahe, dass nicht nur die Frage nach der Dreiheit in der Einheit, sondern auch die Entscheidung über die Terminologie der Trinitätslehre in der Christologie fällt.[30] Doch lässt sich gerade an der Ei-

---

Johann Evangelist Kuhn zurückgreifenden Überlegungen in *Georg Essen*, „Aufruhr in der metaphysischen Welt" – Notwendige Distinktionen im Begriff des Monotheismus, in: Magnus Striet (Hg.), Monotheismus und christlicher Trinitätsglaube (QD 210), Freiburg u. a. 2004, 236–270, bes. 246–252.
29 Vgl. beispielsweise *Kasper*, Der Gott Jesu Christi, 322–381; ders., „Einer aus der Trinität …" Zur Neubegründung einer spirituellen Christologie in trinitätstheologischer Perspektive, in: ders., Theologie und Kirche, Mainz 1987, 217–234.
30 Der Vorwurf Vorgrimlers (Randständiges Dasein des dreieinigen Gottes?, 546) gegenüber Magnus Striet, dieser mache „die Erkenntnis des dreieinigen Gottes ausschließlich an der Geschichte Jesu fest", verwundert. Entspricht dies nicht bereits dem historischen Weg, den die Ausbildung der Trinitätslehre genommen hat? Nahm sie etwa nicht ihren Anfang beim neutestamentlichen und apostolischen Zeugnis von

gentümlichkeit der Rahner'schen Argumentation, die zur Trinitätslehre führen soll, aufzeigen, dass der bloße Hinweis auf die Begründungsfunktion der Christologie keineswegs genügt. Rahner nämlich hatte lediglich die heilsökonomische „Sendung" als „Ansatzpunkt" für die Trinitätslehre bezeichnet.[31] Zwar überwand er mit diesem Ansatz den traditionellen Versuch, die Trinitätslehre aus einem vorgegebenen Begriff Gottes herzuleiten. Er wollte sie stattdessen als Ausdruck der Offenbarung Gottes in Jesus Christus verstanden wissen. Denn in der Christologie werde auf jene „Sendung" reflektiert, die dem Logos alleine zukomme, sofern eben nur die in Christus sich ereignende göttliche Selbstmitteilung die „Geschichte einer göttlichen Person im Unterschied zu den anderen göttlichen Personen ist". Folglich kann es bei Rahner heißen, dass Jesus „der Sohn" sei: „die zweite göttliche Person, der Logos Gottes, ist Mensch, er und nur er" (329). Anders gewendet: „Das, was Jesus als Mensch ist und tut, ist das den Logos selbst offenbarende Dasein des Logos als unseres Heiles bei uns" (336). In diesem Zusammenhang ist nicht nur wichtig, dass der Sohn die Selbstmitteilung der göttlichen Wirklichkeit des Vaters ist. Sondern diese „processio" des Sohnes ist in eins „die ökonomische, freie Selbstmitteilung an Jesus als den ‚absoluten Heilbringer' und […] die notwendige ‚immanente' Selbstmitteilung der göttlichen Wirklichkeit". Hier macht Rahner folgerichtig Ernst mit seiner These von der Identität von immanenter und ökonomischer Trinität, die zur Aussage zwingt, dass die „Möglichkeit der Selbstaussage des Vaters an die Welt schon als Möglichkeit eine innere ‚Differenzierung' in Gott selbst" bedeute (358f.). Um diese Aussage begründen zu können, rekurriert Rahner auf die Christologie. Das Wissen darum, dass die Unterscheidung von Vater und Sohn eine interne Differenz des einen göttlichen Wesens bedeutet, gründet Rahner zufolge darauf, dass sich Jesus „in seiner eigentümlichen Weise als der ‚Sohn' sowohl dem Vater als auch den Menschen gegenüber" wisse (359).

Diese Aussagenreihe steht allerdings in einer gewissen Spannung zu Rahners Überlegungen zu „Differenzierungen in der Selbstinterpretation Jesu als des Sohnes". Denn auf der einen Seite heißt es bei Rahner: „Jesus weiß sich in einem Verhältnis zu dem Gott, den er seinen ‚Vater' nennt, in einer Weise, die ihn seine Sohnschaft von der anderer Menschen un-

---

Jesus Christus und wurde in dem Maße unabweisbar, wie sich die Gottheit Jesu im Sinne seiner ewigen Sohnschaft als Implikat eben seines Daseins erwies? Wie also sollte eine Trinitätslehre anders begründet und entfaltet werden als im Ausgang von der Offenbarung Gottes in Jesus Christus?

31 Vgl. *Rahner*, Der dreifaltige Gott als transzendenter Urgrund der Heilsgeschichte, 347. Die nachfolgenden Seitenverweise im Text beziehen sich auf diesen Aufsatz.

terscheiden lässt". Und weiter kann es heißen: „Jesus weiß sich als der konkrete Mensch, als ‚der Sohn'" (357). Auf der anderen Seite aber hält Rahner es für „methodisch gefährlich", die Selbstinterpretation Jesu als Sohn „gleich im ersten Ansatz nur und einfachhin" mit jenem metaphysischen Begriff der Sohnschaft zu identifizieren, der dem ewigen Logos als der zweiten trinitarischen Person prädiziert wird (357). Diese These wird es Rahner schließlich erlauben, die von ihm vorgenommene christologische Fundierung der Trinitätslehre schlussendlich doch in die Spur der lateinischen, von Augustinus und Anselm ausgehenden Tradition zurückzulenken. Denn indem er die „Du-Anrede" Jesu an den Vater auf den „geschöpflichen Ausgangspunkt" beschränkt wissen will, kann er an der für diese Tradition maßgeblichen Einsicht festhalten, dass es innertrinitarisch kein „gegenseitiges Du" gebe (366).

Zwar hat es den Anschein, als sei Rahners Weigerung, Vater und Sohn als Subjekte einer immanenten Selbstmitteilung zu bezeichnen, unmittelbar auf seine Ablehnung zurückzuführen, drei Subjektivitäten in Gott anzunehmen.[32] Bei näherem Zusehen zeigt sich jedoch, dass vielmehr Rahners konzeptionelle Ausgestaltung der Christologie für diese trinitätstheologische Weichenstellung verantwortlich ist. Sie ist Folge des im Grunde legitimen Anliegens einer gegen den Monophysitismus gerichteten Christologie, von Jesus ein „menschliches, subjektives Aktzentrum kreatürlicher Art"[33] auszusagen. Nach Rahner zeichnet sich die menschliche Lebenswirklichkeit Jesu durch geistige Subjektivität und Selbstbewusstsein aus, die in hypostatischer Einheit mit dem göttlichen Logos existiert. Das hypostatische Aufgenommensein der menschlichen Natur und mit ihr der menschlichen Geistigkeit durch den Logos begründet wiederum eine unthematische und präreflexive Grundbefindlichkeit des Menschen Jesus, die Rahner als Gottunmittelbarkeit einer selbstbewussten Subjektivität bezeichnet. Für den uns interessierenden und also primär christologischen Zusammenhang ist entscheidend, worauf sich diese Gottunmittelbarkeit der menschlichen Subjektivität Jesu richtet. An dieser Stelle muss auffal-

---

32 Denn die Beschränkung des „Du" zum Vater auf einen geschöpflichen Ausgangspunkt ermöglicht Rahner, am traditionellen Axiom festzuhalten, es gebe in Gott „nur eine Macht, einen Willen, ein einziges Bei-sich-selbst-sein, ein einziges Handeln, eine einzige Seligkeit usw.". Und weiter heißt es: „Selbstbewusstsein ist also kein Moment, das die göttlichen ‚Personen' voneinander unterscheidet, auch wenn jede göttliche ‚Person' als konkrete ein Selbstbewusstsein hat. Vom Personbegriff ist also hier alles sorgfältig fernzuhalten, was drei ‚Subjektivitäten' bedeuten würde". Ebd., 366.
33 *Karl Rahner*, Kirchliche Christologie zwischen Exegese und Dogmatik, in: ders., Schriften zur Theologie 9, Einsiedeln u. a. 1970, 197–226, 210.

len, dass die Gottunmittelbarkeit Jesu von Rahner insofern als „Gottessohnbewusstsein" qualifiziert wird, als die *unio hypostatica* ein „Datum des Selbstbewusstseins [der] menschlichen Natur von ihr selbst her" ist. Dabei scheinen nun allerdings Formulierungen Rahners, die menschliche Seele Christi sei „unmittelbar ontisch und bewusstseinsmäßig ‚beim Logos'" beziehungsweise das menschliche Selbstbewusstsein Jesu stehe dem „ewigen Wort [...] in der echt menschlichen Haltung der Anbetung, des Gehorsams, des radikalsten Kreaturgefühls" gegenüber, aber auch die Rede von einer „Unmittelbarkeit [sc. der *natura assumpta*, G.E.] zur Person und dem Wesen des Logos" beziehungsweise von einer „unmittelbaren Schau des Logos durch die menschliche Seele Jesu"[34] darauf hinauszulaufen, als ob Rahner ein subjekthaftes Gegenüber der menschlichen Natur Jesu zur Person des Logos unterstelle. „Sieht man", so schlussfolgert Jürgen Werbick nicht zu Unrecht,

„mit Rahner und der augustinischen Tradition das heilsgeschichtliche Gegenüber Jesu zu seinem Vater nur in seiner menschlichen Natur begründet, so müsste ein Gegenüber zwischen dem Menschen Jesus und der Trinität als solcher und damit in Jesus Christus selbst angenommen werden, der ja als Mensch mit dem ewigen Sohn des Vaters hypostatisch geeint ist – ein kaum noch nachvollziehbarer, für die Christologie fataler Gedanke"[35].

---

34 *Karl Rahner*, Probleme der Christologie von heute, in: ders., Schriften zur Theologie, Einsiedeln 1954, 169–222, 191.190.178; ders., Dogmatische Erwägungen über das Wissen und Selbstbewusstsein Christi, in: ders., Schriften zur Theologie 5. Neuere Schriften, Einsiedeln u. a. 1962, 222–245, 237.243.
35 *Jürgen Werbick*, Trinitätslehre, in: Theodor Schneider (Hg.), Handbuch der Dogmatik 2, Düsseldorf 1992, 481–576, 535. Soweit ich erkennen kann, verstrickt sich auch Helmut Hoping (Theozentrik und Christozentrik in der Liturgie, 450f.) in die hier am Beispiel Rahners aufgedeckte Aporie, indem auch er von Jesus aussagt, was zweifelsohne für uns gilt: dass nämlich der „göttliche Adressat des christlichen Gebets wie beim jüdischen Gebet nur der eine und einzige Gott" sein könne. Als Begründung dient Hoping ein christologisches Argument, das zum vielfach traktierten Themenfeld des Selbstbewusstseins Jesu gehört und von dem auch, wie gesehen, Rahners Theorie zehrt. Das geschichtliche Dasein Jesu setze die „Subjektivität und Einheit eines bewussten Lebens" voraus. Diese Einheit aber wäre, so Hoping, gefährdet, wenn man den „Einheitspunkt der hypostatischen Union" als ein vom Vater unterschiedenes Subjekt mit eigenem Bewusstsein begreiflich machen wolle. Dies gefährde die Einheit, die Christus ist, weil man ihm ja dann ein „zweifaches ‚Ich'" prädizieren müsse: Neben das menschliche „Ich" trete das göttliche „Ich" des menschgewordenen Logos. Das wiederum führe zu einer Auffassung, die Hoping glaubt ablehnen zu müssen: „Jesus, der Sohn, stünde mit seinem zweifachen göttlichen und menschlichen ‚Ich' zugleich dem göttlichen ‚Ich' des Vaters gegenüber" (ebd., 450[68]; vgl.

Da die für diese weitreichenden Konsequenzen maßgeblichen Gründe schon seit längerem Gegenstand der christologischen Diskussion sind,[36] genügt an dieser Stelle der Hinweis auf die Grundkonzeption Rahners, die zu dieser Weichenstellung führt. Indem er nämlich die Heils- und Offenbarungsgeschichte nach Analogie der Schöpfer-Geschöpf-Beziehung denkt und die hypostatische Union als zwar „einmaliges" und „höchstes", gleichwohl „inneres Moment der Ganzheit der Begnadigung der geistigen Kreatur überhaupt"[37] zu verstehen sucht, kommt es bei ihm zum Ausfall einer Sohnes-Christologie. Im Hintergrund steht eine nicht unproblematische dogmenhermeneutische Deutung des chalkedonischen Lehrentscheids, auf die Pannenberg bereits Anfang der 1960er Jahre aufmerksam gemacht hatte. Die Kritik an ihr lautet, dass die Frage nach dem Verhältnis des Göttlichen und des Menschlichen in Jesus nicht als „Frage nach einer Einheit von Gott und Mensch" gestellt werde dürfe, „sondern nur als Frage nach der Einheit dieses besonderen menschlichen Lebens mit dem Gott Israels, wie er in Jesus offenbar ist"[38].

4 Die Offenbarung Gottes in Jesus Christus als dogmatisches Kriterium für die Terminologie der Trinitätslehre

Diese zuletzt genannte Einsicht lenkt den Blick wiederum auf die Aufgabe, die Trinitätslehre in der Weise aus dem Inhalt der Offenbarung Gottes in der Geschichte Jesu zu begründen, dass dabei ausgegangen wird vom Verhältnis Jesu zum Vater. Freilich hat die kritische Auseinandersetzung

---

ders., Göttliche und menschliche Personen. Die Diskussion um den Menschen als Herausforderung für die Dogmatik, in: ThG 41 [1998] 162–174, 168f.). Die Frage, was die dem Christusgeschehen angemessene Selbstbewusstseinstheorie sein dürfte, soll hier einstweilen zurückgestellt werden (s. u.). In christologischer wie in trinitätstheologischer Hinsicht hochproblematisch dürfte in jedem Fall die Konsequenz sein, dass auch Hoping augenscheinlich gezwungen ist, ein Gegenüber von Jesus und der Trinität zu konstruieren.
36 Vgl. *Karl-Heinz Menke*, Jesus ist Gott der Sohn. Denkformen und Brennpunkte der Christologie, Regensburg 2008, 350–362. In diesem Beitrag deckt Menke luzide den größeren theologiegeschichtlichen Kontext auf, indem er eine Linie von Schleiermacher zu Rahner zieht. Zu Anthropologisierungsschüben in der Christologie des Deutschen Idealismus vgl. darüber hinaus ders., Stellvertretung. Schlüsselbegriff christlichen Lebens und theologische Grundkategorie (Sammlung Horizonte, NF 29), Einsiedeln 1991, 95–129.
37 *Karl Rahner*, Die Christologie innerhalb einer evolutiven Weltanschauung, in: ders., Schriften zur Theologie 5, Einsiedeln u. a. 1962, 183–221, 210.
38 *Wolfhart Pannenberg*, Grundzüge der Christologie, Gütersloh (1964) ⁶1982, 291.

mit Rahner gezeigt, dass der Hinweis, jede Trinitätstheologie habe bei der Selbstunterscheidung Jesu vom Vater anzusetzen, noch keineswegs hinreichend ist, um den entscheidenden Schritt raus aus der Sackgasse zu tun, in die hinein sich der Streit der unterschiedlichen Trinitätskonzeptionen verrannt hat. Es genügt offenbar nicht, lediglich auf die Bezogenheit Jesu auf den Vater zu rekurrieren, um über die Verwendung des Personbegriffs in der Trinitätslehre zu entscheiden. Die vorstehend skizzierte Kritik an Rahner legt stattdessen nahe, den eigentlichen Streit in der Frage zu sehen, ob das für uns erreichbare historische Wissen über das Sohnesverhältnis Jesu zum Vater die Aussage über den Begriff der metaphysischen Gottessohnschaft begründen kann. Denn erst dann wäre einsichtig, dass die Geschichte Jesu als des Sohnes in eins das geschichtliche Dasein des ewigen Sohnes ist. Einsichtig wäre dann auch, dass die in Jesu Gottesverhältnis für uns erkennbare Beziehung von Vater und Sohn als eine Relation zu begreifen ist, die dem ewigen Wesen Gottes selbst eignet. Ob folglich der Personbegriff für Aussagen über den innergöttlichen Lebensvollzug des nur im Singular existierenden göttlichen Wesens erforderlich wird, hängt begründungslogisch deshalb wesentlich von der Klärung der Personidentität Jesu ab. Von ihr wiederum hängt erst die Antwort auf die Frage ab, ob die trinitarischen Personen als selbstbewusste Subjekte zu bezeichnen sind, denen dann auch je für sich Freiheit zu prädizieren wäre.

Eine solche Begründung, die von der dogmatischen Christologie zu erbringen ist,[39] lässt sich meines Erachtens in zwei Anläufen erreichen.

---

39 Helmut Hoping gerät meines Erachtens in eine zirkuläre Argumentationsfigur, wenn er Magnus Striet und mir pauschal vorhält, die von uns vertretene Trinitätskonzeption verstoße gegen das „Pluralisierungsverbot für das göttliche Wesen" (*Hoping*, Theozentrik und Christozentrik in der Liturgie, 449f.). Er verweist in diesem Zusammenhang auf die Synode von Toledo und stellt eigens heraus, dass die dort geprägte Glaubensformel auf der „Linie" des Augustinus liege. Zirkulär ist Hopings dogmenhistorischer Hinweis, weil die Befangenheit der westlichen Trinitätstheologie in der augustinischen Tradition ja gerade zu der Schieflage geführt hat, die Begründung der Trinitätslehre von der Christologie zu entkoppeln. Der Verlauf der trinitätstheologischen Diskussionen im 20. Jahrhundert hat einen Subtext, den freizulegen zu den Voraussetzungen gehören dürfte, die festgefahrenen Konfliktlinien, von denen bereits mehrfach die Rede war, hinter sich zu lassen. Wer diesen Subtext entziffert, stößt auf die Frage, ob sich die in der Augustinus-Tradition konzipierte Denkform überhaupt als geeignet erweist, um eine Trinitätstheologie zu entfalten, die sich als Offenbarungstrinität begreift. Es bedarf im Übrigen nicht des polemischen Aufwandes, den Herbert Vorgrimler betreibt, wenn er aus der theologiehistorischen Gegenposition des Richard von St. Victor glaubt, eine Karikatur machen zu müssen, um den Nachweis zu führen, dass auch die Ableitung einer Pluralität von drei trinitarischen Personen aus dem Wesen Gottes als Liebe bereits vom Ansatz her verfehlt ist, um die Trinitätslehre zu begründen. Denn auch eine Trinitätsbegründung aus dem Gedanken der Liebe verfehlt ihr Thema, sofern sie darauf

Es bedarf – erstens – einer genaueren dogmenhistorischen Analyse der nachchalkedonischen Lehrentwicklung. Denn erst in christologischen Diskurskonstellationen, die sich vom fünften bis ins siebte Jahrhundert hinein erstrecken, stoßen wir auf den für unsere Fragestellung zentralen Begriff der Enhypostasie, der als Interpretament des Dogmas von Chalkedon Wesentliches zur Klärung der Frage nach der Personidentität Jesu mit dem Gottessohn beigetragen hat. Doch der historische Abstand zwischen der damaligen Debattenlage und der heutigen Zeit erzwingt – zweitens – dogmenhermeneutische Überlegungen zur verstehenden Aneignung der spätantiken Christologie. Diese Reflexion vollzieht sich als eine Denkformanalyse und zielt auf den Entwurf einer dogmatischen Christologie, mit dem die zentralen Gehalte des Enhypostasiebegriffs unter den Bedingungen gegenwärtigen Denkens reformuliert werden können. Erst hier entscheidet sich folgerichtig nicht nur der Grundansatz für eine trinitätstheologische Explikation der Christologie. Sondern es können auch erst auf der Basis einer dogmenhistorisch informierten Denkformanalyse Kriterien für eine dogmatische Urteilsbildung formuliert werden, nach denen der trinitätstheologische Gebrauch des Personbegriffs zu bemessen wäre.[40]

---

verzichtet, den trinitarischen Gottesgedanken aus der Offenbarung Gottes in Jesus zu Christus zu begründen (vgl. *Vorgrimler*, Randständiges Dasein des dreieinigen Gottes?, 550). Zur Entkopplung von Offenbarungs- und Wesenstrinität bei Augustinus und in der auf ihn sich berufenden Tradition vgl. auch *Hans-Joachim Sander*, Einführung in die Gotteslehre, Darmstadt 2006, 88–93.

40 Ausdrücklich möchte ich darauf hinweisen, dass die Zielsetzung meines Beitrages sich ausschließlich darauf beschränkt, einen christologischen Ausweg aus den vorstehend rekonstruierten trinitätstheologischen Sackgassen zu bahnen. Meine Ausführungen beschränken sich mithin darauf, die Offenbarung Gottes in Jesus Christus als dogmatisches Kriterium für die Terminologie der Trinitätslehre geltend zu machen. Folglich wird, bereits aus Platzgründen, aber auch, um die Komplexität der vorliegenden Argumentation nicht überzustrapazieren, darauf verzichtet, im Anschluss an die allein im Mittelpunkt stehende christologische Reflexion auf Begründungsprobleme trinitarischer Aussagen sogleich auch eine Trinitätslehre zu entwickeln. Da ich die im Hintergrund stehende Inkarnationstheorie andernorts bereits entfaltet und in diesem Zusammenhang auch die entscheidenden dogmenhistorischen Rekonstruktionen vorgelegt habe, kann ich mich an dieser Stelle mit einer extrem knapp gehaltenen Skizze begnügen, die die wesentlichen Gesichtspunkte in einer Weise herausarbeitet, wie es das Thema meiner Ausführungen verlangt. Vgl. *Essen*, Die Freiheit Jesu; ders., Die Personidentität Jesu Christi mit dem ewigen Sohn Gottes. Dogmenhermeneutische Überlegungen zur bleibenden Geltung der altkirchlichen Konzilienchristologie, in: IKaZ 41 (2012) 80–103. Vgl. ferner ders., „Und das Wort ist Fleisch geworden". Transzendenz Gottes im Horizont des Inkarnationsglaubens, in: Erwin Dirscherl u.a. (Hg.), Einander zugewandt. Die Rezeption des christlich-jüdischen Dialogs in der Dogmatik, Paderborn u.a. 2005, 97–120. Zu meinen bisherigen trinitätstheologischen Überlegungen vgl.

4.1 Christologie nach Chalkedon
Eine dogmenhistorische Vergewisserung in systematischer Absicht

Einzusetzen ist bei einem begriffstheoretischen und ontologischen Überhangproblem des dogmatischen Lehrentscheids von Chalkedon.[41] In dem eigentlichen Horos,[42] der die Lehrstreitigkeiten zwischen den Alexandrinern und Antiochenern hat schlichten sollen, stoßen wir auf gegenläufige Argumentationslogiken. Im ersten Teil der Lehrformel haben wir es mit einem Narrativ zu tun, das den Ausgangspunkt der Betrachtung festlegt, von dem her die Konstitution des Gottmenschen zu begreifen ist. Die Aussage folgt hier einem absteigenden heilsgeschichtlichen Schema, dem zufolge „ein und derselbe Sohn" Ausgangspunkt und Subjekt der Menschwerdung ist. Der „Sohn" aber, der „unser Herr Jesus Christus" ist, ist zugleich das Attributionssubjekt der menschlichen wie göttlichen Prädikate. Im zweiten Teil der Lehrformel jedoch, der die terminologischen Streitigkeiten schlichten soll, kehrt sich die Argumentationslogik um. Die Aussage nämlich, dass es „ein und derselbe Christus, Sohn, Herr, Einziggeborener" ist, der „in zwei Naturen" zu „einer Person und einer Hypostase" zusammenkommt, findet ihren Skopus darin, dass nunmehr von der Zweiheit der Naturen zu der einen Hypostase fortgeschritten wird. Der Begriff der „einen Hypostase" wird mithin auf die Endgestalt dessen angewendet, der Fleisch angenommen hat. Der eine Christus wird somit als komplexe Ganzheit vom Endpunkt der Inkarnation und also von ihrem Ergebnis her vorgestellt: Die eine Hypostase ist das Resultat der Einung von göttlicher und menschlicher Natur.

Essen, Die Freiheit Jesu, 317–335; ders., „Aufruhr in der metaphysischen Welt"; ders., Keine Geheimniskrämerei. Warum die Trinitätstheologie so wichtig ist, in: Streitfall Gott. Zugänge und Perspektiven, Herder Korrespondenz Spezial 2 (2011) 38–42; ders., Durch Liebe bestimmte Allmacht. Zum Verhältnis von ökonomischer und immanenter Trinität, in: Böhnke u. a. (Hg.), Die Filioque-Kontroverse, 240–259; ders., Art. Monotheismus, IV. Systematisch-theologisch, in: LThK³ 7 (1998) 428–430.

41 Zum Folgenden vgl. vor allem die Ausführungen in *Essen*, Die Freiheit Jesu, 24–48, die vor allem der einschlägigen Arbeit von Alois Grillmeier folgen. Auf einen Verweis auf weitere Forschungsliteratur wird um der gebotenen Kürze willen in der Regel ebenso verzichtet wie auf die Zitation spätantiken Quellenmaterials aus der nachchalkedonischen Lehrentwicklung. Zum derzeitigen dogmen- und theologiehistorischen Forschungsstand vgl. *Essen*, Die Personidentität Jesu Christi mit dem ewigen Sohn Gottes; *Florian Bruckmann*, Henōsis kath hypostasin – die ersten zehn Anathematismen des fünften ökumenischen Konzils (Konstantinopel 553) als Dokument neuchalkedonischer Theologie, in: AHC 36 (2004) 1–166.259–388. Vgl. darüber hinaus *Menke*, Jesus ist Gott der Sohn, 257–277.

42 Zum Text vgl. COD (D) 1, 36.

Von den komplexen Diskurskonstellationen der nachchalkedonischen Christologie, die sich dieser Unausgewogenheit annahmen, ist für den uns interessierenden Zusammenhang allein eine begriffstheoretische Weichenstellung von Interesse. Die Definition von Chalkedon hatte die systematisch-spekulative Anschlussfrage unbeantwortet gelassen, wo und wie in dem „einen Christus" die eine Hypostase verwirklicht sei. Die Suche nach einer Antwort sollte sich von dem heilsgeschichtlichen Narrativ inspirieren lassen, das dem ersten Teil des Konzilsentscheids zugrunde liegt. Es folgt der von Alois Grillmeier sogenannten „alexandrinischen Intuition", die Idee der Subjekteinheit so scharf wie möglich herauszustellen, um auf dieser Grundlage das Verhältnis der einen Hypostase zu ihren beiden Naturen zu klären. Damit war der Weg vorgezeichnet, im Logos/Sohn sowohl den Ausgangspunkt des Einigungsgeschehens als auch das einheitsermöglichende und -verbürgende Subjekt zu sehen. Diese Einsicht konnte freilich erst dadurch begrifflich eingeholt werden, dass die „eine Hypostase" im präexistenten Logos prädikativ angesiedelt wird. Die eine göttliche Hypostase, so lautet die Antwort, ist Ausgangspunkt und Grund der Einheit beider Naturen.

Es blieb schließlich den skythischen Kontroversen des 6. Jahrhunderts vorbehalten, nunmehr auf der Basis von Chalkedon die Verfugung von Trinitätstheologie und Christologie voranzutreiben. Der Akt der Inkarnation des präexistenten Logos ist begrifflich als das Geschehen zu begreifen, in dem die zweite trinitarische Hypostase zur christologischen wird. In seinem Brief „Olim quidem" von 535 wird diese Einsicht von Papst Johannes II. folgendermaßen ausgedrückt: „Christus [ist] einer aus der Heiligen Dreifaltigkeit [...], das heißt eine heilige Person bzw. Subsistenz – was die Griechen Hypostase nennen – von den drei Personen der Heiligen Dreifaltigkeit". Dies ist für Johannes die Konsequenz der chalkedonischen Entscheidung, dass „wir auf katholische Weise unseren Herrn Jesus Christus als Sohn Gottes"[43] bekennen. Eine solche Interpretation des Chalkedonense findet sich schließlich auch in den Texten des Zweiten Konzils von Konstantinopel von 553. Ausdrücklich wird festgehalten, dass die „Einigung des Gott-Logos mit dem mit einer Vernunft- und Verstandesseele beseelten Fleisch synthetisch oder hypostatisch zustande gekommen ist" und dass „deshalb [!] die Hypostase bei ihm nur eine ist, das heißt der Herr Jesus Christus, einer der heiligen Dreiheit". Näherhin heißt es, dass die eine Hypostase in Christus die des göttlichen Logos sei, und zwar in der Weise, dass die Dreifaltigkeit „keine Hinzufügung einer Person

---

43 DH 401f.

oder Hypostase erfahren" hat. Die Bestimmung, dass eine Hypostase „aus der göttlichen Dreiheit, der Gott-Logos, Fleisch geworden ist", findet ihre Entsprechung in der Bekräftigung, dass der „im Fleisch Gekreuzigte, unser Herr Jesus Christus, wahrer Gott und Herr der Herrlichkeit und einer der heiligen Dreiheit ist"[44].

Das systematische Interesse, das die vorstehende theologiehistorische Rekonstruktion leitet, erlaubt den Verzicht darauf, den Weg der konzeptionellen Durchdringung der hier lehramtlich grundgelegten Enhypostasielehre historisch weiterzuverfolgen. Sie besagt in ihrer klassischen Gestalt, dass der ewige und deshalb präexistente Logos, der Sohn des Vaters, als zweite Hypostase/Person der Trinität durch hypostatische Union eine menschliche, in der Zeit geschaffene Natur in substanzieller Einheit als seine Natur mit seiner Hypostase/Person vereinigt und so wahrer Mensch geworden ist. Ebenso genügt an dieser Stelle der Hinweis, dass diese konzeptionelle Ausgestaltung von der begrifflichen Anstrengung flankiert wurde, den Begriff der Hypostase des Gottessohnes, von der in der Trinitätslehre zu handeln ist, zu einer formellen Kongruenz mit der „einen Hypostase" zu bringen, von der in der Christologie zu reden ist. Was andernorts dogmenhistorisch nachgezeichnet und begriffsgeschichtlich rekonstruiert wurde,[45] kann ich hier lediglich voraussetzen. Es dürfte jedoch deutlich sein, dass es zu den dogmatischen Vorgaben der nachchalkedonischen Lehrentwicklung gehört, den Lehrentscheid von Chalkedon in der Weise trinitätstheologisch zu interpretieren, dass die christologische Hypostase respektive Person mit der zweiten der *tres personae* identifiziert wird. Darüber hinaus ist die Bestimmung, dass der Sohn Gottes Jesus Christus und Jesus Christus der Sohn Gottes ist, nur unter der ontologischen Voraussetzung zu denken, dass der Begriff der metaphysischen Gottessohnschaft zugrunde gelegt wird. Denn erst wenn die göttliche Person des Sohnes als ontologischer Grund der hypostatischen Union begriffen wird, kann Jesus Christus als das Ereignis der Inkarnation des ewigen Gottessohnes verdeutlicht werden.[46] Die ontologische Begründung der infrage stehenden

---

44 COD (D) 1, 114–118.
45 Vgl. *Essen*, Die Freiheit Jesu, 24–65.
46 Vor dem Hintergrund der nachchalkedonischen dogmatischen Entscheidungen in der Christologie kann ich meine Bedenken gegenüber einer These Hopings nicht verhehlen, die er in seiner Auseinandersetzung mit Magnus Striet vertritt. Bei der Hermeneutik des Bekenntnisses zum Deus Trinitatis wäre, so Hoping, „zwischen λόγος ἄσαρκος und λόγος ἔνσαρκος deutlicher zu unterscheiden […], unbeschadet der Identität des Logos Gottes mit der Person Christi und der Tatsache, dass der λόγος ἄσαρκος von Ewigkeit her das *verbum incarnandum* ist, da es in Gott kein zeitliches Nacheinander gibt" (*Hoping*, Die Selbstvermittlung der vollkommenen Freiheit Gottes, 170). Wie,

Personidentität Jesu mit dem Gottessohn ist in eins eine trinitätstheologische! Die Personidentität Jesu mit dem Sohn Gottes ist, zusammenfassend formuliert, nur gewahrt, wenn in der Christologie von keiner anderen Hypostase/Person die Rede ist als in der Trinitätstheologie.

4.2 Die Personidentität Jesu Christi mit dem ewigen Sohn Gottes Christologische Auswege aus trinitätstheologischen Sackgassen

Die vorstehende dogmenhistorische Argumentation legt nahe, die ontologische Frage nach der Personidentität Jesu mit dem Sohn Gottes in begrifflicher Hinsicht dahingehend auszulegen, dass die zweite trinitarische Person formell mit der christologischen Person zu identifizieren ist: Die eine Person, von der christologisch zu sprechen ist, ist die göttliche Person des ewigen Sohnes. Die Univozität von trinitätstheologischem und christologischem Hypostasen- respektive Personbegriff gehört zu den dogmatischen Vorgaben der nachchalkedonischen Lehrentwicklung der Christologie, sofern sie der theologischen Aussage, dass der präexistente Gottessohn das Subjekt des Inkarnationsgeschehens ist, begrifflich dadurch entspricht, dass sie die formelle Realisierung der einen christologischen Hypostase in die Hypostase des göttlichen Sohnes verlegt. Damit aber scheint zugleich eine Lösung in Sicht, um die infrage stehenden terminologischen Probleme zu klären. Sie kann nur lauten, dass dem Sohn ein eigenes Personsein dem Vater gegenüber zukommt. Obendrein legt, wie die Schrift bezeugt, die aktive Beziehung des Sohnes zum Vater, die für die personale Identität Jesu konstitutiv ist, nahe, den Lebensvollzug Jesu in der Weise als ein selbständiges Aktzentrum aufzufassen, dass es als selbstbewusste Subjektivität verstanden wird. Das wiederum legt die Einsicht nahe, den Begriff der göttlichen Person als selbstbewusstes Subjekt zu konzipieren, sofern und weil die Besonderheit Jesu gerade darin liegt, die göttliche Person des Sohnes zu sein.

So naheliegend und, wie sich noch zeigen wird, durchaus folgerichtig diese Argumentation auch ist, sie muss sich einem Einwand stellen, den Helmut Hoping in seiner Auseinandersetzung mit Gisbert Greshake in wünschenswerter Präzision geltend gemacht hat. Wer, wie Greshake dies

---

so die Rückfrage, soll gedacht und begrifflich bestimmt werden, dass zum einen der ewige Logos das *verbum incarnandum ist* und der Logos Gottes mit der Person Christi *identisch* ist, ohne dass zugleich die Identität zwischen dem von Ewigkeit her existierenden Wort Gottes einerseits und dem in Jesus menschgewordenen Sohn andererseits angenommen wird?

tue, die göttlichen Personen als selbstbewusste Subjekte begreift, könne nicht mehr einsichtig machen, dass wir christologisch „von einem einzigen Bewusstsein Jesu" zu sprechen haben. Dies aber könne nicht gut bestritten werden, da Jesus „uns in der Schrift als ein menschliches Individuum mit dem Vermögen zu sprechen und zu handeln gegenübertritt, weshalb wir ihm, wie jedem anderen auch, der uns so begegnet, Bewusstsein und Selbstbewusstsein zusprechen". Wenn nun aber, so glaubt Hoping folgern zu müssen, dieser Mensch „nach der christlichen Lehre das Wort Gottes in Person ist, dann kann die göttliche Person selbst, die Mensch geworden ist, nicht nach Art eines selbstbewussten Subjekts konzipiert werden"[47]. An anderer Stelle heißt es, ganz im Gefälle dieser These, dass es wenig „sinnvoll" sei, „als Einheitspunkt der hypostatischen Union ein ‚Ich' des göttlichen Logos, der Mensch wird, anzusehen"[48].

Aber ist diese Schlussfolgerung christologisch wirklich so zwingend, wie Hoping sie hier unterstellt? Sie ist es, so meine ich, keineswegs, weil sie bei Hoping von Voraussetzungen zehrt, die einer Denkformanalyse nicht standhalten. Ohne, soweit ich sehen kann, die Ergebnisse der seit Schleiermacher und Pannenberg geführten Debatte um die sogenannte Aporetik der Zweinaturenlehre zu berücksichtigen,[49] konzipiert Hoping seine Inkarnationstheorie mit Bezug auf den traditionellen Begriff der hypostatischen Union. Damit aber wird bereits *ab ovo* jeder Versuch konterkariert, die christologische Verwendung des neuzeitlichen Personbegriffs zu erproben. Das Problem der traditionellen Theorie der hypostatischen Union besteht darin, dass sie begrifflich wie methodisch bereits mit dem Begriff der göttlichen Hypostase des Sohnes einsetzt und dann nur noch darauf reflektiert, wie die menschliche Natur in diese hypostatisch bestimmte einende Einheit aufgenommen wird. Die Aporie tritt spätestens dort zutage, wo Hoping, wie bereits Rahner, den der *natura assumpta* eigentümlichen Begriff selbstbewusster Subjektivität in das vorgegebene Schema der traditionellen Zweinaturenlehre einträgt. Damit kann er allerdings die Spannung zwischen der Subjekthaftigkeit, die der menschlichen Natur Jesu eigen ist, und der Person des Gottessohnes nur noch mühsam dadurch kaschieren, dass Letztere darauf reduziert wird, als Einheitspunkt der hypostatischen Union in dem Sinne zu fungieren, dass von einem ontologisch entleerten Begriff

---

47 *Helmut Hoping*, Göttliche und menschliche Personen. Die Diskussion um den Menschen als Herausforderung für die Dogmatik, in: ThG 41 (1998) 162–174, 168f.
48 *Hoping*, Deus Trinitas, 138f[1], unter Berufung auf *Schärtl*, Theo-Grammatik, 538.
49 Zur Rekonstruktion der seit Schleiermacher anhaltenden Kontroverse vgl. *Essen*, Die Freiheit Jesu, 193–198.

des *verbum assumens* kein „Ich" mehr ausgesagt wird.[50] Von weiteren dogmatischen Problemen abgesehen, die unter anderem darauf zulaufen, die Vorgaben der nachchalkedonischen Lehrentwicklung dogmenhermeneutisch zu unterlaufen, läuft Hopings Lösungsvorschlag Gefahr, die konkrete „Lebenseinheit" (Schleiermacher) des menschgewordenen Gottessohnes nicht mehr anschaulich machen zu können. Letzteres hängt auch damit zusammen, dass bei einem Festhalten an der traditionellen Zweinaturenlehre der Weg methodisch verstellt wird, die Inkarnationstheorie unter Bezug auf das einschlägig historisch-kritisch erreichbare Wissen über die Geschichte Jesu zu konzipieren. Auch Hoping kann ja, wie zuvor bereits Rahner, nicht mehr verdeutlichen, dass die im Begriff der hypostatischen Union angezielte innere Konstitution des gottmenschlichen Subjekts aus dem Gesamtzusammenhang der Geschichte Jesu heraus verständlich zu machen ist.[51] Da die Reflexion auf das Zustandekommen der gottmenschlichen Einheit Jesu sich auf die Frage verengt, wie das Menschsein Christi in die vorgegebene Einzigkeit und Einheit, die die Hypostase des göttlichen Logos ist, einzubeziehen sei, erübrigt sich ja in der Tat ein begründungslogischer Rekurs auf die Geschichte Jesu in ihrer Einheit von Leben, Tod und Auferweckung Jesu, um das Zustandekommen der gottmenschlichen Einheit Jesu Christi als Gottessohn begreiflich machen zu können.

Von der Einsicht in die Aporetik der traditionellen Zweinaturenlehre bleibt freilich nicht nur unberührt, dass sie das gültige ontologische Gesamturteil über die Person Jesus Christus als wahrer Mensch und wahrer Gott ausspricht. Sondern ebenso entscheidend ist, dass sie in der interpre-

---

50 Vgl. *Hoping*, Deus Trinitas, 138.
51 Der Rückgriff auf den philosophischen Begriff des inkarnierten Subjekts, den Hoping neuerdings ins Spiel bringt, leistet dies nicht. Dieser Begriff ist methodisch im Kontext der Anthropologie angesiedelt und kann von Hoping folgerichtig auch nur eingeführt werden, um einen „angemessene[n] anthropologische[n] Zugang zur Möglichkeit der Offenbarung Gottes im Fleisch" zu gewinnen. Dann aber wird zurückzufragen sein, inwiefern ein anthropologischer Möglichkeitsaufweis zum kritischen Maßstab werden kann für eine Inkarnationstheorie, die an einer ontologischen Antwort auf die *quaestio facti* – die Frage nach der Wirklichkeit der Selbstoffenbarung Gottes in der Geschichte – interessiert ist. Eine Inkarnationstheorie sollte im Rahmen der dogmatischen Christologie ausschließlich als Antwort auf die Frage nach der Einheit des besonderen menschlichen Lebens Jesu mit Gott eingeführt werden. Diesem Programm, das methodisch der Verfugung einer Christologie von unten und von oben folgt, ist, wenn ich recht sehe, Hopings Christologie hingegen durchaus verpflichtet. Vgl. *Helmut Hoping*, Einführung in die Christologie (Einführung Theologie), Darmstadt 2004. Vgl. ders., „Und das Wort ist Fleisch geworden" (Joh 1,14). Das inkarnierte Subjekt und die Menschwerdung Gottes, in: Guido Bausenhart u. a. (Hg.), Zukunft aus der Geschichte Gottes. Theologie im Dienst an einer Kirche für morgen, FS Hünermann, Freiburg u. a. 2014, 314–340, 325.

tierenden Weiterführung der neuchalkedonischen Enhypostasielehre die Frage nach der inneren Konstitution der Person Jesu durch die Selbstgegenwart Gottes in ihm dadurch beantwortet, dass sie die innere Eigenart des Verhältnisses von Menschlichem und Göttlichem in Jesus als die Personidentität des Menschen Jesus mit dem ewigen Sohn Gottes begreift. Doch das damit angezeigte ontologische Erfordernis verlangt, um den angedeuteten Aporien entkommen zu können, eines methodischen Perspektivwechsels. Diese können vermieden werden, wenn die im Begriff der hypostatischen Union angezielte innere Konstitution des gottmenschlichen Subjekts aus dem Gesamtzusammenhang der Geschichte Jesu heraus verständlich gemacht wird. Erst dann nämlich wird Jesu vollmächtige Bezogenheit auf den Vater, die den Anbruch der Gottesherrschaft in Leben und Geschick Jesu zu ihrem Inhalt hat, zum christologisch entscheidenden Argument für das Verständnis dieser Personidentität wie für das Verstehen der inneren Struktur der gottmenschlichen Einheit und ihres Zusammenkommens. Der gnoseologische „Umweg über das Verhältnis Jesu zum ‚Vater'"[52] eröffnet die Einsicht, dass das darin für uns offenbare Vertrautsein Jesu mit Gott, den er seinen Vater nennt, als der eigentliche Bestimmungsgrund seiner Identität zu bezeichnen ist. Dass Jesus der Sohn ist, erschließt sich für uns somit als Implikat seines Verhältnisses zum Vater.

Die Beschränkung der Sohnschaft Jesu auf die geschöpflich vollzogene Selbstunterscheidung Jesu vom Vater, die Rahner geltend machen will, erweist sich freilich in dem Maße als unnötig, wie der Übergang vom Verhältnis Jesu zum Vater zum Begriff des ewigen Sohnes argumentativ einsichtig gemacht werden kann. Dazu bedarf es einer Zwischenreflexion, in der zu begründen ist, dass es die der Geschichte Jesu selbst eignende Bedeutung ausmacht, Gottes Selbstoffenbarung zu sein. Lässt sich diese Deutung an dem uns historisch erreichbaren Wissen über die Geschichte Jesu tatsächlich bewähren, was ich für das Folgende voraussetze,[53] dann lassen sich weitere ontologische Aussagen nicht vermeiden, wenn näherhin nach dem Sein und Wesen Gottes in Jesus gefragt wird. Sie führen zu dem Begriff der Wesenseinheit Jesu mit Gott, mit der die Selbstgegenwart Gottes im Dasein Jesu begrifflich erfasst ist. Damit aber ist ja nicht nur die deszendenzchristologische Einsicht erreicht, dass wir die Geschichte Jesu als ein Handeln Gottes an ihm und durch ihn zu begreifen haben, son-

---

52 *Pannenberg*, Grundzüge der Christologie, 346.
53 Zur Begründung und Entfaltung dieses Ansatzes vgl. *Thomas Pröpper*, Theologische Anthropologie 2, Freiburg 2011, 1287–1319.

dern es ist desgleichen die Schwelle zur Trinitätstheologie erreicht, die Jesu bestimmtes Menschsein als das geschichtliche Dasein des ewigen Gottessohnes begreift. Folglich vollzieht sich die geschichtlich gelebte Selbstunterscheidung Jesu von Gott, seinem Vater, als eine Persongemeinschaft, die näherhin als Wesensgemeinschaft zu qualifizieren ist: Die geschichtlich vollzogene Beziehung Jesu zum Vater ist eine dem Wesen Gottes selbst eignende Relation! Anders gewendet: Weil Jesus in dieser exzeptionellen Bezogenheit der in einzigartiger Weise mit seinem Vater verbundene „Sohn" ist, gehört Jesus als der vom Vater in die Welt gesandte „Sohn" in das Wesen Gottes hinein. Folglich ist Jesu geschichtlich gelebte Selbstunterscheidung vom Vater im strengen Sinne als Selbstoffenbarung der innertrinitarischen Selbstunterscheidung des ewigen Sohnes vom Vater zu verstehen.[54] Damit aber ist schließlich auch eine Antwort auf die ontologische Frage nach der Personidentität Jesu mit dem Sohn Gottes vorbereitet, die darin besteht, dass Jesu vollmächtige Bezogenheit auf den Vater zum christologisch entscheidenden Argument für unser Verstehen wird, dass der Mensch Jesus seine Identität darin hat, die Person des ewigen Sohnes zu sein. Denn die „biblisch klar bezeugte Selbstunterscheidung Jesu von seinem Abba" ist, wie Karl-Heinz Menke zu Recht herausstellt,

„eine Aussage über Gott selbst. Andernfalls", so heißt es weiter, „würde Gott uns in der Heilsgeschichte anders begegnen, als er in Wirklichkeit ist. Mit anderen Worten: Wenn Jesus die Selbstoffenbarung Gottes ist, dann muss Gott so gedacht werden, dass er sich immer schon zu sich selbst verhält, nämlich als Vater zum Sohn und als Sohn zum Vater: und dann muss diese Selbstunterscheidung des Sohnes vom Vater – d. h. das Subjekt bzw. die Person des Sohnes bestimmende Freiheit – identisch sein mit der geschichtlich gelebten Selbstunterscheidung bzw. Freiheit Jesu gegenüber seinem Abba."[55]

In dieser Konsequenz ist wiederum die Einsicht zwingend, dass am Verhältnis der geschichtlichen Person Jesu zum Vater die innertrinitarische Beziehung zwischen Vater und Sohn ablesbar ist. Der Hinweis auf die biblisch bezeugte Form der aktiven Beziehung, mit der Jesus sich auf den Vater bezieht, schließt freilich aus, dass die so vollzogene Selbstunterschei-

---

54 Zur Rekonstruktion dieses Theorieansatzes vgl. besonders die von *Menke*, Jesus ist Gott der Sohn, 362–375, in der Auseinandersetzung vor allem mit Pannenberg entwickelten Ausführungen.
55 *Menke*, Anmerkungen zu Magnus Striets „Monotheismus und Schöpfungsdifferenz. Eine trinitätstheologische Erkundung", 163.

dung ohne die persontheoretischen Aspekte von Selbstbewusstsein und Freiheit beschreibbar wären. Es ist mithin der der Selbstinterpretation Jesu als Sohn entsprechende Begriff der Selbstunterscheidung, der dazu nötigt, sowohl christologisch wie trinitätstheologisch am Subjektbegriff festzuhalten, und zwar dezidiert in der Weise, dass er der Person des ewigen Sohnes prädiziert wird.

Der Perspektivwechsel, der in der hier in Anspruch genommenen Inkarnationstheorie methodisch vollzogen wird, macht es wiederum unnötig, zu Verlegenheitslösungen zu greifen, wie sie beispielsweise von Rahner und Hoping vorgetragen werden. Die Einsicht, dass die Personidentität Jesu als Gottessohn vermittelt ist durch seine Hinordnung auf den Vater, eröffnet ja den Weg, von dem hier zugrunde gelegten Personbegriff in einer Weise subjekthafte Freiheit auszusagen, dass gleichwohl die gängigen „monophysitischen" oder „nestorianischen" Sackgassen vermieden werden. Ohne in selbigen steckenzubleiben oder auf gekünstelte Begriffsklaubereien verfallen zu müssen,[56] liegt der von mir favorisierten Inkarnationstheorie eine Denkform zugrunde, die der Idee der vollkommenen Subjekteinheit, auf die die neuchalkedonische Interpretation des chalkedonischen Dogmas so entschieden Wert legte, Rechnung trägt: Das eine Ich und Subjekt in Christus ist mit dem präexistenten Gottessohn zu identifizieren! Nur dann wird man ja auch in der Tat der chalkedonischen Semantik vom „ein und demselben", der Jesus Christus ist, gerecht, die die „eine Hypostase" nicht nur als Attributionssubjekt christologischer Prädikate bestimmt, sondern diese „eine Hypostase" dem präexistenten Gottessohn begrifflich prädiziert.[57] Nur unter der Voraussetzung ist ja begreif-

---

56 Schärtls Kritik an Versuchen, den Personbegriff, wie er von sozial-trinitarischen Entwürfen vertreten wird, in der Christologie zu verwenden, trifft allein Ansätze, die diesen im Rahmen der Zweinaturenlehre implementieren wollen. Dann kommt es in der Tat zu jenen begriffstheoretischen Absurditäten, die Schärtl vorführt. Von seiner Kritik unberührt sind jedoch Inkarnationstheorien, die auf offenbarungstheologischer Basis ontologische und begriffliche Konsequenzen aus der Aporetik der Zweinaturenlehre gezogen haben. Dass es diese Alternativen gibt, kommt bei Schärtl bedauerlicherweise nicht zur Sprache. Vgl. *Schärtl*, Trinität als Gegenstand der Analytischen Theologie, 47.

57 Schärtl unterschlägt bei seinem Reformulierungsversuch der Enhypostasielehre deren begriffstheoretische Voraussetzungen. Stattdessen belässt er es bei der metaphorischen Umschreibung, dass Jesus „durch die Enhypostasie in den Lebensstrom Gottes" aufgenommen worden sei, „so dass sich die spezifische Ausprägung, die der Logos im Lebensstrom Gottes ist (in der Augustinisch-Anselmianischen Tradition wäre er das dauerlose Ereignis der Selbsterkenntnis und der artikulierten Weisheit Gottes), gerade Jesus von Nazareth aufprägt". Und weiter heißt es: „Diese Aufprägung fügt dem menschlichen Bewusstsein Jesu kein zweites göttliches (aber vielleicht

lich zu machen, dass die menschgewordene Person des ewigen Sohnes das Subjekt des Handelns Jesu ist; die Person des Gottessohns ist Träger und Akteur der gesamten Lebenswirklichkeit Christi. Da die hier favorisierte christologische Denkform nicht im Rahmen der traditionellen Zweinaturenlehre konzipiert ist, steht begriffstheoretisch nichts im Wege, den neuzeitlichen Begriff der Person unter Einschluss der für ihn konstitutiven Aspekte selbstbewusstseins- und freiheitstheoretischer Art christologisch zu verwenden. Angesichts der, wie bereits ausgeführt, Beziehungswirklichkeit, als die Jesus seine sohnschaftliche Bezogenheit auf den Vater lebt, ist die Verwendung des neuzeitlichen Personbegriffs geradezu unausweichlich. Weil der Mensch Jesus der Sohn Gottes in Person ist, ist die göttliche Person selbst, die Mensch geworden ist, nach Art eines selbstbewussten Subjekts zu konzipieren.[58] In diesem Sinne ist die von Magnus Striet und

---

nicht-zugängliches) Selbstbewusstsein hinzu, sondern bettet das menschliche Selbstbewusstsein Jesu in den Lebensstrom Gottes ein" (*Schärtl*, Trinität als Gegenstand der Analytischen Theologie, 48). Es mag der gedrängten Darstellungsweise dieser Ausführungen geschuldet sein, dass sie die Aufgabe einer dogmenhistorischen Bewährung am Quellenmaterial der nachchalkedonischen Lehrentwicklung noch vor sich haben. Einstweilen sehe ich nicht, dass sich die Semantik von der „Ausprägung" vom „Lebensstrom" oder von der „Einbettung" methodisch als eine begriffliche Transformation des dort gefundenen ontologischen Begriffsrahmens ausweisen lässt. Es könnte jedoch sein, dass die von Schärtl aufgeworfene Frage, ob nicht der Logos als „Ausprägung" des Lebens Gottes in die „Individuationsbedingungen der konkreten menschlichen Natur Jesu" eingreife im Sinne eines „Überschreibens" von Individuationsprinzipien respektive -kriterien, in die Irre führt. Sollte sich nämlich diese „Überschreibung" auf den Individuationsbestand einer bereits existierenden natura assumpta beziehen, dann wäre die dogmatische Vorgabe der Zweinaturenlehre verletzt, dass diese menschliche Natur durch den Akt der hypostatischen Einung in eins geschaffen wird. Aber selbst wenn dieses Missverständnis vermieden werden könnte, bleibt der bei Schleiermacher so eindrucksvolle Einwand bestehen, wie man sich die konkrete Lebenseinheit Jesu Christi überhaupt noch anschaulich machen kann. Das Gekünstelte dieser Lösung steht überdies vor dem Problem, sich in irgendeiner Weise noch als Interpretation der Geschichte Jesu verständlich machen zu müssen. Dass die sich auf Augustinus berufende Sentenz vom „dauerlose[n] Ereignis der Selbsterkenntnis und der artikulierten Weisheit Gottes" (ebd.) dies zu leisten vermag, bedürfte einer Begründung, die Schärtl nicht beibringt.

58 Diese Formulierung greift rhetorisch bewusst auf eine These Hopings zurück, die er allerdings – im Rahmen seiner Denkform durchaus konsequent – folgendermaßen formuliert: „Wenn aber dieser Mensch nach der christlichen Lehre das Wort Gottes in Person ist, dann kann die göttliche Person selbst, die Mensch geworden ist, nicht nach Art eines selbstbewussten Subjekts konzipiert werden" (*Hoping*, Göttliche und menschliche Personen, 169). Ferner arbeitet Hoping Differenzierungen im Verständnis der Person heraus, um schließlich zu einer Begriffsfassung zu gelangen, die „Person" nicht an die Aspekte „Selbstbewusstsein", „Subjektivität" und „Freiheit" bindet. Wie immer es, was an dieser Stelle nicht zu diskutieren ist, um Hopings Überlegungen zum Personbegriff bestellt sein mag, sie lösen, so meine ich, nicht

mir favorisierte trinitätstheologische Denkform eines Kommerziums göttlicher Freiheiten tatsächlich „alternativlos"⁵⁹ und stützt sich dabei dogmatisch auf die nachchalkedonische Enhypostasielehre. Nur auf diesem Wege kann begrifflich wie theologisch deutlich werden, dass das Christusgeschehen, die Geschichte Jesu, wirklich als die Inkarnation des präexistenten göttlichen Logos zu verstehen ist, der Mensch wird als Jesus von Nazaret. Dabei erlaubt der Gedanke, dass die Teilhabe der Menschheit Jesu an der Gottheit des ewigen Sohnes durch Jesu Verhältnis zum Vater vermittelt ist, ein Verständnis der Inkarnation, dass Jesus der Sohn des Vaters ist und darin zugleich – „unvermischt und ungetrennt" – wahrer Mensch und wahrer Gott.⁶⁰ Dann aber ist die terminologische Festlegung unausweichlich, die christologische mit der trinitarischen Person zu identifizieren und den in beiden Traktaten zugrunde gelegten Begriff im neuzeitlichen Sinne zu begreifen. Daran hängt die Möglichkeit, die Inkarnation als ein offenbarendes Handeln Gottes, genauer: als die Sendung des präexistenten Gottessohnes zu verstehen.

---

das infrage stehende christologische respektive trinitätstheologische Problem. Auch wenn Hoping darauf verzichten will, den Personbegriff trinitätstheologisch zu verwenden, so kann er mit dieser Entscheidung nicht die Frage umgehen, wie wir die wechselseitige Selbstunterscheidung von Vater, Sohn und Geist eigentlich denken sollen. Es bleibt ja in jedem Fall das Problem, dass wir den Begriff der Selbstunterscheidung nur explizieren können, wenn wir das „Selbst", von dem hier die Rede ist, als jenes unvertretbar Eigene im Vollzug des Sichunterscheidens begreifen, das ohne Selbstbewusstsein und Freiheit nicht denkbar ist. Analoge Probleme ergeben sich bei dem immer wieder zu beobachtenden Versuch, trinitarische Relationen ohne das Eigene ihrer Relata denken zu wollen oder, so ja auch Hoping, eine „Bezogenheit der göttlichen Personen aufeinander", ohne diese Beziehung als Differenz-Einheit verschiedener, je-ursprünglicher Freiheit zu begreifen. Auch sehe ich nicht, wie sich freiheitstheoretisch eine „immanente Selbstvermittlung der vollkommenen Freiheit Gottes" denken lässt, die – als „trinitarische Selbstvermittlung" aufgefasst – nicht als Kommerzium göttlicher Freiheiten begriffen wird. Vgl. *Hoping*, Die Selbstvermittlung der vollkommenen Freiheit Gottes, 166–169; Zitate ebd., 166.170.174f.

59 *Hoping*, Die Selbstvermittlung der vollkommenen Freiheit Gottes, 170.
60 Eben weil Aussagen über die innere Eigenart des Verhältnisses von Menschlichem und Göttlichem in Jesus im Medium seiner Selbstunterscheidung vom Vater her gemacht werden und folglich den christologischen Begriff ganz von dieser so bestimmten Identität her begreifen, steht die christologisch infrage stehende Identität des Menschen Jesus mit der göttlichen Person des ewigen Sohnes nicht im Widerspruch zur neuzeitlichen Anthropologie.

Kenosischristologie

Strukturen und Probleme

Thomas Marschler

1 „Kenosis" als plurivalenter Schlüsselbegriff theologischer Gegenwartsdebatten

Die systematische Theologie der Gegenwart greift auf den Begriff der Kenosis längst nicht mehr allein in jenen Diskussionsfeldern der Christologie bzw. Soteriologie zurück, in denen er traditionell von seinem biblischen Ursprung in Phil 2,7 her reflektiert wurde. Nicht selten erscheint er als Schlüsselmotiv, mit dessen Hilfe das Selbstverständnis des Christentums auf unterschiedlichen Reflexionsebenen *ad intra* wie *ad extra* artikuliert wird.[1] Ansgar Kreutzer hat jüngst dafür plädiert, angesichts des „Eindruck[s] theologischer Multifunktionalität"[2], den der Blick auf den Einsatz des Kenosisbegriffs fraglos hinterlässt, weniger die spekulativ-christologischen Traditionslinien fortzusetzen als eher das pragmatische Potenzial „kenotischer Identität" in den verschiedenen Daseins- und Handlungskontexten des heutigen Christseins wiederzuentdecken.[3] Gleichfalls handlungsorientiert präsentieren sich Anknüpfungen an das Kenosismotiv in innerkirchlichen Reformdebatten,[4] in Diskursen aktueller Religionstheologie[5]

---

1 Vgl. die programmatische Aussage Johannes Pauls II. in der Enzyklika *Fides et ratio* (1998), in: AAS 91 (1999) 5–88, n. 93 (S. 78): „Hoc in rerum prospectu principale theologiae munus fit *Dei kenosis* intellectus, quod magnum humanae menti restat mysterium quae vix credibile opinatur dolorem mortemque posse amorem illum declarare qui nihil vicissim expetens sese dono concedit."
2 *Ansgar Kreutzer*, Kenopraxis. Eine handlungstheoretische Erschließung der Kenosis-Christologie, Freiburg 2011, 349.
3 Vgl. das Resümeekapitel der Arbeit unter dem Titel „Das Innovationspotenzial des Kenosismotivs im christologischen, anthropologischen und ekklesiologischen Diskurs" (535–555).
4 Vgl. *Johannes Brosseder (Hg.)*, Verborgener Gott – verborgene Kirche? Die kenotische Theologie und ihre ekklesiologischen Implikationen, Stuttgart 2001.
5 Vgl. *Bertram Stubenrauch*, Dialogisches Dogma. Der christliche Auftrag zur interreligiösen Begegnung (QD 158), Freiburg 1995; ders., Christus, die Kenosis Gottes und das Gespräch zwischen den Religionen, in: IKaZ 36 (2007) 138–151.

oder im Kontext politischer und feministischer[6] Theologieentwürfe. Doch auch eher spekulativ ausgerichtete Kenosistheologien der Gegenwart greifen häufig weit über die Erörterung des Inkarnationsgeheimnisses hinaus. So erfolgt der Rekurs auf eine „kenotische" Selbstbeschränkung Gottes mit dem Anliegen, die christliche Schöpfungstheologie mit den Geltungsansprüchen moderner Naturwissenschaft zu versöhnen[7] und zugleich eine Antwort auf die Theodizeefrage zu geben.[8] In unterschiedlicher Form haben sich „postmoderne" Philosophien den christlichen Kenosisbegriff nutzbar gemacht.[9] Laurens ten Kate unterscheidet drei Rezeptionslinien: (1) die Betonung der strikten Gott-Mensch-Differenz in der Tradition negativer Theologie (J.-L. Marion, J. L. Chrétien, E. Levinas, M. C. Taylor); entgegengesetzt dazu (2) das Postulat einer radikalen Angleichung des Unendlichen an das Endliche in Verbindung mit der Auflösung „starker" Ontologie (S. Žižek, J. Milbank, G. Vattimo); (3) eine neue ereignishafte Vermittlung zwischen Welt und Gott, die Eröffnung nichtreduktionistischer Interaktion zwischen philosophischen und religiösen Weltzugängen („econokenosis" in Anknüpfung an J. Derrida, aber auch J. D. Caputo, G. Agamben, A. Badiou). Theologen haben vor allem die ersten beiden Varianten aufgegriffen[10] und sie zuweilen mit eigenen Interessen verknüpft.[11]

---

6 Vgl. *Marta Frascati-Lochhead*, Kenosis and Feminist Theology. The Challenge of Gianni Vattimo, Albany 1998.
7 Ein klares Plädoyer dafür entfalten etwa *John Polkinghorne (Hg.)*, The Work of Love. Creation as Kenosis, Grand Rapids 2001; *Peter J. Colyer*, The Self-Emptying God. An Undercurrent in Christian Theology Helping the Relationship with Science, Newcastle upon Tyne 2013.
8 Vgl. *Klaus von Stosch*, Gott – Macht – Geschichte. Versuch einer theodizeesensiblen Rede vom Handeln Gottes in der Welt, Freiburg 2006, 337–399; *Werner Thiede*, Der gekreuzigte Sinn. Eine trinitarische Theodizee, Gütersloh 2007.
9 *Laurens ten Kate*, Econokenosis: Three Meanings of Kenosis in ‚Post-modern' Thought on Derrida, with References to Vattimo, in: Onno Zijlstra (Hg.), Letting Go. Rethinking Kenosis, Bern 2002, 285–310.
10 Onno Zijlstra urteilt 2002: "The last decade has seen a 'return to religion' in culture and philosophy. 'Kenosis' appears to play a prominent part in this. It surfaces again and again in philosophical, ethical, and theological discussions. Kenosis has long been a fundamental notion in the tradition of Christian thought, but at the end of the twentieth Century it also became a prominent concept in post-modern thinking. Round and about the year 2000 'kenosis' turned out to be a meeting point for the minds of philosophers and theologians" (Introduction, in: *Onno Zijlstra [Hg.]*, Letting Go. Rethinking Kenosis, Bern 2002, 7–23, 7).
11 Siehe etwa *Jakob H. Deibl*, Geschichte, Offenbarung, Interpretation. Versuch einer theologischen Antwort an Gianni Vattimo, Frankfurt u. a. 2008; ders., Menschwerdung und Schwächung. Annäherung an ein Gespräch mit Gianni Vattimo, Göttingen 2013; *Renée D. N. van Riessen*, Man as a Place of God. Levinas' Hermeneutics of Kenosis (Amsterdam Studies in Jewish Thought 13), Dordrecht 2007, bes. 179–204.

Sosehr also in der aktuellen Debatte das Kenosismotiv mit pragmatischer oder theoretischer Intention Transpositionen erfahren hat – diese Entwürfe bleiben, jedenfalls sofern sie eine christliche Prägung besitzen, zurückverwiesen auf die inkarnatorische Kenosis, ja sie erweisen sich vielfach als Fortsetzungen konsequenter, radikaler Kenosischristologien und würden folglich ohne deren systematische Ausarbeitung ihr Fundament verlieren. Schon deshalb lohnt es sich, die Frage nach der „Selbstentäußerung des Sohnes in der Menschwerdung" als bleibend aktuelles Thema der Dogmatik nicht aus den Augen zu verlieren. Auf diesen Aspekt will sich unser Beitrag im Folgenden konzentrieren.

2 Christologische Kenosis-Konzepte

Wer im dogmatischen Kontext von „Kenosischristologie(n)" spricht, kommt ohne einige begriffliche und historische Vorbemerkungen nicht aus.

(1) Phil 2,7 ist diejenige biblische Stelle, an der das Verb κενόω in reflexiver Konstruktion im NT einzig bezeugt ist. Allerdings sind „Kenosischristologien" stets mehr als Auslegungen dieser isolierten Schriftpassage. Die neuere Exegese hat sogar ausdrücklich davor gewarnt, die offensichtlich metaphorische Wendung des Philipperhymnus vorschnell im Licht späterer dogmatischer Festlegungen zu lesen bzw. auf ihrer Basis klare Bestätigungen oder Widerlegungen für systematische Theorien gewinnen zu wollen.[12] Unbestritten ist aber auch, dass der Vers zum Nachdenken über das Subjekt der von Paulus erwähnten „Entäußerung" im Gesamtkontext des neutestamentlichen Christuszeugnisses herausfordert. In einer umfangreichen Studie zur Exegese von Phil 2 hat Jozef Heriban die sehr unterschiedlichen Wege nachgezeichnet und klassifiziert, die dabei in jüngerer Zeit eingeschlagen worden sind.[13]

---

12 Vgl. beispielhaft das Fazit bei *Christian Grappe*, Aux sources de la christologie. Quelques remarques sur la structure, les représentations et l'originalité de l'hymne de Philippiens 2,5–11 à la lumière notamment des traditions veterotestamentaires et juives, in: Matthieu Arnold – Gilbert Dahan – Annie Noblesse-Rocher (Hg.), Philippiens 2,5–11. La kénose du Christ (Études d'histoire de l'exégèse 6), Paris 2013, 19–39.

13 Vgl. *Jozef Heriban*, Retto *phronein* e *kénōsis*. Studio esegetico su Fil 2,1–5.6–11 (Biblioteca di scienze religiose 51), Roma 1983, bes. 400–419. Zur Rezeption des Philipperhymnus in der neueren (vorwiegend romanischen) Dogmatik vgl. *Nunzio Capizzi*, L'uso di Fil 2,6–11 nella cristologia contemporanea (1965–1993) (Tesi Gregoriana. Serie Teologia 21), Roma 1997, bes. 36–66. Katholische Systematiker, die zu einer

(2) Von „Kenosischristologien" im weitesten Sinn kann man in der Dogmatik überall dort sprechen, wo als Subjekt von Phil 2,7 der präexistente Christus (der λόγος ἄσαρκος) angesehen wird, der in Wesen bzw. Herrlichkeit Gott gleich war. Die „Entäußerung" wird dann (wenigstens primär) mit dem Gedanken seiner Menschwerdung in der Zeit verbunden.[14] Diese Auslegung ist – in der unter (3) zu präzisierenden Form – eindeutig die Majoritätsposition von der Vätertheologie bis in die neuere katholische Exegese hinein.[15] In dieser Perspektive sind alle echten inkarnationstheologischen Modelle in irgendeiner Weise „Kenosischristologien". Nicht verwendet wird der Begriff dagegen in der Regel für systematische Entfaltungen der These, dass Phil 2 allein als Aussage über den irdischen Jesus von Nazaret und seinen Weg des dienenden Gehorsams bis zum Kreuz (etwa in Anknüpfung an Jes 53,12b) zu verstehen ist. Diese vor allem im Protestantismus der Neuzeit verbreitete Auslegungsvariante ist zwar nicht notwendig Ausdruck einer Ablehnung des Präexistenz- und Inkarnationsgedankens, wird aber faktisch häufig in diesem Sinn expliziert. Mythologisch-neoarianische Deutungen von Phil 2, die den Christus „in Gottesgestalt" als im Himmel präexistente menschliche Erlöserfigur betrachten, die sich ins irdische Leben hinein als Sklave der kosmischen Mächte erniedrigt hat, könnten zwar im Prinzip ebenfalls als Basis einer (nichttrinitarischen) Kenosischristologie dienen,[16] spielen aber in systematischer Hinsicht keine ernstzunehmende Rolle.

(3) Kennzeichen des in Patristik und mittelalterlicher Scholastik vorherrschenden Kenosisverständnisses ist die Explikation innerhalb desjenigen begrifflichen Rahmens, den das christologische Symbol von Chalcedon abgesteckt hat. Die „eine Person" des „Sohnes Gottes", dessen „Gottesgestalt" das ihm von Ewigkeit her gleich dem Vater zukommende göttliche Wesen bezeichnet, nimmt im Augenblick der Empfängnis Mariens auch eine menschliche Natur an und wird darin „den Menschen gleich" angetroffen. Da der Sohn dabei seine Gottheit nicht verliert, ist die Kenose unmittelbar

---

starken, nichtmetaphorischen Auslegung von Phil 2,7 neigen, werden hier als Minderheit präsentiert.

14 Die systematische Entfaltung dieser These bezieht selbstverständlich neben der paulinischen Vorgabe weitere neutestamentliche Zeugnisse ein.

15 Zur Auslegungsgeschichte vgl. den breiten, alle älteren Forschungen verarbeitenden Überblick bei *Paul Henry*, Art. Kénose, in: Dictionnaire de la Bible, Supplément tom. V, Paris 1957, 7–161; einige neuere Ergänzungen bei *Arnold – Dahan – Noblesse-Rocher*, Philippiens 2,5–11.

16 Dies konstatiert formal richtig *Colyer*, The Self-Emptying God, 142. Der Autor selbst vertritt einen christologischen Adoptianismus in Verbindung mit einem weit gefassten Begriff des kenotischen Handelns Gottes in der Schöpfung.

in der Annahme der gegenüber der Gottheit als untergeordnet („Sklavengestalt") zu betrachtenden Menschheit oder (präziser gefasst) im Verzicht auf die göttliche Majestät in jenem Menschenleben zu suchen, das Christus in der angenommenen Natur führt („bis zum Tod am Kreuz"). Dieses Erklärungsparadigma, das in begrenztem Umfang divergierende Schwerpunktsetzungen zulässt, war im katholischen Raum bis weit ins 20. Jahrhundert hinein dogmatisch unbestritten und konkurrenzlos. Eine zentrale Funktion kommt dem Kenosisbegriff darin nicht zu. In den systematischen Hauptwerken des Thomas von Aquin etwa ist er nur an wenigen Stellen, und dann meist im unmittelbaren Zitat aus der biblischen Quelle, präsent.[17] Eine Minderung der göttlichen Würde Christi oder eine Vermischung der Naturen durch die Entäußerung weist Thomas ausdrücklich zurück.[18] Die Möglichkeit einer Transformation der Gottheit in die Menschheit (bzw. die Ablegung göttlicher Eigenschaften zugunsten der menschlichen) wird bei ihm wie bei allen Autoren der katholischen Scholastik nicht erwogen.[19]

(4) Die „Krypsis-/Kenosis-Debatte" im Protestantismus des 16. und 17. Jahrhunderts[20] setzt insofern die mittelalterliche Tradition fort, als auch sie explizit nur um die Frage kreist, welche Konsequenzen die Inkarnation für die *menschliche Natur* Christi während des Erdenlebens mit sich brachte: Ist in Jesu Menschheit eine „Entäußerung" oder nur eine „Verbergung" derjenigen göttlichen Eigenschaften anzunehmen, die ihr nach lutherischer Auffassung durch die hypostatische Verbindung mit der göttlichen Natur eigentlich zukommen müssten? Damit ist einerseits die chalcedonensische Unterscheidung von Person und (zwei) Natur(en) gewahrt, andererseits wird deren Reflexion unter die neue Prämisse einer

---

17 Der *Index thomisticus* nennt aus dem dritten Buch des Sentenzenkommentars und dem dritten Buch der theologischen Summe insgesamt nur sieben Textpassagen, in denen Thomas die Begriffe *exinanire/exinanitio* im christologischen Kontext verwendet, und dies jeweils eher beiläufig. Thema einer expliziten Erörterung ist der Begriff nicht.
18 *Thomas von Aquin*, S. th. III, 5, 1 ad 2: „Per hoc quod filius Dei verum corpus assumpsit, in nullo est eius dignitas diminuta. Unde Augustinus dicit, in libro de fide ad Petrum, *exinanivit seipsum, formam servi accipiens, ut fieret servus, sed formae Dei plenitudinem non amisit*".
19 Vgl. nur das Urteil über „Transformationsthesen" aller Art bei *Francisco Suárez*, De incarnatione 35.1.4 (Opera omnia XVIII, Paris 1877, 219a): „Quae etiam haeretica sunt; unde August., serm. 195 de tempore, dicit nunquam haeresim ausam esse dicere, omnia, quae erant divinitatis, in humanitatem, et quae humanitatis erant, in divinitatem esse transfusa; nam hoc modo exinanita esset utraque substantia, et in aliud esset mutata."
20 Vgl. dazu als neueste Studie mit Verarbeitung der vorangehenden Forschungsliteratur: *Ulrich Wiedenroth*, Krypsis und Kenosis. Studien zu Thema und Genese der Tübinger Christologie im 17. Jahrhundert (BHTh 162), Tübingen 2011.

realen wechselseitigen Idiomenkommunikation gestellt. In ihr kann man durchaus den ersten Schritt hin zu jener christologischen Dynamisierung der Gott-Welt-Beziehung sehen, die später in die These einer radikalen Veränderlichkeit der göttlichen Person des Sohnes im Geschehen der Menschwerdung einmünden wird.[21]

(5) Wenn heute von „Kenosischristologie(n)" die Rede ist, denkt man vor allem an eine Strömung der protestantischen Theologie des 19. und frühen 20. Jahrhunderts. Sie hat erstmals in der Theologiegeschichte die „Entäußerung" der Inkarnation eindeutig als ontologisch relevante Selbstbeschränkung Gottes in seiner Natur bzw. zumindest in bestimmten zu ihr gehörigen Eigenschaften verstanden. Als wichtigste Vertreter dieses Ansatzes, der in verschiedenen Varianten und Intensitätsstufen vorgetragen wurde,[22] gelten Gottfried Thomasius († 1875)[23], Johann Christian Konrad von Hofmann († 1877)[24], Johann Heinrich August Ebrard († 1888)[25] und Wolfgang Friedrich Geß († 1891)[26]. Zumindest in Teilen ist die Theorie bei vielen weiteren protestantischen Autoren bis in die Zeit des Ersten

---

21 Während die ältere katholische Kritik dies meist polemisch vermerkt hat, bestätigt dasselbe mit positiver Wertung Wiedenroth, indem er in der Theologie der „Vermittlung", welche die alten Tübinger Kenosischristologen anzielten, bereits den Weg „zu einer einschneidenden Modifikation der metaphysischen Begriffe von Gott und Mensch" im perichoretischen „Geschehen tatsächlicher ‚Veränderung' von Gott und Mensch" eingeschlagen sieht (*Wiedenroth*, Krypsis und Kenosis, 564). Damit sei schon erreicht worden, „was gemeinhin aus neutestamentlicher Perspektive als Defizit und notwendige *Korrektur* der Zwei-Naturen-Christologie angemahnt zu werden pflegt" (ebd., 576–577).
22 Vgl. die systematische Klassifizierung bei *Michael Waldhäuser*, Die Kenose und die moderne protestantische Christologie. Geschichte und Kritik der protestantischen Lehre von der Selbstentäußerung Christi (Phil. 2) und deren Anteil an der christologischen Frage der Gegenwart, Mainz 1912, 58–59, in Anlehnung an *Oscar Bensow*, Die Lehre von der Kenose, Leipzig 1903. Vgl. auch die Klassifizierung bei *Alexander B. Bruce*, The Humiliation of Christ in Its Physical, Ethical and Official Aspects, New York ²1899, 138–139. Entscheidende Unterschiede sind darin zu sehen, ob die Autoren von einer Nichtausübung, Ablegung oder Transformation göttlicher Eigenschaften ausgehen und ob sie in die so verstandene Kenose alle bzw. nur bestimmte göttliche Eigenschaften einbeziehen.
23 Nach früheren Ansätzen hat *Thomasius* seine These breit ausgeführt in: Christi Person und Werk, 4 Teile, Erlangen ²1856–61.
24 Vgl. bes.: Der Schriftbeweis. Ein theologischer Versuch, 2 Bde. in 3 Teilen, Nördlingen ²1857–60.
25 Vgl. bes.: Christliche Dogmatik, 2 Bde., Königsberg ²1862–63.
26 Vgl. bes.: Die Lehre von der Person Christi entwickelt aus dem Selbstbewußtsein Christi und aus dem Zeugnisse der Apostel, Basel 1856; Christi Person und Werk nach Christi Selbstzeugniß und den Zeugnissen der Apostel, 3 Bde., Basel ²1878–1887.

Weltkriegs hinein zu finden.[27] Parallel dazu entwickelte sich in der zweiten Hälfte des 19. Jahrhunderts eine starke kenotische Bewegung in der anglikanischen Christologie Englands und Schottlands[28] sowie in der ersten Hälfte des 20. Jahrhunderts auch in der zu neuer Lebendigkeit erwachten orthodoxen Theologie.[29] Innerhalb des Protestantismus verlor die Kenosislehre bald nach dem Eintritt ins 20. Jahrhundert an Bedeutung. Zu offensichtlich hatte sich auf der einen Seite bei ihr der Charakter spekulativer Konstruktion gezeigt, der von der positiv-theologisch orientierten liberalen Dogmengeschichte, die wenig Wert auf systematische Rettungsversuche des Inkarnationsdogmas legte, nicht ohne Schärfe kritisiert wurde.[30] Die sich bald darauf durchsetzende dialektische Theologie war zwar wieder stärker um Anschluss an die dogmatische Tradition bemüht, zielte aber nicht auf Repristinierung von Begründungsmodellen des 19. Jahrhunderts ab. Ungefähr zur gleichen Zeit setzte auch in der katholischen Theologie eine intensivere Auseinandersetzung mit der Kenosislehre ein. Im Vergleich mit der innerprotestantischen Kritik fiel die Ablehnung der katholischen Autoren erwartungsgemäß noch schärfer aus. Als ausführlichste Beiträge dürfen neben einigen wichtigen Studien zum patristischen Kenosisverständnis[31] die beiden an der Würzburger theologischen Fakultät

---

27 Vgl. als maßgebliche Studie zur gesamten älteren Kenotik: *Martin Breidert*, Die kenotische Christologie des 19. Jahrhunderts, Gütersloh 1977. Wir werden uns auf seine Ergebnisse im Folgenden häufig berufen können. Eine kürzere Übersicht bietet *David R. Law*, Kenotic Christology, in: David Fergusson (Hg.), The Blackwell Companion to Nineteenth-Century Theology, Malden 2010, 251–279.
28 Vgl. den aktuellen Überblick bei *David Brown*, Divine Humanity. Kenosis Explored and Defended, Norwich 2011, 76–171.
29 Vgl. *Piero Coda*, L'altro di Dio. Rivelazione e kenosi in Sergej Bulgakov (Collana di teologia 33), Roma 1998; *Hermann-Josef Röhrig*, Die Bewahrung und Entfaltung des Kenosisgedankens in der russischen Orthodoxie, in: Wolfgang Beinert (Hg.), Unterwegs zum einen Glauben. FS Lothar Ullrich, Leipzig 1997, 489–500; ders., Die Versuchungen Jesu Christi im Denken von M. Tareev (EThS 77), Leipzig 2000; *Graziano Lingua*, Kénosis di Dio e santità della materia. La sofiologia di Sergej N. Bulgakov, Napoli 2000; *Johannes Schelhas*, Schöpfung und Neuschöpfung im theologischen Werk Pavel A. Florenskijs (1882–1937), Münster 2003, 132–210.
30 Vgl. *Friedrich Loofs*, Das altkirchliche Zeugnis gegen die herrschende Auffassung der Kenosisstelle (Phil 2,5–11) [EA 1927], in: ders., Patristica, hg. von Hanns Christof Brennecke und Jörg Ulrich (AKG 71), Berlin – New York 1999, 1–101, 8.79–81. Schon in seinem Art. Kenosis, in: RE³, Bd. 10, Leipzig 1901, 246–263, bes. 263, deutet Loofs die Entfaltung der Kenosislehre in der lutherischen Dogmengeschichte als Beleg für ein Scheitern des Inkarnationsdenkens insgesamt.
31 Vgl. bes. *Heinrich Schumacher*, Christus in seiner Präexistenz und Kenose nach Phil 2,5–8 (Studia Pontificii Instituti Biblici 14), Rom 1914. Weitere Beiträge nennt *Henry*, Art. Kénose.

vor 1918 entstandenen Arbeiten von Michael Waldhäuser[32] und Georg Lorenz Bauer[33] gelten. Für diese Autoren steht fest, dass es einen klaren „Zusammenhang zwischen Kenose und der protestantischen Christologie"[34] gibt und darum innerhalb der katholischen Theologie „Kenosislehre" als Bezeichnung eines eigenen christologischen Systems unbekannt ist.[35] Die diesbezüglichen Denkbemühungen protestantischer Autoren haben sich nach Waldhäuser in einer „abenteuerlichen Theorie"[36] getroffen, die nicht ohne Polemik verworfen wird.[37] Wenn katholische Dogmatikhandbücher vor dem Zweiten Vatikanum (in meist knapper Form) auf die Kenosistheorie eingehen, übernehmen sie diese Einschätzung. Sie sprechen von der Kenosislehre als einer „eigentümlichen, widerbiblischen"[38] und „grundfalsch[en]"[39] Konzeption, ja einer Spielart des Monophysitismus.[40] Diese Urteile fanden ihre Bestätigung durch die Ablehnung des Kenotismus, die Pius XII. 1951 in seiner Enzyklika *Sempiternus Rex* ausgespro-

---

32 Vgl. Anm. 22.
33 *Georg Lorenz Bauer*, Die neuere protestantische Kenosislehre, Paderborn 1917.
34 *Waldhäuser*, Die Kenose, VIII. Der Autor weist darauf hin, dass das Interesse an der Kenosislehre in Würzburg wohl besonders auf Franz X. Kiefl zurückging.
35 Vgl. *Bauer*, Die neuere protestantische Kenosislehre, 1; ähnlich noch: *Henry*, Art. Kénose, 137.
36 Vgl. *Bauer*, Die neuere protestantische Kenosislehre, 2.
37 Vgl. *Bauer*, Die neuere protestantische Kenosislehre, 155: „Aus der Betrachtung der mannigfaltigen christologischen Produktionen, welche die protestantische Theologie seit Kant und Schleiermacher zutage gefördert, ergibt sich, dass die Kenosislehre nicht als die reife Frucht aus dem lebenskräftigen Boden des Christentums sich darstellt, sondern nur die krankhafte Verteidigung eines unhaltbaren Vorwerkes ist, auf das von allen Seiten die Feinde anstürmen, ja in das sie schon eingedrungen sind ..."
Ebd., 156: Viele Kenotiker wollten „der Auflösung aller Begriffe gegenüber durch ihre Theorie die Glaubenssätze stützen und retten. Aber während sie nur Fehler berichtigen und Mängel beseitigen wollten, wurde ihre Theorie selber mit den Ideen durchseucht, gegen die sie sich wandten."
38 *Joseph Pohle*, Lehrbuch der Dogmatik. Neubearbeitung von Josef Gummersbach, Bd. 2, Paderborn [10]1956, 81.
39 *Franz Diekamp – Klaudius Jüssen*, Katholische Dogmatik nach den Grundsätzen des heiligen Thomas, Bd. 2, Münster [11/12]1959, 224.
40 Vgl. *Johannes Brinktrine*, Die Lehre von der Menschwerdung und Erlösung, Paderborn 1959, 96–99; ebd., 98–99: „Weder kann das Wort Gottes in die menschliche Natur noch diese in jenes verwandelt werden. Noch weniger können das Wort und die menschliche Natur ihr eigenes Sein verlieren und ein drittes Neues werden. Dieses wäre ja weder Gott noch Mensch. [...] Die Absorptions-, Exinanitions-, Verwandlungs- und Kenosislehre sagen von dem ewigen Worte eine Veränderung und innere Entwicklung aus, was dem Gottesbegriffe widerstreitet." *Henry*, Art. Kénose, 157: «Sous plusieurs de ses formes, il est constraint d'opter entre une *métamorphose* de type monophysite de Dieu en l'homme et de l'homme en Dieu, ou une *dualité psychologique* de type plus ou moins nestorien, qui s'achève en dualité ontologique.»

chen hat. Deutungen von Phil 2, nach denen „die Gottheit vom Wort in Christus fortgenommen worden sei", sind danach als Aushöhlung des Inkarnations- und Erlösungsdogmas anzusehen und stehen nicht weniger im Widerspruch zum Chalcedonense als der die wahre Menschheit Christi leugnende Doketismus.[41]

(6) Eine spekulative christologische Kenosislehre, so könnte man angesichts dieser deutlichen Zurückdrängung aus sehr unterschiedlichen Richtungen vermuten, war im voranschreitenden 20. Jahrhundert endgültig aus der lebendigen Diskussion ins Archiv der Dogmengeschichte übergewechselt.[42] Doch dieser Eindruck täuscht. Er übersieht zum einen die vor allem in der englischsprachigen (reformatorischen) Theologie kontinuierliche Präsenz kenotischer Ansätze, die in der neueren analytisch orientierten, bei logischen Problemen des Inkarnationsdogmas ansetzenden Debatte zu einer regelrechten Renaissance dieses Paradigmas geführt hat (z. B. bei S. T. Davis, C. S. Evans, R. J. Feenstra oder P. Forrest).[43] Sie setzt sich aber auch bei Autoren fort, die jenseits der analytischen Diskussionen in einem breiteren Dialog mit christologischen Entwürfen der Gegenwart stehen.[44] Daneben ist seit dem Zweiten Vatikanum kenosischristologisches Denken ebenfalls in der katholischen Theologie zunehmend heimisch geworden. Ein Text, der als *signum efficax* für diese Entwicklung gelten kann,

---

41 *Pius XII.*, Enz. *Sempiternus Rex*, in: AAS 43 (1951) 625–644, 637–638: „Contra Chalcedonensem fidei professionem vehementer pugnat etiam, extra catholicae religionis saepta latius diffusum, opinionis commentum, cui locus quidam epistulae Pauli Apostoli ad Philippenses temere et perperam intellectus ansam et speciem praebuit – kenotica doctrina vocatum – ex quo in Christo Verbi divinitatis ademptio confingitur: nefandum quidem inventum, quod, aeque atque ei oppositus docetismus reprobandum, integrum Incarnationis et Redemptionis mysterium in exsanguia et vana spectra traducit."
42 Diesen Eindruck vermitteln auch manche der oft nur knappen Hinweise auf Thomasius oder andere Kenotiker in neueren katholischen Dogmatikhandbüchern; vgl. etwa *Gerhard L. Müller*, Christologie, in: Wolfgang Beinert (Hg.), Glaubenszugänge, Bd. 2, Paderborn 1995, 3–297, 233–234; *Georg Kraus*, Jesus Christus – Der Heilsmittler. Lehrbuch zur Christologie (Grundrisse zur Dogmatik 3), Frankfurt 2005, 411–412.
43 Einen guten Überblick über diesbezügliche Beiträge bietet ein von *C. Stephen Evans* herausgegebener Sammelband: Exploring Kenotic Christology. The Self-Emptying of God, Oxford 2006. Vgl. auch *Christoph J. Amor*, Ist ein Gottmensch widerspruchsfrei denkbar? Zu den neueren Christologie-Entwürfen im angloamerikanischen Raum, in: ThPh 87 (2012) 349–375; ders., Wissen und Bewusstsein Jesu Christi in der aktuellen angloamerikanischen Debatte, in: ThGl 103 (2013) 410–434; *Thomas Marschler*, Inkarnation, in: Georg Gasser – Ludwig Jaskolla – Thomas Schärtl (Hg.), Handbuch der Analytischen Theologie [in Vorbereitung, Erscheinen für 2015 bei Aschendorff, Münster, geplant].
44 Beispielhaft sei genannt: *Brown*, Divine Humanity, vor allem die Kap. 5 und 6.

ist Hans Urs von Balthasars monographische Abhandlung zum Ostergeheimnis im dritten Band von „Mysterium Salutis"[45]. Auf der einen Seite kritisiert von Balthasar (nach knappen Referaten einiger Hauptthesen) die lutherischen Kenotiker des 19. Jahrhunderts ebenso wie die britischen Vertreter der Kenosislehre: Sie hätten „den alttestamentlichen Horizont nicht wirklich zu übersteigen"[46] vermocht, sich in fruchtloser Weise am Problem des Selbstbewusstseins Christi abgearbeitet[47] und letztlich keine hinreichende trinitarische Grundlegung der Selbstoffenbarung Gottes im Kreuz Christi vorgelegt.[48] Andererseits bezeugt Balthasars explizite Anknüpfung an russisch-orthodoxe Kenotiker, vor allem Bulgakow, ebenso wie die Durchführung seiner gesamten Christologie und Soteriologie, wie stark er selbst von kenosistheologischen Grundprämissen geprägt ist, die er gleich den ostkirchlichen Kenotikern nicht als Überwindung, sondern als Konkretisierung der chalcedonensischen Zweinaturenlehre präsentiert.[49] Die Abgrenzung gegen Hegel und die Berufung auf das unbedingt zu wahrende „*Paradox* […], dass in der unverkürzten Menschheit die ganze Macht und Herrlichkeit Gottes für uns anwesend wird"[50], sind Elemente der Orthodoxieformel Balthasars, hinter deren breiter Fassade zentrale Elemente der Kenosistheologie Platz finden, die ein Jahrzehnt zuvor für katholische Autoren noch nicht öffentlich vertretbar gewesen wären (vor allem die Ablehnung der metaphysischen Unveränderlichkeit Gottes angesichts seiner Selbstoffenbarung als Liebe und die strikte Gründung der Lebensbewegung des inkarnierten Sohnes in immanent-trinitarischen Vollzügen).[51]

---

45 *Hans Urs von Balthasar*, Mysterium Paschale, in: Johannes Feiner – Magnus Löhrer (Hg.), Mysterium Salutis. Grundriß heilsgeschichtlicher Dogmatik. Bd. III/2: Das Christusereignis, Einsiedeln u. a. 1969, 133–326.
46 *Balthasar*, Mysterium Paschale, 150 (gegen Thomasius).
47 Vgl. *Balthasar*, Mysterium Paschale, 151 (gegen Green und Gore).
48 Vgl. *Balthasar*, Mysterium Paschale, 184: „Ist einmal gesehen, daß auch die äußerste Kenose, als eine Möglichkeit in der ewigen Liebe Gottes, von ihr umfangen und verantwortet wird, dann ist auch die Entgegensetzung einer theologia crucis und gloriae – ohne dass beide ineinander verschwimmen dürften – grundsätzlich überholt."
49 Die Fülle der Forschungsbeiträge zu Balthasars Kenosisdenken ist kaum mehr zu überblicken. Wegweisend für viele spätere Arbeiten bleibt *Thomas R. Krenski*, Passio Caritatis. Trinitarische Passiologie im Werk Hans Urs von Balthasars (Sammlung Horizonte, N.F. 28), Einsiedeln – Freiburg 1990.
50 *Balthasar*, Mysterium Paschale, 151.
51 *Brown*, Divine Humanity, 230–234, weist auf den Kierkegaard'schen Hintergrund der „paradoxalen Kenotik" hin, die gerade bei „konservativen" Theologen wie Barth oder Balthasar anzutreffen sei. "Presumably, it is the ferocity of the critique of earlier Kenoticism ('mythological' etc.) that has led so many theologians to distance themselves from what are after all remarkably similar concerns. There is a nice irony, therefore, in the fact that the most generous acknowledgment of their role is to be found

Diese doppelte Strategie – einerseits Klassifizierung der älteren Kenotik als systematisch nicht mehr relevantes dogmenhistorisches Phänomen, andererseits spürbare Offenheit der eigenen Entwürfe für starke kenosistheologische Thesen – hat sich in der Systematik der vergangenen Jahrzehnte fortgesetzt. David Brown spricht in diesem Zusammenhang von einem sich nach außen bewusst konservativ-orthodox präsentierenden "new style Kenoticism"[52] in verschiedensten konfessionellen Traditionen der Gegenwartstheologie. Eine besonders konsequente Fortentwicklung, die an die Vorgaben von Balthasars anknüpft und sie zugleich hinter sich lässt, hat im katholischen Bereich Georg Essen mit seiner 2001 erschienenen Habilitationsschrift vorgelegt.[53] Nach einer scharfen Kritik der Zweinaturenlehre legt Essen darin einen Vorschlag für die Auslegung der zentralen christologischen Glaubensaussagen im Horizont neuzeitlicher Subjektphilosophie vor, der auf eine starke Kenosisthese zuläuft und der Benennung christologischer und trinitätstheologischer Konsequenzen nicht ausweicht. Von seinem Beitrag her lässt sich jener positive Brückenschlag zur älteren Kenosischristologie versuchen, den David Brown mit Recht in der aktuellen Debatte vermisst hat.[54] Als Vergleichstexte sollen die beiden zentralen christologischen Werke aus der Feder von Wolfgang Friedrich Geß dienen, da sie eine der entschlossensten Durchführungen des Kenosisthemas im 19. Jahrhundert enthalten. Ziel dieser exemplarischen Gegenüberstellung soll es sein, entscheidende Strukturelemente herauszuarbeiten, die als konstitutiv für alle echten Kenosischristologien gelten dürfen und die deshalb auch Ausgangspunkt für die anschließende kritische Beleuchtung dieses Paradigmas sein können.

---

at the conservative end of the Christian spectrum. Continuity is thus preserved with the modern Kenoticists' own self-perception as an essentially conservative movement engaged with the defence of orthodoxy under changed circumstances" (ebd., 234). Zu Kierkegaards Position: *David R. Law*, Kierkegaard's Kenotic Christology, Oxford 2013.

52 Vgl. *Brown*, Divine Humanity, 240–241. *Klaus Obenauer*, Hypostatische Union und Subjekt, Bonn 2012, 68–81, zeigt auf, dass auch die Christologie Joseph Ratzingers in konstitutionslogischer Hinsicht nicht unerheblich von der Vorstellung einer (letztlich kenotisch zu begründenden) „dialektischen Identität" Christi geprägt ist.

53 *Georg Essen*, Die Freiheit Jesu. Der neuchalkedonische Enhypostasiebegriff im Horizont neuzeitlicher Subjekt- und Personphilosophie (ratio fidei 5), Regensburg 2001. Vgl. als Überblick *Karl-Heinz Menke*, Jesus ist Gott der Sohn. Denkformen und Brennpunkte der Christologie, Regensburg 2008, 370–375.

54 Vgl. *Brown*, Divine Humanity, 240–241; sein eigener Versuch der Vermittlung folgt anschließend (242–259). *Essen*, Die Freiheit Jesu, belässt es bei einem einzigen Fußnotenhinweis auf die ältere Kenotik (301[153]).

3 Kenosischristologische Strukturelemente

(1) Essens Versuch teilt mit der Kenotik des 19. Jahrhunderts die Absicht, auf dem Weg der „Reformulierung" des Dogmas von Chalcedon dessen inkarnatorische Basisaussage gegen theologische Infragestellungen zu verteidigen. In der älteren Kenotik waren dabei vor allem die Radikalkritik des D. F. Strauß,[55] aber auch die Alternativentwürfe solcher Offenbarungs- und Geist-Christologien im Blick, die eine Tendenz zum (adoptianistischen) Monarchianismus zeigen (bei Geß etwa die Entwürfe von A. Ritschl und W. Herrmann[56] ebenso wie von A. Dorner[57]). Essen grenzt sich gegen moderne Versuche ab, in denen die personale Identität des göttlichen Logos und des Menschen Jesus von Nazareth verunklart zu werden scheint (frühe Christologie Pannenbergs, Schoonenberg) und die daher ebenfalls in die Linie des (modalistischen oder adoptianistischen) Monarchianismus gestellt werden könnten.[58] Die prinzipielle Kritik an der Zweinaturenlehre teilt Essen in weitem Umfang mit den von ihm kritisierten Autoren.[59] Einen vergleichbaren Zwei-Fronten-Kampf führte schon die Kenotik des 19. Jahrhunderts. Hier gehört Geß zu denjenigen Theologen, die zur Verteidigung des orthodoxen christologischen Anliegens deutlicher als zuvor Thomasius von der Zweinaturenlehre Abstand genommen haben.[60] Die Anhypostasie Jesu wird bei ihm wie auch bei anderen Vertretern der älteren Kenotik als zugleich bibelfern und philoso-

---

55 *Breidert*, Die kenotische Christologie, 113, erkennt bei Thomasius den „Versuch, den historischen Jesus gegenüber dem spekulativen Idealismus für die dogmatische Christologie zu retten, nachdem Strauß die Geschichtlichkeit des Christusereignisses prinzipiell in Frage gestellt hatte".
56 Vgl. *Geß*, Christi Person und Werk, III, 254–305.
57 Vgl. *Geß*, Christi Person und Werk, III, 306–324. Dorner vertritt eine erneuerte Variante des dynamistischen Modalismus, in welcher der Logos ein sich mit der Seele Jesu sukzessiv verbindendes göttliches Prinzip ist. Eine echte Identität Jesu mit diesem Logos erkennt Geß bei Dorner wegen des „unpersönlichen" Charakters des Logos nicht.
58 Hier wird deutlich, dass nicht jede „Christologie von unten" automatisch „Kenosischristologie" zu nennen ist. In dieser Hinsicht bleibt der Entwurf von *Jens Henning*, Kenotisches Gottsein? Eine Anfrage, Diss. München 2011, unscharf.
59 Vgl. *Essen*, Die Freiheit Jesu, 49–53.125–136.192–198. Auf die Argumente, mit denen sich Essen an Vorgaben Schleiermachers und Pannenbergs anschließt, kann hier nicht eingegangen werden.
60 „Die sogenannte Zweinaturenlehre interessiert Geß überhaupt nicht. Er hat sie nur dort im Blick, wo er sich kritisch von ihr distanziert" (*Breidert*, Die kenotische Christologie, 123).

phisch fragwürdig kritisiert.⁶¹ Geß konstatiert in den früheren (vor allem durch das lutherische Verständnis der Idiomenkommunikation bestimmten) Versuchen, den unveränderten Logos als Träger der Menschennatur zu verstehen und damit das „Logos-Ich" als Zentrum aller (göttlichen wie menschlichen) Bewusstseinsfunktionen anzusehen, nicht bloß logische Schwierigkeiten, sondern letztlich die Leugnung eines wahren menschlichen Selbstbewusstseins und damit Doketismus.⁶² Dies bleibt ein zentraler Vorwurf gegen den Neuchalcedonismus auch in den modernen Kenosisentwürfen, wobei jetzt noch deutlicher das neuzeitliche Personverständnis als entscheidende Prämisse der Einwände benannt wird.⁶³

(2) Mit der gesamten modernen Theologie teilt die ältere und jüngere Kenotik die Überzeugung, dass Basis aller christologischen Aussagen „das kanonische Zeugnis von Jesus Christus, das die Schriften des Alten und Neuen Testamentes umfasst"⁶⁴, (in historisch-kritisch verantworteter Auslegung) sein muss, nicht etwa eine einlinige (metaphysische) Deduktion aus dogmatischen Formeln der Tradition. Gegenüber einer reinen „Christologie von unten" unterstreicht jede *inkarnatorische* Christologie zugleich aber die Notwendigkeit einer theo-logisch, „von oben" ansetzenden Erhellung der (ontologischen) Voraussetzungen jener „Selbstoffenbarung Gottes", als welche sich die irdische Geschichte Jesu in ihrem Kern erweist. Nach Essen ist daher die „Trinitätstheologie [...] als die Explikation der geschichtlichen Selbstoffenbarung Gottes und die Begründung ihrer Möglichkeit im Wesen Gottes selbst"⁶⁵ für die Christologie unverzichtbar. Auch Geß lässt zunächst die biblische Grundlegung seiner Christologie in

---

61 Vgl. etwa *Geß*, Christi Person und Werk, III, 327–337 („Die Versuche der kirchlichen Dogmatik, das Problem unter der Voraussetzung zu lösen, daß der Logos ohne Veränderung bleibe"). Eine systematische Kritik der chalcedonensischen Zweinaturenlehre trägt Geß aber nicht vor. Ähnliche Tendenzen bei Franz H. R. Frank [† 1894] benennt *Breidert*, Die kenotische Christologie, 235.
62 Vgl. *Geß*, Christi Person und Werk, III, 331: „Ist denn nun das Ich so trennbar von der Natur, deren Ich es ist, daß das Ich der göttlichen Natur zugleich das der menschlichen sein kann? So gleichgültig gegen die Art seiner Functionen, daß aus demselben Ich die göttlich ewigen und die menschlich zeitlichen Functionen entspringen, in dasselbe Ich beide sich sammeln können?" Diese und weitere Fragen verneint Geß.
63 Vgl. *Essen*, Die Freiheit Jesu, 137: „Da für das neuzeitliche Denken gerade die ‚Person' zu einem Fundamentalbegriff geworden ist, in dem für das Selbstverständnis des Menschen wesentliche Bestimmungen – subjekthafte Freiheit, Individualität, Identität und moralische Würde – ineinander verschränkt sind, würde ein neuzeitliches Festhalten an der ‚Anhypostasie' die chalkedonische Bedingung, die Vollständigkeit und Integrität des wahren Menschseins Jesu auszusagen, nicht erfüllen."
64 *Menke*, Jesus ist Gott der Sohn, 91.
65 *Essen*, Die Freiheit Jesu, 270.

der Aussage münden: „Den Vater zu offenbaren war das erste der Werke, welche Christus für die Menschheit zu vollbringen hatte."[66] Diese „Theophanie durch Menschwerdung" vollendete sich im Sterben Jesu, in dem Gottes Liebe zur Welt in menschlicher Gestalt zur endgültigen Erscheinung gekommen ist.[67] Aber gerade dies, so ist er überzeugt, kann nur behauptet werden, wenn Jesus der fleischgewordene Sohn *ist*. Mit diesem argumentativen Vorgehen, das den Blick von der ökonomischen zur immanenten Trinität zurückwendet, ist die wichtige Konsequenz verbunden, dass eine metaphysische Definition Gottes als vorgängiges Kriterium für die Beurteilung der offenbarungstheologisch gewonnenen Aussagen über Gottes Eigenschaften oder Möglichkeiten nicht in Frage kommt.[68] Diese werden vielmehr als Korrektiv jeder philosophischen Theologie ernst genommen. Der Traktat *De Deo (uno et trino)* findet seine konsequente Verwurzelung im Traktat *De Christo*; christliche Gotteslehre gibt es nur als christologisch zentrierte Trinitätstheologie. Diese Perspektivenverlagerung hat sich in der neueren Diskussion nicht nur in kenotischen Entwürfen durchgesetzt.

(3) Kenosischristologien im engeren Sinn bedürfen notwendigerweise einer starken sozialen Trinitätslehre als Hintergrundprämisse. Nur auf diesem Weg können die Verendlichung bzw. Vermenschlichung des göttlichen Sohnes gedacht und zugleich die göttliche Identität des Vaters und des Geistes (und damit die Identität *Gottes an sich*) verteidigt werden. Beleg dafür ist bei Geß die explizite Zurückweisung einer numerischen Wesensidentität der drei göttlichen Personen zugunsten ihrer Ich-Du-Verhältnisse in der „Dreipersönlichkeit"[69]. Essen unterstreicht am Ende seiner Studie, dass ein Verständnis der göttlichen Personen als dreier selbstbewusster Subjekte unbedingte Voraussetzung ist, um die Trinität als „Kommerzium

---

66 *Geß*, Christi Person und Werk, III, 414. Zur Charakterisierung des Christusereignisses als „Selbstoffenbarung Gottes" und die Rückführung der „Wesenseinheit" auf „Offenbarungseinheit" bei *Essen* vgl. Die Freiheit Jesu, 260–270.
67 *Geß*, Christi Person und Werk, III, 417. Die Selbsthingabe im Tod, das „Opfer der Freiheit", ist für Geß die Höchstform der Selbstmitteilung Gottes, da Ausweis der nicht weiter überbietbaren Liebe Gottes zum Menschen. Ohne Rekurs auf den Opferbegriff gilt auch für *Essen* (mit Pröpper) Jesu Tod als der „äußerste Erweis der für die Menschen entschiedenen Liebe Gottes" (Die Freiheit Jesu, 265). Keine Rolle scheint bei ihm dagegen ein Sühnehandeln Jesu zu spielen, das *Geß* neben dem Aspekt der Selbstmitteilung Gottes als „Jesu zweites Werk" reflektiert (Christi Person und Werk, III, 417–430).
68 Vgl. *Geß*, Christi Person und Werk, III, 5–6.438.448. Dazu *Breidert*, Die kenotische Christologie, 118; zum gleichen Anliegen bei anderen Autoren ebd., 71.86–87.262.
69 Vgl. *Geß*, Christi Person und Werk, III, 450–457. Sohn und Geist werden als (in Freiheit?) dem Vater „subordiniert" gedacht.

von Freiheiten" in der Liebe denken zu können.⁷⁰ Die „Selbstidentität" des Sohnes in dieser innertrinitarischen Liebesrelation wird als Verständnisvoraussetzung für die inkarnatorische Kenosis angenommen, diese gilt als „geschichtliche Auslegung" jener.⁷¹ Essen widmet der immanent-trinitarischen Grundlegung allerdings keine vertiefte Aufmerksamkeit. Er verweist auf die Ausführungen von Balthasars⁷², für den die spekulative Begründung der inkarnatorischen Kenose von zentraler Bedeutung ist, wahrt selbst aber gegenüber dessen Rede von einer präinkarnatorischen „Selbstweggabe" des Sohnes und einer „Urkenose" in Gott spürbar Distanz.⁷³ In eher formaler Weise spricht er von einem durch wechselseitige Affirmation begründeten Personsein, das als solches in der Inkarnation des Sohnes erhalten bleibt.⁷⁴ In diesem Punkt stehen manche Vertreter der protestantischen Kenotik seit Thomasius bereits näher an von Balthasar, denn nicht nur die These eines eigenen „Ich" des Sohnes in der Trinität ist bei ihnen selbstverständlich, sondern auch die Idee einer immanent-trinitarischen Kenose als Ermöglichungsgrund der heilsökonomischen Entäußerung wird erwogen (vor allem bei Liebner⁷⁵ und Frank⁷⁶), und zwar wie in der neueren Kenotik gerne im Ausgang von einem Modell sich interpersonaldynamisch entfaltender Liebe, die das Unveränderlichkeitsaxiom schon mit Blick auf die innertrinitarischen Anerkennungsverhältnisse in Frage stellen kann.⁷⁷ Da Geß in seiner Christologie konsequent beim neutestamentlichen Zeugnis ansetzt, spielt für ihn eine Grundlegung der Menschwerdung mit den Mitteln der Trinitätsspekulation kaum eine Rolle. Den Beginn des Sichzurücknehmens Gottes, die Zulassung von Veränderung,

---

70 Vgl. *Essen*, Die Freiheit Jesu, 334.
71 Vgl. *Essen*, Die Freiheit Jesu, 312.
72 Vgl. etwa *Essen*, Die Freiheit Jesu, 315²⁰⁰.
73 Vgl. die lange Fußnote von *Essen*, Die Freiheit Jesu, 302–303¹⁶⁰.
74 Vgl. *Essen*, Die Freiheit Jesu, 313. Allerdings führt Essen gelegentlich „spekulativere" Formulierungen Balthasars an, in denen es um den ewigen Entschluss zur Kenosis geht (305).
75 Vgl. *Breidert*, Die kenotische Christologie, 77 (zu Thomasius und seinem Rekurs auf A. Günther, auf den sich auch *Essen* wieder beruft: Die Freiheit Jesu, 282); 188–190 (zu Liebner, der die spekulativ-trinitarische Grundlegung besonders entfaltet; vgl. auch *Bauer*, Die neuere protestantische Kenosislehre, 35–42); 135 (zu Geß).
76 „Frank kehrt den bekannten lutherischen Satz um und sagt: infinitum capax est finiti, darin liegt ‚die Möglichkeit des Eintritts Gottes in Raum und Zeit'. Raum und Zeit, die Formbestimmtheiten der endlichen Welt, sind Abbilder – ‚Ektypa' – der trinitarischen Relationen, ein Gedanke, den bereits Thomasius von A. Günther aufgegriffen hatte" (*Breidert*, Die kenotische Christologie, 244–245).
77 Vgl. als Sammlung der wichtigsten Argumente: *Brown*, Divine Humanity, 220–242 ("Setting kenosis in the life of the Trinity").

erkennt er im Entschluss zur Schöpfung,[78] dessen Möglichkeit aber auch er aus dem Wesen der göttlichen Liebe zu erklären versucht.[79] Den Vollzug der Menschwerdung expliziert Geß dann eindeutig als trinitarisches Geschehen. So kennt er die Formel von einer „Übergabe" der Gottheit des Sohnes „zur Bewahrung" beim Vater im Augenblick der Inkarnation,[80] die in die Kenotik des 19. Jahrhunderts wohl durch Zinzendorf vermittelt wurde, den man zuweilen als Urvater aller Kenosislehren bezeichnet hat.[81] Die Konsequenzen für das Trinitätsverständnis, vor allem den Satz, dass die „Menschwerdung […] eine Veränderung der Trinität"[82] bedeutet, will und muss Geß wie jeder Kenotiker affirmieren.

(4) Wenn Essen die eigentliche Inkarnation als ein Sichfortbestimmen der göttlichen Freiheit zu einer menschlichen[83] ohne Verlust der relational konstituierten Sohnesidentität beschreibt und so zu einer Gleichsetzung der Freiheit des Gottessohnes mit der menschlichen Freiheit Jesu gelangt,[84] erneuert er wiederum Thesen, die im 19. Jahrhundert grundgelegt wurden. Auch die Kenotiker des 19. Jahrhunderts dachten Selbstbeschränkung als Selbstbestimmung des Logos, was ein Subjektverständnis voraussetzt, das primär vom sich selbst setzenden Willen her konzipiert ist. So lehrt Geß: Nur weil sogar das eigene göttliche Selbstbewusstsein „Tat" des Logos ist, kann dieser es in seiner Allmacht als absoluter Selbstmächtigkeit „erlö-

---

78 „Bewegtwerden" und „Leiden" werden nach *Geß* für Gott in dem Augenblick real, da er freie Geschöpfe ins Dasein ruft: „Schaffenwollen bedeutet also den Entschluß zum Eintreten in ein Verhältniß der Gegenseitigkeit, in welchem Gott nicht mehr einzig der Bewegende, sondern auch der Bewegte ist" (Christi Person und Werk, III, 443). Wie Christus nicht „unbewegt" war, so auch nicht der Vater (ebd., 445). Zur Kritik an Gottes Unveränderlichkeit bei Geß insgesamt *Breidert*, Die kenotische Christologie, 132–136.
79 „Die Liebe beweist die Unabänderlichkeit ihres Wesens durch die Abänderung ihrer Weise und ihrer Wege", sagt *Geß* mit Blick auf die Verschiebung der trinitarischen Verhältnisse durch die Inkarnation (Christi Person und Werk, III, 466).
80 Vgl. *Geß*, Christi Person und Werk, III, 354; vgl. auch 355 („Übergeben seiner Natur in des Vaters Hand").
81 Vgl. *Breidert*, Die kenotische Christologie, 127–128; ähnlich *Bruce*, The Humiliation of Christ, 137; *Waldhäuser*, Kenose, 14.
82 *Geß*, Christi Person und Werk, III, 451.
83 In der Menschwerdung trifft Gott den freien Entschluss, „sich von der menschlichen Freiheit bestimmen zu lassen" (*Essen*, Die Freiheit Jesu, 304), bestimmt der Sohn „sich selbst dazu […], als Mensch unter Menschen zu sein" (ebd., 306). Man kann sagen, „dass sich die göttliche Freiheit des Sohnes in einem Akt schöpferischer Selbstbeschränkung selbst dazu bestimmt […], sich geschichtlich so zu realisieren, wie es dem Wesensgesetz der endlichen Freiheit entspricht" (ebd., 310–311).
84 Vgl. die zusammenfassende These bei *Essen*, Die Freiheit Jesu, 295, dass „der göttliche Sohn die menschliche Freiheit und die Freiheit des Gottessohnes eine menschliche ist".

schen lassen"⁸⁵. Christus geht in Freiheit aus dem Sich-selbst-Setzen (der göttlichen Person) ins Gesetztsein (der menschlichen) über, „aus dem Sein in das Werden"⁸⁶, und zwar durch einen Akt des „Verzichts"⁸⁷ auf das vorherige Selbstbewusstsein. Denn „der Sohn wäre ja auch nicht wirklich uns gleich geworden, hätte sein Erdenleben nicht begonnen mit der Nacht der Bewusstlosigkeit"⁸⁸. Eine Rückkehr in den vorangehenden personalen Status ist als eigene „Tat" des Sohnes nicht vorstellbar, sondern kann nur vom Vater erbeten⁸⁹ und als seine „Allmachtsthat" empfangen werden.⁹⁰ Bei Essen erscheint dieses voluntaristische Personverständnis sogar in zugespitzter Form, sofern er von Personen gerne als „Freiheiten" spricht und damit in der Fähigkeit zur (Selbst-)Setzung das Formalkonstitutiv des Personalen erkennt, neben dem alle anderen Eigenschaften verblassen. Folglich scheint in dem kenotischen Sichfortbestimmen göttlich-sohnschaftlicher Freiheit die Transformation der übrigen göttlichen Subjekteigenschaften irgendwie impliziert zu sein, ohne dass davon eingehender die Rede wäre.

(5) Man kann schon bei den radikalen Kenotikern des 19. Jahrhunderts, zu denen Geß gehört, in der These einer vollständigen Selbstentäußerung der göttlichen in eine menschliche Person hinein den Versuch erblicken, der kaum schlüssig durchführbaren Unterscheidung zwischen „aufgebbaren" und „unaufgebbaren" göttlichen Eigenschaften zu entgehen, die namentlich im Entwurf von Thomasius häufig kritisiert worden ist. Stattdessen kann Geß sagen: „Das Ich des vorirdischen Sohnes und das Ich des auf Erden lebenden Jesus ist dasselbe. Aber der vorirdische Sohn ist Gott, der irdische Sohn ist Mensch."⁹¹ Identisch bleibe die „Logosnatur"⁹² – das ist bei Geß vor allem die formale (nicht durch Erinnerung oder andere materiale Elemente abgesicherte) Ich-Identität des Sohnes in Relati-

---

85 Vgl. *Geß*, Die Lehre von der Person Christi, 318f.; ders., Christi Person und Werk, III, 447–449 (Geß versteht hier diesen „sich selbst setzenden" Gott ausdrücklich als *causa sui*); dazu *Breidert*, Die kenotische Christologie, 126.
86 *Geß*, Christi Person und Werk, 379.482.
87 Vgl. *Geß*, Christi Person und Werk, 353.
88 *Geß*, Christi Person und Werk, 367.
89 Vgl. *Geß*, Christi Person und Werk, 367.
90 *Geß*, Christi Person und Werk, 401. Ähnlich *Essen*, Die Freiheit Jesu, 309: In der Todesstunde ist der entäußerte Sohn „abhängig von der allmächtigen Liebe des Vaters".
91 *Geß*, Die Lehre von der Person Christi, 304. Vgl. auch ders., Christi Person und Werk, III, 351: „Also: der Logos ward Fleisch = der Logos ward ein Mensch desselben Geistes-, Seelen-, Leibeslebens wie sonst ein Mensch von Fleisch und Blut." Auch von einem „Seelewerden" der Logosnatur spricht Geß gelegentlich (ebd., 364).
92 *Geß*, Christi Person und Werk, III, 401 u. ö.

on zum Vater[93] und damit auch die auf diesen ausgerichtete menschliche Freiheit. Der kenotisierte Sohn vollzieht seine Einheit mit Gott auf Erden als moralische Einheit mit dem Vater; die Empfänglichkeit für ihn hat jede eigene göttliche Wirksamkeit abgelöst. Damit ist das Ziel erreicht, die personale Einheit des Menschen Jesus auch als psychologische Einheit zu definieren, die nicht durch das schwer verstehbare Nebeneinander zweier Bewusstseins- und Freiheitssphären in Frage gestellt wird.[94] Dass sich die personale Identität des menschgewordenen Sohnes erst in einem realen Prozess der Selbstkonstitution herausbildet, eben in der Lebensgeschichte Jesu von Nazaret, betont nicht erst Essen.[95] Die protestantische Kenotik ist voll von Prozessmodellen für das Selbstbewusst-Werden Jesu, das Heranreifen Jesu in der „Weisheit" und im „Gehorsam"[96], die schrittweise Erfassung seines soteriologischen Auftrags aus der Beziehung zum Vater etc.,[97] und sie kennt auch die dafür vorauszusetzenden Unterscheidungen zwischen verschiedenen Stufen des Selbstvollzugs menschlicher Subjekte (Geß: Der Mensch hat eine „Seele", die sich zum „Ich" „personiert"[98]). Parallelen zu der eigentlich von den Kenotikern scharf abgelehnten Theorie Dorners, wonach sich die Inkarnation sukzessiv in Entsprechung zur Entwicklung der menschlichen Personalität Jesu vollzogen habe, sind dabei kaum zu übersehen.[99] Auch die Bejahung verschiedener Weisen des Nichtwissens Jesu[100] und die Annahme seiner zumindest prinzipiellen Fähigkeit zur Sünde verbinden die Kenosistheologien der unterschiedlichen Epochen.[101] Wie das Sündigenkönnen nach Geß zum wahren Menschsein gehört, so gilt ihm die *faktische* Sündenlosigkeit Jesu als Ausweis vieler

---

93 Die in der reformatorischen Tradition verwurzelte Annahme eines parallelen Bewusstseinslebens des irdischen und inkarnierten Logos lehnt *Geß*, Christi Person und Werk, III, 332–336, ab, weil dadurch die personale Einheit des Logos zerstört werde.
94 Dies hebt als zentrales Anliegen auch *Brown*, Divine Humanity, 178–183, hervor.
95 Vgl. *Essen*, Die Freiheit Jesu, 311–312.
96 Vgl. *Geß*, Christi Person und Werk, III, 324–325.
97 Vgl. *Geß*, Christi Person und Werk, III, 387; dazu auch *Breidert*, Die kenotische Christologie, 128–130.
98 Vgl. *Geß*, Christi Person und Werk, III, 353–354. Man erkennt hier, dass Geß den Begriff einer „Seele als Natur" noch nicht aufgegeben hat.
99 Nach *Breidert*, Die kenotische Christologie, 151, verhalten sich die Theorien „zueinander wie zwei feindliche Brüder".
100 Vgl. *Geß*, Christi Person und Werk, III, 325.
101 Vgl. *Geß*, Christi Person und Werk, III, 368–369; bei Essen ist sie durch die wiederholte Betonung wahrer menschlicher Freiheit Jesu implizit behauptet. Im Sinne der meisten Kenosischristologen dürfte *Brown*, Divine Humanity, 215, sprechen: "Incarnation with an unfallen humanity would mean rejecting as part of Jesus' story all those social settings and limitations that make us precisely the sort of people we are, including our sense of participation in the guilt of others."

Freiheitsentscheidungen, in denen der Sohn bis zum Lebensende in seiner Heiligkeit voranschritt und reifte. Wenn das Gelingen der Sendung Jesu in dieser Weise von der Einstimmung seiner Freiheit abhing, darf man sagen, „die Fleischwerdung des Sohnes und des Vaters Erproben des Sohnes bis zum Kreuz sei ein Wagniß des Vaters gewesen, der Vater hat dem Sohn vertraut"[102]. Hier hätte durchaus auch die Begrifflichkeit Essens gepasst, der von einem „Angewiesensein" Gottes auf die Zustimmung Jesu zu seiner Sendung[103] und einem „Risiko" spricht, das Gott mit der Menschwerdung eingegangen sei.[104] Typisch für die Kenotiker des 19. Jahrhunderts ist der Versuch, im Ausgang von den Evangelien den besonderen seelischen Entwicklungsgang Jesu von der Kindheit bis zum Kreuz bis in die Einzelheiten hinein nachzuzeichnen. Schon beim Kind Jesus müsse sich „eine Empfänglichkeit für Gott ohne gleichen"[105] gezeigt haben.[106] Hier findet sich bei Geß manche Parallele zur psychologisierenden Phantasiererei, die charakteristisch für die Leben-Jesu-Literatur seines Jahrhunderts war.[107] Typisch ist auch sein Optimismus, das Ziel des seelischen Entwicklungsweges Jesu exakt angeben zu können: explizites, durch Glauben im Heiligen Geist vermitteltes Bewusstsein, der präexistente Sohn zu sein; eine gewisse Art der Gottesschau; das Vollbringen von Wundern im Vertrauen auf Gottes Allmacht; die Vorausschau auf die eigene Verherrlichung.[108] Diese Folgerungen ergeben sich für Geß nicht zuletzt durch die unmittelbare Integration der johanneischen Selbstaussagen Jesu in die eigene Theorie; in gewisser Weise bilden diese sogar den wichtigsten Ausgangspunkt für die Beschreibungen der Ich-Identität des präexistenten und inkarnierten Sohnes.[109] Diese auffällige johanneische Prägung, die man für die Kenosistheologen des 19. Jahrhunderts schon länger konstatiert hat,[110] ist seitdem aufgrund der veränderten historisch-kritischen Einschätzung dieses Evan-

---

102 *Geß*, Christi Person und Werk, III, 370.
103 Vgl. *Essen*, Die Freiheit Jesu, 300; ähnlich 274.304.
104 Vgl. *Essen*, Die Freiheit Jesu, 305.
105 *Geß*, Christi Person und Werk, III, 451.
106 Vgl. auch *Geß*, Christi Person und Werk, III, 380.
107 Vgl. *Geß*, Christi Person und Werk, III, 371–394.
108 Vgl. *Geß*, Christi Person und Werk, III, 383.385–387.389–391; dazu *Breidert*, Die kenotische Christologie, 142–147.
109 Vgl. etwa *Geß*, Christi Person und Werk, III, 339.344–348 u. ö. Eine *Erinnerung* Jesu an das göttlich-präexistente Sein beim Vater schließt Geß (im Gegensatz zu anderen Kenotikern) explizit aus; Jesu Selbstbewusstsein war ausnahmslos bestimmt von im Erdenleben erworbenem *Glaubenswissen* (vgl. ebd., 387).
110 Vgl. *Paul Althaus*, Die christliche Wahrheit. Lehrbuch der Dogmatik, Bd. 2, Gütersloh 1948, 232.

geliums durch einen Rekurs auf die bei den Synoptikern nachweisbare Vater-Sohn-Relation ersetzt worden, der allzu starke Konkretisierungen vermeidet. Der moderne Interpret belässt es daher bei zurückhaltenderen Aussagen über das Selbstbewusstsein Jesu, wenn er es aus der Relation zum Vater erschließt, nicht aber als direktes Logosbewusstsein bestimmt.[111] Nach Essen war Jesus in seiner Freiheit *unmittelbar* auf Gott bezogen und konnte sich seiner Liebe *ursprünglich* gewiss sein.[112] In dieser „Unvordenklichkeit" des Gottes- bzw. Sendungsbewusstseins Jesu, das sein Selbstbewusstsein bestimmt habe,[113] wird das für uns anthropologisch nicht weiter erklärbare Proprium des Menschseins Jesu gefunden, und sie ist es, die uns im Letzten die Identität der Freiheit Jesu mit der Freiheit des ewigen Sohnes erschließt.[114] Zumindest durch diesen Ansatz beim (einzigartigen) Phänomen des Selbstbewusstseins Jesu, das uns in seinem vollmächtigen Sprechen und Handeln indirekt greifbar wird, bleibt Essens Christologie in der durch Schleiermacher eröffneten und auch für die älteren Kenotiker typischen psychologistischen Spur, wiewohl auf die Rekonstruktion einer seelischen Entwicklungsgeschichte Jesu en détail verzichtet wird.

4 Probleme der kenosischristologischen Ansätze

(1) Die Kenosischristologie versteht sich als Versuch, „Selbstoffenbarung Gottes in Christus" möglichst konsequent zu denken: Die Geschichte des Menschen Jesus von Nazaret ist die unüberbietbare Erscheinung der Liebe Gottes zur Welt, weil die Person des göttlichen Sohnes selbst Subjekt dieser Geschichte (geworden) ist. Ein revelatorisches „Plus" über das offenbarende Menschsein Jesu hinaus kann es in diesem Verständnis eigentlich nicht geben. Man hat nicht zu Unrecht darauf hingewiesen, dass das lutherische Axiom vom *logos non extra carnem* als entscheidende Voraussetzung der offenbarungstheologisch fokussierten Kenosistheorien angesehen werden darf.[115] Es ist allerdings zu fragen, ob die Kenosisprämisse hier tatsächlich einen entscheidenden Vorteil gegenüber der klassischen Zweinaturenchristologie mit sich bringt, in der eine bleibende Unterscheidung von Offenbarungsmedium (Menschheit) und Offenbartem (Gottheit) anerkannt wird. Wenn diese nämlich vermieden werden soll, muss das menschliche

---

111 Vgl. *Essen*, Die Freiheit Jesu, 280–291.
112 Vgl. *Essen*, Die Freiheit Jesu, 280.287.
113 Vgl. *Essen*, Die Freiheit Jesu, 279–280 (mit von Balthasar).
114 Vgl. *Essen*, Die Freiheit Jesu, 290.
115 Vgl. *Bauer*, Die neuere protestantische Kenosislehre, 147.

Leben Jesu *als solches* die Evidenz bieten, Erscheinung des Göttlichen in der Welt zu sein; die in seinem Leben und Sterben erscheinende Liebe müsste sicher als die *unüberbietbare* Liebe Gottes zum Menschen identifiziert werden können. Genau hier liegt ein Problem. Wenn man im menschlichen Leben Jesu wahrhaft Göttliches zur evidenten Erscheinung kommen sieht, kehrt man zur These des Thomasius zurück, wonach der Logos in der Inkarnation bestimmte göttliche Eigenschaften beibehalten hat; dann ist die Kenose unvollständig, die Problematik der Zweinaturenlehre ist nicht überwunden, sondern eher durch Vermischung göttlicher und geschöpflicher Eigenschaften im einen Personsubjekt verschärft. Im Reden und Handeln eines „reinen Menschen" dagegen ist es prinzipiell unmöglich, dass Göttliches evident und unüberbietbar zur Erscheinung kommen kann. Hier ist an die Wahrheit des Axioms *finitum non capax infiniti* zu erinnern, das die Calvinisten den Lutheranern entgegengehalten haben (als Grundlage des *Extra Calvinisticum*). Unter den Prämissen der transformatorischen Kenosislehren verstärkt sich der Einwand noch: Was im Stand der Entäußerung sichtbar wird, ist als solches gerade nicht „Göttliches". Im kenotischen Christus begegnet man nicht unmittelbar der göttlichen Fülle, sondern einem Menschen, der in endlich-symbolischen (und darum für uns niemals als „unüberbietbar" einsichtigen) Vollzügen Repräsentant der Basileia-Botschaft war; die ökonomische Trinität ist nicht Relation wesensgleicher, sondern wesensverschiedener Personen.[116] Den Menschen Christus als eine kenotisierte *göttliche* Person und die ökonomische Trinität als Fortbestimmung einer *immanent-wesensgleichen ewigen* anzuerkennen, bleibt gerade für die Kenosistheorien eine *Glaubensinterpretation*, die der Absicherung *ab extra* bedarf, nicht unähnlich der Legitimation

---

116 *Breidert* äußert eine ähnliche Kritik mit konkretem Bezug auf den Kenosischristologen Joh. Chr. K. von Hofmann: „Ist unserer Erkenntnis nur die geschichtliche Ungleichheit des trinitarischen Verhältnisses offenbar, dann ist nicht recht einzusehen, wie und woher Hofmann um die ‚ewige Selbstgleichheit' des innergöttlichen Verhältnisses überhaupt weiß. Was berechtigt uns unter diesen Bedingungen, über die Geschichtlichkeit der Trinität hinauszugehen und ewige Voraussetzungen zu postulieren?" (Die kenotische Christologie, 166). Damit greift er ein Argument auf, das ähnlich bereits *Waldhäuser*, Die Kenose und die moderne protestantische Christologie, 85, kennt: „Das Wirken folgt der Ordnung des Seins. […] Diesem Satze entsprechend müssten wir bei der Kenose auf eine ganz andere Trinität schließen, denn wir schließen von der Art des Wirkens auf die Art des Seins. Tritt wirklich das göttliche Selbstbewusstsein selbst nach der von der Kenose gewollten Art in die Zeit ein, ist der Sohn wirklich in der Zeit nur Mensch, ist wirklich die Trinität in ihrem Offenbarungsleben unselig (Bodemeyer), führt uns die Schrift nach Hofmann wirklich die Trinität nur in geschichtlicher Ungleichheit entgegen, dann gibt es nur eine solche Trinität, keine andere immanente."

des Offenbarers Christus, wie sie die neuscholastische Apologetik unter den Bedingungen der Zweinaturenlehre entworfen hat. Essen erkennt dies implizit an, wenn er mit Pröpper der irdischen Geschichte und dem Sterben Jesu nur in Verbindung mit der Auferweckung den Charakter der Selbstoffenbarung Gottes zuerkennt. Die Auferweckung ist jedoch kein Teil des kenotischen Selbstvollzugs des Sohnes mehr, sondern Bestätigung seines Anspruchs aus der unverkürzten Allmachtsperspektive Gottes und in irgendeiner Form Zurücknahme der Kenosis des Sohnes in die göttliche Herrlichkeitsexistenz hinein.

(2) In allen kenotischen Systemen wird vorausgesetzt, dass es einer göttlichen Person möglich ist, das eigene ewige Sein so in ein menschlich-zeitliches hinein zu transformieren, dass sogar die Bewusstseinskontinuität unterbrochen wird.

(a) Dass dies nur möglich ist, wenn man den tatkräftigen Willen / die (All-)Macht als Formalkonstitutiv einer göttlichen Person vor alle anderen Eigenschaften stellt, wurde bereits erwähnt. Diese These ist allerdings ebenso fragwürdig wie die daraus abgeleiteten Folgerungen. „Es widerspricht der Natur des Geistes, sein Wissen durch einen Willensakt aufzuheben und in Nichtwissen umzusetzen", wandte schon der orthodoxe Lutheraner Friedrich Adolf Philippi († 1882) gegen die ältere Kenotik ein.[117] In diesem Punkt versagen die Analogien zu einem König, der aus Liebe Knechtsgestalt annimmt, oder zu einem Schauspieler, der völlig in seiner Rolle versinkt,[118] da in ihnen zwar der freie Verzicht eines Subjekts auf bestimmte Eigenschaften unstrittig ist, zugleich aber jene Bewusstseins- und Erinnerungskontinuität prinzipiell unangetastet bleibt, die in vielen modernen Persontheorien als entscheidendes Konstitutionselement gilt.[119] Ist es also in den Kenosistheorien wirklich *dieselbe* „erste Person", die sich von Ewigkeit her eins mit dem Vater in der Gottheit weiß und die sich auf Erden im Glauben an Gott ihrer selbst und ihres Auftrags erst schrittweise

---

117 Friedrich A. *Philippi*, Kirchliche Glaubenslehre Bd. IV/1, Stuttgart 1861, 130.
118 Diesen Vergleich macht vor allem *Brown*, Divine Humanity, 252–254, stark.
119 *Breidert*, Die kenotische Christologie, 159, zitiert in diesem Zusammenhang die spöttische Bemerkung des Züricher Dogmatikers Alois Emanuel Biedermann († 1885) über das Geß'sche System: „Der Verstand sieht sich auf den Boden des absoluten Märchens versetzt. Wenn ein Prinz in ein wirkliches Bettelkind verwandelt wird, oder wenn ein Prinz sich selbst in die Haut eines Bettelkindes steckt: so ist das nur ein *relatives* Märchen. Aber wenn ein Prinz sich selbst in ein wirkliches Bettelkind verwandelt und doch er selbst bleibt: diess ist das *absolute* Märchen" (*Alois Emanuel Biedermann*, Christliche Dogmatik, Zürich 1869, 358).

bewusst wird?[120] Der christologische *two minds view*, den diese Ansätze in der synchronen Version der klassischen Zweinaturenlehre kritisieren, kehrt in ihnen selbst gewissermaßen in einer diachronen Variante wieder, sofern ein Subjekt in zwei aufeinanderfolgenden disparaten Bewusstseinslinien auftritt.[121] Er bleibt auch so mit bedeutenden identitätslogischen Schwierigkeiten verbunden. Die Kenosistheologie definiert das identische Wesen des inkarnierten Logos deswegen auch lieber vom durchgängigen „Sohnsein" her. Gegenüber dieser scheinbar wesenskonstitutiven Beziehungsidentität scheint das „Gottsein" oder „Menschsein" des Sohnes geradezu eine austauschbare (nichtwesentliche) Bestimmung zu sein (darum auch die Rede von „Logos- bzw. Sohnes*wesenheit, -form, -natur, -wille*" etc. in Kenosisentwürfen). Es verwundert aber nicht, dass solche Identitätsaussagen als postulatorisch, zumindest als äußerst „abstrakt" kritisiert worden sind.[122] Wenn die Kenotiker zur Absicherung in vielen Variationen auf das einzigartige Bewusstsein Jesu, seine unvergleichliche sittliche Integrität, Sündenlosigkeit u. ä. hinweisen, kann man darin durchaus supranaturale Propria[123] sehen, die Jesu wahres Menschsein ebenso in Frage stellen[124] wie diejenigen „Vorzüge", welche in der Zweinaturenlehre gerne (maximalistisch) als Konsequenzen der hypostatischen Union für die *natura assumpta* postuliert wurden.

(b) Das konkrete *Wie* der kenotischen Transformation bleibt selbst dann rätselhaft, wenn man eine temporale Existenz des Logos (und damit Gottes) voraussetzt. Geschieht die Entäußerung in einem einzigen Augenblick – vor der Inkarnation, im Moment der Empfängnis Jesu, im ers-

---

120 *Menke*, Jesus ist Gott der Sohn, 374, legt die Identität in das „transzendentale Ich" des Sohnes, „die formal unbedingte Instanz seiner Freiheit". Ist diese von allem empirischen Bewusstsein gelöste Größe aber wirklich das Relatum der Vaterbeziehung Jesu?
121 Man kann deswegen bei der Kenosistheorie durchaus von einer richtungsveränderten Variante des Monophysitismus sprechen; vgl. *Waldhäuser*, Die Kenose und die moderne protestantische Christologie, 213.
122 Vgl. *Breidert*, Die kenotische Christologie, 159, u. a. mit Bezug auf Richard A. Lipsius († 1892).
123 Selbst Geß "is anxious to make it appear that there was a superadamitic element in Jesus": *Bruce*, The Humiliation of Christ, 150. Ob es unter den radikalkenotischen Prämissen gelingen kann, für eine faktische Sündenlosigkeit Jesu mehr als Wahrscheinlichkeitsgründe beizubringen, zweifelt Bruce berechtigterweise an (vgl. ebd., 181).
124 Carl Schwarz etwa warf dem Kenotiker Liebner, der dem inkarnierten Christus zwar formale Wahlfreiheit, aber angesichts seiner Verbindung zum Vater keine reale Freiheit zur Sünde zugestehen wollte, „ethischen Doketismus" vor (Belege bei *Breidert*, Die kenotische Christologie, 201).

ten Akt, durch den Jesus sich der ihn tragenden Liebe des Vaters bewusst wurde?[125] Oder handelt es sich um einen Prozess, parallel zur Personwerdung des Menschen Jesus in der Entfaltung seines Gottesbewusstseins? Da der Logos selbst in der kenotischen menschlichen Gestalt die Ausbildung und Erhaltung der Gottesbeziehung Jesu nicht mehr zu garantieren vermag, muss diese Aufgabe eine andere göttliche Person, im *ordo oeconomiae* wohl der Geist, übernehmen. Damit geraten kenotische Ansätze de facto oft in eine spürbare Nähe zu adoptianistischen Geist-Christologien oder metaphorischen Inkarnationskonzepten, deren Gegenentwurf sie eigentlich sein möchten.[126] Zumindest aber folgt aus der totalen Passivität des Logos *in* der Kenose, dass man von einem fortgesetzten Akt der Liebe des Sohnes zur Welt kaum sprechen kann. Aus der *Freiheit zur* Kenose ist das *Schicksal eines kenotischen Lebens* für den Menschen Jesus geworden,[127] dessen eigentliches Warum er aus sich heraus nicht kennt.

---

125 Die Tatsache, dass nach dem neuzeitlichen Personverständnis „Menschsein" und „Personsein" nicht in allen Lebensphasen zusammenfallen, muss einer Inkarnationstheorie, welche die Kontinuität zwischen ewigem und inkarniertem Sohn in einer „sich fortbestimmenden Freiheit" festmacht, zusätzliche Schwierigkeiten bereiten. Als Kind war Jesus in dieser Sicht wie jeder andere Mensch in den ersten Lebensjahren „mögliche Freiheit", „zum Personsein bestimmt" (*Essen*, Die Freiheit Jesu, 312). Konnte sich also die wirkliche Freiheit des Logos sogar in den Stand reiner Potenzialität „fortbestimmen" (oder eher: „zurückbestimmen")? Oder war der göttliche Sohn im Kind von Betlehem gar nicht in der Welt, sondern erst einige Jahre später? Die älteren Kenotiker, die noch einen ontologischen Grund der geistigen Vermögen Jesu annahmen (seine „Seele"), konnten dieses Problem einfacher bewältigen. Sie standen aber gerade dadurch auch in der Gefahr, nicht die Transformation des Logos in einen „ganzen Menschen", sondern nur in sein geistiges Form- bzw. Konstitutivprinzip (Seele, Freiheit, Ich …) anzunehmen. In einigen Varianten der Kenotik entsteht dadurch ein „apollinaristischer" Beiklang; vgl. schon *Waldhäuser*, Die Kenose und die moderne protestantische Christologie, 24–25.
126 Vgl. *Breidert*, Die kenotische Christologie, 160: „Denn sieht man einmal von der Präexistenz und der Kenosis ab, dann kommt das Bild Jesu, das Geß zeichnet, in vielen Zügen dem nahe, was die Vermittlungstheologie von Christus zu sagen weiß: Jesu einzigartiges Gottesbewusstsein, seine religiös-sittliche Genialität, die Einwohnung des Vaters in ihm, die ein Sein Gottes in ihm ist." Sachlich ähnlich urteilten schon die katholischen Kritiker *Waldhäuser*, Die Kenose und die moderne protestantische Christologie, 164.236.260, und *Bauer*, Die neuere protestantische Kenosislehre, 176. Vgl. auch ähnliche Bemerkungen aus der Perspektive einer Pluralistischen Religionstheologie bei *John Hick*, The Metapher of God Incarnate. Christology in a Pluralistic Age, Louisville–London ²2005, 76–79.
127 "By one act of self-depotentiation, the Logos is reduced to such a state of impotence, that His kenosis becomes a matter of physical necessity, not of loving free-will. The love which moved the Son of God to become man consumed itself at one stroke": *Bruce*, The Humiliation of Christ, 176.

(c) Diejenigen Handlungen, die der Sohn auf Erden nur mit göttlicher Autorität vollbringen kann (Sündenvergebung, Wunder), muss er in seiner kenotischen Gestalt wie jeder Prophet vom Vater erbitten.[128] Denn für ihren Vollzug reicht das einzigartige „Gottesbewusstsein" eines Menschen nicht aus. An dieser Stelle wird deutlich, dass die Kenosisthese mit der Zweinaturenlehre nicht bloß die Idiomenkommunikation, sondern auch die Überzeugung echter „theandrischer" Handlungen Jesu aufgeben muss.[129] Göttliches Handeln (des Vaters) und menschliches Handeln (Jesu) bleiben strikt getrennt. Damit aber schlägt das eigentlich hinter dem *logos non extra carnem*-Postulat stehende Anliegen einer möglichst intensiven inkarnatorischen Durchdringung der Menschheit durch die Kraft Gottes in sein Gegenteil um.[130]

(d) Wenn eine göttliche Person sich selbst in eine menschliche fortbestimmen kann, legt sich die Frage nahe, ob menschliche Personalität nicht auch ihrerseits zumindest der Möglichkeit nach als identisch mit göttlicher Personalität zu bezeichnen ist. Es ist in diesem Zusammenhang auffällig, dass einige Kenotiker die Differenz zwischen göttlichem und menschlichem Geist als eher graduelle und nicht prinzipielle beschrieben haben, um die Entäußerungsthese glaubhafter zu machen.[131] Man hat in dieser Annäherung eine versteckte Pantheismustendenz ausgemacht[132]

---

128 Belege aus dem Werk von Geß sammelt *Breidert*, Die kenotische Christologie, 147–148.
129 Auch die klassische Zweinaturenlehre hat das menschliche Handeln Jesu keineswegs immer (wie die Thomisten) als echtes instrumentales Handeln in der Kraft der Gottheit verstanden, wohl aber stets der einen *auch* bzw. *zugleich* göttlich handelnden Person zugeschrieben, so dass die Identität des handelnden Christus-Subjekts bei einem Wunder, das mit einem menschlichen Wort oder Gestus verbunden ist, gewahrt bleibt.
130 Schon *Bauer*, Die neuere protestantische Kenosislehre, 175, bemerkt zur These der Kenotiker des 19. Jahrhunderts: „Dogmengeschichtlich ist sie die Umkehrung der lutherischen Christologie, d. h. der vergöttlichte Mensch Christus bei den Lutheranern wird bei den Kenotikern zum vermenschlichten Gott". Auf Konsequenzen für das Gnadenverständnis weist *Waldhäuser*, Die Kenose und die moderne protestantische Christologie, 239, hin.
131 Vgl. mit Nachweisen für Thomasius und Geß: *Breidert*, Die kenotische Christologie, 61–62.131.158, Anm. 272. Ähnliche Tendenzen zeigt Breidert auch bei weiteren Kenosistheologen auf.
132 Vor allem die ältere katholische Kritik hat – dabei wohl über das Ziel hinausschießend – die protestantischen Kenosistheologen in die Nähe des pantheistischen Denkens Schellings und Ed. von Hartmanns gestellt; vgl. *Bauer*, Die neuere protestantische Kenosislehre, 27.156–171; *Waldhäuser*, Die Kenose und die moderne protestantische Christologie, 86–87: „Will man noch etwas Göttliches in ihr [sc. der kenotisch aus dem Logos konstituierten Menschenseele Jesu] finden, so muss man den Pantheismus und die Philosophie des Unbewussten zur Hilfe rufen, die

oder zumindest darauf hingewiesen, dass ein Denken der Selbsterniedrigung Gottes durchaus in das Programm einer Selbsterhöhung des Menschen umschlagen kann.[133]
(e) Unklar bleibt bei vielen Kenotikern die christologische Bedeutung des Ostergeschehens. Wird die Auferweckung Christi als Wiedereinsetzung des kenotisierten Sohnes in die *göttliche* Herrlichkeitsgestalt verstanden, müsste man sie als Ablegung der menschlichen Existenz ansehen; die das wahre Menschsein vor Ostern so stark betonende Kenosislehre würde in einen nachösterlichen Doketismus umschlagen.[134] Wird dagegen wenigstens im *status exaltationis* ein Zugleich von wahrer Gottheit und wahrer Menschheit anerkannt, ist die Rückkehr zur Zweinaturenlehre unvermeidlich, deren radikale Ablehnung für die vorösterliche Zeit dann nicht mehr überzeugt.[135] Geht man schließlich von einem Andauern der Kenose *sensu stricto* aus, steht man zumindest dem Paradox gegenüber, dass die Entäußerung erst in der Aufhebung der nichtverherrlichten zugunsten einer verherrlichten Menschheit an ihr Ziel gelangt,[136] und verschärfen sich mit der These einer dauerhaften Substitution des göttlichen Sohnes durch einen menschlichen die trinitätstheologischen Probleme, über die im Folgenden noch zu sprechen ist.
(3) Hinweise auf die trinitätstheologischen Konsequenzen der Kenosisthese finden sich bereits bei deren frühesten Kritikern. Durch die Entäußerung des Sohnes wird aus der göttlichen Trinität dauerhaft oder zumindest zeitweise eine Gemeinschaft, die aus zwei göttlichen Personen und einer menschlichen besteht. Auch wenn die Veränderung primär den Sohn

---

ja gerne bereit sind, ihm, dem entäusserten Logos, die Göttlichkeit des Ursprungs zuzuerkennen, wie jedem Menschengeiste, weil jeder Geist ein Teil des unbewussten Gottesgeistes ist." Ähnlich urteilt noch *Henry*, Art. Kénose, 156–157.
133 So fragt *Rinse Reeling Brouwer*, Kenosis in Philippians 2:5–11 and in the History of Christian Doctrine, in: *Zijlstra*, Letting Go, 69–108, 107: "If the divine was made sub-divine, did the human not become super-human? If God humbles himself, yea, goes as deep as to descend even to the experience of the 'death of God' doesn't the Übermensch follow?"
134 Vgl. zu Geß: *Breidert*, Die kenotische Christologie, 152–156. Unabhängig davon bleibt die Frage zu klären, wie die Aufhebung der Kenose, d. h. das Wieder-Gott-Werden des menschlichen Sohnes, eigentlich zu denken sein soll, vor allem unter der im modernen Protestantismus beliebten Ganztodprämisse, die ja wohl auch für den wahren Menschen Jesus gelten muss. Wird Jesus (als Gott?) in der Auferweckung „neu geschaffen"?
135 Vgl. schon *Henry*, Art. Kénose, 158.
136 Im Entwurf von Geß entsteht der Eindruck, die vollendete Selbstmitteilung Gottes sei erst im erhöhten Christus erreicht (vgl. *Breidert*, Die kenotische Christologie, 149–150), was die Aussagekraft der vorösterlichen Offenbarungsgestalt zweifelhaft macht.

betrifft, wird durch die relationale Definition aller Personen die ganze Dreifaltigkeit in einen Prozess des Werdens einbezogen, der die Ordnung der trinitarischen Hervorgänge und Vollzüge massiv tangiert. So lehrt Geß ausdrücklich, dass während des Erdenlebens Jesu weder der ewige Hervorgang des Sohnes aus dem Vater noch der Hervorgang des Geistes aus dem Sohn sowie die Welterhaltung und -regierung durch den Sohn stattgefunden haben können.[137] Das scharfe Urteil eines frühen Kritikers, der in der Kenosistheorie die Verwandlung des „in der Schulform verschmähte[n] Trinitätsdogma[s] in eine überweltliche mythische Familiengeschichte"[138] sah, bleibt auch in milderer Sprache bedenkenswert: Wenn die drei Personen eine unterschiedliche „Geschichte" haben können, ist kaum mehr zu begreifen, wie sie im klassischen Sinn des Dogmas „eines Wesens" sein sollen.

5 Schlussbemerkungen

Jede inkarnatorische Christologie, so sagten wir zu Beginn, ist in irgendeiner Weise „Kenosischristologie". Ob allerdings diejenige starke Transformationsthese, die mit dem Begriff in der Neuzeit meistens verbunden wird, tatsächlich das Kernanliegen des Dogmas von Chalcedon nachhaltig gegen seine Infragestellungen zu verteidigen vermag, ist heute als ebenso zweifelhaft anzusehen wie zur Zeit der ersten Entfaltung dieses Paradigmas im 19. Jahrhundert. Die oft gegenläufige Vielgestaltigkeit theologischer und philosophischer Argumentationen, die gegenwärtig mit Rekurs auf den Kenosisbegriff vorgetragen werden und die bis zur Legitimation einer völligen Selbstaufhebung des Göttlichen in das Kreatürliche reichen, weist letztlich auf ein gefährliches dialektisches Potenzial in christologischen Entwürfen zurück, die das unverkürzte Zugleich des Gott- und Menschseins Jesu Christi im Sinn der Zweinaturenlehre aufgeben. Natürlich steht jeder Kritiker der transformationalistischen Kenosislehren vor der Herausforderung, selbst eine bessere Erklärung der Glaubensüberzeugung vorzulegen, dass Gott in Jesus Christus zur Welt gekommen und „um unseres Heiles willen" Mensch geworden ist. Wir finden in der aktuellen Ausein-

---

137 Vgl. *Geß*, Die Lehre von der Person Christi, 389. Damit wird nicht bloß das *opera ad extra*-Axiom ungültig, sondern das Handeln des Sohnes wird, wie wir schon sahen, auf eine prinzipiell andere ontologische Ebene verschoben als dasjenige von Vater und Geist.
138 So der Theologe Matthias Schneckenburger († 1848) gegen Thomasius, zit. nach *Waldhäuser*, Die Kenose und die moderne protestantische Christologie, 11.

andersetzung mit radikalen Kenosisthesen bedenkenswerte Versuche, den *two minds view* gegen alle Einwände als schlüssig zu erweisen.[139] Oft teilen sie mit den Kenosisentwürfen die Orientierung an einem sozialen Trinitätsmodell und das Bemühen, den Personbegriff im christlichen Dogma mit dem subjekttheoretischen Personbegriff der Neuzeit in Einklang zu halten. Vielleicht wäre es aber an der Zeit, in der Christologie Ansätze weiterzudenken, die eine entschiedenere Trennung von diesen Prämissen befürworten. Wie auf dieser Basis eine Alternative zum Kenosisentwurf aussehen könnte, muss der Entfaltung in einem eigenen Beitrag vorbehalten bleiben.

---

139 Vgl. etwa *Richard Swinburne*, The Christian God, Oxford – New York 1994, 170–238; *Eleonore Stump*, Aquinas, London – New York 2003, bes. 419–424; *Thomas V. Morris*, The Logic of God Incarnate, Eugene/Or. 2001; *Brian Leftow*, The Humanity of God, in: Anna Marmodoro – Jonathan Hill (Hg.), The Metaphysics of the Incarnation, Oxford 2011, 20–44.

Jesus als Gott der Sohn?

Eine Auseinandersetzung mit der Christologie von Karl-Heinz Menke

Klaus von Stosch

Die Christologie ist ohne Zweifel einer der zentralen Brennpunkte des Denkens von Karl-Heinz Menke. Dabei erhält sie bei ihm eine spezifische Gestalt, die es einerseits erlaubt, eine konsistente Theorie der hypostatischen Union zu bilden, und die Menke andererseits dazu bringt, sich pointiert zu weit verbreiteten Diskursverläufen christlicher Theologie in der Gegenwart zu positionieren und das Profil katholischer Theologie zu schärfen. Im Folgenden will ich versuchen, Menkes Position nachzuzeichnen und auch in ihren Zuspitzungen verständlich zu machen. Zugleich werde ich die Darstellung mit einigen Nachfragen verbinden, die sich im letzten Teil meiner Ausführungen insbesondere auf die trinitätstheologischen Folgeprobleme der Theorie der hypostatischen Union bei Karl-Heinz Menke beziehen.

1 Menkes Entwurf einer Theorie der hypostatischen Union

Menke geht in seiner christologischen Theoriebildung von der Grundthese aus, dass Gott sich selbst in der Beziehung aussagt, die Jesus zu seinem himmlischen Vater lebt; „denn er lebt als wahrer Mensch dieselbe Beziehung zum Vater, die der innertrinitarische Sohn ist"[1]. Ist diese Formulierung noch etwas schwer zu verstehen, weil eine Person ja eigentlich keine Beziehung sein kann, so wird das von Menke Gemeinte klarer, wenn man die Beziehung hier als Selbstunterscheidung fasst: „Jesus lebt in Raum und Zeit dieselbe Selbstunterscheidung vom Vater, die der innertrinitarische

---

1 *Karl-Heinz Menke*, Thesen zur Christologie des Bittgebetes, in: Magnus Striet (Hg.), Hilft beten? Schwierigkeiten mit dem Bittgebet, Freiburg – Basel – Wien 2010, 87–105, 87.

Sohn ist."² Genauer müsste man sicher ergänzen, dass gerade die Art der Selbstunterscheidung es ist, die Jesus zum Weg zum Vater macht, so dass man vielleicht von einem unterscheidenden In-Beziehung-Setzen sprechen könnte. Jedenfalls ist es so, dass aus Menkes Sicht Jesus eine Beziehung zu Gott lebt, die der Beziehung des Logos zum Vater nicht nur entspricht, sondern die sogar mit ihr identisch ist. Deshalb spricht Menke auch von einer „Identität der geschichtlich gelebten Vater-Beziehung Jesu mit der innertrinitarischen Vater-Beziehung des Sohnes. Im Heiligen Geist lebt Jesus *als wahrer Mensch* – in allem uns gleich außer der Sünde (Hebr 4,15) – *dieselbe* Selbstunterscheidung vom Vater, die der ewige Logos *ist*."³ Entsprechend kann Menke pointiert festhalten, dass es so etwas gibt wie eine

„Identität eines winzigen Ausschnittes der empirisch wahrnehmbaren Wirklichkeit, nämlich eines einzelnen Menschen, des Juden Jesus aus Nazaret, mit dem Alpha und dem Omega, mit dem Sinn des Ganzen von Welt und Geschichte. [...] Der Jude Jesus aus Nazaret lebt als wahrer Mensch, als Geschöpf in Raum und Zeit, dieselbe Beziehung, die Gott von Ewigkeit her ist."⁴

Dies kann er als Mensch aber nur in menschlicher Weise, so dass eben in dieser menschlichen Form der Beziehung zum Vater eine innergöttliche Beziehung Wirklichkeit wird. Wie Rahner sieht demnach auch Menke „gerade in der immer schon gegebenen Unmittelbarkeit Jesu zu seinem Abba das Geheimnis seiner Einzigkeit"⁵. Setzt man subjekttheoretisch an, könnte hier vielleicht die Theorie vom präreflexiven Mit-sich-vertraut-Sein menschlichen Selbstbewusstseins eine Verständnishilfe für den Gedanken der Unmittelbarkeit Jesu zu Gott bieten. So wie ich auch schon vor jeder Reflexion um mich weiß und damit gewissermaßen präreflexiv mit mir vertraut bin, so könnte man für das Selbstbewusstsein Jesu von Nazaret sagen, dass er jenseits aller reflexiven Sicherstellungen immer schon aus einer nicht erst reflexiv vermittelten Vertrautheit mit dem Vater lebt. Menke jedenfalls scheint in diese Richtung zu denken, wenn er im Anschluss an

---

2   Karl-Heinz Menke, Gott sühnt in seiner Menschwerdung die Sünde des Menschen, in: Magnus Striet – Jan-Heiner Tück (Hg.), Erlösung auf Golgota? Der Opfertod Jesu im Streit der Interpretationen, Freiburg – Basel – Wien 2012, 101–125, 103.
3   Menke, Thesen zur Christologie des Bittgebetes, 88.
4   Karl-Heinz Menke, Jesus ist Gott der Sohn. Denkformen und Brennpunkte der Christologie, Regensburg 2008, 25f.
5   Menke, Jesus ist Gott der Sohn, 351.

Rahner expliziert, dass Jesus „unreflex und ursprünglich immer schon um seine personale Identität mit dem innertrinitarischen Sohn [weiß; Vf.], weil der Grund seines singulären Gottesbewusstseins das Ereignis der hypostatischen Union ist"[6].

Diese Analogie scheint mir in der Tat interessant zu sein. Sie behält zwar den Ruch einer etwas undurchsichtigen metaphysischen Ad-hoc-Lösung, weil uns jede Anschauung und jede Denkmöglichkeit eines Selbstbewusstseins fehlt, das sich präreflexiv auf etwas anderes bezieht als sich selbst. Im Blick auf das biblische Zeugnis dürfte es aber zumindest legitim sein, von einer durch den Heiligen Geist ermöglichten besonderen und einzigartigen Vertrautheit Jesu mit dem Vater und seinem Hineinfinden in dessen Willen zu sprechen. Man wird sicher auch aus biblischer Sicht mit Menke sagen können, dass diese Vertrautheit Jesus von seiner Geburt an umfangen hat und seine Persönlichkeit prägt. Erst im Laufe seines Lebens hat er nach und nach verstanden, was es mit dieser Vertrautheit auf sich hat. Vielleicht kann man auch sagen, dass er mit diesem Verstehen nie an ein Ende gekommen ist, weil er als Mensch nie ganz verstehen konnte, so sehr in das Geheimnis Gottes hineingeboren zu sein und aus ihm zu leben. Dennoch könnte man sagen, dass er auf ontologischer Ebene in seinem Selbstbewusstsein in einer geistgewirkten einzigartigen und besonderen Vertrautheit mit dem Vater steht und hierin das Göttliche in seiner Menschlichkeit liegt.

Um das Potenzial dieser Überlegungen richtig würdigen zu können, ist es wichtig, sich noch einmal den Ausgangspunkt von Menkes Grundthese vor Augen zu führen. Die Beziehung des Logos zum Vater wird ebenso wie die Beziehung Jesu zu Gott als Selbstunterscheidung gefasst, so dass hier die Differenz als Relation gedacht wird und diese Relation wiederum der Grund ist, um in Jesus von Nazaret Gottes Zusagewort für die Menschen zu sehen. Damit vollzieht Menke den Übergang von einer Substanzontologie zu einer relationalen Ontologie, die es ihm erlaubt, die traditionelle Zweinaturenlehre so zu reformulieren, dass sie in rationaler Weise ausgesagt werden kann. Denn in der Perspektive relationaler Ontologie geht es in der Christologie nicht um die unsinnige Behauptung, dass eine geschöpfliche Substanz mit der Substanz Gottes geeint ist, sondern darum, dass die geschöpfliche Natur ganz darin aufgeht, von der göttlichen her und auf sie hin zu sein, so dass sie gerade in ihrem unterscheidenden Verwiesensein Anwesenheit des Beziehungsgeschehens ist, das Gottes Wesen

---

6   *Menke*, Jesus ist Gott der Sohn, 352. Ob es angemessen ist, auf einer solchen präreflexiven Ebene von Wissen zu sprechen, erscheint mir allerdings fraglich.

ausmacht. Eben weil Gott selbst Beziehungsgeschehen ist und sogar die größte aller denkbaren Unterscheidungen in ihm Raum hat, kann Jesus in seinem sich unterscheidenden Bezogensein auf Gott Gottes Beziehungswirklichkeit selbst offenbaren.[7] Oder in den Worten Menkes: „Denn die geschichtlich gelebte Selbstunterscheidung Jesu vom Vater ist die Offenbarkeit der innertrinitarischen Selbstunterscheidung des ewigen Sohnes vom ewigen Vater."[8]

Fragt man also in Menkes Perspektive danach, was denn nun die Besonderheit Jesu im Vergleich zu anderen Menschen ist, so darf man keine substanzontologischen Aussagen erwarten, die sowieso nur dazu führen würden, das wahre Menschsein Jesu zu leugnen. Vielmehr kann es nur darum gehen, in der besonderen Beziehung Jesu zum Vater den Ansatzpunkt für seine Göttlichkeit zu sehen. Entsprechend hält Menke ausdrücklich fest, dass „Jesu Beziehung zum Vater nicht die Beziehung eines von Josef gezeugten und von Maria geborenen Menschen zu Gott [ist], sondern von Anfang an Konstitutivum seiner Persönlichkeit"[9]. Das Einzigartige bzw. völlig Singuläre in der Existenz Jesu wäre also darin zu suchen, dass dieser Mensch immer schon durch dieselbe Beziehung geprägt, ja sogar konstituiert ist, die auch bereits im Geheimnis Gottes die Beziehung zwischen seinem Sichaussagen und seiner Selbstidentität ist.

Fragt man an dieser Stelle, wie eine solche Besonderheit der Beziehung denkbar ist, verweist Menke im Anschluss an Walter Kasper und Hans Urs von Balthasar auf die Geistwirklichkeit Gottes. Entsprechend hält er fest, dass das „Christusereignis selbst Frucht des Geistwirkens ist"[10]. Nur weil Jesus immer schon ganz vom Geist Gottes erfüllt ist, kann er aus einem Vertrautsein mit Gott leben, das es ihm ermöglicht, seine Selbstunterscheidung von Gott restlos als Beziehung von Gott her und auf ihn hin zu leben. Von daher hat Menke völlig recht, dass in der Geist-Christologie alles darauf ankommt, dass sich Jesu Logos-Sein nicht erst im Laufe seines Lebens aus seiner immer stärkeren Öffnung für die Geistwirklichkeit

---

7 Vgl. *Karl-Heinz Menke*, Fleisch geworden aus Maria. Die Geschichte Israels und der Marienglaube der Kirche, Regensburg 1999, 125: „Die Beziehung, die ‚der Andere in Gott' (der Sohn) zum Vater *ist,* muss das Konstitutivum des Geschöpfes sein, in dem sich Gott inkarniert."
8 *Menke*, Gott sühnt in seiner Menschwerdung die Sünde des Menschen, 103.
9 *Menke*, Jesus ist Gott der Sohn, 444.
10 *Karl-Heinz Menke*, Das heterogene Phänomen der Geist-Christologien, in: George Augustin – Klaus Krämer – Markus Schulze (Hg.), Mein Herr und mein Gott. Christus bekennen und verkünden, FS Kasper, Freiburg – Basel – Wien 2013, 220–257, 251.

Gottes ergibt, sondern dass es von Anfang seiner Existenz an gegeben ist.[11] Jesus ist von Beginn seines Daseins an zugleich das Dasein der Zusage Gottes, weil er schon in seiner Personwerdung konstituiert ist von der Beziehungsmacht des Geistes Gottes, der es ihm ermöglicht, restlos auf die Beziehung Gottes zu setzen, ohne sich dadurch in ihm zu verlieren.[12]

2 Menkes Abgrenzung vom Protestantismus

Auch wenn Menke seiner Christologie erkennbar eine relationale Ontologie zugrunde legt, beharrt er zugleich darauf, dass in der Person Jesu von Nazaret tatsächlich der innertrinitarische Sohn menschliche Gestalt angenommen hat und also das Unbedingte selbst in die Geschichte eingetreten ist. Menke ist es in diesem Kontext sehr wichtig, dass dieses Unbedingte nicht nur in bedingter Weise da ist und Jesus also nicht nur ein Medium der Gottesbeziehung ist, sondern diese Beziehung tatsächlich authentisch und realiter erfahrbar macht und lebt. Gott zeigt also seine eigene Beziehungswirklichkeit und seine Schwäche für den Menschen, wenn er sich in Jesus von Nazaret in seiner Berührbarkeit und Verletzlichkeit offenbart. Es gibt in ihm bzw. im innertrinitarischen Logos nicht eine Form von Macht, die er aufgibt, um Mensch werden zu können, sondern es gibt in Gott

---

11 Vgl. *Menke*, Das heterogene Phänomen der Geist-Christologien, 238: „Wenn aber Jesus erst durch den Geist des Vaters der Sohn *wird*, kann sein Menschsein dann – so fragen die Kritiker von Moltmanns geistchristologischer Denkphase zu Recht – mehr sein als geschöpfliche ‚Außenseite' einer göttlichen ‚Innenseite' (des Heiligen Geistes)?" Neben Moltmann und verschiedenen anglikanischen Vertretern der Geist-Christologie wendet sich Menke vor allem auch gegen die Geist-Christologie von Leonardo Boff, der in seiner Sichtweise das entscheidende Ereignis eben nicht mehr in der Fleischwerdung Gottes sehe, sondern in der Inspiration der Gemeinde (vgl. ebd., 254).
12 Menke sieht an dieser Stelle auch den entscheidenden Anknüpfungspunkt für den Glauben an die Jungfräulichkeit Mariens. Entsprechend hält er fest: „Der Geist schafft aus der materiellen Disposition Mariens den Menschen, den er hypostatisch (personal) mit dem präexistenten Sohn eint." (*Menke*, Das heterogene Phänomen der Geist-Christologien, 247; vgl. hierzu auch ders., Fleisch geworden aus Maria, 127). So recht Menke vom Grundsatz auch an dieser Stelle hat, so merkwürdig ist doch seine immer wiederkehrende Rede von der Erschaffung des Menschen Jesus „aus der materiellen Disposition Mariens". Würde Jesus wirklich nur aus ihr erschaffen, dann müsste er ein Klon von Maria sein, und es wäre nicht zu erklären, wie er zu einem Y-Chromosom kommen kann.

keine andere Macht als die Ohnmacht des Kreuzes,[13] d. h. „[d]er Vater ist nicht anders allmächtig als er, der Gekreuzigte"[14].

Gerade im Blick auf das Theodizeeproblem ist es Menke also wichtig, dass Gott nicht noch andere Formen der Macht zur Verfügung hat als die ohnmächtige Liebe des Gekreuzigten und dass seine Ohnmacht nicht Ergebnis einer reversiblen Wahl ist, sondern Offenbarung von Gottes eigentlicher Wirklichkeit. Gottes Allmacht ist nicht noch einmal von Jesu Schwäche am Kreuz unterschieden, so dass die Frage, warum Gott das Kreuz zulässt, aus Menkes Sicht von Anfang an falsch gestellt ist. Gott hat eben keine andere Macht als die Macht der Liebe, die auf den Hass der Gegner nicht anders als liebend reagiert. Oder in Menkes eigenen Worten: „Die Allmacht des trinitarischen Gottes *ist* identisch mit der Liebe des Gekreuzigten."[15] Wenn Hans Jonas also behauptet, dass Gott ab der Schöpfung oder einem bestimmten Zeitpunkt der Geschichte auf seine Allmacht verzichtet,[16] würde Menke dem entgegenhalten, dass Gott auch schon innertrinitarisch nicht anders mächtig ist als in der Weise der Liebe, die am Kreuz offenbar wird. Gott hat nach Menke nicht noch andere Möglichkeiten als Jesus,[17] so „dass man über Gott nichts anderes sagen kann und sagen darf als über das Menschsein Jesu"[18].

Damit erreicht Menke eine öfters wiederholte Spitzenformulierung, die isoliert betrachtet schwer zu verstehen ist. Kann man von Gott wirklich nicht sagen, dass er noch einmal mehr und anders ist als der Mensch Jesus von Nazaret? Muss ich Gott also darauf reduzieren, dass er einen Bart trägt, ein beschnittener Mann ist und trotzdem keine Ahnung von Fußball hat? Kann man wirklich sagen, dass das Unbedingte in diesem begrenzten Wesen vollständig ausgesagt ist? Ist Gott nicht noch einmal größer als ein Mensch, ist Gott nicht noch einmal anders schön, als ein Mensch schön sein kann? Und wie kann bei einer solchen Rede noch ein mythologisches Missverständnis des Christentums abgewehrt werden?

Auf den ersten Blick ist Menke an dieser Stelle kompromisslos. So schreibt er wörtlich: „Alles im Christentum hängt davon ab, dass Gott

---

13 Vgl. *Menke*, Jesus ist Gott der Sohn, 522.
14 *Menke*, Jesus ist Gott der Sohn, 27.
15 *Menke*, Gott sühnt in seiner Menschwerdung die Sünde des Menschen, 105.
16 Vgl. *Hans Jonas*, Der Gottesbegriff nach Auschwitz. Eine jüdische Stimme, in: Otfried Hofius (Hg.), Reflexionen finsterer Zeit. Zwei Vorträge von Fritz Stern und Hans Jonas, Tübingen 1984, 61–86.
17 Vgl. *Menke*, Thesen zur Christologie des Bittgebetes, 88: „Offenbar kann Jesus, was nach jüdischer Tradition nur Gott allein kann."
18 *Menke*, Jesus ist Gott der Sohn, 518.

Jesus als Gott der Sohn? 135

sich selbst in den dreiunddreißig Lebensjahren eines einzelnen Menschen so ausgesagt hat, dass man nichts über Gott sagen kann, was man nicht auch über Jesus von Nazaret sagen kann."[19] Will man diese Kompromisslosigkeit verstehen, ist es wichtig, sich wieder daran zu erinnern, dass Menke seine Überlegungen in der Denkform einer relationalen Ontologie entwickelt. Es geht ihm also nicht darum, einen Pickel Jesu als Pickel Gottes zu identifizieren und zu behaupten, dass Gott nur diesen einen Pickel hat. Ein solcher Gedanke wäre in der Tat ein substanzontologisches Missverständnis des Inkarnationsgedankens und würde die Idee der Idiomenkommunikation zur Idiomensynthese pervertieren. Es geht bei Menkes Aussagen also nicht um Gottes Substanz für sich, sondern um seine Beziehungswirklichkeit.[20] Eben diese Beziehungswirklichkeit ist in Jesus von Nazaret vollständig erschlossen und vollständig Gegenwart. In jedem Akt des Lebens Jesu und selbst im Sterben und im Tod[21] Jesu wird so also Gottes Zuwendung zum Menschen erfahrbare Wirklichkeit – auch und gerade in allem Unvollkommenen und Verwundeten bei Jesus. Denn „Gott der Vater hat sich mit der Menschwerdung seines Sohnes dazu bestimmt, sein Verhalten von dem Verhalten Jesu bestimmen zu lassen"[22]. Er will nicht anders als unser Gott erfahrbar werden und er ist auch nicht anders unser Gott als in der Weise, wie er sich in Jesus erschließt. Auf diese Weise werden auch die Schwächen Jesu zum Ort der Gottesbegegnung, weil Jesus sich so sehr von der Geistwirklichkeit Gottes bestimmen lässt, dass er auch in seiner Schwäche die Liebe Gottes ausstrahlt und von ihr durchformt wird.

Das bisher Gesagte führt Menke dazu, dass ihm alles darauf ankommt, dass Gott sich nicht nur *in* einem bedingten Menschen zeigt, sondern *als* dieser Mensch. Menke wörtlich: „Gott begegnet dem Sünder nicht mittels oder im Medium Jesu, sondern *als* dieser Mensch."[23] Jesus sei wegen sei-

---

19 *Menke*, Jesus ist Gott der Sohn, 520.
20 Die Pointe seines Gedankens besteht dabei darin, dass diese Beziehungswirklichkeit ja nichts anderes als sein Wesen ist, so dass man von gar keiner Substanz jenseits dieser Beziehung sprechen kann. Als unbegrenztes Wesen kann Gott ja eben nicht materiell ausgedehnt sein und auch keine Pickel haben – auch nicht die Pickel Jesu. Ein solcher Gedanke wäre ein mythologisches Missverständnis des Christentums.
21 Menke spricht deswegen auch von einem „Fortbestehen der hypostatischen Union des toten Jesus mit dem innertrinitarischen Sohn" (*Menke*, Gott sühnt in seiner Menschwerdung die Sünde des Menschen, 112). Nur so ist in seinen Augen der christliche Glaube eingeholt, dass Gott uns bis in die tiefsten Abgründe unserer Existenz hinein entgegenkommt.
22 *Menke*, Thesen zur Christologie des Bittgebetes, 93.
23 *Menke*, Gott sühnt in seiner Menschwerdung die Sünde des Menschen, 116.

ner in Freiheit vollzogenen Zustimmung zum Willen Gottes „unendlich viel mehr als ein Medium der Offenbarung"[24]. Da sich Jesus ganz und gar darauf einlässt, von Gott her und auf ihn hin zu sein, und da Gott ihn von Anfang seiner Existenz an erwählt, sich in ihm dem Menschen zuzusagen, ist Jesus eben nicht nur ein Bedeutungsträger, dem das in ihm Gesagte äußerlich bleibt. Vielmehr ist er genau die zugesagte Beziehungswirklichkeit, von der er spricht. Ja, Menke geht sogar so weit zu sagen, dass Jesus der Himmel ist; „denn der Himmel ist kein Raum, sondern eine Person, die Person dessen, in dem Gott und Mensch für immer trennungslos eins sind"[25].

Abermals ist es wichtig, hier Menkes relationale Ontologie im Hinterkopf zu behalten, die uns davor bewahren sollte, seine bewusst provokativen Formulierungen mythologisch misszuverstehen. Gerade wenn man sich wie Menke in den Kategorien des Freiheitsdenkens bewegt, mutet es allerdings etwas überraschend an, dass er den Gegensatz zwischen Medialität und Realität, zwischen Symbol und Wirklichkeit so sehr betont. Denn in der Art des Pröpper'schen Freiheitsdenkens, das auch Menke rezipiert, kann die Unbedingtheit der Liebe Gottes, ja sie selbst, nur in bedingter und endlicher Gestalt sein, so dass sie nur in der Form eines Symbols begegnen kann.[26] Es kommt jetzt nur alles darauf an, dieses Symbol als Realsymbol zu verstehen und sich also zu verdeutlichen, dass Gott selbst in dieser bedingten Gestalt anfanghaft da ist. Will man verstehen, warum Menke trotz dieser eindeutigen Verpflichtung seines Denkansatzes auf den Symbolgedanken diesen so strikt und polemisch ablehnt, ist es wichtig wahrzunehmen, dass Menke zwei unterschiedliche Arten des Repräsentationsdenkens unterscheidet.

Menke meint nämlich ein protestantisches und ein katholisches Symboldenken voneinander abgrenzen zu müssen und beruft sich dabei vornehmlich auf die Gegenüberstellung der Entwürfe von Paul Tillich und Karl Rahner. In Menkes Rekonstruktion der Position Tillichs gilt: „Tillich hält es für ausgeschlossen, dass der transzendente Gott sich als er selbst zeitlich und räumlich aussagen (offenbaren) kann."[27] Tillich warne – so Menke – vor der Gefahr der „Vergottung des Geschöpfs"[28] und stelle „dem

---

24 *Menke*, Gott sühnt in seiner Menschwerdung die Sünde des Menschen, 117.
25 *Menke*, Gott sühnt in seiner Menschwerdung die Sünde des Menschen, 118.
26 Vgl. *Thomas Pröpper*, Erlösungsglaube und Freiheitsgeschichte. Eine Skizze zur Soteriologie, München ³1991, 188f.210.
27 *Karl-Heinz Menke*, Sakramentalität. Wesen und Wunde des Katholizismus, Regensburg 2012, 56.
28 *Menke*, Sakramentalität, 57.

Jesus als Gott der Sohn?

katholischen Sakramentalismus – das heißt der Vorstellung von der positiven Repräsentierbarkeit Gottes durch ein an Raum und Zeit gebundenes Symbol – die protestantische These entgegen, dass ein Symbol nur solange legitime Gottrede ist, als es sich im Vollzug des Hinweisens selbst negiert"[29]. Und in der Tat ist es ja so, dass das, was sich offenbart, bei Tillich niemals damit aufhört, verborgen zu sein, „denn seine Verborgenheit gehört zu seinem Wesen; und wenn es offenbar wird, so wird auch dieses offenbar, dass es das Verborgene ist. […] Nicht das Okkulte – ein relativ Verborgenes –, sondern das unbedingt Verborgene wird offenbar."[30] Das Unbedingte kann bei Tillich also nicht im Bedingten, sondern nur am Bedingten offenbar werden. Das Bedingte wird dann Verweis auf das Unbedingte und dadurch sein Offenbarungsort, wenn es auf etwas hinweist, „was nicht seiner Bedingtheit angehört, was sein Eigenstes und sein Fremdestes ist, was an ihm offenbar wird als das Unbedingt-Verborgene"[31]. „Wenn das Unbedingt-Verborgene offenbar wird, so kann es offenbar werden nur als das, was im Offenbarwerden verborgen bleibt."[32]

Tillich ist es also wichtig, die Grenze zwischen dem Unbedingten und dem Bedingten, zwischen Gott und Welt, auch angesichts der Rede von Offenbarung nicht zu verwischen. Das Unbedingte kann in seinen Augen nicht als Unbedingtes im Bedingten begegnen. Gott kann nicht in seiner Gottheit auf der Erde da sein, wenn er die Eigenständigkeit und Freiheit des Menschen ernst nehmen will. Aber das Bedingte kann Zeichen Gottes werden, am Menschen kann Gott erfahrbar werden. Die Würde, Heiligkeit und innerste Möglichkeit des Bedingten besteht also Tillich zufolge gerade darin, dass an ihm das Unbedingte offenbar wird. Nur in einer solchen Konzeption scheint es Tillich gewahrt zu sein, dass Offenbarung keine Vergewaltigung, sondern eine Befreiung des Menschen darstellt. Denn wenn das Unbedingte als Unbedingtes dem Bedingten begegnete, wäre es in Tillichs Blickwinkel um seine Freiheit und Selbstbestimmung geschehen.

Ich bin nicht ganz sicher, ob es tatsächlich klug ist, derartige Denkweisen dem sakramentalen Freiheitsdenken in der Weise entgegenzusetzen, wie Menke das tun zu müssen meint. Aber es ist wichtig, diese Entgegensetzung in Menkes Denken zu sehen, um zu verstehen, warum er sich so sehr gegen die Idee wehrt, dass Jesus „nur" als Offenbarungsmedium

---

29 *Menke*, Sakramentalität, 58.
30 *Paul Tillich*, Offenbarung und Glaube, Stuttgart 1970, 33f.
31 *Tillich*, Offenbarung und Glaube, 35f.
32 *Tillich*, Offenbarung und Glaube, 42.

gedacht wird. Menke meint Tillich so verstehen zu müssen, als ob er in Zweifel ziehe, dass Gott selbst in Jesus und den Sakramenten da ist, und er kann sich an dieser Stelle ja auch darauf berufen, dass Tillich selbst sein Denken immer wieder klar und polemisch vom Katholizismus abgrenzt. Ganz anders als bei Tillich sei es dagegen bei Rahner so, dass der Symbolbegriff sakramental gefüllt werde und Gott also wirklich in dem da sei, das auf ihn noch verweist. Menke geht es bei seiner Kritik der Rede von Christus als Medium und Symbol Gottes also um eine Position, die damit deutlich machen will, dass Gott selbst in ihm gerade nicht anwesend ist.

Besondere Brisanz erhält Menkes Abgrenzung vom protestantischen Denken dadurch, dass er es mit einem postmodernen Relativismus gleichsetzt, den er zugleich mit unserem Zeitgeist identifiziert und von dem er sich im Namen des Katholizismus entschieden abgrenzt.[33] Ob es glücklich ist, an dieser Stelle einen Gegensatz zwischen katholischem und evangelischem Denken zu konstruieren, und auch ob man Tillich und Rahner in der Weise gegeneinanderstellen muss, wie Menke das tut, will und kann ich im Rahmen dieses kurzen Beitrags nicht klären.[34] Wichtig ist mir nur, dass man erkennt, dass Menke aus dieser seiner Abgrenzung von Tillich und anderen Vertretern einer liberalen evangelischen Theologie seine Opposition gegen das protestantische Denken insgesamt bezieht, das Jesus nur als Medium der Selbstvergegenwärtigung Gottes sehe und dabei der katholischen Option, die in Jesu Menschsein das Ursakrament seiner Selbstoffenbarung sieht, widerspreche.

Stellt man die antiprotestantische Rhetorik etwas zurück, kann man also bilanzieren, dass Menke ein sakramentales Verständnis des Symboldenkens durchaus bejaht und damit ganz in der Tradition Karl Rahners Jesus als Realsymbol der göttlichen Zuwendung zu denken vermag. Damit wird Jesus durchaus als Medium der Selbstzusage gedacht und kann nicht materiell mit ihr identifiziert werden. Alles andere würde auch eine Form von Idiomensynthese behaupten, die ins mythologische Denken abgleitet und nicht mehr verständlich machen kann, wie sich das chalcedonensische

---

33 Vgl. *Menke*, Sakramentalität, 320–327.
34 Menke versucht zu verdeutlichen, dass bereits Luther und Calvin Jesus nur als Medium Gottes zu sehen vermochten (vgl. *Menke*, Sakramentalität, 59–63). „Denn überall da, wo der Mensch Jesus schwach und ohnmächtig erscheint – vor allem am Kreuz – spricht Luther von einem *willentlichen* Sichentäußern und einem *willentlichen* Sichverbergen des Logos" (ebd., 60). Mir scheint durchaus fraglich zu sein, ob Menke Luthers Christologie hier tatsächlich ausreichend würdigt, da ja auch der *deus absconditus* wahrer Gott ist. Ich will im Kontext dieses Artikels aber ja Menkes Position verstehen und verzichte deswegen darauf, seinen verschiedenen Abgrenzungs- und Profilierungsversuchen des Katholischen näher nachzugehen.

Vermischungsverbot im Blick auf das Göttliche und Menschliche in Jesus Christus durchhalten lässt. Zugleich besteht Menke aber völlig zu Recht darauf, dass Jesus Christus nicht nur im Sinne eines Vertretungssymbols die göttliche Wirklichkeit bezeichnet, ohne dass sie in ihm schon anbricht. Vielmehr besteht er darauf, dass in Jesu Menschsein und gerade auch in seiner Schwäche und Verletzlichkeit Gott selbst in seiner Zusagegestalt berührbare Wirklichkeit geworden ist und dass Gott nicht noch einmal anders für den Menschen da ist als in dieser Weise der Selbsthingabe.

Wichtig scheint es mir an dieser Stelle zu sein wahrzunehmen, dass das klare Plädoyer dafür, dass sich Gott tatsächlich selbst und damit in seiner Unbedingtheit in dem Menschen Jesus berührbar macht, keineswegs bedeutet, das Unendliche und Unbedingte auf ein menschliches, allzu menschliches Maß zu reduzieren. Denn gerade auch Menke betont immer wieder, dass die Kirche mit dem Verstehen des göttlichen Logos bzw. mit dem Verstehen Jesu Christi nie an ein Ende kommt. Nicht das Offenbarungsereignis ist in seinem Denken also unvollständig, sondern unsere Auffassungsgabe. Die Kirche, so drückt es etwa auch Paul J. Griffiths in ganz ähnlicher Stoßrichtung aus,

„hat nicht den Anspruch, bereits alle religiöse Wahrheit zu lehren; sie hat nicht, um es noch etwas theologischer auszudrücken, bereits alle in der Offenbarung enthaltenen bedeutsamen Wahrheiten explizit formuliert, die sie bewahrt und überliefert"[35].

Von daher kann ich durch die Begegnung mit anderen Religionen Entscheidendes über Gott und seine Offenbarung in Christus lernen. Gerade weil sich die Kirche der Wahrheit verpflichtet fühlt, kann sie nicht denken, die Wahrheit bereits zu besitzen. Denn – so völlig zu Recht Karl-Heinz Menke:

„Wer sich der Wahrheit verpflichtet fühlt, wird niemals behaupten, die Wahrheit zu ‚haben'. Wer sich der Wahrheit verpflichtet fühlt, ist nie am Ziel, sondern stets unterwegs; nie fertig, sondern stets im Aufbruch."[36]

---

35 *Paul J. Griffiths*, Problems of religious diversity, Malden – Oxford 2001, 62: "The Church, however, does not think of herself as already explicitly teaching all religious truth; she has not, to put it a bit more theologically, given explicit formulation to all the religiously significant truths implied by the revelation she preserves and transmits."
36 *Menke*, Jesus ist Gott der Sohn, 24.

Von daher kann auch ein dem Lehramt in allem treuer Theologe von anderen Religionen lernen wollen und neue Wege des Verstehens der Selbstkundgabe des Unbedingten auch außerhalb der christlichen Tradition suchen. Denn mit dem Verstehen des Unbedingten wird kein Mensch je an ein Ende kommen. Und nichts an dem christlichen Glauben besagt, dass Gott sich nur in Jesus von Nazaret dem Menschen zusagt. Im Gegenteil zeigt die Anbindung dieses Bekenntnisses an die Geschichte Gottes mit dem Volk Israel, dass Gott immer wieder und auf vielerlei Weise in der Geschichte spricht (Hebr 1,1) und immer wieder seine gute Bundeszusage an sein Volk erneuert (Jer 31,31–34).

3 Menkes antipluralistische Betonung der Einzigkeit Jesu Christi

Könnte man angesichts von derartigen hermeneutischen Selbstrelativierungen noch denken, dass Menke in einer großen Offenheit in den interreligiösen Dialog hineingeht, merkt man bei einer näheren Betrachtung seines Werks, wie sehr es von einem Abwehrkampf gegen jede Form einer pluralistischen Theologie der Religionen geprägt ist, der leider die konkrete Neugierde für das interreligiöse Gespräch etwas zu überdecken scheint. Im Kontext der Christologie ist Menke besonders wichtig, dass die pluralistische Behauptung der Möglichkeit mehrfacher Inkarnationen nicht nur falsch, sondern geradezu denkunmöglich ist. Nur so scheint ihm das Übel des in seinen Augen latent relativistischen Pluralismus an der Wurzel gepackt und bekämpft.

Um die Denkmöglichkeit mehrerer Inkarnationen auszuschließen und damit jeder Relativierung der Einzigkeit der Inkarnation des Logos in Jesus Christus vorzubeugen, behauptet Menke deshalb ähnlich wie Brian Hebblethwaite, dass die Individualität des Menschen Jesus von Nazaret so sehr in die Wirklichkeit Gottes hineingehöre und diese so sehr präge, dass schlechterdings nicht denkbar sei, dass der Logos in einer anderen Gestalt gegenwärtig werde als in Jesus von Nazaret. Der innertrinitarische Logos sei mit Jesus von Nazaret in numerischer und personaler Weise identisch, so dass sich Gott eben nur in ihm inkarniere und nicht noch einmal inkarnieren könne. Wir können dieser Argumentation zufolge nicht annehmen, dass Gott sich mehr als einmal inkarniere, weil aufgrund der Einzigkeit Gottes nur ein Mensch dieser Gott sein könne.[37]

---
37 Vgl. *Brian Hebblethwaite*, The uniqueness of the incarnation, in: Michael D. Goulder (Hg.), Incarnation and myth. The debate continued, London 1979, 189–191, sowie

Allerdings ist die hier verwendete Denkfigur der beiden wenig überzeugend. Um aus logischen Gründen ausschließen zu können, dass Gott sich mehr als einmal inkarniert, muss man eine Gott und Welt übergreifende Theorie entwickeln und die Möglichkeiten Gottes durch diese Theorie begrenzen. Dies scheint mir schon von der Anlage der Theoriebildung her äußerst problematisch zu sein, weil Theologie eigentlich der ergangenen Offenbarung nachdenkt und nicht spekulativ über die Möglichkeiten Gottes nachsinnt. Jedenfalls wird Gott als Teil einer geschöpflichen Theorie begrenzt, so dass er in ihr allenfalls als Grenzen überwindende und transzendierende Macht eingeführt werden könnte, nicht aber als eine metaphysische Substanz oder als ein einzelner Akteur, dessen Handlungsmöglichkeiten man auslotet. Will man das Anliegen der pluralistischen Theologie der Religionen prüfen, scheint es mir von daher keine weiterführende Strategie zu sein, die logische Unmöglichkeit einer Inkarnation außerhalb Jesu zu behaupten. Wie könnte die ungeschaffene Wirklichkeit des Logos auch auf das Geschöpf Jesus von Nazaret reduziert oder restlos mit ihr identifiziert werden? Wie könnte man annehmen, dass – so das in diesem Zusammenhang viel diskutierte Zitat des des Pluralismus sicherlich unverdächtigen Thomas von Aquin – „die göttliche Person durch die eine Menschennatur so in Anspruch genommen wäre, dass sie keine andere mehr in sich hineinlassen könnte. Das ist unmöglich, denn das Ungeschaffene kann vom Geschaffenen nicht umgriffen werden."[38] Jesus – so drückt Hans Kessler diesen Punkt aus – „ist der inkarnierte und endgültige Logos des Vaters – in endlicher, partikulär-begrenzter, zeichenhafter und d. h. immer auch vorläufiger Gestalt"[39].

An dieser Stelle würde Menke wahrscheinlich einhaken und bestreiten, dass damit der Gedanke der Inkarnation schon hinreichend ausgesagt ist. Und in der Tat ist Kesslers Rede von der Vorläufigkeit dieser Gestalt ja

---

Menke, Jesus ist Gott der Sohn, 358: „Gott kann, wenn die Individualität eines Menschen zu seiner Selbstaussage gehören soll, nicht von der Einzigkeit des Menschen, in dem er sich mitteilt, getrennt werden."

38 S. th III 3,7, Thomas-Ausgabe Bd. 25, 104f., zit. nach *Perry Schmidt-Leukel*, Gott ohne Grenzen. Eine christliche und pluralistische Theologie der Religionen, Gütersloh 2005, 295. Nach Ilia Delio argumentiert auch Bonaventura in eine ganz ähnliche Richtung: "Bonaventure clearly maintains that Jesus is the Christ – truly God – but we must also say that Christ is more than Jesus. […] Jesus Christ does not exhaust the self-communicative love of God." *Ilia Delio*, Religious pluralism and the coincidence of opposites, in: TS 70 (2009) 822–844, 839.

39 *Hans Kessler*, Pluralistische Religionstheologie und Christologie. Thesen und Fragen, in: Raymund Schwager (Hg.), Christus allein? Der Streit um die Pluralistische Religionstheologie (QD 160), Freiburg – Basel – Wien 1996, 158–173, 169.

durchaus fragwürdig. Nimmt man allerdings Menkes Wende zu einer relationalen Ontologie ernst, wird man nicht so sehr eine substanzielle als eine Beziehungsidentität in den Vordergrund des Inkarnationsgedankens stellen, und es fragt sich, warum nicht auch eine andere Entität in dieses Beziehungsgeschehen aufgenommen werden kann. Auch wenn in den 33 Jahren des Lebens Jesu also alles über Gott gesagt ist, was sich sagen lässt, so ist doch auch nach Menke klar, dass es damit noch nicht von allen verstanden ist, so dass man vielleicht fragen darf, warum es dann nicht noch einmal in anderer Weise gesagt werden kann, um dadurch eine neue Weise des Verstehens zu eröffnen.

In der Abwehr des Pluralismus scheint es mir jedenfalls wirksamer zu sein, ganz pragmatisch zu fragen, wieso man eigentlich glauben soll, dass es mehrere Inkarnationen gegeben hat, als deren Denkunmöglichkeit beweisen zu wollen und so in Formen metaphysischer Theoriebildung einzusteigen, die eigentlich der Bescheidenheit des sonst von Menke bevorzugten transzendentalen Denkens entgegengesetzt sind. Zudem kann man selbst in der klassischen Scholastik Hilfestellung für ein solches pragmatisches Vorgehen finden. So macht bereits Thomas von Aquin deutlich, dass mehr als eine Inkarnation systematisch überflüssig ist.[40]

In dieser Stoßrichtung müsste die Frage an die pluralistische Inanspruchnahme mehrerer Inkarnationen also lauten, welchen heilsökonomischen Sinn eine Wiederholung des Inkarnationsgeschehens ergeben sollte. Denn aufgrund der etwa bei Rahner immer wieder betonten Einheit der Welt[41] ändert sich durch neue Inkarnationen qualitativ nichts an der Situation des Geschöpflichen. Übrigens gilt dies auch für die von den Pluralisten so gerne ins Feld geführten extraterrestrischen Zivilisationen: Solange diese für uns nicht als beziehungsbedürftig auf das Unbedingte hin verständlich sind, stellen sie kein Gegenargument gegen den christlichen Anspruch dar; sind sie als beziehungsbedürftig auf das Unbedingte hin verständlich, so gilt für sie genauso wie für einen Stamm von Urwaldbewohnern, die noch nie Kontakt mit dem Christentum hatten, dass die christliche Botschaft vom Hineingeschaffensein alles Geschöpflichen in die Beziehung, die Gott immer schon ist, ihnen etwas Entscheidendes zu sagen hätte. Im

---

40 Vgl. *Bernd Elmar Koziel*, Kritische Rekonstruktion der *Pluralistischen Religionstheologie* John Hicks vor dem Hintergrund seines Gesamtwerks (Bamberger Theologische Studien 17), Frankfurt a. M. u. a. 2001, 824: „Dies spiegelt auch die konkrete Fragestellung von Thomas wider: Für STh III 4,5 liegt das Problem darin, ob – im Blick auf die Sünde – weitere Inkarnationen geschehen *mussten*."
41 Vgl. *Karl Rahner*, Grundkurs des Glaubens. Einführung in den Begriff des Christentums, 5. Aufl. der Sonderausgabe, Freiburg – Basel – Wien 1984, 183–195.

Übrigen sollte man die (derzeit durch keine empirische Evidenz nahegelegte) Entdeckung extraterrestrischer Zivilisationen erst einmal abwarten, ehe man sie zum theologischen Problem hochstilisiert.[42] Darüber hinaus wirkt die Einräumung von Inkarnationen außerhalb des Christentums eigentümlich geschichtslos, solange in keiner anderen Religion solche Ansprüche geltend gemacht werden.[43] Denn aus muslimischer Sicht etwa ist Muhammad gerade nicht der inkarnierte Logos Gottes, sondern nur Gottes letzter Prophet. Von daher scheint mir die eigentlich spannende Frage, die aus der Christologie im Blick auf die Theologie der Religionen folgt, nicht die zu sein, ob sich der Logos mehrfach in Menschen inkarniert hat, sondern ob es unterschiedliche Gegebenheitsweisen derselben Offenbarung des trinitarischen Gottes geben kann.

Menkes Ablehnung des Pluralismus hat aber nicht nur damit zu tun, dass er die Idee mehrfacher Inkarnationen verwirft, sondern auch damit, dass er den Gedanken von Offenbarung als Selbstschließung Gottes in religionspluralistischen Theorien nicht eingeholt sieht. Denn auch wenn etwa John Hick und Perry Schmidt-Leukel davon sprechen, dass es tatsächlich Gott selbst bzw. das Reale an sich ist, das sich in der Offenbarung kundtut,[44] so wird dieser Offenbarungsgedanke durch die Idee der Aspektwahrnehmung so sehr relativiert, dass er kaum noch verbindlich unser Handeln zu regulieren vermag. Wird nämlich der Gedanke einer echten und letztverbindlichen Selbstkundgabe und Inanspruchnahme durch Gott aufgegeben, kann man eigentlich nicht mehr sagen, wieso man im Leben und im Sterben auf diesen doch arg gerupften Glauben vertrauen soll. Mit Menke gesprochen:

„Aber die Frage, warum ich mich überhaupt von etwas Bedingtem – z. B. von einem Ereignis, einer Tradition oder dem Menschen Jesus – zu

---

42 Vgl. *Wolfhart Pannenberg*, Systematische Theologie II, Göttingen 1991, 95f.; teilweise anders schätzt die Lage ein *Armin Kreiner*, Jesus, UFOs, Aliens. Außerirdische Intelligenz als Herausforderung für den christlichen Glauben, Freiburg – Basel – Wien 2011.
43 Vgl. *Raymund Schwager*, Offenbarung als dramatische Konfrontation, in: Ders. (Hg.), Christus allein?, 95–106, 102. Zur Diskussion, ob in den östlichen Religionen nicht doch auch an Inkarnation geglaubt wird, vgl. *Klaus von Stosch*, Komparative Theologie als Wegweiser in der Welt der Religionen (Beiträge zur Komparativen Theologie 6), Paderborn u. a. 2012, 47f.
44 Vgl. die entsprechende polemische Replik bei *Perry Schmidt-Leukel*, Theologie der Religionen. Probleme, Optionen, Argumente (Beiträge zur Fundamentaltheologie und Religionsphilosophie 1), Neuried 1997, 405–407.

unbedingtem Engagement verpflichten lassen darf und soll, wird nicht einmal gestellt, geschweige denn beantwortet."⁴⁵

Eng mit Menkes im Kern berechtigter Abgrenzung von pluralistischen Relativierungen des christlichen Glaubens zusammen hängt seine für mich nur schwer nachvollziehbare Positionierung zur Israeltheologie. Auch hier befürchtet er eine Einebnung der Besonderheit Jesu Christi, wenn diese mit der Tora gleichgesetzt wird. Menke sieht Christus und die Tora ausdrücklich nicht in einem gleichartigen und wohl auch nicht gleichwertigen Beziehungsverhältnis, sondern betont den „Komparativ der personalen Selbstoffenbarung gegenüber der Offenbarung im Medium menschlicher Worte und geschichtlicher Ereignisse"⁴⁶ – eine Position, die ihn nicht nur im Blick auf das Judentum, sondern insgesamt auf einen religionstheologischen Superiorismus festlegt. Die Rede vom Komparativ legt jedenfalls die Deutung nahe, dass Jesus Christus ihm zufolge eine Art qualitativer Steigerung dessen darstellt, was die Tora meint. Entsprechend scheint es bei ihm zu sein, dass die christliche Rede von Jesu Leben und Geschick als der (innergeschichtlich) endgültigen Gestalt der Menschenzuwendung des Gottes Israels eine Überbietung jüdischen Glaubens impliziert.⁴⁷

Mit diesem Superiorismus will Menke keineswegs die Tora als Heilsweg negieren. Im Gegenteil hält er gut inklusivistisch fest: „Das Befolgen der

---

45 *Karl-Heinz Menke*, Die Einzigkeit Jesu Christi im Horizont der Sinnfrage (Kriterien 94), Freiburg 1995, 109.
46 *Karl-Heinz Menke*, Das Kriterium des Christseins. Grundriss der Gnadenlehre, Regensburg 2003, 73. Menke scheint der Ansicht zu sein, dass Christus zwar die Tora als Sakrament des Heils erwiesen hat, dass es sich dabei aber eben „nur" um ein Sakrament und Symbol, nicht um die Wirklichkeit handelt. „Christus ist nicht nur symbolische (wie das Ritual am Jom Kippur), sondern wirkliche Anwesenheit Gottes, und sein am Kreuz stellvertretend für alle Sünder vergossenes Blut gelangt nicht nur symbolisch, sondern wirklich zu JHWH (zum Vater)." Ders., Die „älteren Brüder und Schwestern". Zur Theologie des Judentums bei Joseph Ratzinger, in: IKaZ 38 (2009) 191–205, 198. Mir scheint diese Unterscheidung allerdings nicht gerade hilfreich zu sein, da der von Rahner eingeführte Begriff des Realsymbols eigentlich helfen sollte, derartige Abgrenzungen zu überwinden. Bestimmt man wie Rahner Christus als Ursakrament, wird die sakramentale Wirklichkeit zur eigentlichen Wirklichkeit und Menkes Unterscheidung wird unterlaufen – auch um der Dignität der sakramentalen Praxis der Kirche willen. Man sollte sich deshalb davor hüten, eine symbolische oder sakramentale Vergegenwärtigung als unwirklich oder auch nur als steigerbar anzusehen.
47 Vgl. die ähnlichen Überlegungen bei *Thomas Pröpper*, Wegmarken zu einer Christologie nach Auschwitz, in: Jürgen Manemann – Johann Baptist Metz (Hg.), Christologie nach Auschwitz. Stellungnahmen im Anschluß an Thesen von Tiemo Rainer Peters (Religion – Geschichte – Gesellschaft 12), Münster 1998, 135–146, 138.

Tora führt den Israeliten in die Gemeinschaft mit JHWH [...] Aber die Tora als solche *ist* im Unterschied zu Jesus Christus nicht die Gemeinschaft mit JHWH (das ewige Leben)."[48] Von daher braucht die Tora eigentlich Christus, um sie selbst zu sein. Sie wird durch Christus nicht abgeschafft, sie erhält aber erst „durch das Christusereignis den Charakter eines Sakramentes"[49]. Menke geht sogar so weit, Jesus als Inkarnation der Tora zu deuten. Als Inkarnation der Tora ersetzt er diese Menke zufolge nicht, sondern schafft für alle Menschen eine neue Beziehungsmöglichkeit zu Gott,[50] die jetzt eben in einer wirklichen Beziehung zu Gott selbst besteht und nicht mehr nur in der Mitteilung einer Weisung, deren Befolgung in Gemeinschaft mit Gott führt.

Diese Unterscheidung leuchtet mir nur begrenzt ein. Wenn Jesus tatsächlich die Tora inkarniert, dann muss auch die Tora als Anspruch und Zuspruch Gottes bereits Gemeinschaft mit Gott ermöglichen. Gerade wenn Menke die Tora auch als Sakrament ansieht, müsste er doch darauf bestehen, dass in ihr tatsächlich Christus erfahrbare Wirklichkeit wird. Wenn im sakramentalen Denken wirklich ernst genommen wird, dass uns in ihm das Unbedingte selbst als erfahrbare Wirklichkeit zugesprochen wird, dann kann es doch jetzt nicht auf einmal ein Sakrament geben, das doch nicht so richtig mit Gott verbindet. Zudem sehe ich nicht, wie man in einer relationalen Ontologie (und dem damit gegebenen dialogisch-kommunikativen Offenbarungsverständnis) so klar zwischen Offenbarungsmedium und -inhalt trennen kann. Ist es nicht gerade der Witz des modernen Offenbarungsverständnisses, dass in ihm im Medium selbst bereits die Zuwendung Gottes geschieht, so dass der Offenbarungsinhalt immer relational bestimmt werden muss – auch wenn er in einer Schrift wie der Tora angenommen wird?

Trotz dieser Nachfragen gerade im Blick auf das jüdisch-christliche Verhältnis habe ich großes Verständnis für Menkes radikale Kritik an pluralistischen Depotenzierungen der Christologie[51] und kann auch sehr viel mit der weiter oben von mir rekonstruierten Form seiner Theorie der hy-

---

48 *Menke*, Jesus ist Gott der Sohn, 33.
49 *Menke*, Jesus ist Gott der Sohn, 471.
50 Vgl. zur Deutung Jesu Christi als Inkarnation der Tora bzw. als deren Übersetzung in das eigene Fleisch *Karl-Heinz Menke*, Der Gott, der jetzt schon Zukunft schenkt. Plädoyer für eine christologische Theodizee, in: Harald Wagner (Hg.), Mit Gott streiten. Neue Zugänge zum Theodizee-Problem (QD 169), Freiburg – Basel – Wien 1998, 90–130, 101f.112.
51 Vgl. nur meine eigene Kritik am religionstheologischen Pluralismus in *von Stosch*, Komparative Theologie als Wegweiser in der Welt der Religionen, 22–61.

postatischen Union anfangen. Auch in seiner Israeltheologie ist deutlich erkennbar, wie sehr es ihm darum geht, den Glauben Israels zu würdigen. Ich sehe deshalb eigentlich nur an einer Stelle dringenden Klärungsbedarf in seinen christologischen Überlegungen. Sie ergibt sich aus den trinitätstheologischen Implikationen seiner Christologie und scheint mir darin begründet zu sein, dass er die eigene relationale Ontologie nicht konsequent genug durchhält.

4 Tritheistische Gefährdungen von Menkes Christologie

Die größte Herausforderung für Menkes Christologie scheint mir in den Folgerungen seiner Überlegungen für die Trinititätstheologie zu liegen. Ähnlich wie Georg Essen scheint Menke nämlich der Ansicht zu sein, dass der innertrinitarische Logos sich in einem eigenen Freiheitsentschluss dazu entschließt, der Mensch Jesus von Nazaret zu sein. Das würde bedeuten, dass der Mensch Jesus von Nazaret gar keine eigene menschliche Freiheit hat, sondern seine menschliche Freiheit identisch ist mit der Mensch gewordenen Freiheit des Logos. Menke kann deshalb sagen: „Das transzendentale Ich Jesu (bzw. die formal unbedingte Instanz seiner Freiheit) ist identisch mit dem des innertrinitarischen Sohnes."[52]

Geht man tatsächlich davon aus, dass der innertrinitarische Logos eine eigene Freiheit und Innerlichkeit hat, die mit der Freiheit Jesu identisch ist,[53] folgt daraus, dass es drei verschiedene Subjekte[54], Ich-Instanzen, Freiheiten und Innerlichkeiten in Gott gibt. Wie kann durch Zuwendung eines Ichs zu einem Du aber wirkliche Einsheit entstehen? Das Ich kann noch so sehr vom Du her und auf es hin sein; es bleibt doch in unhintergehbarer Weise ein Ich. Das Du kann nie wissen, was es für mich heißt, ich zu sein. Oder mit Thomas Schärtl gesprochen:

„Rekonstruiert man die Einheit Gottes bewusstseinstheoretisch, so wird man zugeben müssen: Vater, Sohn und Geist ‚wissen', wenn sie ‚ich'

---

52 *Menke*, Jesus ist Gott der Sohn, 374.
53 Pointiert spricht Menke davon, dass bei Jesus „seine Innerlichkeit, seine Freiheit, seine Personalität im ontischen Sinne identisch ist mit der Innerlichkeit, mit der Freiheit, mit der Personalität des ewigen Sohnes beim Vater" (*Menke*, Jesus ist Gott der Sohn, 519).
54 Vgl. *Menke*, Thesen zur Christologie des Bittgebetes, 89: „Das Trinitätsdogma aber sagt von Gott, dass das ‚Nicht' bzw. die Andersheit in Gestalt des Logos bzw. Sohnes ebenso göttliches Subjekt ist wie der Vater."

Jesus als Gott der Sohn? 147

sagen, um ein je Verschiedenes, zu dem die anderen Personen logischer Weise keinen Zugang finden werden."⁵⁵

Die Subjektperspektive erscheint uns zumindest in unserer Grammatik als unhintergehbar, so dass unklar bleibt, wie verschiedene Bewusstseine zusammen durch liebevolle Zuwendung eine Einheit bilden können, die monotheistisch interpretierbar bleibt. Deshalb scheint der Vorwurf des Tritheismus beim Ausgangspunkt von drei unhintergehbaren Selbstbewusstseinen unausweichlich zu sein, auch wenn das eine Selbstbewusstsein das andere ganz und gar als seinen Gehalt nimmt. Die Denkfigur eines Kommerziums göttlicher Freiheiten oder Selbstbewusstseine scheint nicht mehr mit dem Monotheismus vereinbar zu sein und die selbstvermittelte Identität des Wesens Gottes zu zerstören.⁵⁶

Dieses Problem ist den Vertretern der Form von Trinitätstheologien, die Menke rezipiert, natürlich bewusst. Striet und Essen meinen es durch die oben erwähnte Denkfigur unvermittelter Unmittelbarkeit lösen zu können. Wenn sich die drei Bewusstseine in unvermittelter Unmittelbarkeit aufeinander beziehen, dann sei der Begriff wirklicher Einheit und Einsheit erreicht. Die Frage ist nun allerdings, wie unvermittelte Unmittelbarkeit zwischen Freiheiten zu denken ist, ohne dass die Unterscheidung in verschiedene Bewusstseine unterlaufen wird. Wie kann ich mich in meiner Freiheit in unvermittelter Unmittelbarkeit auf andere Freiheit beziehen, ohne dass dadurch die Unterscheidung der Freiheiten unmöglich wird? Striet gibt selber zu, dass endliche Vernunft hier an ein im Letzten nicht mehr zu durchdringendes Geheimnis gerät.⁵⁷ Denn dadurch, dass endliche Freiheit sich immer nur durch ihr fremde Gehalte realisieren könne,

---

55 *Thomas Schärtl*, Theo-Grammatik. Zur Logik der Rede vom trinitarischen Gott (ratio fidei 18), Regensburg 2003, 533²²⁶; vgl. neuerdings auch die gelungene Auseinandersetzung in ders., Trinität, Einheit und Eigenschaften Gottes, in: Muna Tatari – Klaus von Stosch (Hg.), Trinität – Anstoß für das islamisch-christliche Gespräch (Beiträge zur Komparativen Theologie 7), Paderborn u. a. 2013, 13–68, 40–57.
56 Vgl. *Schärtl*, Theo-Grammatik, 544f.; *Helmut Hoping*, Die Selbstvermittlung der vollkommenen Freiheit Gottes. Kritische Anmerkungen zu Magnus Striets trinitätstheologischem Vorstoß, in: Peter Walter (Hg.), Das Gewaltpotential des Monotheismus und der dreieine Gott (QD 216), Freiburg – Basel – Wien 2005, 166–177, 171.173; *Herbert Vorgrimler*, Theologische Gotteslehre, Düsseldorf ³1993, 174.
57 Vgl. *Magnus Striet*, Monotheismus und Schöpfungsdifferenz. Eine trinitätstheologische Erkundung, in: Walter (Hg.), Das Gewaltpotential des Monotheismus und der dreieine Gott, 132–153, 150.

sei sie außerstande, eine Wirklichkeit zu denken, die auf keinerlei Gehaltlichkeit angewiesen ist, die nicht ursprünglich sie selbst ist.[58] So sympathisch die in dieser Einsicht sichtbar werdende Bescheidenheit ist, so sehr bleibt durch sie doch das grundlegende Problem ungelöst. Durch die Rede von der unvermittelten Unmittelbarkeit wird die tritheistische Gefährdung der freiheitstheoretischen Trinitätslehren zwar erkannt und begrifflich abgewehrt, aber die Drei-Einigkeit Gottes wird im Letzten mehr beteuert als spekulativ einsichtig gemacht.[59] Versucht man hier dadurch einen Schritt weiterzukommen, dass man deutlich macht, dass sich die drei Freiheiten in Gott wechselseitig bereits in ihrer Konstitution zum Gehalt machen und damit in material unbedingter Weise in der wechselseitigen Relationalität aufgehen, so muss man doch entsprechend der Pröpper'schen Freiheitsanalyse[60] zugleich auch festhalten, dass sich die innertrinitarischen Freiheiten aufgrund ihrer formellen Unbedingtheit auch gegeneinander entscheiden können. Bestreitet man diese Möglichkeit und beharrt zugleich auf der Identität der Freiheit des innertrinitarischen Logos mit der Freiheit Jesu, so wird die Menschlichkeit Jesu so gedacht, dass er sich in seiner Freiheit realiter nicht gegen Gott wenden kann und zudem immer schon der Ambivalenz menschlicher Freiheitsbezüge enthoben ist. Wenn Jesus also in Getsemani mit dem Willen Gottes hadert und am Kreuz zu zerbrechen droht, dann wäre es in dieser christologischen Rekonstruktion so, dass Jesus aufgrund seiner Identität mit dem innertrinitarischen Logos gar nicht dazu in der Lage ist, sich gegen seine Sendung zu wenden. Kann man diesen Punkt je nach Freiheitsverständnis noch konzedieren, scheint es mir problematisch zu sein, wenn man davon ausgeht, dass Jesus der letzten Ambivalenz menschlichen Freiheitsvollzugs entzogen ist. Damit wird meines Erachtens der christliche Erlösungsglaube hinfällig, der doch gerade darin besteht, dass ein Mensch, der in allem uns gleich ist außer der Sünde und der damit in seinem Geschick auch zerbrechen und verzweifeln kann und dem keine menschliche Ambivalenz

---

58 Vgl. *Magnus Striet*, Offenbares Geheimnis. Zur Kritik der negativen Theologie (ratio fidei 14), Regensburg 2003, 248: „Dass eine als frei zu denkende Wirklichkeit transzendentallogisch betrachtet zu ihrem Wirklichsein auf keinerlei Gehaltlichkeit angewiesen ist, die nicht ursprünglich sie selbst ist, weil sie diese unvermittelte Fülle als vollkommene Liebe selbst ist, entzieht sich der menschlichen Vernunft, wenn sie die innere Möglichkeit dieses Wesens zu denken versucht."
59 Vgl. den entsprechenden Vorwurf an Moltmann bei *Michael Murrmann-Kahl*, „Mysterium trinitatis"? Fallstudien zur Trinitätslehre in der evangelischen Dogmatik des 20. Jahrhunderts (Theologische Bibliothek Töpelmann 79), Berlin – New York 1997, 345.
60 Vgl. *Pröpper*, Erlösungsglaube und Freiheitsgeschichte, 182–194.

Jesus als Gott der Sohn? 149

fremd ist, Ort der Zuwendung und Menschenfreundlichkeit Gottes in dieser Welt ist. Von daher kann man gut verstehen, dass Menke in einem seiner ersten Texte zu den trinitätstheologischen Konsequenzen des Freiheitsdenkens noch sehr vorsichtig agiert und ausdrücklich zu bedenken gibt, ob „nicht drei formal und material unbedingte Freiheiten notwendig auch drei verschiedene Wesenheiten"[61] darstellen. Es ist etwas schade, dass diese Skepsis bei Menke bisher nicht dazu geführt hat, dass er eine eigene trinitätstheologische Konzeption entwickelt hat, die sich deutlich von der Rede von drei Freiheiten und drei Subjekten in Gott abgrenzt und damit tritheistischen Missverständnissen von vornherein den Boden entzieht. Dabei könnte er seinen zentralen Gedanken einer Beziehungsidentität zwischen der Relation Jesu zu Gott zu der des innertrinitarischen Logos zum Vater auch dann wahren, wenn er darauf verzichten würde, den Personbegriff durch die typisch neuzeitlichen Gehalte des Selbstbewusstseins und der Freiheit aufzuladen. Der Charme der neuchalcedonischen Enhypostasielehre bestand doch gerade darin, dass sie darauf verzichtete, den Hypostasenbegriff inhaltlich näher zu füllen. Wäre es nicht spannend, ähnlich vorsichtig und in konsequenter Anwendung einer relationalen Ontologie eben auch den Personbegriff lediglich als *terminus ad quem* der innertrinitarischen Relationen zu verwenden, ohne dabei näher bestimmen zu wollen, was es mit diesem Begriff inhaltlich im Blick auf die innergöttlichen Personen auf sich hat? Wieso eigentlich sollen wir so verwegen sein anzunehmen, dass sich das menschliche Freiheitsdenken univok auf Gott übertragen lässt?[62] Wäre es hier nicht besser, der innertrinitarischen Spekulation eine Grenze zu ziehen und ganz im Sinne der Tradition nur die Beziehungswirklichkeit Gottes zu entfalten, nicht aber sein Sein jenseits seiner Relationalität? Bei Menke finden sich jedenfalls vielversprechende Ansätze für diesen etwas bescheideneren Weg in der Trinitätstheologie, und die Kernidee seiner Christologie scheint mir in einer solch konsequent durchgehaltenen relationalen Ontologie überzeugender deutlich zu werden.

---

61 *Karl-Heinz Menke*, Anmerkungen zu Magnus Striets „Monotheismus und Schöpfungsdifferenz. Eine trinitätstheologische Erkundung", in: Walter (Hg.), Das Gewaltpotential des Monotheismus und der dreieine Gott, 154–165, 164; vgl. zur hier zugrunde liegenden Freiheitsanalyse *Pröpper*, Erlösungsglaube und Freiheitsgeschichte, 182–194.
62 Gegen *Striet*, Offenbares Geheimnis, 204ff.

Die menschliche Freiheit Jesu als Selbstmitteilung Gottes

Überlegungen im Anschluss an Thomas Pröpper und Karl Rahner

Magnus Lerch

Durch alle Perioden des Werkes von Karl-Heinz Menke, dem dieser Beitrag in Dankbarkeit gewidmet ist, zieht sich der Gedanke der ‚Selbstoffenbarung' bzw. ‚Selbstmitteilung' Gottes, jener Schlüsselbegriff also, der für die Theologie (spätestens) des 20. Jahrhunderts prägend geworden ist.[1] Die hermeneutischen Leistungen dieses Begriffs sind bekannt: Nicht nur überwindet er ein intellektualistisch verengtes Verständnis der Offenbarung, indem diese fortan als personales Geschehen gedacht wird; sondern er stellt auch eine Brücke zwischen Offenbarungstraktat, Christologie und Trinitätslehre und somit zwischen Fundamentaltheologie und Dogmatik bereit: Wenn Gott sich selbst endgültig in einer bestimmten Gestalt, Jesus von Nazaret, mitgeteilt hat, so kann diese vom Offenbarungssubjekt und -geschehen nicht getrennt werden.[2] Insofern aber ist mit ‚Selbstmitteilung Gottes' nicht nur ein Schlüssel-, sondern auch ein Problembegriff benannt, denn mit ihm soll das spannungsreiche Vermittlungsverhältnis von Transzendenz und Immanenz ausgesagt werden: Gottes Selbstmitteilung revoziert die geschöpfliche Freiheit nicht, sondern setzt sie frei – inkarnationslogisch und in Anlehnung an ein Diktum Menkes gewendet: Gott offenbart sich nicht *in* einem Menschen, sondern *als* wahrer Mensch[3] in

---

1 Zur systembildenden Zentralstellung dieses Begriffs bei Menke vgl. etwa *Karl-Heinz Menke*, Jesus ist Gott der Sohn. Denkformen und Brennpunkte der Christologie, Regensburg 2008, 35–92, bes. 52.67.77f. Der Selbstmitteilungsgedanke ist auch in den Begründungszusammenhängen von eminenter Bedeutung, in denen der Stellvertretungsbegriff im eigentlichen Fokus steht: Vgl. ders., Das Gottespostulat unbedingter Solidarität und seine Erfüllung durch Christus, in: IKaZ 21 (1992) 486–499, 492f.
2 „Selbstmitteilung besagt […] mehr als eine Mitteilung im gnoseologischen Sinn, nämlich dass Gott wirklich (realontologisch) im anderen seiner selbst (im Endlichen) sein kann." *Karl-Heinz Menke*, Selbstmitteilung Gottes, in: LThK³ IX (2000) 425.
3 Vgl. *Karl-Heinz Menke*, Sakramentalität. Wesen und Wunde des Katholizismus, Regensburg 2012, 49–52.161f.

allen Bedingtheiten, die für unsere eigene Wirklichkeit konstitutiv sind. Aber wie lässt sich eine solche reale Selbstgegenwart des Unbedingten im Bedingten als personales Freiheitsgeschehen denken? Und wie ist aufweisbar, dass im Fall der göttlichen *Selbst*mitteilung das *geschichtliche* Offenbarungshandeln Gottes seinem *ewigen* Wesen entspricht, ohne diese Entsprechung in problematischer (weil die Gratuität des Christusereignisses gefährdender) Weise als *Notwendigkeit* der göttlichen Heilsökonomie aufzufassen? Es sind diese Fragen, welche die philosophische und theologische Karriere des Selbstoffenbarungsgedankens seit seinen Anfängen – die in der Theosophie des 16. Jahrhunderts liegen und von hier aus die idealistischen Systembildungen geprägt haben[4] – begleiten und die bis heute offenbarungstheologisch virulent sind.[5]

Im vorliegenden Beitrag sollen mögliche Lösungsperspektiven *zum einen* durch Bezugnahme auf das Konzept Thomas Pröppers aufgezeigt werden, das wie kein Zweites den christlichen Offenbarungsglauben mit der neuzeitlichen Subjekt- und Freiheitsphilosophie vermittelt. So kann Pröpper ‚Selbstmitteilung Gottes' „nicht primär als Information über Verborgenes oder noch nicht Gewusstes, aber auch nicht als ontologische Teilhabe oder gar seinshafte Verschmelzung, sondern streng freiheitstheoretisch"[6] verstehen, weil die Form der Freiheit ein systematisches *Implikat* des Offenbarungsinhaltes ist: Gottes unbedingt entschiedene Liebe setzt ihr kontingentes Sichereignen und ihr menschliches Vernehmen in Freiheit voraus.[7] *Zum anderen* rezipieren die nachstehenden Überlegungen entscheidende

---

4   Vgl. *Jürgen Werbick*, Das Medium ist die Botschaft. Über einige wenig beachtete Implikationen des Begriffs der „Selbstoffenbarung Gottes" – mit Blick auf die Auseinandersetzung um die fundamentalistische Versuchung im Christentum, in: Ders. (Hg.), Offenbarungsanspruch und fundamentalistische Versuchung (QD 129), Freiburg – Basel – Wien 1991, 187–245.
5   Vgl. nur die aktuelle Problemanzeige von *Hans-Joachim Höhn*, Gott – Offenbarung – Heilswege. Fundamentaltheologie, Würzburg 2011, 161–164, bes. 161: „Steht der Möglichkeit einer Selbstvergegenwärtigung Gottes in der Erfahrungswelt des Menschen nicht die Tatsache entgegen, dass die Welt in ihrer Geschöpflichkeit unüberbietbar auf Gott verwiesen ist, von dem sie radikal verschieden ist, so dass wegen der Ausnahmslosigkeit des Verschiedenseins in der Welt nur Geschöpfliches, aber niemals das Göttliche als Gegenstand menschlicher Erfahrung begegnen kann?" Damit will Höhn die konzeptionelle Zentralstellung des Selbstmitteilungsgedankens nicht zurücknehmen, sondern fordert umgekehrt die philosophisch-theologische Reflexion der aus dieser Offenbarungskategorie resultierenden systematischen Geltungsansprüche ein.
6   *Thomas Pröpper*, Theologische Anthropologie II, Freiburg i. Br. 2011, 1316.
7   Die freiheitstheoretische Fassung des Selbstmitteilungsbegriffs hat Pröpper in seiner 2011 erschienenen ‚Theologischen Anthropologie' zwar nicht erstmals, aber doch in wesentlich erweiterter und vertiefter Form dargelegt.

christologische Einsichten Karl Rahners, die m. E. für eine freiheitstheoretische Offenbarungstheologie auch dann noch gewinnbringend und weiterführend sein können, wenn man nicht (wie Rahner) transzendental-*theologisch*, sondern transzendental*philosophisch* ansetzt.[8] Damit ist bereits angesprochen, dass die folgenden Ausführungen ihren Schwerpunkt auf die *christologische* Reflexion des Selbstmitteilungsgeschehens legen und nicht zuletzt in diesem Punkt einem Grundanliegen Karl-Heinz Menkes verpflichtet sind, das für den Zusammenhang der Einzeltraktate seiner christologisch gewendeten Dogmatik strukturgebend ist: Es ist Jesu wahres Menschsein, seine echt kreatürliche Freiheit, die als Ursakrament der Selbstmitteilung Gottes zu verstehen ist.[9] Dabei ist für den vorliegenden Beitrag der Hinweis wichtig, dass eine *trinitätstheologische* Rahmentheorie hier nicht mehr ausgeführt werden kann (wie es für ein vollständig entfaltetes Selbstmitteilungskonzept notwendig wäre). Vielmehr soll es darum gehen, den subjekt- und freiheitstheoretischen Selbstmitteilungsbegriff zu skizzieren und seine hermeneutische Anwendung auf den Bedeutungszusammenhang der Geschichte Jesu nachzuvollziehen, um von hier aus dessen christologische Implikationen zu klären und systematisch einzulösen.

---

8   Der vorliegende Beitrag bezieht sich auf einige der Überlegungen, die ausführlich in meiner Dissertationsschrift begründet und expliziert werden; sie erscheint in der Reihe „ratio fidei", Bd. 56, unter dem Titel „Selbstmitteilung Gottes. Herausforderungen einer freiheitstheoretischen Offenbarungstheologie". Die Studie lotet die theologischen Chancen, Lösungspotenziale und Grenzen der von Pröpper begründeten freiheitstheoretischen Denkform und ihrer christologischen sowie trinitätstheologischen Fortschreibung durch Georg Essen und Magnus Striet in Bezug auf die Frage aus, wie Gottes Selbstmitteilung in geschichtlicher Kontingenz erkannt (gnoseologische Reflexionsrichtung) und gedacht (sachlogische bzw. ontologische Reflexionsrichtung) werden kann. Schließlich versucht sie eine kritisch-konstruktive Fortschreibung des freiheitstheoretischen Offenbarungsmodells, u. a. im Rückgriff auf die christologischen, symboltheoretischen und schöpfungstheologischen Reflexionen Karl Rahners, die in einer chalkedonischen Hermeneutik fundiert sind.

9   Zu den verschiedenen Begründungskontexten, in denen Menke das wahre Menschsein Jesu als Ort der Selbstmitteilung Gottes kennzeichnet und hieraus traktatspezifisch (soteriologisch, christologisch, gnadentheologisch, ekklesiologisch) die jeweiligen systematischen Konsequenzen zieht: Vgl. *Menke*, Jesus ist Gott der Sohn, 28–31.506–526; ders., Das Kriterium des Christseins. Grundriss der Gnadenlehre, Regensburg 2003, 14–16.184–207; ders., Sakramentalität, 47–73.

1 Die Geschichte Jesu als freie Selbstmitteilung Gottes – Offenbarungstheologische Chancen der transzendentalen Subjekttheorie Thomas Pröppers

Pröpper zufolge besteht die „Grundwahrheit" des christlichen Glaubens darin, „dass es die wesentliche Bedeutung der Geschichte Jesu ausmacht, der Erweis der unbedingt für die Menschen entschiedenen Liebe Gottes und als solcher Gottes Selbstoffenbarung zu sein"[10]. Der Selbstmitteilungsgedanke wird also streng vom *Inhalt* des Geschehens her entwickelt, das er bezeichnet. Wird nun diese inhaltliche Bestimmung in den Blick genommen, so ergeben sich aus ihr die entscheidenden systematischen Weichenstellungen für die gesamte freiheitstheoretische Denkform: Es wird die wesentliche Entsprechung benennbar, die zwischen Form, Gestalt und Inhalt der Offenbarung besteht und die Suche nach hermeneutischen Kategorien normiert, welche das Offenbarungsereignis gerade im Horizont neuzeitlichen Subjektdenkens zur Sprache bringen können.

1.1 Zur Entsprechung von Form, geschichtlicher Gestalt und Inhalt der Offenbarung

Obwohl die u. a. im Rückgriff auf die Resultate der historisch-kritischen Exegese entwickelte Deutung der Geschichte Jesu hier nicht ausführlich entfaltet werden kann – es geht vielmehr um ihre offenbarungstheologischen Konsequenzen –, ist es erforderlich, auf den wechselseitigen Ereignis- und Bestimmungszusammenhang von Leben, Tod und Auferweckung Jesu hinzuweisen. Denn dieser Zusammenhang bildet begründungslogisch insofern den Einstieg in das freiheitstheoretische Offenbarungsmodell, als die Einzelereignisse der Geschichte Jesu nur in ihrer Reziprozität eine Bestimmtheit erhalten, durch die deren Gesamtdeutung als Erweis der unbedingten Liebe Gottes (und daher seiner Selbstmitteilung) zuallererst zugänglich wird:

„Ohne Jesu Verkündigung wäre Gott nicht als schon gegenwärtige und bedingungslos zuvorkommende Liebe, ohne seine erwiesene Bereit-

---

10 Pröpper, Theologische Anthropologie I, 68 [im Original teilweise kursiv]. Die Begriffe ‚Selbstoffenbarung' und ‚Selbstmitteilung' verwendet Pröpper meist synonym, obwohl m. E. gerade die freiheitstheoretische Bestimmung des Offenbarungsbegriffs eher dem Begriff der ‚Selbstmitteilung' entspricht (vgl. hierzu weiter unten 1.3).

schaft zum Tod nicht der Ernst und die unwiderrufliche Entschiedenheit dieser Liebe und ohne seine (offenbare) Auferweckung nicht ihre verlässliche Treue und todüberwindende Macht und somit auch nicht Gott selbst als ihr wahrer Ursprung offenbar geworden."[11]

Dabei ist jeweils auf die *Unbedingtheit* der Liebe Gottes zu achten, durch die zugleich ihre Endgültigkeit und geschichtliche Unüberbietbarkeit angezeigt wird: Jesus verkündet im Geschehen der Basileia nicht nur die bedingungslose Güte Gottes, sondern realisiert sie selbst in personaler Gestalt; dass er auch angesichts des gewaltsamen Kreuzestodes noch an ihr festhält, darf als äußerstes Zeichen der radikalen Entschiedenheit dieser Liebe gelten.[12] Schließlich erweist sich durch das Auferweckungshandeln Gottes, dass die in Jesu konkret-geschichtlicher Existenz wahrgenommene Unbedingtheit der Liebe zugleich die Art und Weise beschreibt, *wie* Gott allmächtig ist:

„Da Größeres nicht denkbar ist, als eine Liebe, die andere Freiheit will und zu ihren Gunsten, ohne vernichtet zu sein, auf ihre tötende Negation eingeht, kann erst solche Liebe als wahrhafte Allmacht gelten: als das Ereignis ‚quo nil maius fieri potest' (Schelling)."[13]

Dieser hier in Kürze umrissene Deutungsrahmen der Geschichte Jesu – der sich in der Instanz historischer Vernunft verantworten und bewähren muss und so die Angewiesenheit der Dogmatik auf die Exegese begründet[14] – zieht innerhalb des freiheitstheoretischen Offenbarungsmodells weitreichende Konsequenzen für die Verhältnisbestimmung von Vernunft und Offenbarung, Natur und Gnade, Philosophie und Theologie, Anthropologie und Christologie, Wahrheit und Geschichte nach sich. Wird nämlich die besagte Interpretation vorausgesetzt, so ist die Einsicht erreichbar, dass

„der *Inhalt* der Wahrheit des christlichen Glaubens, Gottes unbedingt für uns Menschen entschiedene Liebe, an die *Form* ihrer Mitteilung,

---
11 *Pröpper*, Theologische Anthropologie I, 71.
12 Vgl. *Pröpper*, Theologische Anthropologie II, 1310.
13 *Thomas Pröpper*, Allmacht Gottes, in: Ders., Evangelium und freie Vernunft. Konturen einer theologischen Hermeneutik, Freiburg – Basel – Wien 2001, 288–293, 292.
14 Vgl. *Pröpper*, Theologische Anthropologie I, 70^{20}.

also ihres ursprünglichen [...] Gegebenseins, unablösbar gebunden und anders nicht zugänglich ist."[15]

Dies verhält sich deswegen so, weil die Freiheit als *inneres* Moment der Liebe zu gelten hat: Liebe wird nicht anders offenbar als im Modus ihrer unableitbaren Positivität, sie kann nur in der Form einer kontingenten Geschichte präsent sein.[16] Der Offenbarungsinhalt ist somit nicht zufällig, sondern prinzipiell nur *als* sich frei ereignender denkbar. Und ebenso ist es die *konkrete* Gestalt Jesu, seine *bestimmte* menschliche Freiheit, die für den Offenbarungsgehalt konstitutiv ist, weil dieser ohne die ‚von unten' her ansetzende Interpretation der Geschichte Jesu nicht gewusst werden könnte. Wie jede Liebe, so konnte auch „*Gottes* Liebe für die Menschen [...] zur eigenen Wahrheit nur werden, indem sie in unsere [...] Wirklichkeit eintrat und in ihr eine Gestalt fand, die ihrer Unbedingtheit einen angemessenen Ausdruck zu geben vermochte"[17]. Dann aber muss die Verantwortung *dieses* Offenbarungsglaubens vor der Vernunft ebenfalls eine systematische Gestalt annehmen, welche die Gratuität der Offenbarung schützt – um ihres Inhaltes willen.

1.2 Die freie Selbstmitteilung (Gottes) als Erfüllung endlicher Freiheit

Eine der großen Stärken von Pröppers Ansatz liegt in der Art und Weise, wie das soeben beschriebene Spezifikum der theologischen Grundwahrheit mit der transzendentalphilosophischen Freiheitstheorie systematisch verfugt wird. Für die anthropologische *Vermittlung* des Offenbarungsglaubens – die Pröpper sehr deutlich von anthropologischer *Reduktion* abhebt[18] – wird ein transzendental-reduktives Verfahren beansprucht. Als begriffliches Rückschlussverfahren, welches das kontingente Faktum nicht deduziert, sondern von ihm ausgeht,[19] rekonstruiert die transzendentale Logik einerseits die *wesentliche* Ansprechbarkeit des Menschen für Gott und seine geschichtliche Selbstmitteilung – und zwar in der Instanz methodisch autonomer Subjektphilosophie.[20] Andererseits folgt hieraus gerade nicht

---
15 *Pröpper*, Theologische Anthropologie I, 490 [Hervorhebungen M. L.].
16 Vgl. *Pröpper*, Theologische Anthropologie I, 302f.
17 *Pröpper*, Theologische Anthropologie I, 73.
18 Vgl. *Pröpper*, Theologische Anthropologie I, 98f.
19 Vgl. hierzu *Pröpper*, Theologische Anthropologie I, 588f.
20 Damit ist der begründungslogische Punkt markiert, an dem das transzendental*philosophische* Fundament des freiheitstheoretischen Offenbarungsmodells deutlich wird:

die Aufhebung der Offenbarungs- in Vernunftwahrheit, geht es doch um den Nachweis der Ansprechbarkeit des Menschen für das *freie* Geschehen göttlicher Selbstmitteilung.[21] Beide Forderungen sind einlösbar durch eine transzendentale Reflexion auf die Realisierung menschlicher Freiheit.

Die diesbezügliche Argumentation wird hier in drei großen Schritten und ausschließlich im Hinblick auf jenen Theorierahmen skizziert, der auch für die freiheitstheoretische Fassung des Selbstmitteilungsbegriffs maßgeblich ist.[22] Erstens ist darauf hinzuweisen, dass endliche Freiheiten – die sich stets in der Differenz von formaler Unbedingtheit und materialer Bedingtheit, von Spontaneität und Abhängigkeit, Aktivität und Passivität vollziehen[23] – zuallererst in der reziproken Anerkennung ihre konkrete Erfüllung finden; das transzendentale Subjekt gewinnt eine personale Gestalt nur im Geschehen unbedingter Anerkennung. Letzteres aber ist bereits auf der Ebene intersubjektiv-endlicher Freiheitsverhältnisse als *Selbst*mitteilung zu begreifen.

„Grundlegend ist, dass aufgrund der Unbedingtheit und Unverfügbarkeit der Freiheit ihre Bezogenheit auf andere Freiheit nur gedacht werden kann als das Ereignis eines sich mitteilenden Selbsterweises. Die ‚Wirklichkeit‘ aber, die den Entschluss für andere Freiheit und damit deren Anerkennung vermitteln soll, ist zu verstehen als Ausdruck und Darstellung der Freiheit selbst."[24]

Um zu zeigen, dass die inhaltliche Bestimmtheit des christlichen Offenbarungsglaubens dem Menschen in höchstem Maße *entspricht* und den Kern seiner freien Identität und Subjektivität betrifft, rekurriert Pröpper auf ein transzendental Unbedingtes im Menschen selbst, von dem her philosophische Möglichkeit und existenzielle Relevanz der christlichen Grundwahrheit erschließbar werden.

21 Vgl. *Pröpper*, Theologische Anthropologie I, 86f.311.321.488–494.
22 Vgl. zum Folgenden *Thomas Pröpper*, Erlösungsglaube und Freiheitsgeschichte. Eine Skizze zur Soteriologie, München ³1991, 182–194; ders., Theologische Anthropologie I, 637–649.
23 Ohne materiale Bedingtheit der Freiheit hätte das Ich keine *bestimmte*, keine reale und personale Identität; ohne formale Unbedingtheit könnte das freie Ich sich zu der ihm eigenen – und faktisch immer schon vorgegebenen – Bestimmtheit nicht verhalten. Deutlicher als in früheren Publikationen betont Pröpper in der ‚Theologischen Anthropologie', dass der transzendentale Aktus „noch *vor* jeder Selbstbestimmung durch die ‚Setzung' bestimmter Gehalte […] schon völlig bestimmt *ist* und erst in der Folge die reale Bestimmtheit, in der er sich gefunden, von sich aus weiterbestimmt" (*Pröpper*, Theologische Anthropologie I, 562; vgl. ebd., 639).
24 *Georg Essen*, Geschichte als Sinnproblem. Zum Verhältnis von Theologie und Historik, in: ThPh 71 (1996) 321–333, 327.

Die besagte Wirklichkeit ist genauer als realsymbolische zu qualifizieren: Sie ist das Medium, die konkrete Gestalt, in welcher der Entschluss der einen Freiheit für die andere offenbar ist. Für die Selbstmitteilung *endlicher* Freiheiten ist nun aber, *zweitens*, charakteristisch, dass in ihr dieselbe strukturelle Differenz obwaltet, die das Wesen endlicher Freiheit ausmacht: die Differenz von formal unbedingtem Entschluss und bedingter Realisierung, von sich offenbarendem ‚Selbst' und räumlich-zeitlich bedingtem Selbst*ausdruck*.[25] Die unbedingte Entschiedenheit einer Freiheit für die andere kann nur auf bedingte Weise offenbar bzw. real werden. „Menschen wollen, ja sie beginnen sogar, was sie doch nicht vollenden können."[26] Für die *endliche* Freiheit ist dieser Widerspruch nicht auflösbar; er muss es aber nicht *prinzipiell* sein, weil der Gedanke einer nicht nur formal, sondern auch material unbedingten und insofern vollkommenen Freiheit zumindest denkbar ist – die Idee Gottes: „Einheit von unbedingt-affirmierendem Entschluss und ursprünglicher Verfügung über allen Gehalt, theologisch gesprochen: Einheit von Liebe und Allmacht."[27] Kurzum: Die wechselseitige Selbstmitteilung endlicher Freiheiten, die für die personale Gestaltwerdung des transzendentalen Ich konstitutiv ist, *impliziert* den Vorgriff auf eine vollkommene Freiheit, die somit erst als das *schlechthin* Erfüllende der menschlichen Freiheit gelten kann.

Auf die symboltheoretischen Überlegungen wird sogleich näher einzugehen sein; hier kommt es zunächst auf die epistemische Reichweite des erzielten Resultates an: Die Idee Gottes ist transzendentallogisch gewonnen, aus ihr kann weder auf die Wirklichkeit noch auf das Handeln Gottes geschlossen werden; mehr noch: Sie wird nur unter der Bedingung postuliert, dass endliche Freiheit nicht sinnlos ist. Dieser Ausgangspunkt der Reflexion aber wird von dem Sinnbedürfnis praktischer Vernunft selbst *gesetzt* und kann daher nicht nochmals theoretisch *begründet* werden.[28] Erreicht ist jedoch die Ansprechbarkeit des Menschen für Gottes Selbst-

---

25 „Doch immer bleibt eine Differenz zwischen dem unbedingten Sollen, das der Andere für mich ist, und der tatsächlich von mir realisierten Anerkennung des Du. Ich selbst erfahre die Differenz zwischen der Anerkennung, die ich von Seiten des Anderen erfahre, und der vollkommenen Liebe, die ich für mich ersehne. Und umgekehrt: Nie kann ich den Anderen so lieben, dass der Gehalt meiner Anerkennung der unbedingten Andersheit des Anderen realiter entspricht." *Karl-Heinz Menke*, Der Gott, der jetzt schon Zukunft schenkt. Plädoyer für eine christologische Theodizee, in: Harald Wagner (Hg.), Mit Gott streiten. Neue Zugänge zum Theodizee-Problem (QD 169), Freiburg – Basel – Wien 1998, 90–130, 107.
26 *Pröpper*, Theologische Anthropologie I, 645.
27 *Pröpper*, Theologische Anthropologie I, 646.
28 Vgl. *Pröpper*, Theologische Anthropologie I, 651.

mitteilung *als* ein *freies* Geschehen, da „es Sinn für Freiheit nur gibt, wo sie frei affirmiert wird"[29]. Gottes Selbstmitteilung erfüllt die Vernunft nicht deshalb, weil sie ihr gegenüber inkommensurabel ist (dies wäre gerade das Kennzeichen eines intellektualistisch verengten Offenbarungsbegriffs), sondern weil sie sich in unverfügbarer Freiheit ereignet und nur auf diesem Weg ihren Inhalt zu vermitteln vermag. Insofern ist ein zentraler systematischer Grundzug des Freiheitsansatzes darin zu sehen, dass Letzterer aus anthropologischen und offenbarungstheologischen Gründen die radikale *Differenz* von göttlicher und menschlicher Freiheit betont und dementsprechend auch die Unterscheidung von Philosophie und Theologie stärker als andere anthropologisch ansetzende Theologiekonzepte akzentuiert.[30] Denn der Inhalt der Offenbarung, Gottes unbedingt entschiedene Liebe, setzt aufgrund der für ihn konstitutiven Form des freien Sichereignens sowohl die Freiheit Gottes als auch die Antwortfähigkeit des Menschen voraus, die wiederum in seiner geschöpflichen Freiheit liegt. Dabei impliziert die Autonomie menschlicher Freiheit die methodische Autonomie der Philosophie. Weil Letztere in der transzendentalen Analyse der Freiheit ‚nur' zu einer Idee, nicht aber zu einem Existenzaufweis Gottes vorstößt, wird das reale Gottesverhältnis des Menschen zuallererst geschichtlich bzw. realsymbolisch und nicht etwa transzendental – z. B. durch ein unthematisches oder apriorisches Gottunmittelbarkeitsbewusstsein – begründet. Und umgekehrt: Weil die Form der Unableitbarkeit vom Offenbarungsinhalt untrennbar ist, *entspricht* Letzterem auch die im Anschluss an Kant vollzogene philosophische Selbstbegrenzung des Wissens. Offenbarung und Vernunft stehen folglich in einem wechselseitigen *Bestimmungsverhältnis*, denn die freie Vernunft ist für Gottes Selbstmitteilung *offen* und durch sie bestimmbar, nicht aber immer schon (apriorisch) durch den Offenbarungsinhalt transzendental so bestimmt, dass dessen geschichtlich vermittelte Wahrnehmung zugleich die Vermittlung der Vernunft zu sich selbst wäre (*Vermittlungsverhältnis* von Offenbarung und Vernunft).[31]

---

29 *Pröpper*, Theologische Anthropologie I, 652.
30 Vgl. *Pröpper*, Theologische Anthropologie I, 611; vgl. die philosophisch und theologisch motivierte Kritik Pröppers an der engen Verklammerung von Selbst- und Gottesbezug etwa bei Friedrich Schleiermacher (ebd., 474–482), Karl Rahner (ebd., 403–414), Wolfhart Pannenberg (ebd., 420–437) und Hansjürgen Verweyen (ebd., 437–440).
31 Zu den theologischen und philosophischen Prämissen, Implikationen und weitreichenden Konsequenzen des Bestimmungsverhältnisses von Offenbarung und Vernunft vgl. *Lerch*, Selbstmitteilung Gottes, 121–139. Nicht unproblematisch erscheint jedoch Pröppers Voraussetzung, dass das Offenbarungsgeschehen „seine ihm inne-

Inwiefern aber ist die Geschichte Jesu nicht nur als Erweis der unbedingten Liebe, sondern in eins damit auch als *Selbst*mitteilung *Gottes* zu verstehen? Und welche ontologischen wie christologischen Implikationen gehen mit dieser Deutung einher?

1.3 Der freiheitstheoretische Selbstmitteilungsbegriff und seine Applikation auf den Bedeutungszusammenhang der Geschichte Jesu

Die anthropologisch entwickelte Rahmentheorie ist nun auch für die hermeneutische Explikation des Offenbarungsgeschehens in Kategorien der Freiheit sowie den begründungslogischen Einstieg in die christologische Theoriebildung vorauszusetzen. Um Letzteren jedoch nachvollziehen zu können, sind zunächst zwei formalontologische Strukturelemente des Begriffs ,Selbstoffenbarung' hervorzuheben.[32] Im Fall der Selbstmitteilung liegt nämlich, *erstens*, die *Identität* von Subjekt und Inhalt der Offenbarung vor: Das Subjekt der Offenbarung teilt nicht etwas über sich mit, sondern ist *als* es selbst im Offenbarungsgeschehen anwesend. Der Offenbarer und das Geoffenbarte sind identisch, so dass das ,Selbst' der Offenbarung sowohl als *genetivus subjectivus* als auch im Sinne des *genetivus objectivus* zu verstehen ist und die Begriffe ,Selbstoffenbarung' und ,Wesensoffenbarung' synonym zu verwenden sind. *Zweitens* ist für den Selbstoffenbarungsgedanken nicht nur die *Identität* von Offenbarungssubjekt und -inhalt, sondern auch beider *Untrennbarkeit* vom Medium der Offenbarung konstitutiv. Denn eine Offenbarung ist nur dann als *Selbst*offenbarung erkennbar, wenn die Offenbarungsgestalt dem Offenbarungssubjekt (bzw. -inhalt) nicht äußerlich oder fremd ist. Nur wenn, in gnoseologischer Hinsicht formuliert, das

---

wohnende Bedeutung primär *von sich her* erkennen lassen muss und somit selbst das entscheidende Kriterium für die Anwendung des [transzendentalphilosophisch eruierten; M. L.] Sinnbegriffs auf es darstellt" (*Pröpper*, Theologische Anthropologie I, 652; Hervorhebung M. L.). Denn damit ist der Sache nach eine Offenbarungs*evidenz* des historischen Ereigniszusammenhangs behauptet, die gerade im Rahmen der transzendentalen Freiheitstheorie m. E. nicht ohne Weiteres einholbar ist: Vgl. hierzu meine kritischen Analysen in *Lerch*, Selbstmitteilung Gottes, 193–214.

32 Vgl. zum Folgenden ausführlich *Lerch*, Selbstmitteilung Gottes, 158–166; vgl. ferner *Pröpper*, Theologische Anthropologie II, 1307f.1315f.; *Georg Essen*, Die Freiheit Jesu. Der neuchalkedonische Enhypostasiebegriff im Horizont neuzeitlicher Subjekt- und Personphilosophie (ratio fidei 5), Regensburg 2001, 265f.; *Magnus Striet*, Offenbares Geheimnis. Zur Kritik der negativen Theologie (ratio fidei 14), Regensburg 2003, 213³.222.226f.

Offenbarungsmedium dem Subjekt der Offenbarung tatsächlich *entspricht*, kann es als dessen *Selbst*ausdruck gelten – und umgekehrt (in ontologischer Begründungsrichtung): Weil das Medium vom Offenbarungssubjekt untrennbar ist, ist es dessen Selbstmitteilung.
Diese formalen Überlegungen lassen sich nun freiheitstheoretisch konkretisieren. Dazu ist jedoch ein Zwischenschritt vonnöten. Denn von ,Selbstmitteilung' ist (nur) dann zu sprechen, wenn es sich um das Geschehen unbedingter Liebe handelt:

„Es ist im eigentlichen Sinn Selbstoffenbarung, weil in ihm nicht irgendetwas mitgeteilt wird (auch nicht nur irgendetwas über den Liebenden mitgeteilt wird), sondern weil in ihm – es wäre sonst nicht das *Geschehen* der Liebe – der Liebende *selbst* anwesend ist (*er* offenbart sich) und zugleich *als er selbst* anwesend ist, eben das Geoffenbarte ist."[33]

Die *Identität* von Offenbarungssubjekt und -inhalt wird über den *Unbedingtheitscharakter* der Liebe zugänglich: Der Liebende hält nichts von sich zurück, er distanziert sich nicht von dem Geschehen, in dem er selbst sich aussagen will.

Wird der Selbstmitteilungsbegriff an das Geschehen unbedingter Liebe gebunden und die Freiheit wiederum als inneres Konstitutivum der Liebe begriffen, so wird es auch möglich, den Selbstmitteilungsgedanken freiheitstheoretisch zu fassen. Doch formuliert Pröpper erst in der ,Theologischen Anthropologie'[34] den diesbezüglich entscheidenden Schlüsselgedanken:

„Derart teilt [...] ein freies Wesen sich selbst einem anderen mit, dass es sein Selbst nicht für sich bewahrt, es vom Geschehen und Inhalt der Mitteilung distanziert und in sich verschließt, sondern gerade *im Vollzug* der Bejahung des anderen es *selbst ist*. Dies heißt im Falle des Menschen, dass seine Freiheit, die in jeder verbindlichen Wahl auch sich als die wählende wählt [...], das so konstituierte formale Selbst in ihren Entschluss für den anderen hineingibt, es mit dessen Freiheit zur Differenzeinheit verbindet und es damit zum eigentlichen Inhalt der Mitteilung macht"[35].

---
33 *Pröpper*, Theologische Anthropologie II, 1308.
34 Andeutungen finden sich bereits in *Thomas Pröpper*, Zur vielfältigen Rede von der Gegenwart Gottes und Jesu Christi. Versuch einer systematischen Erschließung, in: Ders., Evangelium und freie Vernunft, 245–265, 252.
35 *Pröpper*, Theologische Anthropologie II, 1316.

Der hier erstmals hergestellte Bezug zu Kierkegaards Theorem der transzendentalen ‚Selbstwahl' weist insofern in die entscheidende Richtung, als dieses auf „die Identität des Wählenden und Gewählten"[36] zielt: Das Subjekt wählt nicht *etwas*, sondern sich *selbst*, wenn es sich dazu bestimmt, nicht nur dieses oder jenes zu wollen, sondern *sich* überhaupt als Freiheitswesen zu übernehmen und zu vollziehen. Freiheitstheoretisch ist das Geschehen unbedingter Liebe bzw. Selbstmitteilung nun so zu verstehen, dass sich der Wählende (Offenbarungssubjekt) auch *als* Wählender (Offenbarungsinhalt) mitteilt. Wird unbedingte Liebe nämlich als ein Geschehen der Freiheit verstanden, in dem sich die zur Bejahung der anderen Freiheit entschlossene Freiheit mit diesem Entschluss rückhaltlos identifiziert, so ist die sich mitteilende Freiheit sowohl das Subjekt, auf das die Offenbarungsinitiative zurückgeht – es ist ja *ihr* unableitbarer Entschluss, andere Freiheit unbedingt anzuerkennen –, als auch der mitgeteilte Inhalt der Offenbarung. Denn es wird nichts anderes mitgeteilt als die zur vorbehaltlosen Bejahung der anderen Freiheit entschlossene und daher mit ihrem Entschluss (mit sich als wählender Freiheit) identische Freiheit *selbst*. Dabei beschreibt der von Pröpper verwendete Begriff der ‚Differenz-Einheit' ein freiheitstheoretisches Teilhabeverhältnis, denn im Ereignis unbedingter Liebe verbinden sich Freiheiten miteinander, indem sie ihr ‚Selbst' bestimmt sein lassen durch die andere Freiheit. Im Hinblick auf das *endliche* Freiheitssubjekt wurde in der Freiheitsanalyse aufgewiesen, dass dieses ein personales ‚Selbst' nur *durch* intersubjektive Anerkennungsverhältnisse gewinnt – was für Gott als die *vollkommene* Freiheit nicht gelten kann.

„Aber zutreffen dürfte gleichwohl, dass er das Selbst, das er immer schon ist, doch faktisch nicht ohne die Menschen sein wollte, es deshalb mit ihnen, seinen Geschöpfen, verband, indem er es in seinen Entschluss für sie, obwohl dieser von Gottes Ja zu sich selber real zu unterscheiden ist und auch bleibt, gleichsam hineingab und es dadurch rückhaltlos gegenwärtig und zum Inhalt seiner Mitteilung für sie machte."[37]

Auch an dieser Stelle wird ersichtlich, dass die Kategorie der göttlichen Selbstmitteilung im freiheitstheoretischen Konzept nicht nur gnoseologisch bestimmt ist. Zwar zielt sie auch auf das *Offenbarwerden* der einen (göttlichen) Freiheit für die andere (menschliche) – aber dieses ereignet sich zugleich in der Weise, dass Gott sich mit dem Menschen zur Diffe-

---

36 Pröpper, Theologische Anthropologie II, 705[17]. Vgl. ebd., 1316[14].
37 Pröpper, Theologische Anthropologie II, 1316.

renz-Einheit verbindet, weil er aus freiem Entschluss nicht mehr ohne sein Geschöpf er ‚selbst' sein will.[38] Ist somit die im Selbstmitteilungsbegriff vorliegende Identität von Subjekt und Inhalt freiheitstheoretisch bestimmt, so ist deren Zuordnung zum Medium noch zu leisten. Im Kontext des Freiheitsansatzes bezeichnet das ‚Offenbarungsmedium' das Realsymbol und damit die (oben beschriebene) Wirklichkeit, durch die eine Freiheit für die andere offenbar wird, indem sie ihren *unbedingten* Entschluss für sie wahrnehmbar macht und damit sich *selbst* ausdrückt. Hier ist nun aber an die für jede Symbolstruktur charakteristische Differenz von formal unbedingtem Entschluss und material bedingter Realisierung zu erinnern. Deshalb ist einerseits der Ausdruck, in dem eine Freiheit sich ‚selbst', also ihre unbedingte Entschiedenheit mitteilt, von ihr noch „transzendental"[39] bzw. „formal" zu „differenzieren", andererseits aber

> „real umso weniger von ihr [zu; M. L.] trennen, je mehr er der Unbedingtheit ihrer Entschiedenheit gemäß und somit die konkrete Gestalt ist, in der der Liebende als er selbst für den anderen *da ist*: eben die Realität seiner für ihn entschiedenen Freiheit selbst"[40].

Gerade für die freiheitstheoretische Fassung des Selbstmitteilungsbegriffs ist daher m. E. die (Differenz-)*Einheit* bzw. Untrennbarkeit, nicht aber die schlechthinnige *Identität* von Medium (Realsymbol) und Subjekt/Inhalt konstitutiv. Zum einen ist nämlich die den unbedingten Entschluss des Offenbarungssubjekts vermittelnde Gestalt der ihm adäquate *Selbst*ausdruck und daher als eine *real*-symbolische zu qualifizieren, die ontologisch in der Differenz-*Einheit* von Subjekt und Medium der Selbstmitteilung

---

38 „Wenn jedoch Gott sich selbst dazu bestimmt, sich von der menschlichen Freiheit bestimmen zu lassen, dann hat er sich, weil sein Entschluss für sie unbedingt genannt werden darf, an die menschliche Freiheit gebunden und will ohne sie nicht mehr Gott sein." Essen, Die Freiheit Jesu, 304. Ein weiterer Grund, warum Pröppers Offenbarungskonzept über ein rein gnoseologisches Verständnis hinausführt und daher noch präziser mit dem Begriff der ‚Selbst*mitteilung*' zu erfassen ist, ergibt sich aus dem – mit seiner freiheitstheoretischen Fassung einhergehenden – unlösbaren Zusammenhang von Offenbarungstheologie und Soteriologie: In der Offenbarung *geschieht*, was offenbar wird, nämlich Gottes unbedingt entschiedene Liebe, welche die Vergebung der Sünden *impliziert*, weil ihre Macht durch die freie Selbsthingabe Jesu am Kreuz und seine offenbare Auferweckung gebrochen ist: Vgl. *Pröpper*, Theologische Anthropologie I, 72f. sowie vor allem ders., Erlösungsglaube und Freiheitsgeschichte, 194–220.
39 *Pröpper*, Theologische Anthropologie I, 643.
40 *Pröpper*, Theologische Anthropologie II, 1308.

gründet. Zum anderen ist diese Gestalt ‚nur' der begrenzte, endliche, bedingte Ausdruck des Unbedingten, also eine real-*symbolische* Vermittlung, die auf die *Differenz*-Einheit von Offenbarungssubjekt und -medium verweist. Auf diese Bestimmungen wird sogleich in der christologischen Reflexion des göttlichen Selbstmitteilungsgeschehens zurückzukommen sein; zunächst ist jedoch festzuhalten, dass auf der Basis der vorstehenden Ausführungen die Deutung der Geschichte Jesu als *Selbst*offenbarung *Gottes* bereits im oben skizzierten Bedeutungszusammenhang impliziert ist: Insofern die konkrete Geschichte (Leben, Tod und Auferweckung) Jesu als Erweis der *unbedingt* für die Menschen entschiedenen Liebe Gottes zu deuten ist, ist sie in eins damit Gottes *Selbst*mitteilung:

„[…] eben weil in dieser Liebe, sofern sie unbedingt ist, die Identität von Subjekt und Inhalt der Offenbarung gegeben, d. h. Gott selbst und als er selbst anwesend ist, sich selbst in ihr mitteilt. Jesus ist die reale Präsenz der Liebe Gottes zu den Menschen, also im streng formellen Sinn Selbstoffenbarung, Selbstmitteilung und Selbstgegenwart Gottes."[41]

Daraus aber folgt – gemäß der soeben aufgehellten Struktur des freiheitstheoretischen Selbstmitteilungs- und Symbolbegriffs – die *Untrennbarkeit* der Freiheit Jesu von Gott selbst, so dass die systematische Anschlussstelle zwischen Offenbarungsbegriff und christologischer Reflexion markiert ist.

---

41 *Pröpper*, Theologische Anthropologie II, 1308. „Insofern ist Jesus in Person die Selbstoffenbarung Gottes, weil er die geschichtliche Gestalt ist, die die Liebe Gottes dadurch vermittelt, dass sie ihrer Unbedingtheit entspricht." *Essen*, Die Freiheit Jesu, 267.

2 Ontologische Konsequenzen: Die *menschliche* Freiheit Jesu als Ursakrament

Drei hermeneutische Leistungen der Explikation des Selbstmitteilungsgeschehens in Freiheitskategorien sind besonders hervorzuheben. *Erstens* impliziert das skizzierte Offenbarungsmodell eine Verhältnisbestimmung von Subjekt/Inhalt und Medium der Offenbarung, welche die Differenz von Unbedingtem und Bedingtem nicht revoziert, sondern gerade als konstitutiv voraussetzt. Wie die personale Freiheitsdifferenz zwischen Schöpfer und Geschöpf nicht Einschränkung, sondern Voraussetzung des christlichen Offenbarungsglaubens ist, so ist analog hierzu die menschliche Freiheit Jesu gerade als material bedingte, endliche Gestalt das *Real*symbol der unbedingten Liebe Gottes und darin seiner *Selbst*mitteilung. *Zweitens* schützt die symboltheoretisch begründete Unterscheidung von Unbedingtheit und Bedingtheit das Selbstmitteilungskonzept vor einem zu starken Präsenzdenken: Die Differenz von ‚schon' und ‚noch nicht', von Endgültigkeit und Vollendung des göttlichen Offenbarungs- und Heilshandelns wird nicht zurückgenommen, sondern gerade bestätigt. Denn vermittelt über die Freiheit Jesu gewinnt Gottes unbedingte Liebe ihre *real*symbolische und daher endgültige Gestalt; die Vollendung dieser Liebe wird erst dort gegeben sein, wo sie jedwede Wirklichkeit bestimmt.[42] *Drittens* wehrt der Ansatz jede instrumentelle Reduktion des wahren Menschseins Jesu auf eine ‚willkürliche Erscheinung' Gottes ab (die dann gerade nicht seine *Selbst*mitteilung sein könnte). Vielmehr wird Jesu echt menschliche Freiheit in ihrer konkreten inhaltlichen Bestimmtheit als das Realsymbol der Selbstmitteilung Gottes verstanden. Pröpper und Essen betonen daher Jesu volles Menschsein sowie die

„Ursprünglichkeit seiner Freiheit", ohne die „der Mensch nicht Partner Gottes [wäre; M. L.] und auch Jesus nur das Instrument seines Wirkens, ein mythologisches Fabelwesen – Gottes Liebe könnte gar nicht zum

---

42 „Es ist [...] die wesenhafte Symbolizität des eschatologischen Gnadengeschehens selbst, die zur *Unterscheidung zwischen Endgültigkeit und Vollendung* nicht nur nötigt, sondern sie auch präzise ermöglicht. Und deshalb blendet der Glaube an Gottes eigene Präsenz in der Mitteilung seiner Liebe das uneingelöste Versprechen ihrer Vollendung nicht ab, sondern treibt das Bewusstsein dieser Differenz gerade hervor und hält es wach, solange Israels Verheißungen noch unerfüllt sind. Vollendet kann Gottes Mitteilung seiner Liebe erst sein, wenn sie in allen Verhältnissen ihre reale Gestalt gefunden hat und es niemanden mehr gibt, den sie nicht versöhnt und heil gemacht hat." *Pröpper*, Theologische Anthropologie II, 1312.

Menschen gelangen, eben weil sie – als Liebe – nur in freier Zustimmung ankommen kann"[43].

So wird auch Rahners Zentralthese affirmiert, der zufolge Jesus Christus nur „als Zusage und Annahme die Selbstmitteilung Gottes"[44] sein kann.
Tatsächlich entspricht der hier auf die menschliche Freiheit Jesu bezogene Symbolbegriff genau der Formalstruktur, die Rahner für die Kategorie des ‚Realsymbols' und Menke – u. a. im Anschluss an Rahner – für den Begriff des ‚Sakraments' geltend machen.[45] In beiden Fällen wird eine Differenz-Einheit, eine Einheit in Verschiedenheit ausgedrückt.

Rahner zufolge ist ein Symbol dann Real- und nicht nur Vertretungssymbol, wenn es sich bei diesem um den vom symbolisierten Gehalt untrennbaren *Selbst*ausdruck handelt.[46] Als Realsymbol gehört die menschliche Freiheit Jesu gerade nicht zu den „bloß arbiträr festgelegten ‚Zeichen', ‚Signalen' und ‚Chiffren'"[47], die gegenüber dem symbolisierten Gehalt austauschbar sind. Zugleich aber ist die Unterscheidung von symbolisierendem Medium und symbolisiertem Subjekt/Inhalt zu beachten. So kann Rahner die Kirche als „Grundsakrament"[48] begreifen nicht obwohl, sondern weil sie eine konkret sichtbare Sozialgestalt und empirisch fassbare Eigenwirklichkeit darstellt.[49] In ähnlicher Weise ist auch der echt menschliche Wille Jesu in seiner Unterscheidung (nicht: Trennung)

---

43 *Thomas Pröpper*, „Dass nichts uns scheiden kann von Gottes Liebe…" Ein Beitrag zum Verständnis der „Endgültigkeit" der Erlösung, in: ders., Evangelium und freie Vernunft, 40–56, 50. Vgl. *Essen*, Die Freiheit Jesu, 274.

44 *Karl Rahner*, Grundkurs des Glaubens. Einführung in den Begriff des Christentums, 2., unveränderte Auflage der Neuausgabe 2008. Neu gesetzt nach Band 26 von „Karl Rahner Sämtliche Werke", Erstauflage Freiburg i. Br. 1976, 195. Vgl. *Pröpper*, „Dass nichts uns scheiden kann von Gottes Liebe…", 50; *Essen*, Die Freiheit Jesu, 274.

45 Zu Recht weist *Britta Kleinschwärzer-Meister* (Gnade im Zeichen. Katholische Perspektiven zur allgemeinen Sakramentenlehre in ökumenischer Verständigung auf der Grundlage der Theologie Karl Rahners [Studien zur systematischen Theologie und Ethik 26], Münster – Hamburg – London 2001, 311) darauf hin, „dass Rahner die Begriffe ‚(Real-)Symbol' und ‚Sakrament' als formal strukturidentische Begriffe verwenden kann".

46 Vgl. *Karl Rahner*, Zur Theologie des Symbols, in: Sämtliche Werke XVIII, Freiburg i. Br. 2003, 423–457, 426f.

47 *Rahner*, Zur Theologie des Symbols, 426.

48 *Karl Rahner*, Der eine Jesus Christus und die Universalität des Heils, in: Sämtliche Werke XXII/1b, Freiburg i. Br. 2013, 884–907, 898.

49 Vgl. *Rahner*, Zur Theologie des Symbols, 446.

von Gott selbst die Bedingung dafür, dass das wahre Menschsein Jesu als „Ursakrament"[50] verstanden werden kann. Auch Menkes sakramententheologische Argumentation hat eine Verhältnisbestimmung von Offenbarungssubjekt und Offenbarungsmedium, von symbolisierter und symbolisierender Ebene im Blick, die nicht auf deren schlechthinnige Identität abhebt, sondern beide Wirklichkeiten in einer (Differenz-)Einheit untrennbar verbunden sieht. So hält Menke zum einen fest: „Wie die menschliche Natur Jesu in keiner Weise göttliche Natur, sondern von dieser so radikal verschieden ist wie das Geschöpf vom Schöpfer, so ist analog die Kirche radikal verschieden von Christus."[51] ‚Identität' und ‚sakramentale Gegenwart' meinen nicht dasselbe.[52] Denn eine Identifikation beider Größen würde gerade keine sakramentale Verhältnisbestimmung von göttlichem und menschlichem Handeln anzeigen, sondern einen Sakramentalismus.[53] Zum anderen verdeutlicht Menke die Differenz-*Einheit* von Zeichen und Bezeichnetem, die nur dann gedacht werden kann, wenn sich beide Ebenen direkt proportional zueinander verhalten:

„Die katholische Theologie bezeichnet das Menschsein Jesu als Ursakrament und die Kirche als Grundsakrament, weil die bezeichnende (sakramentale) Ebene in eben dem Maße, in dem sie ‚sie selbst' ist, die bezeichnete Ebene darstellt bzw. repräsentiert."[54]

Menke hat daher in Bezug auf ein personal-freiheitliches Verständnis der Selbstmitteilung Gottes bereits in seiner Christologie den Begriff des ‚Mediums' problematisiert, weil dieser Gefahr läuft, eine instrumentelle Verkürzung der menschlichen Freiheit Jesu zu insinuieren,[55] und in seiner neuesten Studie zur Sakramentalität den Terminus ‚Ursakrament'

---

50 *Rahner*, Der eine Jesus Christus und die Universalität des Heils, 898 [im Original z. T. kursiv].
51 *Menke*, Sakramentalität, 162. Vgl. auch ders., Jesus ist Gott der Sohn, 262.
52 Vgl. *Menke*, Sakramentalität, 47.166f.300. „Sakramentales Denken setzt die anthropologische Unterscheidung zwischen Ich und Nicht-Ich ebenso voraus wie die ontologische Unterscheidung zwischen einer bezeichnenden und einer bezeichneten Ebene." (Ebd., 326).
53 „Es gibt eine Perversion des sakramentalen Denkens. Und die heißt *Sakramentalismus*. […] *Sakramentalismus* gründet in der *Identifikation*, Sakramentalität in der *Unterscheidung* zwischen einer bezeichnenden und einer bezeichneten Ebene." Karl-Heinz *Menke*, Die Sakramentalität der Eucharistie, in: IKaZ 42 (2013) 249–269, 262.
54 *Menke*, Sakramentalität, 244.
55 Vgl. *Menke*, Jesus ist Gott der Sohn, 373.

entschieden bevorzugt.⁵⁶ Auf diesen Punkt kommt es mir in der kritisch-konstruktiven Auseinandersetzung mit dem freiheitstheoretischen Offenbarungsmodell nun an: Wenn die *menschliche* Freiheit Jesu das *Real*symbol (und nicht nur ein Vertretungssymbol) bzw. *Ursakrament* (und nicht nur eine beliebige Erscheinung⁵⁷) der unbedingt entschiedenen Liebe Gottes und darin seiner Selbstmitteilung ist, dann ist sie vom göttlichen Logos auch zu unterscheiden (nicht: zu trennen). Kurzum: Den symbol- und sakramententheologischen Implikationen des von Pröpper entwickelten Offenbarungsbegriffs kann bzw. sollte gerade eine freiheitstheoretische Adaption der chalkedonischen Christologie entsprechen.⁵⁸ Und es ist diese Weichenstellung, die mich mit der Christologie Karl Rahners verbindet und damit einen anderen Weg einschlagen lässt als die christologische Fortschreibung des Pröpper'schen Modells durch Georg Essen. Dabei ist jedoch vorausgesetzt, was an dieser Stelle nicht näher begründet werden kann⁵⁹: Obwohl an der *gnoseologischen* Relevanz der menschlichen Freiheit Jesu innerhalb des christologischen Entwurfes von Essen kein Zweifel bestehen kann, ist m. E. nicht hinreichend ersichtlich, wie auf Basis der These einer numerischen *Identität* der Freiheit Jesu mit der Freiheit des ewigen Sohnes der echt menschliche Wille Jesu auch *ontologisch* hinreichend zur Geltung gebracht werden kann.⁶⁰ Außerdem ist, wie oben durch eine Re-

---

56 Vgl. *Menke*, Sakramentalität, 49.59.226.
57 Zur Unterscheidung sakramental vermittelter Präsenz von unvermittelter Erscheinung vgl. *Menke*, Sakramentalität, 131–135. Insofern ist darauf zu drängen, „dass man die in irgendeinem wahren Sinn wirkliche Ursprünglichkeit des Menschen Jesus Gott gegenüber (anti-monotheletisch) *echt* begreift und Christus nicht nur zu einer ‚Erscheinungsform' Gottes selbst und eigentlich seiner allein macht" (*Karl Rahner*, Probleme der Christologie von heute, in: Sämtliche Werke XII, Freiburg i. Br. 2005, 261–301, 266).
58 „Wirklichkeit und ihre Erscheinung im Fleisch sind eben im Christentum unvermischt, und untrennbar für immer eins." *Rahner*, Zur Theologie des Symbols, 457.
59 Zur ausführlichen Rekonstruktion und Kritik der christologischen Identitätsthese Georg Essens vgl. *Lerch*, Selbstmitteilung Gottes, 239–318.
60 Zur knappen Erläuterung: Zwar kann gerade Essens streng heilsgeschichtlich orientierte Christologie in erkenntnistheoretischer Hinsicht aufzeigen, dass es die konkrete Geschichte des Menschen Jesus von Nazaret ist, von der aus der Selbstmitteilungsgedanke und somit auch der Einstieg in die christologisch-trinitätstheologische Theoriebildung zuallererst ermöglicht wird (vgl. hierzu *Essen*, Die Freiheit Jesu, 260–270). Doch entgeht die These der Identifizierung der menschlichen Freiheit Jesu mit der Freiheit des göttlichen Logos damit m. E. noch nicht dem ontologischen Problem, dass die von Essen der Freiheit Jesu zugeschriebenen Bestimmungen – unvermittelte Unmittelbarkeit der Gottesrelation (vgl. ebd., 291); Einheit von Entschluss und Inhalt der Freiheit (vgl. ebd., 296f.); kein Bestimmungs-, sondern ein Vermittlungsverhältnis von Theonomie und Autonomie (vgl. ebd., 293) etc. – Prädikate sind, die im Freiheitsmodell *per definitionem* ausschließlich für eine *göttliche* Freiheit zutreffen

flexion auf die Implikationen des Pröpper'schen Realsymbolbegriffs gezeigt wurde, gerade im Rahmen eines freiheitstheoretischen Selbstmitteilungskonzeptes *nicht* die strenge Identität von Offenbarungssubjekt/-inhalt und Offenbarungsmedium erreichbar – wie jedoch Magnus Striet meint,[61] der sich Georg Essens christologischer Identitätsthese explizit angeschlossen hat.[62] Insofern plädiere ich dafür, die Potenziale der Christologie Karl Rahners gerade auch im Kontext des freiheitstheoretischen Offenbarungsmodells wahrzunehmen. Denn wesentliche systematische Elemente dieses Christologietyps entsprechen gerade der irreduziblen Unterscheidung von Gott und Mensch und damit jener Freiheitsdifferenz, an welcher dem Pröpper'schen Offenbarungsmodell – zur Wahrung der göttlichen Gratuität und humanen Dignität des Selbstmitteilungsereignisses – völlig zu Recht gelegen ist. Auf symboltheoretischer Basis betont Rahner in der Verhältnisbestimmung von göttlicher und menschlicher Wirklichkeit Jesu strikt deren (Differenz-)*Einheit* und weist den *Identitäts*begriff zurück[63]:

„Jesus hatte ein menschliches Selbstbewusstsein, das nicht ‚monophysitisch' identifiziert werden darf mit dem Bewusstsein des Logos Gottes, von dem die menschliche Wirklichkeit Jesu dann letztlich passiv wie eine verlautbarende Livree des einzig aktiven Gottsubjektes gesteuert würde."[64]

---

können. Dadurch implementiert die christologische Identitätsthese aber im freiheitstheoretischen Offenbarungsmodell insgesamt ein systematisches Gefälle, in dessen weiterem Argumentationsverlauf die im Freiheitsansatz *anthropologisch* so ernst genommene Differenz von Selbst- und Gottesbezug, menschlicher und göttlicher Freiheit im Hinblick auf *Jesu* Menschsein *christologisch* letztlich wieder revoziert wird. Auch angesichts der auf Hermann Krings und Thomas Pröpper zurückgehenden synonymen Verwendung von ‚Freiheit' und ‚Wille' (vgl. nur *Pröpper*, Theologische Anthropologie I, 504f.) ist nicht unmittelbar einsichtig, wie bei der expliziten christologischen Annahme nur *einer* Freiheit (so *Essen*, Die Freiheit Jesu, 299) von einer *menschlichen* Willensfreiheit Jesu noch gesprochen werden könnte.
61 Vgl. *Striet*, Offenbares Geheimnis, 213³.222.226.237. Pröpper selbst (vgl. Anthropologie II, 1307.1316) spricht meist ‚nur' von der *Untrennbarkeit* von Offenbarungssubjekt und -medium; ebenso *Menke*, Jesus ist Gott der Sohn, 78. Ausführlich zu diesem Problem vgl. meine Überlegungen in *Lerch*, Selbstmitteilung Gottes, 184–193.
62 Vgl. *Striet*, Offenbares Geheimnis, 221. Vgl. ebd., 148, wo Striet programmatisch festhält, dass die „Freiheit des Menschen Jesus […] die Freiheit des göttlichen Logos und damit Selbstoffenbarungsgestalt Gottes ist".
63 Vgl. hierzu etwa *Karl Rahner*, Was heißt Jesus lieben?, in: Sämtliche Werke XXIX, Freiburg i. Br. 2007, 197–230, 209–211.
64 *Rahner*, Grundkurs des Glaubens, 239.

3 Die hypostatische Union im Kontext des Schöpfer-Geschöpf-Verhältnisses – Ein Vorschlag zur freiheitstheoretischen Rezeption der Christologie Karl Rahners

Die systematische Entsprechung zwischen Christologie und Symboltheorie innerhalb der Theologie Rahners ist im Kontext thematisch verschiedener Studien bereits herausgearbeitet worden.[65] Im Folgenden ist sie auch hinsichtlich ihrer schöpfungstheologischen Implikationen in den Blick zu nehmen, denn Rahner zeichnet bekanntlich das Selbstmitteilungsgeschehen begrifflich in die Kategorien des allgemeinen Schöpfer-Geschöpf-Verhältnisses ein:

„Wenn der Logos sich in der Menschwerdung zu einem Geschöpf verhält, dann ist selbstverständlich, dass die letzten formalen Bestimmungen des Schöpfer-Geschöpf-Verhältnisses auch in *diesem* bestimmten Verhältnis gegeben sein müssen."[66]

Menke hebt zu Recht hervor, dass Rahner durch genau diese Weichenstellung „ein klares Bekenntnis zu einem eigenen Willen, einem eigenen Bewusstsein, einem eigenen Aktzentrum der menschlichen Natur Christi" erreicht; und es wird zu fragen sein, ob diese „Einbettung der Christologie in die Schöpfungslehre"[67] auch freiheitstheoretisch rezipiert werden kann.

3.1 Die Möglichkeitsbedingung der Inkarnation: Der trinitarische Gott als freisetzende Einheit

Für Rahner, der – wie Menke ebenfalls herausstellt – aszendenz- und deszendenzchristologisch zugleich argumentiert,[68] steht fest, dass die Reflexion bei der Differenz-Einheit bzw. faktischen Untrennbarkeit von Re-

---

65 Vgl. ohne Anspruch auf Vollständigkeit: *Erwin Dirscherl*, Die Bedeutung der Nähe Gottes. Ein Gespräch mit Karl Rahner und Emmanuel Levinas (BDS 22), Würzburg 1996, 57–69.77–82; *Engelbert Guggenberger*, Karl Rahners Christologie und heutige Fundamentalmoral (ITS 28), Innsbruck – Wien 1990, 56–66; *Nikolaus Schwerdtfeger*, Gnade und Welt. Zum Grundgefüge von Karl Rahners Theorie der ‚anonymen Christen' (FThSt 123), Freiburg – Basel – Wien 1982, 239–296; *Joseph H. P. Wong*, Logos-Symbol in the Christology of Karl Rahner (BSRel 61), Roma 1984, 113–184.
66 *Karl Rahner*, Probleme der Christologie von heute, 272.
67 *Menke*, Jesus ist Gott der Sohn, 359.
68 Vgl. *Menke*, Jesus ist Gott der Sohn, 358.

alsymbol und Offenbarungssubjekt/-inhalt nicht stehen bleiben kann. Worin besteht in ontologischer bzw. sachlogischer Hinsicht die Bedingung der Möglichkeit, die ein Symbol als Realsymbol qualifiziert und Jesu echt menschliche Willensfreiheit als Ursakrament konstituiert? Gesucht ist also die „einende Einheit", die der „geeinten Einheit"[69] von Zeichen und Bezeichnetem bzw. von menschlicher und göttlicher Natur Jesu Christi noch vorausgeht – eben als logisch primäre Möglichkeitsbedingung der Einheit in Differenz.[70] Dabei sind mit der gesuchten ‚einenden Einheit' im symboltheoretisch-christologischen Kontext zwei weitere Bedingungen verknüpft: *Erstens* darf weder das Einheitsmoment unterbestimmt sein (ohne welches das Symbol nicht *Real*symbol bzw. das Menschsein Jesu nicht U*rsakrament* wäre) noch der Differenzaspekt vernachlässigt werden (ohne den die empirisch-geschichtliche Eigenwirklichkeit des Symbols bzw. die *menschliche Freiheit Jesu* negiert wäre). Der Grund der Einheit muss also *zugleich* der Grund der Differenz sein.[71] *Zweitens* muss im begründungslogischen Rekurs auf die ‚einende Einheit' die von Menke für eine sakramentale Wirklichkeit angedeutete direkte Proportionalität von Sakrament und Offenbarungsinhalt einsichtig werden. Die bezeichnende Ebene ist aber nur dann in dem Maße sie ‚selbst', in dem sie die bezeichnete Ebene repräsentiert, wenn Einheit und Differenz sich im Kontext einer sakramentalen Wirklichkeit nicht wider-, sondern gerade entsprechen.[72] Nur unter der Bedingung eines Verhältnisses nicht der Konkurrenz, sondern der wechselseitigen Steigerung von bezeichnender und bezeichneter Ebene wird schließlich nachvollziehbar, dass und warum Jesus von Naza-

---

69 *Rahner*, Probleme der Christologie von heute, 286.
70 Rahners *symboltheoretischer* Aussage, dass die in der Einheit des Seienden vorliegenden pluralen Momente ihre für die Symbolizität erforderliche „Übereinkunft" nicht haben können „als gewissermaßen einfach nebeneinanderliegende Momente, die gleichursprünglich da sind" (*Rahner*, Zur Theologie des Symbols, 428f.), entspricht genau die *christologische* Einsicht, dass im Fall der Selbstmitteilung Gottes „die Einheit zwischen dem Zusagenden und der Zusage nicht nur ‚moralisch' gedacht werden" kann, sondern als eine Einheit gedacht werden muss, „die eine Trennungsmöglichkeit zwischen der Verlautbarung und dem Verlautbarenden aufhebt, also das real menschlich Verlautbarte und die Zusage für uns zu einer Wirklichkeit Gottes selbst macht" (ders., Grundkurs des Glaubens, 195f.).
71 Vgl. *Rahner*, Probleme der Christologie von heute, 286. „Diese *konkrete* Menschheit Christi darf als sie selbst nur gedacht werden als verschieden vom Logos, indem sie ihm geeint ist." Ebd.
72 Vgl. im symboltheoretischen Kontext *Rahner*, Zur Theologie des Symbols, 429f., und im christologischen Zusammenhang ders., Probleme der Christologie von heute, 287.

ret nicht trotz, sondern wegen seiner echt menschlichen Freiheit zugleich die realsymbolische Selbstmitteilungsgestalt Gottes ist.

Sowohl im symboltheoretischen als auch im christologischen Begründungskontext identifiziert Rahner die gesuchte einende Einheit mit dem trinitarischen Schöpfergott – genauer: mit Gott, insofern er sich selbst im Logos ent-äußert, der wiederum die immanent-trinitarische *Selbst*äußerung, d. h. *Real*symbol des Vaters ist.[73] Für diese Identifikation lassen sich drei Gründe benennen. Erstens sind unter der Voraussetzung der trinitarischen Wirklichkeit Gottes Einheit und Verschiedenheit nicht sich limitierende, sondern sich wechselseitig bedingende Aspekte.[74] Zweitens bildet die immanent-trinitarische Selbstaussage im Logos die Bedingung der Möglichkeit dafür, dass Gott sich in der Differenz (in einer geschaffenen Wirklichkeit) als er selbst mitteilen kann, begründet also „die Möglichkeit, dass Gott, gerade *indem* er und dadurch, dass er selbst *sich* entäußert, *sich* weggibt, das andere als seine eigene Wirklichkeit *setzt*"[75]. Damit ist die entscheidende dritte Einsicht vorbereitet:

> „Weil in der Menschwerdung der Logos die menschliche Wirklichkeit schafft, indem er sie annimmt, und annimmt, indem er *selbst sich* entäußert, darum obwaltet auch hier – und zwar in radikaler, spezifisch einmaliger Weise – das Axiom für alles Verhältnis zwischen Gott und Geschöpf: dass nämlich die Nähe und die Ferne, die Verfügtheit und die Selbstmacht der Kreatur nicht im umgekehrten, sondern im selben Maße wachsen. Darum ist Christus am radikalsten Mensch und ist seine Menschheit die selbstmächtigste, freieste, nicht obwohl, sondern weil sie die angenommene, die als Selbstäußerung Gottes gesetzte ist."[76]

---

73 Vgl. *Rahner*, Zur Theologie des Symbols, 436f. Der ewige Logos wäre nur Vertretungs- und nicht Realsymbol des Vaters, wenn *jede* der drei göttlichen Personen hätte Mensch werden können.
74 Vgl. *Rahner*, Zur Theologie des Symbols, 428–430. Damit will Rahner die Trinitätslehre freilich nicht rational deduzieren; sein transzendental*theologischer* Ansatz fragt unter ihrer Voraussetzung nach den symboltheoretisch-christologischen Konsequenzen für das Verhältnis von Identität und Differenz.
75 *Rahner*, Zur Theologie des Symbols, 441. „Er – der Logos – konstituiert die Unterschiedlichkeit zu sich, indem er sie als seine eigene behält und umgekehrt: Weil er wahrhaft das andere als sein Eigenes haben will, konstituiert er es in seiner echten Wirklichkeit." Ders., Grundkurs des Glaubens, 214.
76 *Rahner*, Grundkurs des Glaubens, 217.

Die *einende* Einheit ist also fortbestimmt zur *freisetzenden* Einheit[77] – plausibel wird dies jedoch erst vor dem Hintergrund des berühmten Axioms der direkten Proportionalität von Selbststand und Abhängigkeit, Freiheit und Gottesnähe.[78] Von dieser „Grundwahrheit des Schöpfer-Geschöpf-Verhältnisses" ist das symboltheoretisch-christologische Problem von Einheit und Differenz „nur die höchste Anwendung"[79].

Damit ist die Stelle erreicht, an der die symboltheoretisch-christologischen Reflexionen auf die Pointe des schöpfungstheologisch begründeten Proportionalitätsaxioms zulaufen. Wesentlich ist, dass Rahner das Begründungsverhältnis von Schöpfer und Geschöpf als „transzendentales Verhältnis"[80] begreift und damit von einem kategorialen Begründungszusammenhang abgrenzt. Sowohl Pantheismus als auch Dualismus sind damit insofern abgewiesen, als sie beide demselben Kategorienfehler unterliegen: Übersehen wird jeweils die prinzipielle (transzendentale) Differenz von Grund und Begründetem – indem diese entweder eingezogen wird (Pantheismus) oder mittels eines Dualismus verstanden wird, der „Gott und das Nicht-Göttliche einfach wie zwei Dinge nebeneinandersetzt"[81]. Jedoch impliziert der Schöpfungsglaube, dass Gott „den Unterschied des anderen zu sich selber noch einmal setzt und ist und darum gerade in der Unterscheidung die größte Einheit zustande bringt"[82]. Auf *kategorialer* Ebene ist das Verhältnis von Abhängigkeit und Selbststand disproportional: Je mehr ein bewirktes Seiendes von einer bewirkenden Ursache abhängig ist, desto weniger Selbststand kommt dem Bewirkten gegenüber dessen Ursache zu.[83] Auf *transzendentaler* Ebene ist das besagte Verhältnis als direkt proportionales zu beschreiben: Weil Gott asymmetrischer Grund alles Geschaffenen ist, d. h. die Schöpfung *und* den Unterschied zu ihr selbst ‚setzt', besitzt das ‚Gesetzte' vor Gott echte Freiheit und Selbststän-

---

77 Vgl. explizit *Karl Rahner*, Inkarnation, in: Sämtliche Werke XVII/2, Freiburg i. Br. 2002, 1096–1109, 1103: „Der göttliche Akt der Einigung ist selbst formell der Akt der Freisetzung der geschöpflichen Wirklichkeit in ihre aktive Selbstständigkeit auf Gott hin."
78 „Radikale Abhängigkeit und echte Wirklichkeit des von Gott herkünftig Seienden wachsen im gleichen und nicht im umgekehrten Maße." *Rahner*, Grundkurs des Glaubens, 80.
79 *Rahner*, Probleme der Christologie von heute, 271f.
80 *Rahner*, Grundkurs des Glaubens, 80.
81 *Rahner*, Grundkurs des Glaubens, 65.
82 *Rahner*, Grundkurs des Glaubens, 65.
83 Vgl. *Rahner*, Grundkurs des Glaubens, 80.

digkeit – nicht obwohl, sondern weil es von ihm abhängig ist.[84] Hiermit ist nicht nur die schöpfungstheologische Grundlage eines sakramentalen Wirklichkeitsverständnisses eingeholt,[85] sondern auch die systematische Brücke zur hypostatischen Union geschlagen: Jesus Christus ist das Realsymbol der Selbstmitteilung Gottes nicht trotz, sondern aufgrund seiner echt menschlichen Willensfreiheit, deren hypostatische Einheit mit dem göttlichen Logos nicht die Depotenzierung, sondern Bestätigung und Erfüllung ihrer echten Kreatürlichkeit zur Konsequenz hat – eben weil die *göttliche* Konstitution dieser Einheit zugleich Freisetzung impliziert. Bezogen auf die auch von Pröpper und Essen rezipierte Denkfigur Rahners, der zufolge Jesus Christus die Selbstmitteilung Gottes nur in der Differenz-Einheit von Selbstzusage Gottes *und* freier menschlicher Annahme derselben sein kann, bedeutet dies: Mit Rekurs auf die ,freisetzende Einheit' ist zuallererst die transzendentale Möglichkeitsbedingung dieser Einheit von Zusage und Annahme benannt.

3.2 Der Grund der Freiheit – Erste Überlegungen zur freiheitstheoretischen Adaption des Proportionalitätsaxioms

Lässt sich Rahners Proportionalitätsaxiom bzw. sein Zentralgedanke der freisetzenden Einheit auch vom freiheitstheoretischen Offenbarungsmodell adaptieren? Diesbezüglich mögliche Perspektiven sollen an dieser Stelle nur noch angedeutet werden.[86]

Auch subjekt- bzw. transzendental*philosophisch* ist die Einsicht erreichbar, dass die endliche Freiheit – gerade in ihrer formalen Unbedingtheit – nicht selbstursprünglich ist, sondern auf einen Grund jenseits ihrer selbst angewiesen ist, der ihr Aufkommen erst ermöglicht. Zwar „entzieht sich"

---

84 Zu Rahners Beanspruchung des Proportionalitätsaxioms für die Begründung einer kreatürlichen Freiheit, die nicht bloß kategoriale Wahlfreiheit, sondern transzendentaler *Selbst*vollzug des Ich ist, vgl. *Karl Rahner*, Theologie der Freiheit, in: Sämtliche Werke XXII/2, Freiburg i. Br. 2008, 91–112, 98–100.
85 „Weil Gott trinitarische Liebe (vollkommene Beziehung) ist, ist sein Wirken in der Welt Ermöglichung von wirklicher, selbstbestimmter Freiheit. […] Je freier bzw. eigenwirksamer ein Geschöpf ist, umso mehr ist es ‚sakramental', also Ausdruck von Gottes Wirken." *Menke*, Sakramentalität, 51.
86 Ausführlicher zur Integration der symboltheoretisch-christologischen Argumentationsgänge Rahners in das Freiheitsmodell Pröppers vgl. meine Überlegungen in *Lerch*, Selbstmitteilung Gottes, 415–435 (dort auch unter Berücksichtigung der Kritik von Vertretern des Freiheitsmodells an Rahners Proportionalitätsaxiom und seiner Prämissen).

die Freiheit laut Pröpper „jeder Begründung, ja weist sie zurück"[87], doch wäre dieser Entzug streng auf ein *kategoriales* Begründungsverhältnis zu beziehen, nicht auf die *transzendentale* Differenz von Schöpfer und Geschöpf, wo Begründung zugleich Freisetzung bedeutet. In *theologischer* Perspektive lässt dies Pröpper auch erkennen, wenn er die Freiheit als geschaffene begreift.[88] Zieht man die selbstbewusstseinstheoretischen Analysen von Dieter Henrich und – im Anschluss an ihn – Klaus Müller hinzu, so kann die Kontingenz gerade auch der transzendentalen Form der Freiheit noch stärker aufgehellt werden.[89] Wird nämlich (mit Hermann Krings und Thomas Pröpper) die Form der Freiheit als eine retroszendierende Bewegung begriffen, die unbedingtes Sichöffnen für Gehalt (Transzendenz) und Rückbezug des Gehaltes auf sich (Retroszendenz) impliziert,[90] dann bleibt ein Problem subjekttheoretisch noch zu bedenken: Wodurch wird die invariante Form des transzendentalen Aktus, die rein formale Identität und Einheit des Ich, begründet?[91] Diese formale Invarianz der Identität des Ich mit sich ist Bedingung der Möglichkeit dafür, dass ich mich identisch weiß im Wechsel meiner verschiedenen Bestimmungen, Bewusstseinsinhalte und Widerfahrnisse. Und *diese* formale Einheit kann durch die formal unbedingte Freiheit nicht konstituiert oder im Sinne einer Selbstursprünglichkeit *gesetzt* sein, vielmehr ist die Freiheit in die Ich-Identität bereits *eingesetzt*: Das Ich findet sich immer schon *als* freies vor – es ist, wie

---

87 *Pröpper*, Erlösungsglaube und Freiheitsgeschichte, 184.
88 Vgl. etwa *Pröpper*, Theologische Anthropologie I, 482. *Thomas Fößel* (Freiheit als Paradigma der Theologie? Methodische und inhaltliche Anfragen an das Theoriekonzept von Thomas Pröpper, in: ThPh 82 [2007] 217–251, 229–235) konstatiert zwischen beiden Begründungslinien einen Widerspruch, der das Problem indiziert und so lange gilt, wie die Einsicht in die Unverfügbarkeit und das ‚Gesetztsein' der Freiheit nicht auch freiheitsphilosophisch eingeholt ist: „Mögen etwa die aristotelischen Kategorien Kausalkategorien oder auch diejenigen der scholastischen Metaphysik ebenso wenig geeignet sein, das Phänomen der menschlichen Freiheit als Phänomen *sui generis* adäquat zu dolmetschen, so wird man sie theologisch doch wohl verstehen müssen als in irgendeiner Weise ‚begründet' und insofern in Gott gegründet" (ebd., 230).
89 Vgl. etwa *Dieter Henrich*, Fichtes ursprüngliche Einsicht (WuG 34), Frankfurt a. M. 1967; *Klaus Müller*, Streit um Gott. Politik, Poetik und Philosophien im Ringen um das wahre Gottesbild, Regensburg 2006, 209–249, bes. 218f.
90 Vgl. ausführlich hierzu *Pröpper*, Theologische Anthropologie I, 512–535.
91 Mit dem transzendentalen Aktus wird die Einheit von transzendentalem *Ich* und transzendentaler *Freiheit* bezeichnet: Vgl. *Pröpper*, Theologische Anthropologie I, 533. Aber eben diese *faktische* Einheit bzw. Gleichursprünglichkeit von Ich und Freiheit, von Identität (transzendentalem Bei-sich-Sein) und Differenz (formal unbedingtem Sichöffnen) ist nicht wiederum durch sich selbst begründbar.

Pröpper an einer Stelle auch konzediert, „Ereignis"[92]. Insofern muss man an dieser Stelle nicht Dieter Henrichs – m. E. problembehaftete[93] – monistische Lösung favorisieren, die einen ich-losen, all-einen Grund als Prinzip der Einheitsstiftung im reflexiven Selbstverhältnis des Menschen ansetzt. Offen steht vielmehr die Deutung im Anschluss an Rahner, dass der trinitarische Gott Jesu Christi, der sich als freisetzende Liebe geschichtlich selbst mitgeteilt hat, der Ermöglichungsgrund menschlicher Freiheit auf transzendentaler Ebene ist – einer Freiheit, die gerade in dem Maße, in dem sie sich als aktive ergreift und eine bestimmte Identität ausbildet, auch ihrer Passivität und ihres transzendentalen ‚Gesetztseins' ansichtig werden und sich so als Gabe verstehen kann.[94]

3.3 Gottes inkarnatorische Selbstmitteilung – Bestimmtes Geheimnis statt rätselhafter Mythos

Gerade die Einzeichnung der symboltheoretisch-christologischen Überlegungen Rahners in schöpfungstheologische Kategorien lässt nun aber auch die Grenze der Reflexion vor Augen treten. Zwar wird nachvollziehbar, dass und warum „nur eine *göttliche* Person eine von ihr real verschiedene Freiheit so als ihre eigene besitzen kann, dass diese nicht aufhört, wahrhaft

---

92 *Pröpper*, Theologische Anthropologie I, 558. Vgl. auch ebd., 535–564 zur konstruktiven Aufnahme der Problemanzeigen von Henrich. Zur Analyse und kritischen Diskussion von Pröppers Vermittlungsvorschlag zwischen Freiheitsanalytik (Hermann Krings) und Bewusstseinstheorie (Dieter Henrich) vgl. *Lerch*, Selbstmitteilung Gottes, 86–95.

93 Vgl. meine Aufarbeitung von Henrichs bewusstseinsphilosophischen Argumentationsgängen: *Magnus Lerch*, All-Einheit und Freiheit. Subjektphilosophische Klärungsversuche in der Monismus-Debatte zwischen Klaus Müller und Magnus Striet (BDS 47), Würzburg 2009, 19–96.158–198.

94 „Kann die mit Subjektivität verknüpfte Freiheit […] nicht für ihr Aufkommen garantieren, dann erfährt sich das Ich insbesondere in seiner Freiheit weder als selbstursprünglich noch als seiner selbst mächtig, sondern als verdankt. Diese Verdanktheit der Freiheit zeigt sich nicht allein in der Bedingtheit meiner Freiheit, sondern darin, dass das Vermögen, das ‚Können' meines Wollens, Fühlens, Denkens, Handelns, im Sinne einer ‚Freiheit wozu' ein passives Moment besitzt, denn es ist keine eigene Leistung, sondern eine sich ereignende Gabe." *Saskia Wendel*, Der Körper der Autonomie. Anthropologie und ‚gender', in: Antonio Autiero – Stephan Goertz – Magnus Striet (Hg.), Endliche Autonomie. Interdisziplinäre Perspektiven auf ein theologisch-ethisches Programm (Studien der Moraltheologie 25), Münster 2004, 103–122, 114f.

frei zu sein auch gegenüber der sie besitzenden göttlichen Person"[95]. Nur Gott, sofern er selbst sich geschichtlich mitteilen will, kann die Einheit eines konkreten Menschen mit sich so begründen, dass die Freisetzung einer echt menschlichen Willensfreiheit nicht Einschränkung, sondern Implikat dieses Geschehens ist. Aber das zur Plausibilisierung dieses Gedankens herangezogene Proportionalitätsaxiom setzt ein nichtkategoriales, sondern transzendentales Gott-Welt-Verhältnis voraus, das als schöpferisches Freisetzungsverhältnis verstanden wird, welches einer Introspektion oder auch nur transzendentalen Analyse nicht mehr hinreichend zugänglich ist. Die Einbettung des der hypostatischen Union zugrunde liegenden göttlichen Einigungs- und Freisetzungsaktes in die begrifflichen Bestimmungen des Schöpfer-Geschöpf-Verhältnisses eröffnet jedoch die Möglichkeit, den

---

[95] *Rahner*, Probleme der Christologie von heute, 271. Anders urteilt jedoch *Essen* (vgl. Freiheit, 80), dessen Kritik an Rahners Proportionalitätsaxiom in der These gipfelt, dieses sei „abhängig […] von der freiheitstheoretischen Vorentscheidung Rahners, die Unterschiedenheit von Gott und Mensch nicht wirklich als eine Freiheitsdifferenz anzusetzen. Das Verhältnis der menschlichen Freiheit zu Gott ist Rahner zufolge eine Unterschiedenheit, die von Gott selbst gesetzt ist; sie ist nicht das Kommerzium zwischen der freilassenden Freiheit Gottes und der freigelassenen Freiheit des Menschen." (Ebd., 85). Jedoch lässt sich Rahners These, dass die menschliche Freiheit als von Gott ‚gesetzte' zu begreifen ist, sowohl schöpfungs*theologisch* als auch freiheits*philosophisch* plausibilisieren, wenn (wie oben dargestellt) die Schöpfer-Geschöpf-Differenz als strikt *transzendentale* verstanden wird. Die von Essen (ebd., 80.85) und auch von *Menke* (Jesus ist Gott der Sohn, 361) kritisierte und für sich genommen in der Tat missverständliche Aussage Rahners, der zufolge die Selbstmitteilung Gottes „den Akt ihrer Annahme […] selber setzt und ihn so schlechthin zu eigen, zur Erscheinung eben dieses mit Gott identischen Willens zur Selbstentäußerung macht" (*Rahner*, Inkarnation, 1097), lässt sich m. E. nicht in dem Sinne verstehen, dass Rahner hier die Alleinwirksamkeit Gottes behauptet. Rahner verdeutlicht an anderer Stelle, dass Gott den menschlichen Akt der (An-)Erkenntnis seiner Selbstmitteilung mitträgt, nicht aber ersetzt (vgl. ders., Grundkurs des Glaubens, 118f.168) – eine Weichenstellung, die bekanntlich auf die Konzeption des ‚übernatürlichen Existenzials' zuläuft und deren weitreichende Konsequenzen hier nicht geklärt werden können. Es ist lediglich darauf hinzuweisen, dass Rahner, wie Thomas Fößel genau rekonstruiert hat, je später desto deutlicher das ‚übernatürliche Existenzial' in systematischer Entsprechung zum personalen Offenbarungsverständnis konzipiert, das (ebenso wie die hypostatische Union) nicht ontisch, sondern ontologisch zu verstehen ist: Das übernatürliche Existenzial ist nicht als (ontische) Ausstattung ‚am Menschen', sondern als die bleibende Vergegenwärtigung des Christusereignisses im Heiligen Geist und daher als die universale Wirksamkeit der einen, geschichtlichen Selbstmitteilung zu denken, die aber als *personale* dem Menschen nur in der Form des *freien Angebotes* begegnet: Vgl. *Thomas Fößel*, Gott – Begriff und Geheimnis. Hansjürgen Verweyens Fundamentaltheologie und die ihr inhärente Kritik an der Philosophie und Theologie Karl Rahners (ITS 70), Innsbruck–Wien 2004, 858–879.899.903.

Geheimnischarakter der Inkarnation in Entsprechung zum Schöpfungsglauben zu formulieren:

„Das ‚unvermischt und ungetrennt' des Konzils wird immer eine grundlegende (dialektische) Formel nicht nur der Christologie, sondern des christlichen Verständnisses des Gott-Welt-Verhältnisses überhaupt bleiben, aber auch wegen und in dem nicht nochmals aufklärbaren ‚und', das die beiden Worte verbindet und entgegensetzt, den Menschen immer vor das Geheimnis, das Gott selber ist, bringen."[96]

Diese Einsicht könnte gerade auch das freiheitstheoretische Offenbarungsmodell insofern mitvollziehen, als Pröpper hinsichtlich der Verhältnisbestimmung von Absolutem und Endlichem stets betont hat, dass diese *philosophisch* nicht explizierbar ist, sich also „das *Wie* von Gottes erschaffendem und im Dasein erhaltenden Wirken [...] positiv nicht begreifen lässt"[97]. Wenn aber der Konstitutionsakt des von Gott verschiedenen Seienden im Hinblick auf das Gott-Welt-Verhältnis *prinzipiell* nicht adäquat aufklärbar ist, dann ist hiermit auch eine Grenze der christologischen Reflexion erreicht, die den Begriff ‚Geheimnis' gerade nicht beansprucht, um logische Inkonsistenzen der eigenen Theorie zu kaschieren,[98] und so das eigentliche Geheimnis auf ein Rätsel reduziert (und damit missversteht). Nachvollzogen ist vielmehr die Einsicht in die *bestimmte* Geheimnishaftigkeit der Inkarnation, das Geheimnis wird *als* Geheimnis aussagbar.[99] Somit führen die vorstehenden Ausführungen einerseits zu der Einsicht,

---

96 *Karl Rahner*, Jesus Christus, in: Sämtliche Werke XVII/2, Freiburg i. Br. 2002, 1109–1136, 1123.
97 *Pröpper*, Theologische Anthropologie I, 635[177].
98 Vgl. die diesbezüglich bedenkenswerten Warnungen von *Michael Greiner*, Gottes wirksame Gnade und menschliche Freiheit. Wiederaufnahme eines verdrängten Schlüsselproblems, in: *Pröpper*, Theologische Anthropologie II, 1351–1436, 1406.
99 Zu dieser Grundintention, Gottes Geheimnis als bleibendes und bestimmtes zu verstehen, vgl. *Striet*, Offenbares Geheimnis, 225f.228f. Im Hinblick auf die für Striet hieraus resultierende These, dass die offenbarungstheologische Reflexion auf eine *univoke* Begriffsbildung angewiesen ist (vgl. ebd., 126–146.204–211), müssten zwei gewichtige Einwände diskutiert werden. Erstens hat *Bernhard Nitsche* (Gott und Freiheit. Skizzen zur trinitarischen Gotteslehre [ratio fidei 34], Regensburg 2008, 45–49.55f.) konstatiert, dass auch die analoge Gottesrede ein „univokes Minimum" (ebd., 46) unterstellt; die entscheidende Frage lautet somit, ob dieses vorauszusetzende Minimum selbst noch einmal univok bestimmbar ist. Zweitens ist darauf hinzuweisen, dass Rahner im Kontext des oben beanspruchten *transzendentalen* Verhältnisses von Grund und Begründetem eine univoke Begriffsbildung gerade deshalb ausschließt, weil sie dieses wiederum nach dem Schema *kategorialer* Ursächlichkeit deuten und so missverstehen würde: Vgl. *Rahner*, Grundkurs des Glaubens, 65f.73f.

dass die in der hypostatischen Union vorliegende Gleichursprünglichkeit von Einigung und Freisetzung nicht mehr vollständig rekonstruierbar ist. Andererseits wird gerade durch die systematische Korrelation von Symboltheorie, Christologie und Schöpfungslehre die Zurückweisung von Monotheletismus und Monophysitismus möglich und somit die für den christlichen Offenbarungsglauben fundamentale Abgrenzung des Inkarnationsgeheimnisses vom Mythos systematisch zur Geltung gebracht:

> „Der biblisch bezeugte Gott verwandelt sich nicht in einen Menschen so wie sich der Zeus der homerischen Epen in einen Stier oder wie sich der Prinz eines Grimmschen Märchens in einen Frosch verwandelt. Dann wäre sein Menschsein die Larve, die Verkleidung oder die Verbergung seiner Gottheit. Nein, Gott versteckt sich nicht unter dem Bettlermantel des Menschseins Jesu. Im Gegenteil, dieses Menschsein ist seine Offenbarung. [...] Nur wenn Gott im Geschehen der Inkarnation ohne Abstriche bleibt, was er ist, nämlich Gott, bedeutet seine so genannte Menschwerdung nicht die Diminuierung oder Verbergung seiner Gottheit, sondern im Gegenteil deren Offenbarung."[100]

---

100 *Menke*, Jesus ist Gott der Sohn, 25.

Stellvertretung und Solidarität, Versöhnung und Befreiung

Zur Diskussion soteriologischer Paradigmen

Julia Knop

Christliche Erlösungslehre verankert das Heil der Welt nicht in einem bestimmten Gesellschaftsmodell oder einer spirituellen Technik, sondern im Geschick einer historischen Person: Jesus Christus. Erschwerend kommt hinzu, dass das, was diese Person um des Heils aller Welt willen getan haben soll, ebenso nötig gewesen wie gratis geschehen sein soll: faktisch unverdient und prinzipiell nicht verdienbar. Dieser soteriologische Rekurs auf Leben, Leiden, Sterben und Auferstehen Jesu Christi, also das Bekenntnis zu ihm als σωτήρ, d. h. als Retter und Erlöser, prägt das christliche Gottesbild und das christliche Verständnis menschlicher Heilsbedürftigkeit in einer Weise, dass man von einer wechselseitigen Erläuterung der Begriffe Theologie und Soteriologie sprechen kann.[1] In beider Zentrum steht derselbe Name: Jesus Christus. Gott ist für Christen der, der sich in Jesus Christus *als Heiland* geoffenbart hat.

Wie aber dieses Evangelium erläutert und welche Interpretationsmodelle für seine Inkulturation in neue Lebens- und Wissenschaftskontexte für tauglich befunden werden, wird in den verschiedenen Epochen und Kulturen der Theologiegeschichte durchaus unterschiedlich beurteilt und ist teilweise strittig. Karl-Heinz Menke hat in seiner Habilitationsschrift[2] eine umfassende Aufarbeitung eines der dominanten soteriologischen Paradigmen, des der „Stellvertretung", geleistet. Seine Studie legte zugleich das Fundament für die typisierende Unterscheidung theologischer, v. a. soteriologischer Modelle, die er in der Folgezeit im Rahmen der soge-

---

1 Vgl. *Dorothea Sattler*, Erlösung? Lehrbuch der Soteriologie, Freiburg i. Br. 2011, 43–48, unter Verweis u. a. auf *Dietrich Wiederkehr*, Glaube an Erlösung. Konzepte der Soteriologie vom Neuen Testament bis heute, Freiburg i. Br. 1976.
2 *Karl-Heinz Menke*, Stellvertretung. Schlüsselbegriff christlichen Lebens und theologische Grundkategorie, Einsiedeln – Freiburg i. Br. ²1997.

nannten Denkformanalyse mit vorangetrieben hat.³ Nicht nur die inhaltliche Profilierung des Stellvertretungsparadigmas für die Erlösungslehre, sondern auch die typisierende Analyse theologischer Positionen wird mit seinem Namen verbunden. Dabei schränkt er selbst ein: „Typisierungen sind immer auch Schematisierungen. Sie übergehen Differenzen und lenken stattdessen den Blick auf das, was das Gemeinsame einer ganzen Epoche, Denkrichtung oder Position ausmacht."⁴ Typisierungen reduzieren Komplexität. Sie legen Grundeinstellungen frei und richten den Blick auf systemimmanente, denkformspezifische Logiken. In aller Regel ist ein konkreter theologischer Ansatz komplexer, bisweilen auch weniger konsequent als das Schema, dem er subsumiert wird. Das ist gut und richtig so. Denn die Schematisierung von Ansätzen geschieht im Nachhinein, durch jemand anderen und unter einem anderen Erkenntnisinteresse als dem des Autors. Wegen ihres pauschalisierenden Charakters sollte man Typisierungen daher mit Umsicht entwickeln und mit Vorsicht genießen. Man sollte von ihnen nicht mehr und v. a. nichts anderes erwarten, als sie beanspruchen, nämlich Einordnung und systematische Reduktion auf das Gemeinsame mehrerer Ansätze statt Fokussierung ihrer jeweiligen Originalität; meist eine thematische, seltener eine genetische Fragestellung; Problemschärfung statt Weichzeichnung; die Vogel-, nicht die Froschperspektive. Im Bewusstsein der Grenzen von Schematisierungen kann aber auch ihre Erschließungskraft stark gemacht werden. Gut gemacht, bieten sie Überblick, entlarven etwaige Brüche, Grenzen und Einseitigkeiten und arbeiten heraus, wohin ein typgerechter Hase läuft, sofern er konsequent seinen Weg verfolgt. Karl-Heinz Menke versteht es in Publikationen und Lehrveranstaltungen meisterhaft, durch pointierte Fragestellungen diese Stärken einer Typen- und Denkformanalyse auszureizen.

Im Folgenden möchte ich dieser von meinem Doktorvater und langjährigen Chef gelegten Spur folgen und einen Beitrag zur aktuellen Diskussion um die Aussagekraft soteriologischer Paradigmen leisten. Dabei greife ich eine Unterscheidung auf, die er selbst im Gefolge der oben zitierten Bemerkung entwickelt hat und die mir grundsätzlich sinnvoll und überzeugend erscheint. Mit Blick auf große Soteriologien des 20. Jahrhunderts differenziert er zwischen Entwürfen, die *christozentrisch* angelegt sind und „als Variationen des Themas ‚Stellvertretung'" verständlich werden, und solchen, die *anthropozentrisch* orientiert sind und Heil und Erlösung „als

---

3   Vgl. *Karl-Heinz Menke*, Jesus ist Gott der Sohn. Denkformen und Brennpunkte der Christologie, Regensburg ³2012, 376–418.
4   *Menke*, Jesus ist Gott der Sohn, 376.

Variationen des Themas ‚Freiheit'"⁵ entfalten. Während „Stellvertretung" das Tun Jesu zugunsten der heilsbedürftigen Menschheit benennt, nimmt „Freiheit" bzw. „Befreiung" den Effekt dieses Heilswirkens für den Menschen in den Blick. Dessen Pendant wäre im ersten Paradigma „Versöhnung"; Gegenstück des Tuns Jesu im zweiten Paradigma wäre „Anerkennung" oder „Solidarität".

In einem ersten Schritt soll zunächst das Profil dieser Perspektiven herausgearbeitet werden (1–2). Dies geschieht ausdrücklich nicht als Rezension oder Literaturbericht, sondern in Form einer Skizze der auf ihre innere Logik reduzierten typischen Argumentationsgänge, die an einigen ihrer Vertreter lediglich exemplifiziert werden. Materialiter orientiere ich mich anlässlich dieser Festschrift an Ansätzen bzw. Argumenten, die für Karl-Heinz Menkes wissenschaftliches Profil besonders prägend geworden sind. Der folgende Abschnitt dient dazu, in Form eines zugespitzten Vergleichs ihre jeweilige Erschließungskraft auszuloten (3). Abschließend erfolgt eine Problemanzeige, welche noch einmal grundsätzlich nach Kriterien, Quellen, Inhalten sowie der möglichen oder nötigen Kompatibilität theologischer Paradigmen fragt (4).

1 Stellvertretung und Versöhnung

Vor vier Jahrzehnten hat Gisbert Greshake in der Geschichte der christlichen Soteriologie drei dominante Konzepte ausgemacht und theologie- und kulturgeschichtlich eingeordnet: 1. Paideia / Vergöttlichung, 2. Stellvertretung / Rechtfertigung und 3. Autonomie / Freiheit. Die Vätertheologie des christlichen Ostens hatte Greshake zufolge Erlösung v. a. „nach dem Konzept der kosmologischen Logos-Pädagogie"⁶ modelliert. Demgegenüber akzentuierte der lateinische Westen von Tertullian und Augustinus über die Scholastik, namentlich Anselm von Canterbury, bis hin zu Martin Luther im Übergang zur Neuzeit das geschichtliche Gegenüber von Gott und Mensch. Dies wurde besonders im Kontext mit-

---

5   *Menke*, Jesus ist Gott der Sohn, 377. In einer älteren Entfaltung der Fragestellung hat er noch drei soteriologische Paradigmen unterschieden: Stellvertretung – Befreiung – Communio. Die zentralen Denkformen der Soteriologie in der deutschsprachigen Theologie des 20. Jahrhunderts, in: ThPh 81 (2006) 21–59.
6   *Gisbert Greshake*, Der Wandel der Erlösungsvorstellungen in der Theologiegeschichte, in: Ders., Gottes Heil – Glück des Menschen. Theologische Perspektiven, Freiburg i. Br. 1983, 50–79, 62. Sein Beitrag geht auf einen Vortrag vor der AG der Dogmatiker und Fundamentaltheologen am 29.12.1972 in München zurück.

telalterlichen Ordo-Denkens in ökonomie- und rechtsaffinen Kategorien wie Satisfaktion, Rechtfertigung und Stellvertretung entfaltet. Die Neuzeit forcierte diesen Perspektivwechsel auf Mensch und Geschichte weiter, indem nun Erlösung anthropologisch als Moment der individuellen Freiheitsgeschichte expliziert und Soteriologie auf ihre Relevanz für das autonome Subjekt hin reflektiert wird.

Greshakes Systematisierung ist immer noch hilfreich – nicht nur dogmen- und theologiegeschichtlich, sondern auch zur motivgeschichtlichen Verankerung heutiger Konzepte und Differenzierungen, etwa der zwischen christozentrisch und anthropozentrisch angelegten Entwürfen. Denn sosehr die jeweiligen Konzepte ihre Wurzel und ihr geistesgeschichtliches Gewicht in bestimmten epochalen Konstellationen finden, so wenig sind sie auf ihren Ursprungskontext beschränkt – schon deshalb, weil die Soteriologien aller Epochen eine Interpretation desselben Ereignisses, der Heilsgabe Gottes in Jesus Christus, beanspruchen und dazu dieselbe normative Grundlage, die Bekundung dieses Ereignisses in der Heiligen Schrift, exegesieren.

Der Schweizer Theologe Hans Urs von Balthasar darf als bedeutendster Repräsentant und Impulsgeber einer modernen, am Personbegriff orientierten Applikation des zweiten von Greshake identifizierten Paradigmas gelten. Er entfaltet den Tod des Gottessohnes als ‚Platztausch' mit dem Sünder.[7] Diese Lesart des Kreuzes markiert er mit für ihn typischer Verve als Punkt, an dem sich die Geister zwischen einem vollen Christusbekenntnis und einer bloßen ‚Vorbild-Jesulogie' scheiden. Obgleich der Begriff sowie terminologische Vorläufer des deutschen bzw. lateinischen Abstraktums „Stellvertretung"[8] der Bibel fremd sind, erfasse der Terminus exakt jenes *„pro nobis"*[9], von dem das Neue Testament in der Deutung des Todes Jesu durchzogen sei. Um das ‚Wort vom Kreuz' (1 Kor 1,18) als

---

7   Vgl. v. a. *Hans Urs von Balthasar*, Mysterium Paschale, in: MySal III/2 (1969) 133–319; ders., Theodramatik II/1. Die Personen des Spiels. Der Mensch in Gott, Einsiedeln 1976; ders., Theodramatik II/2. Die Personen des Spiels. Die Personen in Christus, Einsiedeln 1978; ders., Theodramatik III. Die Handlung, Einsiedeln 1980; ders., Über Stellvertretung, in: ders., Pneuma und Institution, Einsiedeln 1974, 401–409.
8   Zur Begriffsgeschichte vgl. *Stephan Schaede*, Stellvertretung. Begriffsgeschichtliche Studien zur Soteriologie, Tübingen 2004, 1–270. Allerdings können Korporativpersönlichkeiten wie Patriarchen und Propheten in ihrer Rolle für ihr Volk durchaus mit Hilfe dieses Paradigmas verständlich werden. Vor allem der jesajanische Gottesknecht (vgl. Jes 52,13–53,12) eröffnet aus christlicher Perspektive ein Vorverständnis für den Platztausch des Gekreuzigten mit den Geächteten.
9   Vgl. *Harald Riesenfeld*, Art. ὑπέρ, in: ThWNT 8 (1969) 510–518.

Evangelium und den Gekreuzigten als Stellvertreter der sündigen Menschheit verkünden zu können, seien eine theologische und eine anthropologische Ebene zu berücksichtigen: Jesu Sterben und Auferstehen könne soteriologische Relevanz zugemessen werden, weil und insofern es wirklich Gott ist, der sich in diesem Ereignis engagiert. Von Balthasar geht also von einer innertrinitarischen Voraussetzung des Kreuzes aus.[10] Es falle nicht aus dem Willen des Vaters heraus, sondern müsse, so sekundiert Ottmar Fuchs, „substantiell mit der Liebe Gottes verbunden"[11] gedacht werden. Von anthropologischer Warte aus muss das Kreuz als Heilsereignis den Menschen als solchen effektiv erreichen. Seine Wirksamkeit darf sich nicht auf eine katalysatorische oder exemplarische Ebene beschränken.

Von Balthasar entwickelt seinen soteriologischen Entwurf im Rahmen einer trinitarischen Ontologie und Schöpfungstheologie. Welt und Geschichte, also alles, was nicht Gott ist, habe seinen ‚Ort' und die Bedingung seiner Möglichkeit innerhalb der Kenose des innertrinitarischen Sohnes, innerhalb der absoluten und zugleich im Geist unendlich gehaltenen Distanz von Gott-Vater und Gott-Sohn, von Gabe und Empfang, Aussage und Antwort, Ursprung und Offenbarung. Der innertrinitarische Sohn *ist* und der inkarnierte Logos *lebt* die Selbstunterscheidung vom Vater,[12] freilich nicht als Trennung, sondern als unbedingte freie Bezogenheit und ewige Danksagung (Eucharistie) an den Vater.[13] In seine Selbstunterscheidung vom Vater ist die Schöpfung und mit ihr auch die Freiheit des Geschöpfs eingeschrieben. Mit dieser Konstruktion gelingt es von Balthasar, sowohl die Souveränität des Schöpfers als auch echte Autonomie des Geschöpfs zu denken. Als Konsequenz daraus markiert er das Unvermögen bzw. die ‚Unmacht' Gottes, menschliche Freiheit, und sei es zu ihrem Heil, zu manipulieren oder souverän auszusetzen. Denn das bedeutete, den Schöpferwillen, dass andere Freiheit sei, zu konterkarieren – eine unmögliche Möglichkeit. Er entfaltet die Freisetzung anderer Freiheit (Schöpfung), seine geschichtliche Treue (Bund) und schließlich bzw. ursprünglich den Willen zur Inkarnation als dreifache Selbstbeschränkung Gottes.[14] Insofern alles geschöpfliche Sein aber in die Relation des Sohnes

---

10 Vgl. dazu *von Balthasar*, Theodramatik III, 297–305.
11 *Ottmar Fuchs*, „Stellvertretung" – eine christliche Möglichkeit!, in: ThQ 185 (2005) 95–126, 95.
12 Diese von Karl-Heinz Menke häufig zitierte Formulierung geht maßgeblich auf die Christologie Wolfhart Pannenbergs zurück.
13 Vgl. *von Balthasar*, Theodramatik III, 301f.
14 Vgl. *von Balthasar*, Theodramatik III, 308; dazu: *Menke*, Jesus ist Gott der Sohn, 398–400.

zum Vater eingezeichnet sei, ist die reale Möglichkeit des Menschen, sich von Gott, dem Schöpfer, loszusagen, von jeher eingeborgen („unterfasst") von Gott, dem Erlöser. Nicht einmal die „negative Gott-losigkeit", die sich der Sünder schafft, indem er die „allerpositivste[.] Gott-losigkeit"[15] des Geschöpflichen, sein Nicht-Gott-Sein, leugnet und sich selbst zum Gott erhebt, vermöge eine größere Distanz aufzureißen als die, welche der Sohn im Geist offenhält. Gottes innertrinitarische Kenosis, seine Selbstaussage im Sohn, ermöglicht (riskiert) damit sowohl das Nein der Kreatur (die Sünde) als auch dessen Überwindung, sowohl die Heilsbedürftigkeit als auch die Heilsmöglichkeit des freien Geschöpfs Mensch.

Der Gekreuzigte wird nun in doppelter Weise als Stellvertreter deutlich: Er, der Repräsentant Gottes, identifiziert sich mit dem *homo peccator* und partizipiert an dessen (Todes-)Geschick. Er teilt die Destruktivität der Sünde. Er lässt das Gottesgericht, das die Negativität der Sünde unausweichlich und objektiv evoziert,[16] an sich geschehen. Doch tut er dies nicht, indem er den Sünder ersetzt, also statt seiner die Gewalt des Todes erleidet, so dass diese einfachhin abgeschafft und mit einem vermeintlich barmherzigen, tatsächlich aber uninteressierten Handstreich Gottes „alles wieder gut" wäre. Das Kreuz eröffne vielmehr dem Sünder eine „neue Seinsweise"[17], nämlich die ehrliche Anerkennung der Wahrheit seines „Lebens und zugleich [der] Wahrheit Gottes angesichts dieses Lebens"[18]. Indem der Gekreuzigte den Sünder bis in die „äußerste Situation seiner (negativen) Wahl hinein" begleitet,

„stört er die vom Sünder angestrebte absolute Einsamkeit: der Sünder, der von Gott weg ‚verdammt' sein will, findet in seiner Einsamkeit Gott wieder, aber Gott in der absoluten Ohnmacht der Liebe, der sich […] mit dem sich Verdammenden solidarisiert"[19].

Weder Vergessen noch Verschleierung, sondern erst die Offenlegung, Objektivierung und Distanzierung dessen, was menschlicherseits schlechterdings nicht zu rechtfertigen ist, vermag die Dynamik der Gnade, den Existenzwechsel des Sünders in Gang zu bringen. Das ist die zweite, die

---

15 Beide Begriffe: *von Balthasar*, Theodramatik III, 306.
16 Vgl. dazu *Karl-Heinz Menke*, Gott sühnt in seiner Menschwerdung die Sünde des Menschen, in: Magnus Striet – Jan-Heiner Tück (Hg.), Erlösung auf Golgota? Der Opfertod Jesu im Streit der Interpretationen, Freiburg i. Br. 2012, 101–126.
17 *Von Balthasar*, Über Stellvertretung, 404.
18 *Fuchs*, „Stellvertretung", 102.
19 *Von Balthasar*, Über Stellvertretung, 407f.

inklusive Seite von Stellvertretung, die v. a. im Bereich katholischer Soteriologien, namentlich durch Karl-Heinz Menke, stark gemacht wird. Damit Stellvertretung wirksam wird, braucht es die „Zustimmung *ex post*"[20] seitens des zunächst sogar ohne sein Wissen Vertretenen. Der Gehorsam des Gekreuzigten, der an die ‚Stelle' der negativen Gottlosigkeit des Sünders tritt, um diesem die Möglichkeit zu eröffnen, sein Nein in ein Ja umzukehren, ist darum keine Usurpation des Subjekts in seiner allerpersönlichsten Angelegenheit und Verbindlichkeit (Immanuel Kant), sondern (Wieder-)Ermöglichung seiner Eigentlichkeit.[21]

Von Balthasars trinitarische Ontologie und seine Karsamstagstheologie sind voraussetzungsreich und anspruchsvoll. Doch auch wer sich dem nicht anschließen mag, wird ihm zugestehen müssen, in der Entfaltung von „Stellvertretung" als soteriologischem Grundkonzept die wesentlichen neutestamentlichen Linien zur Interpretation des Kreuzestodes Jesu aufgegriffen zu haben: die differenzierte Aufnahme, nämlich christologische Inversion des Opferbegriffs,[22] auf deren Grundlage „auch dieses Kreuzesopfer selbst zum *Sacrificium* wird, insofern sich darin Gott, selbst ferne vom Leiden und der sündigen Gewalt, stellvertretend für die Gewalttätigen und für Leid und Tod […] zum Opfer darbringt"[23]. Das hat mit der Vorstellung eines sadistischen, zornigen oder aber schwachen, menschlicher Opfer bedürftigen Gottes[24] überhaupt nichts zu tun. Im Gegenteil: Die christliche Inversion des religiösen Opfers, wonach nicht Gott, sondern der Mensch Adressat des Versöhnungswerks ist und nicht der Mensch, sondern Gott die Initiative ergreift, weist solche Vorstellungen strikt zu-

---

20 *Stephan Schaede*, Jes 53, 2 Kor 5 und die Aufgabe systematischer Theologie, von Stellvertretung zu reden, in: J. Christine Janowski – Bernd Janowski – Hans P. Lichtenberger (Hg.), Stellvertretung. Theologische, philosophische und kulturelle Aspekte, Bd. 1, Neukirchen-Vluyn 2006, 125–148, 137.
21 „Stellvertretung" behauptet also nicht, dass Schuld übertragbar sei. Es geht um die Frage, „ob einer da ist, der sich in dieser Situation [des Gottesverlusts] mit uns identifiziert, der zwischen uns und unsere Vergangenheit tritt und uns für Gott und die Welt (und darum auch für uns selbst) wieder erträglich macht, […] ‚damit wir nie mehr an diese Stelle geraten'". *Christian Link*, „Für uns gestorben nach der Schrift", in: EvErz 43 (1991) 148–169, 153.
22 Vgl. dazu *Ruben Zimmermann*, Die neutestamentliche Deutung des Todes Jesu als Opfer. Zur christologischen Koinzidenz von Opfertheologie und Opferkritik, in: KuD 51 (2005) 72–99; *Knut Backhaus*, Kult und Kreuz. Zur frühchristlichen Dynamik ihrer theologischen Beziehung, in: ThGl 86 (1996) 512–533.
23 *Fuchs*, „Stellvertretung", 101.
24 Vgl. *Friedrich Nietzsche*, Der Antichrist, Nr. 40f.

rück, ohne darüber den Opferbegriff selbst aufgeben zu müssen.[25] Die Kunst hat dies vom 12. Jahrhundert bis in den Barock in der Bildsprache des von Luther so bezeichneten Gnadenstuhls ausgedrückt.[26] Das Konzept „Stellvertretung" bietet außerdem die Möglichkeit, das Kreuz und das, wofür es steht (letztlich alles, was innerhalb personaler Beziehungen geschehen kann: „was Trennung, Schmerz, Entfremdung in der Welt, und was Liebeshingabe, Ermöglichung von Begegnung, Seligkeit"[27] bedeutet), trinitätstheologisch zu verankern. Den Gekreuzigten als gottgesandten Stellvertreter der sündigen Menschheit zu verdeutlichen erlaubt es, dem Kreuz, zumal als Ausdruck des freien („sponte"[28]) Gehorsams des Sohnes, eine (eigenständige) heilsdramatische Bedeutung zumessen zu können. Passion und Sterben Jesu sind keine bloßen Epiphänomene seiner Proexistenz (und er selbst ausschließlich passives *victima*)[29] im Gefolge eines religionspolitischen Konfliktes, die allenfalls etwas deutlicher, jedoch nichts anderes zum Ausdruck bringen, wofür Jesus einstand.[30] Auch muss Jesu Kreuzesgeschick nicht jenseits des väterlichen Willens angesiedelt und der Sache (nicht nur der Erkenntnis) nach zu einem nachträglich korrekturbedürftigen Ereignis erklärt werden.[31] Stattdessen werden dominante biblische und liturgische Traditionen zur Deutung des Kreuzestodes auch von systematischer Seite konstruktiv aufgegriffen, reflektiert und fruchtbar ge-

---

25 Vgl. dazu *Karl-Heinz Menke*, Jesus ist Gott der Sohn, 140–147; *Jan-Heiner Tück*, Am Ort der Verlorenheit. Ein Zugang zur rettenden und erlösenden Kraft des Kreuzes, in: Striet – Tück (Hg.), Erlösung auf Golgota?, 33–58 und meine Ausführungen: Die Hingabe des Sohnes – Preisgabe der Liebe, in: Helmut Hoping – Julia Knop – Thomas Böhm (Hg.), Die Bindung Isaaks. Stimme, Schrift, Bild (Studien zu Judentum und Christentum) Paderborn u. a. 2009, 143–160.
26 Vgl. dazu *Wolfgang Braunfels*, Dreifaltigkeit, in: LCI 1 (1968/2012) 525–537.
27 *Von Balthasar*, Theodramatik III, 302.
28 *Anselm von Canterbury*, Cur Deus homo. Warum Gott Mensch geworden. Lateinisch und deutsch, hg. und üs. von Franciscus S. Schmitt, Darmstadt 1956, II,11.18.
29 Zur Differenzierung opfertheologischer Begriffe vgl. *Christina M. Kreinecker*, Das Leben bejahen: Jesu Tod, ein Opfer. Zur Bedeutung der unterscheidenden Rede von *victima* und *oblatio*, in: ZKTh 128 (2006) 31–52.
30 Vgl. *Karl Lehmann*, „Er wurde für uns gekreuzigt." Eine Skizze zur Neubesinnung in der Soteriologie, in: ThQ 12 (1982) 298–317, 309.306: „Die aktive Pro-Existenz des irdischen Jesus ist ein Vorschein des Geheimnisses der Passion und nicht der Tod Jesu ein Epiphänomen der Pro-Existenz." Außerdem: *Helmut Hoping – Jan-Heiner Tück*, „Für uns gestorben". Die soteriologische Bedeutung des Todes Jesu und die Hoffnung auf universale Versöhnung, in: Eduard Christen – Walter Kirchschläger (Hg.), Erlöst durch Jesus Christus. Soteriologie im Kontext, Fribourg 2000, 71–107.
31 Vgl. dazu die in den 1980er und 1990er Jahren zwischen Hansjürgen Verweyen und Hans Kessler geführte Diskussion zur Interpretation der Auferstehung Jesu und ihrer Bezeugungen; außerdem die luziden Ausführungen *von Balthasars*, Theodramatik III, 311f.

macht: die Deutung von Leiden und Sterben Jesu Christi auf der Folie des jesajanischen Gottesknechtes (Jes 52,13–53,12), wie dies prominent in der Karfreitagsliturgie geschieht, die biblische Beschreibung und gottesdienstliche Verehrung Jesu als „Lamm Gottes" (Joh 1,29; 1 Kor 5,7), die sühne- bzw. stellvertretungstheologischen Implikationen der Abendmahlsüberlieferungen (Mk 14,24; Mt 26,28; Lk 22,19f; 1 Kor 11,24)[32] und der Eucharistiefeier. Erlösung wird schließlich in neuzeitlicher Rezeption des Paradigmas in die menschliche Freiheitsgeschichte integriert und als Dynamik der Befähigung zum Existenzwechsel auf Christus hin veranschaulicht. Der Erlöser ersetzt den Sünder in nichts, was dieser selbst tun könnte, folglich selbst tun müsste. Er setzt vielmehr an einer faktischen Unfähigkeit des Sünders an, die für diesen im theologischen Sinn überlebensnotwendige Gottesbeziehung (wieder) aufzunehmen und sich mit Gott versöhnen zu lassen. Gottes Macht überwältigt den Sünder nicht in seiner Freiheit, sondern eröffnet sie ihm erst; sie findet ihre Grenze nicht an der Destruktivität der Sünde, sondern bleibt des Bösen mächtig.[33] Im Leiden und Sterben des Gekreuzigten zeigt sich einerseits, wie es tatsächlich um den Menschen steht, und andererseits, was Gott zu seinem Heil investiert. Das Kreuz ist deshalb „nicht Verbergung, sondern Offenbarung Gottes"[34]. Primärer theologischer Kontext dieses Paradigmas bleibt mit Paulus und weiten Teilen mittelalterlicher Soteriologien die Rechtfertigung des Sünders, der Stand des Menschen vor Gott, seine Heilsbedürftigkeit – also Anthropodizee. Der Mensch bedarf der Versöhnung und Rechtfertigung, nicht Gott.

---

32 Vgl. z. B. *Backhaus*, Kult und Kreuz; *Bernd Janowski*, Er trug unsere Sünden. Jesaja 53 und die Dramatik der Stellvertretung, in: ZThK 90 (1993) 1–24; *Thomas Söding*, Sühne durch Stellvertretung. Zur zentralen Deutung des Todes Jesu im Römerbrief, in: Jörg Frey – Jens Schröter (Hg.), Deutungen des Todes Jesu im Neuen Testament (WUNT 191), Tübingen 2005, 375–396; *Zimmermann*, Die neutestamentliche Deutung des Todes Jesu als Opfer.

33 Vgl. auch *Karl Rahners* Argument, menschliche Freiheit werde über Gebühr beansprucht und das *malum morale* zum Absolutum erklärt, wenn eine Freiheitstat des Menschen auch von Gottes Seite her „radikal endgültig und unaufhebbar" (Versöhnung und Stellvertretung, in: ders., Schriften zur Theologie 15, Zürich – Einsiedeln – Köln 1983, 245–265, 253) wäre.

34 So der Titel einer Kurzpublikation von *Karl-Heinz Menke* im religionspädagogischen Magazin des Erzbistums Köln, in: Impulse 97 (2011) 4–9.

2 Solidarität und Freiheit

Mit der Aufklärung geraten überkommene soteriologische Muster, namentlich das der stellvertretenden Genugtuung (Anselm von Canterbury) bzw. das des stellvertretenden Strafleidens (Martin Luther) Jesu Christi zugunsten der Rechtfertigung des Sünders, in die Kritik. „Stellvertretung" wird geradezu zum Unwort neuzeitlicher Anthropologie, insofern mit diesem Konzept eine für moderne Gemüter nur schwer erträgliche „Vorstellung von deformierter Autonomie, von dezentrierter Subjektivität, ja von Heteronomie"[35] verbunden scheint. Neue Zugänge zur Interpretation des ‚Wortes vom Kreuz' (1 Kor 1,18) werden deshalb nötig, welche die Überzeugung der sittlichen Unvertretbarkeit des Subjekts ohne Abstriche integrieren. Außerdem steht die Frage im Raum, welche Relevanz der als Offenbarung Gottes bezeugten geschichtlichen Existenz Jesu für das versöhnungsbedürftige Subjekt zugemessen werden kann oder muss.

Immanuel Kant entwickelt 1793 in seinem Traktat zur „Religion innerhalb der Grenzen der bloßen Vernunft"[36] eine moralphilosophische Transformation der Christologie, in der er traditionelle Topoi der Gnaden- und Rechtfertigungslehre sowie der Soteriologie verarbeitet. Kant teilt Lessings Überzeugung, dass „zufällige Geschichtswahrheiten der Beweis von notwendigen Vernunftwahrheiten nie werden"[37] können. Nicht erst Wundern und Zeichen, sondern der gesamten Biographie Jesu kann er daher nur relative, nämlich illustrative Bedeutung zumessen. Geschichtliche Offenbarung, Überlieferung und ‚Kirchenglaube' seien pädagogisch hilfreiche, aber „nach und nach entbehrlich[e]" (Rel., B 179) Vehikel im menschheitlichen Prozess hin „zur reinen Vernunftreligion als einer an allen Menschen beständig geschehenen göttlichen (ob zwar nicht empirischen) Offenbarung" (Rel., B 181). Die deszendenzchristologischen Aussagen des Neuen Testaments erschließt Kant in „moralische[r] Allegorese"[38] als Ideal des Gott wohlgefälligen Menschen, das der ganzen Menschheit als Ziel ihres vernünftigen Strebens eingestiftet sei. Jesu Leben sei exemplarische

---

35 *Ralf Frisch – Martin Hailer*, „Das Ich ist ein Anderer". Zur Rede von Stellvertretung und Opfer in der Christologie, in: NZStTh 41 (1999) 62–77, 63.
36 *Immanuel Kant*, Die Religion innerhalb der Grenzen der bloßen Vernunft (Werke in 6 Bänden), Darmstadt 1956, Bd. 4, 645–879; Zitate im Folgenden mit Kürzel „Rel." und Zählung der Akademie-Ausgabe in Klammern im Text.
37 *Gotthold Ephraim Lessing*, Über den Beweis des Geistes und der Kraft [1777], in: Werke 8 (ed. Göpfert), München 1976, 12.
38 *Jan-Heiner Tück*, Beispiel, Vorbild, Lehrer? Zu Kants moralphilosophischer Transformation der Christologie, in: George Augustin u. a. (Hg.), Christus – Gottes schöpferisches Wort, FS Schönborn, Freiburg 2010, 601–621, 618.

Veranschaulichung der Lebbarkeit dieses Ideals. Entscheidend sei aber nicht, *wer* Jesus war, sondern *was* er verkörperte. Der Glaube *an* ihn sei keine „Bedingung des allein seligmachenden Glaubens" (Rel., B 176) – die Sache (nicht die Person) Jesu braucht Begeisterte.[39] Aufgrund seiner Überzeugung von der Unvertretbarkeit des sittlichen Subjekts ist für Kant ein (zumal geschichtliches) *extra nos* des Heilshandelns Gottes inakzeptabel. Sich eine durch einen anderen erwirkte Genugtuung im Glauben heilseffektiv anrechnen zu wollen, sei unmöglich und eines vernünftigen Menschen unwürdig (Rel., B 170). Theologische Kategorien, welche, ob zum Heil (Stellvertretung/Satisfaktion) oder Unheil (Ursünde/Erbsünde) des Menschen, Heteronomie bzw. effektive Intersubjektivität voraussetzen, verlagert er darum konsequent in den Einzelnen. Was Paulus mit dem Tod des alten und der Auferstehung des neuen Menschen in Christus beschreibt (z. B. Röm 6) und was Anselm in forensisch-ökonomische Kategorien zu fassen versucht, expliziert Kant deshalb als Wandel der moralischen Gesinnung ein und desselben Subjekts, das sich inwendig selbst zum Stellvertreter wird (z. B. Rel., B 97–100). Die idealistische Tradition Hegel'scher Prägung folgt ihm darin, wenn sie „Versöhnung als Identitätskonstitution"[40] reformuliert.

Die systematisch-theologische Diskussion der Moderne greift (verspätet) diese Weichenstellungen auf.[41] Soteriologisch erscheinen nun v. a. zwei Punkte revisionsbedürftig: die bisherige Hamartiozentrik des Erlösungsbegriffs sowie die sühnetheologische Deutung des Kreuzestodes[42] respektive sazerdotale Interpretation des Heilswerks Jesu, wie sie etwa der Hebräerbrief entwickelt (Kap. 4; 7; 9)[43] oder manch romanisches Kruzifix zur Darstellung gebracht hatte.[44] Erstgenannten Justierungsbedarf markiert

---

39 Vgl. das gleichnamige (nicht mehr ganz) neue geistliche Lied (1972); Text: Alois Albrecht; Musik: Peter Janssens.
40 *Frisch – Hailer*, „Das Ich ist ein Anderer", 63.
41 Vgl. zur theologischen Rezeption Kants exemplarisch die „Jubiläumsbände" zu seinem 200. Todesjahr: *Georg Essen – Magnus Striet (Hg.)*, Kant und die Theologie, Darmstadt 2005; *Norbert Fischer (Hg.)*, Kant und der Katholizismus. Stationen einer wechselhaften Geschichte, Freiburg – Basel – Wien 2005.
42 Vgl. zur Diskussion z. B. den von *Richard Schenk* herausgegebenen instruktiven Sammelband Zur Theorie des Opfers. Ein interdisziplinäres Gespräch (Collegium Philosophicum 1), Stuttgart – Bad Cannstatt 1995.
43 Vgl. dazu *Knut Backhaus*, Der Hebräerbrief (rnt), Regensburg 2009.
44 Vgl. dazu z. B. *Elisabeth Lucchesi Palli – Géza Jászai*, Kreuzigung Christi, in: LCI 2 (1968/2012) 606–642; *Floridus Röhrig*, Vom Siegeskreuz zum Schmerzensmann. Der Wandel der Kruzifixdarstellungen im 13. Jahrhundert, in: Kreuz und Kruzifix. Zeichen und Bild. Ausstellungskatalog des Diözesanmuseums Freising, Lindenberg im Allgäu ²2005, 66–68.

man deshalb, weil ein analoger Sündenbegriff, wie ihn eine augustinisch geprägte Ursündentheologie ansetzt, das Repertoire des neuzeitlichen Freiheitsbegriffs sprengt.[45] Damit bricht ein bislang für elementar gehaltener Zugang zur Heilsfrage weg. Insgesamt führten die fortschreitende Emanzipation von religiös codierter Moral und später die Katastrophen des 20. Jahrhunderts zu einer Verlagerung des Problembewusstseins: Das Bedürfnis nach Heil, also das existenzielle Fundament der Erlösungslehre, wurzelt kaum mehr im Leiden an Schuld und Sünde denn an Unglück und Sinnleere. Prägte bis weit in das Reformationszeitalter hinein Anthropodizee den Kontext der Erlösungslehre, übernimmt nun immer deutlicher Theodizee diese Funktion. Als heilsentscheidend wird die Gottesfrage selbst erlebt. Der Mensch fragt nach Heil und sucht Sinn, weil er an der Welt leidet und weil Gott ihm fehlt, nicht weil er sich, Gottes gewiss, vor ihm als Sünder erkennt. In gewisser Weise rückt der Gegenstand der Soteriologie damit vom Zentrum in das Vorfeld des Glaubens. Die Heilsfrage stellt sich bereits, wo der Gottesglaube zweifelhaft (geworden) ist; als Heil wird erlebt, wenn Gottesglaube gelingt. Die theologischen Konsequenzen dieser Perspektive sind ebenso erheblich wie diskussionsbedürftig.

Der diagnostizierten Hamartiozentrik der Vergangenheit, der stets die Gefahr von Geschichtsvergessenheit und heilsindividualistischer Innerlichkeit innewohne (J. B. Metz), setzt man theologisch nun eine vom „eschatologische[n] Gewissen der jüdischen Tradition"[46] inspirierte *memoria passionis* entgegen. Angesichts offenkundig sinnlosen und darum himmelschreienden Leids ungezählter Menschen verbiete sich um den Preis menschenverachtender Zynik jedwede soteriologische Funktionalisierung oder hamartiologische Rechtfertigung menschlicher Passion, auch der Passion Jesu. Statt als Sühne für die Sünden der Menschheit und als Stellvertreter der Täter wird der Gekreuzigte (wieder) als „Schmerzensmann" verdeutlicht, als Repräsentant der Opfer von Gewalt und Unrecht,

---

45 Vgl. *Karl-Heinz Menke*, Sünde und Gnade: dem Menschen innerlicher als dieser sich selbst?, in: Michael Böhnke u. a. (Hg.), Freiheit Gottes und der Menschen, FS Pröpper, Regensburg 2006, 21–40, 22–30. Zu bedenken wäre freilich, ob die diagnostizierte Unvereinbarkeit nicht auch eine Grenze der Rezipierbarkeit bzw. eine Ergänzungsbedürftigkeit dieses Freiheitsbegriffs anzeigt. Dieses Problem kann und muss hier nicht eingehender verfolgt werden. Vgl. dazu meine Überlegungen in: Heil, Leben und Hoffnung. Erlösungsmodelle im diachronen Diskurs, in: Striet – Tück, Erlösung auf Golgota?, 127–146, 132–137.
46 *Thomas Pröpper*, „Dass nichts uns scheiden kann von Gottes Liebe ..." Ein Beitrag zum Verständnis der „Endgültigkeit" der Erlösung, in: Ders., Evangelium und freie Vernunft. Konturen einer theologischen Hermeneutik, Freiburg i. Br. 2001, 10–56, 41.

als Mahnmal des erlittenen oder gefürchteten Gottesverlusts.[47] Letztlich wird er damit auch zur personifizierten Rückfrage an den guten und allmächtigen Gott.

Magnus Striet zieht diese Linien konsequent weiter aus und setzt die Heilsfrage nicht erst im manifesten Leid, sondern bereits in der der Endlichkeit des Lebens inhärenten *Leidensfähigkeit* des Menschen an. Die gebrochene Geschöpflichkeit selbst verlange nach göttlicher Rechtfertigung. Seine Erlösungsbedürftigkeit wurzle nicht in den Abgründen seiner Untaten, sondern „in der Endlichkeitsstruktur des Menschen"[48]. Nicht des Menschen Schuld, sondern Gottes ‚Schuld' angesichts der Risiken seiner Schöpfung bedürfe darum der „Sühne"[49]. – Niemand leugnet, dass es in dieser Welt Leid unvorstellbaren Ausmaßes gibt, das durch den Verweis auf „menschliches Versagen" allein nicht mehr erklärt werden kann. Hier aber von einer Schuld und nötigen Sühneleistung Gottes zu sprechen, auf dass sich Gott mit dem Menschen versöhnen ließe, ist theologisch bei aller Sensibilität für die Gottesnot unserer Tage die Umkehrung der Verhältnisse.

Diesen Schritt gehen andere Vertreter des Freiheitsparadigmas nicht. Sie kommen aber bezüglich der zweiten soteriologischen Neujustierung überein, die emanzipatorischen Errungenschaften der Aufklärung, namentlich die Kritik stellvertretender Genugtuung, in der Soteriologie konstruktiv aufzugreifen. Zugleich will man eine kreuzestheologische Engführung der Soteriologie[50] überwinden und Leben und Botschaft,

---

47 Das wurde eindrücklich deutlich im viel beachteten und diskutierten Essay von *Navid Kermani*, Bildansichten: Warum hast du uns verlassen? Guido Renis „Kreuzigung", in: NZZ, 24. 3. 2008.
48 *Magnus Striet*, Erlösung durch den Opfertod Jesu?, in: Ders. – Jan Heiner Tück (Hg.), Erlösung auf Golgota? 11–32, 21.
49 *Striet*, Erlösung durch den Opfertod Jesu? 23.
50 Dieses berechtigte Anliegen artikuliert sich schon früh und in Wellen bis in unsere Tage hinein in einer forcierten, leider auch bisweilen klischeebeladenen und wenig an der Quelle selbst informierten Kritik an Anselms satisfaktorischer Entfaltung des Kreuzes, das er in *Cur Deus homo* als Telos der Inkarnation des Gottessohnes entwickelt. Satisfaktorische Konnotationen im Sinne Anselms sind mögliche, allerdings keineswegs zwingende Variationen der Grundmelodie „Stellvertretung". Im vom Feudalsystem geprägten mittelalterlichen Kontext dienten sie Anselm von Canterbury vor 1000 Jahren als zeitgemäße Erläuterung der Heilsbotschaft. Heutigem Bewusstsein ist nicht nur der vorausgesetzte Ehrbegriff fremd, sondern auch die forensische und ökonomische Objektivierung des Gott-Mensch-Verhältnisses. Gottgeschenkte Satisfaktion als Alternative zur Strafe, die „Berechenbarkeit" Gottes und seine Souveränität gegenüber vormaligen Vorstellungen diabolischer Rechtshändel stellen freilich, zumal in Anselms „fundamentaltheologischer" Entfaltung („remoto Christo"), im Kontext seiner Zeit eine erhebliche theologische Inkulturationsleistung dar und dürfen als

Sterben und Auferweckung Jesu als integralen Bedeutungszusammenhang verdeutlichen.⁵¹

Bereits 1983 hatte Karl Rahner in seinem Beitrag „Solidarität und Stellvertretung" typische Linien einer solchen Soteriologie entwickelt. Er setzte noch sündentheologisch an und erläuterte Erlösung als Ankommen der versöhnenden Liebe Gottes im Freiheitsbewusstsein des Sünders. Im Kreuz Jesu habe „die vergebende Liebe Gottes ihre höchste geschichtliche Greifbarkeit erreicht, da sie unwiderruflich geworden ist und in einem Menschen angenommen wurde, der sich in absoluter Solidarität mit allen Menschen wusste und wollte"⁵². Im Gekreuzigten zeige sich nicht nur Gottes seit jeher unbedingt geltendes *Angebot* von Liebe und Versöhnung, sondern, und zwar *weil* es in menschlicher Freiheit angenommen wurde, deren *Wirklichkeit* und Macht. Denn „erst in freier Zustimmung [...] kommt sein Heilswille [...] zum Ziel"⁵³, formuliert Thomas Pröpper 10 Jahre später. Was kennzeichnet diese Interpretation der Geschichte Jesu Christi?

Kant hatte Stellvertretung als soteriologische Kategorie deshalb abgelehnt, weil eine ersatzweise Genugtuung das Freiheitssubjekt, von dem sie eigentlich gefordert wäre, entmündigte. Schuld sei als Freiheitsbestimmung keine übertragbare Verbindlichkeit (Rel., B 95), weshalb fremdgewirkte Versöhnung den Betroffenen gar nicht erreichte. Allerdings verstand Kant Schuld noch als *debitum*, also als etwas der höchsten Gerechtigkeit Geschuldetes (Rel., B 97), und Heil entsprechend als nötige Genugtuung für zurechenbaren moralischen Fehl. Rahner und heutige Vertreter einer freiheitstheoretisch ansetzenden Erlösungstheologie folgen ihm in der Überzeugung der strikten Unvertretbarkeit des Subjekts in Dingen, die es unbedingt angehen. Kants soteriologische Aneignung einer der Ökonomie entlehnten Semantik von Sünde und Versöhnung *(debitum, satisfactio)* legt heutige Freiheitsanalytik jedoch *ad acta*. Stattdessen interpretiert man Heil und Erlösung in *personalen* Kategorien der Kommunikation und Relation als geschichtliches Kommerzium von Freiheiten. Aus dieser Perspektive ist die Geschichte Jesu darum anders als für Kant nicht nur *an-*

---

solche gewürdigt werden. Vgl. meine Darstellung: Satisfaktionstheorie, in: Wolfgang Beinert – Bertram Stubenrauch (Hg.), Neues Lexikon der katholischen Dogmatik, Freiburg i. Br. 2012, 576–578 sowie in Heil, Leben und Hoffnung, 137–142.
51 So ausdrücklich *Pröpper*, „Dass nichts uns scheiden kann von Gottes Liebe …", 43; ders., Zur vielfältigen Rede von der Gegenwart Gottes und Jesu Christi. Versuch einer systematischen Erschließung, in: ders., Evangelium und freie Vernunft, 245–265, 252.
52 *Rahner*, Versöhnung und Stellvertretung, 257.
53 *Pröpper*, „Dass nichts uns scheiden kann von Gottes Liebe …", 54.

thropologisch aufschlussreich, insofern hier ein Mensch exemplarisch zeigt, wie man sich gewissermaßen selbst zum Christus, zum intrasubjektiven Stellvertreter und realisierten Ideal, werden kann. Sie habe darüber hinaus *soteriologische* Bedeutung, weil hier die Möglichkeit gelungener Gottesbeziehung offenkundig und glaubwürdig geworden sei. Denn anders als ein moralischer Imperativ ist Liebe – Grund, Inhalt und Ziel der Zuwendung Gottes – von Grund auf „indikativisches Handeln"[54]. Liebe ist wirklich und offenbar, insofern sie geschieht. Dazu aber braucht es zwei: Gott, der sich realiter ausspricht, und den Menschen, der diese unbedingte Zusage realiter annimmt, sich ihr überantwortet, anvertraut und von ihr bestimmen lässt. Monologisch oder informativ ist Liebe weder Liebe noch kann sie als Liebe offenbar werden.

Die Bedeutung der Geschichte Jesu liegt Thomas Pröpper zufolge nun darin, Gottes Zuwendung als gegenwärtige, verlässliche und noch im Tod siegreiche dargestellt und realsymbolisch verwirklicht zu haben. „Heilsmittler" könne Jesus deshalb genannt werden, weil sein Leben Spiegel seiner Existenz und Ausdruck seiner Wesensbestimmung war: In seiner liebevollen Zuwendung zu den Bedürftigen wurde sichtbar, erfahrbar und glaubwürdig, wozu er sich in Freiheit selbst bestimmt hatte, nämlich ganz von Gott her und ganz auf Gott hin zu leben.[55] Indem Gott den Gekreuzigten nicht im Tod ließ, beglaubigte er dessen bis zu seinem gewaltsamen Sterben durchgehaltenen Anspruch, dass des Menschen Heil in seiner freien Bestimmung aus Gott liegt und dass zu seiner Durchsetzung keine anderen Mittel und Wege als die der Liebe taugen.[56] Diese Liebe – das Heil der Menschen – sei nun endgültig-„gültiges Angebot für jeden, der sie annehmen will"[57]. Gottes unbedingte Zusage ist das „Angebot an die menschliche Freiheit, sich selbst (und so auch ihr Tun) aus ihr neu zu

---

54 *Pröpper*, „Dass nichts uns scheiden kann von Gottes Liebe …", 52.
55 Dies habe die dogmengeschichtliche Reflexion mit Hilfe der Homoousie von Sohn und Vater und der Inkarnation des Logos in der geschichtlichen Existenz des Menschen Jesus ausgedrückt. Vgl. *Thomas Pröpper*, Erlösungsglaube und Freiheitsgeschichte. Eine Skizze zur Soteriologie, München ³1991, 195f.; ders., „Dass nichts uns scheiden kann von Gottes Liebe …", 50.
56 Vgl. auch *Menke*, Sünde und Gnade, 38, und *Striet*, Erlösung durch den Opfertod Jesu?, 25.
57 *Pröpper*, „Dass nichts uns scheiden kann von Gottes Liebe …", 51; vgl. ebd., 47: „[M]it der Hingabe seines Lebens, die Gott als Erweis der eigenen Liebe qualifizierte [erkennbar durch die Auferweckung], hat die Offenbarkeit dieser Liebe eine auch noch der Verkündigung Jesu gegenüber neue Stufe erreicht: einen Grad der Sichtbarkeit ihrer Entschiedenheit für uns, wie er innerhalb der Geschichte nicht höher gedacht werden kann. Offenbar wurde ihre Unwiderruflichkeit: dass sie trotz der tödlichen Ablehnung, die sie fand, gültiges Angebot bleibt."

bestimmen"⁵⁸. Vollendung – die Verheißung universaler Erlösung – bedeutete, dass alle geschöpfliche Wirklichkeit sich in Freiheit tatsächlich aus dieser endgültigen Zusage bestimmt und dass alles Gebrochene von Gott her tatsächlich gerettet ist.⁵⁹

Um des freien Subjektes willen wird Erlösung hier also *offenbarungstheologisch* entfaltet bzw. auf Offenbarung enggeführt: „Gottes geschichtliches Offenbarungs- und Heilshandeln sind dasselbe Geschehen."⁶⁰ Leben und Evangelium, Leiden und Sterben Jesu werden von seiner Auferstehung her als unwiderrufliche Selbstkundgabe Gottes verständlich. Ostern ratifiziert Weihnachten. „Denn der, der Grund des Glaubens ist, hat dieses vorbehaltlose Ja bis ins Äußerste hinein, selbst noch in den Tod hinein bewährt, so jedenfalls die Hoffnung. Gottes Offenbarwerden ist (!) dann seine Erlösung."⁶¹

Die Stärke dieses Zugangs liegt in der „radikale[n] Aussöhnung der Dogmatik mit der neuzeitlichen Wende zum Subjekt"⁶². Die anthropozentrische Perspektive entlässt eine offenbarungstheologische Hermeneutik dessen, was christlicherseits als Heil und Erlösung bekannt wird. Damit wird die geistesgeschichtliche Entwicklung soteriologischer Konzepte, die Greshake als „fortschreitende Freiheitsgeschichte"⁶³ beschrieben hatte, konsequent weitergeführt. Legitimationsgrundlage und Kriterium theologischer Reflexion ist kein dem Subjekt äußeres System, sondern seine ureigene Freiheit, deren Evidenz im Entschluss zu sich selbst liegt. Zentrale Glaubensaussagen, namentlich die vom Gottesbund mit den Menschen und die vom Evangelium der Freiheit, werden so auch in nichttheologischen Kontexten und im Horizont der Moderne verständlich. Es gelingt außerdem, das Antwortpotenzial von Kernstücken des Glaubens für heutige, gegenüber früheren Zeiten veränderte Gestalten der Gottes-, Heils- und Wahrheitsfrage zu erschließen. Die Kontextualität und damit historische Relativität unterschiedlicher Denkformen, die biblische Lesart eingeschlossen, wird scharf herausgearbeitet, wobei die Konsequen-

---

58 *Pröpper*, „Dass nichts uns scheiden kann von Gottes Liebe …", 52; ders., Zur vielfältigen Rede von der Gegenwart Gottes und Jesu Christi, 250.
59 Vgl. *Pröpper*, „Dass nichts uns scheiden kann von Gottes Liebe …", 40–57; ders., Zur vielfältigen Rede von der Gegenwart Gottes und Jesu Christi, 251.
60 *Pröpper*, „Dass nichts uns scheiden kann von Gottes Liebe …", 46.
61 *Striet*, Erlösung durch den Opfertod Jesu?, 21; Klammerbemerkung vom Autor.
62 *Menke*, Sünde und Gnade, 40; vgl. *Michael Bongardt*, Gottes Liebe als Vorzeichen christlicher Existenz. Aspekte der Erfahrung und Bezeugung der Gnade, in: Thomas Pröpper, Theologische Anthropologie, Freiburg i. Br. 2011, 1437–1489, 1450.
63 *Greshake*, Der Wandel der Erlösungsvorstellungen in der Theologiegeschichte, 72.

zen hinsichtlich der kriteriologischen Gewichtung der Bibel[64] erst noch zu diskutieren wären. Die hohe Konsequenz und systematische Geschlossenheit, durch die sich der Ansatz fraglos auszeichnet, zeitigt erhebliche Folgen: Problembehaftete bzw. gegenwärtig nur schwer kommunizierbare Felder der Theologie, beispielsweise bestimmte Aspekte im Rahmen des Opferdiskurses, der Eucharistietheologie, der Pneumatologie und der Gnadenlehre sowie in der Hamartiologie werden, sofern sie systemimmanent nicht erschlossen werden können, mehr oder minder forsch für nicht mehr vertretbar und theologisch verzichtbar erklärt. Die berechtigte Betonung der allzu lang vernachlässigten einen Seite der Soteriologie – der Gottesoption für die Armen, der Heilszusage an die Opfer der Geschichte, der Solidarität Jesu mit den Leidenden – kann nun dazu führen, die andere, bis dato forcierte Seite der Erlösungslehre zu verdrängen: die Botschaft von der Rechtfertigung des Sünders und der Stellvertretung der Täter.

3 Exemplum – Kommerzium – Sacramentum

Roter Faden einer freiheitsanalytisch erschlossenen Anthropologie und Soteriologie ist die Figur eines *Gegenübers* von Freiheiten. Ob Jesu Verhältnis zum Vater, das der Jünger zu ihm, das der „Schüler zweiter Hand" (Søren Kierkegaard) zum Erhöhten in der Nachfolge und der Feier der Sakramente oder das Wirken des Gottesgeistes in der Welt: Es begegnen einander ursprünglich differente, miteinander interagierende Freiheiten.[65] Gottes unbedingte Zusage wird als Liebe offenkundig, sofern sie geschieht, d. h., insofern menschliche Freiheit sie im Glauben wahrnimmt (als wahr erkennt und annimmt), beantwortet und symbolisch darstellt. Heil ist das Ereignis göttlicher Gegenwart im Kommerzium zweier Freiheiten. Vergebung geschieht, sofern ein Mensch Gottes Vergebungs*bereitschaft*, offen-

---

64 Vgl. *Striet*, Erlösung durch den Opfertod Jesu?, 20: „Schon an der neutestamentlichen Zeit lässt sich jedenfalls das mühsame Ringen ablesen, dem Kreuzestod Jesu Bedeutung abzugewinnen. Was im Plural der Evangelien begegnet, sind theologische Interpretationen der berichteten Geschehnisse – *nicht mehr, aber eben auch nicht weniger.*" Hervorhebung J. K.
65 Vgl. *Pröpper*, Zur vielfältigen Rede von der Gegenwart Gottes und Jesu Christi. Vgl. auch *Jürgen Werbick* (Gnade, Paderborn 2013, 34–50), der, bezogen auf typische griechische (Pelagius) und lateinische (Augustinus) gnadentheologische Modelle, einen ähnlich gelagerten Unterschied identifiziert: Während das patristische „griechische Erziehungsmodell [...] Gnade [...] als ein[en] dialogische[n] Prozess vorgestellt" (ebd., 44) hatte, betonte Augustinus die Alleinwirksamkeit Gottes im Sünder, auf dass dieser erst zu den Möglichkeiten wahrer Freiheit befreit werde.

kundig in der gewaltfreien Lebenshingabe des Gekreuzigten und seiner Legitimation durch seine Auferweckung, frei ergreift. Präzise vermeiden die Protagonisten dieses Konzepts Formulierungen, erst recht Vorstellungen, die eine Wirksamkeit Gottes im oder am menschlichen Subjekt vor oder gar ohne seine Zustimmung insinuieren könnten.[66] Entscheidend am Geschick Jesu sei, dass hier – im Gegenüber der mit der Freiheit des innertrinitarischen Logos geeinten bzw. identischen[67] Freiheit des Menschen Jesus und der des göttlichen Vaters – Gottes Liebe für die Menschen Eindeutigkeit, Endgültigkeit und Bestimmtheit erlangt habe, dass diese Liebe also offenkundig und glaubwürdig geworden sei, auf dass, wer mit ihr in Berührung komme, sie seinerseits frei annehmen könne. Zentral ist das Christusereignis deshalb *als Offenbarungsereignis*, das greift, sofern es im Glauben erkannt und im Leben bewahrheitet wird. Geschieht dies, bestimmen sich tatsächlich Menschen aus dem Vater Jesu Christi, werden sie – genauer: wird ihre Gottesrelation, das individuell realisierte Kommerzium von Gnade und Freiheit – wiederum für andere zu einem glaubwürdigen *Angebot* (Indiz[68]) der Gegenwart Gottes.

Während Kant die Exemplarität Jesu würdigen, ihm als Person aber keinerlei soteriologische Relevanz, folglich keine eigenständige Bedeutung für den Glauben der Gläubigen zumessen konnte, betonen die Vertreter einer freiheitstheoretischen Glaubenshermeneutik die Unverzichtbarkeit der Geschichte Jesu für die Offenbarkeit und Glaubwürdigkeit des den Menschen in Liebe zugewandten Gottes. Während Kant moralisches Handeln respektive die praktische Verwirklichung der Vernunftreligion einem unbedingt fordernden *Imperativ* unterstellt hatte,[69] entfaltet Thomas Pröpper Heil und Erlösung im *Indikativ* als im Glauben bewahrheitete Erfahrung

---

66 Auf diese theologische Notwendigkeit einer an der Kategorie des Bundes Maß nehmenden christlichen Gnadenlehre hat *Karl-Heinz Menke* wiederholt hingewiesen (vgl. pointiert in: Was ist das eigentlich: „Gnade"? Sechs Thesen zur Diskussion, in: ThPh 84 [2009] 356–373). Erhellend ist auch eine Sichtung der Termini, mit denen Thomas Pröpper das Tun Jesu beschreibt; vielfach handelt es sich um Derivate und Variationen der Verben „indizieren", „darstellen", „symbolisieren".

67 Vgl. *Georg Essen*, Die Freiheit Jesu. Der neuchalkedonische Enhypostasiebegriff im Horizont neuzeitlicher Subjekt- und Personphilosophie (ratio fidei 5), Regensburg 2001, z. B. 213.299.

68 Sie können Gottes Liebe „dann durch ihr menschliches Tun auch durchaus für andere vermitteln, allerdings nicht eigentlich realisieren und erst recht nicht erschöpfen, sondern – streng genommen – nur indizieren […] es ist nun wahrhaft indikativisches, sein Ziel nicht nur intendierendes, sondern auch schon versprechendes und somit tatsächlich antizipierendes Handeln." *Pröpper*, Zur vielfältigen Rede von der Gegenwart Gottes und Jesu Christi, 259.

69 Vgl. dazu *Tück*, Beispiel, Vorbild, Lehrer?, 618f.

der Freisetzung und Anerkennung, die mit Grund auf Vollendung hofft. Das geschichtliche Kommerzium der Freiheit Gottes und des Menschen wird dabei ohne Rekurs auf substanzontologische und partizipationslogische Vorstellungen ausschließlich in personalen Relationen beschrieben: nicht als Verhältnis von Grund und Folge, sondern als Verhältnis wechselseitiger Bestimmung; nicht als (heils-)effektive Wirksamkeit Gottes im Menschen (was in freiheitstheoretischen Kategorien nichts anderes denn ‚an Stelle' des Subjekts und also Heteronomie bedeuten würde), sondern als menschliche Freiheit umwerbendes, ermutigendes, aufschließendes Wirken des Heiligen Geistes, des Mediums der göttlichen Liebe.[70]

Augustinus hatte alles dem Subjekt Äußere, damit auch Heilsgeschichte, Verkündigung und Sakramente, dem inneren Prozess im Gläubigen gegenüber deshalb geringer geachtet, weil es diesen nur indizieren, nicht aber heilseffektiv bewerkstelligen könne.[71] In freiheitsanalytisch gewendeter Theologie setzt man im Grunde dasselbe voraus, kehrt aber die Bewertung um: Gerade um der Souveränität des Subjekts über sein eigenes Inneres willen, also um seine Autonomie nicht zu „übervorteilen", bleibe Gottes heilsgeschichtliches Handeln dem Menschen stets gegenüber. Als Liebe ist Gott im Medium des Heiligen Geistes

„Selbstgegenwart für uns, durch die er uns näher und innerlicher ist *zwar nicht als wir selbst*, aber doch als alles andere, was uns innerlich und nahe sein kann"[72]. Dies dürfe „keinesfalls so gedacht werden […], als ob er [der Heilige Geist] als göttliches Subjekt gleichsam an unsere Stelle treten, unsere Freiheit übergehen, wenn nicht ausschalten und sogar den unvertretbar-eigenen Zustimmungsakt noch ersetzen würde"; er steht „‚in uns' doch ‚uns gegenüber'"[73].

Gottes Wirken im Heiligen Geist bleibt, will man doch einmal die Distinktionen scholastischer Gnadentheologie bemühen, *gratia externa*. Dies dürfe allerdings, betont Karl-Heinz Menke, nicht als bloßes Außen verstanden werden. Im Modell des dialogischen Kommerziums werde die vermeintliche Alternative von *gratia externa* und *gratia interna* überwun-

---

70 Vgl. dazu *Menke*, Sünde und Gnade, 30–40.
71 Vgl. *Wilhelm Geerlings*, Christus Exemplum. Studien zur Christologie und Christusverkündigung Augustins, Mainz 1978.
72 *Pröpper*, Zur vielfältigen Rede von der Gegenwart Gottes und Jesu Christi, 255; Hervorhebung J. K.; vgl. ders., Theologische Anthropologie, 1339.
73 Beide Zitate: *Pröpper*, Zur vielfältigen Rede von der Gegenwart Gottes und Jesu Christi, 255; vgl. ders., Theologische Anthropologie, 1339.

den, insofern der Mensch Gottes Offerte für sich annimmt, bewahrheitet und das ihm Begegnende so „internalisiert".[74]

Heilsgeschichtlich entscheidend ist hier das Offenbarwerden der Zuwendung Gottes zu den Menschen in der Spanne der menschlichen Biographie Jesu bis hin zu seinem schmählichen Foltertod. Ort und Grund der modern empfundenen Fraglichkeit Gottes – die Begrenztheit und Versehrtheit der Geschichte – ist also, insofern Gottes Heilshandeln sein Offenbarwerden *ist*, auch Ort und Gestalt seiner Antwort. Gott lässt sich noch von der Freiheit derer bestimmen, die Jesus dem Foltertod überantworten. Dass er dennoch Herr über Leben und Tod ist, demonstriert er in der Auferweckung Jesu.

Während freiheitsanalytisch die Gottesbeziehung des Menschen im Ganzen, ihre Möglichkeit, Gestalt und Glaubwürdigkeit (Offenbarkeit) im Zentrum steht, setzen Vertreter einer am Versöhnungsmotiv orientierten Soteriologie sie bereits als daseinskonstitutiv voraus und thematisieren ihre realen Bruchstellen. Nicht die Gottesrelation ist hier fragwürdig, sondern die Antwort des Menschen. Augustinus, Anselm von Canterbury und Martin Luther eint bei aller Unterschiedlichkeit das Bewusstsein, weit hinter einer angemessenen Antwort auf Gottes unbedingte Zuwendung zurückzubleiben und dessen sogar für den Fall schuldig, d. h. heilsbedürftig zu sein, dass eine solche Antwort prinzipiell über menschliches Vermögen hinausginge. Auf unterschiedlicher theoretischer Grundlage entwerfen sie eine relationale Anthropologie, die gelingendes Menschsein in Abhängigkeit zur gelingenden Gottesbeziehung erfasst. Naturgemäß spielen in einem solchen Konzept die Themen Schuld und Sünde einerseits, Versöhnung andererseits eine wesentlich größere Rolle. Denn diese Bruchstellen respektive ihre Heilung tangieren nicht nur das Glaubensbewusstsein, sondern – freilich von dort her erschlossen – die Basis der eigenen Existenz. Was (inzwischen wohl konsensfähig) von Sünde gilt – dass sie sinnvoll nur relational, also im Rahmen einer (ontologisch vorausgesetzten und/ oder existenziell bewährten) Gottesbeziehung zu thematisieren ist –,[75] setzt man auch für ihre Bedingung an. Freiheit wird hier nicht formal als Fähigkeit beschrieben, sich zu allem Nicht-Ich verhalten zu können (zu müssen), um auch gegenüber (der Annahme) der göttlichen Gnade frei zu sein. Gemeint ist hier vielmehr das zu sich selbst befreite Vermögen der

---

74 Vgl. *Menke*, Sünde und Gnade, 31f.; ders., Was ist das eigentlich: „Gnade"?, 367; *Pröpper*, Theologische Anthropologie, 1344f.
75 Vgl. *Gerhard Ebeling*, Dogmatik des christlichen Glaubens, Bd. 1, Tübingen 1979, 359–360.

Gottesbeziehung, das erst im Maße der Bejahung Gottes „Freiheit" (zum Guten) genannt werden kann.[76] Im Maße der Störung der Gottesbeziehung schwindet *vice versa* das Vermögen echter (nicht nur eingebildeter bzw. auf Wahlfreiheit reduzierter) Selbstverfügung, das Vermögen, man selbst, nämlich Mensch vor Gott, zu sein. Freiheit im strengen Sinn ist der Wille und die Fähigkeit zum Guten – genau das aber ist verstellt, wo die Sünde herrscht.[77]

Dieser Freiheitsbegriff entspringt offenkundig anderen Fragen als die transzendentalphilosophische Bedingungsanalytik. Er erhebt, so er für heutige Systematik aufgegriffen wird, keinen Anspruch auf glaubensunabhängige Kommunikabilität. Vielmehr reflektiert man vom „Standpunkt der Erlösung"[78], aus der Beteiligtenperspektive des Gerechtfertigten, retrospektiv das eigene Unvermögen heilen Daseins, das von Gott her überwunden geglaubt wird. Während auf der Reflexionsebene der transzendentalphilosophischen Freiheitsanalyse die Möglichkeitsbedingung gehaltlicher Selbstbestimmung rekonstruiert wird (Autonomie), fragt man hier nach dem Woher, der Initiative und dem Movens der Bindung an das Gute und artikuliert dies als Gestaltung bzw. Geschenk (heilswirksames Zeichen: Sakrament) seiner selbst durch Gott (Gnade). Echte Vergleichbarkeit der beiden Konzepte ist also kaum gegeben; im Horizont und in der Terminologie des einen muss der jeweils andere Freiheitsbegriff theoretisch unzureichend und existenziell nicht erstrebenswert erscheinen. Ausgangspunkt und Perspektive, Problembestimmung und Erklärungsansatz sind verschieden – allerdings nicht inkompatibel, wie Jürgen Werbick gezeigt hat.[79]

Im freiheitstheoretischen Paradigma wird *um des autonomen Subjekts willen* Jesu Heilsmittlerschaft auf symbolischer, d. h. darstellender Ebene angesiedelt: Angesichts von Leben, Kreuz und Auferweckung Jesu wird es dem einzelnen möglich, kraft formaler Unbedingtheit sein ureigenes

---

76 Vgl. *Menkes* deutliche Kritik am Konzept der erst zu sich selbst befreiten Freiheit in: Was ist das eigentlich: „Gnade"?, 373.
77 Vgl. dazu die luziden Ausführungen von *Werbick*, Gnade, 39–47 (zu Augustinus); 62–84 (zu Luther); 88–95 (zur Differenz zweier Freiheitskonzepte: Selbstursprünglichkeit vs. befreite Freiheit); außerdem zu Luthers Freiheitsbegriff ders., „Zur Freiheit hat uns Christus befreit" (Gal 5,1). Was Luthers Widerspruch gegen Erasmus einer theologischen Theorie der Freiheit heute zu denken gibt, in: Michael Böhnke u. a. (Hg.), Freiheit Gottes und der Menschen, 41–70, 55–60.
78 Vgl. *Volker Eid,* „Vom Standpunkt der Erlösung …" Rechtfertigung und Moral – ein Versuch, in: Peter Neuner – Peter Lüning (Hg.), Theologie im Dialog, Münster 2004, 197–208, in Anschluss an Theodor W. Adornos letztes seiner Minima Moralia.
79 Vgl. *Werbick*, Gnade, 88–95.140–160.

Gottesverhältnis dem Gottesverhältnis Jesu realiter anzugleichen. Das geschichtlich dargestellte Kommerzium zwischen Sohn und Vater „inspiriert" das Kommerzium menschlicher und göttlicher Freiheit. Dabei wirkt der Geist Jesu im „Zwischen" des Gott-Mensch-Verhältnisses und wird wiederum offenbarungstheologisch expliziert: Er

„befähigt, Gottes Selbstoffenbarung in der Geschichte Jesu zu *erkennen* und *anzuerkennen*, [dadurch] dass er [...] in uns die subjektive Möglichkeit dafür weckt, aufruft oder auch freisetzt, dass diese Offenbarung tatsächlich bei uns ankommen, *von uns selbst angeeignet* werden kann"[80].

Das Paradigma „Stellvertretung" entwirft in räumlicher Metaphorik eine andere personale Konstellation. Hier wird *um des heilsbedürftigen Subjekts willen* Jesu Sohnesverhältnis zum Vater und dem Wirken des Heiligen Geistes eine nicht nur indikativische, sondern *performative* Dimension zugemessen. Indem der Sohn anstelle der Sünder vor Gott tritt, also an der Stelle der Sünder steht – d. h. da, wo sie gerade nicht frei für Gott sind und nicht in seine Liebe einstimmen *(wollen) können* –, eröffnet er ihnen die Möglichkeit, nun an seine Stelle zu treten – an die Stelle der Bezogenheit auf Gott –, auf „dass wir [die Sünder] ER *(iustus Dei)* werden"[81].

Bildlich ausgedrückt steht im Paradigma „Stellvertretung" also nicht die Idee einer „Gleichgestaltung mit Jesu Sohnesverhältnis zum Vater"[82] im Hintergrund, nicht die Vorstellung zweier analoger Relationen (Jesus : Gott bzw. Sohn : Vater // Mensch : Gott). Es geht um die Hineinnahme des Sünders in eine bestehende Relation (Sohn : Vater) respektive um die Öffnung dieser Relation für den dadurch gerechtfertigten Sünder.

---

80 *Pröpper*, Theologische Anthropologie, 1337 (Hervorhebungen J.K.). Vgl. ebd., 1337f.: „Allerdings würde der Aspekt seines [des Heiligen Geistes] Wirkens überdehnt und unerträglich verzeichnet, wenn man dem Geist auch noch das Moment der Zustimmung zuschreiben wollte, das wesentlich zum Glauben gehört und das doch der ursprüngliche und deshalb unvertretbare Akt unserer Freiheit ist. Das Ja des Glaubens, durch das er zum je eigenen wird, ist das einzige, was kein anderer für uns zu leisten vermag: weder Gott noch ein Mensch."
81 *Helmut Merklein*, Der Sühnegedanke in der Jesustradition und bei Paulus, in: Albert Gerhards – Klemens Richter (Hg.), Das Opfer – biblischer Anspruch und liturgische Gestalt (QD 186), Freiburg i. Br. 2000, 59–91, 78.
82 *Pröpper*, Theologische Anthropologie, 1345. In „Zur vielfältigen Rede von der Gegenwart Gottes und Jesu Christi" spricht Pröpper darüber hinaus auch davon, dass Jesus „uns ‚an seine Seite' zieht, also in sein Sohnesverhältnis einbezieht" (256); die Betonung liegt jedoch klar auf der Konstellation des „Gegenüber" und des „Neben uns" (255).

Der Sohn integriert die gebrochene, verstellte, „in sich selbst verkrümmte" Freiheit des Sünders in seine eigene. Er nimmt ihn in sein Gegenüber zum Vater hinein und eröffnet ihm so seine eigene Stelle. Nicht von ungefähr nennt von Balthasar Stellvertretung die „Aporie des christlichen Befreiungsmysteriums"[83]. So sich der Sünder inkludieren lässt und, durch solche Inklusion freigesetzt, (wieder) selbst auf Gott, den Vater, beziehen will und kann, geschieht dies deshalb „durch, mit und in Christus"[84], kraft seiner Eingestaltung und Überantwortung in Jesu Sohnesverhältnis; kraft der „Einwohnung"[85] Jesu in seinen Gläubigen.

4 Noch einmal: Solidarität *und* Stellvertretung

Karl-Heinz Menke hat im *theologie kontrovers*-Band „Erlösung auf Golgota?"[86] in Auseinandersetzung mit einem Vortrag von Magnus Striet deutlicher als bisher einen Ergänzungs- bzw. Fortschreibungsbedarf einer strikt freiheitsanalytisch durchgeführten und offenbarungstheologisch fokussierten Soteriologie markiert. In seinem Beitrag löst er diesen Bedarf bezeichnenderweise dadurch ein, dass er das hermeneutische Potenzial des Stellvertretungsparadigmas fruchtbar macht. Schon Jahre zuvor hatte er „unbedingte Solidarität" als Annäherung, womöglich Synonym eines Stellvertretungsbegriffs entwickelt, der Jesu *exklusives* Tun zugunsten des Sünders mit der *Inklusion* des Gerechtfertigten in Gottes Heilshandeln verbindet und beides in personaler, nicht forensischer oder ökonomischer Semantik entfaltet.[87] Sein Vorstoß postuliert faktisch die Vermittelbarkeit beider Paradigmen bzw. genauer: die Legitimität und Notwendigkeit, zen-

---

83 *Von Balthasar*, Über Stellvertretung, 404f.
84 So *Menke* in Anlehnung an die Doxologie des eucharistischen Hochgebets (Was ist das eigentlich: „Gnade"?, 370) als Interpretation der Gnadenerfahrung des Ignatius von Loyola.
85 *Menke*, Was ist das eigentlich: „Gnade"?, 368. Wirkung des Geistes sei es, dass „der im Glauben gerechtfertigte Mensch einbezogen [wird] in das den Tod besiegende Verhältnis des gekreuzigten und auferstandenen Erlösers zum Vater" (367).
86 *Menke*, Gott sühnt in seiner Menschwerdung die Sünde des Menschen.
87 *Karl-Heinz Menke*, Das Gottespostulat unbedingter Solidarität und seine Erfüllung durch Christus, in: IKaZ 21 (1992) 486–499. Schon *von Balthasar* (Über Stellvertretung, 408) entwickelte den Höllenabstieg Jesu Christi als „*Solidarisierung*" in der Nicht-Zeit mit den von Gott weg Verlorenen. [...] Und eben damit stört er die vom Sünder angestrebte absolute Einsamkeit: der Sünder, der von Gott weg ‚verdammt' sein will, findet in seiner Einsamkeit Gott wieder, aber Gott in der absoluten Ohnmacht der Liebe, der sich unabsehbar in der Nicht-Zeit mit dem sich Verdammenden solidarisiert." Hervorhebung: J. K.

trale Anliegen des einen (Autonomie, Freiheit) in das umfassendere andere (Stellvertretung, Versöhnung) zu integrieren.[88] Damit ist zugleich eine metakritische Diskussion um das Verhältnis unterschiedlicher soteriologischer Konzepte respektive Denkformen eröffnet. Als „Denkform" bezeichnet man ein geschichtlich verwurzeltes Kategoriensystem, das die Wahrnehmung und Deutung der Wirklichkeit ermöglicht, *indem* es sie in spezifischer Weise (vor-)strukturiert. Unterschiedliche geschichtliche oder kulturelle Konstellationen evozieren unterschiedliche Weisen, die Wirklichkeit zu dechiffrieren und gedanklich zugänglich zu machen; die Kategorien des Verstandes sind demnach, anders als noch für Kant, keine unhistorischen und in diesem Sinne objektiven Größen. Die Reflexions- und Überlieferungsgeschichte des Glaubens wird nun als Geschichte unterschiedlicher Denkformen verständlich, in denen, was von Christus her bedeutsam erscheint, jeweils spezifisch verstanden und kommuniziert wird.[89]

In dieser allgemeinen Form erscheinen die von Greshake identifizierten großen soteriologischen Paradigmen zunächst durchaus als epochentypische Denkformen der christlichen Erlösungslehre, die geistesgeschichtlich aufeinander folgten. Denn der Begriff „Denkform" meint

„ein System, das aus sich heraus das Potential zu weiterer, erkenntniserweiternder Explikation des aktualisierten Gehaltes entwickeln, d. h. den Gehalt besser in die Wahrheit setzen, kann, das sich aber auch verändern beziehungsweise sich vielleicht sogar mit der Zeit als unfähig erweisen kann, den aktualisierten Gehalt in seiner ganzen Fülle adäquat zur Geltung zu bringen und deshalb zu Recht transformiert wird, und zwar deshalb, weil der Gehalt, der verstehend angeeignet werden soll,

---

88 Eine umgekehrte Integration dürfte kaum möglich sein; die freiheitstheoretische Abgrenzung gegenüber jeglichem Wirken im und anstelle und so zugunsten des Subjekts (also gegenüber der exklusiven Dimension von Stellvertretung) wird präzise vorgenommen. Schon Rahner hatte sich dafür ausgesprochen, in der Soteriologie (anders in der Anthropologie) den „missverständlichen" Begriff Stellvertretung gänzlich zu vermeiden. Vgl. *Rahner*, Versöhnung und Stellvertretung, 262.
89 Vgl. *Magnus Striet*, Denkformgenese und -analyse in der Überlieferungsgeschichte des Glaubens. Theologisch-hermeneutische Überlegungen zum Begriff des differenzierten Konsenses, in: Harald Wagner (Hg.), Einheit – aber wie? Zur Tragfähigkeit der ökumenischen Formel vom ‚differenzierten Konsens' (QD 184), Freiburg i. Br. 2000, 59–80; *Georg Essen – Thomas Pröpper*, Aneignungsprobleme der christologischen Überlieferung, in: Rudolf Laufen (Hg.), Gottes ewiger Sohn. Die Präexistenz Christi, Paderborn u. a. 1997, 163–178; *Karl Lehmann*, Die dogmatische Denkform als hermeneutisches Problem. Prolegomena zu einer Kritik der dogmatischen Vernunft, in: Ders., Gegenwart des Glaubens, Mainz 1974.

selbst dazu zwingt, so dass die bisher ausgebildete Denkform einer Kritik unterzogen wird. Das heißt, [...] dass der Fall eintreten kann, dass [...] eine bisher als gültig vorausgesetzte Denkform ihre Integrationskraft für neue Einsichten und damit ihre Plausibilität verliert, verändert oder gar vollständig transformiert wird."[90]

Allerdings haben die von Greshake identifizierten soteriologischen Konzepte einander nicht einfach abgelöst. Vielmehr wurden im 20. Jahrhundert sowohl die dominante soteriologische Kategorie des westlichen Mittelalters als auch die der Neuzeit unter modernen Voraussetzungen weitergeschrieben.[91] Sie bestehen nebeneinander, teilweise ineinander verschränkt, fort. Die Bewertung dieses Phänomens fällt unterschiedlich aus. Stephan Schaede, der sich selbst um die Aufarbeitung des Stellvertretungsbegriffs verdient gemacht hat, persifliert pointiert die Haltung, die „Stellvertretung" für ein geistesgeschichtlich eigentlich überwundenes Paradigma hält und in seiner theologischen Beibehaltung einen unsachgemäßen Anachronismus sieht: „Es mag ja sein, dass in der Bibel der Sache nach Entsprechendes behauptet wird. Aber Stellvertretung ist eine kategoriale Klamotte, mit der zeitgerechte theologische Aussagen schwerlich einzukleiden sind."[92]

Die Frage im Hintergrund ist erheblich: Welche theologische Relevanz kommt dem breiten biblischen Überlieferungsstrang zu, der mit Hilfe der Begriffe Sühne, Opfer und Stellvertretung[93] Kreuz und Auferstehung als Heilsereignis zu erfassen versucht und der in den Soteriologien des westlichen Mittelalters ebenso forciert wie engeführt wurde? Ist Stellvertretung materialiter – als Interpretandum – relevant, kommt diesem Konzept also (und wenn ja: wie und warum?) selbst normative Bedeutung zu, so dass theologisch nicht das *Ob*, sondern das *Wie* einer zeit- und sachgemäßen Explikation zu bedenken wäre? Oder ist es Interpretament, also *ein* möglicher Zugang zur Gestalt Jesu, dem bereits in biblischer, erst recht in nach-

---

90 *Striet*, Denkformgenese und -analyse in der Überlieferungsgeschichte des Glaubens, 69.
91 Vgl. auch die sogenannte „dramatische Erlösungslehre", die maßgeblich von Raymund Schwager entwickelt wurde. *Nikolaus Wandinger* skizziert sie als Synthese seiner Bestandsaufnahme gegenwärtiger Soteriologien: Soteriologie, in: Thomas Marschler – Thomas Schärtl (Hg.), Dogmatik heute. Bestandsaufnahme und Perspektiven, Regensburg 2014, 281–319.
92 *Schaede*, Jes 53, 2 Kor 5 und die Aufgabe systematischer Theologie, von Stellvertretung zu reden, 127.
93 Zu diesen und anderen zentralen christologischen Kategorien der Bibel vgl. *Menke*, Jesus ist Gott der Sohn, 93–210.

biblischer Zeit andere an die Seite traten, der spätestens mit der Wende zum Subjekt historisiert und durch andere abgelöst wurde bzw. der, sofern das noch nicht konsequent geschehen ist, schleunigst überwunden werden müsste? Grundsätzlicher gefragt: Sind die ihrerseits epochen- und kulturgebundenen biblischen Kategorien und Perspektiven als solche für heutige systematische Reflexion bedeutsam oder lediglich historisch als konzeptuelle Vehikel im Entdeckungszusammenhang des unbedingt für die Menschen entschiedenen Gottes interessant? Das ist gewiss nicht wenig. Die Diskussion darüber ist aber noch zu führen, inwieweit diese Option ihrerseits Resultat ihrer Denkform und deren Lesart der biblischen Tradition ist; ob und inwieweit sie samt ihren erheblichen hermeneutischen und theologischen Konsequenzen selbst wieder den Herausforderungen und dem Problemniveau anderer Epochen und Modelle ausgesetzt werden müsste.[94] Denn die Tragfähigkeit und Reichweite eines theologischen Modells bemisst sich an der Fähigkeit, sein Interpretandum zu erschließen; nicht umgekehrt die Vertretbarkeit des Interpretandums an der Logik eines Modells.

Der Versuch, über die Auslegungs- und Reflexionsgeschichte hinweg in die Welt oder in das, was man als theologisches Substrat der Bibel identifiziert, zu springen, also der Versuch, die Aussagekraft einer Denkform unvermittelt am Christusereignis zu bewähren und andere Paradigmen auf demselben Weg als nicht sach- und zeitgemäß auszuschließen, dürfte weder hermeneutisch noch theologisch ertragreich sein. Interpretandum und Interpretament, Offenbarung und Glaube, Gehalt und Gestalt des Zeugnisses lassen sich nicht strikt separieren. Grund des Glaubens ist das geschichtliche Kommerzium Gottes mit den Menschen, das nicht anders denn in geschichtlicher Überlieferung begegnet. Diese Überlieferung wiederum ist diachron und synchron in einer Gemeinschaft und deren Glaubensvollzug und Reflexion verankert. Nicht erst zur systematischen Reflexion, sondern bereits zur Erfassung des theologischen Problems und seines Anforderungsprofils ist m. E. darum ein *topologischer* Zugang geboten, der sowohl der Geschichtlichkeit des Glaubens als auch der Eigenständigkeit, Vielgestalt und dem Zusammenhang seiner Bezeugungs- und Reflexionsinstanzen Rechnung trägt. Er bietet zugleich ein Instrumentarium, noch

---

94 Diese Diskussion kann hier nur angedeutet werden. Erste Überlegungen dazu habe ich angestellt in: Heil, Leben und Hoffnung; Die Hingabe des Sohnes – Preisgabe der Liebe sowie im Art. Soteriologie, in: Wolfgang Beinert – Bertram Stubenrauch (Hg.), Neues Lexikon der katholischen Dogmatik, 590–595.

den eigenen Fragehorizont aufzubrechen, die Perspektivik und die Stärken, aber eben auch die Grenzen der beanspruchten Denkform auszuloten und sie von der Warte anderer *loci* – insbesondere der biblischen, aber gewiss auch der liturgischen Überlieferung, die Gehalt, Gestalt und Gemeinschaft des Glaubens integriert – kritisch zu beleuchten.[95]

Karl-Heinz Menke hat immer wieder diese Frage als soteriologisch entscheidend benannt: „Was hat Jesus Christus für alle Menschen aller Zeiten (für dich) getan, was sie (du) schlichtweg nicht hätten (hättest) tun können?" Dass Gottes Heilshandeln den Menschen nicht zum Objekt macht, dass der Mensch *ein*stimmen, *sich selbst* von Gott her *be*stimmen muss, soll wirklich von *seinem Heil* die Rede sein, dürfte unstrittig sein. Dass dies dem gegenüber Gott verschlossenen Menschen (dem Sünder) überhaupt erst möglich werde, dass er noch in der Negativität der Sünde in ein Gottesverhältnis treten (wollen) könne, das eröffnete aus christlicher Perspektive der Selbsteinsatz Gottes im gekreuzigten Jesus von Nazaret. Dessen Hingabe bewirkte (eröffnete) dem Sünder, was dieser von sich aus nicht hätte eröffnen (wollen) können.

„Stellvertretung" integriert als umfassenderes und biblisch-liturgisch fundiertes Konzept beide Anliegen: Gottes Heilswirken *am, im* und *zugunsten* des Sünders – also „Fremdreferenz im rechtfertigungstheologischen Sinne [...], die Identität einer freien Person als heilsam-kritische theologische Abhängigkeitsrelation"[96] – und deren dadurch neu begründete Möglichkeit, *sich selbst* (logisch folgend) von dieser Zusage her bestimmen zu wollen und zu können: *Zur Freiheit* hat uns Christus befreit (Gal 5,1).

---

95 Vgl. dazu z. B.: *Bernhard Körner*, Orte des Glaubens – loci theologici. Studien zur theologischen Erkenntnislehre, Würzburg 2014; *Lehmann*, Die dogmatische Denkform als hermeneutisches Problem; außerdem meinen eigenen Versuch: Ecclesia orans. Liturgie als Herausforderung für die Dogmatik, Freiburg i. Br. 2012.
96 *Frisch – Hailer*, „Das Ich ist ein Anderer", 64.

„… gestorben für unsere Sünden"

Stellvertretung ohne Sühnetod?

Hansjürgen Verweyen

Das Lebens- und Heilswerk Jesu Christi kann angemessen nicht ohne den Gedanken der Stellvertretung erfasst werden. Gott hat seine Liebe zum Menschen durch das unbedingte „für uns" seines Mensch gewordenen Sohnes offenbar gemacht. Nahezu das gesamte Schaffen Karl-Heinz Menkes ist dem Bemühen gewidmet, diesen Grundgedanken des Neuen Testaments dem Verständnis näherzubringen. Jesus hat seine Selbsthingabe an den Willen des Vaters, die Menschen aus ihrer Finsternis zu befreien, bis zum Tod am Kreuz durchgehalten.

Gehört zu dieser Sendung des Vaters aber der unbeugsame Wille, die Sünden der Menschen nicht ohne ein „Lösegeld" zu vergeben, das der Unschuldige anstelle der Schuldigen erbringt? Dann wäre die Liebe Gottes zu den Sündern letztlich doch durch etwas bedingt, das dieser Gnadengabe vorausgeht. Die aus allem Unheil errettende Liebe würde dem Menschen nicht bedingungslos, ohne eine vorgängige Leistung von Seiten des Menschen geschenkt. Diese Annahme legt sich durch eine Vielfalt neutestamentlicher Stellen nahe. Sie erscheint geradezu unausweichlich allein schon durch das Jesus zugeschriebene Wort vom λύτρον (Mk 10,45): „Der Menschensohn gibt sein Leben als sühnende Ersatzgabe *anstelle* der vielen (deren Leben ohne seine stellvertretende, ersatzweise Lebenshingabe im Endgericht dem Tod verfallen wäre)"[1]. Ließe sich die stellvertretende Lebenshingabe Jesu nur als „sühnende Ersatzgabe" begreifen, dann fiele die Liebestat des dreieinigen Gottes zunächst einmal hinter die Liebe Gottes zurück, wie sie zumindest an einigen Stellen des sogenannten „Alten" Testaments aufscheint.[2]

---

1 *Rudolf Pesch*, Das Markusevangelium. II. Teil, Freiburg – Basel – Wien 1977, 164.
2 Die folgenden Abschnitte entnehme ich teilweise – stark gekürzt und unter Verzicht auf ausführliche Stellenangaben, an einigen Stellen allerdings auch genauer bestimmt – meinem Buch Ist Gott die Liebe? Spurensuche in Bibel und Tradition, Regensburg 2014.

1 Göttliche Gnadengabe ohne Sühneleistung in den Schriften Israels

1.1 Der Noachbund

Um den von Gott mit Noach geschlossenen Bund (Gen 9,1–17) richtig zu verstehen, muss man ihn in Einheit mit dem Schöpfungsbericht (Gen 1,1–2,4a) und dem Teil der Sintflutgeschichte lesen, der auf die sogenannte priesterschriftliche Quelle zurückzuführen ist (insbesondere Gen 6,9–13). Nach Abschluss seines Schöpfungswerks hatte Gott angeordnet, dass sich alle Lebewesen auf Erden nur von Pflanzenkost ernähren sollten, und hatte damit das gegenseitige Töten untersagt. Die Sintflut schickt er über die Erde, weil die ganze Erde voller Gewalttat war und alle Wesen aus Fleisch auf der Erde verdorben lebten (vgl. 6,11–13).

Warum schließt Gott nach der Beendigung der Sintflut noch eigens einen nur ihn selbst verpflichtenden Bund mit Noach, in Zukunft nie mehr ein solches Strafgericht abzuhalten, auch wenn die Menschen – wie voraussehbar – noch so verdorben leben würden? Warum beließ er es nicht einfach bei seiner Begründung der damaligen Strafe? Die Menschen brauchten jetzt nicht mehr zu befürchten, dass so etwas noch einmal über sie hereinbrechen würde, sofern sie nur die richtige Lehre daraus zögen und abließen von ihrem bösen Tun. Der biblische Sintflutbericht wäre dann ein starkes Motiv zu einer Gottesfurcht, die sich in gehorsamem Handeln bewährt. An die Stelle der Urangst des Menschen vor göttlicher Willkür, wie sie parallelen Sintflutgeschichten der Umwelt Israels zu entnehmen ist, träte der Respekt vor der Allmacht eines gerechten Gottes, der nur dann ein schreckliches Strafgericht hält, wenn man seine Anweisungen nicht befolgt.

Aber nicht Gerechtigkeit ist das alles entscheidende Wesensmerkmal des Gottes Israels. Bei aller Nüchternheit, die für die Sprache des priesterlichen Autors typisch ist, wird man bei genauer Lektüre des Noachbundes schon hier, nicht erst bei der Berufung Abrahams und angesichts des für Gott so oft enttäuschenden Wegs mit dem Volk seiner Erwählung, sagen müssen, dass Liebe, und zwar zu allen Menschen, den unauslotbaren Grund des göttlichen Wesens ausmacht. Als Zeichen dieses Bundes setzt Gott seinen Bogen in die Wolken. Wann immer er Wolken über der Erde zusammenballt und der Bogen in den Wolken erscheint, dann wird Gott auf ihn schauen und des ewigen Bundes gedenken, den er mit allen lebenden Wesen geschlossen hat. Diese feste Zusage gibt den Menschen für immer Gewissheit, dass Gott die durch sein bloßes Wort gewirkte Schöpfungsordnung nie mehr ins Chaos versinken lassen wird.

Vor diesem Hintergrund wird der tiefe Umbruch erkennbar, den das Eindringen apokalyptischen Denkens in den Glauben Israels hervorgerufen und darüber den christlichen Glauben mitgeformt hat. Matthäus und Lukas entnahmen der sogenannten Logienquelle Worte Jesu aus einer Rede über die Wiederkunft Christi:

„Denn wie es in den Tagen des Noach war, so wird es bei der Ankunft des Menschensohnes sein. Wie die Menschen in den Tagen vor der Flut aßen und tranken und [...] nichts ahnten, bis die Flut hereinbrach und alle wegraffte, so wird es auch bei der Ankunft des Menschensohnes sein" (Mt 24,37–39; vgl. Lk 17,26f).

Hat selbst Jesus dem feierlichen Versprechen seines Vaters nach der Sintflut nicht mehr zu glauben vermocht?

1.2 Gott in der Prophetie Hoseas

Der Bericht über den Noachbund gibt kein historisches Ereignis wieder. Er ist eine Erzählung, in der aus dem Glauben Israels heraus der biblische Schriftsteller das Handeln Gottes an der Menschheit insgesamt darzustellen versucht. Mit dem Buch Hosea werden wir mitten in die Geschichte Israels selbst versetzt. Ich beschränke mich hier auf eine Interpretation von Teilen der ersten drei Kapitel.

In einem ersten Auftrag wird der Prophet von Gott angewiesen, sich eine Dirne zu nehmen und mit ihr Dirnenkinder zu zeugen. Die Namen, die er den drei von ihr geborenen Kindern zu geben hat, sollen dem Volk klarmachen, welche Schuld es Gott gegenüber auf sich geladen hat und dass es sich nun nicht mehr als das von ihm erwählte Volk betrachten darf. Der im dritten Kapitel berichtete zweite Auftrag nimmt den Propheten bis aufs Äußerste in Anspruch: „‚Geh noch einmal und liebe eine Frau, die einen Liebhaber hat und Ehebruch treibt, so wie Jahwe die Söhne Israels liebt, die sich anderen Göttern zuwenden [...]' (3,1). Da kaufte ich sie für fünfzehn Silberstücke und anderthalb Homer Gerste (3,2)." Auf der Grundlage dieser Erfahrung Hoseas mit Gott ist der im zweiten Kapitel geschilderte Prozess Jahwes mit seiner untreuen Frau dargestellt. Für unseren Zusammenhang ist insbesondere der Abschnitt 2,7a–17 wichtig, der – durch ein dreimaliges „Darum" klar untergliedert – sich als eine literarische Einheit erkennen lässt.

Die Ehebrecherin sagt: „Ich will meinen Liebhabern folgen; sie geben mir Brot und Wasser, Wolle und Leinen, Öl und Getränke" (2,7b). Mit dem unmittelbar daran anschließenden ersten „Darum" beginnt (V. 8) dann die detaillierte Planung von Maßnahmen, mit denen Jahwe die Ungetreue zurückholen will. Der erste, am meisten Erfolg versprechende Schritt: Der Frau wird der Zugang zu ihren Liebhabern unmöglich gemacht (2,8–9a). Jahwe sieht die Wirkung dieser Aktion voraus: „Dann wird sie sagen: Ich kehre um und gehe wieder zu meinem ersten Mann; denn damals ging es mir besser als jetzt" (2,9b). Dieser Gedanke entspricht dem rein pragmatischen Handeln, das die Frau verfolgt. Sie erinnert sich zwar durchaus an die Wohltaten ihres „ersten" Mannes, kalkuliert diese aber nur noch nach dem zu erwartenden Nutzen. Doch das Verwandeln eines Bundes, der auf Liebe und Treue basiert, in eine kalt berechnende „Vernunftehe" hat Jahwe am allerwenigsten intendiert: „Aber sie hat nicht erkannt, dass ich es war, der ihr das Korn und den Wein und das Öl gab [...]" (2,10a).

Mit dem zweiten „Darum" (V. 11) geht Jahwe zu einer anderen Handlungsweise über. Jetzt unternimmt er nicht mehr Maßnahmen zur Wiedergewinnung der Ungetreuen. Jahwe zieht vielmehr alle verfügbaren Giftpfeile aus seinem Köcher, um die Ehebrecherin physisch und psychisch zugrunde zu richten (Vv. 11–14). Dabei bringt er die Fülle seiner Macht ins Spiel.

In der Rolle des rächenden Machthabers hält es Jahwe nicht lange aus. Dies wird schon in der letzten Ansage einer Strafe deutlich: „Ich bestrafe sie für all die Feste, an denen sie den Baalen Rauchopfer darbrachte; sie hat ihren Ring und ihren Schmuck angelegt und ist ihren Liebhabern nachgelaufen; mich aber hat sie vergessen – Spruch Jahwes" (2,15)[3].

Mit dem unmittelbar darauffolgenden dritten „Darum" wird eine Rede Jahwes eingeleitet, die jeder Logik zu widersprechen scheint:

„Darum will ich selbst sie verlocken. Ich will sie in die Wüste hinausführen und sie umwerben. Dann gebe ich ihr dort ihre Weinberge wieder und das Achor-Tal mache ich für sie zum Tor der Hoffnung. Sie wird mir dorthin bereitwillig folgen wie in den Tagen ihrer Jugend, wie damals, als sie aus Ägypten heraufzog" (2,16f).

---

3   *Wilhelm Rudolph* sieht in dem „aber *mich* hat sie vergessen" den „umfassende[n] und hier zugleich abschließende[n] Ausdruck für das ganze treulose Verhalten der Dirne Israel, der Jahwe nun das traurige ‚mich hat sie vergessen' entgegensetzt. Diese beiden Schlußworte, durch das bei Hosea so seltene ‚Ausspruch Jahwes' noch verstärkt, klingen wie ein Aufschrei, in dem sich die enttäuschte und verschmähte Liebe des Eheherrn Jahwe Luft macht" (Hosea, KAT XIII/1, Gütersloh 1966, 72).

Ist nicht schon die kausale Konjunktion „darum" völlig fehl am Platze? Allenfalls ließe sich der plötzliche Sinneswandel als ein „trotzdem" apostrophieren. Doch der Abschnitt 2,4–17 ist so klar gegliedert, dass man auch die mit dem dritten „Darum" eingeleitete Reaktion Jahwes auf das ehebrecherische Verhalten seiner Erwählten beim Wort nehmen muss. Hier begegnen wir einem unkalkulierbaren Ehemann, der sich nicht mit den Tatsachen abfinden kann. Er will es einfach nicht wahrhaben, dass die Frau kein Interesse mehr für ihn aufbringt. „Darum" klammert er sich an die Erwartung, dass er durch überschäumend großzügige Zeichen seiner Liebe die Zeit zurückdrehen und aus der Mondfinsternis wieder einen „honeymoon" machen könnte.

Darf man ein solch irrwitziges Verhalten dem Gott Israels unterstellen? Nur dann, wenn man an dieser Stelle eine so radikale Entmythologisierung göttlicher Macht wahrzunehmen vermag, wie sie zuvor wohl nirgendwo sonst in der Religionsgeschichte zu finden ist. Der Allmächtige kann die Schuld der von ihm erwählten Menschen bis zur Auslöschung ihrer Existenz – und, nach der Entdeckung der Hölle, durch ewige Qualen – rächen. Aber all dies kann die Wunde nicht heilen, die das Verschmähen seiner Liebe in ihm hinterlassen hat. Wenn Gott wirklich, mit endgültiger Entschlossenheit liebt, dann geht ihm auf, dass seine einzige Chance darin besteht, das ganze Arsenal von Machtmitteln, das ihm zur Verfügung steht, beiseitezuschieben und die Möglichkeiten seiner Liebe noch tiefer auszuloten.

Dass genau dies gemeint ist, wird erst deutlich, wenn man den „Prozess" Jahwes von dem zweiten Auftrag an Hosea her liest. Diese zweite Anweisung stellt den Propheten nicht nur vor eine ungeheure seelische Zerreißprobe, sondern führt ihn auch an den Rand seiner ökonomischen Möglichkeiten. Als die Frau dem Propheten um eines attraktiveren Liebhabers willen weglief, war sie auf dessen Versorgung angewiesen und unterstand damit seiner Herrschaft. Ohne eine „Ablösungssumme" war dieser sicher nicht bereit, sie wieder herzugeben. Hosea muss tief in die Tasche greifen. Da sein Bargeld offenbar nicht ausreicht, muss er in Naturalien dazuzahlen („anderthalb Homer Gerste"). Der Prophet hatte sich schon beim ersten Auftrag dem Spott der Leute ausgesetzt. Wenn er der Ehebrecherin nun noch hinterherläuft, um sie zu lieben, kann man sich nur an den Kopf fassen. Der Mann, dem Hosea seine eigene, ehebrecherische Frau in solchen Teilzahlungen abkauft und damit seine Insolvenz offenbart, wird schallend gelacht haben.

Gott stehen alle Schöpfungsgaben zur Verfügung, um die Geliebte wiederzugewinnen. Aber er vermag seine Liebe, so scheint es hier, nur durch den Gehorsam eines Menschen offenbar zu machen, der mehr weggeben kann als er selbst. Lässt sich diesem Anschein, dass Gott hinter den Möglichkeiten menschlicher Liebe zurückbleibt, eine noch größere Nähe zwischen seiner Macht und der Ohnmacht des Menschen entgegensetzen, damit die Tiefe seiner Liebe noch glaubwürdiger wird? Im zweiten Kapitel seiner „Philosophischen Brocken" erzählt Kierkegaard ein Märchen: Ein König liebt ein armes Mädchen. Was kann er tun, dass dieses Mädchen seine wirkliche Liebe wahrzunehmen vermag und in den Zeichen seiner Liebe nicht den bloßen Erweis eines königlichen Wohlwollens wittert? Es nützt ihm nichts, dass er sich einen Bettlermantel überwirft. Sollte auch nur ein winziges Fleckchen seines königlichen Purpurs durch die Lumpen hindurchschimmern, dann merkt die Geliebte den Betrug: „Seht da, er gibt vor, mich zu lieben, und wird mir doch nur etwas von seinem Reichtum zugutekommen lassen, um mich einzufangen!" Der König muss selbst schon ganz und gar zum Bettler werden, damit die Geliebte ihm seine Liebe, und nichts als das, abnehmen kann. Lässt die im Buch Hosea geschilderte Bundestreue Jahwes zu seinem ungetreuen Volk Raum für einen noch tiefer greifenden Bund, in dem sich die göttliche Liebe ohne Wenn und Aber zu erkennen gibt?

2 Der Gott Jesu Christi

2.1 Das Problem

Daran, dass Gott Jesus von Nazaret wegen unserer Sünden dahingab, und aus keinem anderen Grunde, lässt das Neue Testament keinen Zweifel. Muss diese fundamentale Aussage aber mit der Annahme verbunden werden, dass die Dahingabe Jesu als „Lösegeld" für unsere Sünden zu verstehen ist; als eine Ersatzleistung, die ein Mensch erbringen muss, um Gottes Zorn zu besänftigen; eine Genugtuung, um die rechte Ordnung wiederherzustellen, die durch die Beleidigung Gottes gestört war – oder wie immer man den Begriff „Sühne-" oder „Opfertod" umschreiben mag? Diese Interpretation legen zwar viele Stellen nahe. Ist sie aber für den Glauben zwingend oder lässt sie sich als durch den Vorstellungshorizont bedingt verstehen, in dem Jesu Lebenswerk damals kaum anders verstanden werden konnte, der aber ein zukünftiges, tieferes Verstehen nicht ausschließt?

Von der Antwort auf diese Frage hängt ab, ob Gott seinem ganzen Wesen nach Liebe ist – was der Satz „Gott ist (die) Liebe" (1 Joh 4,8) doch wohl zum Ausdruck bringen will. Vor allem das Verhältnis zwischen Tod und Auferweckung Jesu wird problematisch, wenn Gott das Sühnopfer des in höchstem Maße Gerechten einfordert, um den vielen Ungerechten die Strafe für ihre Sünden zu erlassen. Selbst wenn dieser Gerechte dem Dogma von Nicäa und Chalkedon entsprechend gleichen Wesens ist mit Gott, bleibt eine Kluft bestehen. Nur Jesus erleidet als Mensch den Kreuzestod, nicht der Vater, der seinen Sohn dazu in die Welt gesandt hat. Wenn in dem vom Vater verfügten Tod seines Sohnes nicht ansichtig wird, dass der ganze dreieinige Gott sich völlig ausliefernde Liebe ist, kommt die Auferweckung Jesu durch den allmächtigen Vater immer schon zu spät. Die *Identität* der göttlichen Liebe mit der im Gehorsam zum Willen Gottes durchgehaltenen Hingabe Jesu muss spätestens in dessen letztem Hauch ansichtig geworden sein. Ein nachgeschobener Akt des seinen Sohn auferweckenden Vaters bringt es nur bis zu einer *Identifizierung*.

2.2 Historische Rückfragen

Die jüngere Diskussion um den Kreuzestod Jesu ergibt etwa das folgende Bild: Die Jesus Nachfolgenden dürften zum großen Teil in Jesus den zu seiner Zeit sehnlich erwarteten Messias gesehen haben – in welcher der verschiedenen Perspektiven auch immer, die sich mit dieser Erwartung verbanden. Mit keiner dieser Messiasvorstellungen ließ sich aber das schmachvolle Ende Jesu am Kreuz vereinbaren. Jesus, der mit großem Anspruch auf die ihm übergebene göttliche Vollmacht aufgetreten war, galt seinen Jüngern wie den anderen Juden seiner Zeit daher als gescheitert. Erst durch Erscheinungen des Auferstandenen wurde ihnen klar, dass nicht ihr Meister gescheitert war, sondern sie selbst mit ihren falschen Messiasprojektionen.

Wie immer auch die „Ostererscheinungen" näher zu verstehen sind, tragen sie nur dann etwas zur Lösung des hier zu behandelnden Problems bei, wenn sie nichts anderes vermittelten, als was bereits zuvor erkennbar war. In diese Richtung zielt schon die früheste kirchliche Verkündigung: „Christus starb für unsere Sünden *gemäß der Schrift*" heißt es in dem knappen Glaubensbekenntnis, das Paulus bereits als ihm überliefert kennzeichnet (1 Kor 15,3). D.h., der Kreuzestod Jesu war schon lange zuvor im Heilsplan Gottes vorgesehen. Ähnlich argumentiert die Passionsgeschichte, auf die Markus in seinem Evangelium zurückgreift: Schon den Psalmen lässt sich entnehmen, dass der Leidensweg des von Gott gesandten Gesalbten in den Schriften Israels vorgezeichnet war. Die Evangelisten verdeutlichen: Jesus selbst tadelt die Jünger, bevor er sich als der Auferstandene zu erkennen gibt, dass sie dem, was Mose und die Propheten über den Messias geschrieben hatten, keinen Glauben schenkten (vgl. Lk 4,25–27). Schon angesichts des leeren Grabes geht dem Lieblingsjünger auf, dass die Auferstehung Jesu bereits den Schriften zu entnehmen war (Joh 20,8f). Matthäus zufolge glauben die Frauen der Auferstehungsbotschaft des Engels am Grabe, noch bevor ihnen selbst der Auferstandene erschienen war (Mt 28,8–10).

Zur Überwindung ihrer fehlgeleiteten Messiasvorstellungen bot sich den Jüngern wohl vor allem die Gestalt des leidenden Gottesknechts an (Jes 52,13–53,12). Bereits in der von Markus berichteten Abendmahlsüberlieferung wird die Hingabe Jesu in den Tod mit Bezug auf das vierte Gottesknechtslied gedeutet. Von besonderem Interesse ist, dass die zentrale Aussage des vierten Evangelisten auf diesem Hintergrund fußt. Auch abgesehen von dem Bekenntnis des Täufers über das „Lamm Gottes" im Sinne von Jes 53,7 lässt sich dies durch die Ineinssetzung der Erhöhung Jesu bzw. der Verherrlichung des Sohnes durch den Vater am Kreuz erkennen. Der für Johannes eigentümliche Gebrauch der Termini „erhöhen" und „verherrlichen" bzw. „Herrlichkeit" (δόξα) ist wohl nur von Jes 52,13–53,3 (LXX) her zu erklären[4].

2.3 Zur Christologie des Evangelisten Markus

Der vierte Evangelist blickt in theologischer („ontologischer") Reflexion auf das „Erhöhen am Kreuz" als die „Stunde", in der die gegenseitige Verherrlichung von Vater und Sohn geschieht. Allein Markus stellt („gnoseologisch") das Sterben Jesu am Kreuz als den Ort dar, wo das wahre Wesen Jesu als Sohn Gottes erkennbar ist und tatsächlich erkannt wird: in der Zusammenschau von Jesu letztem Schrei und dem Bekenntnis des heidnischen Hauptmanns. Schon die Markus aufnehmenden Evangelisten Matthäus und Lukas haben diesen Zusammenhang aufgelöst.[5] Dann ist es nicht verwunderlich, dass bis heute um die richtige Interpretation dieser paradoxesten aller paradoxen Passagen über Jesus von Nazaret gestritten wird. Mir scheint, dass gerade diese Stelle nahelegt, in dem Foltertod, den

---

4 Vgl. *Verweyen*, Ist Gott die Liebe?, 101f.
5 Das gilt erst recht für den Autor von Mk 16,9–20, der meinte, den vorzeitig abgebrochenen Markustext unter Zuhilfenahme der späteren Evangelien ergänzen zu müssen.

Jesus wegen unserer Sünden erlitt, die äußerste Möglichkeit von Stellvertretung zu erkennen, ohne dafür in einer auch noch so abgeschwächten Form den Begriff eines Sühneleidens in Anspruch zu nehmen.[6] Redaktionskritisch gesehen, dürften in dem Bericht über den Tod Jesu (Mk 15,33–41) Vv. 33–36 im Wesentlichen auf einen Markus vorliegenden Text zurückgehen, den Markus durch Vv. 37–39 ergänzt. Für Vv. 40f stützt er sich wohl zumindest teilweise auf eine ihm bekannte Tradition. In Vv. 37–39 schließt der Evangelist den von ihm in der Taufszene eröffneten Rahmen um seine „Frohbotschaft", wie sich aus kaum zufälligen Entsprechungen ergibt. Das Aushauchen des Geistes (15,37) weist auf die Herabkunft des Geistes (1,10) zurück. An das „Aufreißen" der Himmel (1,20) scheint das „Zerreißen" des Tempelvorhangs (15,38) anzuknüpfen.[7] Das Bekenntnis des Hauptmanns zu Jesus als „Sohn Gottes" nimmt die Stimme aus den Wolken (1,11) auf. Diese Aussage ist zwar bewusst aus der Perspektive eines Heiden formuliert. Von der Gesamtkomposition des Evangeliums her ergibt sich aber, dass Markus hier diesem Heiden – und nur ihm – ein vollgültiges Bekenntnis zur Gottessohnschaft Jesu in den Mund legt.

Unter dieser Voraussetzung ist die Frage entscheidend, woran der Hauptmann erkennt, dass dieser soeben am Kreuz gestorbene Mensch „Sohn Gottes war". Wie ist der Satz zu verstehen: „Als aber der Hauptmann [...] sah, dass (Jesus) auf diese Weise seinen Geist aufgab (ὅτι οὕτως ἐξέπνευσεν[8]) [...]"? Der die Exekution überwachende Soldat hatte sicher schon viele sterben gesehen, und manche davon werden statt eines bloßen Röchelns im Sterben noch einen Schrei hervorgebracht haben. Das „auf diese Weise" dürfte von daher nicht auf den Todesschrei Jesu als solchen zu beziehen sein.[9] Wegen der Nähe von 15,37–39 zur Taufszene, in der die Anrede Jesu als „mein geliebter Sohn" unmittelbar mit der Herabkunft des

---

6 Ich fasse im Folgenden nur thesenhaft die Ergebnisse meiner Überlegungen in Ist Gott die Liebe? (163–185) zusammen.
7 Σχίζειν gibt es bei Markus nur an diesen beiden Stellen.
8 Leider gibt die Einheitsübersetzung das ἐξέπνευσεν in V. 39 im Unterschied zu V. 37 mit „sterben" wieder und verdeckt damit das biblische Verständnis von „sterben" als die Zurückgabe des Lebensatems (πνεῦμα), den der Mensch von Gott empfangen hat.
9 Gelegentlich ist die Deutung zu finden, der von Jesus in göttlicher Kraft ausgestoßene Ruf (15,37) habe das Zerreißen des Tempelvorhangs (15,38) bewirkt. Dies habe der Hauptmann von Golgotha aus beobachten können und sei dadurch zum Glauben an die Gottessohnschaft Jesu gekommen. Schon angesichts des Umgangs des Evangelisten mit dem Mirakelglauben darf diese Interpretation als abwegig zurückgewiesen werden.

πνεῦμα auf Jesus verbunden ist (1,10f), darf man auch hier eine Beziehung zwischen dem Bekenntnis zur Gottessohnschaft und der Rückgabe des πνεῦμα vermuten. Diese Vermutung lässt sich durch eine Untersuchung der Pneumatologie des Markus erhärten.

2.4 Zur markinischen Theologie des Geistes

Jesus ist zur Verkündigung der Nähe des Gottesreiches gesandt, und diese Verkündigung ist eingebettet in seine Vollmacht, mit der Kraft des ihm verliehenen Geistes die Geister des Bösen und letztlich Satan, den obersten Herrn dieser Geister, zu vertreiben. Das bestätigt eindrucksvoll der Beginn seiner Tätigkeit in Kafarnaum (1,21–28) und die Zusammenfassung seines Wirkens in dieser Stadt (1,34) wie auch der Abschluss des Berichts von dem überhandnehmenden Zulauf von Menschen von weither (3,7–12). Aber auch im Zentrum seines einzigen kurzen Aufenthalts im Heidenland (5,1–20) steht ein spannend dargestellter Exorzismus.

Die schärfste Auseinandersetzung mit den jüdischen Autoritäten findet dort statt, wo man ihn beschuldigt, mit der Hilfe des Obersten der Dämonen die Dämonen auszutreiben (3,22). Seine Entgegnung darauf schließt Jesus mit dem harten Wort ab: „Alle Vergehen und Lästerungen werden den Menschen vergeben werden, so viel sie auch lästern mögen; wer aber den Heiligen Geist lästert, der findet in Ewigkeit keine Vergebung, sondern seine Sünde wird ewig an ihm haften" (3,28f).

Außer in diesem Kontext (3,23.26) ist noch an zwei weiteren Stellen von (dem) Satan die Rede. Das Erste, was von dem auf Jesus herabgekommenen Geist gesagt wird, ist, dass er den Sohn Gottes in die Wüste treibt und ihn dort den Versuchungen Satans aussetzt (1,12f). Man darf sich hier nicht von der breiten erzählerischen Ausgestaltung der Versuchungen bei Matthäus (4,3–10) und Lukas (4,3–12) dazu verführen lassen, die Jesus wirklich bedrängende Macht Satans nicht ernst genug zu nehmen. Das wird durch den Kampf deutlich, den Jesus in Getsemani zu bestehen hat (Mk 14,32–42).[10]

Vor diesem Hintergrund wird auch die erstaunliche Bezeichnung des Petrus als „Satan" (8,33) verständlicher. Die Vorstellung von einem Mes-

---

10 Lukas verdeutlicht den Zusammenhang zwischen der Versuchungsgeschichte und dem Beginn des Leidens Jesu, indem er zum einen beide durch 4,13 und 22,3 verbindet und zum anderen das bei Markus in der Versuchungsgeschichte genannte Dienen von Engeln (1,13) übergeht, in der Schilderung der Versuchung vor seinem Leiden aber die Hilfe eines Engels erwähnt (22,43).

sias, der nicht leiden muss, verleitet zu einem grundsätzlichen Missverstehen der Sendung Jesu. Dies erläutert Markus im Folgenden durch die sorgfältige Komposition einer ganzen Reihe ihm vorliegender Traditionen. Nach der Betonung der äußersten Anforderungen an die Existenz der zur Nachfolge des Menschensohns Bereiten (8,34–38) wird zwischen 9,1 und 9,9–13 die Verklärungsszene eingeschoben. Dadurch erhält diese wohl ursprünglich die Hoheit Jesu hervorhebende Erzählung eine geradezu entgegengesetzte Interpretation: In der Nähe der ohne Tod in den Himmel aufgenommenen Gestalten Elija und Mose fühlt sich Petrus wohl (9,5). Vielleicht darf er sich ja zu den „einigen" zählen, die das Kommen des Reiches Gottes in Macht kommen sehen, ohne sterben zu müssen (9,1). Mit dieser Einstellung lässt sich die Macht des Heiligen Geistes über die Geister des Bösen nicht vereinbaren. Den von ihm ausgesandten Jüngern hatte Jesus die Kraft verliehen, sie auszutreiben (6,7.13). Nach ihrem grundsätzlichen Missverstehen der Sendung Jesu ist diese Kraft von ihnen gewichen (9,18.28f).

Dass Markus zufolge eine enge Verbindung zwischen dem Kampf Jesu gegen die Geister des Bösen und dem ihm selbst auferlegten Geschick besteht, zeigt sich nicht zuletzt an dem eigentümlichen Gebrauch besonderer Worte oder Wortverbindungen. Das Verb ἐκβάλλειν („hinaustreiben", „hinauswerfen") hat zumeist den Beiklang gewaltsamen Handelns und wird schon im Profangriechischen, besonders aber im zweiten Evangelium zum Austreiben der unreinen Geister bzw. Dämonen verwandt. Warum heißt es dann aber, unmittelbar nachdem bei der Taufe die Herabkunft des Geistes auf Jesus, den von Gott geliebten Sohn, geschildert wird, dass dieser Geist Jesus in die Wüste und damit in die Nähe Satans „hinaustreibt"?

Merkwürdig ist auch, dass Markus die Wortverbindung φωνῇ μεγάλῃ („laute Stimme", „Schrei") nur, zum einen, für die Äußerungen von Besessenen bzw. der von Jesus aus ihnen vertriebenen Dämonen gebraucht (5,7; 1,26) und, zum anderen, für das laute Rufen Jesu am Kreuz – für seine laute Klage der Gottverlassenheit (15,34) und den Schrei, mit dem er sein Leben aushaucht (15,37). Wie verhalten sich überhaupt in der Sicht des Markus diese beiden Rufe in Todesnot zueinander?

2.5 Das Schreien Jesu am Kreuz

Den zunächst erwähnten lauten Ruf der Gottverlassenheit dürfte die dem Evangelisten wahrscheinlich vorliegende Passionsgeschichte als Gipfel des bereits in den Schriften Israels angesagten Wegs des endzeitlichen Gesalbten Gottes verstanden haben. Noch in seiner Todesnot betet Jesus zu Gott mit den Worten Davids im Psalm 22. Zitiert ist der Verlassenheitsschrei wohl als Prolog zu einem Gebet, in dem es letztlich um Errettung von Unheil geht und das mit dem Lobpreis für die gewährte Hilfe endet (Ps 22,2.12.20–22.23–32). Die des Aramäischen mächtigen Umstehenden drehen auch dieses letzte Gebet Jesu ihm spöttisch im Munde herum und deuten es – gegen den klaren Wortlaut des Rufes „ελωι" – als vergeblichen Hilferuf nach dem im jüdischen Volksglauben als Nothelfer betrachteten Elija (15,35f). Von dieser jüdischen Szenerie setzt Markus dann durch nochmalige Erwähnung des diesmal als wortlos wiedergegebenen Schreis Jesu die völlig andere Reaktion des Heiden ab. Die Berechtigung zu dessen vollgültigem Bekenntnis wird in dem Einschub von V. 38 über das Zerreißen des Juden und Heiden voneinander trennenden Tempelvorhangs gleichsam hinter dem Rücken des Hauptmanns klargestellt.

Wie versteht Markus selbst den von den Juden missdeuteten Schrei der Gottverlassenheit?

Unmittelbar vor der Festnahme wurde Jesus von einem Grauen überfallen, das Markus mit ähnlich harten Worten schildert wie die Äußerungen von Furcht und Entsetzen anderer Menschen (14,32–42). Jesus fängt an „zu zittern und zu zagen". Erstmalig bezieht er die ihm am meisten vertrauten Jünger in seine eigene Angst vor dem Leiden des Menschensohns mit ein, das er ihnen zuvor doch immer wieder als unausweichlich angekündigt hatte. Aber er wird von ihnen wie von allen anderen alleingelassen. In der Formulierung des Gebets Jesu zu seinem Vater tritt im zweiten Evangelium zunächst die Kluft zwischen dem eigenen Lebenswillen Jesu und dem ihn leitenden Geist Gottes in aller Schärfe hervor: „Abba, Vater, alles ist dir möglich; nimm diesen Kelch von mir!" Diese Differenz des menschlichen Wollens zum göttlichen Willen wird aber sogleich überwunden: „Aber nicht, was ich will, sondern was du (willst)" (14,36).

Angesichts dieser restlosen Hingabe des eigenen Wollens an den Willen des Vaters ist es kaum vorstellbar, dass Markus den Ruf der Gottverlassenheit, den Jesus mit lauter Stimme äußert (15,34), als Prolog zu einer Bitte um Verschonung von dem bevorstehenden Leiden deutet. Näher liegt, dass der Evangelist diesen Ruf als Kommentar zu dem wortlosen Schrei zu verstehen gab, in dem Jesus sein Leben aushaucht (15,37). Der Sohn wusste, dass ein Todeskelch auf ihn zukam.[11] Aber dessen Inhalt, den der Vater bestimmt hatte, kannte er nicht. Wie sollte er auch ahnen, dass die vorbehaltlose Überantwortung seines Lebensatems an den Geist Gottes

---

11 Vgl. Mk 10,38.

mit einem solchen Ausstoßen dieses Gotteshauchs enden würde? Wie kann einem Menschen der Gedanke kommen, dass, wenn er sich bedingungslos der Nähe des alles fordernden Gottes überlässt, dieser Gott ihm schließlich in eine unendliche Ferne entrückt? Warum wird er in seiner Todesnot ganz alleingelassen, umgeben nur vom Hohn der triumphierenden Widersacher Gottes, die zu besiegen er als sein Lebensziel betrachtet hatte? Der in einem lauten Schrei abgegebene letzte Hauch Jesu ist, Markus zufolge, der „Ort", an dem die volle Erkenntnis des Sohnes Gottes gewährt wird. Dieses an Brutalität kaum zu übertreffende Ende Jesu versteht der Evangelist als Vollendung einer Frohbotschaft, die für alle Zeiten gilt und sich an alle Menschen richtet. Lässt sich aber, wenn Jesus diesem Sterben als notwendiger Voraussetzung dafür ausgeliefert wurde, dass Gott den Menschen die verdienten Strafen für die ihm zugefügten Beleidigungen erlässt, darin der Wille eines liebenden Gottes erkennen? Wenn dies nicht gelingt, muss es noch eine andere Deutungsmöglichkeit für das klare Zeugnis des Neuen Testaments geben, dass Gott Jesus von Nazaret wegen unserer Sünden dahingab.

2.6 Stellvertretung

Jesus war als Repräsentant des göttlichen Erbarmens aufgetreten, das sich bereits jetzt als das Gesetz im anbrechenden Reich Gottes ankündigte. Das hieß aber auch, dass er zugleich mit unerbittlicher Härte gegen alle vorgegangen war, deren versteinertes Herz keinen Raum ließ für das Herz aus Fleisch, das Gott seinem Volke schenken wollte (vgl. Ez 36,25f). Wer sich an sein Herz aus Stein klammerte, musste alles daransetzen, diesen ständigen Widerspruch gegen den eigenen Existenzentwurf zu beseitigen. Dieser Logik entsprach aber mit noch größerer Folgerichtigkeit, den gewaltsam herbeigeführten Tod dessen, der in Hingabe *an* das Heil des Gottesvolkes gelebt hatte, als Hingabe *für* das Heil dieses Volkes zu verstehen.

Wie ließ sich diese Einsicht im Horizont des Glaubens Israels zum Ausdruck bringen? Das Neue Testament spricht zweifellos davon, dass Jesus von Gott für unsere Sünden – und letztlich für die Sünden aller Menschen – einem qualvollen Tode ausgeliefert wurde. Damit wird an vielen Stellen die These verbunden, dass dieser Tod als Sühne für unsere Sünden zu verstehen ist. Gehört auch diese zweite Behauptung zur unaufgebbaren Grundlage unseres Glaubens? Dagegen kann der prinzipielle Unterschied zwischen den beiden Aussagen geltend gemacht werden. Dass (ein) Gott den Menschen, der ihm wie kein anderer ergeben ist, einem Sterben überlässt, in dem er sich völlig von Gott verlassen fühlt, ist in der Geschichte der Religionen eine wohl einmalige Aussage. Der Sühne- oder Lösegeldgedanke hingegen war von den Traditionen Israels her – wie in anderen Religionen – so vertraut, dass er sich der frühen christlichen Gemeinde als eine das Verständnis des hingerichteten Messias erleichternde Interpretation geradezu anbot. Wie in vielen anderen Fällen werden wir uns aber auch hier fragen müssen, ob in bestimmten Zeiten als selbstverständlich Geltendes noch heute als unaufgebbar gültiges Glaubensgut verkündet werden sollte.

Doch selbst wenn wir die Frage nach einer Sühneleistung ausklammern: Gibt nicht schon die Annahme, dass Jesus wegen unserer Sünden dahingegeben wurde, Anlass für erhebliche Zweifel daran, dass der von uns verkündete Gott Liebe und nichts als Liebe ist? Bei dem Versuch, diesem Zweifel zu begegnen, wird der Begriff „Sünde" in seinem Verhältnis zum Begriff „Liebe" bedacht werden müssen. Um hier weiterzukommen, legt es sich nahe, zunächst danach zu fragen, was im zwischenmenschlichen Bereich den Namen Liebe wirklich verdient. Analog dazu ließe sich dann als Sünde das bezeichnen, was von dieser Liebe nichts wissen will und ihr dadurch Wunden zufügt.

Dem Menschen passt es für gewöhnlich nicht, zu seiner Selbstverwirklichung auf etwas angewiesen zu sein, das er sich nicht selbst beschaffen kann. Dennoch bedarf er der Anerkennung durch andere. Die versucht er sich dann mit Machtmitteln oder durch listenreiche Manipulationen zu beschaffen – wie etwa das Vorspielen eines großzügigen Verhaltens, das ihm zu Ansehen verhilft. Oder er schließt sich einer Gruppe an, in der er volle Anerkennung findet, wenn er alles mitmacht: Einen, der anders denkt und handelt, muss man z. B. bespötteln, mobben und notfalls rücksichtslos attackieren.

Wenn dem Menschen nun Liebe als Versuch begegnet, ohne Gegenleistung dem Besten in ihm selbst zum Durchbruch zu verhelfen, dann wittert er Gefahr. Anerkennung in dieser Form stellt seinen ganzen Lebensentwurf in Frage. Statt des Wortes der Liebe hört er darum nur einen Widerspruch, der sich gegen das Eigentliche seiner Existenz richtet.

Die unentgeltliche Anerkennung, der er jetzt plötzlich ausgesetzt ist, gilt es darum herunterzuspielen: Liebe darf dann allenfalls ein Akt von Jovialität sein oder aber ein Altruismus, den der andere als Kompensation für seine Unfähigkeit zur Selbstverwirklichung braucht. Dieses Spiel muss man so weit treiben, bis der Schmerz erkennbar wird, den ein solcher Zynismus im Liebenden anrichtet. Wenn dieser sich trotz allem aber nicht in der Entschiedenheit beirren lässt, auf die wirkliche Not in sich selbst verkrümmter Menschen einzugehen, wird der Zynismus schließlich in Hass umschlagen.

Auf einen Menschen, der weiß, dass er zu nichts anderem da ist, als für die bedingungslose Liebe Gottes in dieser Welt einzustehen, konzentriert sich der gesamte Hass derjenigen, die sich von Liebe bedroht fühlen. In ihm wird das Leiden der Liebe zum Unmaß, weil er alle Verweigerung der ihm von Gott anvertrauten Liebe bis in die letzte Faser seiner Existenz erfährt. Damit wird das, wozu er sich berufen fühlte, aber einem völlig unerwarteten Wandel unterworfen. Er wusste sich in die Welt gesandt, um sie auf das große Geschenk vorzubereiten, das Gott ist. Auch im Austragen der Verweigerung, die ihm entgegenschlug, blieb sein Blick auf das Elend derer gerichtet, die sich nicht von ihren Fesseln befreien lassen wollten.

Je mehr das Nein zu einem Gott, der nichts anderes will, als sich selbst zu verschenken, die eigene Existenz des von ihm Gesandten radikal untergräbt, wird er nun aber zum vollkommenen Bild Gottes selbst. Von nun ab steht er nicht nur Menschen gegenüber, die ihn alleingelassen haben, sondern Gott selbst, dessen ganzes Wesen auch er noch nicht ausgekostet hatte. Weil wir Gottes Liebe nicht verstehen, ist uns die Allmacht der Geduld fremd, mit der er unendlich lange das Leiden erträgt, das verweigerte Liebe in ihm anrichtet. Nie zuvor, nicht einmal in den Propheten Israels, hatte Gott sich den Menschen so zeigen können, wie er ist, entblößt von den Prachtgewändern, die ihm die weltlichen und geistlichen Herren dieser Welt umgeworfen haben, um ihre eigene Macht in göttlichem Glanze zu sonnen. Erst Jesus lässt sein menschliches Sein restlos in das durch unsere Lieblosigkeit geschundene Antlitz Gottes umschmelzen. Weil auch ihm auf dem Wege bis zur letzten Konsequenz seiner Sendung dieser Gott noch nicht in seiner ganzen Tiefe bekannt war, musste er sich in seinem Sterben von Gott verlassen fühlen. Indem er im Gebet die Verlassenheit der Liebe schlechthin in die Finsternis hinausschreit, die bis zu seinem Tode die ganze Erde bedeckte (Mk 15,33), wird seine volle Einheit mit dem Vater offenbar.

Wenn diese Interpretation dem Kreuzestod Jesu angemessen ist, dann lässt sich der Satz „Christus ist für unsere Sünden gestorben" von zwei Seiten her betrachten. Jesus wurde *wegen* unserer Sünden dahingegeben. Nur in dem Schrei des vom Nein gegen seine Botschaft der Liebe zertretenen Sohnes konnte Gott das wahre Bild seiner von der Lieblosigkeit der Menschen bis ins Mark verwundeten Liebe offenbaren.

Jesus wurde *für* uns in der Sünde Befangene dahingegeben. Indem am Kreuze Jesu Gott alle falschen Bilder, die wir uns von ihm machen, zerbricht, werden auch wir zu einem radikalen Wandel herausgefordert. Gott zwang den von ihm erwählten Sohn gleichsam, seine Sendung zu den Menschen für den letzten Augenblick seines Lebens zu vergessen, um ihn in den noch unausgeloteten Abgrund der göttlichen Liebe zu stürzen. Wir aber werden in der Erkenntnis dessen, was verweigerte Liebe anrichtet, von Gott zu den Menschen geschickt. Er bedarf keiner groß angelegten Ehrungen, mit denen wir ihn letztlich zu unseren Gunsten umstimmen wollen. Alles, was er von uns will, ist, dass wir von unserer Lieblosigkeit ablassen, die Menschen ihr Menschsein verleidet, damit er sich endlich seiner selbst, seiner unerschütterlichen Liebe erfreuen kann.

Unversöhnt in alle Ewigkeit?

Hartmut Langes Novelle *Das Konzert* und die Hoffnung auf Versöhnung

Jan-Heiner Tück

Vieles, was in der Geschichte geschieht und Menschen auseinanderreißt, Beziehungen zerrüttet, kann in der Geschichte nicht mehr geklärt, aufgearbeitet und geheilt werden. Wenn die Täter nicht auf immer über ihre Opfer triumphieren sollen, wenn die Gerechtigkeit nicht auf immer mit Füßen getreten werden soll, dann muss es eine Perspektive geben, die über die Geschichte hinausreicht. Die Sehnsucht nach Gerechtigkeit, die aus der Erinnerungssolidarität mit den Opfern erwächst, hat einen Überschuss, der ins Eschatologische ausgreift und sich im Topos des Gerichts verdichtet. Das Gericht ist der Ort der Aufrichtung der Wahrheit, wo die Abgründe der menschlichen Freiheitsgeschichte aufgedeckt werden. Hier wird die verdrängte Schuld der Täter ans Licht kommen und das vergessene Leid der Opfer gewürdigt werden. Kann aber das zerrüttete Verhältnis zwischen Tätern und Opfern im Gericht geheilt und ins Lot gebracht werden?

Diese abgründige Frage ist in der Theologie seit einigen Jahren immer wieder thematisiert worden.[1] Dabei wurde auch danach gefragt, ob der Einzelne mit Gott ins Reine kommen kann, ohne dass er das Verhältnis zu anderen, an denen er schuldig geworden ist, aufgearbeitet hätte. Deut-

---

1 Vgl. *Jürgen Moltmann*, Gerechtigkeit für Opfer und Täter, in: Ders., In der Geschichte des dreieinigen Gottes. Beiträge zur trinitarischen Theologie, München 1991, 74–89; *Jan-Heiner Tück*, Versöhnung zwischen Tätern und Opfern? Ein soteriologischer Versuch angesichts der Shoah, in: ThGl 89 (1999) 364–381; *Matthias Remenyi*, Ende gut – alles gut? Hoffnung auf Versöhnung in Gottes eschatologischer Zukunft, in: IKaZ 32 (2003) 492–512; *Ottmar Fuchs*, Das Jüngste Gericht. Hoffnung auf Gerechtigkeit, Regensburg 2007; *Karl-Heinz Menke*, Rechtfertigung: Gottes Handeln an uns ohne uns? Jüdisch perspektivierte Anfragen an einen binnenchristlichen Konsens, in: Cath(M) 63 (2009) 58–72; *Philipp Höfele*, Vergebung für die Täter? Überlegungen zur intersubjektiven Dimension des eschatologischen Gerichts, in: ThPh 85 (2010) 242–260; *Joachim Valentin*, Eschatologie, Paderborn 2013, 143–147.

licher gesprochen: Kann der Täter bei Gott Vergebung finden, ohne dass er sich mit dem Opfer ausgesöhnt hat? Bei diesen Reflexionen, die geschichtliche Ausweglosigkeiten ins Eschatologische transponieren, um im Modus der Hoffnung eine Lösung anzudenken, wurde bislang kaum auf literarische Zeugnisse Bezug genommen. Dabei ist die Literatur ein Medium, in dem menschliche Grenzfragen durchgespielt werden und auch das, was geschichtlich unmöglich ist, als Möglichkeit imaginiert werden kann. In den Novellen Hartmut Langes, der sich von einem existenziellen Erschrecken vor der Endlichkeit umgetrieben sieht, ohne in der Lage zu sein, dieses durch religiöse Transzendenzversprechen zu beruhigen[2], wird die Frage nach der Versöhnungsmöglichkeit zwischen Tätern und Opfern bedacht.[3] Jenseits der Schattenlinie des Todes geschehen Dinge, die in der normalen Wirklichkeit nicht geschehen. Gerade dadurch wird ein Licht auf die Unmöglichkeiten der Wirklichkeit geworfen, die gerne abgedrängt und vergessen werden. Monika Maron hat in einer Laudatio auf ihren Schriftstellerkollegen, der einst Marxist gewesen ist, festgehalten:

„Hartmut Lange betrachtet den Mord an den Juden, mit dessen Unbegreiflichkeit wir uns scheinbar abgefunden haben, seit wir den Begriff Holocaust in unsere Alltagssprache aufgenommen haben, von der Seite des Todes her, wenn alles vorbei ist für die Opfer, für die Täter, wenn

---

2   Vgl. *Ralph Schock*, Gespräch mit Hartmut Lange, in: Sinn und Form 3 (2008) 329–338, 329: „Sie können heute das metaphysische Erschrecken vor der Endlichkeit nicht mehr mit einem christlichen Transzendenzversprechen überwinden, und auch mit keinem anderen mehr. Sie können aber, und das ist bei mir der Fall, ein Transzendenzbegehren entwickeln."
3   Hartmut Lange, geb. 1937, hat in der DDR ab 1960 viel beachtete Stücke als Dramatiker vorgelegt, flüchtete aber bereits 1965 in die Bundesrepublik, um freier arbeiten zu können. Als Dramaturg und Regisseur am Schillertheater in Berlin konzipierte er zunächst Stücke, die auf praktische Veränderung der Gesellschaft abzielten. Zu Beginn der 1980er kam es zu einer Abkehr vom linken politischen Denken, das in der Veröffentlichung des *Tagebuchs eines Melancholikers* literarisch greifbar wird. Dem Tagebuch ist das Motto Nietzsches vorangestellt: „Ich suche nach einer Ewigkeit für Jegliches." Hier wird die Reserve gegenüber marxistischen Theorien greifbar, die ganz im Horizont der Immanenz verbleiben und zwar eine gesellschaftliche Befreiung des Einzelnen anvisieren, das existenzielle Thema der Angst, der Endlichkeit und des Todes aber aussparen. Werkgeschichtlich ist die Zäsur auch daran ablesbar, dass Lange seit den 1980er Jahren vor allem als Erzähler hervortritt. Die Novelle *Das Konzert* wurde 1986 veröffentlicht. Vgl. *Manfred Durzak* (Hg.), Der Dramatiker und Erzähler Harmut Lange, Würzburg 2003; *Ralf Hertling*, Das literarische Werk Hartmut Langes. Hoffnung auf Geschichte und Glaube an die Kunst-Dramatik und Prosa zwischen 1960 und 1992 (Bochumer Schriften zur deutschen Literatur 41), Frankfurt a. M. 1994.

dem Geschehen jeder Sinn und Zweck entzogen ist, und jeder unrettbar in seinem Zustand verharrt, der eine in seiner Schuld, der andere in der Not, verzeihen zu sollen. Im Zustand des Todes, den Lange einen ‚metaphysisch-sittlichen Raum', eine ‚positive Utopie' nennt, gehören Mörder und Opfer ewig zusammen als Sühnende und Verzeihende. Der junge Pianist Lewanski, mit achtundzwanzig Jahren in Litzmannstadt erschossen, ringt um seine künstlerische Vollendung, von der, weil sie den Widerruf der Tat bedeutete, auch seine Mörder sich die Erlösung erhoffen. Aber Lewanski wird die Erfahrung, die er zu seiner Vollendung brauchte, nicht machen können, er wird immer achtundzwanzig bleiben und seine Mörder unerlöst."[4]

Im Folgenden möchte ich die Novelle *Das Konzert*[5] in einem ersten Schritt im Sinne eines *close reading* nachzeichnen. Die Erzählung ist deshalb bemerkenswert, weil sie unterschiedliche Zeitebenen ineinanderschiebt und die Biographien von Tätern und Opfern von der anderen Seite des Todes her in den Blick nimmt. Die unterschiedlichen Haltungen, welche Opfer und Täter im Blick auf das Vergangene retrospektiv einnehmen, werde ich in einem zweiten Schritt näher analysieren. Opfer können eine Haltung der Vergebungsbereitschaft zeigen, die ihren Tätern ein neues Verhältnis zu sich selbst ermöglicht; sie können aber auch aus Empörung über das erlittene Unrecht jede Kommunikation mit ihren Tätern strikt ablehnen. Täter hingegen können sich in steifnackiger Verbohrtheit verschließen und jede Schuld auf andere abwälzen, sie können sich aber auch dem Schmerz der sie einholenden Wahrheit stellen, die Tat bereuen und ihre Opfer um Vergebung bitten. In einem abschließenden Schritt möchte ich einen eschatologischen Grenzgang riskieren, der mit Lange über Lange hinausgeht. Lange wirft Fragen auf, die ins Theologische hineinreichen, ohne diese selbst beantworten zu wollen. Als spätmoderner Agnostiker versagt er sich ausdrücklich ein „Transzendenzversprechen", von dem gleichwohl christliche Theologie geleitet ist, wenn sie den Glauben an die Auferstehung des Gekreuzigten mit der kühnen Hoffnung verbindet, dass alle gerettet werden können. Die eschatologische Denkfigur der Rettung aller muss allerdings an das Gerichtsmotiv gebunden werden, wenn sie nicht auf das Niveau billiger Versöhnung absinken soll. Ohne Gericht, in

---

4 *Monika Maron*, Laudatio auf Hartmut Lange anlässlich der Verleihung des Italo-Svevo-Preises 2003, in: Marburger Forum. Beiträge zur geistigen Situation der Gegenwart, Jg. 5 (2004) Heft 2.

5 *Hartmut Lange*, Das Konzert. Novelle (1986), München 2007 (Seitenzahlen im Folgenden in Klammern im Text).

dem die Wahrheit der abgründigen Leidens- und Schuldgeschichte rückhaltlos aufgedeckt und aufgearbeitet wird, keine Rettung. Das bedeutet, dass die Versöhnung mit Gott an eine Aussöhnung zwischen den Menschen gebunden ist. Ohne freie Einstimmung und persönliche Beteiligung der betroffenen Akteure kann eine solche Versöhnung mit Gott und den anderen nicht stattfinden. Ein „Handeln Gottes an uns ohne uns"[6] – darauf hat Karl-Heinz Menke wiederholt und mit Nachdruck hingewiesen – würde die erlösungs- und versöhnungsbedürftigen Subjekte zu Objekten degradieren.

1 Hartmut Langes Novelle *Das Konzert* und die Frage, ob das Leben im Tod nachgeholt werden kann

Die Novelle *Das Konzert* spricht vom Leben der Toten. In einer Villa am Wannsee werden regelmäßig Abendgesellschaften gegeben. Hier kommen die Toten zusammen. Die Gastgeberin ist eine gewisse Frau Altenschul, eine kultivierte Dame jüdischer Herkunft, die mit dem Maler Max Liebermann freundschaftlich verbunden ist. Diese Toten sind mit einer doppelten Zeitwahrnehmung ausgestattet: Einerseits sehen sie das gegenwärtige Leben Berlins, das für sie aber eigentümlich unwirklich ist, andererseits haben sie einen Blick für das Vergangene, als habe die Zerstörung Berlins im Zweiten Weltkrieg nie stattgefunden, als gebe es keine Mauer, die die

---

6 Vgl. *Karl-Heinz Menke*, Das Kriterium des Christseins. Grundriss der Gnadenlehre, Regensburg 2003, 16: „Gnade ist kein Handeln Gottes *am* Menschen *ohne* den Menschen, sondern ein Bundesgeschehen." Ein Bundesgeschehen aber schließt die freie Beteiligung der Akteure ein, das heißt, der Mensch als Adressat des Bundes kann nicht durch die Gnade einfach überwältigt, sondern muss in seiner Freiheit als Bundespartner anerkannt werden. Genau diese Anerkennung der menschlichen Freiheit sieht Menke im Paradigma der augustinischen Erbsündenlehre von Grund auf beeinträchtigt, hier werde Gnade „als Handeln Gottes am Sünder ohne und gegen diesen" (ebd., 74) verstanden. Augustins Erbsündenlehre hat bekanntlich auch Luthers Rechtfertigungstheologie geprägt. So ist es konsequent, dass Menke die Rückfrage nach der freien und aktiven Beteiligung des Sünders im Rechtfertigungsgeschehen auch im Blick auf die „Gemeinsame Erklärung über die Rechtfertigungslehre" vorgetragen hat. Vgl. *Menke*, Rechtfertigung: Gottes Handeln an uns ohne uns? Dass Menke seine Rückfrage durch Überlegungen zur Versöhnung von Tätern und Opfern nach Auschwitz verdeutlicht hat, hat die Kritik von *Bernd Oberdorfer*, „Ohne uns"? Rhapsodische Anmerkungen zu Karl-Heinz Menkes Frontalangriff auf die lutherische Rechtfertigungslehre, in: Cath(M) 63 (2009) 73–80, provoziert, die Menke seinerseits durch die Erwiderung: Argumente statt Verdikte. Eine kurze Replik auf Oberdorfers „rhapsodische Anmerkungen", in: Cath(M) 63 (2009) 138–142, pariert hat.

Ost-West-Trennung besiegelt habe. Der Maler Max Liebermann ist im Kreis der jüdischen Opfer, die im Salon von Frau Altenschul zusammenkommen, der Einzige, der auf ein langes Leben zurückblicken kann. Für ihn ist das Leben der Toten, das keine Befristung mehr kennt, Anlass einer künstlerischen Krise. Die existenzielle Dringlichkeit, mit der er als Lebender seine Motive auf die Leinwand gebracht hat, die vorwärtstreibende Ungewissheit, ob ein Bild glücke oder nicht, ist im postmortalen Status unerheblich geworden. Liebermann fragt sich: „Warum noch malen?"[7]

Ganz anders stellt sich die Situation für den Pianisten Rudolf Lewanski dar, der Anfang der 1930er Jahre eine große Hoffnung der Musikwelt war, der aber 28-jährig auf der Flucht von den NS-Schergen aufgegriffen und in Litzmannstadt brutal ermordet wurde. Unangekündigt betritt er eines Abends den Salon von Frau Altenschul, setzt sich an den Flügel und spielt die ersten Etüden aus Chopins op. 25. Bei der langsamen cis-Moll-Etüde kommt er ins Stocken und bricht mitten im Spiel ab. Mit tonloser Stimme flüstert er: „Litzmannstadt". Auf die Frage, was mit ihm sei, antwortet er: „Um dies spielen zu können, sollte ich erwachsen sein. Man hat mich zu früh aus dem Leben gerissen." (12) Damit wird erstmals eine Leitfrage der Novelle eingespielt, ob wohl das Leben im Tod nachgeholt werden könne. Der Pianist Lewanski ist ein Opfer, das eine große Zukunft vor sich gehabt hätte, wenn er nicht brutal aus dem Leben gerissen worden wäre. Was ist mit den abgeschnittenen Lebensmöglichkeiten? Können sie postmortal zur Entfaltung gebracht werden? Hat die abgebrochene Vergangenheit noch eine Zukunft vor sich?[8]

Einige Tage später lädt Frau Altenschul Lewanski zu einem Spaziergang durch den Tiergarten ein. Sie ist voller Genugtuung, dass sie mit dem einst verehrten, aber unerreichbaren Idol nun persönlich in aller Ruhe sprechen kann. Sie empfiehlt dem unstet von Stadt zu Stadt reisenden

---

7 Das Motiv, dass Ewigkeit – als unendliche Verlängerung von Zeit gedacht – zu einer radikalen Entwertung menschlicher Handlungen führen würde, begegnet auch in der religionskritischen Rede Prados in *Pascal Merciers* Nachtzug nach Lissabon, Berlin ¹³2006, 201f. Vgl. dazu meinen Kommentar in: Hintergrundgeräusche. Liebe, Tod und Trauer in der Gegenwartsliteratur, Ostfildern 2010, 32–55, bes. 47f.
8 Von einer anamnetischen Solidarität mit den Geschlagenen der Geschichte her geleitet, hat *Walter Benjamin* im Briefwechsel mit Max Horkheimer den Gedanken einer *Unabgeschlossenheit des Vergangenen* entwickelt. „Das Eingedenken kann […] das Abgeschlossene (das Leid) zu einem Unabgeschlossenen machen. Das ist Theologie; aber im Eingedenken machen wir eine Erfahrung, die uns verbietet, die Geschichte grundsätzlich atheologisch zu begreifen, so wenig wir sie in unmittelbar theologischen Begriffen zu schreiben versuchen dürfen." Ders., Das Passagenwerk (Gesammelte Schriften, Bd. V/1), Frankfurt a. M. 1989, 589.

Lewanski, sich in Berlin niederzulassen: „Es gibt in dieser Stadt nichts mehr, was Sie beunruhigen könnte", sagt Frau Altenschul. Er könne hier getrost an seine früheren Erfolge anknüpfen. Doch während sie dies sagt, taucht unversehens eine dunkle Gestalt auf, die höflich um Beachtung bittet, von Frau Altenschul aber so behandelt wird, als existiere sie nicht: „Sie bereuen, dass sie uns getötet haben. Sie haben offenbar vergessen, dass wir uns wieder begegnen würden" (17f.), kommentiert sie trocken, als die Gestalt wieder abgetaucht ist. Frau Altenschul empfindet die Versuche der Täter, Kontakt mit ihren Opfern aufzunehmen, als Belästigung.

Ihr Gespräch mit dem Pianisten hat Erfolg. Bei der nächsten Abendgesellschaft kündigt Frau Altenschul nicht ohne Stolz an, Lewanski habe sich entschieden, in Berlin zu bleiben, in der Stadt seines einstigen Erfolgs solle er das Unrecht, das man ihm angetan hatte, widerrufen. Kurz nach dieser Ankündigung kommt es jedoch erneut zu einer Störung. Ein Mann klopft hartnäckig an das Portal der Villa. Die Gastgeberin gibt zu verstehen, dass der Bitte unmöglich stattgegeben werden könne. Einer der Gäste, der Schriftsteller Schulze-Bethmann, einst Verfasser bösartiger Satiren und in der Gesellschaft der Toten als Zyniker verschrien, erklärt sich bereit, den lästigen Besucher abzuweisen. Frau Altenschul beobachtet vom Fenster aus, wie Schulze-Bethmann mit der Gestalt, die klare Insignien eines NS-Täters trägt, ein Gespräch beginnt. Sie missbilligt dieses Verhalten, ja hält es für schamlos. Als Schulze-Bethmann, selbst ein Opfer der Nazis, zurück in den Salon kommt, gibt er zu verstehen: „Man wird Lewanski nicht belästigen." (30)

Wenig später findet im Charlottenburger Schloss das erste öffentliche Konzert statt. Lewanski spielt vor mehr als dreihundert Zuhörern die E-Dur-Sonate op. 109 von Ludwig van Beethoven, drei Balladen von Chopin und die Variationen für Klavier von Anton Webern. Viele Hörer sind zutiefst betroffen. An einer Stelle aber hält Lewanski kurz inne, als wolle er das eben Gespielte noch einmal überdenken, es kommt allerdings zu keiner Unterbrechung. Die Begeisterung des Auditoriums ist am Ende des Konzertes so groß, dass der Pianist acht Zugaben geben muss. Anschließend lädt Lewanski ausgewählte Gäste in seine Villa ein, es wird bis tief in die Nacht gefeiert. Schulze-Bethmann stößt an: „Auf die Zuversicht, das Leben, das doch beendet ist, noch einmal zu wagen!" (34)

All jene, die um die Blüte ihrer Jahre gebracht wurden, sehen in Lewanski ein Inbild der Hoffnung, dass das Geschehene doch ungeschehen gemacht werden könne. In gehobener Festlaune tritt Schulze-Bethmann noch einmal an Lewanski heran und gibt ihm zu verstehen, dass er durch sein Spiel auch seinen Mörder zu Tränen rühren könne, vorausgesetzt, diesem würde gestattet, bei einem Konzert dabei zu sein. Und er fügt an: „Für den späten Beethoven sind Sie noch etwas jung. Ich hoffe, dass es Ihnen gelingen wird, Ihre Jugend der Erfahrung Ihres Todes anzugleichen." (35) Diese hintergründige Bemerkung hinterlässt einige Ratlosigkeit.

Nach dem erfolgreichen Konzertabend lässt sich Lewanski im Salon von Frau Altenschul nicht mehr sehen. Über die Gründe lässt er seine Bekannten im Unklaren. Max Liebermann versucht Lewanskis Abwesenheit durch künstlerischen Ehrgeiz zu erklären, der Pianist müsse jede freie Minute zum Üben nutzen. Frau Altenschul lässt sich durch die Deutung des Malers zunächst beruhigen, als aber das Jahresende naht und zu Silvester ein Fest in ihrer Villa gefeiert werden soll, fragt sie sich voller Unruhe, ob Lewanski der Einladung wohl folgen werde. Zahlreiche Gäste kommen, nur der Pianist bleibt aus. Zu fortgeschrittener Stunde überreicht Schulze-Bethmann Frau Altenschul einen Brief des Pianisten, den diese öffnet und vor den Augen der Gäste mit dem „Ausdruck ungläubiger Empörung" (41) überfliegt. In diesem Brief wirft Lewanski Altenschul vor, sie habe ihm die Gesellschaft eines Verbrechers aufgezwungen, dem er nie hätte begegnen wollen. Vor seinem Haus sei jene Gestalt erschienen, die sie bei ihrem gemeinsamen Spaziergang im Tiergarten belästigt habe. Er, Lewanski, habe aber nicht die Absicht, vor den Tätern ein Konzert zu geben. Die verstörende Wirkung des Briefes führt dazu, dass sich die Gesellschaft wenig später auflöst, nur Liebermann bleibt bei Frau Altenschul zurück und versucht deren Empörung abzumildern.

Was hatte Lewanski zu diesem Brief veranlasst? Der Schriftsteller Schulze-Bethmann hatte sich an jenem Abend, an dem man sein erfolgreiches Konzert gefeiert hatte, von Lewanski mit der Bemerkung verabschiedet, der Kreis seiner Bewunderer sei größer, als er annehme. Ob Lewanski sein Einverständnis gebe, dass er ihm einen seiner Bewunderer, den sein Klavierspiel zu Tränen gerührt habe, persönlich vorstelle? Lewanski hatte bejaht, ohne zu ahnen, worauf er sich damit einlassen würde. Noch in derselben Nacht erschien dann die Gestalt in seiner Villa, die Lewanski nie empfangen hätte: „Ich bin gekommen, um Ihnen zu sagen, wie sehr mich Ihr Klavierspiel berührt hat" (44). Angewidert von dieser Einlassung, verliert Lewanski die Kontrolle und bewirft den Eindringling mit Gegenständen, so dass dieser blutig verletzt wird. Kurz hält Lewanski inne, erinnert sich an die Zusage, die er Schulze-Bethmann gegeben hat, kämpft aber gegen das Gefühl des Bedauerns an, sein Gegenüber verwundet zu haben. Der Täter lässt die Attacken Lewanskis ohne Gegenwehr an sich geschehen und ruft, bevor er das Haus verlässt, seinem Opfer zu:

„Ich wünsche aufrichtig, dass es Ihnen gelingen möge, auf diesem Instrument unvergleichlich zu sein. Ja, Sie sollen wissen, dass ich erst erlöst bin, wenn meine Schuld durch Ihre Meisterschaft unerheblich geworden ist." (45) Der Täter wünscht dem Opfer, dass es das Leben im Tod nachholen kann, dass es die unvergleichliche Spielkunst, die durch den Mord nicht zur vollen Entfaltung kommen konnte, doch noch verwirkliche; dadurch könne das Geschehene widerrufen und die Last der Schuld erleichtert werden.

Nach dieser geradezu gespenstischen Begegnung hatte der Pianist seine Villa nicht mehr verlassen. Er hatte Verdacht geschöpft, dass Frau Altenschul mit ihm ein doppeltes Spiel treibe, und ihr den empörten Silvester-Brief geschrieben. Um Klarheit zu schaffen, bricht Frau Altenschul schon am Vormittag des Neujahrstags auf, um Lewanski in seinem Haus aufzusuchen. Sie findet ihn verwahrlost in unaufgeräumten Räumen vor. Sofort ist ihr Ärger verflogen, es kommt zu einem längeren Gespräch, in dessen Verlauf Frau Altenschul die Frage stellt: „Wer hat Sie so erschreckt? Wo ist er? Und wie konnten Sie denken, ich hätte Sie hintergangen?" (48) Statt zu antworten, schaut Lewanski sein Gegenüber mit übernächtigten Augen an und schlägt überraschend vor, eine Autofahrt zu unternehmen. Frau Altenschul willigt ein, und geradezu übermütig steuert der Pianist das Automobil, das in jungen Jahren das unerreichte Ziel seiner Träume war. Sie fahren bei Sonnenschein hinaus nach Spandau. „Sehen Sie, solch einen Wagen hätte ich gern gefahren, wenn man es mir erlaubt hätte." (50) Bei einsetzender Dämmerung hält Lewanski „vor einem dichten Gehölz junger Kiefern" an und schlägt vor, ein paar Schritte zu gehen. Auf einem Waldweg kommen sie an eine Lichtung und entdecken die Reste einer kleinen Dorfkirche. Sie treten näher heran. Frau Altenschul sieht einen Eckstein, in den man das Abbild des Gekreuzigten hineingemeißelt hat. Die Gestalt ist ein Torso, die Füße und ein Teil des Kopfes samt Dornenkrone fehlen, aber man sah die Augen, die vom Regen schon ausgewaschen waren. Angesichts dieser Entdeckung bemerkt Frau Altenschul: „Sehen Sie, ich habe Religionen nie gemocht. Aber dieser da', sagte sie und wies mit dem Finger auf den verwitterten Stein, ‚hat etwas Wahres an sich. Es heißt, er war Gottes Sohn. Er wollte die Menschheit erlösen. Man hat ihn gekreuzigt.'" (52) Der schmachvolle Tod des Gekreuzigten, hoch erhoben, für alle sichtbar, erinnert Lewanski an seinen eigenen Tod. In Litzmannstadt am Bahnhof war er von seinen Schergen aufgegriffen und in einem kleinen Raum erschossen worden. Seine Leiche hatten die Täter auf einen Lastwagen geworfen. Durch diese verächtliche Geste fühlte er sich auf demütigende Weise von den Lebenden ausgeschlossen. „Und

Unversöhnt in alle Ewigkeit? 233

damals, dachte er, wie hätte ich mir damals gewünscht, nicht eines Menschen, sondern Gottes Sohn zu sein." (53)⁹ Bemerkenswert ist, dass diese Szene architektonisch in der Mitte der Novelle steht. Frau Altenschul, das jüdische Opfer, entdeckt im Gekreuzigten, dessen Name nicht genannt wird, etwas Wahres. Sie konstatiert, dieser habe die Menschheit erlösen wollen. Er ist es, der in seinem Leiden mit den Opfern der Geschichte gleich geworden ist und sterbend für seine Peiniger gebetet hat (Lk 23,34), er ist es, der an die Seite der Schuldigen getreten ist, um sie am Ort ihrer Verlorenheit aufzusuchen. Das wird in der Novelle nicht ausdrücklich gesagt, aber genau um diese Fragen wird es im weiteren Verlauf gehen: Sollen auch die jüdischen Opfer bereit sein, Kontakt zu ihren Tätern aufzunehmen, um sie von der Last ihrer Schuld zu befreien? Oder ist dies eine monströse Forderung, weil die Täter etwas getan haben, was in alle Ewigkeit unverzeihlich bleibt? „Fast unvorstellbar gegen die menschliche Natur ist Jesu Gebot, dass wir die andere Wange hinhalten, dass wir unserem Feind und Verfolger vergeben – nein, dass wir lernen, ihn zu *lieben*", notiert einmal George Steiner und fügt erläuternd hinzu: „Das Opfer soll seinen Schlächter lieben. Ein monströser Satz. Aber einer, der unergründliches Licht verbreitet."¹⁰

Nach der Spazierfahrt beschließt Lewanski, den Schriftsteller Schulze-Bethmann aufzusuchen. Die Schwierigkeit, den späten Beethoven zu interpretieren und die metaphysische Abgründigkeit dieser Musik einzuholen, erinnert ihn immer wieder an die rätselhafte Bemerkung des Schriftstellers, er möge seine Jugend der Erfahrung des Todes angleichen. Wie sollte er das tun, da er in Litzmannstadt durch einen Schuss in den Nacken ermordet wurde? Als er in die Wohnung von Schulze-Bethmann eintritt, stellt Lewanski überraschend fest, dass dieser die Kippa trägt und Fundstücke der verbrannten Synagoge in seiner Bibliothek aufbewahrt, darunter eine halbverkohlte Tora. „Ich habe mich nie als Jude gefühlt, aber das Schicksal weist uns gewisse Dinge zu" (58), rechtfertigt sich der Schriftsteller trocken. Bei dem nun folgenden Gespräch rückt Lewanski gleich mit der entscheidenden Frage heraus: „Ich möchte wissen, warum ich, um den späten Beethoven zu spielen, meine Jugend der Erfahrung

---

9 Das Motiv des Kreuzes hat im literarischen Werk Langes auch andernorts Spuren hinterlassen. So heißt es etwa in der Nietzsche-Novelle *Über die Alpen*: „[…] und doch konnte er von der Vorstellung nicht lassen, bei aller Entfesselung, die der Geist an ihm vornahm, auf irgendeine Weise gekreuzigt zu sein." Vgl. *Hartmut Lange*, Gesammelte Novellen, Zürich 2002, Bd. 1, 7–26, 7. Vgl. auch die Novelle *Der Himmel über Golgatha*, in: ebd., Bd. 2, 95–102.
10 *George Steiner*, Errata. Bilanz eines Lebens, München – Wien 1999, 81.

des Todes angleichen soll. Sie erinnern sich an Ihre Bemerkung?" (58) Schulze-Bethmann antwortet zunächst nicht. In der gespannten Stille beginnt nun Lewanski zu erklären, er habe es immer als sein Ziel betrachtet, anderen die Werke großer Komponisten nahezubringen, nun stoße er, was die E-Dur-Sonate op. 109 von Beethoven anlangt, an Grenzen. Ob er, Schulze-Bethmann, ihm sagen könne, ob er genug Talent habe, diese Sonate, an der er schon einmal gescheitert sei, aufzuführen? Die Antwort des Schriftstellers: „Sie bleiben auf alle Ewigkeit achtundzwanzig Jahre alt. Es könnte ja sein, dass Ihr Mörder Sie nicht nur um das Leben, sondern auch um die Erfahrung des Todes betrogen hat." (59) Lewanski reagiert mit Unverständnis: Wie der Schriftsteller behaupten könne, er habe den Tod nicht erfahren? Schulze-Bethmann erwidert, erlitten habe er den Tod, aber nicht erfahren. Und er fügt hinzu: „Waren Sie, bevor Sie starben, am Leben derart verzweifelt, dass Sie einen Gott bitten mussten, sich Ihrer zu erbarmen? Kyrie eleison! Sehen Sie, dies ist der verzweifelte Ruf derer, die an ihrem Leben ein Genüge haben und ihre Erlösung herbeisehnen. Nicht erst im Sterben beginnt die Erfahrung des Todes, die geistliche Gesänge hervorbringt oder bescheidenere Gebilde wie, sagen wir, die E-Dur-Sonate Opus 109 von Beethoven" (60).

Nach einer längeren Pause erhebt sich Schulze-Bethmann, geht hinaus und kommt wenig später mit einem Gast zurück. „Ich glaube, wir sollten keine falschen Rücksichten nehmen. Dies ist Hauptsturmführer Klewenow. Ich will Ihnen nicht verschweigen, dass ich die Angewohnheit habe, meinen Mörder zu empfangen" (62). Die Tatsache, dass Klewenow die Insignien seiner NS-Zugehörigkeit entfernt habe, dürfe man als „Eingeständnis seiner Schuld" werten. Denn „eines müsse der Mörder, spätestens nachdem er den Zustand des Opfers erreicht hätte, erfahren: Dass seine Tat sinnlos gewesen sei und dass er sie ebenso gut hätte unterlassen können" (62). Der Schriftsteller lehnt es ab, den Zustand der Unversöhntheit, ja des Hasses auf seinen Täter in alle Ewigkeit fortzusetzen. Aber in diesem Augenblick schaltet sich der Täter selbst in das Gespräch ein. Emphatisch betont er, „das Leben sei doch etwas Einmaliges, Unwiederholbares und niemand hätte das Recht, die kurze Spanne Zeit [...] bei sich selbst oder anderen abzukürzen, er könne verstehen, dass Lewanski versuche, das Leben im Tod nachzuholen". Daher würden er und auch andere Täter den Versuch von Frau Altenschul unterstützen, Lewanski zu weiteren Konzertauftritten zu bewegen. „Wem es gelänge, den gewaltsamen Widerruf seines Lebens rückgängig zu machen, der hätte auch seinen Mörder erlöst!" (64) Dies ist der entscheidende Satz, der die Hoffnung des Peinigers auf Erlösung auf den Punkt bringt. Diese Hoffnung geht dahin, dass der

Unversöhnt in alle Ewigkeit?

Künstler die Kunst, um die man ihn gebracht hat, wieder aufnimmt und das Unrecht um seine unheilvolle Wirkung gebracht wird.

Nach einer Stille äußert sich Schulze-Bethmann mit einer dunklen Andeutung. „Die Erde, über die wir hier gehen, um zu unserer neuen Freundin, Frau Altenschul, zu gelangen, verbirgt Unaussprechliches." Er deutet damit an, dass es eine unterirdische Stätte gebe, wo die Täter bußfertig versammelt seien und auf Erlösung warten (vgl. 65). Als er die verstörte Reaktion Lewanskis bemerkt, bricht er ab und wendet das Gespräch ins Musikologische zurück: „Vielleicht besorgen Sie sich, um die E-Dur-Sonate aus dem Geiste der Melancholie zu verstehen, erst einmal die Partitur der Missa solemnis." Von diesem erratischen Werk aus Beethovens später Periode ist gesagt worden, dass „der transzendierende Augenblick der Missa solemnis sich nicht auf den mystischen Gehalt der Transsubstantiation, sondern auf die *Hoffnung ewigen Lebens für die Menschen* bezieht".[11]

Die denkwürdige Begegnung mit Schulze-Bethmann beschäftigt Lewanski so, dass er darüber mit dem Maler Max Liebermann spricht: „Er wünscht, mit seinem Mörder einig zu sein." – „Dies ist, gebe ich zu, ein verwegener Gedanke", antwortet Liebermann, „aber er ist versöhnlich gemeint." Liebermann, der, selbst Jude, von den Tätern unbehelligt blieb, erkennt die Absicht, die hinter den Bemühungen des Schriftstellers steht, und fügt hinzu: „Ich mag diesen Menschen auch nicht, aber wollen Sie ihm verbieten, über den Zustand des Todes eine besondere Meinung zu haben?" (67) Lewanski erscheint dies moralisch empörend: „Es ist unmöglich, niemand wird mich zwingen, vor einem Publikum zu spielen, das derart schuldig geworden ist." (68) Liebermann wendet ein: „Trotzdem würde es mir leid tun, sollte man Schulze-Bethmann gründlich missverstehen, nur weil er über die Abgründe des Lebens großzügiger als zu urteilen im Stande ist." (68) Und er formuliert klar die Konsequenz, die ein dauerhaftes Insistieren auf dem Unrecht der Täter mit sich bringt: „Warum sollten wir die Eigenschaft der Lebenden, die ihrer Unverträglichkeit keine Grenze geben können, beibehalten?" (69) Dies liefe auf die Perpetuierung unversöhnter Verhältnisse hinaus, und als freundlichen Appell fügt Liebermann an: „Wenn der Gedanke, das Leben im Tod nachzuholen, einen Sinn hat, Sie könnten ihn erfüllen." (70)

Lewanski übt für sein nächstes Konzert, das im April in der Alten Philharmonie in Berlin stattfinden soll. Er ist in dieser Probephase einer am-

---

11 *Theodor W. Adorno*, Verfremdetes Hauptwerk. Zur Missa solemnis, in: ders., Musikalische Schriften, Bd. IV: Moments musicaux – Impromptus, Frankfurt a. M. 1982, 145–161, 154 (Hervorhebung: J.-H. T.).

bivalenten Stimmungslage ausgesetzt: „Die Variationen der E-Dur-Sonate gingen ihm nun spielend von der Hand, wenigstens glaubte er, dass ihm der Trillersturm, wenn er dem Augenblick vertraute, unangestrengt, jubilierend, *wie die Musik einer Auferstehung*, gelingen würde, und auch, als er in der Missa solemnis blätterte und ganze Partien laut summend rezitierte, verlor er das düstere Gefühl, das Schulze-Bethmann ihm aufgedrängt hatte, als er davon sprach, dass man um derlei zu begreifen und zu formen, die Melancholie eines langen Lebens hinter sich haben müsse" (73, Hervorhebung: J.-H. T.). „Bin ich nicht gestorben und ist dies nicht die Musik eines ewigen Lebens!" (74) Das frühlinghafte Erwachen der Vegetation gibt ihm Rückenwind. „Ich werde der Welt zeigen, dass ich gerade dort, wo man mich verhindern wollte, wieder erscheine!" Aber dieser gehobenen Stimmung stehen gegenläufige Gedanken gegenüber: „Wie können Juden, die man auf heimtückische Weise ermordet hat, die Nachbarschaft ihrer Mörder aufsuchen!" (75) Ihm kommen Zweifel an einer Konzerttätigkeit in Berlin: „Wer sich im Tode in Parks, womöglich über die Gebeine verscharrter Brüder und Schwestern hinweg zu Spaziergängen versteht, in einer Stadt, die eine Schädelstätte genannt werden muss, wer geplünderte Villen, und seien sie tausendmal jenes Eigentum, das einem aus dem Herzen gerissen wurde, wieder instand setzt, um darin Feste zu feiern, musste der nicht erbärmlich und würdelos genannt werden?" (75) In dieser zwiespältigen Stimmung unternimmt Lewanski weite Spaziergänge um den Wannsee.

So geschieht es, dass ihm am Ufer des Sees erneut eine Gestalt mit NS-Insignien begegnet. Empört darüber, dass er nicht einmal im Tod in Ruhe gelassen wird, versucht Lewanski seinen Peiniger mit einem Stock niederzuknüppeln, dieser wehrt sich nicht, weicht zurück und geht rückwärts in den See. Als Lewanski ihn mit dem Stock nicht mehr erreichen kann, wirft er mit Steinen. Verletzt knickt der Täter ein und streckt, um den Kopf über Wasser zu halten, seinen Hals nach vorn, in diesem Augenblick sieht Lewanski, dass er ein Wundmal hat. Sofort hält er inne, bereut seinen Gewaltausbruch und denkt: „Man hat ihn gerichtet" – ein verzweifeltes Staunen überkommt ihn, dass er – zu Lebzeiten stets ein friedlicher Mensch – beinahe fähig gewesen wäre, einen anderen zu erschlagen. „Man hat ihn gerichtet, ohne dass er hoffen durfte, dadurch erlöst zu sein." (79) Die Unterscheidung zwischen Tätern und Opfern wird an dieser Stelle durchlässig, da das Opfer die abgründige Erfahrung macht, an seinem Täter selbst zum Täter werden zu können.

Das Konzert rückt näher, es spricht sich herum, dass „sich ein hochtalentierter, in frühen Jahren ermordeter Jude, seinem Schicksal widersetzen und die Laufbahn eines Pianisten, um die man ihn gebracht hatte, im Tode nachholen" (81) wolle. Mehrere hundert Hörer strömen am Abend in die Alte Philharmonie, die bis auf den letzten Platz ausverkauft ist. Kurz vor Beginn sagt Schulze-Bethmann der etwas gereizten Frau Altenschul: „Da es, wie ich höre, ein Auferstehungskonzert werden soll, sollte man auch den Gedanken der Versöhnung nicht außer acht lassen." Diese bejaht, ohne den hintergründigen Sinn der Bemerkung zu erfassen. Die Glocke läutet, man nimmt Platz und erwartet den Pianisten, der allerdings nicht kommt.

Lewanski, der vor dem Konzert noch ein paar Schritte zu Fuß hatte machen wollen, hatte sich verlaufen und war, in mannshohem Baumgestrüpp umherirrend, plötzlich von einer uniformierten Gestalt gebeten worden, eine Treppe aus marmoriertem Gestein in die Tiefe herabzusteigen. An dem Wundmal erkannte er die Identität der dunklen Gestalt wieder, und obwohl er protestierte und zu seinem Konzert gehen wollte, ließ er sich doch bewegen, den Bunker zu betreten. Hier waren Schulter an Schulter jene versammelt, von denen es hieß, dass sie, gänzlich unerlöst, tief, tief unter der Erde in bußfertiger Weise versammelt sind. Lewanski wird von einer Frau willkommen geheißen, die ihm sagt: „Mein Mann und ich sind voller Sorge, dass es Ihnen nicht gelingen könnte, uns zu verzeihen." Schüchtern tritt sie vor die Menge der anderen und sagt als Fürsprecherin: „Ich bitte nicht für mich, sondern für alle, die um mich versammelt sind. Und für ihn, den ich liebe. Ich weiß, wie sehr wir schuldig geworden sind, aber nicht wahr, da wir dies wurden, muss es eine Möglichkeit geben, es ungeschehen zu machen." (88)

Als Anwältin tritt sie für ihre schuldig gewordenen Brüder ein: „Bitte spielen Sie!" Lewanski steht in seinem Frack vor einem Publikum, vor dem er eigentlich nie hätte spielen wollen, aber nun geschieht das Unerwartete, das völlig Überraschende, das mit dem literarischen Genus der Novelle angezeigt ist. Statt zu protestieren, gibt Lewanski der flehenden Erwartung der Frau nach, setzt sich ans Klavier und beginnt die E-Dur-Sonate op. 109 von Beethoven. Die ersten beiden Sätze des Werkes gehen ihm bei aller Schwierigkeit leicht von der Hand, aber dann, bei den Variationen, muss er nach wiederholten Anläufen, die von den Zuhörern gebannt mitverfolgt werden, sein Spiel mitten in einem Trillersturm abbrechen: „Litzmannstadt", stottert er, „Litzmannstadt. Ich bitte um Entschuldigung. Sie hören es selbst: um dies spielen zu können, sollte ich erwachsen sein. Man hat mich zu früh aus dem Leben gerissen." (91)[12]

---

12 Auch in der Novelle *Die Waldsteinsonate*, die ebenfalls unterschiedliche Zeitebenen ineinanderschiebt und von der Figurenkonstellation zunächst befremdlich wirkt,

Das angekündigte Konzert in der Alten Philharmonie, für das Frau Altenschul sich mit allen Kräften eingesetzt hatte, kommt nicht zustande. Empörung und Enttäuschung, sich um eine große Hoffnung betrogen zu sehen, machen sich breit. Wenn Lewanski durch sein Klavierspiel gezeigt hätte, dass man die abgeschnittenen Lebensmöglichkeiten im Tod nachholen kann, hätte er die Tat widerrufen können. Das ist nun nicht geschehen, stattdessen zirkuliert in den nächsten Tagen das Gerücht, Lewanski habe ein Konzert unter der Erde im Führerbunker vor den versammelten NS-Tätern gegeben. Das Unfassliche lässt Frau Altenschul, die all ihre Hoffnungen in Lewanski gesetzt hatte, ihren Freund Liebermann fragen: „Können Sie mir erklären, warum Lewanski es vorgezogen hat, vor Leuten zu spielen, die ihn erschlagen haben?" (97) Liebermann ist außerstande zu antworten, er versucht es nicht einmal, aber der ebenfalls anwesende und um Worte selten verlegene Schulze-Bethmann erwidert: „Sehen Sie, es hat doch keinen Zweck, eine Unterscheidung, die wir im Leben treffen, nämlich die zwischen Gut und Böse, im Tode beizubehalten. Sie haben es selbst erfahren: Wir würden nur die Unvereinbarkeit alles Lebendigen bis in die Ewigkeit fortsetzen und nach einigen Sekunden des Glücks wieder enttäuscht sein und trauern." Und er fügt hinzu: „Also, ich kann kein Unglück darin sehen, dass der Pianist Rudolf Lewanski den Mut, oder sagen wir, die Gelegenheit hatte, vor seinen Mördern auf dem Klavier zu spielen. Der Täter und sein Opfer – was bleibt uns im Tode anderes übrig, als in Betroffenheit beieinanderzusitzen und darüber zu staunen, welche Absurditäten im Leben allerdings und unwiderruflich geschehen sind." Als Schulze-Bethmann die Villa verlassen hat, setzt Frau Altenschul einen entschiedenen Kontrapunkt: „Ich verzeihe niemandem, der einen anderen getötet hat." (99)

---

scheitert Franz Liszt bei dem Versuch, durch das Spielen von Beethovens Waldsteinsonate im Bunker der Reichskanzlei am 1. Mai 1945 „Josef G." [sc. Goebbels] und seine Gattin vom Töten ihrer Kinder abzuhalten. Vgl. *Lange*, Gesammelte Novellen, Bd. 1, 27–42.

2 Die (Un-)Möglichkeit der Vergebung – unterschiedliche Haltungen und ein uneingelöstes Versprechen

Hartmut Lange arbeitet in seiner Novelle mit einer Verschränkung von Zeitebenen: Für die Toten, deren Schicksal er erzählt, ist die vergangene Lebenszeit durch den Tod definitiv zum Abschluss gekommen, sie ist vorbei, ohne ausradiert zu sein, denn die gelebte Biographie bestimmt die postmortale Existenz. Das Leben der Toten selbst unterliegt keiner Befristung mehr, allerdings ist das Schicksal der Täter und Opfer, wenn auch auf unterschiedliche Weise, miteinander verkettet. Sie müssen sich zu dem Geschehenen in ein Verhältnis setzen. Die Täter leiden unter ihrer Schuld, sie zeigen sich bußfertig, sind voller Reue und wollen das Geschehene annulliert sehen. Die meisten Opfer hingegen fühlen sich durch ihre Peiniger belästigt, sie werden an die Traumata ihres Leidens erinnert, die sie doch vergessen wollen, um ungestört weiterleben zu können. An dieser literarischen Verschränkung der Zeitebenen ist bemerkenswert, dass die gelebte Zeit durch den Tod nicht ausgelöscht wird, sondern prägend in den Zustand der postmortalen Existenz hineinreicht. Die gelebte Biographie wird durch den Tod nicht irrelevant, vielmehr bleibt das Ungeheilte aufgegeben. Die entscheidende Frage, die Hartmut Lange aufwirft, ist die, ob das Leben im Tod nachgeholt werden kann und dadurch das zerrüttete Verhältnis zwischen Opfern und Tätern aufgearbeitet und geheilt werden kann.

Auf der Seite der *Opfer* gibt es in Langes Erzählung drei unterschiedliche Haltungen gegenüber der Vergangenheit. Da ist zunächst (1) der *Standpunkt der Unversöhnlichkeit*, der paradigmatisch von Frau Altenschul eingenommen wird. Sie missbilligt die Kontaktaufnahme mit den Tätern, sie hält die Forderung zu verzeihen für monströs und verkörpert damit literarisch Vladimir Jankélévitchs These, die Geschichte des Pardon sei in Auschwitz definitiv zu Ende gegangen.[13] Das Leid der Opfer ist für sie inkommensurabel, sie will an die Demütigung nicht erinnert werden, die Welt der gehobenen Ästhetik in ihrer Villa kann als Narkotikum gedeutet werden, das Trauma des Leidens zu vergessen. Entsprechend behandelt Altenschul die Peiniger so, als existierten sie nicht. Dies ist am Anfang auch der Standpunkt Lewanskis, der sich weigert, seinen Peiniger zu empfangen, und es entrüstet ausschlägt, vor den Mördern Konzerte zu geben. Mehrfach wehrt er die Avancen seines Peinigers ab und macht dabei die

---

13 Vgl. *Vladimir Jankélévitch*, Das Verzeihen. Essays zur Moral und Kulturphilosophie. Mit einem Vorwort von Jürg Altwegg, Frankfurt a. M. 2003, 16.287.

abgründige Entdeckung, dass er, das Opfer, selbst an seinem Mörder zum Mörder werden könnte. Das Wundmal – Zeichen dafür, dass der Täter gerichtet wurde – lässt ihn erschreckt innehalten. Durch die Gespräche mit Schulze-Bethmann durchläuft Lewanski einen *Wandlungsprozess*, der ihn die Haltung der Verweigerung aufgeben lässt (2). Am Ende gibt er nicht, wie erwartet, den Opfern in der Alten Philharmonie, sondern den Tätern im Führerbunker das Konzert. Diese Durchkreuzung des Erwarteten macht das Novellistische der Erzählung aus, die dennoch nicht in eine billige Harmonie einmündet. Lewanski kann aus eigener Kraft das im Leben Versäumte im Tod nicht nachholen, er scheitert am späten Beethoven, der Auferstehungsmusik, die er gerne spielen würde, aber nicht spielen kann, da sie mehr Lebenserfahrung erfordert, als der früh aus dem Leben gerissene Interpret aufbieten kann. Damit wird die Hoffnung der Täter, durch die postmortal wiedererrungene Meisterschaft ihres Opfers eine Erleichterung ihrer Schuld zu erreichen, zunichte. Schließlich gibt es (3) die *Haltung der Aussöhnungsbereitschaft*, die durch den Schriftsteller Schulze-Bethmann repräsentiert wird. Dieser wird als Außenseiter gezeichnet, der im Tod eine neue Haltung zur Religion seiner Väter einnimmt, Kippa trägt und die halbverkohlte Tora in seiner Bibliothek aufbewahrt. Die Insignien der Religion zeigen an, dass er bei der Betrachtung seines Geschicks über eine selbstzentrierte Perspektive hinausgelangt ist und auch das Leiden der anderen, die an ihm schuldig geworden sind, beachtet. Er gibt dem Gedanken der Versöhnung Raum und nimmt das Gespräch mit seinem Mörder auf. Er formuliert klar die Aporie, dass eine Haltung der Unversöhnlichkeit in alle Ewigkeit zerrüttete Verhältnisse zementieren würde. Damit gibt er der paradoxen Forderung von Jacques Derrida ein literarisches Gesicht, gerade das Unverzeihliche rufe die Verzeihung auf den Plan.[14]

Die *Täter* hingegen werden bei Hartmut Lange durchgängig in mildes Licht getaucht. Sie werden als bußfertig und reumütig gezeichnet. Durch den Tod wird ihnen die Abgründigkeit ihrer Taten bewusst. Sie leiden an der Last ihrer Schuld und wollen das Geschehene ungeschehen machen, können es aber nicht. Sie suchen Verzeihung, finden diese aber nicht. Der Peiniger, der von Lewanski gewaltsam attackiert wird, bleibt wehrlos, er

---

14 Vgl. *Jacques Derrida*, Das Jahrhundert der Vergebung. Verzeihen ohne Macht – unbedingt und jenseits der Souveränität (Interview mit M. Wieviorka), in: Lettre international (Frühjahr 2000), 10–18; dazu: *Jan-Heiner Tück*, Das Unverzeihliche verzeihen? Jankélévitch, Derrida und die Hoffnung wider alle Hoffnung, in: IKaZ (2004) 174–188; *Hanna-Barbara Gerl-Falkovitz*, Verzeihung des Unverzeihlichen? Ausflüge in die Landschaft der Schuld und Vergebung, Wien 2008.

erwidert die Gewalt nicht. Hier wird man eine gewisse Einseitigkeit der Novelle sehen müssen (die möglicherweise damit zusammenhängt, dass der Tod selbst als Gericht aufgefasst wird, in dem die Täter mit der Last ihrer Vergangenheit konfrontiert werden). Historisch ist bekannt, dass die allermeisten Täter auf ihrer Unschuld insistiert haben, sie hätten nur getan, was ihnen befohlen worden sei.

„Es kann davon ausgegangen werden, dass NS-Täter nach 1945 alles taten, um ihre Schuld zu verleugnen, zu verdrängen und abzuwälzen. Sie stellten sich selber als Opfer von Führer und NS-Ideologie dar. Sie verschwiegen ihre Beteiligung und hüllten die Jahre 1933–1945 in großes Schweigen. Das Fehlen persönlichen Schuldbewusstseins bei so vielen Beteiligten, von den obersten Planern durch das mittlere Management bis hin zu den ausführenden Mördern, frustriert traditionelle Mechanismen der Schuldbewältigung: Weder kirchliche Rituale von Schuldbekenntnis, Reue, Vergebung noch juristische Modelle des Strafvollzugs, der Sühne und Wiedereingliederung greifen bei gesellschaftlich integrierten, sich schuldlos fühlenden Tätern."[15]

Diese verbreitete Schuldabwälzungsstrategie der Täter läuft auf eine Selbstentmündigung hinaus, da sie sich retrospektiv die moralische Zurechenbarkeit absprechen.

Theologisch bedeutsam ist die Szene der Spazierfahrt, als Lewanski und Frau Altenschul die zerfallene Dorfkirche entdecken und in ihr die ramponierte Gestalt des Gekreuzigten sehen. *„Er wollte die Menschheit erlösen."* Dieser Satz, der der Erzählung als verborgener soteriologischer Schlüssel eingewoben ist und ein uneingelöstes Versprechen bezeichnet, kann in doppelter Hinsicht konkretisiert werden: Erlösung bedeutet in der Novelle zum einen, die Bitte der Täter um Vergebung nicht auszuschlagen und ihnen die Last ihrer Schuld zu erleichtern. Diesen Weg versucht Lewanski am Ende zu beschreiben, wenn er der Fürsprecherin der Mörder nachgibt und das Konzert im Führerbunker vor den Tätern statt in der Philharmonie vor den Opfern gibt. Allerdings scheitert er als „Erlöser", da er den späten Beethoven nicht interpretieren und daher die Tat der Mörder nicht ungeschehen machen kann. Zum anderen bedeutet Erlösung aber auch, an die Seite der Opfer zu treten und ihnen einen Weg zu bahnen, wie sie

---

15 *Katharina von Kellenbach*, Theologische Rede von Schuld und Vergebung als Täterschutz, in: Dies. – Björn Krondorfer – Norbert Reck (Hg.), Von Gott reden im Land der Täter, Darmstadt 2001, 60.

die Unfähigkeit oder Unwilligkeit zu verzeihen überwinden können. Auch die Opfer bleiben gewissermaßen an das Kreuz ihrer Vergangenheit geheftet, wenn sie ihren Peinigern nicht vergeben können.

3 Unversöhnt in alle Ewigkeit? – ein eschatologischer Ausblick

In einem eschatologischen Ausblick, der mit Lange über Lange hinausgeht, möchte ich abschließend andeuten, wie die Hoffnung auf Versöhnung zwischen Tätern und Opfern ausbuchstabiert werden könnte. Dabei ist mir bewusst, dass ich eine Grenzreflexion vortrage, die nicht im Sinne einer vorwegnehmenden Reportage, sondern nur im Modus der Hoffnung gewagt werden kann. Unter den Bedingungen von Zeit und Geschichte kann die Vollendung der Freiheitsgeschichte nicht antizipiert werden, das hieße, den eschatologischen Vorbehalt zu überspringen. Aber es gibt die eingangs erwähnte Hoffnung auf Gerechtigkeit und Versöhnung, die bei aller Gebrochenheit auch von Denkern wie Benjamin und Adorno geäußert wurde, obwohl sie gegenüber theologischen Motiven äußerst zurückhaltend waren. Aufgrund des moralischen Postulats, die Opfer der Geschichte nicht zu vergessen, sind sie – wie Hartmut Lange – über eine rein geschichtsimmanente Perspektive hinausgegangen. So hat Max Horkheimer in einem späten Interview von einer „Sehnsucht nach dem ganz Anderen" gesprochen und der Hoffnung Ausdruck verliehen, dass die Täter nicht auf Dauer über ihre Opfer triumphieren mögen.[16] Die Hoffnung auf Gerechtigkeit sei letztlich eitel ohne Gott. Auch Theodor W. Adorno hat in der *Negativen Dialektik* eine Philosophie des Nichtidentischen entwickelt, die vom Motiv des Bilderverbots inspiriert ist, allerdings scheint in seinem Denken – vor allem in seinen Schriften zur Ästhetik – immer wieder die Semantik der Gerechtigkeit und der Versöhnung auf. Die Kunst sei Statthalter des Nichtidentischen, in ihr könne sich dialektisch

---

16 Vgl. *Max Horkheimer*: „Theologie ist – ich drücke mich bewußt vorsichtig aus – die Hoffnung, daß es bei diesem Unrecht, durch das die Welt gekennzeichnet ist, nicht bleibe, daß das Unrecht nicht das letzte Wort sein möge." Diese Hoffnung – heißt es wenig später – sei „Ausdruck einer Sehnsucht, daß der Mörder nicht über das unschuldige Opfer triumphieren möge" (Die Sehnsucht nach dem ganz Anderen. Ein Interview mit Kommentar von H. Gumnior, Hamburg 1970, 61f.). Die dialektische Haltung zur Gottesthematik zeigt sich auch in folgender Äußerung: „Sie [sc. die Kritische Theorie] weiß, dass es keinen Gott gibt, und doch glaubt sie an ihn" (Gesammelte Schriften, Bd. 14, Frankfurt a. M. 1988, 508).

der flüchtige Vorschein – die „apparition" – von Versöhnung ereignen.[17] In seinen Meditationen zur Metaphysik nach Auschwitz notiert Adorno, wirkliche Gerechtigkeit verlange eine Welt, „in der nicht nur bestehendes Leid abgeschafft, sondern noch das unwiderruflich Vergangene widerrufen wäre"[18]. Der Fluchtpunkt des historischen Materialismus sei seine eigene Aufhebung: die „Auferstehung des Fleisches" – ein Gedanke, der dem „Idealismus, dem Reich des Denkens, ganz fremd"[19] sei. Das Denken der Frankfurter Schule geht von der strengen Bildlosigkeit aus (vgl. Ex 20,4), auch Hartmut Langes Novelle versagt sich den Ausgriff ins Theologische. Christliche Theologie wird eine Fixierung auf das Motiv der Bildlosigkeit allerdings überschreiten müssen, wenn sie das offenbarungstheologische Datum ernst nehmen will, dass sich der unbegreifliche Gott selbst begreiflich gemacht und dadurch den Rahmen der Bildlosigkeit gesprengt hat:

„Gott hat sich selbst ein Bild gegeben: im menschgewordenen Christus. In ihm, dem Gekreuzigten, ist die Verneinung falscher Gottesbilder bis zum Äußersten gesteigert. Nun zeigt Gott gerade in der Gestalt des Leidenden, der die Gottverlassenheit des Menschen mitträgt, sein eigenes Gesicht. Dieser unschuldig Leidende ist zur Hoffnungsgewissheit geworden."[20]

Was Adorno als utopischen Fluchtpunkt des Materialismus anvisiert hat – die Auferstehung des Fleisches –, das ist für Gläubige mit der Auferstehung des Gekreuzigten Wirklichkeit geworden. Darin liegt für sie das Transzendenzversprechen, dass Versöhnung, die innergeschichtlich unmöglich ist, eschatologisch doch noch gelingen kann. Golgota ist der Ort,

---

17 Vgl. *Theodor W. Adorno*, Ästhetische Theorie, Frankfurt a. M. 1970, 55: „Durch unversöhnliche Absage an den Schein von Versöhnung hält sie diese fest inmitten des Unversöhnten, richtiges Bewusstsein einer Epoche, darin die reale Möglichkeit von Utopie […] auf einer äußersten Spitze mit der Möglichkeit der totalen Katastrophe sich vereint." Vgl. zum Hintergrund: *Saskia Wendel*, „Eine Gestalt der Hoffnung auf Versöhnung". Spuren jüdischen Denkens bei Theodor W. Adorno, in: Dies. – Joachim Valentin (Hg.), Jüdische Traditionen in der Philosophie des 20. Jahrhunderts, Darmstadt 2000, 117–130.
18 *Theodor W. Adorno*, Negative Dialektik, Frankfurt a. M. 1966, 393.
19 *Adorno*, Negative Dialektik, 205. Vgl. aber auch: „Kunst ist der Schein dessen, woran der Tod nicht heranreicht. Dass keine Kunst dauere, ist ein so abstrakter Spruch wie der von der Vergänglichkeit alles Irdischen, Gehalt empfinge er nur metaphysisch, im Verhältnis zur Idee der Auferstehung." *Adorno*, Ästhetische Theorie, 48.
20 *Benedikt XVI.*, Auf Hoffnung hin gerettet. Die Enzyklika Spe salvi, Freiburg i. Br. 2007, Art. 43.

an dem „der Sohn Gottes" selbst den Ort der Gottverlassenheit aufgesucht hat, um an die Stelle der Verlorenen zu treten; zugleich ist er als Opfer, das bleibend von den Spuren der brutalen Hinrichtung am Kreuz gezeichnet ist, den Geschlagenen der Geschichte gleich geworden. Die Wundmale zeigen, dass die Passion nicht einfach vergessen ist, sondern bleibend die verklärte Identität des Auferstandenen prägt.

Wenn nun die Sehnsucht nach Gerechtigkeit und die Hoffnung auf Versöhnung nicht ins Leere laufen sollen, dann können die offen gebliebenen Fragen der Geschichte bei all ihrer Abgründigkeit am ehesten in einer Theologie des Gerichts eine Klärung finden. Langes Erzählung schildert das Leben der Toten im Sinne einer Verlängerung der irdischen Zeit. Die Stärke dieser Sicht liegt darin, dass die Kontinuität zwischen gelebter Biographie und postmortaler Existenz deutlich wird – die problematische Vorstellung einer eschatologischen Neukonstitution, in der die geschichtlichen Subjekte ersetzt werden und im Rahmen eines neuen Himmels und einer neuen Erde (vgl. Offb 21,1) eine neue Identität erhalten, liegt damit außerhalb des Horizonts der Erzählung.[21] Gleichwohl liegt – theologisch betrachtet – eine Grenze der Novelle doch auch darin, dass das Leben der Toten als postmortale Nachgeschichte zur gelebten Biographie verstanden und damit der mit der Auferstehungshoffnung verbundene Gedanke einer Heilung und Vollendung des Lebens nicht erreicht wird. Vollendung wird nicht durch eine Prolongatur der irdischen Zeit, sondern durch deren Transposition und Verwandlung erreicht. Wie diese Transposition und Wandlung genau aussieht, entzieht sich menschlichen Kategorien,

---

21 In extremer Weise hat *Karl Barth* die These einer eschatologischen Neukonstitution vertreten. Im Rechtfertigungsgeschehen wird der Sünder, der mit seiner Sünde identifiziert wird, vernichtet, um dann mit einer neuen Existenz begabt zu werden. Vgl. ders., Kirchliche Dogmatik, Bd. IV/1: Jesus Christus der Herr als Knecht, Zürich 1986, 326: „Nicht nur durch irgend eine Beseitigung seiner Sünden, sondern durch die des Sünders selbst […] wird da Ordnung geschaffen. Kann man das Bild vermeiden: nicht durch Darreichung einer Medizin und nicht durch eine Operation, sondern durch Tötung des Patienten wird da geholfen? Keine Rede davon, dass er von seiner Sünde, die Sünde von ihm, zu trennen wäre. Er steht und fällt mit ihr. Er kann, soll sie verschwinden, nur selbst verschwinden. […] Ihm konnte anders als durch seine Vertilgung nicht geholfen werden." Die Hilfe aber besteht darin, dass er eine neue, gerechtfertigte Existenz in Christus erhält. – Abgesehen davon, dass sich hier – mit *Karl-Heinz Menke* gesprochen – Gott „gegen den Menschen und ohne ihn durchsetzt" (Kriterium des Christseins, 147) und die Aporie einer Christologie radikal exklusiver Stellvertretung deutlich wird (vgl. ders., Jesus ist Gott der Sohn. Denkformen und Brennpunkte der Christologie, Regensburg 2008, 378–385), bleibt unklar, wie die personale Identität des sündigen Menschen über den Abgrund des Todes hinweg gewahrt werden soll, wenn er nach dem Modell der eschatologischen Neuschöpfung gänzlich substituiert wird.

der bleibende Sinngehalt der klassischen Lehre vom Purgatorium liegt allerdings darin, dass vollendungsbedürftige Subjekte nicht ohne einen therapeutischen Prozess der Aufarbeitung ihrer definitiv abgeschlossenen Lebensgeschichte[22] die Vollendung finden können.

Das Gericht aber ist der Ort, wo die komplexe Leidens- und Schuldgeschichte aller offengelegt wird und der Wahrheit des Vergangenen nicht mehr ausgewichen werden kann. Das Gericht bleibt nicht unter dem Niveau der menschlichen Freiheitsgeschichte, weil der Richter die Abgründe menschlichen Leidens selbst kennt. Er, der selbst sterbend nach Gott geschrien hat, hört die Klagen der Opfer; er, der selbst noch die Wundmale der physischen Tortur trägt, weiß um die Traumata der Gewalt. Die Opfer müssen daher nicht darum kämpfen, in ihrem Leid wahrgenommen und gewürdigt zu werden. Der auferweckte Gekreuzigte, der sich mit den Leidenden der Geschichte rückhaltlos identifiziert hat, reduziert die Opfer nicht mehr auf antlitzlose Nummern, sondern ruft sie bei ihrem Namen, schaut ihnen – um die eschatologische Verheißung der Offenbarung aufzunehmen (Offb 21,4) – ins Antlitz und wischt ihnen die Tränen aus den Augen. Er gewährt ihnen das, was ihnen die Henker verwehrt haben: Anerkennung: „Als Subjekte sind sie nicht mehr bloß unbeteiligte Zuschauer in einem Gericht, das Gott und ihre Henker exklusiv betrifft. Von Gott erneut in ihre Subjektivität eingesetzt, nehmen die Opfer vielmehr eine unvertretbare Aufgabe im Versöhnungsgeschehen wahr."[23] Daher können sie nicht gezwungen werden, ihren Tätern zu vergeben. Erpresste Versöhnung, die die Opfer ein weiteres Mal demütigen würde, wäre keine. Wie aber können die Opfer dazu befähigt werden, das menschlich vielleicht Unmögliche zu tun und ihren Tätern zu verzeihen?

Wenn der Richter im Gericht nicht „an uns ohne uns" handelt, wenn er unsere Freiheit bis zuletzt achtet, dann kann er auch im eschatologischen Versöhnungsgeschehen nicht mehr tun als dafür werben, sich von seinem Geist der Barmherzigkeit bestimmen zu lassen.[24] In der Identifikation mit Christus als dem Bruder, der die Feindesliebe nicht nur gepredigt, sondern

---

22 Vgl. die Rückfragen von *Bernhard Nitsche*, Eschatologie als dramatische Nach-Geschichte?, in: Ders. (Hg.), Von der Communio zur kommunikativen Theologie, FS Hilberath, Münster 2008, 99–109, sowie meine Klarstellung: In die Wahrheit kommen. Das Gericht Jesu Christi – Annäherungen an ein eschatologisches Motiv, in: Thomas Herkert – Matthias Remenyi (Hg.), Neues von den letzten Dingen, Darmstadt 2009, 99–122.
23 *Dirk Ansorge*, Vergebung auf Kosten der Opfer?, in: SaThZ 6 (2002) 36–58.
24 Vgl. *Walter Kasper*, Barmherzigkeit. Grundbegriff des Evangeliums – Schlüssel christlichen Lebens, Freiburg i. Br. 2013.

im Fleisch bewährt hat (vgl. Lk 23,34), können die Opfer lernen, in ihren Tätern vergebungsbedürftige Brüder und Schwestern zu sehen. Wenn sie überdies wahrnehmen, dass die Täter mit der verdrängten und geleugneten Wahrheit ihrer Schuldgeschichte konfrontiert werden; wenn sie sehen, dass die Täter nicht mehr ausweichen können, dass alle Formen der Schuldabwälzung als Lüge demaskiert werden; wenn sie sehen, dass die Täter vom Schmerz der Wahrheit überwältigt werden und bereuen – wie die um Vergebung bettelnden Tätergestalten in Langes Novelle –, dann können sie mit Blick auf den auferweckten Gekreuzigten einen Blickwechsel vollziehen und ihren Feinden ihrerseits verzeihen. Im Akt des Verzeihens verzichten sie darauf, ihre Täter mit deren Tat gleichzusetzen, und gewähren ihnen dadurch den Freiheitsspielraum, sich selbst gegen ihre Tat zu stellen. Das Unmögliche kann für die Opfer möglich werden, wenn sie sich freiwillig von der messianischen Gabe der Vergebung bestimmen lassen: „Nur von einem Ort" – schreibt Jean-Marie Lustiger, der die Unfähigkeit zu verzeihen selbst erfahren hat[25] – „kann man auf die Henker blicken: am Kreuz mit Christus. Es gibt keinen anderen Blickwinkel, von dem aus man sie anblicken könnte. Sieht man die Henker mit anderen Augen als mit denen Christi an, wird man seinerseits zum Henker."[26]

Dabei ist diese Perspektivübernahme kein Automatismus, sondern an die freie Einstimmung der Betroffenen gebunden. Darauf hat wiederum Karl-Heinz Menke abgehoben, als er notierte,

„dass die Verwirklichung dieser Hoffnung [sc. auf Versöhnung] abhängt von der freien (nicht erzwungenen) Annahme des Jesus als des Christus durch jeden einzelnen Menschen. Sollte Christus je alles in allem und in allem sein, dann haben die Opfer von Auschwitz *freiwillig* den Tätern die Hand gereicht und die Täter von Auschwitz Christi Liebe nicht nur passiv angenommen, sondern auch aktiv in die unendlichen langen Wege der Umkehrung ihrer Sünde in die Sohnschaft inkarniert."[27]

---

25 Vgl. *Jean-Marie Lustiger*, Die Gabe des Erbarmens, in: Ders., Wagt den Glauben, Einsiedeln 1986, 412–417. Vgl. *Jean-Luc Marion*, Laudatio auf Lustiger, in: IKaZ 39 (2010) 680–700.
26 *Jean-Marie Lustiger*, Die Verheißung. Vom Alten zum Neuen Bund, Augsburg 2003, 67.
27 *Karl-Heinz Menke*, Jesus Christus – ‚Wiederholung' oder ‚Bestimmung' der Heilsgeschichte Israels? Zwei Grundgestalten jüdisch perspektivierter Christologie, in: Helmut Hoping – Jan-Heiner Tück (Hg.), Streitfall Christologie. Vergewisserungen nach der Shoah (QD 214), Freiburg – Basel – Wien 2005, 125–158, 148.

Anders als eine Neuauflage des Infernalismus, der der historischen Vernichtung der Opfer in Auschwitz eine eschatologische Vernichtung der Täter im Inferno folgen lässt, setzt die Hoffnung für alle darauf, dass trotz allem und nach allem, was geschehen ist und nicht wieder ungeschehen gemacht werden kann, am Ende keiner, auch der verruchteste Mörder nicht, dem ewigen Tod überlassen wird, dass vielmehr, so abgründig und „wahnwitzig"[28] der Gedanke auch scheinen mag, die Opfer zur Vergebung und die Täter zur Annahme der Vergebung befähigt werden. In der Person des auferweckten Gekreuzigten, der die Inkarnation der unbedingten Feindesliebe ist, und seinem messianischen Geist der Vergebung hat diese Hoffnung ihren Anhalt.

Sie läuft nicht auf eine billige Harmonie und die eschatologische Einebnung der Differenzen zwischen Tätern und Opfern hinaus:

„Die Gnade löscht die Gerechtigkeit nicht aus. Sie macht das Unrecht nicht zu Recht. Sie ist nicht ein Schwamm, der alles wegwischt, so daß am Ende dann eben doch alles gleich gültig wird, was einer auf Erden getan hat. Gegen eine solche Art von Himmel und von Gnade hat zum Beispiel Dostojewski in seinen *Brüdern Karamasow* mit Recht Protest eingelegt. Die Missetäter sitzen am Ende nicht neben den Opfern in gleicher Weise an der Tafel des ewigen Hochzeitsmahls, als ob nichts gewesen wäre."[29]

---

28 Vgl. *Karl Rahner*, Politische Dimensionen des Christentums. Ausgewählte Texte zu Fragen der Zeit, hrsg. u. ausgewählt von Herbert Vorgrimler, München 1986, 97: „Nach Auschwitz [...] bedarf es eigentlich des fast als ‚wahnwitzig' zu bezeichnenden Optimismus des Christentums, um darauf hoffen zu können, daß schließlich und endlich durch die größere Macht der Liebe Gottes auf unbegreifliche Weise alles gut ausgeht."
29 *Benedikt XVI.*, Spe salvi, Nr. 44f., zitiert bei *Menke*, Argumente statt Verdikte, 142. Bemerkenswert ist, dass *Hartmut Lange* in einer anderen Novelle – *Die Heiterkeit des Todes* – den Täter im postmortalen Status von einem Wundmal gezeichnet sein lässt. Gerade das Vorzeigen der Wunde lässt die moralische Entrüstung Dritter darüber verstummen, dass hier ein Henker eine Beziehung zu seinem einstigen Opfer aufnimmt. Vgl. ders., Gesammelte Novellen, Bd. 1, 75–81, 79f.: „‚Ich verstehe', sagt er [sc. der Mörder], ‚daß Sie meine Liebe zu der Frau, die ich ermordet habe, nicht billigen wollen. Aber ich habe gebüßt. Und wann, mein Herr, wenn nicht im Tod, soll die Schuld, die wir am Leben haben, endlich einmal beglichen sein?' – Er wendet seinen Kopf zur Seite und ich sehe, daß er ein Wundmal an seinem Hals hat und daß er gerichtet ist."

Aber sie werden vom ewigen Hochzeitsmahl nach dem Durchgang durch das Gericht auch nicht ausgeschlossen bleiben, darauf jedenfalls setzt die Hoffnung auf universale Versöhnung.[30]

---

[30] Vgl. dazu vertiefend *Bernd J. Claret*, Warum ist die Schöpfung so, warum nicht anders? Ein Denkversuch über „*die* eschatologische Frage" im Anschluss an Joseph Bernharts geschichtstheologische Reflexionen, Lindenberg 2011, 278–283.

Sakramentale Gegenwart

Repräsentation, Realismus und Antirealismus

Bernd Irlenborn

In seiner wissenschaftlichen Arbeit und auch in seinem Wirken als Prediger und Seelsorger geht es Karl-Heinz Menke stets, mit allem Nachdruck und aller Leidenschaft, um das Eigentliche und Herausfordernde, um die Kernfragen und Grundlagen des christlichen Glaubens und Lebens. Bereits in seiner Habilitationsschrift über den Begriff der Stellvertretung ist dieser Fokus klar zu erkennen: „Stellvertretung" sei ein „Schlüsselbegriff christlichen Lebens", der es ermögliche, „den inneren Zusammenhang (nexus) aller Artikel des christlichen Credo zu demonstrieren"[1]. In welchem Maße auch die folgende wissenschaftliche Arbeit von Menke durch diesen Bezug zum Wesentlichen und Entscheidenden der christlichen Gottesrede geprägt ist, lässt sich leicht an Titeln seiner umfangreichen Bibliographie erkennen: *Handelt Gott, wenn ich ihn bitte?*, *Was ist das eigentlich: ‚Gnade'?*, *Die Frage nach dem Wesen des Christentums*, *Das Kriterium des Christseins* und so weiter. In diesem Fokus auf die Kernfragen des christlichen Glaubens hat Menke in seinem bislang letzten Buch *Sakramentalität – Wesen und Wunde des Katholizismus* die Spezifität des katholischen Christentums als eine eigene Denkform von der Denkform des protestantischen Christentums abgegrenzt und damit die Differenz zwischen beiden Traditionen – entgegen aller „ecumenical correctness'" – stärker markiert als die gemeinsamen Verbindungslinien.[2] In dieser Hinsicht verbindet sich Menkes Leidenschaft für das Wesentliche mit der Bereitschaft, streitbar und provokativ für die eigene Position einzutreten.

Vor diesem Hintergrund verwundert es nicht, dass es für Menke keinen Graben gibt zwischen theologischer Forschung und christlichem Leben. Theologie ist für ihn kein theoretischer Überbau über der christlichen Praxis, kein Glasperlenspiel feiner Distinktionen in der abgeschotteten Klausur universitärer Denkzirkel, kein Selbstzweck zur je eigenen spirituellen

---

[1] *Karl-Heinz Menke*, Stellvertretung. Schlüsselbegriff christlichen Lebens und theologische Grundkategorie, Einsiedeln – Freiburg ²1997, 453.
[2] *Karl-Heinz Menke*, Sakramentalität. Wesen und Wunde des Katholizismus, Regensburg 2012, 8.

Erbauung und Erhebung. Theologie mit ihrem wissenschaftlichen Bedenken und Ergründen des trinitarischen Gottes hat ihren Wurzelgrund in der entscheidenden Frage, was Christsein eigentlich ausmacht angesichts der Radikalität des Inkarnationsgeschehens und der Einzigkeit Jesu Christi, aber auch im Kontext aktueller Herausforderungen, Gefährdungen und Verzeichnungen des Christus-Bekenntnisses. Der Glaube an den jüdisch-christlichen Schöpfergott, an die Fleischwerdung des innertrinitarischen Logos, an das Opfer und die stellvertretende Hingabe Jesu Christi, an seinen einsamen und angsterfüllten Kreuzestod, an seine Auferstehung macht für Menke unmissverständlich klar, was Christsein konkret bedeutet: keine Lebensflucht, kein bürgerlicher Kompromiss, kein Kokettieren mit dem Anspruch des Christseins, sondern Nachfolge, Menschwerdung in dieser Wirklichkeit, konkret vor allem im Hinabsteigen,[3] Herabbeugen und Fußwaschen von Leidenden, in denen Christus präsent ist. Nachfolge heißt hier Ernstnehmen dieses irdischen Lebens und des sakramentalen Charakters aller Wirklichkeit. Nachfolge geschieht dort, wie Menke einmal mit einer ungewöhnlichen Formulierung sagt, wo „Menschen mit ihrem Glauben ins Fleisch gehen statt aus der Welt zu fliehen"[4]. In Bezug auf diesen inkarnatorischen Charakter des Christseins gibt es Menke zufolge keine falschen Kompromisse, keine theologische Denkfaulheit und auch keine Lauheit der christlichen Praxis.

Meinen Beitrag in dieser Festschrift verstehe ich als Zeichen des Dankes und der Anerkennung für den akademischen Lehrer. Ich möchte an eine zentrale theologische Überlegung in Menkes Buch *Sakramentalität* anknüpfen und diese aus philosophischer Sicht vertiefen. Im Fokus meines Interesses steht Menkes provokative These, dass das postmoderne Denken ein radikaler Gegensatz zu einem sakramentalen Repräsentationsverständnis sei, der insbesondere das sakramentale Denken des Katholizismus verwundet habe, insofern die Wirklichkeit postmodern nicht mehr als geschaffener Zusammenhang einer abbildhaften Schöpfung erscheine, sondern nur noch als in relativen und vielfältigen Konstruktionen greifbare „Wirklichkeit für mich". Im ersten Abschnitt werde ich diese Kritik Menkes, auch im Rückblick auf frühere Schriften, nachzeichnen. Im zweiten Abschnitt werden Menkes Ausführungen im Kontext der philosophischen Debatte um die sogenannte Krise des Repräsentationsbegriffs

---

3 Vgl. zum Begriff „Hinabsteigen" die paränetischen Passagen in *Karl-Heinz Menke*, Jesus ist Gott der Sohn. Denkformen und Brennpunkte der Christologie, Regensburg 2008, 24–28.
4 *Menke*, Jesus ist Gott der Sohn, 525.

diskutiert. Im dritten Abschnitt gehe ich auf den Zusammenhang zwischen dem Repräsentationsbegriff und dem Problem des philosophischen Realismus ein, das im Hintergrund sowohl der Kritik Menkes als auch der skizzierten Debatte um die Krise des Begriffs der Repräsentation steht. Im vierten Abschnitt wird diese Thematik vertieft, indem die theologischen Konsequenzen einer antirealistischen Ontologie aufgezeigt werden. Wie sich zeigen wird, deckt sich die religionsphilosophische Interpretation dieser Konsequenzen für die christliche Theologie im Kern mit Menkes Kritik an der Dissoziation von Sakrament und Wirklichkeit. Im fünften Abschnitt wird ein kurzes Fazit vorgestellt.

1 Sakramentalität und Repräsentation bei Menke

In seinem Buch *Sakramentalität. Wesen und Wunde des Katholizismus* zeigt Menke, dass im Verständnis der Sakramentalität der entscheidende Unterschied zwischen katholischem und evangelischem Christentum begründet ist. Dieser Unterschied ist für Menke so bezeichnend, dass er das auf das sakramental vermittelte Handeln Gottes ausgerichtete katholische Christentum als eigene Denkform absetzt von der Denkform des auf die unvermittelte Alleinwirksamkeit Gottes orientierten evangelischen Christentums. In diesem Kontext entwirft Menke eine Verfallsgeschichte des sakramentalen Denkens im Ausgang der Spätantike, eine Geschichte des Verlusts eines von der platonischen Philosophie inspirierten dialektischen Verhältnisses zwischen Urbild und Abbild, in deren Zentrum der Begriff der Repräsentation steht. Ich möchte in meiner Nachzeichnung und Analyse einzig und allein auf diesen philosophischen Unterstrom in der von Menke skizzierten Verfallsgeschichte des Verständnisses von Sakramentalität eingehen und alle kontrovers-theologischen Implikationen in Bezug auf die von Menke hervorgehobenen Unterschiede zwischen evangelischer und katholischer Denkform ausblenden. Der Fokus richtet sich also allein auf die repräsentationalistische Grunddimension des Sakramentalitätsbegriffs, wie Menke sie in ihren historischen Transformationen und angesichts gegenwärtiger philosophischer Herausforderungen rekonstruiert.

Dem Begriff „Sakramentalität" liegt bei Menke das Modell einer bestimmten Ontologie und Semantik zugrunde, das im Kern von Hans Urs von Balthasars Deutung der thomanischen Analogielehre beeinflusst ist.[5] Diese Ontologie impliziert formal das Verhältnis zweier

---

5 Vgl. *Menke*, Jesus ist Gott der Sohn, 387–391.507f.

Ebenen, das heißt einer unsichtbaren Wirklichkeit, die sich in einer sichtbaren Wirklichkeit zum Ausdruck bringt. Menke spricht hier von einer platonisch inspirierten „Urbild-Abbild-Dialektik": Je mehr ein Abbild Wiedergabe des Urbildes sei, desto mehr sei es, im Sinne einer direkten Proportionalität, eine genuin eigenständige und doch gleichzeitig das Urbild ausdrückende abgebildete Wirklichkeit.[6] Semantisch gesehen, handelt es sich bei diesem dialektischen Verhältnis um einen Bezug zwischen verschiedenen Ebenen der Repräsentation: Die repräsentierte Wirklichkeit ist als Urbild mit dem repräsentierenden Abbild verbunden. Diese drückt sich, auf der einen Seite, in jener aus und ist insofern untrennbar mit ihr verbunden, sie bleibt jedoch, auf der anderen Seite, ontologisch eigenständig und somit unterschieden von ihrer abbildenden Repräsentanz. Platonisch gesehen, könnte man das Beispiel eines konkreten Menschen anführen, der, je mehr er Mensch ist (zu klären wäre natürlich, welche Kriterien ein jeweiliges Konzept für „Menschsein" voraussetzt), umso deutlicher die Idee des Menschseins repräsentiert, dabei also ontologisch als abbildliche Wirklichkeit die Idee oder das Urbild des Menschen repräsentiert, und doch kategorial eigenständig ist in Bezug auf die urbildliche Wirklichkeit. Dieses Modell schließt für Menke eine „gestufte Abbildlichkeit des Urbildes"[7] und graduell unterscheidbare Typen der Repräsentation ein (Kriterium für diese Unterscheidung wäre die jeweilige Proportionalität zwischen Urbild und Abbild): Beide Wirklichkeiten, die repräsentierte und die repräsentierende, können „,von gleichem Wesen'" sein (so, theologisch, das innertrinitarische Verhältnis zwischen Vater und Logos), bis hin zur Möglichkeit, dass die repräsentierende Wirklichkeit nur ein „zeitlich und räumlich begrenztes Abbild" des Urbildes ist.[8]

Menke geht nicht weiter auf die philosophischen Voraussetzungen und Problemszenarien der durch die christliche Tradition übernommenen und gegenüber dem griechischen Denken modifizierten Ontologie von Urbild und Abbild ein,[9] sondern interpretiert das Modell

---
6   *Menke*, Sakramentalität, 135.
7   *Menke*, Sakramentalität, 135.
8   *Menke*, Sakramentalität, 142.
9   Eine Frage im Spannungsfeld von Philosophie und Theologie wäre zum Beispiel, ob die philosophische Fundierung in diesem Urbild-Abbild-Modell es ermöglicht, dass theologisch die repräsentierende Wirklichkeit, als maximale Proportionalität, wie Menke in Bezug auf die innertrinitarische Relation zwischen Vater und Sohn behauptet, „,von gleichem Wesen'" ist wie die repräsentierte (*Menke*, Sakramentalität, 142). Auch wenn diese Annahme theologisch unzweifelhaft geboten ist, scheint philosophisch die Gefahr zu bestehen, dass durch diese Wesensgleichheit

theologisch als Folie für den Sakramentalitätsbegriff. Sakramentalität bedeutet demnach, dass die unsichtbare Wirklichkeit Gottes abbildlich in der endlichen Wirklichkeit präsent ist, dass also die Dimensionen Urbild und Abbild ontologisch verbunden sind und doch gleichzeitig die grundsätzliche Differenz zwischen Repräsentiertem und Repräsentierendem, zwischen Schöpfer und Schöpfung, nicht aufgehoben wird. Diese Repräsentanz in direkter Proportionalität bedeutet in Bezug auf die „gestufte Abbildlichkeit des Urbildes", dass es niedere und höhere Stufen der Repräsentanz gibt, von unteren Ausdrucksgestalten bis hin etwa zur realsymbolischen Präsenz des Urbildes in der Abbildgestalt des konsekrierten Brotes. Als Kriterium für den Grad der Abbildlichkeit innerhalb dieses ontologischen Stufenbaus gilt für Menke: „Je mehr ein Abbild Wiedergabe des Urbildes ist, desto mehr ist es beides zugleich: Abbild (und *nicht* Urbild), aber auch Anwesenheit des Urbildes."[10] Auf die Frage, wie denn diese Abbildlichkeit genau zu denken sei, antwortet Menke in Rückgriff auf Thomas von Aquin und Hans Urs von Balthasar, dass der Grad der Repräsentation davon abhänge, wie sehr ein Seiendes sich auf sich selbst und auf anderes hin transzendieren könne. Ein Stein habe in diesem Sinne weniger Eigenstand und Selbsttranszendenz als eine Pflanze, und erst der Mensch könne sich auf das Sein im Ganzen und damit auch auf den Grund desselben in einem Schöpfer beziehen.[11] Menke sieht in diesem Modell trotz der unterschiedlichen Grade der Repräsentation eine grundsätzliche „ontologische Brücke" zwischen repräsentierter und repräsentierender Wirklichkeit: „Auch wenn auf der untersten Ebene der Repräsentation die repräsentierende Wirklichkeit die repräsentierte nur im Sinn eines Verweises bezeichnet, setzt Repräsentation einen ontologischen Zusammenhang zwischen beiden Realitäten voraus."[12]

---

der im philosophischen Modell notwendig angelegte kategorial-ontologische Unterschied zwischen repräsentierter und repräsentierender Wirklichkeit unterlaufen wird. Die Rückfrage wäre also, ob das von Menke skizzierte ontologische Urbild-Abbild-Modell nur für die Beziehung zwischen unendlichem Gott und Entitäten in der endlichen Wirklichkeit gelten kann, nicht aber für die außerhalb zeitlicher Kategorien zu denkenden innertrinitarischen Relationen.

10 *Menke*, Sakramentalität, 137.
11 *Menke*, Jesus ist Gott der Sohn, 388f.
12 *Karl-Heinz Menke*, Art. Repräsentation, in: LThK³ VIII, Freiburg 1999, 1113–1115, 1114. Die Betonung einer „ontologischen Brücke" zwischen Urbild und Abbild wirft die Frage auf, wie Menkes Modell eine panentheistische Rekonstruktion ausschließen kann. Eine erste Antwort im Sinne Menkes könnte lauten: durch den kategorial-ontologischen Unterschied zwischen der repräsentierten und der reprä-

Menke greift mit diesem Modell der Sakramentalität auf Überlegungen aus seinem Buch über Stellvertretung zurück. Dort hatte er zwischen „eigentlicher" und „uneigentlicher" Stellvertretung differenziert: Nur die eigentliche Stellvertretung sei durch eine „direkte Proportionalität der Einheit und Unterschiedenheit zweier Wirklichkeiten" gekennzeichnet.[13] In diesem Kontext unterscheidet er drei Grundformen eigentlicher Stellvertretung, von denen eine das Modell der „‚repraesentatio'" umfasst. Dabei handele es sich um eine direkte Proportionalität von Einheit und Unterschiedenheit im Blick auf „die beiden Wirklichkeiten ‚Abbild' und ‚Urbild'"[14]. Das heißt, Menkes Kritik am Verfall des Verständnisses von Sakramentalität findet sich bereits vorgezeichnet in seiner Kritik an einem uneigentlichen Begriff der Stellvertretung. Dieser Zusammenhang ist nicht zu verstehen ohne die angedeutete Möglichkeit der ontologischen Stufung der Repräsentationsformen: Das Modell der eigentlichen Stellvertretung findet im „universale concretum",[15] in Jesus Christus als wahrem Gott und wahrem Mensch, die höchstmögliche Stufe der Repräsentation des göttlichen Urbildes in der Abbildlichkeit der endlichen Welt – in diesem Sinne wird Jesus Christus theologisch auch als „Ursakrament" bezeichnet. Interessanterweise unterscheidet Menke in seinem frühen Buch im Hinblick auf die theologische Rezeption des Begriffs der Stellvertretung noch nicht die unterschiedlichen Denkformen des Katholizismus und Protestantismus, sondern geht davon aus, dass „bedeutende Theologen beider Konfessionen ihr *jeweiliges Spezifikum* durch *ein und denselben* Stellvertretungsbegriff ausdrücken"[16].

---

sentierenden Wirklichkeit in Rückbezug auf die thomanische Analogielehre (vgl. zu diesem Rückbezug ders., Jesus ist Gott der Sohn, 388f.507f.). Ob diese Antwort ausreicht, ist zweifelhaft. Zum einen könnte man einwenden, die kategorial-ontologische Zäsur zwischen Urbild und Abbild werde bei Menke theologisch wieder unterlaufen durch seinen Hinweis auf die Gleichwesentlichkeit zwischen Urbild und Abbild innerhalb der Trinität (siehe oben Anm. 9) und auch im Blick auf die göttliche Natur Jesu Christi. Zum anderen ist es in Bezug auf die kritische Diskussion der Analogie-Lehre innerhalb der analytischen Religionsphilosophie nicht klar, wie der ontologische Hintergrund dieser Lehre im Hinblick auf die Spannung zwischen Ähnlichkeit und Unähnlichkeit überzeugend rekonstruiert werden kann. Vgl. dazu *Armin Kreiner*, Das wahre Antlitz Gottes – oder was wir meinen, wenn wir ‚Gott' sagen, Freiburg 2006, 78–91.
13 *Menke*, Stellvertretung, 23.
14 *Menke*, Stellvertretung, 24.
15 Vgl. Menkes Ausführungen zu diesem Begriff von Hans Urs von Balthasar: *Menke*, Jesus ist Gott der Sohn, 387–391.
16 *Menke*, Stellvertretung, 25.

Ausgehend von Menkes Interpretation kann man den Sakramentalitätsbegriff nach zwei Seiten hin abgrenzen: zum einen von einem „Sakramentalismus", einem Identitätsmodell, in dem es keinen Unterschied zwischen den Ebenen des Repräsentierten und der Repräsentanz gibt, beispielsweise, indem man theologisch die sichtbare und unsichtbare Kirche identifiziert.[17] Zum anderen von einem Trennungsmodell, in dem die Ebene des Repräsentierten aus metaphysischen und erkenntnistheoretischen Gründen in Frage gestellt und nur noch als unverlässlicher Referenzpunkt (spätmittelalterlicher Nominalismus), als unerkennbarer Grenzbegriff (Kants kritische Philosophie) oder als metaphysisches Konstrukt (Postmoderne) erscheint.[18] In dieser Linie skizziert Menke eine Verfallsgeschichte des sakramentalen Denkens, die schon bei Augustinus angelegt sei, jedoch erst im Nominalismus des Spätmittelalters zur vollen Entfaltung komme.[19] Mit der nominalistischen Konzeption eines Gottes, der auch eine ganz andere Welt hätte erschaffen können, verliere die Schöpfung ihre Verlässlichkeit als sakramentale Wirklichkeit, also als Ausdruck oder Repräsentationsgestalt des göttlichen Schöpfers, und werde nur noch als kontingente Ansammlung von Seiendem verstanden, in die der Mensch selbst Sinn und Ordnung bringen müsse. Dadurch, so Menkes Deutung, gehe der Zusammenhang zwischen Urbild und Abbild, zwischen Repräsentiertem und Repräsentierendem gänzlich verloren. Menke teilt hier, auch wenn er nicht eigens darauf hinweist, die bekannte und umstrittene Interpretation des spätmittelalterlichen Nominalismus durch Hans Blumenberg. Blumenbergs Deutung von Wilhelm von Ockham zufolge lag dem spätmittelalterlichen Nominalismus das Konzept eines Gottes zugrunde, dessen *potentia absoluta* uneingeschränkte Willensmacht und souveräne Willkürfreiheit bedeutete. Diese unberechenbare Macht Gottes hatte gemäß Blumenberg zur Folge, dass die Welt für den Menschen sich als radikal ungewiss und kontingent herausstellte, „als pures Faktum verdinglichter Allmacht, als Demonstration unbeschränkter Souveränität eines unbefragbaren Willens"[20]. Im Unterschied zu Menke deutet Blumenberg die auf den „theologischen Absolutismus" des spä-

---
17 *Menke*, Sakramentalität, 7.
18 Der Verweis auf Kant stammt nicht von Menke. In dem, was als Verfallsgeschichte bei Menke folgt, fehlt die Bedeutung von Kants kritischem Denken für die Krise des Repräsentationsbegriffs. Darauf werde ich im zweiten und dritten Abschnitt kurz eingehen.
19 Vgl. *Menke*, Sakramentalität, 137f.141–144.
20 *Hans Blumenberg*, Die Legitimität der Neuzeit, Frankfurt a. M. 1994, 194.

ten Nominalismus folgende Geschichte nicht als weiteren Verfallsprozess, sondern als Gegenreaktion, als legitime Selbstbehauptung des sich vom Glauben emanzipierenden neuzeitlichen Menschen. Ich übergehe die weiteren Stationen dieser Verfallsgeschichte und komme direkt zu Menkes Diagnose der Gegenwart. Er fasst die Folgen dieses Verfalls unter den Begriffen „beschädigte Sakramentalität" und „verwundeter Katholizismus" zusammen.[21] Symptome dieser ‚Beschädigung' sind für Menke unter anderem Tendenzen der Entsakralisierung mit der Verkennung der Bedeutung von Liturgie und eines Funktionalismus, für den Kirche nicht mehr als Grundsakrament, sondern nur noch als institutioneller Träger von Funktionen erscheint. Wenn von Christen nicht mehr verstanden wird, dass aus der „vertikalen" Sakramentalität zwischen Urbild und Abbild auch eine „horizontale" Sakramentalität innerhalb des Abbildlichen folgt, in der die Gläubigen „Sakrament, Mittel und Werkzeug Christi für die anderen"[22] werden, in der sie also – mit der markanten Formulierung aus der Einleitung – „mit ihrem Glauben ins Fleisch gehen statt aus der Welt zu fliehen", verflüchtigt sich der christliche Glaube Menke zufolge in die Beliebigkeit individueller Erbauung.

Insgesamt mag erstaunen, dass Menke als geistesgeschichtliche Folie der gegenwärtigen Krise des Katholizismus gerade nicht die Reformation und den Protestantismus ansetzt, von dessen Grunddifferenz zum Katholizismus fast das ganze Buch *Sakramentalität* handelt, sondern die postmoderne Pluralisierung der Wahrheit im Gefolge der skizzierten Verfallsgeschichte des Repräsentationsdenkens:

> „Dabei sei am Rande angemerkt, dass der philosophische ‚linguistic turn' und die mit ihm verbundene Pluralisierung der Wahrheit (Postmoderne) das sakramentale Denken und damit das Herz des Katholizismus ungleich mehr verwundet hat als den Protestantismus, der von der einen Wahrheit, von der einen Kirche und der einen Hoffnung nur sehr bedingt spricht."[23]

Diese wichtige Randbemerkung vertieft Menke jedoch nicht; erst am Schluss seines Buches kommt er in einigen Passagen wieder darauf zurück. Dabei will er die Krise des sakramentalen Repräsentationsdenkens nicht

---

21 *Menke*, Sakramentalität, 277.
22 *Menke*, Sakramentalität, 141.
23 *Menke*, Sakramentalität, 8; vgl. auch ebd., 326.

allein als Problem der Kirchengeschichte verstehen, sondern als Epiphänomen einer geistesgeschichtlichen Krise. Menke bezieht sich hier auf die Folgen der Verfallsgeschichte des ontologischen Repräsentationsmodells in der Moderne. Sakramentales und postmodernes Denken sind für ihn sich ausschließende Gegensätze; beide können nicht zugleich wahr sein. Die Postmoderne habe die im sakramentalen Repräsentationsdenken angelegte Differenz zwischen der bezeichneten und der bezeichnenden Dimension, zwischen der „Wirklichkeit an sich" und der „Wirklichkeit für mich", aufgegeben.[24] Die Entitäten in der Welt, so könnte man ergänzen, sind damit nichts anderes als das, was sie der Wahrnehmung empirisch darbieten. Sie sind nicht länger im Sinne des Repräsentationsbegriffs Abbild eines göttlichen Urbildes, nicht mehr dessen Ausdruck, der auf einen größeren Zusammenhang hinweist, in den sie eingebettet sind. Insofern handelt es sich auch um eine Krise des ontologischen Modells, das in dem von Menke angeführten Repräsentationsbegriff impliziert ist.

Die Konsequenzen der Verfallsgeschichte zusammenfassend schreibt Menke:

„Wo heute ein Philosoph behauptet, seine Aussagen über die Bedeutung und den Sinn der empirisch wahrnehmbaren Wirklichkeit seien nicht nur sein Konstrukt oder das Sprachspiel einer bestimmten Tradition, sondern die Wahrheit an sich, fällt er unter das Verdikt, ein Metaphysiker oder gar theologisierender Vertreter des sakramentalen Denkens zu sein."[25]

Diese Diagnose scheint mir überzogen und ergänzungsbedürftig zu sein, wie ich noch zeigen werde. Gerade aus philosophischer Perspektive ist jedoch die im theologischen Kontext nur kurz und punktuell erwähnte Unterscheidung zwischen der „Wirklichkeit an sich" und der „Wirklichkeit für mich" von großem Interesse. Menke kritisiert, dass in der heutigen Philosophie ausschließlich die letzte Dimension in den Blick genommen wird, wodurch es zu einer Vielfalt von als gleichbedeutend angesehenen Wahrheitsbehauptungen und Wirklichkeitsdeutungen komme. Diese Kritik fasst die Schlusspassage von *Sakramentalität* emphatisch zusammen:

---

24 *Menke*, Sakramentalität, 302. Menke bezieht sich bei seiner Rede von der Postmoderne auf keinen spezifischen Denker.
25 *Menke*, Sakramentalität, 320.

„Denn ‚wirklich' ist etwas [...] einzig und allein unter der Voraussetzung, dass es unabhängig von mir und meinen Vorstellungen und Begriffen – also: an sich (unbedingt) – wahr ist. Anders gesagt: Wenn die von mir wahrgenommene Wirklichkeit nur das ist, was ich an ihr wahrnehmen oder mit ihr machen kann; wenn die von mir wahrgenommene Wirklichkeit nicht noch einen Sinn (= ‚Wahrheit an sich') hat, der ihr ganz unabhängig von meinem Sehen und Verstehen eingestiftet ist, kurzum: wenn es keine sakramentale Bedeutung der empirisch wahrnehmbaren Wirklichkeit gibt, dann ist Gott eine Fiktion des Menschen und der Mensch bestenfalls das bislang höchstentwickelte Säugetier."[26]

Diese Aussage Menkes formuliert die entscheidende Herausforderung, die in der Bestreitung des sakramentalen Repräsentationsdenkens liegt. Diese Herausforderung geht weit über die Differenzhermeneutik der konfessionellen Denkformen hinaus und betrifft im Kern den christlichen Gottesbegriff als solchen. Insofern wäre es meines Erachtens einseitig, wenn man in Menkes Buch einzig und allein eine streitbare oder polemische Verteidigung der katholischen Denkform gegenüber der protestantischen sehen würde. Die Krise des theologischen Repräsentationsmodells berührt im Tiefsten den Gottesbegriff selbst und damit die metaphysischen Prämissen des christlichen Glaubens. Insofern betrifft sie sowohl die katholische als auch die protestantische Tradition. Im Hintergrund von Menkes Analyse stehen hier die philosophischen Debatten zum einen um die Krise des Repräsentationsbegriffs und zum anderen um das Verhältnis von Antirealismus und Realismus. Da dieser philosophische Hintergrund bei Menke nicht vorkommt, möchte ich im Folgenden auf einige wichtige Aspekte dieser Debatten eingehen, um die bisherigen Ausführungen zu ergänzen und zu präzisieren.

---

26 *Menke*, Sakramentalität, 327.

2 Krise des abbildtheoretischen Repräsentationsbegriffs

„Wir müssen uns nicht einbilden, dass uns die Welt ein lesbares Gesicht zuwendet, welches wir zu entziffern haben."²⁷ In dieser Bemerkung von Foucault kann man eine knappe Zusammenfassung dessen erkennen, was bislang als Problem der Entzauberung des theologischen Repräsentationsmodells herausgearbeitet wurde. Wenn die Wirklichkeit nur das ist, was menschliche Erkenntnis entziffern kann, und wenn dadurch die Denkunabhängigkeit der Wirklichkeit in Frage gestellt wird, kann man nicht länger davon ausgehen, dass alles, was ist, in einem geordneten Zusammenhang steht, der in einem bestimmten Sinne „lesbar" oder in theologischer Hinsicht als Schöpfung interpretierbar wäre. In Menkes Terminologie wäre dies eine Reduzierung der „Wirklichkeit an sich" auf die „Wirklichkeit für mich". Im Kontext einer solchen Reduktion wird auch der Repräsentationsbegriff fragwürdig: Ohne die Annahme, dass ein erkenntnistheoretischer Bezug zur Dimension einer repräsentierten Außenwelt möglich ist, droht auch die Rede von Repräsentation ihren Sinn zu verlieren. Dieses Szenario steht im Hintergrund der Debatten um das, was philosophisch als „Krise der Repräsentation" bezeichnet wird.²⁸ Mit dieser Krise wird geistesgeschichtlich ein tiefgreifender Wandel von der vorneuzeitlichen zur neuzeitlichen Erkenntnis- und Wissenskultur verbunden.²⁹

Der Begriff „Repräsentation" ist philosophisch äußerst vieldeutig und voraussetzungsreich. In weitem Sinne machen Repräsentationen etwas präsent, das abwesend ist bzw. in der Weise des Repräsentierenden in der Außenwelt nicht existiert.³⁰ Nach diesem Verständnis handelt es sich bei der Repräsentation um eine zweistellige Relation: Ein Repräsentierendes steht in einer asymmetrischen Relation für ein Repräsentiertes. Vor allem in der neuzeitlichen Philosophie, besonders im Ausgang von Kants Denken, wurde jedoch deutlich, dass Repräsentation mindestens eine

---

27 Michel Foucault, Die Ordnung des Diskurses, Frankfurt a. M. 1977, 36 (zitiert in Robert Spaemann, Das unsterbliche Gerücht. Die Frage nach Gott und die Täuschung der Moderne, Stuttgart 2007, 37).
28 Vgl. dazu die Beiträge in Silja Freudenberger – Hans Jörg Sandkühler (Hg.), Repräsentation, Krise der Repräsentation, Paradigmenwechsel. Ein Forschungsprogramm in Philosophie und Wissenschaften, Frankfurt a. M. 2003.
29 Vgl. Christoph Jamme – Hans Jörg Sandkühler, Repräsentation, Krise der Repräsentation, Paradigmenwechsel. Skizze eines interdisziplinären Forschungsprogramms, in: Freudenberger – Sandkühler (Hg.), Repräsentation, 15–45, 19.
30 Vgl. Hans Jörg Sandkühler, Kritik der Repräsentation. Einführung in die Theorie der Überzeugungen, der Wissenskulturen und des Wissens, Frankfurt a. M. 2009, 62.

dreistellige Relation einschließt: Dass ein Repräsentierendes für ein Repräsentiertes steht, setzt einen Akt der Wahrnehmung, Erkenntnis oder Deutung der Präsenzgestalt als eine für etwas anderes stehende Repräsentanz voraus. Repräsentiertes und Repräsentierendes verbinden sich allein durch bestimmte Erkenntnis- und Deutungsleistungen zur Einheit der Repräsentation. Dabei ist umstritten, welcher Bezug zwischen dem Repräsentierten und dem Repräsentierenden besteht. Angeführt werden hier Identität, Ähnlichkeit, Isomorphie, Kausalität oder zeichenhafte Verweisung. Erkenntnistheoretisch ergibt sich hier zum einen die Frage nach dem Bezug und der Differenz zwischen dem Repräsentierten und dem Repräsentierenden, zum anderen die Frage nach der Angemessenheit der Repräsentanz in Bezug auf das Repräsentierte. In dieser Linie werden meist vier verschiedene Bedeutungen von „Repräsentation" unterschieden:[31]
1. Darstellung im Sinne der strukturerhaltenden Abbildung durch Bilder, Symbole, Zeichen und Verweisungen; 2. Stellvertretung im Sinne einer repräsentationalen Funktion, die Bilder, Zeichen oder auch Personen für etwas nicht Präsentes übernehmen; 3. Vorstellung in einem weiteren Sinn als ein mentaler Zustand mit kognitivem Gehalt; 4. Vorstellung in einem engeren Sinn als ein mentaler Zustand, der sich auf einen früheren mentalen Zustand bezieht bzw. aus ihm abgeleitet ist.

Die Krise des Repräsentationsbegriffs wird als eine Krise des abbildtheoretischen Verständnisses der Repräsentation in der Neuzeit gedeutet:

„Abbildtheoretische Repräsentationsbegriffe setzen einen metaphysischen Realismus voraus: Um abgebildet werden zu können, muss ein Objekt *repräsentationsvorgängig existieren*. Die ‚Krise der Repräsentation' in diesem Sinne hängt darum eng mit der Krise metaphysischer Realismen zusammen. Wenn die Vorstellung, es gebe eine Art und Weise, wie die Welt ‚wirklich' und repräsentationsvorgängig ‚ist', aufgegeben wird, dann wird auch die Vorstellung aufgegeben, Repräsentation könne in der richtigen Abbildung eben dieser Welt bestehen."[32]

---

31 *Eckart Scheerer*, Art. Repräsentation: Vorbemerkung, in: Historisches Wörterbuch der Philosophie, Band 8, Basel 1992, 790; ausführlicher: *Eckart Scheerer*, Mentale Repräsentation: Umriß einer Begriffsgeschichte, in: Freudenberger – Sandkühler (Hg.), Repräsentation, 103–129, 124–126; *Hans Jörg Sandkühler*, Art. Repräsentation, in: Enzyklopädie Philosophie, Band 3, Hamburg 2010, 2316–2325, 2317.
32 *Silja Freudenberger*, Repräsentation: Ein Ausweg aus der Krise, in: Freudenberger – Sandkühler (Hg.), Repräsentation, 71–100, 71f.

Der hier angesprochene Wandel wird als Übergang von einem „ontologischen Konzept" der Repräsentation, verstanden als abbildende Reproduktion, zu einem „epistemologischen Konzept" der Repräsentation als transformierende „Konstruktion oder Schöpfung/Bildung/Formung" des Subjekts interpretiert.[33] Offenkundig ist diese Lesart des Wandels im Repräsentationsbegriff insbesondere von Kants epistemologischer Kritik an der vorneuzeitlichen Ontologie geprägt. Bekanntlich haben Kant zufolge die Kategorien als Urteilsformen des reinen Verstandes eine gegenstandskonstituierende Funktion; sie sind *modi essendi*, ohne die gemäß Kants berühmter „Veränderung der Denkart" keine Gegenstände gedacht werden können. Die Kategorien sind demnach Bedingungen der Möglichkeit der Erfahrung und damit zugleich auch – so Kants „oberster Grundsatz aller synthetischen Urteile"[34], nach dem sich Erfahrungskonstitution und Gegenstandskonstitution unlöslich verschränken – Bedingungen der Möglichkeit der *Gegenstände* der Erfahrung. Die Kategorien schreiben den Erscheinungen, das heißt den Dingen als Gegenständen einer möglichen Erfahrung, „Gesetze a priori" vor, sie machen die Natur als Inbegriff aller Erscheinungen erst möglich.[35] Ausgehend von diesem Wandel heißt es in Bezug auf die Repräsentation:

„Die ‚Welt der Dinge' ist fragwürdig. Was ist fragwürdig? Nicht fragwürdig ist, dass das, was wir ‚Repräsentation' nennen, Zeichen und Bilder von Vorstellungen sind. Fragwürdig ist es, Bilder als *Abbilder* zu verstehen, gerade so, als stünden die erkennenden Subjekte außerhalb einer fertigen Welt, die sie nur noch ‚abzubilden' hätten. Mit anderen Worten: Fragwürdig ist das Bild, das den Bildner nicht mitten im Bild, sondern außerhalb des Bildes zeigt. [...] ‚Repräsentation' ist in diesem Sinne nicht so sehr Darstellung als vielmehr *Vor*stellung, d.h. ein mentaler Zustand des Präsent-*Machens*, nicht aber die Präsenz von Gegenständen, die unabhängig von mentalen Zuständen wären."[36]

Zusammenfassend kann man sagen: Den skizzierten Interpretationen zufolge liegt die *Krise* des abbildtheoretischen Repräsentationsbegriffs darin, dass die in diesem Begriff vorausgesetzte Ontologie, der gemäß das Repräsentierende ein urbildlich Repräsentiertes in einer zweistelli-

---
33 Vgl. etwa *Sandkühler*, Kritik der Repräsentation, 62.
34 *Immanuel Kant*, Kritik der reinen Vernunft, B 197.
35 *Kant*, Kritik der reinen Vernunft, B 161.
36 *Hans Jörg Sandkühler*, Repräsentation – Die Fragwürdigkeit der ‚Welt der Dinge', in: Freudenberger – Sandkühler (Hg.), Repräsentation, 47–69, 48f.

gen Relation einfach abbildet oder reproduziert, in Frage gestellt wird.

Vor allem unter dem Einfluss von Descartes' und Kants Erkenntnistheorie hat die Diskussion auf die Bedeutung des erkennenden Subjekts für die Zuschreibung einer Repräsentation als Präsenzgestalt eines nicht präsenten Repräsentierten aufmerksam gemacht. In diesem Sinne wird der abbildtheoretische Repräsentationsbegriff durch einen epistemologischen ersetzt, in dessen Zentrum die „weltbildende Aktivität von Subjekten" steht.[37]

Wie steht es um diese Deutung der Krise des Repräsentationsbegriffs? Unbestreitbar und nicht hintergehbar scheinen mir die Implikationen und Zäsuren in der neuzeitlichen Epistemologie durch Kants Denken. Diesem Wandel muss jede nachkantische Konzeption von Erkenntnistheorie und Ontologie verpflichtet sein. Die Frage im Hinblick auf den Repräsentationsbegriff ist allerdings, wie weit dieser Wandel reicht und wie ‚konstruktiv' oder ‚weltbildend' die Wirklichkeit in Bezug auf das „Präsent-*Machen*" des erkennenden Subjekts verstanden werden muss. Hier ergeben sich, wie die Theoretiker der Krise des Repräsentationsbegriffs zu Recht hervorheben,[38] drei Problemszenarien, die heute unterschiedlich gedeutet und kontrovers diskutiert werden: erstens die Diskussion um *Realismus und Antirealismus*, ausgehend von der Frage, in welchem Sinne die Wirklichkeit in der Folge der beschriebenen Krise noch als *denkunabhängig* hinsichtlich der „weltbildenden Aktivität von Subjekten" gedacht werden kann oder muss; zweitens die Diskussion um den *Pluralismus* der Repräsentationskonzepte nach der Krise des abbildtheoretischen Begriffs; drittens die Diskussion um den *Relativismus* von Wahrheit und Wissenskulturen im Kontext des Perspektivismus von Deutungs- und Repräsentationsmodellen.

Welchen Rückbezug haben diese Analysen um die Krise des abbildtheoretischen Repräsentationsbegriffs für die christliche Theologie und für Menkes Geschichte des „Verlusts der griechischen Denkform"? Alle drei Diskussionsfelder im Zusammenhang der Krise des Repräsentationsbegriffs betreffen in besonderem Maße die Theologie und das von Menke aufgezeigte sakramentale Repräsentationsdenken. Das, was Menke als „Verlust" des Repräsentationsdenkens beklagt, bezieht sich, so scheint mir, thematisch genau auf die Krise des abbildtheoretischen Modells von Repräsentation. Der von Menke verwendete Begriff von Repräsen-

---

37 *Jamme – Sandkühler*, Repräsentation, Krise der Repräsentation, Paradigmenwechsel, 17.
38 *Sandkühler*, Repräsentation – Die Fragwürdigkeit der ‚Welt der Dinge', 48.50; *Jamme – Sandkühler*, Repräsentation, Krise der Repräsentation, Paradigmenwechsel, 17.

tation ist ein zweistelliger, abbildtheoretischer Begriff, der auch die Idee von Stellvertretung mit einschließt. Dagegen kommt der in der gegenwärtigen Philosophie diskutierte Begriff *mentaler* Repräsentation in seinen Analysen überhaupt nicht vor. Im Unterschied zu den dargestellten philosophischen Diskussionen situiert Menke den Ausgang für die Krise des Repräsentationsbegriffs historisch vor dem Denken von Descartes und Kant, und zwar im spätmittelalterlichen Nominalismus. Allerdings steht auch bei Menke die durch den „theologischen Absolutismus" ausgelöste Aktivität des auf seine eigene Erkenntnisleistung verwiesenen Subjekts im Vordergrund, jedoch nicht als legitime „humane Selbstbehauptung" wie bei Blumenberg oder als notwendiger Übergang von einem unangemessenen ontologischen Konzept von Repräsentation zu einem angemessenen epistemologischen, wie die Interpreten der Krise des Repräsentationsbegriffs behaupten, sondern, im Blick auf das sakramentale Denken, als reine Verlusterfahrung: Die Welt der Dinge „erscheint [...] nicht mehr als von Gott geordnet, sondern als ein Chaos von Einzelnem, in das der Mensch selbst durch Sprachzeichen, Kategorien, Methoden und Techniken Ordnung bringen muss"[39]. Die angesichts der Krise des sakramentalen oder abbildtheoretischen Repräsentationsbegriffs notwendig gewordene *weltbildende* Aktivität von Subjekten" führt, wenn man den Spuren von Menkes Verfallsgeschichte folgt, bis in die Gegenwart zum postmodernen Wahrheitspluralismus und Relativismus. Man könnte an dieser Stelle kritisch fragen, wenn man den Kontext der philosophischen Debatte um den Repräsentationsbegriff einbezieht, ob Menkes Analysen nicht letztlich eine theologische Reserve gegen das neuzeitliche Erbe der Moderne im Sinne einer als legitim erachteten Pluralität von Weltdeutungen zugrunde liegt. Muss die zu Ende des ersten Abschnitts zitierte Aussage von Menke – ein Philosoph, der heutzutage behaupte, seine Weltdeutung sei nicht nur sein eigenes Konstrukt, sondern Wahrheit an sich, falle unter das Verdikt, theologisierender Metaphysiker zu sein – so verstanden werden?

Wie auch immer man diese Frage beantworten will, mir scheint, dass Menkes Kritik des Verlusts des sakramentalen Repräsentationsverständnisses, recht verstanden, nicht notwendig eine Reserve gegen die philosophischen Voraussetzungen und Annahmen der Gegenwart impliziert. Im Gegenteil, Menkes Aussage, dass der christliche Gottesglaube sein metaphysisches Fundament verliert und damit im Kern bedroht ist, ist völlig berechtigt, wenn man, ausgehend von der Krise des Repräsentationsbegriffs und der nachkantischen Erkenntnistheorie, folgern würde, dass die

---

39 *Menke*, Sakramentalität, 142.

Wirklichkeit rein als denkabhängige und vom erkennenden Subjekt präsent gemachte anzusehen sei – in Menkes Worten also einzig und allein als „Wirklichkeit für mich". Leider fehlt im Hinblick auf die von Menke gezeichnete Verfallsgeschichte ein affirmativer Hinweis auf die dritte Stelle im Repräsentationsbegriff, auf die konstitutive Bedeutung und notwendige Berücksichtigung des erkennenden Subjekts für die Verbindung von Repräsentierendem und Repräsentiertem zur Einheit der Repräsentation. Um Menkes Analysen in dieser differenzierten Hinsicht zu untermauern, ist ein Rückbezug auf das erste Problemszenario notwendig, das sich im Kontext der Krise des Repräsentationsbegriffs ergibt: auf die Debatte um den Realismus und Antirealismus, vor allem in Bezug auf ihre Tragweite für die christliche Theologie.[40] Die Frage, warum es an der Wende zwischen Mittelalter und Neuzeit zur Krise des sakramentalen Repräsentationsverständnisses kommt, lässt sich meines Erachtens nur dann angemessen beantworten, wenn man sich klarmacht, warum der Realismus, die Behauptung einer denkunabhängigen „Wirklichkeit an sich", neuzeitlich zu einem Problem wird und welche Folgerungen daraus für die gegenwärtige Philosophie und Theologie resultieren.

3 Repräsentation und Realismus

Bei der weit verzweigten philosophischen Debatte um Realismus und Antirealismus geht es im Kern um die Frage, ob (und in welcher Hinsicht) die Existenz und Beschaffenheit der Wirklichkeit davon abhängt, was Menschen mit ihren Begriffsschemata darüber denken und aussagen können.[41] Schematisch ergeben sich folgende Positionen: Der extreme Realismus würde diese Frage grundsätzlich verneinen; der moderate Realismus würde sie nicht in jeder Hinsicht verneinen; der schwache Antirealismus

---

40 Damit werden die beiden anderen Problemszenarien, der Pluralismus und Relativismus, nicht ausgeblendet; nur stehen die dadurch erwachsenden Herausforderungen für die Theologie hier nicht im Vordergrund. Vgl. zum Relativismus *Bernd Irlenborn*, Relativismus in der Philosophie. Versionen, Hintergründe und Probleme, in: Hanns-Gregor Nissing (Hg.), Wahrheit? Zur Kontroverse um die Diktatur des Relativismus, München 2011, 80–97. Vgl. zum Pluralismus *Bernd Irlenborn*, Die Vielfalt religiöser Überzeugungen und ihr epistemologischer Status, erscheint in: Thomas Schärtl (Hg.), Handbuch Analytischer Theologie, Münster 2015.
41 Vgl. die gute Einführung in die Thematik von *Marcus Willaschek*, Einleitung: Die neuere Realismusdebatte in der analytischen Philosophie, in: Marcus Willaschek (Hg.), Realismus, Paderborn 2000, 9–32.

würde sie nicht in jeder Hinsicht bejahen; der extreme Antirealismus oder Konstruktivismus würde sie grundsätzlich bejahen.

Die Diskussion um die Krise des Repräsentationsbegriffs überschneidet sich in großem Maße mit der Diskussion um den Realismus und Antirealismus. Auch wenn in der heutigen Philosophie die nachkantischen Bedingungen für die Ontologie und Erkenntnistheorie größtenteils unbestritten sind, sind die Positionen sehr unterschiedlich im Hinblick auf die Frage, wie weit – um nochmals die Formulierungen aus der Diskussion um den Repräsentationsbegriff zu verwenden – die „*weltbildende* Aktivität" und das „Präsent-*Machen*" des denkenden Subjekts epistemologisch reicht und welche ontologischen und semantischen Konsequenzen daraus erwachsen. Je nach realistischer oder antirealistischer Ausgangsposition wird die Bedeutung der Krise des Repräsentationsbegriffs mit ihren Folgen ganz unterschiedlich eingeschätzt. Auch in Bezug auf die gegenwärtige Diskussion räumen selbst Kritiker des abbildtheoretischen Repräsentationsmodells ein, dass es

„nicht *einen* Begriff von Repräsentation gegeben hat, sondern in der Tradition (und bis heute) im wesentlichen zwei Auffassungen miteinander konkurrieren: Im Rahmen realistischer Ontologien wird Repräsentation eher als ‚Abbildung' verstanden, im Kontext Realismus-kritischer Auffassungen eher als vom Bewußtsein produzierte Vorstellung."[42]

Offenkundig setzt Menkes Kritik an der postmodernen Verabschiedung einer „Wirklichkeit an sich" ein realistisches Verständnis der Wirklichkeit voraus. Wie die Diskussion um den theologischen Realismus und Antirealismus zeigt, ist das auch die Grundposition der christlichen Theologie: Wenn die Außenwelt in philosophischem Sinne nur ein Konstrukt des Menschen wäre, wenn in theologischem Sinne eine sakramentale Dimension der empirisch wahrnehmbaren Wirklichkeit als Schöpfungszusammenhang nicht mehr denkbar wäre, dann müsste man den theistischen Gottesglauben, wie Menke zu Recht sagt, als reine Fiktion des Menschen erachten. Auf diesen entscheidenden Punkt werde ich im Folgenden noch näher eingehen.

Im Blick auf den historischen Hintergrund der Debatte um den Realismus ergibt sich eine interessante Überschneidung zu der von Menke skizzierten Verfallsgeschichte des sakramentalen Repräsentationsver-

---

42 *Jamme – Sandkühler*, Repräsentation, Krise der Repräsentation, Paradigmenwechsel, 21.

ständnisses: Der Realismus als philosophische Position wird erst im Kontext der Neuzeit zu einem Problem. Es besteht ein weitgehender Konsens in der Forschung, dass die Existenz einer denkunabhängigen Wirklichkeit im antiken und mittelalterlichen Denken im Allgemeinen nicht in Frage gestellt wurde und sich auch im Hinblick auf mögliche Alternativen wie den Idealismus oder Antirealismus als nicht eigens begründungsbedürftig erwies.[43] Erst der neuzeitliche Skeptizismus, ob unsere Überzeugungen über die Außenwelt oder denkunabhängige Wirklichkeit ausreichend begründbar sind, um als Wissen zu gelten, macht den Realismus zu einem Problem.[44] Sicherlich liegt Menke hier nicht falsch, wenn er diese Skepsis theologisch bereits im spätmittelalterlichen Nominalismus vorbereitet sieht;[45] ihr Hauptmotiv scheint aber eher aus erkenntnistheoretischen Schwierigkeiten zu erwachsen, die seit Descartes diskutiert werden. Die Krise der Repräsentation und die Problematik des abbildtheoretischen und theologischen Realismus sind bereits bei Descartes erkennbar, wenn er die Gewissheit im Hinblick auf die Erkenntnis der Außenwelt nur noch durch den funktionalen Rückbezug auf die durch Beweise gesicherte Existenz eines allwissenden und gütigen Gottes gewährleistet sieht: Wenn nur die Innenwelt des Denkens Quelle epistemisch verlässlicher Aussagen ist, was kann dann über die Außenwelt Gewisses gesagt werden? Wenn jeder Bezug zur Welt nur über Ideen und Repräsentationen vermittelt ist, wie lässt sich dann noch entscheiden, ob diesem Repräsentierenden tatsächlich eine repräsentierte Außenwelt entspricht? Und, falls man dies für möglich hält: Wie kann dann das erkennende Subjekt überhaupt feststellen, ob die in Repräsentationen repräsentierte Außenwelt *angemessen* repräsentiert wird, wenn ein Kriterium dafür, sozusagen ein epistemologischer Gottesstandpunkt, nicht verfügbar ist? Wird damit nicht nur der epistemische Bezug zur Außenwelt, sondern auch der Begriff der Repräsentation fragwürdig, wenn nicht mehr klar ist, was die Repräsentationen überhaupt repräsentieren sollen?[46]

---

43 Vgl. *Marcus Willaschek*, Der mentale Zugang zur Welt, Frankfurt a. M. 2003, vor allem 91–97.112–119.
44 *Willaschek*, Der mentale Zugang zur Welt, 93.
45 Die Bedeutung von Ockham für die Herausbildung der neuzeitlichen Subjektivität im Kontext der Analysen Blumenbergs betont *Jürgen Goldstein*, Nominalismus und Moderne. Zur Konstitution neuzeitlicher Subjektivität bei Hans Blumenberg und Wilhelm von Ockham, Freiburg – München 1998.
46 Bei Willaschek heißt es: „Wenn der unmittelbare Inhalt unserer Gedanken nicht die wirklichen Dinge, sondern stets nur ihre ‚Repräsentationen' sind, dann kann man grundsätzlich nicht wissen, ob diesen Repräsentationen etwas von ihnen Un-

Es ist hier nicht notwendig, weiter auf die Grundlinien der verzweigten Geschichte um realistische und antirealistische Theorien in der Neuzeit einzugehen. Verkürzt lässt sich festhalten: Der Antirealismus erweist sich von da an als attraktive Position, als deutlich wird, dass nur eine Theorie, die die Wirklichkeit nicht als denkunabhängig, sondern als intentionales Objekt von mentalen Repräsentationen erachtet, dem skizzierten Skeptizismus entgehen zu können scheint. Im Blick auf die heutige Debatte werden drei Diskussionsfelder als historische Filiationen der Kritik am Realismus genannt – thematisch nahezu deckungsgleich mit den drei Diskussionsfeldern aus der Diskussion um den Repräsentationsbegriff: die Debatte erstens um Theorien mentaler Repräsentation, zweitens um den ontologischen Relativismus und drittens um den Antirealismus als Verifikationstheorie der Bedeutung.[47] Entscheidend ist dabei für die Fragestellung im Kontext des sakramentalen Repräsentationsbegriffs, dass der Realismus weiterhin, ob in ontologischer, epistemologischer, semantischer oder moralischer Variante, eine philosophisch gut begründete Theorie darstellt, die eine Vielzahl von namhaften Verteidigern hinter sich vereinen kann. Zudem entspricht der Realismus, wie mit überzeugenden Argumenten gezeigt worden ist, auch dem *Common sense*, insofern dieser davon ausgeht, dass alltägliche Gegenstände denkunabhängig und doch erkennbar sind.[48]

Kritisch wurde behauptet, dass alle Versionen des Realismus säkularisierte Formen des jüdisch-christlichen Schöpfungsglaubens seien.[49] Dieser Behauptung würden Verteidiger des Realismus aus verschiedenen Gründen widersprechen, schon allein deshalb, da Varianten realistischer Metaphysik bereits ohne Kenntnis des jüdisch-christlichen Schöpfungsglaubens entwickelt worden sind. Ganz unabhängig vom theologischen Schöpfungsglauben gibt es gute Gründe für die Grundannahme des Realismus, dass die Gegenstände der raumzeitlichen Wirklichkeit ontologisch denkunabhängig und epistemisch zugänglich sind, so dass wahre Aussagen über sie möglich sind. Darauf kann ich hier

---

abhängiges, eine reale ‚Außenwelt' entspricht" (*Willaschek*, Der mentale Zugang zur Welt, 2). Vgl. dazu auch *Dominik Perler – Johannes Haag* (Hg.), Ideen. Repräsentationalismus in der frühen Neuzeit. Zwei Bände, Frankfurt a. M. 2010, Bd. 1, 1–50.

47 Vgl. *Willaschek*, Der mentale Zugang zur Welt, 2f.94.
48 Vgl. dazu *Thomas Nagel*, The View from Nowhere, Oxford 1986, 90–99; *Willaschek*, Der mentale Zugang zur Welt, 46–50.
49 „Der naive wie praktisch alle raffinierten Formen von Realismus sind säkularisierte Formen religiösen Schöpfungsglaubens." *Peter Janich*, Was ist Wahrheit? Eine philosophische Einführung, München ³2005, 38f.

nicht näher eingehen. Insgesamt, so scheint mir, spricht nicht nur die alltägliche Grundintuition für den Realismus, sondern auch das Problem, wie man ohne eine realistische Grundannahme die Unterscheidung zwischen dem Wahren und dem nur für wahr Gehaltenen in angemessener Weise treffen könnte, ohne die etwa das Faktum wissenschaftlichen Fortschritts nicht zu erklären ist. Im Hinblick auf den wissenschaftlichen Realismus zeigt Willaschek zu Recht auf, dass es ein Fehlschluss wäre, von der „Theorieabhängigkeit unseres kognitiven *Zugangs* zu bestimmten Gegenständen" auf die „Theorieabhängigkeit der fraglichen *Gegenstände*" zu schließen.[50]

In Hinsicht auf diesen Aspekt des gut begründeten moderaten Realismus ist Menkes Diagnose fraglos überzogen, ein heutiger Philosoph werde als theologisierender Metaphysiker gebrandmarkt, wenn er behaupte, seine Aussagen über die Wirklichkeit seien nicht nur sein Konstrukt oder das Sprachspiel einer bestimmten Tradition, sondern die „Wahrheit an sich".[51] Allerdings hat Menke recht, dass der Antirealismus die ontologischen und erkenntnistheoretischen Grundlagen der christlichen Theologie und damit den theistischen Gottesglauben als solchen aushöhlt und grundsätzlich in Frage stellt. Um dies zu zeigen, möchte ich im nächsten Abschnitt näher auf das Problem des Antirealismus und seine Folgen für die christliche Theologie eingehen. Dabei wird auch die Verschränkung der Thematik mit dem von Menke beklagten Wahrheitspluralismus und Relativismus deutlich.

---

50 *Willaschek*, Der mentale Zugang zur Welt, 81–88, bes. 87; vgl. auch *Hans-Peter Großhans*, Theologischer Realismus. Ein sprachphilosophischer Beitrag zu einer theologischen Gotteslehre, Tübingen 1996, 16f.
51 Als Einwand gegen Menkes Diagnose wäre auch die umfassende, in der katholischen Tradition stehende philosophische Gotteslehre von Richard Schaeffler zu erwähnen. Schaeffler verwendet das Modell der Repräsentation an zentraler Stelle seines neueren Werks, indem er den Satz „*Omne ens est repraesentativum Dei*" ausführlich begründet. Darauf kann ich hier nicht weiter eingehen. Vgl. *Richard Schaeffler*, Ontologie im nachmetaphysischen Zeitalter. Geschichte und Gestalt einer Frage, Freiburg 2008, 158.160–162; *Richard Schaeffler*, Philosophische Einübung in die Theologie, Band I–III, Freiburg 2004, 125 (Band I), 414f. (Band II). Vgl. dazu *Bernd Irlenborn*, Transzendentale Hermeneutik der Gottesbeweise, in: Bernd Irlenborn – Christian Tapp (Hg.), Gott und Vernunft. Neue Perspektiven zur Transzendentalphilosophie Richard Schaefflers, Freiburg 2013, 156–173, 168–173.

4 Theologischer Realismus und Antirealismus

Zum Verständnis der Auseinandersetzung ist es nötig, die Positionen des Realismus und Antirealismus etwas konturierter, vor allem im Hinblick auf ihr Wahrheitsverständnis, anzuführen. Allerdings bleibt auch diese Rekonstruktion noch flächig und schematisch, da eine Differenzierung zwischen verschiedenen Versionen des Realismus und Antirealismus hier nicht möglich ist.

Der *Realist* geht idealtypisch davon aus, dass die Wirklichkeit, insofern sie aus raumzeitlich lokalisierbaren Gegenständen besteht, ontologisch von unserem Denken und unseren Begriffsschemata unabhängig ist. Ein epistemischer Zugang zu dieser denkunabhängigen Wirklichkeit über Erkennen, Wissen oder wahre Überzeugungen ist möglich. Im Sinne des realistischen, *nichtepistemischen* Wahrheitsverständnisses ist es möglich, objektive Aussagen über die Wirklichkeit zu machen, die wahr sind, wenn das, was sie behaupten, zutrifft. Da objektive Aussagen unveränderlich und unabhängig von unserer Fähigkeit sind, sie zu verifizieren, sind für den Realisten verifikations- und wissenstranszendente wahre Aussagen möglich. Wahrheit ist insofern eine objektive, nichtrelative Bestimmung, die unabhängig ist von unserem epistemischen Zugang zu ihr und damit unabhängig von unserer Fähigkeit, sie letztgültig zu verifizieren.

Der *Antirealist* behauptet (in einer starken Variante), dass es ontologisch keine denkunabhängige Wirklichkeit gibt, da ein epistemischer Zugang zu ihr aufgrund der Denkunabhängigkeit nicht möglich ist – ein Zugang, mittels dessen etwa eine Übereinstimmung dieser denkunabhängigen Welt mit Aussagen über sie behauptet werden könnte. Es gibt keine Wirklichkeit unabhängig und ‚außerhalb' von unseren Theorien oder Versionen, die wir von ihr machen. Die Annahme einer denkunabhängigen Welt ist sinnlos, da schon der Unterschied zwischen einer denkunabhängigen und einer denkabhängigen Welt immer nur ein Unterschied ist, der im Denken gemacht wird. Alle Strukturen der Welt werden von unserem Denken als mentale Konstrukte geschaffen. Es gibt verschiedene Versionen der Wirklichkeit und relativ zu jeder Version existiert eine Welt. Es gibt jedoch keinen nichtrelativen Standpunkt, von dem aus entschieden werden könnte, dass eine bestimmte Sichtweise objektiv wahr und eine andere objektiv falsch wäre. Im Sinne des antirealistischen, *epistemischen* Wahrheitsverständnisses ist eine Aussage dann wahr, wenn sie verifizierbar oder, unter epistemisch optimalen Bedingungen, zumindest rational akzeptierbar ist. Verifikations- und wissenstranszendente wahre Aussagen sind insofern nicht möglich. Wahrheit ist relativ zu verstehen und kann auf begründetes Fürwahrhalten reduziert werden.

Der Antirealismus hat entscheidende Folgen für das Verständnis von Wahrheit. Für den Antirealisten ist Wahrheit eine rein epistemische Kategorie im Sinne einer rationalen Akzeptierbarkeit oder eines gerechtfertigten Fürwahrhaltens. Zugespitzt heißt das: Wahrheit wird auf Fürwahrhalten reduziert. Dagegen vertritt der Realismus ein nichtepistemisches Wahrheitsverständnis. Demgemäß ist Wahrheit eine nichtrelative Bestimmung, die unabhängig ist von unserem epistemischen Zugang zu ihr. „Wahrsein", so hatte schon Frege mit Nachdruck betont, ist etwas anderes als „Fürwahrgehaltenwerden".[52] Natürlich muss auch für Vertreter eines nichtepistemischen Wahrheitsverständnisses jeder Wahrheitsanspruch *epistemisch* gerechtfertigt werden, also mit Argumenten für die eigene Position. Nur ist eben das Wahrsein einer Behauptung davon unabhängig. Wenn es wahr ist, dass sich die Erde um die Sonne dreht oder dass der Planet Mars zwei Monde hat, dann ist dies unabhängig davon wahr, ob jemand dies für wahr hält. Auch der Realist beansprucht also keinen Gottesstandpunkt für die Entscheidung, was wahr und was falsch ist. Unter endlichen erkenntnistheoretischen Bedingungen ist dies für die menschliche Erkenntnis nicht möglich.

Zwei Punkte müssen hier erwähnt werden, um Missverständnisse zu vermeiden. Zum einen wird diskutiert, ob eine wahre Aussage denkunabhängig und objektiv sein kann nicht nur im Hinblick auf Tatsachendispute, sondern auch im Hinblick auf immaterielle Dinge wie Theorien, Fiktionen in der Kunst oder Sachverhalte des Geschmacks bzw. der Neigung.[53] Die meisten Realisten gehen nicht davon aus, dass die gesamte Wirklichkeit denkunabhängig ist, da zum Beispiel die Farbigkeit eines Gegenstandes oder eine bestimmte Erfindung fraglos das Ergebnis von Hirnaktivitäten oder Denkprozessen des epistemischen Subjekts sind. Diesen Einwand kann man hier offenlassen, da es bei Menkes Kritik und in Bezug auf das theistische Gottesverständnis um Fragen des tatsächli-

---

52 „Wahrsein ist etwas ganz anderes als Fürwahrgehaltenwerden, sei es von Einem, sei es von Vielen, sei es von Allen, und ist in keiner Weise darauf zurückzuführen" (*Gottlob Frege*, Grundgesetze der Arithmetik. Begriffsschriftlich abgeleitet, Bd. 1, Darmstadt 1962, XV). Vgl. zu einem nichtepistemischen Wahrheitsverständnis im Ausgang von Frege: *Wolfgang Künne*, Bolzanos blühender Baum – Plädoyer für eine nicht-epistemische Wahrheitsauffassung, in: Forum für Philosophie Bad Homburg (Hg.), Realismus und Antirealismus, Frankfurt a. M. 1992, 224–244.
53 Zur Debatte um "disputes of inclination" vgl. *Crispin Wright*, Intuitionism, Realism, Relativism, and Rhubarb, in: Michael Krausz (Hg.), Relativism. A Contemporary Anthology, New York 2010, 330–355, 340.

chen und denkunabhängigen Vorkommens von raumzeitlichen Entitäten im Kontext einer realistischen Ontologie geht.[54] Zum anderen ist anzuerkennen: Auch wenn die Bestimmung der Wahrheit im Sinne des Realismus unabhängig von unserem epistemischen Bewahrheiten ist, erfordern Wahrheitsansprüche eine epistemische Rechtfertigung durch Argumente und die Anführung von Gründen für die je eigene Position. Da Wahrheitsansprüche ein Fürwahrhalten eines Sachverhaltes behaupten, können sie natürlich falsch sein und machen insofern von ihrem Anspruch her eine Begründung durch Argumente und Gründe erforderlich. In diesem Sinne beansprucht also auch ein Realist, wenn er etwas als wahr behauptet, keinen „God's eye view" oberhalb von allen konkurrierenden Theorien. Allerdings – und darum geht es im Streit zwischen einem nichtepistemischen und einem epistemischen Wahrheitsverständnis –, die als wahr behauptete Aussage kann für den Realisten auch *objektiv* wahr sein; und wenn sie wahr ist, dann unabhängig davon, ob sie als wahr behauptet wird. Ob es nun möglich ist, dieses nichtepistemische Wahrheitsverständnis mit einer Version der Korrespondenztheorie der Wahrheit zu verbinden, wie es etwa William P. Alston, John Searle oder Richard Schantz tun, ist umstritten.[55] Der Versuch einer solchen Verbindung scheint mir aber trotz aller Probleme der Korrespondenztheorie unerlässlich, um etwa – wie Alston es mit seinem Modell eines „alethic realism" behauptet – die Grundlagen einer christlichen Weltsicht deutlich zu machen.[56]

Insofern kann es auch von einem realistischen Standpunkt eine Vielzahl von Weltdeutungen und Wahrheitsansprüchen geben. Sogar ein deskriptiv-genetischer Relativismus wäre von diesem Standpunkt aus in einem genetischen Sinne kein Problem. Zum Beispiel ist die Behauptung „Es gibt einen dreieinigen Gott" von ihrer Genese, also ihrem Entstehungs-

---

[54] Nach *William P. Alston*, What Metaphysical Realism is Not, in: William P. Alston (Hg.), Realism and Antirealism, Ithaca 2002, 97–115, hier 98f., umfassen solche Tatsachenfragen in philosophischem Sinne drei Bereiche: makroskopische Objekte, die in der physikalischen Wirklichkeit wahrnehmbar sind (Bäume, Planeten, Autos, Menschen), Vorkommnisse der natürlichen Welt, die wir raumzeitlich wahrnehmen können (Licht, Wasser, Wolken), und nicht sinnlich wahrnehmbare Entitäten, die von erfolgreichen wissenschaftlichen Theorien erkannt werden. Für den theologischen Realismus kommt dann noch die Existenz von metaphysischen Sachverhalten, wie etwa der Existenz Gottes, dazu.
[55] Vgl. *William P. Alston*, A Realist Conception of Truth, New York 1996, 5f.37–41; *John R. Searle*, The Construction of Social Reality, London 1995, 199–226; *Richard Schantz*, Wahrheit, Referenz und Realismus. Eine Studie zur Sprachphilosophie und Metaphysik, Berlin 1996, 147–177.
[56] Vgl. *William P. Alston*, Realism and the Christian faith, in: International Journal for Philosophy of Religion 38 (1995) 37–60.

hintergrund, fraglos relativ zu einer bestimmten Weltsicht, und zwar der christlichen; denn kein Buddhist würde darauf kommen. In einem normativ-geltungstheoretischen Sinne verhält sich dies jedoch anders. „Es gibt einen dreieinigen Gott" ist aus realistischer Sicht in einem objektiven Sinne entweder wahr oder falsch. Selbst wenn alle Christinnen und Christen plötzlich konvertierten und keiner mehr diesen Satz für wahr hielte, wäre er wahr, und zwar genau dann, wenn der behauptete Sachverhalt so besteht, wie der Satz es behauptet. Genau diese Sichtweise stellt der Antirealist in Frage. Wenn alle Christen konvertierten und es keine Christen mehr geben würde, wäre etwa die Aussage „Es gibt einen dreieinigen Gott" falsch. Der Antirealist, der beispielsweise eine Kohärenztheorie der Wahrheit vertritt, würde davon ausgehen, dass die Aussage keinen kohärenten Platz mehr in einem christlichen Überzeugungssystem besitzen kann, wenn es dieses System nicht mehr gibt, und dass sie insofern falsch ist. Don Cupitt, einer der bekanntesten theologischen Antirealisten, behauptet in seinem Artikel *Anti-Realist Faith*: "The anti-realism consists in the recognition that Shiva is real only to his followers and within their perspective. If Hinduism vanished from the earth, there'd be nobody left to whom Shiva was real."[57]

Entscheidender Unterschied des Realismus zum Antirealismus ist also das Festhalten an einem nichtepistemischen Wahrheitsverständnis: Wahrsein ist nicht abhängig von unserem Fürwahrhalten. Denn es gibt Wahrheitsbehauptungen, die über unser Verifikationsvermögen hinausgehen, die wir nicht eindeutig entscheiden können und die trotzdem wahr sein können. Man kann hier verschiedene Typen eines Wahrheitsanspruchs unterscheiden: (a) Wahrheitsansprüche, die verifizierbar sind und, unter endlichen Erkenntnisbedingungen, auch verifiziert werden können, wie etwa die Aussage „Der Berg Hermon ist 2814,67 Meter hoch". (b) Wahrheitsansprüche, die im Prinzip verifizierbar sind, die aber auch unter endlichen Erkenntnisbedingungen noch verifikationstranszendent sind, da die nötige Information fehlt, wie die Aussagen „Am 5. Juni 1452 sind 37.345 Menschen gestorben" oder „Platon mochte Rotwein". Diese Aussagen wären verifizierbar, falls eine verlässliche Liste oder ein entsprechender

---

57 *Don Cupitt*, Anti-Realist Faith, in: Joseph Runzo (Hg.), Is God Real?, New York 1993, 45–55, 53. Zu theologischen Varianten des Antirealimus vgl. *Christian Weidemann*, Theologischer Antirealismus – und warum er so uninteressant ist, in: Christoph Halbig – Christian Suhm (Hg.), Was ist wirklich? Neuere Beiträge zu Realismusdebatten in der Philosophie, Frankfurt a. M. 2004, 397–427; *Sebastian Gäb*, Wahrheit, Bedeutung und Glaube. Zum Problem des religiösen Realismus, ungedr. Diss., Trier 2012.

Hinweis darüber gefunden würde, was prinzipiell zwar unwahrscheinlich, aber nicht unmöglich ist. (c) Wahrheitsansprüche, die verifikationstranszendent und unter endlichen Erkenntnisbedingungen prinzipiell nicht verifizierbar sind und keine rationale Rechtfertigung erlauben, wie etwa die Aussage „Böse Feen sind verantwortlich für das Übel in der Welt". (d) Wahrheitsansprüche, die verifikationstranszendent und unter endlichen Erkenntnisbedingungen prinzipiell nicht verifizierbar sind, die aber eine rationale Rechtfertigung erlauben, wie etwa die Aussagen „Es gibt einen dreieinigen Gott", „Jesus Christus ist am Kreuz gestorben" oder „Die Welt ist eine Schöpfung Gottes".

Im Sinne des Antirealismus wären die Wahrheitsansprüche (c) und (d) – eventuell, je nach den epistemologischen oder semantischen Prämissen, auch (b) – entweder sinnlos, inkohärent oder irrational. Offenkundig betreffen die zentralen Aussagen des christlichen Glaubens die vierte Klasse von Wahrheitsansprüchen. Der christliche Gott wird geglaubt als ein trinitarischer Schöpfergott, als ein höchstes transzendentes Wesen, das eingreift in die Welt, das mit den Geschöpfen interagiert, das einen Bund schließt mit dem Volk Israel, dessen Sohn in die Welt kommt und Mensch wird, und so weiter. Die Wahrheit dieser Glaubensannahmen hängt nicht davon ab, ob Christen sie glauben oder imstande sind, sie zu bewahrheiten, auch wenn Christen für diese Wahrheitsansprüche epistemisch und existenziell Rechenschaft geben müssen.

Vor diesem Hintergrund wird nun erkennbar, warum der Antirealismus – in Menkes Worten die Bestreitung der Möglichkeit einer „Wahrheit an sich" – subversive Folgen hätte für die zentralen christlichen Wahrheitsansprüche. Mögliche Konsequenzen für den christlichen Glauben wären, je nach antirealistischer Variante: (1) Das Christentum hätte seine Wahrheitsansprüche auf Aussagen des ersten Typs zu reduzieren, also auf verifizierbare praktische oder historische Aussagen, und alle verifikationstranszendenten Wahrheitsansprüche aufzugeben und sich als nonkognitivistische religiöse Ethik zu verstehen. (2) Das Christentum müsste sich als fideistisches Glaubenssystem begreifen und von den öffentlichen Vernunft-Diskursen im säkularen Bereich zurückziehen. (3) Das Christentum hätte das theistisch-realistische Verständnis eines transzendenten Gottes, der in die Welt eingreift, zu suspendieren und die eigene Lehre entweder als Spielart eines theologischen Antirealismus neu zu definieren, etwa gemäß dem Modell von Don Cupitt,[58] oder aber den Glauben an Gott als eine philosophisch „objektiv gegebene metaphysische Entität" zu ersetzen

---

58 *Don Cupitt*, Reforming Christianity, Santa Rosa 2001, 30.

durch den Glauben an einen „relativistischen Gott", wie es Gianni Vattimo vorschlägt.[59]

5 Fazit

„Die Wahrheit des Schöpfungsglaubens ist [...] nicht daran gebunden, dass sie geglaubt wird", hat Robert Spaemann einmal betont.[60] Der christliche Wahrheitsanspruch ist von seinem Selbstverständnis her nichtepistemisch und irrelativ. Die Wirklichkeit Gottes ist von menschlichem Denken und Glauben unabhängig. Nach christlichem Selbstverständnis wäre Gott auch Gott, ohne dass er die Welt geschaffen hätte und ohne dass Geschöpfe existierten, die ihn verehrten. Trotz dieser in der Transzendenz Gottes gründenden ontologischen Unabhängigkeit des göttlichen vom menschlichen Sein gibt es für Menschen einen epistemischen Zugang im Glauben und durch die Vernunft zu dieser Wirklichkeit Gottes. Dem christlichen Denken zufolge hat Gott selbst diesen epistemischen Zugang möglich gemacht. Wie Menke zu Recht hervorhebt, ist die christliche Theologie gerade keine „Fiktion oder Konstruktion"[61], die sich in einem antirealistischen Sinne nur auf eine von Menschen erdachte, ersehnte oder projektierte Wirklichkeit bezieht. Eine solche antirealistische Ontologie nennt Menke eine Reduktion der „Zweidimensionalität alles Wirklichen (Wirklichkeit für mich – Wirklichkeit an sich)" auf die „Eindimensionalität alles Seienden (Wirklichkeit für mich)"[62]. Der ‚zweidimensionale', sakramentale Repräsentationsbegriff gründet auf einer realistischen Ontologie, die theologisch zwischen Gott als schöpferischem Urbild und seiner Schöpfung als seinem Abbild unterscheidet, beide Dimensionen jedoch in der Beziehung einer direkten Proportionalität verbunden sieht. Ohne ein solches Repräsentationsmodell drohte der christliche Gottesglaube und Wahrheitsanspruch auf eine bloße Projektion oder mythische Erzählung hinauszulaufen und der Mensch wäre, wie es bei Menke zu Recht hieß, bestenfalls das bislang höchstentwickelte Säugetier.

---

59 *Gianni Vattimo*, Ein relativistischer Gott?, in: Ermenegildo Bidese – Alexander Fidora – Paul Renner (Hg.), Philosophische Gotteslehre heute: Der Dialog der Religionen, Darmstadt 2008, 197–204, 197.
60 *Robert Spaemann*, Das unsterbliche Gerücht. Die Frage nach Gott und die Täuschung der Moderne, Stuttgart 2007, 173.
61 *Menke*, Sakramentalität, 327.
62 *Menke*, Sakramentalität, 302.

Gottes sakramental wirksame Wirklichkeit

Beobachtungen zum Theoriestatus des Gott-Welt-Mensch-Verhältnisses im Theologiekonzept von Karl-Heinz Menke

Thomas Peter Fößel

Die Theologie von Karl-Heinz Menke, die in ihrem ganzen Facettenreichtum immer durch und durch christologisch-inkarnatorisch und zugleich kirchlich-priesterlich[1] grundiert ist, ist eine *starke* Theologie und sie ist eine *mutige*. *Stark* ist sie nicht nur, weil sie ihren Geltungsanspruch schonungslos und offen der Geltungsprüfung durch eine ebenso „starke Vernunft" aussetzt, sondern vor allem auch deshalb, weil sie bar jeder modischen Verschleierungsrhetorik und allen Ästhetisierungsversuchungen eines modischen Theologiediskurses trotzend eindeutig Position bezieht: in der Christologie nicht weniger als in der Gnadentheologie, in der sakramentalen Ekklesiologie nicht weniger als in der Mariologie. Und die starke Theologie von Karl-Heinz Menke ist *mutig*, weil sie durchzogen ist von dem durchaus nicht „ungefährlichen" Gedanken, dass Gott sein Handeln in der Welt, das, in welcher Form auch immer geschehend, letztlich als ein Bundeshandeln zu verstehen ist,[2] in radikaler Form an die Freiheit des Menschen koppelt[3] und damit dann natürlich auch der abgrundtie-

---

1 Vgl. *Karl-Heinz Menke*, Gemeinsames und besonderes Priestertum, in: IKaZ 28 (1999) 330–345.
2 Vgl. *Karl-Heinz Menke*, Hat der Erlöser die Täter mit Gott versöhnt? Ein brisantes Thema des innerchristlichen und jüdisch-christlichen Dialogs, in: Reinhold Boschki – Albert Gerhards (Hg.), Erinnerungskultur in der pluralen Gesellschaft. Neue Perspektiven für den jüdisch-christlichen Dialog, Paderborn 2010, 165–181, insb. 175–180. Vgl. *Karl-Heinz Menke*, Sakramentalität. Wesen und Wunde des Katholizismus, Regensburg 2012, 51.87–89.
3 Dass diese Rückkopplung als Bundesgeschehen tatsächlich als eine radikale und darüber hinaus als eschatologisch wirksame zu denken ist, mag das folgende Zitat belegen: „Das Purgatorium ist Gnade und als Gnade ein Bundesgeschehen, Christus handelt weder am Täter ohne den Täter, noch am Opfer ohne das Opfer" (*Menke*, Hat der

fen, tödlichen Gefahr der Sünde als der „negativen Verselbständigung bzw. ‚Verunglückung'"⁴ der menschlichen Freiheit aussetzt.

Quelle eines solchen theologischen Mutes kann aber nur die *Parrhesía* sein, die sich nach Paulus aus der Hoffnung speist, in der sich ihrerseits die vom Geist vermittelte *Eleutería* (vgl. 2 Kor 3,12.17) des Glaubens spiegelt: jenes kirchlich vermittelten und personal in der Liebe praktisch und *so* bzw. *darin* priesterlich zu vollziehenden Glaubens, den Karl-Heinz Menke in seinem Werk eben nicht nur positiv voraussetzt (wie es den Regeln einer herkömmlichen Dogmatik vielleicht entsprechen würde), sondern immer auch fundamentaltheologisch ambitioniert vor dem Forum einer autonomen Vernunft zu begründen und zu bewähren sucht.⁵

Im Folgenden soll es darum gehen, nur einen, meiner Ansicht nach aber zentralen Aspekt des komplexen Theologiekonzeptes von Karl-Heinz Menke näher zu betrachten und darin der Frage nach dem Theoriestatus des inkarnatorisch bzw. sakramental bestimmten und vermittelten Gott-Welt-Mensch-Verhältnisses nachzugehen, die Menkes ganzes Werk durchzieht⁶ und deren Beantwortung seine Theologie in besonderer Weise eben-

---

Erlöser die Täter mit Gott versöhnt?, 179). Vgl. schon *Karl-Heinz Menke*, Handelt Gott, wenn ich ihn bitte?, Regensburg 2000, 41–47.

4 *Karl-Heinz Menke*, Thesen zur Christologie des Bittgebetes, in: Magnus Striet (Hg.), Hilft beten? Schwierigkeiten mit dem Bittgebet, Freiburg 2010, 87–105, 103. Die gefährliche, aber eben deswegen auch mutige Ambivalenz dieser Theologie kommt paradigmatisch in folgendem Zitat zum Ausdruck: „Der Mensch – im biblischen Sinn verstanden als Adressat seines Schöpfers – kann die gesamte Schöpfung in die Perversion seiner Freiheit einbeziehen. Aber auch umgekehrt: Er kann sich im Gebet für das Handeln Gottes so öffnen, dass nicht nur in ihm selbst in Ordnung kommt, was nicht in Ordnung war. Ein heiliger Mensch kann die Liebe seines Schöpfers so zur Darstellung bringen, dass er dieselben Taten vollbringt, die Jesus […] gewirkt hat." (Ebd.).

5 Paradigmatisch für diese Methode Menkes der Verknüpfung eines dogmatischen Geltungsanspruches mit einem fundamentaltheologischen Begründungsprogramm ist schon die wirkungsgeschichtlich stark rezipierte Schrift „Die Einzigkeit Jesu Christi im Horizont der Sinnfrage" (Einsiedeln 1995). Hier ist insbesondere auf das Kapitel „Die christologische Antithese: Jesus ‚Sinn für mich', weil ‚Sinn an sich'" (111–166) aufmerksam zu machen, in dem Menke seinen christologischen Grundentwurf zunächst dem fundamentaltheologischen Begründungsprogramm Hansjürgen Verweyens stellt und dann als auch fundamentaltheologisch *begründeten* gegen die christologischen Relativierungs-, wenn nicht gar Auflösungsprogramme der sogenannten Pluralistischen Religionstheorie (PRT) profiliert und positioniert.

6 So bereits grundlegend in Menkes Habilitationsschrift mit dem für seine Theologie durchaus programmatischen Titel „Stellvertretung", in dem das Gott-Mensch-Welt-Verhältnis abbreviativ begrifflich fokussiert wird als „direkte Proportionalität von Einheit und Unterschiedenheit zweier Wirkungen oder Wirklichkeiten" (*Karl-Heinz Menke*, Stellvertretung. Schlüsselbegriff christlichen Lebens und theologische Grund-

so sehr kennzeichnet wie profiliert. Dass die folgenden Ausführungen, die sich bewusst nah an den Texten Menkes selbst orientieren, nicht nur referierenden Charakter haben werden, sondern darüber hinaus auch einen konstruktiv-kritischen Beitrag zur Rezeptionsgeschichte seiner Theologie leisten wollen, verdankt sich meinem Lehrer Karl-Heinz Menke selbst, der mir in überzeugender Weise beigebracht hat, dass jede Theologie, die diesen Namen verdient, eine kritisch durchdachte sein muss.

1 Das Christusereignis und seine trinitarische Explikation als theologisches Grundaxiom

Will man das Theorielayout von Menkes Theologie charakterisieren, so wird man dieses vielleicht als ein – in einem positiven Sinne zu verstehen – axiomatisches bezeichnen dürfen. Das ist der Fall, insofern meiner Einschätzung nach ausnahmslos alle systematischen Argumentationslinien bei Menke letztlich ihre erkenntnistheoretischen Voraussetzungen im kirchlich vermittelten und *innerhalb* dieses Überlieferungsprozesses biblisch bezeugten Christusereignis[7] haben, das zugleich zum Prinzip und zur Norm der Denk- und vor allem auch der Sprachform von Menkes Theologie als dem Ausdruck einer „fides *ratione* formata" avanciert. Dabei ist freilich zu beachten, dass die Rede vom axiomatischen Charakter des Theorielayouts nicht in dem Sinne missverstanden werden darf, dass in diesem das *geschichtliche* Christusereignis im Zuge der notwendigen systematischen Theorie- und Sprachbildung zu einem ungeschichtlichen Christus*prinzip* degeneriert würde. Das Gegenteil ist bei Menke der Fall, weil er auf der Ebene der theologie-sprachlichen, unausweichlich von der Wirklichkeit abstrahierenden Signifikanz ausdrücklich den geschichtlich-dynamischen und personal-interpersonalen[8] Charakter des Signifikates (eben das Christusereignis) markiert. Geachtet dieser für jede theologische Rede aufgrund

---

kategorie, Einsiedeln 1991, 363). Vgl. ebd., 255–265: „Christi Stellvertretung als einzige Relation zwischen Gott und Mensch." Zuletzt wieder vgl. ders., Gott sühnt in seiner Menschwerdung die Sünde des Menschen, in: Magnus Striet (Hg.), Erlösung auf Golgota? Der Opfertod Jesu im Streit der Interpretationen, Freiburg 2012, 101–125, 113: „Die exklusive Stellvertretung des für alle Menschen in die Scheol Herabgestiegenen bedingt die inklusive Stellvertretung der so von ihm Beschenkten."

7   Vgl. *Karl-Heinz Menke*, Jesus ist Gott der Sohn. Denkformen und Brennpunkte der Christologie, Regensburg 2008, 77. Auch an anderen Stellen betont der zu Ehrende immer wieder, dass seine theologischen Überlegungen auf dem biblischen Zeugnis aufruhen. Vgl. ders., Hat der Erlöser die Täter mit Gott versöhnt?, 175.
8   Vgl. *Menke*, Thesen zur Christologie des Bittgebetes, 90.

ihres besonderen Signifikates durchaus prekären, aber unvermeidlichen und unhintergehbaren Differenz zwischen Aussage und Ausgesagtem, zwischen Abstraktion und Wirklichkeit, lässt sich das Axiom von Menkes Theologie mit seinen eigenen Worten wie folgt bestimmen:

„Das Wesen des Christentums wurzelt in der Einzigkeit Jesu Christi. Und diese wird bezeichnet durch die personale Identität des Menschen Jesus mit der personalen Identität des ewigen (innertrinitarischen) Sohnes. Von daher gibt es eigentlich nur ein christliches Dogma, nämlich die Bezeugung von Leben, Tod und Auferstehung des Juden Jesus als der realen (nicht nur symbolischen oder metaphorischen) *Selbst*offenbarung Gottes."[9]

Diese nur bei oberflächlicher Betrachtung zunächst abstrakt und recht formal anmutende axiomatische Formulierung ist deswegen so charakteristisch für die Theologie Menkes und ihr spezifisches Sprachprofil, weil sie gerade als geronnener Ausdruck theologischer Reflexion das erkenntnislogische Grunddatum aller christlichen Theologie *als ein geschichtlichpersonales* (und deswegen nur im Modus der Bezeugung tradierbares) grundlegend markiert (Leben, Tod und Auferstehung des Juden Jesus) *und* zugleich theologisch – näherhin trinitäts- und offenbarungstheologisch – im Raum der Kirche (als Ort des Dogmas) ausdeutet. Bei näherem Zusehen zeigt sich damit, dass die Axiomatik von Menkes Theologiekonzept grundlegend auf der kirchlich indizierten geschichtlichen Heilsökonomie selbst basiert und so – bei aller der Komplexität des Konzeptes geschuldeten Abstraktheit der sprachlichen Ausdrucksform – erstlich und letztlich auf der Faktizität der Wirklichkeit selbst gemäß dem bewährten Grundsatz einer herkömmlichen theologischen Erkenntnislehre: theologia fiat in concreto, non in abstracto.[10] Sosehr Menkes theologisches Theoriekonzept somit einerseits ganz und gar von der – über den *Juden* Jesus letztlich bis auf Adam zurückzuverfolgenden – Heilsgeschichte her entwickelt und darin erkenntnistheoretisch legitimiert und fundiert ist, so sehr zeichnet es sich andererseits und gleichzeitig durch einen hohen Grad an spekulativem Mut aus. Dies ist der Fall da, wo und weil von der Heilsökonomie

---

9 *Menke*, Jesus ist Gott der Sohn, 77.
10 Ein Musterbeispiel für Menkes zunächst induktiv bei der kirchlich vermittelten Gottes- bzw. Christuserfahrung ansetzende Theologie, zu deren Layout dann aber auch auf dieser Erfahrung aufbauende theologische Deduktionen gehören, findet sich in seiner bereits erwähnten Schrift *Menke*, Die Einzigkeit Jesu Christi im Horizont der Sinnfrage, 135–138.

ausgehend auf der Ebene der Proposition durchaus starke und eindeutige Aussagen über die immanente Trinität erreicht werden, wenn Menke etwa axiomatisch von einer „personale[n] Identität des Menschen Jesus mit der personalen Identität des ewigen (innertrinitarischen) Sohnes" (s. o.) spricht. In dieser Spannungseinheit von heilsgeschichtlicher bzw. heilsökonomischer Grundiertheit einerseits und die immanente Trinität betreffende theologische Spekulation andererseits ist von Menkes theologischem Grundaxiom selbst her an dieser Stelle dann aber auch das Feld meiner Überlegungen markiert, wenn ich der Frage nach dem Gott-Welt-Mensch-Verhältnis innerhalb seines Theologiekonzeptes weiter nachgehe. Ich setze dabei zunächst bei der trinitätstheologisch formierten und durch und durch christologisch grundierten Schöpfungsrelation an, um von da aus die ebenfalls christologisch durchformte Offenbarungs- bzw. Gnadenrelation zu betrachten, bevor abschließend die eucharistisch-sakramentale Ekklesiologie Menkes in den Blick genommen werden wird.

2 Die trinitarisch formierte und inkarnatorisch finalisierte Schöpfungsrelation als Freiheitsbeziehung

Im Horizont des oben firmierten Grundaxioms nimmt es nicht wunder, dass Menke das Schöpfungshandeln Gottes bzw. die Schöpfung selbst ganz und gar vom inkarnatorisch vollendet vermittelten Offenbarungsgeschehen und damit von einer in erkenntnislogischer Perspektive heilsökonomisch reformulierten immanenten Trinität[11] her konzipiert.[12] Denn nur unter der Voraussetzung, dass „Gott [...] Liebe [*ist*] und deshalb interpersonale Freiheit, Zeitlichkeit und Potentialität implizierende

---

11 „*Gott an und für sich* darf nicht anders gedacht werden als die Sohn-Vater-Beziehung Jesu." *Menke*, Thesen zur Christologie des Bittgebetes, 87 (Hervorhebung T. P. F.).
12 Auch wenn alle trinitätstheologischen Spekulationen ihren Ausgangspunkt am geschichtlichen Christusereignis zu nehmen haben, gilt für Menke gleichwohl aber auch, dass „eine vollständige Christologie mit der Reflexion des Erkenntnisgrundes auch die des Sachgrundes verbinden muss. Denn ohne das Bedenken der trinitätstheologischen Voraussetzungen einer realen Selbstmitteilung des Absoluten in Raum und Geschichte bleibt jedes Zeugnis von der Erkennbarkeit des Jesus als des Christus aporetisch." *Karl-Heinz Menke*, Kann ein Mensch *erkennbares* Medium der göttlichen *Selbst*offenbarung sein? Anmerkungen zur Verhältnisbestimmung von ‚Realsymbol' und ‚Inkarnation', in: Joachim Valentin – Saskia Wendel (Hg.), Unbedingtes Verstehen?! Fundamentaltheologie zwischen Erstphilosophie und Hermeneutik, Regensburg 2001, 42–58, 42.

Beziehung"[13] ist, kann Schöpfung widerspruchsfrei als eine nicht notwendige (also immer schon zu Gott gehörende) *kontingente* Wirklichkeit gedacht werden. Entsprechend *ist* nicht nur die Schöpfung als Ergebnis des Schöpfungsaktes, sondern bereits der Schöpfungsakt selbst eine *kontingente Wirklichkeit*.[14] Der innertrinitarische Schöpfungsakt ad extram und die Schöpfung ihrerseits werden dabei als auf das Engste aufeinander bezogen gedacht, insofern „die Schöpfung insgesamt auf kontingente Weise teilhat an der Sohnschaft des Sohnes", weil Gott eine Wirklichkeit will, „die zwar an der ‚Andersheit' des Sohnes gegenüber dem Vater teilnimmt, aber im Unterschied zum Sohn nicht immer schon existiert"[15]. Die Tatsache, dass Menke die Schöpfung qua Schöpfungsakt so unmittelbar mit der innertrinitarischen Vater-Sohn-Relation verbindet, die wiederum in seinem Theorielayout zusätzlich dezidert als interpersonale Freiheits*relation* verstanden wird, hat Auswirkungen für das theologische Verständnis von Schöpfung überhaupt. Denn weil die Schöpfung insgesamt und darin jedes einzelne Geschöpf für sich betrachtet an der nichtnotwendigen, sondern freien Beziehungsrelation zwischen Vater und Sohn *teilhat* bzw. *teilnimmt* (s. o.), ist (bzw. kann!) kein Geschöpf bloßer Ausdruck von Notwendigkeit sein bzw. ist „die gesamte Schöpfung [...] Beziehungspartner des Schöpfers"[16]. Aus dieser freiheitstheologischen Verknüpfung von Schöpfungsakt und Schöpfung kann dann aber das „Format Schöpfung" in seiner Relation zum Schöpfer in durchaus gehaltvoller Weise weiterbestimmt werden: Weil Gott Liebe *ist*, verhält er sich der Schöpfung und jedem einzelnen Geschöpf gegenüber „auf nicht notwendige bzw. kontingente Weise", so dass „jedes Geschöpf [...] in dem Maße singulär [ist], in dem es das Wesen des trinitarischen Gottes abbildet; in dem es eine Beziehungswirklichkeit ist; in dem es sich auf sich selbst und auf Anderes beziehen kann"[17]. Entsprechend kommt ausnahmslos jedem Glied der Schöpfung eine „gewisse Selbstaktivität bzw. Innerlichkeit" ebenso zu wie „Eigensein"; ja ist es schon auf der unterpersonalen Ebene „ein Vorentwurf der transzendentalen Freiheit und von Gott aus betrachtet die fortschreitende Ermöglichung des biblisch bezeugten Bundes"[18]. Dieser Bund wiederum aber ist gleichermaßen Intention und Ziel der Schöpfung, inso-

---

13 *Menke*, Thesen zur Christologie des Bittgebetes, 90.
14 Vgl. *Menke*, Thesen zur Christologie des Bittgebetes, 90.
15 *Menke*, Thesen zur Christologie des Bittgebetes, 91.
16 *Menke*, Thesen zur Christologie des Bittgebetes, 91.
17 *Menke*, Thesen zur Christologie des Bittgebetes, 91.
18 *Menke*, Thesen zur Christologie des Bittgebetes, 92. Vgl. ders., Was ist das eigentlich: ‚Gnade'? Sechs Thesen zur Diskussion, in: ThPh 84 (2009) 356–373, 359.

fern er „der Grund der Schöpfung" ist und „nicht umgekehrt die Schöpfung der Grund des Bundes"[19]. Damit erscheint der Schöpfungsakt und so die Schöpfung letztlich als finalisiert auf den Menschen als den einzig adäquaten Bundespartner Gottes als „Mit-Liebende[n]"[20], weil nur er die Sohnschaft des innertrinitarischen Sohnes nicht nur bezeugen, sondern darüber hinaus auch bzw. sogar offenbaren kann:[21]

„Die Schöpfung ist Medium des Bundes zwischen dem Schöpfer und jenem Geschöpf, das ihm *antworten* kann. Oder anders ausgedrückt: Der Schöpfer will die Schöpfung als Antwort auf sein Wort. Die Schöpfung trägt die Signatur des Bundes, weil der Schöpfer sie zum Medium seines Wortes und zum Medium der Antwort des Menschen bestimmt."[22]

Auch dann, wenn die unterpersonale Schöpfung in der Schöpfungstheologie Menkes teleologisch bezogen auf den Menschen als Bundespartner Gottes und so erstlich und letztlich auf Gott selbst in seiner gnadenhaften in der Inkarnation vollendeten Relation zum Menschen verstanden wird, kommt ihr innerhalb dieser Finalisierung doch eine überaus große, fast will man sagen ungeheuerliche Bedeutung zu. Dies ist deswegen der Fall, weil Menke im Horizont seines freiheitstheologischen Theorielayouts das Verhältnis des Schöpfers zu ausnahmslos jedem Geschöpf als „interkommunikatives bzw. dramatisches"[23] *identifiziert* und so den Schöpfer gerade *als den Schöpfer* unmittelbar an seine Schöpfung selbst rückbindet: „Weil die Beziehung des Schöpfers zu jedem Geschöpf faktisch das Geschenk eines zumindest rudimentären ‚Selbst-seins' impliziert, kann Gott nur *mit* seinen Geschöpfen, nicht jedoch *an* ihnen *ohne* sie handeln."[24] Insofern Menke Gottes schöpferisches Handeln auf ausnahmslos allen urzeitlichen

---

19 Menke, Was ist das eigentlich: ‚Gnade'?, 358.
20 Menke, Thesen zur Christologie des Bittgebetes, 95.
21 „Erst das ‚Geschöpf' Mensch ist geeignet, die Sohnschaft des innertrinitarischen Sohnes nicht nur zu bezeugen, sondern auch zu offenbaren." Menke, Thesen zur Christologie des Bittgebetes, 92.
22 Menke, Handelt Gott, wenn ich ihn bitte?, 38. Hier muss allerdings angemerkt werden, dass die Formulierung deswegen nicht ganz unmissverständlich ist, weil in ihr Schöpfung (Medium) als ein Drittes *neben* Gottes Wort und der Antwort des Menschen verstanden werden könnte.
23 Menke, Was ist das eigentlich: ‚Gnade'?, 359. Ebd.: „Gott handelt in Kommunikation mit seinen Geschöpfen – auch mit solchen, die am Anfang der Evolutionskette stehen und als einzelne nur einen denkbar geringen Grad an Innerlichkeit aufweisen." Vgl. auch ders., Handelt Gott, wenn ich ihn bitte?, 40.
24 Menke, Was ist das eigentlich: ‚Gnade'?, 359.

Ebenen der Weltgenese konsequent als kommunikatives und dramatisches interpretiert, kann dann aber die Schöpfungsrelation als solche auch „nicht mehr als partizipationslogisches Vermittlungsverhältnis, sondern als freiheitsanalytisches Bestimmungsverhältnis"[25] verstanden werden. Entsprechend darf das „Material" der Schöpfung aufgrund seines von Gott selbst „nach außen" freigesetzten „Prinzips Freiheit", das wiederum seinem innertrinitarischen Wesen[26] entspricht, theologisch nicht länger als ontischstatisches[27] bestimmt werden; vielmehr muss *alle Wirklichkeit* (die unterpersonale wie die personale), die der Schöpfer jedem Seienden verleiht (namentlich spricht Menke von Steinen, Pflanzen, Tieren und Menschen, aber nicht von Engeln), durchgängig als freiheitlich-dynamische begriffen werden und ihr damit ein gewisser, wenn auch differenzierter Grad von „Innerlichkeit" und damit von „Selbst-sein" supponiert werden.[28] Eben weil aber das gesamte „Material" der Schöpfung bei Menke radikal (weil von Gott selbst *so* herkommend) als freiheitstheoretisch durchformt begriffen wird, kann und muss Schöpfung in Konsequenz als evolutiver und damit nichtnotwendiger Prozess[29] verstanden werden, der gleichwohl im Bundeshandeln Gottes und damit letztlich im Inkarnationsereignis das Maß seiner Taxonomie hat und darin zugleich seine letzte Finalität findet.[30] Dabei entscheidend ist, dass auch in Taxonomie und Finalität die Freiheit wiederum das alle prozessual-evolutiv[31] verbundenen Seinsstufen durchformende und so einende Prinzip darstellt, so dass „die transzendentale Freiheit des Menschen nicht etwas der übrigen Schöpfung gegenüber vollkommen Neues [darstellt], sondern die Einfaltung einer viele Milliar-

---

25 Vgl. *Karl-Heinz Menke*, Anmerkungen zu Magnus Striets „Monotheismus und Schöpfungsdifferenz. Eine trinitätstheologische Erkundung", in: Peter Walter (Hg.), Das Gewaltpotential des Monotheismus und der dreieine Gott, Freiburg 2005, 154–165, 162.
26 Vgl. *Menke*, Handelt Gott, wenn ich ihn bitte?, 40. Ebd., 45: Gottes Handeln kann seinem Wesen „als Beziehung dreier Personen, als Anerkennung des Anderen als des anderen, als Selbstmitteilung und also als Liebe" entsprechend „letztlich nur durch eine einzige Intention charakterisiert sein: nämlich zur Freiheit befreien zu wollen".
27 Hier trifft sich Menke in auffallender Weise mit der frühen Schöpfungstheologie Rahners. Vgl. *Karl Rahner*, Die Hominisation als theologische Frage, in: Ders. – Paul Overhage (Hg.), Das Problem der Hominisation, Freiburg 1961, 13–90, 84.
28 *Menke*, Was ist das eigentlich: ‚Gnade'?, 359.
29 Vgl. *Menke*, Was ist das eigentlich: ‚Gnade'?, 358.
30 Vgl. *Menke*, Sakramentalität, 115. Vgl. ferner ders., Art. Selbstmitteilung Gottes, in: LThK³ 9, 425–426, 426. „Gott ist als Schöpfer und Bundespartner Israels immer schon unterwegs zur Inkarnation." (Ders., Das Kriterium des Christseins. Grundriss der Gnadenlehre, Regensburg 2003, 185).
31 Vgl. *Menke*, Thesen zur Christologie des Bittgebetes, 92.

den Jahre währenden Entwicklung geschöpflicher Innerlichkeit"[32]. Diese Innerlichkeit bzw. Selbstaktivität des Geschöpfes ist damit als das Einheitsprinzip alles Geschaffenen schlechthin anzusprechen und darin gleichzeitig als das geschaffene bzw. geschöpfliche Korrelat des Handelns Gottes in der Welt überhaupt, das Menke im engen Anschluss an Béla Weissmahr in ein unmittelbares und mittelbares unterscheidet[33] und sich so klar von einem deistischen Weltbild, das von einem geschlossenen Kausalzusammenhang ausgeht[34], distanziert. Entscheidend dabei ist zu sehen, dass das Verhältnis Gottes zu jedem einzelnen Seienden auf allen Seinsstufen zunächst „ein je singuläres"[35] ist und so gerade nicht den nur individuellen Einzelfall eines allgemeinen Handelns Gottes *an* der Schöpfung als Ganzer darstellt. Andererseits und gleichzeitig zu dieser je singulären, je individuellen und deswegen *unmittelbaren* Relation von Schöpfer und Geschöpf aber gibt es auch eine universale Interkommunikation zwischen den bzw. allen Geschöpfen und somit in dieser auch ein *mittelbares* Handeln Gottes in der Welt. In Konsequenz spricht Menke von einem zweifachen, nicht nur begrifflich, sondern grundsätzlich[36] *unterscheid*-, wenn auch nicht voneinander *trenn*baren Modus des Handelns Gottes *in* der Welt:

„Weil alle Geschöpfe auch aufeinander einwirken, kann man von einer doppelten Art und Weise des Handelns Gottes in der Welt sprechen: direkt bzw. unmittelbar durch Kommunikation mit der Innerlichkeit des je singulären Geschöpfs; und indirekt beziehungsweise mittelbar über die Wirkung der Geschöpfe aufeinander."[37]

---

32 *Menke*, Was ist das eigentlich: ‚Gnade'?, 359. Menke spricht in diesem Zusammenhang sogar von der „relative[n] Freiheit'" des Elementarteilchens, ohne die der Mensch nicht Mensch wäre (vgl. ders., Handelt Gott, wenn ich ihn bitte?, 40).
33 Vgl. *Menke*, Was ist das eigentlich: ‚Gnade'?, 360. Dass die Handlungstheorie *Weissmahrs* (vgl. ders., Gottes Wirken in der Welt. Ein Diskussionsbeitrag zur Frage der Evolution und des Wunders, Frankfurt 1972, bes. 109–145) grundlegende Bedeutung für das Theologielayout Menkes hat, zeigt folgende, keineswegs abschließende Liste der Referenzstellen: Vgl. *Menke*, Sakramentalität, 51; ders., Jesus ist Gott der Sohn 56–59.61–62; ders., Fleisch geworden aus Maria. Die Geschichte Israels und der Marienglaube der Kirche, Regensburg 1999, 118–120; ders., Das systematisch-theologische Verständnis der Auferstehung Jesu. Bemerkungen zu der von Gerd Lüdemann ausgelösten Diskussion, in: ThGl 85 (1995) 458–484, 472–473.
34 Vgl. *Menke*, Handelt Gott, wenn ich ihn bitte?, 123.
35 *Menke*, Was ist das eigentlich: ‚Gnade'?, 359.
36 Vgl. *Menke*, Thesen zur Christologie des Bittgebetes, 91.
37 *Menke*, Was ist das eigentlich: ‚Gnade'?, 359.

Diesen unterscheidbaren Handlungsmodi gemeinsam wiederum ist, dass beiden Modi *als* Handlungsmodi des Gottes, der als Liebe interpersonale Freiheit *ist*, sowohl beim Relationspol Gott als auch beim Relationspol Geschöpf das Prinzip Freiheit inhärent ist, so „dass Gottes Wirken in der Welt und das Wirken seiner Geschöpfe sich direkt proportional zueinander verhalten: Je freier bzw. eigenwirksamer ein Geschöpf ist, um so mehr ist es Ausdruck von Gottes Wirken"[38]. Insgesamt aber ist die Schöpfungsrelation bzw. sind die Schöpfungsrelationen bei Menke als in fünffacher Weise *kontingent* zu begreifen: Kontingent ist erstens das direkte (unmittelbare) (Liebes- bzw. Freiheits-) Verhältnis von Gott zum Geschöpf; ebenso aber auch zweitens das direkte (unmittelbare) Verhältnis vom Geschöpf zu Gott und drittens das Verhältnis der Geschöpfe untereinander und darin auch das mittelbare Handeln Gottes in der Wirkung der Geschöpfe aufeinander. Zusätzlich viertens als kontingent zu betrachten ist die diesen drei kontingenten Relationen nochmals zugrunde liegende *creatio ex nihilo*, die Menke eigens als ein „*unvermitteltes* Schöpfungshandeln"[39] firmiert[40] und als solches sowohl vom unmittelbaren Handeln Gottes durch Kommunikation „mit der Innerlichkeit des je singulären Geschöpfs" (s. o.) als auch von einem geschöpflich vermittelten „Handeln Gottes in Welt und Geschichte"[41] unterscheidet. Schließlich und fünftens aber stellt „die *Selbst*mitteilung Gottes (die Inkarnation des präexistenten Sohnes)" ein „*un-mittelbares* und also exklusiv-innovatorisches Handeln[42] des Schöpfers"[43] dar, das in seiner

---

38 *Menke*, Thesen zur Christologie des Bittgebetes, 92. Meiner Einschätzung nach bietet der letzte Teil dieser Formulierung eine freiheitstheoretische bzw. freiheitstheologische Reformulierung von Rahners schöpfungstheologischem Grundaxiom hinsichtlich des Verhältnisses zwischen Schöpfer und Kreatur: „Radikale Abhängigkeit und echte Wirklichkeit des von Gott herkünftig Seienden wachsen im gleichen und nicht im umgekehrten Maße." (*Karl Rahner*, Grundkurs des Glaubens. Einführung in den Begriff des Christentums, Freiburg 1976, 86).
39 *Menke*, Thesen zur Christologie des Bittgebetes, 91 (Hervorhebung T. P. F.).
40 *Menke*, Thesen zur Christologie des Bittgebetes, 91.
41 *Menke*, Thesen zur Christologie des Bittgebetes, 91.
42 „Gott bedient sich nicht der innerweltlichen Kausalkette, sondern schafft unmittelbar den Menschen Jesus, der sich von allen Menschen dadurch unterscheidet, dass seine Beziehung zu Gott – unter den Bedingungen von Welt und Geschichte, von Raum und Zeit – identisch ist mit der Beziehung des innertrinitarischen Sohnes zum Vater." *Menke*, Fleisch geworden aus Maria, 133. In Konsequenz ist dann aber die „nicht durch die Verschmelzung von Samen- und Eizelle vermittelte *Selbst*mitteilung Gottes" und damit auch „die Parthenogenesis keine bloße Metapher, sondern geschichtliches Faktum" (ebd., 127). Noch deutlicher spricht Menke in seiner Christologie vom „biologischen Faktum" (ders., Jesus ist Gott der Sohn, 67).
43 *Menke*, Handelt Gott, wenn ich ihn bitte?, 127.

Singularität allein mit der creatio ex nihilo vergleichbar ist und sich von dieser nur insofern unterscheidet, als sie *ex Maria virgine* in die bereits bestehende Interkommunikation aller geschaffenen Wirklichkeit bzw. „in die schon gegebene Welt hinein – d.h. aus der materiellen Disposition Marias! – geschaffen wird"[44].

Dass Menke in diesem Zusammenhang ausdrücklich vom „Schöpfungsakt ‚Inkarnation'" spricht und diesen Schöpfungsakt in direkter Weise mit dem der *Selbst-Mitteilung* Gottes verbindet[45], birgt allerdings erhebliche offenbarungstheologische Implikationen, weil in Konsequenz fürderhin nicht von einer Selbstmitteilung Gottes *vor* dem Christusereignis gesprochen werden kann. Eine solche Sichtweise unterscheidet dann aber das Offenbarungskonzept Menkes in signifikanter Weise etwa von demjenigen Karl Rahners, insofern Letzterer zwar in der Inkarnation den vollendeten und gipfelhaften Höhepunkt der Geschichte der Selbstmitteilung gegeben sieht, nicht aber deren erstmalige Gegebenheit oder gar deren Geschaffenheit qua Schöpfungsakt.[46]

Als Relation fünf aufeinander je für sich *kontingenter* (!) und je wechselseitig *kontingent* (!) aufeinander bezogener *kontingenter* (!) Relationen zeigt sich so aber die Schöpfungsrelation bzw. die Schöpfung im Theologielayout Menkes als ein hochkomplexes System, das seine Stabilität allein dem einigenden Prinzip Freiheit bzw. Liebe verdankt. Dieses Einigungsprinzip wiederum ist aber gerade deswegen nicht *selbstreferenziell* (und damit ontologistisch bzw. immanentistisch), weil es seinen ursprungslosen Ursprung in der transzendent immanenten Trinität Gottes selbst hat und innerhalb

---

44 *Menke*, Handelt Gott, wenn ich ihn bitte?, 127; vgl. ebd., 133. Menkes im Anschluss an Karl Barth formulierte Aussage, dass sich die „*creatio ex nihilo* des Anfangs *nur* durch das *ex Maria virgine* unterscheidet" (ebd., 132; Sperrung T. P. F.), verschleiert allerdings etwas den von Menke selbst gleichzeitig firmierten radikalen Unterschied zwischen dem Schöpfungsakt „creatio ex nihilo" und dem „Schöpfungsakt ‚Inkarnation'". Während Letzterer nämlich die Erschaffung des Menschen „mit der *Selbst-Mitteilung* des Schöpfers" (ebd., 133) unmittelbar verbindet, wird im Schöpfungsakt „creatio ex nihilo" das Gott gegenüber Andere so gesetzt, dass gerade „dessen ‚Nicht-Gott-Sein' […] zugleich die Beziehung ist, durch die Gott in jedem seiner Geschöpfe ist, ohne mit einem oder – in summa – allen Geschöpfen identisch zu sein." (Ebd., 133).
45 „Inkarnation [ist] beides zugleich: Selbstmitteilung Gottes und Schöpfungsakt." *Menke*, Handelt Gott, wenn ich ihn bitte?, 116; vgl. ebd., 133 und das Zitat in Anm. 44.
46 Vgl. *Rahner*, Grundkurs des Glaubens, 177. Ungeachtet dieser Differenz verbindet Menke und Rahner die – im eigentlich philosophisch verstandenen Sinne – absolute christologische und darin inkarnatorische Vermitteltheit *aller* Selbstmitteilung Gottes. Vgl. dazu *Karl Rahner*, Art. Selbstmitteilung Gottes, in: LThK² 9, 627 mit *Menke*, Art. Selbstmitteilung Gottes, 425–426.

dieser näherhin in der Differenz bzw. der „Andersheit' des Sohnes gegenüber dem Vater"[47] als der aus der Sicht Menkes transzendentallogischen[48] Möglichkeitsbedingung von Schöpfung und Inkarnation überhaupt. Unterstellt man die Richtigkeit von Menkes theologischer Analyse der Gott-Mensch-Welt-Relation als eines Bundes- bzw. universal wirksamen Gnadenverhältnisses in der innertrinitarisch grundgelegten und heilsökonomisch eröffneten Spannungseinheit von bzw. zwischen Schöpfung und Inkarnation, dann eröffnet sich hieraus insbesondere ein erheblicher theologischer Theoriegewinn für die Klärung des Verhältnisses von Natur und Gnade. Dieser ergibt sich nämlich dann, wenn man Menkes theologischer Grundintention folgt, in der Freiheit bzw. Liebe das durchgängige Einheits- und Strukturprinzip dieses hochkomplexen Wirklichkeitssystems als eines fünffach kontingenten Handlungs- bzw. Beziehungssystems zu sehen:

„Das von der neuthomistischen Scholastik immer wieder diskutierte Problem der Zuordnung von Natur und Gnade entpuppt sich im Blick auf den biblisch bezeugten Bundesgott als Scheinproblem. Denn der Gott, der Liebe ist, verhält sich von Anfang an – d. h. vom Beginn der Schöpfung an – zu jedem Geschöpf, das wir erkennend unterscheiden, auf je singuläre Weise. Das heißt, im Blick auf die biblisch bezeugte Heilsgeschichte ist die Unterscheidung zwischen einem natürlichen bzw. generellen und einem gnädigen bzw. besonderen Verhalten Gottes zu seinen Geschöpfen – und speziell zum Menschen – nicht nur überflüssig, sondern auch falsch."[49]

Von dieser meiner Einschätzung nach äußerst stark profilierten theologischen Position aus, die *alle* Wirklichkeit auf *allen* ihren Ebenen (ausdrücklich auch „unterhalb der Noossphäre"[50]) konsequent vom Bundes- bzw. Gnadengedanken her interpretiert[51], ist es dann nur logisch, wenn Menke

---

47 *Menke*, Thesen zur Christologie des Bittgebetes, 91.
48 Vgl. *Menke*, Handelt Gott, wenn ich ihn bitte?, 124. Ich würde anders als Menke und philosophisch vorsichtiger lediglich von einer transzendental*theologisch* aufweisbaren Möglichkeitsbedingung sprechen, weil sie sich auf die immanente Trinität als *das* „mysterium stricte dictum" bezieht und somit die Selbstmitteilung Gottes voraussetzt. Ob man diese durchaus gehaltvolle Voraussetzung auch transzendentallogisch *vollständig* nachvollziehen kann, erscheint mir zumindest als fraglich.
49 *Menke*, Sakramentalität, 114; textidentisch ders., Was ist das eigentlich: ‚Gnade'?, 358.
50 *Menke*, Was ist das eigentlich: ‚Gnade'?, 360.
51 „Der Bundesgedanke besagt, dass der biblisch bezeugte Schöpfer nicht gegen und

fordert, „das missverständliche Axiom ‚Die Gnade setzt die Natur voraus' durch das weniger missverständliche Axiom ‚Die Gnade ermöglicht Freiheit und Geschichte'[52] zu ersetzen. Vorausgesetzt ist dabei allerdings ein sehr weiter Begriff von Gnade, die „zuerst und zunächst das Verhalten des Schöpfers zu seiner Schöpfung"[53] *ist*. Mit dieser These freilich ist der theologische Naturbegriff und a forteriori natürlich auch der Begriff der natura pura vollständig eingezogen, weil er nach Auskunft Menkes in letzter Konsequenz eben nicht nur dem *faktischen* (und von daher kontingenten) Schöpfungshandeln Gottes in all seinen oben aufgezeigten Dimensionen widerspricht, sondern darüber hinaus und grundsätzlich deswegen, weil er dem qua Selbstmitteilung Gottes zugänglichen Wesen Gottes widerspricht. Schlussendlich ist der Naturbegriff auch als „Restbegriff"[54] zur Sicherstellung der Gratuität der Gnade funktionslos, insofern die Gratuität der Gnade vollständig dadurch gesichert ist, dass das von Gott her gesehen kontingente Schöpfungshandeln ex nihilo und erst recht das „Schöpfungshandeln ‚Inkarnation'" (s. o.) vom Menschen her als von Gott nicht mit Notwendigkeit, sondern als in freier bundespartnerschaftlicher Liebe gesetzt erkannt und anerkannt werden kann. Auch die im gnadentheologischen Kontext durchaus naheliegende Frage, ob Gott auch eine Schöpfung hätte schaffen können, ohne sich in ihr zu inkarnieren, wird in Menkes Theologiesystem erkenntnislogisch sistiert, weil man aufgrund seines äußerst gehaltvollen *Selbst*mitteilungsbegriffs[55], demnach man „über Gott nicht anders sprechen [kann] als über Jesus"[56], bei allen erlaubten bzw. wahren Aussagen „über" Gott nicht hinter das inkarnatorische Selbstmit-

---

ohne, sondern stets mit seinen Geschöpfen handelt." *Menke*, Was ist das eigentlich: ‚Gnade'?, 360.
52 *Menke*, Was ist das eigentlich: ‚Gnade'?, 360.
53 *Menke*, Was ist das eigentlich: ‚Gnade'?, 360.
54 Karl Rahner, Über das Verhältnis von Natur und Gnade, in: Ders., SzTh I, Einsiedeln 1954, 323–345, 340.
55 Die sündlose Menschlichkeit Jesu *ist* „die geschichtlich gelebte Darstellung der innertrinitarischen Selbstunterscheidung des ewigen Sohnes vom ewigen Vater" (*Menke*, Gott sühnt in seiner Menschwerdung die Sünde des Menschen, 103). Ebd.: „Jesus lebt in Raum und Zeit dieselbe Selbstunterscheidung vom Vater, die der innertrinitarische Sohn ist. *So* und nur so ist er *personaliter* bzw. *hypostatisch* identisch mit dem ewigen Sohn."
56 *Menke*, Anmerkungen zu Magnus Striets „Monotheismus und Schöpfungsdifferenz. Eine trinitätstheologische Erkundung", 163.

teilungsgeschehen (als dem ja letztlich einzigen christlichen Dogma[57]) und damit die in der Frage selbst angesprochene Inkarnation zurückkann.[58]
Mit Blick auf die weitere Rezeption der Theologie von Karl-Heinz Menke ist aber auch zu sagen: So leistungsfähig Menkes theologische Handlungstheorie mit Blick auf das Natur-Gnade-Verhältnis auch ist, so sehr hängt ihre gesamte Valenz ab von der Anerkennung des Einheits- und Strukturprinzips „Freiheit" (und dessen Implikat eines sehr weiten Verständnisses von Gnade als universale Kennzeichnung des Gott-Welt-Verhältnisses), das Menke, wenn auch offenbarungstheologisch wohl begründet, univok (?) auf die Totalität *aller* Wirklichkeit (damit aber sowohl auf den innertrinitarischen Gott als auch auf die Schöpfung) anwendet. Die sich aus dieser Voraussetzung ergebenden schöpfungstheologischen, gnadentheologischen, christologischen, aber auch erkenntnistheoretischen Anschlussüberlegungen können an dieser Stelle zwar nicht angestellt werden. Gleichwohl möchte ich einige Felder benennen, die meines Erachtens im wünschenswerten weiteren Rezeptionsdiskurs der theologischen Systematik Menkes weiter zu bearbeiten wären.

1. Nachzugehen wäre der Frage nach dem genaueren Verhältnis der göttlichen und menschlichen Natur Jesu Christi und näherhin der Frage nach der wirklich menschlichen Freiheit und Personalität des Menschen Jesus *in* ihrer hypostatischen Beziehung zum innertrinitarischen Logos (Stichwort: Identität der Freiheit[en] oder hypostatische Einheit zweier Freiheiten?).

2. Eingehend zu analysieren wäre auch, was es denn ontologisch und gnoseologisch näherhin heißt, dass der Mensch Jesus die innertrinitarische Selbstunterscheidung des Sohnes vom Vater *in Raum und Zeit lebt,* und *wie* dies erkannt werden kann.[59] Könnte hier nicht Menkes eigene Sakramententheologie selbst der Schlüssel zur Klärung dieser Frage sein?[60]

---

57 Vgl. *Menke,* Jesus ist Gott der Sohn, 77.
58 Gott an sich darf nicht anders gedacht werden „als der in Christus offenbare Gott *für uns*" (*Menke,* Gott sühnt in seiner Menschwerdung die Sünde des Menschen, 102).
59 Was bedeutet es ontologisch, gnoseologisch *und existenziell* sowohl für den Menschen Jesus als auch „für uns", dass die geschichtliche Selbstunterscheidung Jesu vom Vater „die Offenbarkeit der innertrinitarischen Selbstunterscheidung des ewigen Sohnes vom ewigen Vater" *ist*? (*Menke,* Gott sühnt in seiner Menschwerdung die Sünde des Menschen, 103).
60 Menke selbst setzt sich explizit mit dieser Problematik in einem Artikel auseinander, in dem er die erkenntnistheoretischen bzw. -logischen Voraussetzungen prüft, ob ein Mensch *erkennbares* Medium der göttlichen *Selbst*offenbarung sein kann (so der Titel des Beitrags). Allerdings tut er dies primär in Auseinandersetzung mit den gnoseologischen Ansätzen bei Balthasar, Verweyen und Pröpper, ohne dass sich mir hinter

3. In welchem näheren Verhältnis stehen creatio ex nihilo und „Schöpfungsakt ‚Inkarnation'" zueinander? Ist mit Ersterer Gottes Wille zur Inkarnation „notwendig" verbunden oder ist die faktische Verknüpfung beider Schöpfungsakte Gottes nochmals als kontingent (und damit gnadenhaft) zu verstehen? Pointiert: Wurde Gott *trotz* der Sünde (Rahner) oder *wegen* der Sünde (Anselm) Mensch?

4. Und schließlich: In welchem genauen ontologischen, relationalen und gnoseologischen Verhältnis stehen die „absolute Freiheit"[61] des personalen Gottes, die „transzendentale Freiheit des Menschen"[62] als „wirkliche

---

diesen Aussagen Menkes eigene Position zu dieser Thematik eindeutig erschließen würde. Auch wenn Menke in der Debatte um die „Auferweckung Jesu" zwischen Kessler und Verweyen, in der es meiner Einschätzung nach letztlich um die Frage nach dem Erkenntnisgrund der Selbstmitteilung Gottes geht (vorösterlich – nachösterlich? / im Tod – im Sterben?), Position für Verweyens These bezieht, dass dieser Erkenntnisgrund de iure, wenn auch nicht de facto vollständig in der Spanne von der Empfängnis bis zum Tod Jesu gegeben ist (vgl. etwa *Menke*, Fleisch geworden aus Maria, 127; ders., Das systematisch-theologische Verständnis der Auferstehung Jesu, 473; ders., Jesus ist Gott der Sohn, 520–521), bedeutet dies ja gerade noch nicht, dass Menke deswegen auch Verweyens elaborierte Urbild-Abbild-Theorie als gnoseologischen Hintergrund seiner Theologie firmiert. Vgl. vielmehr die kritische Frage Menkes an Verweyen, wie innerhalb dessen Bildontologie die „Differenz zwischen dem Jesus der Geschichte und dem Christus des Glaubens" (*Menke*, Kann ein Mensch erkennbares Medium der göttlichen Selbstoffenbarung sein?, 58) zu überbrücken ist. Auch Balthasars Gnoseologie kann nicht unmittelbar für Menkes Theologiekonzept in Anspruch genommen werden, insofern in dessen Konzeption die objektive Evidenz der Offenbarungserfahrung eindeutig nachösterlich durch die Begegnung mit dem Auferstandenen vermittelt ist. Dies gilt mutatis mutandis auch für die Erkenntnistheorie Pröppers, die ebenfalls nicht auf die Auferweckungstat des Vaters und die nachösterlichen Erscheinungen (und damit anders als bei Menke) verzichten kann und will (vgl. *Thomas Pröpper*, Freiheit als philosophisches Prinzip der Dogmatik. Systematische Reflexionen im Anschluss an Walter Kaspers Konzeption der Dogmatik, in: Eberhard Schockenhoff u.a. (Hg.), Dogma und Glaube. Bausteine für eine theologische Erkenntnislehre, Mainz 1993, 165–192, 180). Von hier aus gesehen wäre ernsthaft zu prüfen, wenngleich an dieser Stelle nicht zu leisten, ob nicht am Ende Rahners „transzendentale Christologie" in einer freiheitstheoretisch reformulierten Version eine mögliche erkenntnistheoretische Hintergrundfolie für Menkes Theologieansatz bilden könnte (vgl. *Rahner*, Grundkurs des Glaubens, 206–211) oder aber – wie ich ebenfalls vermute – eine solche von Menke selbst, nämlich von seiner eigenen Sakramententheologie, die ihrerseits wiederum eine hohe Rahner-Affinität hat, her entwickelt werden könnte. Zu zeigen wäre dann, dass nur eine sakramentale Denkform geeignet ist, eine Relation zwischen Unbedingtem und Bedingtem zu denken, in der beide Relate als je wechselseitig aufeinander bezogen erscheinen, ohne dass das Unbedingte in die Bedingtheit depotenziert bzw. das Bedingte im Unbedingten aufgehoben würde.

61 *Menke*, Thesen zur Christologie des Bittgebetes, 103.
62 *Menke*, Was ist das eigentlich: ‚Gnade'?, 359.

(formal unbedingte) Freiheit"[63] und die „Freiheit" der unterpersonalen Schöpfung als „Vorentwurf der transzendentalen Freiheit"[64] zueinander? Wird hier der Freiheitsbegriff in univoker Weise auf alle drei Dimensionen von Freiheit angewandt oder nicht doch je wechselseitig auch in analoger bzw. dialektischer Weise (etwa in der Relation Vorentwurf von Freiheit und menschlich transzendentale Freiheit, aber auch in den Relationen „absolute Freiheit Gottes – menschliche Freiheit" und „absolute Freiheit Gottes – Vorentwurf von Freiheit")? Mir will scheinen, dass bei der Erörterung dieses Problemfelds die Natur-Gnade-Problematik, wenn auch freiheitstheoretisch reformuliert und von daher auf einer in der Tat höheren Reflexionsstufe, durchaus nochmals virulent werden könnte.

Dass das Theologiekonzept Menkes nämlich auch einen Preis fordert, zeigt sich nicht zuletzt da, wo das universale ‚Einheits- (oder gar Identitäts-?)Prinzip Freiheit' selbstverständlich auch da zur Anwendung gelangen muss, wo „Freiheit" sowohl auf der unterpersonalen wie vor allem aber auch auf der personalen Seins- bzw. Erkenntnisebene zum Negativen, zum malum naturale oder zum malum morale (gebraucht *oder* missbraucht) wird. Menke ist sich dieser Problematik durchaus bewusst und stellt und beantwortet diese Frage *innerhalb* seines Theoriesystems schlüssig auch mit aller Konsequenz und wünschenswert redlichen Klarheit:

„In demselben Maße, in dem ein Seiendes die absolute Selbstbestimmung des Schöpfers abbildet; in dem Maße, in dem eine Wirklichkeit ein unableitbares (kontingentes) Innen aufweist, ist es ‚Bundespartner' seines Schöpfers. Natürlich muss auch die Kehrseite der so beschriebenen Kontingenz alles Seienden gesehen werden. Je weniger eine Wirklichkeit das Ergebnis von Notwendigkeit, je größer ihr Eigensein ist, desto wahrscheinlicher auch die Möglichkeit der negativen Verselbständigung bzw. ‚Verunglückung' dieses Eigenseins. Was auf der Ebene der reflexen Freiheit des Menschen die Sünde ist, das ist auf den vorgeordneten Ebenen der Evolution z. B. ein Erdbeben oder ein Tumor."[65]

Es bedarf gewiss keiner näheren Begründung, dass insbesondere die letzte Aussage durchaus theodizeeempfindliche Anschlussfragen und Anschlussüberlegungen evoziert, denen aber an dieser Stelle nicht weiter nachge-

---

63 *Menke*, Gott sühnt in seiner Menschwerdung die Sünde des Menschen, 105.
64 *Menke*, Thesen zur Christologie des Bittgebetes, 92.
65 *Menke*, Thesen zur Christologie des Bittgebetes, 103.

gangen werden kann.⁶⁶ Mit dem Hinweis auf die Sünde als Perversion der menschlichen Freiheit⁶⁷ wird jedoch der Blick auf eine weitere, für das Theorielayout Menkes wichtige Handlungsdimension Gottes gelenkt, nämlich auf die soteriologische. Dieser soll nun, wenn auch in durchaus abbreviativer Form, nachgegangen werden.

3 Die theologischen Handlungsdimensionen in der soteriologisch perspektivierten Christologie

Angesichts der starken Profilierung der menschlichen Freiheit in der theologischen Handlungstheorie Menkes ist es nur konsequent und stringent, dass das Phänomen bzw. das Mysterium der Sünde als dem Gegenteil der von Gott inaugurierten und intendierten bzw. intendierten und inaugurierten freien Bundespartnerschaft einen wichtigen Aspekt seiner soteriologisch perspektivierten (vielleicht sogar fokussierten?) Christologie darstellt: „Der Gekreuzigte: Nicht nur Offenbarer, sondern auch Erlöser."⁶⁸

Im Horizont des von Menke axiomatisch vorausgesetzten und begründungslogisch so stark in Anspruch genommenen Selbstmitteilungsparadigmas steht dabei zunächst außer Frage, dass seine Christologie – wie im Vorangegangenen versucht wurde aufzuzeigen – einen dezidiert offenbarungstheologischen Charakter hat.⁶⁹ Komplementär zu dieser Dimension, in der die göttliche Handlungskategorie „Offenbarung" und darin die je wechselseitige Bundeskommunikation zwischen Gott, Mensch und Schöpfung profiliert ist, schenkt Menke aber innerhalb der Christologie auch zwei weiteren Handlungsdimensionen des Inkarnationsereignisses Beachtung, die ich über die Diktion Menkes hinausgehend zum einen als quasiontologische und zum anderen als axiologische charakterisieren will.

---

66 Die Eröffnung dieses Problemfeldes würde den Rahmen dieses Aufsatzes in jeder Hinsicht sprengen, zumal es dazu m. E. notwendig wäre, die oben von mir angesprochenen Fragen an das Theoriekonzept Menkes eingehender zu erörtern, was an dieser Stelle freilich nicht möglich ist.
67 Vgl. *Menke*, Thesen zur Christologie des Bittgebetes, 103.
68 *Menke*, Gott sühnt in seiner Menschwerdung die Sünde des Menschen, 106.
69 „An Jesus – in allem uns gleich außer der Sünde (Hebr 4,15) – lässt sich ablesen, dass Gott sein Handeln nicht nur scheinbar, sondern mit allen Konsequenzen an die von ihm selbst ermöglichte Freiheit seiner Adressaten bindet. An Jesus lässt sich ablesen, wie Gott allmächtig ist, nämlich in der unbedingten Bindung seiner selbst an die einmal gewährte Freiheit seiner Geschöpfe." *Menke*, Thesen zur Christologie des Bittgebetes, 93. M. a. W.: Jesus erscheint hier nicht nur als der Hermeneut Gottes, sondern zugleich als die Gotteshermeneutik.

Zunächst nämlich (quasiontologische Dimension) bewirkt die Inkarnation des innertrinitarischen Sohnes als ein singuläres, „exklusiv-innovatorisches Handeln des Schöpfers"[70] eine universale, quasiontologische Statusveränderung der gesamten Schöpfung (Zeit) und Gottes (Ewigkeit) selbst:

„Wie das Christusereignis das reale Eintreten Gottes selbst bzw. des Ewigen in die Zeit ist, so ist die Erhöhung des Erlösers das reale Eintreten der Zeit in die Ewigkeit. […] *Christus verbindet in seiner Person endliches und ewiges Sein, Zeit und Ewigkeit; deshalb ist er unendlich viel mehr als Wegweiser und Offenbarer.*"[71]

Zum anderen und darüber hinaus hat das Inkarnationsereignis in der weiteren Handlungskategorie Rettung bzw. Erlösung auch eine axiologische Dimension. Dabei geht es Menke um die Beantwortung der Frage „Was Jesus Christus für alle Menschen aller Zeiten getan hat"[72], und zwar „*ganz unabhängig vom Glauben seiner Adressaten*"[73]. Im Blick ist hier selbstverständlich das – in klassischer Diktion ausgedrückt – *objektive Werk*, in Menkes Diktion ausgedrückt *exklusive Stellvertretungswerk*[74] der Erlösung bzw. der Rechtfertigung des Sünders als „Sühnegeschehen"[75]. Ausgangspunkt für seine Überlegungen sind hierbei einerseits wiederum das Selbstmitteilungsaxiom als solches und andererseits die Wahrnehmung der Universalität der Sünde"[76] als *kontingentes, nicht notwendiges* geschichtliches *Faktum* und so als „objektive Wirklichkeit"[77]. Unter Sünde versteht Men-

---

70 *Menke*, Fleisch geworden aus Maria, 127.
71 *Menke*, Gott sühnt in seiner Menschwerdung die Sünde des Menschen, 118. Diese Formulierung könnte prima vista vielleicht eine gewisse Hintanstellung der Offenbarungsdimension des Inkarnationsereignisses insinuieren, was aber im Theoriesystem Menkes deswegen nicht der Fall sein kann, weil die Selbstmitteilung Gottes die gnoseologische Möglichkeitsbedingung für die vollendete Bundespartnerschaft auf Seiten des Menschen darstellt. Will man, über Menke hinausgehend, diese Bundespartnerschaft als vollendete *fides qua* bezeichnen, dann wäre die inkarnatorische Selbstmitteilung Gottes als *fides quae* zu bezeichnen, ohne die die *fides qua* keine vollendete sein könnte.
72 *Menke*, Jesus ist Gott der Sohn, 520.
73 *Menke*, Gott sühnt in seiner Menschwerdung die Sünde des Menschen, 107.
74 Vgl. *Menke*, Gott sühnt in seiner Menschwerdung die Sünde des Menschen, 113.
75 Vgl. *Menke*, Gott sühnt in seiner Menschwerdung die Sünde des Menschen, 108.
76 *Menke*, Gott sühnt in seiner Menschwerdung die Sünde des Menschen, 109.
77 *Menke*, Gott sühnt in seiner Menschwerdung die Sünde des Menschen, 110. Menkes Aussagen zur Sünde bzw. zum Sünder und die durch die Sünde geschaffene (sic!) Wirklichkeit sind so pointiert und m. E. auch theologisch brisant, dass ich, um Fehlinterpretationen zu vermeiden, im Folgenden Menke bewusst noch stärker als zuvor selbst zu Wort kommen lasse.

ke grundsätzlich die „Verweigerung der Selbstunterscheidung von Gott"[78] und damit das Gegenteil dessen, was Jesus in seinem Leben offenbarend *getan* hat, insofern „die geschichtlich gelebte Selbstunterscheidung Jesu vom Vater [...] die Offenbarkeit der innertrinitarischen Selbstunterscheidung des ewigen Sohnes vom ewigen Vater [ist]"[79].

„Die Ursünde ist das Gott-sein-Wollen, die Verweigerung der Selbstunterscheidung von Gott, die Verweigerung des Gehorsams gegenüber Gott. Jesus lebt als wahrer Mensch das Gegenteil der Sünde."[80]

Die Sünde aber bewirkt nicht nur, sondern ist eine „objektive Wirklichkeit, die durch nichts und niemanden, auch von Gott nicht ungeschehen gemacht werden kann"[81]. Ja, darüber hinaus ist sogar zu sagen, dass der Sünder „eine Wirklichkeit in Raum und Zeit [schafft (sic!)], die mit dem trinitarischen Gott ganz und gar unvereinbar ist", und damit einen „Ort" (bzw. Unort – Menke rekurriert hier auf das Bild (!) der Scheol –), „an dem Gott nicht ist und den er auch mit der Kraft seiner barmherzigen Liebe nicht beseitigen kann. Letzteres deswegen nicht, weil der Schöpfer mit der Ermöglichung wirklicher Freiheit die Setzung einer Wirklichkeit riskiert hat, über die er im wahrsten Sinne des Wortes nicht verfügen kann."[82] Der durch diese „Scheol" bildhaft markierte Hiatus aber „ist keine bloße Relation zwischen dem einzelnen Sünder und Gott. Er ist eine objektive Wirklichkeit, die der Schöpfer nur um den Preis seiner gesamten Schöpfung annihilieren kann."[83] Was in aller Konsequenz nicht weniger bedeutet, als dass der „Mensch – im biblischen Sinn verstanden als Adressat seines Schöpfers – [...] die gesamte Schöpfung in die Perversion seiner Freiheit einbeziehen [kann]"[84]. Für den einzelnen Sünder wie für die gesamte Schöpfung bzw. Menschheit bedeutet dies wiederum, dass „der physische Tod [...] seit dem Sündenfall nicht mehr Übergang des Menschen in die ewige Gemeinschaft mit Gott, sondern die Trennung jedes Sünders von Gott [ist]"[85]. Weil aber darüber hinaus die „Sünde eine ob-

---

78 *Menke*, Thesen zur Christologie des Bittgebetes, 88.
79 *Menke*, Gott sühnt in seiner Menschwerdung die Sünde des Menschen, 103. Vgl. ders., Thesen zur Christologie des Bittgebetes, 88.
80 *Menke*, Gott sühnt in seiner Menschwerdung die Sünde des Menschen, 103.
81 *Menke*, Gott sühnt in seiner Menschwerdung die Sünde des Menschen, 110.
82 *Menke*, Gott sühnt in seiner Menschwerdung die Sünde des Menschen, 110.
83 *Menke*, Gott sühnt in seiner Menschwerdung die Sünde des Menschen, 111.
84 *Menke*, Thesen zur Christologie des Bittgebetes, 103.
85 *Menke*, Gott sühnt in seiner Menschwerdung die Sünde des Menschen, 111.

jektive geschichtliche Größe ist, die auch von Gott nur um den Preis der geschöpflichen Freiheit ungeschehen gemacht werden kann", kann diese auch „nur innergeschichtlich bekämpft und besiegt werden"[86]. Genau das geschieht aber nach Auskunft Menkes im Christusereignis, insofern das Menschsein Jesu, „der in Raum und Zeit (geschichtlich) dieselbe Relation zum göttlichen Vater lebt, die der innertrinitarische Sohn ist"[87], in seinem physischen Tod qua „Fortbestehen der hypostatischen Union des toten Jesus mit dem innertrinitarischen Sohn" den geschichtlichen Ort der Sünde (bildhaft Scheol) erreicht, so dass „nicht nur er selbst, sondern auch der von ihm untrennbare Vater dahin [gelangt], wo das mit ihm völlig Unvereinbare ist, der ‚Ort der Sünde', die ‚Scheol'"[88]. Insofern aber, und an dieser Stelle wird dann wieder das Selbstmitteilungsaxiom virulent, Jesus Christus die *Selbst*mitteilung Gottes *ist*, offenbart das Kreuzesgeschehen zugleich nicht nur, „dass Gottes Allmacht sich in der Heilsgeschichte selbst dazu bestimmt, sich von wirklicher (selbstursprünglicher) Freiheit real bestimmen zu lassen"[89], sondern darüber hinaus vor allem, dass die „Allmacht des trinitarischen Gottes [...] identisch [*ist*] mit der Liebe des Gekreuzigten"[90] und in Konsequenz der trinitarische Gott „die Versöhnung mit dem Sünder nicht anders wirken *konnte* als durch die Selbsthingabe des Golgotha-Geschehens"[91].

Damit aber fließen an dieser Stelle die zwei christologischen Handlungsdimensionen, die quasiontologische und die axiologische, in der offenbarungstheologischen zusammen:

„Gott ist unbedingte Liebe. Der trinitarische Gott wollte eine Schöpfung, die wirklich – und nicht nur scheinbar – zur Freiheit bestimmt ist. Und deshalb *kann* der Jesus, der diesen trinitarischen Gott personal offenbart, die Freiheit derer, die ihn foltern und töten, nicht aufheben."[92]

---

[86] *Menke*, Gott sühnt in seiner Menschwerdung die Sünde des Menschen, 115.
Von daher gesehen ist die Inkarnation wenigstens mittelbar, aber gewiss in der konkreten den Menschen Jesus an das Kreuz führenden Form bedingt durch die Sünde: „Weil die den Sünder von Gott trennende Macht der Sünde eine innergeschichtliche Wirklichkeit ist und also auch nur innergeschichtlich besiegt werden kann, *musste* der Ewige *als er selbst* eintreten in die Zeit (Inkarnation)." (Ebd., 116).
[87] *Menke*, Gott sühnt in seiner Menschwerdung die Sünde des Menschen, 111.
[88] *Menke*, Gott sühnt in seiner Menschwerdung die Sünde des Menschen, 111.
[89] *Menke*, Hat der Erlöser die Täter mit Gott versöhnt?, 172.
[90] *Menke*, Gott sühnt in seiner Menschwerdung die Sünde des Menschen, 105.
[91] *Menke*, Gott sühnt in seiner Menschwerdung die Sünde des Menschen, 102.
[92] *Menke*, Jesus ist Gott der Sohn, 521.

Die Darstellung und Analyse der inkarnatorisch-soteriologischen (axiologischen) Handlungsdimension Gottes im Theorielayout Menkes bliebe aber unvollständig, wenn sie bei dem bislang behandelten exklusiven Stellvertretungswerk stehen bleiben würde, ohne auch auf die durch dieses objektive Erlösungswerk inaugurierte inklusive Stellvertretung des objektiv erlösten Sünders einzugehen. Denn charakteristisch für die Soteriologie Menkes ist gerade, dass er, seinem Freiheitsparadigma treu bleibend, die Rechtfertigung des Sünders (verstanden als exklusive Stellvertretung) ihrerseits als Bundeshandeln versteht, insofern „die exklusive Stellvertretung des für alle Menschen in die Scheol Herabgestiegenen die inklusive Stellvertretung der so von ihm Beschenkten [bedingt]"[93]. Das bedeutet, dass der durch die objektive Erlösungstat Jesu Christi zu einer neuen (!) Bundespartnerschaft[94] befähigte bzw. in eine neue Bundespartnerschaft hineinversetzte Sünder sich seinerseits zu diesem neuen Bund verhalten muss, weil er als Adressat der Rechtfertigung nicht nur in der Annahme der Gnade, sondern auch der Gnade gegenüber frei ist bzw. bleibt[95]. Das bedeutet konkret, dass der Sünder da, wo er die exklusive Stellvertretung Christi annimmt, bereit ist zu einem ihm ermöglichten „Umleiden seiner Sünde in Sohnschaft"[96] bzw. „das Christusgeschenk im Modus der Inklusion des Empfängers in die Selbsthingabe des Erlösers"[97] anzunehmen. Insofern die exklusive Stellvertretung, die die vom Sünder selbst radikal unauflösbare Bindung des Sünders an seine Sünde und damit die radikale (!) Gottesferne aufhebt, die absolute (im strengen philosophischen Wortsinne) Möglichkeitsbedingung der inklusiven Stellvertretung ist, ist das Rechtfertigungsgeschehen kein „Synergismus" zwischen dem Erlöser und dem Sünder[98]. Gleichwohl ist es aber auch kein Automatismus, weil auch in ihm Gott die freie Bundespartnerschaft als dem eigentlichen Grund der Schöpfung achtet. Von daher muss Menke, wenn er dem seiner Überzeugung nach offenbarungstheologisch firmierten und sowohl schöpfungstheologisch wie christologisch ausbuchstabierten Freiheitsprinzip konsequent treu bleiben will, auch feststellen, „dass das Drama der Weltgeschichte offen"[99] bleibt.

---

93 *Menke*, Gott sühnt in seiner Menschwerdung die Sünde des Menschen, 113.
94 Vgl. *Menke*, Gott sühnt in seiner Menschwerdung die Sünde des Menschen, 117.
95 *Menke*, Hat der Erlöser die Täter mit Gott versöhnt?, 172.
96 *Menke*, Hat der Erlöser die Täter mit Gott versöhnt?, 178.
97 *Menke*, Hat der Erlöser die Täter mit Gott versöhnt?, 179.
98 Zur Problematik vgl. *Menke*, Hat der Erlöser die Täter mit Gott versöhnt?, 179.
99 In der weiteren Rezeptionsgeschichte diskurswürdig wäre meiner Meinung nach allerdings die Klärung der Frage, wie die Aussage Menkes vom offenen Drama der

Die Hölle der Ablehnung des Christusgeschehens bleibt möglich" auch dann, wenn „das Verbleiben auch nur eines einzigen Menschen im Zustand der Verweigerung (Hölle) eine ungeheure Tragödie nicht nur für den Verweigerer, sondern auch für die *Communio Sanctorum* und besonders für Gott selbst"[100] wäre. Spätestens an dieser Stelle aber mündet Menkes Theologie, nicht *obwohl*, sondern *weil* sie den *Selbst*mitteilungsgedanken so stark macht, in die Abgründigkeit des Mysteriums Gottes selbst, worin ich das erste und letzte Kriterium einer „wahren" christlichen Theologie sehe, die ohne diese ihre Selbsttranszendenz in das Geheimnis Gott hinein nicht der für sie tödlichen Gefahr entrinnen kann, nichts anderes als ein immanentistisches und selbstreferenzielles System zu sein, das an seiner selbstproduzierten Endlichkeit erstickt.[101]

Geachtet der spekulativen Größe der Theologie Karl-Heinz Menkes sei aber auch an dieser Stelle eine Rückfrage gestellt, die der weiteren Rezeptionsgeschichte vielleicht aufgegeben sein könnte.

Angesichts der besonders ausgeprägten ‚inkarnatorischen Gewissenhaftigkeit', die die Theologie Menkes durchformt, ist aus meiner Sicht bemerkenswert, dass Menke die oben skizzierte theologale Handlungsdimension Rechtfertigung als eine asymmetrische Zuordnung von exklusiver und inklusiver Stellvertretung wenn gewiss nicht ausschließlich, so aber doch bewusst *auch* in einem „postmortale[n] Purgatorium als Bundeshandeln"[102] verortet. In diesem postmortalen Purgatorium jenseits der menschlichen Geschichte zwischen Empfängnis und physischem Tod, das anders als in der Tradition einen durchaus offenen Ausgang hat[103], kommt es da, wo das Geschenk der Rechtfertigung frei angenommen wird, zu einer Verähnlichung mit Christus, die Menke als „prozesshaft fortschreitende Inklusion des Beschenkten in das von ihm angenommene Geschenk"[104] beschreibt,

---

Weltgeschichte mit dem biblisch ja durchaus auch gut bezeugten theologalen Handlungskonzept „Reich Gottes" bzw. „Gottesherrschaft" zu vermitteln ist. Gibt es hier – so wäre wohl ganz im Sinne Menkes zu fragen – einen dritten Weg zwischen der Skylla der Prädestinationslehre und der Charybdis der Apokatastasislehre? Vgl. *Menke*, Sakramentalität, 263; zur Reich-Gottes-Botschaft vgl. ders., Gemeinsames und besonderes Priestertum, 342.
100 *Menke*, Gott sühnt in seiner Menschwerdung die Sünde des Menschen, 113.
101 Vgl. *Menke*, Was ist das eigentlich: ‚Gnade'?, 357, wo Menke den Begriff „Geheimnis" bewusst, selbstkritisch und dezidiert in seine durch und durch inkarnationstheologisch grundierte Gotteslehre einzeichnet.
102 *Menke*, Gott sühnt in seiner Menschwerdung die Sünde des Menschen, 117.
103 Vgl. *Ludwig Ott*, Grundriss der katholischen Dogmatik, Freiburg [10]1981, 566.577 und KKK Nr. 1030–1032.
104 *Menke*, Hat der Erlöser die Täter mit Gott versöhnt?, 178.

wobei er diese Inklusion wiederum als Bundesgeschehen, damit als Freiheitsgeschehen, interpretiert. Darin kommt es zu einer Konfrontation der Täter mit ihren Opfern, aber auch zu einer unausweichlichen Konfrontation der Opfer mit ihren Tätern. Ob am Ende dieses Prozesses die Gemeinschaft mit Christus bzw. die Versöhnung steht, hängt von der je unterschiedlichen Form sowohl der Inklusion bei den Opfern, aber auch der Täter ab[105]. Ungeachtet der schwierigen und hier nicht verhandelbaren Frage, ob auf der Grundlage der Daten einer herkömmlichen Dogmatik Menkes Diktum, dass es „im Christentum ebenso wenig wie im Judentum eine Versöhnung des Sünders mit Gott an der Versöhnung zwischen Tätern und Opfern"[106] vorbei gibt, eindeutig validiert werden kann, kann ich mich Menkes Konzeption eines ‚postmortalen Purgatoriums als Bundeshandeln' nicht ohne Weiteres anschließen. Der Grund dafür ist, dass ich in diesem Konzept die Bedeutung des „prämortalen" Lebens, des irdischen Pilgerweges und damit die Bedeutung der Geschichte überhaupt, einschließlich der irdischen Geschichte Jesu Christi zwischen Bethlehem und Golgota, gefährdet sehe. Es mag sein, dass die Logik des Freiheitsparadigmas, das als Gelingen der Schöpfung und das Gelingen der Gott-Mensch-Welt-Relation so radikal an das kontingente und so immer auch von der Sünde bedrohte Bundeshandeln bindet, die Annahme postmortaler Freiheitsakte bzw. Interaktionsprozesse systemintern notwendig macht. Der theologisch durchaus hohe Preis einer solchen Konzeption könnte aber ein äquivoker Begriff von „Geschichte" sein, der eigenartigerweise gerade dann entsteht, wenn das postmortale Leben im Purgatorium – über das wir zudem aus den Quellen der herkömmlichen „loci theologici" kaum informiert sind – in univoker Weise mit den Kategorien „Freiheit" und „Prozess" (Zeit) bestimmt wird wie auch das „prämortale". Sicherlich mag mein Vorbehalt auch daher rühren, dass ich Freiheit mit Rahner als „Vermögen des Endgültigen" begreife, die sich aber als geschaffene immer an einem kategorialen (geschichtlichen) Moment entzündet, und so näherhin als eine Freiheit, „die wirklich Ewiges ist, weil sie gerade Endgültigkeit setzt, die von innen her nicht mehr anders sein kann und anders

---

105 *Menke*, Hat der Erlöser die Täter mit Gott versöhnt?, 179: „Diese Inklusion bedeutet für die Opfer das Einbringen des ihnen zugefügten Leids in die erlösende Liebe des Gekreuzigten. Und diese Inklusion bedeutet für die Täter das durch Christus und die Opfer ermöglichte Umleiden der Sünde in Sohnschaft."
106 *Menke*, Hat der Erlöser die Täter mit Gott versöhnt?, 177. Und selbst wenn es so ist: Was heißt das denn konkret?

sein will"[107]: letztlich in der visio beatificia vollendet geliebte Liebe[108]. Der „Raum", die „Zeit" und das „Material", ohne die es *diesen* menschlichen Freiheitsvollzug als Vermögen des Endgültigen nicht gibt, ist meiner theologischen Auffassung nach allerdings limitiert durch das Ende des irdischen Pilgerwegs: „[D]urch den Tod geschieht die getane Endgültigkeit des frei gezeitigten Daseins des Menschen."[109] Abschließend soll nur noch ein kurzer Blick auf die sakramentale, näherhin ekklesial-priesterlich und darin pneumatologisch vermittelte Handlungsdimension im Gott-Mensch-Welt-Verhältnis geworfen werden, die gewissermaßen den Schlussstein des theologischen Handlungskonzepts von Karl-Heinz Menke bildet.

4 Die inkarnationstheologisch begründete, ekklesial-sakramentale Handlungsdimension des Heiligen Geistes, qui ex patre *filioque procedit*

Auch die letzte in diesem Beitrag nur noch sehr kurz zu behandelnde theologische Handlungsdimension, der Menke in seinem großen Buch mit dem für seine Theologie durchaus programmatischen Titel „Sakramentalität – Wesen und Wunde des Katholizismus" ein, nämlich *sein* besonderes Profil verliehen hat, erschließt sich voll und ganz vom Selbstmitteilungsparadigma und von der in diesem sich artikulierenden ‚inkarnatorischen Gewissenhaftigkeit' Menkes her.[110] Ebendiese sakramentale, ekklesial-priesterlich vermittelte Handlungsdimension ist es, die „das Wesen des Katholizismus" gleichermaßen generiert und bezeichnet. Dieses Wesen

---

107 *Rahner*, Grundkurs des Glaubens, 102–103.
108 „Liebe ist ohne Freiheit undenkbar." *Menke*, Thesen zur Christologie des Bittgebetes, 89. Diesem Diktum Menkes ist emphatisch zuzustimmen. Allerdings ist auch zu sagen, dass Freiheit auch so denkbar ist, dass ihre letzte (!) freie Tat gerade darin bestehen könnte, sich frei dazu zu entscheiden, nichts anderes sein zu wollen und zu können als Liebe. Dieser Gedanke ist gewiss nicht ohne Rekurs auf das „mysterium stricte dictum" der beseligenden Gottesschau (Glorie) zu gewinnen und damit m. E. nur transzendentaltheologisch, nicht aber rein transzendentalphilosophisch erreichbar, rationalisierbar und plausibilisierbar. Ohne diesen letztlich gnaden- bzw. offenbarungstheologisch gewonnenen Gedanken eines „letzten Vermögens der Freiheit" scheint mir allerdings eine endliche Vernunft (sofern ihr Leben „ewig" ist) absurd zu sein, da ihr Wesen als sisyphoshaft unvollendbar gedacht werden müsste. Denn wenn selbst die visio beatifica nochmals durch die freie Tat des Menschen revozierbar wäre, könnte sie nicht die Vollendung der endlichen Vernunft sein: ad perpetuum.
109 *Rahner*, Grundkurs des Glaubens, 267.
110 Vgl. *Menke*, Sakramentalität, 226.

aber *ist* „die *sakramentale* Darstellung der Kirche Jesu Christi in Raum und Zeit; die *sakramentale* Vergegenwärtigung des Menschseins Jesu durch Liturgie, Amt und Dogma und der Kirche Christi durch die in den Apostelnachfolgern sichtbar geeinte Institution; der Glaube an die *sakramentale* Gegenwart des Absoluten in der Geschichte Jesu (Ursakrament) und seiner Kirche (Grundsakrament)"[111].

Die entscheidende Kontinuitätsgröße, die den unlösbaren, dabei aber gerade nicht identifikatorischen[112], sondern *sakramentalen* Zusammenhang zwischen dem menschgewordenen Logos und seiner Geschichte, dem „Jesus ist Gott der Sohn" und seiner Kirche verbürgt, wiederum *ist* der *Leib Christi*: näherhin dessen exklusiv stellvertretende, pelikanische Proexistenz, das „innergeschichtliche Sichhinhalten" als „Phänomen des Leibes Christi: zunächst des historischen, dann des verklärten und des eucharistischen Leibes"[113]. Die in dieser Trias (Historie, Verklärung, Ekklesialität bzw. Sakramentalität) offenbarungstheologisch signifikant werdende Differenz-Einheit, die ihrerseits wiederum als sakramental bzw. als eine sakramentale verstanden werden kann, erschließt sich vom ekklesial indizierten Wirken des Heiligen Geistes her[114]. Denn das Wirken[115] dessen, der aus dem Vater und dem *menschgewordenen* (!) Sohn hervorgeht, generiert gerade *als* ‚procedens ab utroque' die sakramentale, transformati-

---

111 *Menke*, Sakramentalität, 47.
112 Menke besteht zu Recht auf einer *strikten* Unterscheidung zwischen „Sakramentalismus", bei dem die bezeichnende mit der bezeichneten Wirklichkeit identifiziert wird, und „Sakramentalität", bei der zwischen den beiden Größen unterschieden werden muss, ohne sie voneinander trennen zu können: „Die katholische Kirche versteht sich als *Sakrament*; sie ist *nicht identisch* mit dem ‚mystischen Leib Christi', *aber auch nicht von ihm trennbar*." Ders., Die Sakramentalität der Eucharistie, in: IKaZ 42 (2013) 249–269, 263. Wohl ganz im Sinne Menkes darf man im Anschluss an Rahner vielleicht von einem unvermischten und ungetrennten Zusammenhang sprechen. Zur Übertragung dieser für das christliche Wirklichkeitsverständnis überhaupt unhintergehbaren, basalen christologischen Relationsbestimmung auf die Ekklesiologie und die Sakramente vgl. Karl Rahner, Die Gliedschaft in der Kirche nach der Lehre der Enzyklika Pius' XII. „Mystici Corporis Christi", in: Ders., SzTh II, Einsiedeln 1955, 7–94, 79–81.
113 *Menke*, Gott sühnt in seiner Menschwerdung die Sünde des Menschen, 116.
114 „Der Heilige Geist ist innertrinitarisch wie heilsgeschichtlich die Ermöglichung einer direkten Proportionalität von Einheit und Differenz. Der Heilige Geist ist geradezu das ermöglichende ‚Prinzip' aller Sakramentalität – wenn man mit diesem Wort das Phänomen bezeichnet, dass zwei verschiedene Wirklichkeiten so miteinander verbunden sind, dass die zweite die erste in dem Maße zum Ausdruck bringt, in dem sie ‚sie selbst' ist." *Menke*, Sakramentalität, 122.
115 Ich glaube an den Heiligen Geist und seine Wirksamkeit, die heilige, katholische Kirche, wie man im Anschluss an das Apostolicum sagen kann.

ve Kontinuität zwischen dem vorösterlichen, dem österlichen und dem im Sakrament der Eucharistie anamnetisch vergegenwärtigten Leib Christi[116], der seinerseits qua Inkarnation als geschichtlicher bzw. historisch greifbarer zur bleibenden Selbstbestimmung des innertrinitarischen Gottes selbst geworden ist.[117] Innerhalb dieser strikt von dem ekklesial-kirchlich, sakramental vermittelten Selbstmitteilungsgeschehen her gewonnenen und entworfenen Inkarnations- und Trinitätstheologie Menkes ist es in seinem theologischen Handlungskonzept der Heilige Geist, der die konkrete Geschichte Jesu Christi und damit das österlich vollendete, geschichtliche Bundeshandeln Gottes selbst *als geschichtliches Bundeshandeln* universalisiert. Dieses pneumatologisch vermittelte Bundeshandeln Gottes ist aber aufgrund des untrennbaren, gleichwohl nicht identifikatorischen, sondern vielmehr sakramentalen Zusammenhangs von Christus und seiner Kirche (Leib Christi in seinen unterschiedlichen Bedeutungen[118]) immer zugleich als *kirchlich vermitteltes* realisiert; nämlich im Modus der von Gott unhintergehbar *angebotenen* und im Paschamysterium ephapax (vgl. Hebr 7,27) soteriologisch realisierten *Bundespartnerschaft*:

„Der Heilige Geist ist also nicht das pneumatologische im Unterschied zu Jesus Christus als dem inkarnatorischen Prinzip der Kirche, sondern im Gegenteil die Übersetzung der vertikalen Inkarnation des Christusereignisses in die horizontale Inkarnation der Kirche."[119]

Von dieser pneumatologisch universalisierten, exklusiv stellvertretend geschichtlich im Christusereignis vollzogenen Bundespartnerschaft erschließt sich dann aber auch schließlich das Wesen aller kirchlichen bzw. christlichen Existenz. Insofern nämlich das Christusgeschenk der Rechtfertigung immer die Signatur der Inkarnation selbst trägt, hat auch das Rechtfertigungsgeschehen einen sakramentalen Bundescharakter[120], in

---

116 Menke versteht die Eucharistie im Anschluss an Johannes Betz als kommemorative Aktualpräsenz des Paschamysteriums. Vgl. *Menke*, Die Sakramentalität der Eucharistie, 251. Vgl. grundlegend zum Verständnis der Eucharistie bei Menke: Ders., Sakramentalität, 133–135.
117 Vgl. zu diesem im Anschluss an Ratzinger gewonnenen trinitätstheologischen Spitzengedanken *Menke*, Gott sühnt in seiner Menschwerdung die Sünde des Menschen, 117–118.
118 Vgl. *Menke*, Sakramentalität, 134.
119 *Menke*, Sakramentalität, 262. Vgl. auch ders., Die Sakramentalität der Eucharistie, 251–252.
120 Vgl. *Menke*, Sakramentalität, 262.

dem der Christ die exklusive Stellvertretung annimmt und sie so zu einer inklusiven Stellvertretung werden lässt:

„Der Empfang der rechtfertigenden Gnade geschieht im Modus der Befähigung des Beschenkten zum Schenken derselben Gabe, die er empfangen hat. Wo immer ein Mensch ‚Christus anzieht' (Röm 13,14; Gal 3,27), empfängt er nicht nur das Geschenk der Rechtfertigung für sich selbst, sondern zugleich eine Sendung für die Anderen."[121]

So aber entpuppt sich letztlich alles wahre „Christsein *als* Priestersein"[122], dessen von Gott herkünftiges, je heutiges, je konkretes heilsgeschichtliches Zukommnis es ist, *der einen* Wahrheit, die Person ist, zu huldigen, indem er diese exklusiv einzige Wahrheit tut und so in seiner inklusiven Christusnachfolge bezeugt bzw. umgekehrt.

Von den vielen theologischen Erkenntnissen, die mir mein Lehrer Karl-Heinz Menke vermittelt hat und die mich mit bleibender Dankbarkeit erfüllen, ist mir aber genau diese Einsicht zur wichtigsten geworden: Christsein bedeutet erstlich und letztlich Priestersein.

---

121 Vgl. *Menke*, Sakramentalität, 263.
122 *Menke*, Gemeinsames und besonderes Priestertum, 340.

Wirken Gottes in der Welt

Anstöße aus Theologie und Metaphorik

Sabine Pemsel-Maier

Der vorliegende Beitrag[1] greift ein Thema auf, das innerhalb der Theologie von Karl-Heinz Menke vordergründig nicht dominierend, implizit jedoch durchgehend präsent ist: das Wirken[2] Gottes in der Welt. Inhaltlich ist es abzugrenzen zum einen vom Schöpfungshandeln in der creatio ex nihilo, zum anderen vom Offenbarungshandeln in der Heilsgeschichte, das das innovatorische Auferweckungs- und Vollendungshandeln einschließt[3] – Aspekte, die einer eigenen Betrachtung wert wären, den vorgegebenen Rahmen jedoch sprengen würden. Menke entfaltet seine Überlegungen zum Wirken Gottes im weiteren Sinn innerhalb seiner Christologie,[4] im engeren Sinn im Kontext der Frage nach dem Bittgebet,[5] und hier nicht nur, aber besonders unter pastoraler Perspektive mit dem Ziel, eine Brücke zu bauen „zwischen Theologie und gelebtem Glauben"[6]. Im Folgenden soll seine Position in den systematischen Diskurs eingeordnet und auf ihre Spezifika hin profiliert werden, um auszuloten, welche Impulse von ihr her für die theologische Diskussion wie für den „gelebten Glauben" erwachsen.

---

1 Berücksichtigt wurde die einschlägige Literatur bis Ende 2013.
2 Während Karl-Heinz Menke bewusst vom „Handeln" Gottes spricht, bevorzugt die gegenwärtige Theologie – und so auch der vorliegende Beitrag – die Rede von seinem „Wirken", da sie im Vergleich zu „Handeln" semantisch weniger anthropomorph konnotiert erscheint.
3 Zu dieser Differenzierung vgl. *Hans Kessler*, Den verborgenen Gott suchen. Gottesglaube in einer von Naturwissenschaften und Religionskonflikten geprägten Welt, Paderborn 2006, 97–103.
4 *Karl-Heinz Menke*, Jesus ist Gott der Sohn. Denkformen und Brennpunkte der Christologie, Regensburg ³2012.
5 *Menke*, Thesen zur Christologie des Bittgebetes, in: Magnus Striet (Hg.), Hilft beten? Schwierigkeiten mit dem Bittgebet (Theologie kontrovers), Freiburg i. Br. 2010, 87–105; ders., Handelt Gott, wenn ich ihn bitte? Regensburg ³2008. Eine Zusammenfassung seiner Thesen findet sich in: Lässt sich Gott bitten?, in: LKat 23 (2001) 78–83.
6 *Menke*, Handelt Gott, wenn ich ihn bitte?, 10.

1 Problemhorizonte

1.1 Vom menschlichen Glauben an eine „gerechte Welt"

Seit einigen Jahren wird ein intensiver, die Konfessionen übergreifender Diskurs geführt über das Handeln Gottes und seine Möglichkeit des Eingreifens in die Welt.[7] Er ist eingebettet in die Überlegungen zu einer dem neuzeitlichen Wirklichkeitsverständnis angemessenen Gottesrede.[8]

> „Aus der Mitte der christlichen Konfessionen selbst erheben sich prominente Voten, für die das traditionelle christliche Bild eines personalen Gottes mit [...] einem zumeist allmächtigen Eingriffspotenzial in das Geschichtsgeschehen seine Glaubwürdigkeit mehr oder weniger eingebüßt hat."[9]

Er spitzt sich zu in der Frage nach der Sinnhaftigkeit des Bittgebetes.[10] Er hat Auswirkungen auf die Klärung der Theodizeeproblematik.[11] Er ist ein zentrales Thema im aktuellen Dialog von Theologie und Naturwissenschaften[12]:

---

7 Eine hervorragende Übersicht über die Arbeiten bis 2005 bietet *Klaus von Stosch*, Gottes Handeln denken. Ein Literaturbericht zur Debatte der letzten 15 Jahre, in: ThRv 101 (2005) 90–107.
8 *Hans Christian Schmidbaur*, Gottes Handeln in Welt und Geschichte. Eine trinitarische Theologie der Vorsehung (MThS.S 63), St. Ottilien 2004; *Christine Büchner*, Wie kann Gott in der Welt wirken? Überlegungen zu einer theologischen Hermeneutik des Sich-Gebens, Freiburg 2010.
9 *Klaus Müller*, Paradigmenwechsel zum Panentheismus? An den Grenzen des traditionellen Gottesbilds, in: HerKorr Spezial 2 (2011) Streitfall Gott. Zugänge und Perspektiven, 33–38, 33.
10 *Wilfried Eisele (Hg.)*, Gott bitten. Theologische Zugänge zum Bittgebet (QD 256), Freiburg 2013; *Hartmut von Sass*, Unerhörte Gebete? Das Bittgebet als Herausforderung für ein nachmetaphysisches Gottesbild, in: NZSThR 54 (2012) 39–65; *Striet (Hg.)*, Hilft beten?; *Christiane Tietz*, Was heißt: Gott erhört Gebete?, in: ZThK 106 (2009) 327–344; *Jürg Wüst-Lückl*, Theologie des Gebets. Forschungsbericht und systematisch-theologischer Ausblick (Praktische Theologie im Dialog), Fribourg (Schweiz) 2007; *Ute Lockmann*, Dialog zweier Freiheiten. Studien zur Verhältnisbestimmung von göttlichem Handeln und menschlichem Gebet (ITS 66), Innsbruck 2004.
11 *Klaus von Stosch*, Gott – Macht – Geschichte. Versuch einer theodizeesensiblen Rede vom Handeln Gottes in der Welt, Freiburg 2006; *Jürgen Werbick*, Hört Gott mich, wenn ich zu ihm rufe? Notizen zu Bittgebet und Theodizee, in: IKaZ 37 (2008) 587–600.
12 *Christoph Böttigheimer*, Wie handelt Gott in der Welt? Reflexionen im Spannungsfeld von Theologie und Naturwissenschaft, Freiburg 2013; *Patrick Becker*, Ein wirkmächtiger Gott? Ein Problemaufriss aus theologischer Perspektive, in: Georg Souvignier

„Kann Gott in einer von Gesetzen determinierten Welt wirken? Ein Gott, der das Universum entworfen hat und es dann seinen eigenen Weg gehen lässt, ist zu weit vom menschlichen Leben entfernt, um noch eine religiöse Bedeutung zu haben. Aber kann Gott überhaupt irgendeine Rolle in einer Welt spielen, die durch die Gesetze der Naturwissenschaften determiniert ist?"[13]

Er ist nicht zuletzt auch Gegenstand der Auseinandersetzung mit fundamentalistischen bzw. evangelikalen Strömungen.[14]

Die sich unter vielen Zeitgenossen hartnäckig haltende Frage nach dem Warum zeigt, dass diese, wiewohl sie die naturwissenschaftlichen Gründe und Hintergründe für das Zustandekommen von Tsunamis, Flut- und Dürrekatastrophen, Erdbeben, Krankheiten etc. kennen, nicht einfachhin bereit sind, zumindest die Vorstellung von der *Möglichkeit* eines Eingreifens Gottes ad acta zu legen. Der Religionspsychologe Bernhard Grom vermutet als Grund ein starkes Nachwirken von vorwissenschaftlichen, aus der Kindheit herrührenden und niemals wirklich überwundenen artifizialistischen und finalistischen Denkmustern:

„Das Vorsehungs- und Allmachtsverständnis von Kindern, Jugendlichen und Erwachsenen ist zwar nicht im Einzelnen erforscht, doch erwächst aus der urmenschlichen Neigung zu artifizialistischen und finalistischen Erklärungen vermutlich die Tendenz, sich Gottes Fürsorge für uns als punktuelles Arrangieren und Eingreifen nach dem Modell menschlicher Vorkehrungen und Interventionen zu denken. Diese wird auch vom spontanen ‚*Glauben an eine gerechte Welt*' beeinflusst, der erwartet, dass im Allgemeinen jeder das bekommt, was er aufgrund seines Tuns und Wertes verdient."[15]

---

u. a. (Hg.), Gottesbilder an der Grenze zwischen Naturwissenschaft und Theologie, Darmstadt 2009, 83–93; ders., Das Wirken Gottes in der Welt. Zur Vereinbarkeit von Theismus und Naturwissenschaften, in: MThZ 56 (2005) 248–257; *Hans Kessler*, Den verborgenen Gott suchen. Gottesglaube in einer von Naturwissenschaften und Religionskritik geprägten Welt, München 2005; *Wolfhart Pannenberg*, Das Wirken Gottes und die Dynamik des Naturgeschehens, in: ders., Beiträge zur Systematischen Theologie, Bd. 2, Göttingen 2000, 43–54.

13 *Ian Barbour*, Naturwissenschaft trifft Religion. Gegner, Fremde, Partner? Göttingen 2011, 14.
14 *John Shelby Spong*, Was sich im Christentum ändern muss. Ein Bischof nimmt Stellung, Düsseldorf 2004; ders., Warum der alte Glaube neu geboren werden muss, Düsseldorf 2006.
15 *Bernhard Grom*, Religionspsychologie, München ³2007, 74–87, 75.

Nachweislich relativ weit verbreitet ist ein solcher Glaube bei Teenagern und jungen Erwachsenen in den Vereinigten Staaten.[16] Vereinzelt begegnet er auch bei Jugendlichen und jüngeren Menschen in Deutschland.[17]

1.2 „Deistische" Tendenzen in der jüngeren Generation?

Zugleich weisen jedoch neuere Jugendstudien[18] und Untersuchungen zur Theodizeefrage[19] darauf hin, dass innerhalb der nachfolgenden Generation der Glaube an ein Einwirken Gottes auf die Welt im Schwinden begriffen ist.[20] Demnach ist die Frage nach dem Zusammenhang von Gott und Leid zwar nicht einfach verstummt. Doch im Unterschied zu früheren Erhebungen erweist sie sich weder als *die* entscheidende Stelle für den Einbruch des Gottesglaubens im Jugendalter[21], noch treibt sie die Befragten in der Weise um, wie dies offenbar unter älteren Gläubigen der Fall ist. Die Schlussfolgerung liegt nahe, dass die Vorstellung von einem Gott, der zwar die Welt geschaffen hat, sie dann aber sich selbst überlässt und nicht mehr in ihr wirkt, deutliche „Kennzeichen einer deistisch inspirierten Religiosität"[22] aufweise. Allerdings stellt sich die Frage, ob die Kategorie

---

16 *Christian Smith – Melinda Lunquist Denton*, Religious and Spiritual Lives. The Religious and Spiritual Lives of American Teenagers, Oxford 2005; ders. – *Patricia Snell*, Souls in Transition. The Religious and Spiritual Lives of Emerging Adults, Oxford 2009.
17 *Carsten Gennerich*, Empirische Dogmatik des Jugendalters. Werte und Einstellungen Heranwachsender als Bezugsgrößen für religionsdidaktische Reflexionen (Praktische Theologie heute 108), Stuttgart 2010, 232–241.
18 *Hans-Georg Ziebertz – Boris Kalbheim – Ulrich Riegel*, Religiöse Signaturen heute. Ein religionspädagogischer Beitrag zur empirischen Jugendforschung (Religionspädagogik in säkularer Gesellschaft 3), Freiburg – Gütersloh 2003, v. a. 326–336; *Thomas Gensicke*, Jugend und Religiosität, in: Shell Deutschland Holding (Hg.), Jugend 2006. Eine pragmatische Generation unter Druck (15. Shell Jugendstudie), Frankfurt 2006, 203–240, 218f.; *Friedrich Schweitzer*, „Moralistisch-therapeutischer Deismus" auch in Deutschland? Fragen für eine Jugendtheologie, in: Gernot Meier (Hg.), Reflexive Religionspädagogik. Impulse für die kirchliche Bildungsarbeit in Schule und Gemeinde, Stuttgart 2012, 130–137.
19 *Werner H. Ritter u. a.*, Leid und Gott. Aus der Perspektive von Kindern und Jugendlichen, Göttingen 2006; *Eva Maria Stögbauer*, Die Frage nach Gott und dem Leid bei Jugendlichen wahrnehmen. Eine qualitativ-empirische Spurensuche (Religionspädagogische Bildungsforschung 1), Bad Heilbrunn 2011.
20 Ausführlich dazu *Sabine Pemsel-Maier*, Jugendtheologie trifft Systematische Theologie. Zum Diskurs über das Wirken Gottes in der Welt, in: RpB 67 (2012) 57–68.
21 So machte einst *Karl Ernst Nipkow*, Erwachsenwerden ohne Gott? Gotteserfahrung im Lebenslauf, Gütersloh 1987, in der enttäuschten Erwartung an Gott als Helfer und Garant des Guten eine zentrale Einbruchstelle des Gottesglaubens fest.
22 *Ziebertz – Kalbheim – Riegel*, Religiöse Signaturen heute, 345f.

‚Deismus' für die betreffenden Gottesvorstellungen sachlich angemessen ist und ob die als „deistisch" qualifizierten Vorstellungen tatsächlich Anzeichen eines Glaubensdefizites sind, das behoben werden muss. Möglicherweise sind sie als Absage an einen naiven Anthropomorphismus zu lesen und verweisen im Gegenzug auf die Suche nach einem mit den Naturwissenschaften kompatiblen Verständnis von Gottes Wirken.[23]

1.3 Weitgehender Konsens innerhalb der gegenwärtigen Theologie

Die gegenwärtige Systematische Theologie beurteilt die Vorstellung von einem Eingreifen Gottes ins Weltgeschehen im Sinne einer punktuellen Intervention höchst kritisch und hält die Vorstellung von einem entsprechend gedachten Eingreifen Gottes in diese Welt theologisch für höchst fragwürdig. Stellvertretend bringt Christoph Böttigheimer den weitgehenden Konsens auf den Punkt:

> „Zum einen kann derzeit vor dem Hintergrund fortschreitender naturwissenschaftlicher Erkenntnisse ein solches lenkendes Eingreifen Gottes kaum sachgemäß vermittelt werden und zum anderen würde das zusätzliche, enorme Schwierigkeiten für die ohnehin äußerst bedrängende Theodizee-Frage nach sich ziehen. Auf jeden Fall ist von einem sentimentalen, anthropomorphen Glauben, wonach Gott gemäß menschlichem Agieren und Intervenieren immer wieder punktuell und teleologisch in die Geschichte der Welt bzw. des Einzelnen eingreift und gar eine persönliche Fügung in Form von Lohn und Strafe zuteil werden lässt, abzusehen."[24]

Damit werden keineswegs persönlich-existenzielle Deutungen und Glaubensüberzeugungen („Gott hat mir bei diesem Unglück das Leben gerettet, damit ich neu anfangen kann / damit ich eine bestimmte Lebensaufgabe zu Ende führen kann / damit ich das, was ich verschuldet habe, wiedergutmachen kann") für absurd oder illegitim erklärt. Als allgemein gültige theologische Erklärungsmuster taugen sie jedoch nicht:

---

23 Vgl. dazu *Bernhard Grom*, Deistisch an Gott glauben? Biblische Spiritualität und naturwissenschaftliches Weltbild, in: StZ 1 (2009) 40–52, 51.
24 *Christoph Böttigheimer*, Glaubensnöte. Theologische Überlegungen zu bedrängenden Glaubensfragen und Kirchenerfahrungen, Freiburg ²2011, 25–33, 28f.

„Sowohl die Annahme von Wundern als auch die Vorstellung, Gott stelle eine den naturwissenschaftlich feststellbaren innerweltlichen Kausalzusammenhängen gleichwertige Wirkursache dar, sind theologisch und naturwissenschaftlich nicht haltbar. Im ersten Fall, in dem Gott punktuell mittels Wunder in das Weltgeschehen eingreift, setzt sich Gott über seine selbst erschaffenen Naturgesetze hinweg und wird als ein rein transzendentes Wesen dargestellt, das von außen in die Welt hineinwirkt. Im zweiten Fall wird Gott auf ein Phänomen neben den anderen innerweltlichen Ursachen reduziert und damit als ein rein immanentes Wesen beschrieben. Immanenz und Transzendenz Gottes müssen jedoch zu einer Einheit verschmelzen."[25]

Böttigheimer macht auf die pastorale Problematik aufmerksam, die die mangelnde Klärung des göttlichen Handelns in sich birgt:

„Wie soll, wenn die Theologie die Wirkweisen Gottes in der Welt nicht wissenschaftskonform erklären kann, der Gläubige, der seinen Glauben rational zu verantworten sucht, noch mit der interventionistischen Nähe Gottes im täglichen Leben rechnen?"[26] – „Wenn Theologie und Kirche ihre eigene Situation und die der heutigen Glaubenden bedenken, dürfen die im Blick auf die Wirkkraft Gottes religiös Enttäuschten und aufgrund naturwissenschaftlicher Erkenntnisse Zweifelnden nicht übersehen werden, zumal wenn das pastorale Konzept des Zweiten Vatikanischen Konzils konsequent verfolgt werden soll."[27]

Von daher erscheint ein Überdenken der bisherigen kirchlichen Verkündigung dringend gefordert.

---

25 *Patrick Becker*, Das Wirken Gottes in der Welt. Zur Vereinbarkeit von Theismus und Naturwissenschaften, in: MThZ 56 (2005) 248–257, 255.
26 *Böttigheimer*, Glaubensnöte, 19.
27 *Böttigheimer*, Glaubensnöte, 20.

2 Systematisierungen: Modelle des Wirkens Gottes in der Welt

Die von der Tradition bis zur Gegenwart vorgelegten Entwürfe werden in der einschlägigen Literatur nach vier[28] verschiedenen Modellen klassifiziert.[29]

2.1 Durch interventionistische Eingriffe[30]

Die interventionistische Erwartung göttlicher Eingriffe in die Welt entspricht der Sichtweise der Bibel, nach der Gott die Geschicke seiner Geschöpfe lenkt und „von oben" bzw. „von außen" in den Lauf der Welt eingreift, um die von ihm beabsichtigten Ziele zu erreichen. Sein Handeln lässt sich darum vergleichen mit dem „eines menschlichen Handlungssubjekts, das durch sein Wort und sein Tun bestimmte (innere) Intentionen seines Willens (nach außen) tatsächlich realisiert, wie etwa ein König, ein Richter es täte, ein Retter und Befreier, ein Hirte, Vater oder Mutter, ein Hausherr"[31]. Seine Stärke hat dieses Modell im dialogisch-personalen Gott-Mensch-Verhältnis. Offensichtlich sind jedoch seine Schwächen: Es legt nicht nur anthropomorphe Konnotationen nahe, sondern auch die Vorstellung einer unbegrenzten Willkürmacht. Die nicht zu beantwortende Frage, warum Gott in bestimmten Situationen eingreift und in anderen nicht, verschärft das Theodizeeproblem. Die Einsicht in die Eigengesetzlichkeit der irdischen Wirklichkeiten (GS 36) hat das biblische voraufgeklärte Weltbild abgelöst.

Wenngleich die Theologie diesem Modell weitgehend eine Absage erteilt hat, wird es nach wie vor in der kirchlichen Verkündigung und Pasto-

---

28 Teilweise firmieren in der einschlägigen Literatur prozesstheologische Konzepte als weiteres fünftes Modell.
29 Die nachfolgende Klassifizierung orientiert sich an *Reinhold Bernhardt*, Was heißt „Handeln Gottes"? Eine Rekonstruktion der Lehre von der Vorsehung (Studien zur systematischen Theologie und Ethik 55), Berlin ²2008 sowie an *Medard Kehl*, Und Gott sah, dass es gut war. Eine Theologie der Schöpfung, Freiburg – Basel – Wien ²2008, 247–256. Beide unterscheiden ein interventionistisches Modell, ein sapiential-ordinatives Modell, nach dem Gott durch die Zweitursachen wirkt, sowie einen pneumatologisch motivierten Typus, den Bernhardt als Repräsentationsmodell bezeichnet. Christoph Böttigheimer greift diese Modelle auf und fügt als weiteren Typus jene Entwürfe hinzu, die ihren Ursprung in der Quantenphysik haben.
30 Vgl. *Bernhardt*, Was heißt „Handeln Gottes"?, 274–335; *Kehl*, Und Gott sah, dass es gut war, 247ff.
31 *Kehl*, Und Gott sah, dass es gut war, 248. Vgl. *Bernhardt*, Was heißt „Handeln Gottes"?, 274.

ral vertreten und entfaltet auf diese Weise eine breite Wirkungsgeschichte. Dies ist insofern problematisch, als sonntägliche Glaubenspraxis und „atheistische" Alltagsbewältigung dadurch auseinandertreten. Eine Variante des Interventionismus vertritt innerhalb der *action divine debate* John Sanders[32] mit seiner These, dass Gott sich wünsche, dass der Mensch sich an ihn in Bitte und Gebet wende, und dass er Dinge nicht tun könne, die er gerne täte, sofern Menschen ihn nicht darum bitten.

2.2 In den Indeterminismen der Quantenmechanik

Inhaltlich völlig anders ausgerichtet, wenngleich teilweise ebenfalls mit dem Terminus „interventionistisch" belegt, sind jene Modelle, die das Wirken Gottes in den Indeterminismen der Quantenmechanik oder der Chaostheorie verorten. Sie repräsentieren darum einen eigenen Typus innerhalb der Modellbildung. Da Karl-Heinz Menke diesen Ansatz im gegebenen Zusammenhang nicht weiterverfolgt, wird er hier nur in äußerst knapper Form dargestellt. Der Ansatz basiert auf der Erkenntnis der modernen Naturwissenschaften, dass die Natur zwar gewissen Gesetzmäßigkeiten folgt, zugleich aber auch Indeterminismen aufweist. Entsprechend verorten Ansätze dieser Richtung – namhafte Vertreter sind John Polkinhorne und Arthur Peacocke – Gottes direktes Handeln in den Freiräumen physikalischer Unbestimmtheiten bzw. in der mit den Quantenfluktuationen gegebenen Offenheit. Auch dieser Versuch zieht kritische Einwände nach sich:

„Bei all dem ist stets im Auge zu behalten, dass quantenphysikalische Indeterminismen, wie immer sie gedeutet werden, schlechterdings nicht einfach mit der Wirksamkeit Gottes identifiziert werden dürfen. Indeterminismen sind bestenfalls naturwissenschaftliche Freiräume für ein Wirken Gottes."[33]

Hinzu treten theologische und transzendentalphilosophische Bedenken: Wie kann der transzendente Gott unmittelbar in der Welt handeln, ohne seine Göttlichkeit aufzugeben? Schließlich wird das Theodizeeproblem dadurch in keiner Weise entschärft. „All diese Anfragen verdeutlichen, dass bislang kein theologisches Konzept vorliegt, das die Rede von einem

---

32 *John Sanders*, The God who risks. A theology of providence, Downers Grove 1998.
33 *Böttigheimer*, Wie handelt Gott in der Welt?, 260.

punktuellen innovatorischen Handeln eines transzendenten Gottes mit Hilfe quantentheoretischer Erkenntnisse überzeugend zur Darstellung brächte."[34]

2.3 Durch innerweltliche Kausalitäten

Von Thomas von Aquin grundgelegt und durch Béla Weissmahr[35] weiterentwickelt wurde das von Reinhold Bernhardt als „sapiential-ordinativ"[36] und von Klaus von Stosch als „kausal"[37] bezeichnete Modell, nach dem Gott indirekt durch die von ihm geschaffene Naturordnung bzw. durch innerweltliche Kausalitäten wirkt. Demnach ermöglicht Gott als Erstursache allen weltlichen Seins und Tätigseins die Eigenaktivität und Selbstentwicklung der Geschöpfe. Diese fungieren als Zweit- bzw. Instrumentalursachen. Auf diese Weise wirkt Gott durch ihre natürlichen Anlagen und Möglichkeiten in der Welt, ohne ihre Eigenständigkeit und Freiheit auszuschalten, ohne ihrer natürlichen Disposition entgegenzuwirken, ohne sie zu determinieren und ohne äußeren Zwang auszuüben. Durch sein Wirken richtet Gott seine Geschöpfe vielmehr

„so aus, dass sie ihrer spezifischen, arteigenen Potentialität folgen. Er wirkt also durch ihr Wirken *nach Art ihres Wirkens*, wie es die von Gott gesetzte Seinsordnung vorgibt, indem er ihre Potenz in einem bestimmten Richtungssinn aktualisiert. […] Die Kette der weltlichen Ursachen bleibt unversehrt. Gott interveniert nicht, sondern wirkt durch die Zweitursachen."[38]

Gott handelt demnach in einer vermittelten Unmittelbarkeit, ohne direkt in das Weltgeschehen einzugreifen. Dabei ist

„das Zusammenwirken von Erst- und Zweitursache […] angemessen nur so zu denken, dass beide Seiten auf ihrer Ebene und in ihrer Per-

---

34 *Böttigheimer,* Wie handelt Gott in der Welt?, 260.
35 *Béla Weissmahr,* Gottes Wirken in der Welt. Ein Diskussionsbeitrag zur Frage der Evolution und des Wunders (FTS 15), Frankfurt 1973.
36 *Bernhardt,* Was heißt „Handeln Gottes"?, 335–351; ähnlich *Kehl,* Und Gott sah, dass es gut war, 249–252.
37 *von Stosch,* Gottes Handeln denken, 93.
38 *Bernhardt,* Was heißt „Handeln Gottes"?, 339.

spektive jeweils das ganze Ergebnis bewirken: Gott in und durch die Geschöpfe, diese nur kraft seiner Erstursächlichkeit"[39].

Gott wirkt demnach *im* Handeln der Menschen, ohne dass seine Wirkkraft mit der ihren wesenhaft identisch wäre.[40] In seiner umfassenden Studie charakterisiert Bernhardt das Verhältnis zwischen Erst- und Zweitursache als dynamische Beziehungseinheit,

„in der sie *ineinander* agieren; oder anders: in der die Sekundärursache in der Kraft der absoluten Seinsfülle der Primärursache agiert – so, dass die Primärursache die Selbstüberbietung der Sekundärursache als deren eigene Aktivität ermöglicht und diese der sich selbst mitteilenden Primärursache eine Ausdrucksgestalt gibt"[41].

Demnach ermöglicht Gott als Erstursache die Aktivität der geschöpflichen Zweitursachen.

Dieses Modell hat klare Stärken. Eine ist die konsistente Vermittlung von Transzendenz und Immanenz des göttlichen Handelns: Gott erscheint nicht als derjenige, der punktuell von außen interveniert, sondern wirkt in den Zweitursachen und *durch* sie, um gerade so seine Geschöpfe zu schöpferischer Eigentätigkeit zu ermächtigen. Eine weitere Stärke ist die Wahrung der qualitativen Differenz zwischen prinzipieller Ursächlichkeit und der durch sie ermöglichten Wirksamkeit der Geschöpfe. Eine dritte liegt in der Möglichkeit, sowohl die Eigendynamik der natürlichen Welt als auch die menschliche Freiheitsgeschichte mit dem göttlichen Wirken nicht nur zusammenzudenken, sondern ihre Eigenständigkeit auf Gottes positive Verfügung zurückzuführen. Kritisch ist demgegenüber einzuwenden, dass die Idee „einer der Welt von Gott eingestifteten zielgerichteten Ordnung, durch die Gott auch das *im Einzelnen* Schlechte zum Guten im *Ganzen* umwandeln kann"[42], die Theodizeeproblematik nicht löst, insofern offen bleibt, worin das Gute des Ganzen besteht, zumal es nicht sichtbar oder konkret identifizierbar ist. Offen bleiben muss schließlich auch die Frage, warum Gott nicht eine andere Welt geschaffen hat und ob dies überhaupt möglich gewesen wäre, ohne die geschöpfliche Eigengesetzlichkeit zu beschneiden.

---

39 *Kehl*, Und Gott sah, dass es gut war, 250. Vgl. *Bernhardt*, Was heißt „Handeln Gottes"?, 339f.
40 Vgl. *Bernhardt*, Was heißt „Handeln Gottes"?, 344.
41 *Bernhardt*, Was heißt „Handeln Gottes"?, 342.
42 *Kehl*, Und Gott sah, dass es gut war, 252.

2.4 In der Kraft des Geistes

Der pneumatologische Modelltypus begegnet in unterschiedlichen Varianten. Bernhardt qualifiziert ihn als „Repräsentationsmodell"[43], insofern er das Wirken Gottes an den wirkmächtigen Repräsentationen seines Geistes festmacht. Demnach erweist sich Gottes Wirken nicht in seinem wirkursächlich vermittelten Eingreifen, sondern in „besonderen Verdichtungen"[44] seiner Geistkraft in einzelnen Ereignissen und Strukturen. Weitere evangelische Theologen[45] machen im Kontext der Vorsehungslehre in analoger Weise Gottes fürsorgliches Handeln am Wirken des Heiligen Geistes fest und deuten lebensförderliche Erfahrungen von Heilung, von Geführt-, Geleitet- und Gelenktwerden als Gottes Geistwirken, das weder be- noch verrechenbar ist; vielmehr ist es ein Wirken im Sinne der Macht der Schwachheit nach 1 Kor 1,25. Medard Kehl spricht von Gottes Handeln im Geist als Handeln „durch seine wirkende Gegenwart"[46]. Er qualifiziert sie als Liebe, eine Liebe, die die Dinge nicht gewaltsam zurechtrückt und sich nicht ihrer geschöpflichen Eigentätigkeit entgegensetzt, sondern die durch die Anziehungskraft, nämlich die „Attraktivität" des Guten wirkt, die das Geschöpf geneigt macht, von sich aus der Intention Gottes zu folgen: „Sie wirkt, indem sie *anzieht.*"[47] Wo Geschöpfe empfänglich und ansprechbar sind für Gottes werbendes Wirken und sich diesem öffnen, da vermag Gott alles; wo sie sich ihm verschließen, vermag er nichts. Ähnlich argumentiert Christoph Böttigheimer:

> „Gott interagiert nicht punktuell mit dem Weltprozess, wohl aber handelt er durch Menschen, die guten Willens sind, sich dem Geist Jesu Christi öffnen und sich wie er für das Reich Gottes einsetzen. Indem sich der Mensch – ähnlich wie Jesus von Nazareth – auf Gott hin vertrauensvoll überschreitet, kann mittels seines Handelns das Gnaden- und Heilshandeln Gottes über alles Menschenmögliche hinaus innerweltlich wirksam werden (Mt 25,40)."[48]

---

43 *Bernhardt*, Was heißt „Handeln Gottes"?, 352–389.
44 *Bernhardt*, Was heißt „Handeln Gottes"?, 391.
45 *Christian Link*, Die Krise des Vorsehungsglaubens: Providenz jenseits des Fatalismus, in: EvTh 65 (2005) 413–428; *Dietrich Ritschl*, Sinn und Grenzen der theologischen Kategorie der Vorsehung, in: ZdTh 10 (1994) 117–133.
46 *Kehl*, Und Gott sah, dass es gut war, 252.
47 *Kehl*, Und Gott sah, dass es gut war, 255.
48 *Böttigheimer*, Wie handelt Gott in der Welt?, 285.

Pneumatologische Modelle stehen zum unmittelbar zuvor skizzierten Typus des göttlichen Wirkens durch innerweltliche Kausalitäten nicht im Widerspruch, sondern ergänzen und präzisieren ihn im Blick auf das menschliche Handeln. Sie greifen den urbiblischen Gedanken vom Wirken des Geistes Gottes in den Menschen auf. Zugleich sind sie von großer spiritueller Relevanz, weil sie deutlich machen, dass sich ein intellektuell verantwortbares Bittgebet nicht an den Deus ex machina, sondern an den Geist richtet, auf dass er die Herzen der Menschen bewege. Allerdings bleiben sie auf die menschliche Freiheit fokussiert und stellen sich nicht der Frage, ob und wenn ja wie das göttliche Wirken in den Abläufen der Natur zu fassen ist.

3 Theologische Profilierung im Werk von Karl-Heinz Menke

Wie positioniert sich innerhalb der skizzierten Typen die Theologie von Karl-Heinz Menke? Was sind ihre Spezifika, wo setzt sie Akzente?

3.1 Integration zweier verschiedener Modelle und Perspektiven

Menke integriert die Perspektive des vorgestellten dritten und vierten Modells, indem er Gottes Wirken durch die Natur- und Freiheitsordnung mit seinem Handeln im Geist zusammenführt. Jeglichen göttlichen Interventionismus lehnt er dezidiert ab:

> „Handelt er, wenn ich ihn bitte? Oberflächlich gesehen muss die Antwort ‚Nein!' lauten."[49] – „Gott kann nicht tun, was er will. Er wollte das Kreuz seines Sohnes nicht; und Auschwitz ganz sicher auch nicht. Und das heißt zugleich: Er konnte es nicht verhindern. Er konnte den Henkern seines Sohnes und den Henkern von Auschwitz ihre Werkzeuge nicht aus den Händen schlagen. Wohlgemerkt: Er *konnte* es nicht."[50]

Gott ist aber nicht nur machtlos angesichts der Verfehlungen menschlicher Freiheit, sondern auch angesichts der Abläufe in seiner Schöpfung: „Wenn er hier und da (punktuell) die Folgen verunglückter oder pervertierter Freiheit verhindern bzw. korrigieren könnte, wäre er ein Zyniker,

---

49 *Menke*, Handelt Gott, wenn ich ihn bitte?, 20.
50 *Menke*, Handelt Gott, wenn ich ihn bitte?, 20.

weil er ganz offensichtlich nicht grundsätzlich und immer vermeidet, was böse ist."[51] Die Vorstellung, Gott könne die Naturgesetze außer Kraft setzen, steht für Menke geradezu im Widerspruch zum biblischen Schöpfungsglauben.
Seine Ablehnung des Interventionismus begründet Menke mit der geschöpflichen Vermitteltheit des göttlichen Handelns in Welt und Geschichte[52]: Gott hat sich freiwillig gebunden, zum einen an die von ihm geschaffene menschliche Freiheit, zum anderen an die mit der Schöpfung gegebene Naturordnung. Diese Bindung ist Ausdruck der göttlichen Liebe, die sich weder über das Eigensein der Schöpfung noch über die menschliche Freiheit einfach hinwegsetzt. „Liebe lässt sich eher kreuzigen als irgendetwas mit Gewalt durchzusetzen. Deshalb darf man sie – aber auch *nur* sie – mit einem Absolutheitsanspruch verbinden."[53] Gott als Liebender lässt freilich die Menschen nicht einfach ins Unheil laufen, wartet „nicht passiv ab, bis seine Adressaten ja sagen, sondern er wirbt gleichsam und bettelt geradezu um dieses Ja-Wort"[54].
Solches „Werben" und „Betteln" geschieht in der Kraft des Geistes. Der Geist „kann in jedem seiner Geschöpfe da sein, ohne die Eigenheiten der Geschöpfe anzutasten"[55]. Zugleich vermag der Geist Unerwartetes, ja Wunderbares zu wirken, ohne die Freiheit der Betreffenden außer Kraft zu setzen:

„Wo ein Mensch sich durch den Heiligen Geist einbeziehen lässt in die Vater-Beziehung Jesu, da kann heil werden, was durch Unglück oder Sünde in Unordnung geraten war; manchmal so radikal und unerwartet, dass selbst Ungläubige von einem Wunder sprechen."[56]

Darum vermag der Geist auch verhärtete Herzen der Menschen zu bewegen und dorthin zu gelangen, „wo der Mensch – nach unseren Maßstäben geurteilt – weit weg von ihm ist"[57]. Kalkulieren lassen sich solche „Wunder" freilich nicht einmal für Gott selbst: „Doch weil mit dem Geschenk wirklicher geschöpflicher Freiheit auch das Geschenk wirklicher Selbst-

---

51 *Menke*, Handelt Gott, wenn ich ihn bitte?, 43.
52 *Menke*, Thesen zur Christologie des Bittgebetes, 91f.
53 *Menke*, Handelt Gott, wenn ich ihn bitte?, 28.
54 *Menke*, Thesen zur Christologie des Bittgebetes, 101.
55 *Menke*, Thesen zur Christologie des Bittgebetes, 92.
56 *Menke*, Thesen zur Christologie des Bittgebetes, 101.
57 *Menke*, Thesen zur Christologie des Bittgebetes, 98.

bestimmung verbunden ist, bleibt offen, ob sich seine Hoffnung auf das schlussendliche Ja-Wort auch des letzten Nein-Sagers erfüllt."[58]

3.2 Der Primat der Freiheit

Als zentral erweist sich der Primat der Freiheit: Sie ist für Menke sowohl für das menschliche Handeln als auch für die sich evolutiv entwickelnde Schöpfung konstitutiv, die er „in ihrer gesamten Erstreckung als Prozess des Hervorbringens immer höherer Qualitäten von Freiheit verstehen"[59] möchte. Sowohl die menschliche Freiheit als auch die Schöpfung mit ihrer Eigengesetzlichkeit setzen Gottes Allmacht eine Grenze. Gott „würde sich selbst widersprechen, wollte er das Eigensein [...] eines seiner Geschöpfe ersetzen, aufheben oder auch nur teilweise revozieren"[60]. Damit positioniert sich Menke im Blick auf die Abläufe in der Natur als Befürworter der *natural law defense*, im Blick auf die Willensfreiheit als Vertreter eines libertarischen Freiheitskonzeptes.

Sowenig wie Gott in die menschliche Freiheit eingreifen kann, so sehr bleibt er an das Eigensein der Schöpfung, das er ihr eingestiftet hat, gebunden: „Gott kann die Schöpfung nicht davor bewahren, dass es fehlinformierte Zellen, Erdbeben oder Naturkatastrophen gibt. Er kann das Verunglücken der vorbewussten Freiheit seiner Schöpfung ebenso wenig verhindern wie die Pervertierung der bewussten Freiheit."[61] Dabei gilt:

„Je weniger eine Wirklichkeit das Ergebnis von Notwendigkeit, je größer ihr Eigensein ist, desto wahrscheinlicher auch die Möglichkeit der negativen Verselbständigung bzw. ‚Verunglückung' dieses Eigenseins. Was auf der Ebene der reflexen Freiheit des Menschen die Sünde ist, das ist auf den vorgeordneten Ebenen der Evolution z. B. ein Erdbeben oder ein Tumor." – „Und wo Freiheit ist, da gibt es auch verunglückte Freiheit, z. B. eine fehlinformierte Zelle. Und wo reflexe Freiheit ist, da gibt es auch die pervertierte Freiheit: das Böse."[62]

Gott aber ist nicht schlechterdings machtlos gegenüber dem Bösen. Wiederum ist es die Macht des Geistes, die der pervertierten Freiheit entge-

---

58 *Menke*, Thesen zur Christologie des Bittgebetes, 101.
59 *Menke*, Lässt sich Gott bitten?, 80.
60 *Menke*, Thesen zur Christologie des Bittgebetes, 102.
61 *Menke*, Handelt Gott, wenn ich ihn bitte?, 42.
62 *Menke*, Handelt Gott, wenn ich ihn bitte?, 155.

gentritt, ohne freilich die menschliche Freiheit außer Kraft zu setzen. Dem Geist kommt besondere Wirkmächtigkeit zu, denn er „geht bis dahin, wo die Endlichkeit des Geschöpfes sich in sich selbst verkriecht, bis an die Stelle der pervertierten Freiheit, bis an die Stelle der Sünde und des Todes"[63].

3.3 Christologie als hermeneutischer Schlüssel

Letztlich ist die Bestimmung des göttlichen Wirkens nach Menke nur von der Christologie her zu konzipieren. Die Christologie steht nicht nur im Zentrum seiner gesamten Theologie, sondern sie ist auch der hermeneutische Schlüssel zum Verständnis von Gottes Wirken in der Welt. Allein von Jesus Christus her wird deutlich, wer und wie Gott ist:

„Immer wieder sind wir versucht, uns Gott anders zu denken als diesen Jesus Christus – so als sei Gott an und für sich allmächtig, wohingegen Jesus Christus – zumindest am Kreuz – das Gegenteil, nämlich ohnmächtig ist. Nein, in Ihm, in diesem einen und einzigen Menschen hat sich Gott *selbst* ausgesagt. [...] Der Vater ist nicht anders allmächtig als er, der Gekreuzigte."[64]

Allein von Jesus Christus her fällt Licht auf die Frage, wie die Allmacht Gottes zu verstehen sei:

„Wenn Gott *sich selbst* in Jesus Christus ausgesagt hat, dann dürfen wir seine Allmacht nicht jenseits des Kreuzes suchen; dann ist seine Allmacht gerade am Kreuz sichtbar geworden; dann ist diese Allmacht nicht etwas ganz anderes als die gekreuzigte Liebe, sondern mit dieser identisch [...]."[65] – An Jesus „lässt sich ablesen, dass Gott sein Handeln nicht nur scheinbar, sondern mit allen Konsequenzen an die von ihm selbst ermöglichte Freiheit seiner Adressaten bindet. An Jesus lässt sich ablesen, wie Gott allmächtig ist, nämlich in der unbedingten Bindung seiner selbst an die einmal gewährte Freiheit seiner Geschöpfe."[66]

Entsprechend konnte der Vater seinem Sohn das Kreuz nicht ersparen:

---

63 *Menke*, Handelt Gott, wenn ich ihn bitte?, 93.
64 *Menke*, Jesus ist Gott der Sohn, 27. Vgl. ders., Thesen zur Christologie des Bittgebetes, 87f.
65 *Menke*, Handelt Gott, wenn ich ihn bitte?, 21.
66 *Menke*, Thesen zur Christologie des Bittgebetes, 93.

„Auch ihm wurde das Gehen des Kreuzweges nicht abgenommen. Auch für ihn gab es keine mirakulöse Außerkraftsetzung der Naturgesetze. Auch auf seinem Kreuzweg hat keine unsichtbare Macht den Folterknechten die Werkzeuge aus der Hand geschlagen."[67] – „Der Gott, den er seinen Vater nannte, *konnte* ihm das Kreuz nicht abnehmen."[68]

Denn die Liebe Gottes, die in Jesus Christus offenbar geworden ist,

„erzwingt nichts; im Gegenteil, sie macht sich im wahrsten Sinne des Wortes abhängig vom Ja-Sagen, vom Beten und von der Umkehr ihrer Adressaten."[69] – „Wer Christus als *den* Weg, *die* Wahrheit und *das* Leben bekennt, glaubt nicht, dass Gott diese Welt anders als durch jene Liebe ändern kann, die sich lieber kreuzigen lässt als irgendetwas – und wenn es auch das objektiv Beste wäre – mit Gewalt durchzusetzen."[70]

Christlicher Glaube bekennt sich aber nicht nur zu einem Gott, der sich ans Kreuz nageln lässt, sondern der „gerade so, im Modus wehrloser Liebe, jedes (!) Kreuz *verwandeln* (nicht verhindern und schon gar nicht beseitigen) kann"[71]. Darin, in der Verwandlung des Leids, wird Gottes Wirkmacht offenbar, bestehen die eigentlichen Wunder.

„Wunder ereignen sich dort, wo Gottes Ruf in Glaube, Hoffnung und Liebe so radikal bejaht wird, dass im wahrsten Sinne des Wortes ‚alles gut' wird – manchmal so sinnenfällig, dass ein Blinder die Krankheit seiner Augen besiegt."[72]

Letzteres hält Menke nicht für ausgeschlossen:

„Gerade wenn man die geschöpfliche Natur als ein Kommunikationsbzw. Informationssystem verstehen lernt, ist es möglich, dass ein Kranker auf Grund seiner betenden Kommunikation mit Gott z. B. die Fehlinformationen seiner Zelle korrigiert (den Krebs besiegt)."[73]

---

67 *Menke*, Handelt Gott, wenn ich ihn bitte?, 127.
68 *Menke*, Handelt Gott, wenn ich ihn bitte?, 154.
69 *Menke*, Thesen zur Christologie des Bittgebetes, 98.
70 *Menke*, Handelt Gott, wenn ich ihn bitte?, 28.
71 *Menke*, Handelt Gott, wenn ich ihn bitte?, 149.
72 *Menke*, Handelt Gott, wenn ich ihn bitte?, 55.
73 *Menke*, Handelt Gott, wenn ich ihn bitte?, 43.

Ein Wunder liegt aber eben keineswegs nur dann vor, „wenn ein Mensch durch die gelebte und ins Gebet gebrachte Beziehung zu Gott seine Krankheit besiegt, sondern gleichermaßen, wenn er durch seine Kommunikation mit Christus fähig wird, sie zu ,verklären'"[74], indem er sie nicht nur annimmt, sondern sogar als Zeugnis der Hoffnung lebt.

3.4 Die untrennbare Verbindung von Christologie und Pneumatologie

Für Menke sind christologische und pneumatologische Perspektive untrennbar verbunden: Der Geist ist es, der die Menschen fähig macht, Gott und sein Wirken in sich hineinzulassen. Auf diese Weise verbindet er sie mit Jesus Christus: „Die Kraft Gottes ist immer – immer! – vermittelt durch Menschen; zuerst durch den Menschen Jesus; dann aber auch durch alle, in denen Jesus Hand und Fuß bekommt."[75]

Jesus Christus als wahrer Mensch hat gezeigt, wie einer Gott im Geist ganz „in sich ,einlassen' kann"[76]. In gleicher Weise ist jeder und jede aufgerufen, den gekreuzigten und auferstandenen Christus in die verschiedenen Situationen menschlichen Lebens „hineinzulassen"[77]. Als Beispiele führt Menke an: Eltern, die ihr schwerbehindertes Neugeborenes lieben, die Mutter, die ihren drogensüchtigen Sohn nicht aufgibt, der Vater, der zu seinem Kind steht, auch wenn ihm nur Verachtung entgegenschlägt, die Ehefrau, die ihrem trinkenden Mann die Treue hält, die Lehrerin, die um ihrer Schüler willen Gnade vor Recht ergehen lässt, der Todkranke, der versöhnt sterben kann.

Das Beten im Heiligen Geist, das in der Beziehung zu Christus gründet und auf ihn hinzielt, ist für Menke die christliche Grundhaltung schlechthin. Er versteht es als „Mitvollzug der Inkarnation"[78]: Die Betenden werden auf diese Weise „zum Täter bzw. zur Täterin" Christi. Dort, wo sich Menschen von Jesus Christus und der mit ihm gekreuzigten Liebe ergreifen lassen, werden sie ganz Mensch, wie Gott Menschsein haben will. „In dem Maße, in dem der Beter sich von Christus bestimmen und durch

---

74 *Menke*, Handelt Gott, wenn ich ihn bitte?, 54.
75 *Menke*, Handelt Gott, wenn ich ihn bitte?, 155.
76 *Menke*, Handelt Gott, wenn ich ihn bitte?, 128.
77 *Menke*, Handelt Gott, wenn ich ihn bitte?, 24–26.98.120. Vgl. ders., Thesen zur Christologie des Bittgebetes, 97.
78 *Menke*, Handelt Gott, wenn ich ihn bitte?, 26.

den Heiligen Geist mit Christus verbinden lässt, *kann* er Darstellung des Handelns Gottes werden."[79] Das Wirken des Geistes bindet den Menschen, in dem der Geist zur Geltung kommt, untrennbar an das Geschehen der Inkarnation und ermöglicht ihm den Mitvollzug der inkarnatorischen Bewegung. Auf diese Weise sind vertikale und horizontale Inkarnation miteinander verschränkt – ein Gedanke, den Menke der Theologie Joseph Ratzingers[80] entlehnt hat und weiterführt. In seinem umfassenden Werk über das Wesen des Katholizismus[81] stellt er unmissverständlich heraus, dass das Wirken des Geistes gerade nicht auf ein „desinkarniertes Christentum", sondern genau auf dessen Gegenteil hinzielt:

„Paulus will sagen: Es gibt kein Geistwirken Gottes an dem inkarnierten Logos, an Christus, vorbei. Deshalb die Formulierung: ‚Der H e r r ist der Geist'; und nicht: ‚Der Geist ist der Herr.' Desinkarniertes Christentum ist ein Widerspruch in sich. Oder positiv formuliert: ‚Das Besondere des Christlichen besteht darin, dass die christliche Vergeistigung zugleich eine Inkarnation ist. Dadurch unterscheidet sie sich von allen Vergeistigungen philosophischer oder bloß mystischer Art.'"[82]

4 Semantische Transformierung

4.1 Das Bild vom Wasser und der Pore

Indem Menke eine Synthese von zwei komplementär sich ergänzenden Modellen vornimmt und diese trinitarisch rückbindet, entwirft er ein theologisch stringentes Konzept. Inwieweit ist dieses in die eingangs skizzierten Problemhorizonte vermittelbar? Er nimmt selbst eine solche Vermittlung durch eine semantische Transformierung vor, indem er, während er sich ansonsten einer dezidiert theologischen, Abstrakta nicht scheu-

---

79 Menke, Thesen zur Christologie des Bittgebetes, 100.
80 *Karl-Heinz Menke*, Der Leitgedanke Joseph Ratzingers. Die Verschränkung von vertikaler und horizontaler Inkarnation (Nordrhein-Westfälische Akademie der Wissenschaften. Vorträge), Paderborn 2008.
81 *Karl-Heinz Menke*, Sakramentalität. Wesen und Wunde des Katholizismus, Regensburg 2012.
82 *Menke*, Sakramentalität, 294. Das angeführte innere Zitat stammt von Joseph Ratzinger.

enden Fachsprache bedient, in pastoralen Kontexten auf metaphorisches Sprechen rekurriert.

Menke zieht die Metapher vom Wasser und der Pore heran, um anschaulich zu machen, wie Gott wirkt:

„Jeder Mensch ist [...] so etwas wie eine Öffnung, durch die der in Christus inkarnierte Gott all das realisieren kann, was seine unbedingte Liebe will. [...] Aber er ist – um in diesem Bild zu bleiben – eine Öffnung, die beides kann: sich weiten und sich verschließen. [...] Die in Christus inkarnierte Liebe des trinitarischen Gottes ist wie das Wasser, das in einen völlig aufgetrockneten Boden eindringen und das überall erstorbene Leben neu ermöglichen will. Der trockene Boden ist unsere Welt. Und jeder Mensch ist in diesem Boden eine Pore, die sich für das Wasser öffnen oder sich ihm verschließen kann. Je mehr Poren sich – quantitativ und qualitativ betrachtet – öffnen, desto mehr kann das Wasser in diesem Boden wirken, was es immer schon wirken will."[83]

Ganz im Sinne der vorauslaufenden Gnade betont er, dass das Entscheidende dieses Bildes nicht das Sichöffnen ist, sondern das Wasser. „Allerdings: Ohne dass die Poren sich öffnen, sich weit und nachhaltig öffnen, gelangt das Wasser nicht in den Boden."[84]

Mehrfach greift Menke dieses Bild auf und bindet es in unterschiedliche Zusammenhänge ein.[85] Ausdrücklich interpretiert er es pneumatologisch: „[...] wo immer sich eine Pore zu öffnen beginnt, da geschieht das ‚Beten im Heiligen Geist'."[86] Umgekehrt: Wo Menschen im Geist zu Gott beten, da werden sie fähig, sich wie eine Pore zu öffnen. „Erst wenn ich meine Gedanken, Pläne, Worte und Werke regelmäßig vor sein Antlitz trage, kann Gott an und in mir handeln. Erst wenn ich mich für Gott so wie eine Pore für das Wasser öffne, lasse ich mein Handeln vom Handeln Gottes bestimmen."[87]

4.2 Zum Eigen- und Mehrwert metaphorischer Sprache

Die Einsicht, dass Metaphorik kein Fremdkörper innerhalb dogmatischer Sprache, sondern konstitutiver Bestandteil ist, verbreitete sich im Zuge

---

83 *Menke*, Handelt Gott, wenn ich ihn bitte?, 27.
84 *Menke*, Handelt Gott, wenn ich ihn bitte?, 84.
85 *Menke*, Handelt Gott, wenn ich ihn bitte?, 155.183 u. ö.
86 *Menke*, Handelt Gott, wenn ich ihn bitte?, 98.
87 *Menke*, Handelt Gott, wenn ich ihn bitte?, 183.

des *linguistic turn* gegen Ende des 20. Jahrhunderts.[88] Die Systematische Theologie legte in Anknüpfung an die grundlegenden Arbeiten von Paul Ricœur unter Einbezug der Metapherntheorien der philosophischen Hermeneutik und der Philologie fundierte Überlegungen zur metaphorischen Struktur religiöser Sprache vor[89]; im Anschluss lotete sie die Metaphorologie für die Gotteslehre[90], die Christologie[91] und die Soteriologie[92] aus. Bis ins 20. Jahrhundert hatte die Metapher im Sinne der Substitutionstheorie als „uneigentliche" und „übertragene" Rede und damit als poetischer Ersatz für das „eigentlich Gemeinte" bzw. für die Definition des Begriffes gegolten. Entsprechend ging die Theologie davon aus, dass Metaphern durch Begriffe substituiert und „eins zu eins" übertragen werden können. Davon haben sich moderne Metapherntheorien dezidiert verabschiedet. Metaphorische Rede gilt nicht länger als uneigentliche oder gar pejorative Rede, auch nicht nur als poetisch-rhetorischer Schmuck, sondern als ursprüngliche und unersetzbare Sprachform und damit als eine besondere Weise eigentlicher Rede, die einen unbestreitbaren Mehr- bzw. Eigenwert hat.

An die Stelle der Substitution ist die Interaktion getreten, die auf die Wechselwirkung zwischen der Metapher und ihrem Kontext abzielt: Metaphern beziehen Wirklichkeitsbereiche aufeinander, die ursprünglich nicht zusammengehören. Sie werfen dadurch Fragen auf, bewirken Erstaunen und Befremden und eröffnen neue Sinnhorizonte. Sie stellen Bezüge zur eigenen Lebens- und Erfahrungswelt her und laden ein, in den Bildern die

---

88 Grundlegend *Christopher Norris*, The Linguistic turn, 1995; *Bernhard Casper*, Sprache und Theologie. Eine philosophische Hinführung, Freiburg i. Br. 1982; *Ingolf U. Dalferth*, Religiöse Rede von Gott, München 1981; *Klaus Bayer*, Religiöse Sprache, Berlin – Münster ²2009.
89 Exemplarisch *Eberhard Jüngel – Paul Ricœur*, Metapher. Zur Hermeneutik religiöser Sprache, München 1974; *Anselm Haverkamp* (Hg.), Theorie der Metapher, Darmstadt 1996; *R. Zimmermann* (Hg.), Bildersprache verstehen. Zur Hermeneutik der Metapher und anderer bildlicher Sprachformen (Übergänge 38), München 2000; *Josef Meyer zu Schlochtern*, Die Bedeutung der Metapher für die religiöse Sprache, in: ThRv 86 (1990) 441–450; *Johannes Hartl*, Metaphorische Theologie. Grammatik, Pragmatik und Wahrheitsgehalt religiöser Sprache (Studien zur systematischen Theologie und Ethik 51), Berlin – Münster 2008.
90 *Sallie McFague*, Metaphorical Theology: Models of God in Religious Language, Philadelphia 1982; *Jürgen Werbick*, Bilder sind Wege. Eine Gotteslehre, München 1992; *Reinhold Bernhardt – Ulrike Link-Wieczorek* (Hg.), Metapher und Wirklichkeit. Die Logik der Bildhaftigkeit im Reden von Gott, Mensch und Natur, Göttingen 1999.
91 *Jörg Frey – Jan Rohls – Ruben Zimmermann* (Hg.), Metaphorik und Christologie (Theologische Bibliothek Töpelmann 120), Berlin – New York 2003.
92 Vgl. die Beispiele in: *Dorothea Sattler*, Erlösung? Lehrbuch der Soteriologie, Freiburg 2011.

eigenen Erfahrungen und die eigene Geschichte zu entdecken und andere daran teilhaben zu lassen. Dabei legen sie nicht eindeutig fest, sondern bleiben mehrdeutig, indem sie mit verschiedenen Assoziationen spielen. Sie sind kein fester Wissensbestand, sondern eröffnen Verstehenshorizonte, geben keine abschließenden Antworten, sondern lassen Raum zum Fragen, setzen Denkbewegungen in Gang und initiieren so Prozesse der Veränderung. Sie sind dabei nicht das „letzte Wort", sondern ihre Bedeutung unterliegt einem geschichtlichen Wandel; darum ist nicht nur damit zu rechnen, dass andere Metaphern sich als noch treffender erweisen, sondern es ist geradezu geboten, sich je neu auf die Suche zu machen.

4.3 Auf der Suche nach adäquaten Metaphern

Im Rahmen solcher Suche ordnet Bernhardt den drei von ihm beschriebenen Modellen des Wirkens Gottes – auf die Quantenmechanik geht er in diesem Zusammenhang nicht explizit ein – spezifische Metaphernfelder zu. Demnach ist das aktualinterventionistische Modell „am schaffenden menschlichen Handeln, der königlichen Herrschaftsausübung und der richterlichen Rechtsprechung entwickelt. Es stellt sich dementsprechend in Metaphern dar, die kreativen, direktiven, juridischen, aber auch kurativen Tätigkeiten korrespondieren."[93] Metaphern, die das Wirken Gottes durch Zweitursachen angemessen zum Ausdruck bringen, stammen dagegen aus „dem Bereich organischen Wachstums auf eine initial angelegte Reifegestalt hin"[94]. Pneumatologische Modelle erschließen sich „in der Metaphorik inter- und transpersonaler Energien (wie der ‚Macht der Liebe'), der tröstenden, schützenden, bergenden Gegenwart einer signifikanten Bezugsperson [...] usw."[95]. Um einen Modus bildhafter Rede zu entwickeln, der der menschlichen Freiheit Rechnung trägt, ist demnach zu beachten:

„Statt der Bildersprache absoluter Herrschaft oder patriarchaler Autorität sind Metaphern organischen Wachstums, mütterlicher Sorge und interpersonaler Bewusstseins- und Willensbildung in Erwägung zu ziehen. Sie sind dem Postulat menschlicher Freiheit kompatibel."[96]

---

93 *Bernhardt*, Was heißt „Handeln Gottes"?, 389.
94 *Bernhardt*, Was heißt „Handeln Gottes"?, 389.
95 *Bernhardt*, Was heißt „Handeln Gottes"?, 390.
96 *Bernhardt*, Was heißt „Handeln Gottes"?, 401.

Eine ähnliche Richtung schlägt Hans Kessler ein: „Gott ist – metaphorisch gesprochen – in ständigem Gespräch mit seinen Geschöpfen und stellt sich immer neu auf sie und die neuen Konstellationen ein, mit immer neuen [...] Winken, Zeichen, Lockrufen, Impulsen, Angeboten."[97] Kommt das Bild vom Wasser und der Pore dem Freiheitspostulat, das für Menkes Theologie zweifelsohne konstitutiv ist, hinreichend entgegen? Zu bedenken ist, dass Menke nicht ein metaphorisches Programm vorlegen möchte, sondern im Kontext seelsorglicher Begleitung zu einem Bild findet, das aus seiner Sicht einen komplexen theologischen Zusammenhang einfängt. Eindeutig einem der drei Metaphernfelder zuordnen lässt es sich nicht. So wie Menkes Theologie zwei Modelle verbindet, oszilliert die zugehörige Metapher. Erinnern „Wasser" und „Pore" an jene „unterpersonale, ontologische, eher zum Physiko- und Biomorphen tendierende Vorstellung der Ordination der Seinsordnung, wie sie sich zuerst in den Regelhaftigkeiten des Naturgeschehens dokumentiert"[98], erfährt doch zugleich die Metapher im größeren Kontext der Liebe Gottes und ihrer christologischen Ausdrucksgestalt eine Präzisierung hin auf die „Erfahrung überpersonaler, die Personen aber ergreifender und transformierender Energien, wie z. B. dem Erfülltsein von der ‚Macht der Liebe'"[99].

Metaphorisches Sprechen muss – bei aller Kreativität, die es erfordert – von der Sachlogik her stimmig sein, wenn es inhaltlich nicht in die Irre führen, sondern in pastoralen und religionspädagogischen Kontexten Inhalte aufschließen und ihr Verstehen eröffnen soll. Abstrakter Begriff und konkretes Bild, denkerisch vermittelter Logos und metaphorische Sprache, Theologie und Theopoetik müssen einander entsprechen und inhaltlich korrespondieren. Mit seinem Versuch schwingt Karl-Heinz Menke ein in jene Suchbewegung, die Jürgen Werbick für die Theologie einfordert, während er zugleich vor einer Beschränkung auf die „fertige Sprache des Festgestellt- und Begriffenhabens"[100] warnt. Diese Suchbewegung ist der dogmatischen Theologie bleibend aufgegeben, wenn sie verstehbar, dialog- und kommunikationsfähig sein will – ohne dass sie sich vom Ringen um Begrifflichkeit und begriffliche Klärung jemals dispensieren könnte.

---

97 *Hans Kessler*, Evolution und Schöpfung in neuer Sicht, Kevelaer ³2010, 160.
98 *Bernhardt*, Was heißt „Handeln Gottes"?, 352.
99 *Bernhardt*, Was heißt „Handeln Gottes"?, 352.
100 *Werbick*, Bilder sind Wege, 78.

„Mitvollzug der Inkarnation"

Zu Karl-Heinz Menkes Option im gegenwärtigen Theodizee-Diskurs und einer der christlichen Theologie inhärenten Gefahr

Bernd J. Claret

1 Die Suche nach einer Theodizee ganz ohne einen zynischen Einschlag

Spätestens in der ersten Hälfte der 1990er Jahre zeichnet sich ab, dass Karl-Heinz Menke sich jetzt nicht mehr nur existenziell, sondern nunmehr auch in seinem wissenschaftlichen Denken, ab 1995 dann in Veröffentlichungen, zunehmend intensiv mit der Theodizee-Problematik auseinanderzusetzen beginnt, ohne freilich je die Plattform, oder soll ich besser sagen: die Arena des Existenziellen zu verlassen. Rückblickend ist zu vermuten, dass dies entscheidend auch mit schmerzlichen Leiderfahrungen in seinem persönlichen Umfeld zu tun hat. Die konkrete Geschichte, der Kreuzweg[1] von ihm nahestehenden Menschen führt ihn schließlich zu seinem 1998 publizierten „Plädoyer für eine christologische Theodizee", vermutlich, weil er auch und gerade für sie zutiefst erhofft, dass es tatsächlich auch stimmt und sich im Sterben bewahrheitet, dass der christliche Gott „der Gott [ist], der jetzt schon Zukunft schenkt"[2], im Hier und Heute, inmitten der noch andauernden Geschichte, und eben nicht einer ist,

---

1 Von einem solchen spricht Menke ausdrücklich in: *Karl-Heinz Menke*, Handelt Gott, wenn ich ihn bitte? (TplusTB 331), Regensburg 2000, 155.
2 *Karl-Heinz Menke*, Der Gott, der jetzt schon Zukunft schenkt. Plädoyer für eine christologische Theodizee, in: Harald Wagner (Hg.), Mit Gott streiten. Neue Zugänge zum Theodizee-Problem (QD 169), Freiburg – Basel – Wien 1998, 90–130. – An dieser Stelle sei, um der Klarheit willen und um einer Verwechslung vorzubeugen, angemerkt: Wenn Gerd Neuhaus – im selben Jahr übrigens wie Menke zum ersten Mal – von einer „christologischen Theodizee" spricht, geht es bei ihm inhaltlich um etwas ganz anderes als bei Menke. Vgl. *Gerd Neuhaus*, Zwischen Protestatheismus und Erlösungsgewissheit. Auf dem Weg zu einer christologischen Theodizee, in: Klaus Müller (Hg.), Fundamentaltheologie – Fluchtlinien und gegenwärtige Heraus-

der in der höchsten Not vertröstet und auf die bedrängendsten Fragen des Menschen erst nachträglich antwortet – und womöglich dann auch noch ganz und gar anders antwortet, als wir uns das mit unserer menschlichen Vernunft überhaupt je denken und vorstellen können. Wäre dies nämlich der Fall, dass Gott uns nur vertröstet und noch dazu „ganz anders dächte als wir, dann könnte er uns gestohlen bleiben"[3] mit seiner ganz und gar anderen Antwort im Nachhinein.

Bei aller hohen Wertschätzung den berechtigten Anliegen gegenüber, die hinter jener „Denkform und Dimension christlichen Denkens und Sprechens von Gott"[4] stehen, die man „Negative Theologie" nennt, und das sind zahlreiche und respektable – Menke hat mit allen theologischen Denkkonzepten, die Gott entschieden als den „ganz Anderen gegenüber der transzendentalen Vernunft des Menschen"[5] zu verstehen versuchen, ein ausgesprochenes Problem. Das rührt interessanterweise daher, dass er nicht nur bis in die allerletzten Konsequenzen hinein ernst zu nehmen versucht, dass es eine *Selbst*-Offenbarung Gottes im strikten Sinne in der Geschichte tatsächlich gegeben hat, sondern ebenso entschieden gewillt ist, „die ganze Schärfe der Theodizeeproblematik"[6] in sein theologisches Denken aufzunehmen. Das heißt für ihn dann auch, dass er sein ganzes Denken von der berühmten Einrede des Iwan Karamasow affiziert sein lässt. Er ist nämlich der Auffassung, dass F. M. Dostojewski „durch die Gestalt des Iwan Karamasow" bleibend gültig

„ausgesprochen [hat], was das eigentliche Problem innerhalb aller Rede von der Unvereinbarkeit geschichtlicher Leiderfahrung mit dem ‚lieben Gott' ist: nämlich dass dieser ‚liebe Gott' denen, die auf Erden so furchtbar gelitten haben, eine *nachträgliche* Antwort (nämlich den Himmel) verspricht. Iwan Karamasow will gar nicht bezweifeln, dass es Gott gibt, und auch nicht, dass er die Opfer der Geschichte mit einem ewigen Himmel entschädigt. Aber er gibt seine Eintrittskarte in diesen Himmel zurück. Er möchte nicht in der Nähe eines Gottes leben, der

---

forderungen. In konzeptioneller Zusammenarbeit mit Gerhard Larcher, Regensburg 1998, 101–118, bes. 114–118 (Auf dem Weg zu einer christologischen Theodizee).
3 *Menke*, Handelt Gott, wenn ich ihn bitte?, 54.
4 *Eva-Maria Faber*, Negative Theologie heute. Zur kritischen Aufnahme und Weiterführung einer theologischen Tradition in neuerer systematischer Theologie, in: ThPh 74 (1999) 481–503, 481.
5 *Menke*, Der Gott, der jetzt schon Zukunft schenkt, 92. – Für eine erste und vorläufige Klärung dessen, was Menke unter diesem „Vermögen des Menschen" versteht, das er mit Kant „transzendentale Vernunft" nennt, vgl. ebd., 94f[14].
6 *Menke*, Der Gott, der jetzt schon Zukunft schenkt, 97.

meint, er könne das Leid auch nur eines der unschuldigen Kinder, die von irgendwelchen Bestien in Menschengestalt gequält, zertreten und missbraucht worden sind, durch eine nachträgliche Ausgleichszahlung kompensieren. Für Iwan kommt eine nachträgliche Antwort in jedem Falle zu spät. Für ihn ist der Erfinder des Kompensationshimmels ein Zyniker."⁷

Um nun in seiner eigenen systematisch-theologischen Denkbewegung eine Perspektive zu gewinnen, die einem solchen Zynismus – und überhaupt jeglichem Zynismus – zu entgehen vermag, das scheint mir ein ganz zentrales Motiv bei Menke zu sein⁸, schlägt dieser seit geraumer Zeit

---

7 Menke, Der Gott, der jetzt schon Zukunft schenkt, 97f. Vgl. *Klaus von Stosch*, Gott – Macht – Geschichte. Versuch einer theodizeesensiblen Rede vom Handeln Gottes in der Welt, Freiburg – Basel – Wien 2006, 200f. – Wer sich von der Gestalt des Iwan Karamasow her zu denken geben lässt, für den – und so auch für Menke – ist völlig klar: „Es muss festgehalten werden, dass es Leiden gibt, das unbedingt nicht sein soll. Das Leiden des von Iwan Karamasow beschriebenen Kindes ist durch nichts gerechtfertigt und darf nicht depotenziert oder bonisiert werden. Alle Lösungsversuche, die die Wirklichkeit eines solchen schlechterdings absurden Leidens ‚leugnen oder abschwächen oder leichtnehmen wollen', sind als ‚christlich unerträglich' [K. Barth] abzulehnen. […] Auch wenn es im einzelnen schwierig zu beurteilen sein mag, welches Leiden als schlechterdings unsinnig zu bewerten ist und deshalb unbedingt nicht sein soll, so lässt sich doch die Realität solchen Leidens nicht leugnen. […] Der erste Schritt jeder Theodizee sollte deshalb in der Anerkennung dessen bestehen, dass es schlechterdings sinnloses Leiden gibt bzw. dass es Leiden gibt, für das es keinen göttlichen Grund gibt. Keine Theodizee darf hinter die durch diese Einsicht gegebene Sensibilität für die Wirklichkeit des ‚Schlechterdings-nicht-sein-Sollenden' zurückfallen. ‚Dass das Übel nicht verharmlost werden darf, ist somit der Prüfstein für jede Theodizee' [C. Illies]" (ebd., 203.204.211f.). Es gilt „das kategorische Nichtsein-Sollen des Leidens unbedingt ernst zu nehmen" (ebd., 220). „Denn die Würdigung der Tatsache der Existenz von Leiden, die unter keinen Umständen sein sollen, scheint mir ein unaufgebbares Desiderat an jede Theodizee zu sein" (ebd., 211).

8 Der Begriff zynisch/Zynismus taucht in Publikationen von Menke immer wieder einmal auf, was von der Art und Weise, wie dieser Begriff von ihm verwendet wird, auf ein Anliegen und vielleicht sogar auf einen Grundzug seines Denkens verweist, nämlich: im eigenen Denken und Handeln dem stets auflauernden Zynismus in jedem Fall zu entgehen. Der Begriff taucht vor allem dort auf, wo die Gefahr des Zynismus für die theologische Reflexion am größten ist, nämlich dort, wo es um das Thema der Rechtfertigung Gottes angesichts all der Übel und des Bösen in der Welt geht und allein schon der Versuch, das Leid in der Welt theologisch verstehen zu wollen, als eine Versuchung gelesen werden kann. Menkes Anliegen ist hier vor allem: ausgesprochen anti-zynisch zu denken. Vgl. neben der eben im Text zitierten Stelle etwa: *Karl-Heinz Menke*, Die Vermittlung des Glaubens an Gott mit der Geschichte der Shoa. Eine Auseinandersetzung mit Christoph Münz, in: Günter Riße – Heino Sonnemans – Burkhard Theß (Hg.), Wege der Theologie: an der Schwelle zum dritten Jahrtausend (FS Hans Waldenfels), Paderborn 1996, 219–243, 228: „Aber es

im Theodizee-Diskurs jenen Weg ein, den er selbst eine „christologische Theodizee" nennt, und vertritt, wenn ich ihn in diesem brisanten Punkt recht verstehe, die höchst provokante These, dass Gottes Antwort auf die existenzielle Theodizeefrage in der Tat für den Menschen in Not erfahrbar gegenwärtig, konkret anschaubar und prinzipiell einsehbar und verstehbar werden kann, und zwar „situationsgebunden und dialogisch"[9] schon im geschichtlichen Hier und Heute, inmitten der konkreten Leidensgeschichte.[10]

In die Jahre vor diesem Theodizee-Aufsatz von 1998, in dem er sein „eindrucksvolles *Plädoyer für eine christologische Theodizee* [entfaltet], das gegenüber Metz' Apokalyptisierung der Theodizeefrage zu Recht die Gegenwärtigkeit des Heils in Christus akzentuiert" (J.-H. Tück[11]), fällt eine fachliche Auseinandersetzung mit einem der schärfsten Kritiker einer christologisch gewendeten Theologie, dem Historiker Christoph Münz – zunächst in der Form des persönlichen, auch für die Öffentlichkeit geweiteten Gesprächs mit diesem an der Universität Bonn, dann aber zudem

---

wäre übelster Zynismus […]."; *Menke*, Handelt Gott, wenn ich ihn bitte?, 124: „Er schnürt einem Menschen die Luft ab – dieser unterschwellige Zynismus, der dem anderen leise, aber gründlich beibringt: ‚Du bist eigentlich überflüssig; wenn du fehltest, würde dich keiner vermissen!'"; ebd., 153: „Ich empfinde es – in dieser Stunde ausgesprochen – sogar als zynisch."

9 *Menke*, Die Vermittlung des Glaubens an Gott mit der Geschichte der Shoa, 242.
10 In seinem Beitrag zur Theodizee setzt Menke alles daran, detailliert aufzuzeigen, dass „die Eschatologisierung der Antwort Gottes auf die vielleicht drängendste Frage des Menschen", für die im Bereich der Systematischen Theologie bekanntlich vor allem Johann Baptist Metz mit besonderem Nachdruck plädiert, „weder […] dem jüdischen Glauben an den durch die Tora in jede nur denkbare Situation des Lebens hineinsprechenden Gott, noch […] dem Glauben der Christen an die Selbst-Offenbarung Gottes in der Geschichte [entspricht]" (*Menke*, Der Gott, der jetzt schon Zukunft schenkt, 98). Bei der Entfaltung seines Gegen-Plädoyers zielt er vor allem auf drei für sein Verständnis der christlichen Weltanschauung maßgebliche Thesen ab: (1.) Der jüdisch-christliche Gott ist „der Gott, der jetzt schon Zukunft schenkt" (*Menke*, Der Gott, der jetzt schon Zukunft schenkt); (2.) „Das Absolute ist […] nicht das Gegenteil des Geschichtlichen, sondern die Geschichte ist der Ort des Absoluten, wenn der Mensch Jesus die unbedingte Anerkennung des Anderen realisiert hat. […] Und daraus folgt: Wer Jesus als den Christus bekennt, sucht Gott [und die Antwort auf seine letzten Fragen] nicht nur jenseits und außerhalb von Welt und Geschichte, sondern glaubt an die *Selbst*-Mitteilung des Absoluten in der Geschichte" (ebd., 107 und 105f.); (3.) „Wenn die von Gott nach dem Ablauf dieser Weltgeschichte gegebene Antwort nicht einem ganz anderen als dem hier und jetzt fragenden Menschen gelten soll, dann darf die übernatürliche Vernunft nicht das ganz andere Stockwerk über der natürlichen Vernunft sein" (ebd., 98).
11 *Jan-Heiner Tück*, Christologie und Theodizee bei Johann Baptist Metz. Ambivalenz der Neuzeit im Licht der Gottesfrage, Paderborn u. a. 1999, 212[225].

in der Form eines umfangreichen Beitrages von Menke, in dem er sich intensiv mit dessen hochinteressanter Studie „Der Welt ein Gedächtnis geben. Geschichtstheologisches Denken im Judentum nach Auschwitz" (1995) befasst, und zwar unter dem Titel „Die Vermittlung des Glaubens an Gott mit der Geschichte der Shoa. Eine Auseinandersetzung mit Christoph Münz" (1996). Für Menke steht schon zu diesem Zeitpunkt fest, dass eine rein argumentative statt einer existenziellen Vermittlung des Gottesglaubens mit der geschichtlichen Leiderfahrung der stets lauernden Gefahr des Zynismus nicht entgehen kann; und nicht nur dies, sie entspricht auch überhaupt nicht genuin jüdischem Denken und kommt somit für ihn nicht in Frage.

Menke macht in seiner „Auseinandersetzung mit Christoph Münz" unmissverständlich deutlich, dass es ihm nicht um eine argumentative Vermittlung des Glaubens an Gott mit der mit Leid und Bösem getränkten Geschichte geht. So liegt es ihm natürlich auch völlig fern, in irgendeiner Weise „Gott argumentativ (!) mit der Hölle von Auschwitz versöhnen"[12] zu wollen. Wollte man ihn in dieser Richtung verstehen, wäre das ein krasses Missverstehen seiner theologischen Grundposition und seiner mit dem Stichwort „christologische Theodizee" verbundenen Option, die vor allem darauf abzielt, jeglichem Zynismus zu entgehen. Zwar ist von ihm sinngemäß immer wieder einmal zu hören: „Wer an Gott glaubt, postuliert einen Zusammenhang, aus dem nichts – auch nicht das Geschehen von Auschwitz – herausfällt; [...]"[13], und er ist tatsächlich auch der Auffassung, dass die menschliche Vernunft nicht nur wahrheitsfähig ist, sondern es der transzendentalen Vernunft des Menschen durchaus möglich ist, einzusehen, „dass die erfahrene Wirklichkeit der Selbstoffenbarung Gottes nicht widerspricht"[14] bzw. nicht zwingend widersprechen muss.[15] Sofort erfolgt

---

12 *Menke*, Die Vermittlung des Glaubens an Gott mit der Geschichte der Shoa, 230.
13 *Menke*, Die Vermittlung des Glaubens an Gott mit der Geschichte der Shoa, 220. Vgl. *Karl-Heinz Menke*, Die Einzigkeit Jesu Christi im Horizont der Sinnfrage (Kriterien 94), Einsiedeln – Freiburg 1995, 14; zudem ebd., 12.
14 *Menke*, Der Gott, der jetzt schon Zukunft schenkt, 94.
15 Wäre die menschliche Vernunft prinzipiell nicht fähig zu solcher Einsicht, könnte man dann den Glauben überhaupt noch vernünftig nennen? Es entstünde die Frage, was das Projekt einer Verantwortung des christlichen Glaubens vor der philosophischen Vernunft noch wert ist, wenn es am entscheidenden Punkt notgedrungen versagen muss. Diesem Projekt hat sich Menke bekanntlich ganz verschrieben. Von daher gesehen ist es für ihn zwingend notwendig, Gott eben nicht in erster Linie oder gar prinzipiell als den ganz und gar Anderen, „von den Kategorien und Erwartungen menschlicher Vernunft und Hoffnung gänzlich Verschiedenen" (*Menke*, Der Gott, der jetzt schon Zukunft schenkt, 96) zu denken, der dann im Tod mit einer „ganz anderen Antwort" (ebd., 97[18]) aufwartet – einer verblüffenden Antwort, „die der

dann aber auch an entsprechender Stelle eine Klarstellung, die deutlich macht, wie das auf jeden Fall nicht gemeint sein kann:

„[…] aber mit diesem Glauben ist keineswegs die Möglichkeit verbunden, das Ganze der Geschichte zu überblicken und also ‚den Sinn an sich' auch nur eines einzelnen Ereignisses zu erfassen. Eine Metaphysik, die den Sinn der Geschichte zu wissen meint, zwingt sich zur Einordnung jedes Faktums in eine alles und jedes verstehende bzw. erklärende ‚Vorsehung'. Von solcher Metaphysik ist der biblische Glaube an Gott radikal zu unterscheiden. Dieser Glaube bedeutet zwar, dass auch geschichtliche Ereignisse, die uns ganz und gar sinnlos erscheinen, mit der Existenz des Schöpfers vereinbar sind, den die Juden den ‚Ich-bin-da' nennen und den die Christen als absolute Liebe beschreiben. Aber *wie* und *warum* z. B. der Holocaust mit der Existenz dieses Gottes vereinbar ist, das auszusprechen oder gar definitiv erklären zu wollen, verbietet die Geschichtsimmanenz des menschlichen Bewusstseins."[16]

---

immanenten Vernunft in gar keiner Weise zugänglich, sondern ganz und gar anders als alle menschlichen Kategorien und Erwartungen ist" (ebd., 98). Gott und seine Antwort auf die Theodizeefrage eben nicht so zu denken, hat aber nichts mit einem Wunschdenken zu tun, sondern dürfte im Rückgriff auf die Heilige Schrift gut zu begründen sein. So schreibt Menke u. a. auch mit Verweis auf *Emmanuel Lévinas* (Schwierige Freiheit. Versuch über das Judentum, Frankfurt a. M. 1992, 109–113): „Mit *Hans Jonas* [Der Gottesbegriff nach Auschwitz. Eine jüdische Stimme, Frankfurt a. M. 1987, 38f.] behaupte ich: ‚Der deus absconditus, der verborgene Gott (nicht zu reden vom absurden Gott), ist eine zutiefst unjüdische Vorstellung. Unsere Lehre, die Thora, beruht darin und besteht darauf, dass wir Gott verstehen können, nicht vollständig natürlich, aber etwas von ihm – von seinem Willen, seinen Absichten und sogar von seinem Wesen, denn er hat es uns kundgetan. Es hat Offenbarung gegeben, wir besitzen seine Gebote und sein Gesetz, und manchen – seinen Propheten – hat er sich direkt mitgeteilt, als seinem Mund für alle in der Sprache der Menschen und der Zeit, gebrochen daher in diesem beschränkten Medium, doch nicht in dunklem Geheimnis.' Wie *Peter Kuhn* [Gottes Selbsterniedrigung in der Theologie der Rabbinen (StANT 17), München 1968; Gottes Trauer und Klage in der rabbinischen Überlieferung (AGJU 13), Leiden 1978] auf überzeugende Weise nachgewiesen hat, ist das ‚Herabsteigen Gottes vom Himmel auf die Erde' ein Grundzug der rabbinischen Theologie, weshalb Hans Jonas von einer ‚nicht-trinitarischen Inkarnation' spricht" (ebd., 96; Hervorhebung B. J. Claret).

16 Menke, Die Vermittlung des Glaubens an Gott mit der Geschichte der Shoa, 220. Vgl. *Menke*, Der Gott, der jetzt schon Zukunft schenkt, 119[63]: „Niemand kann sagen, *warum* der oben geschilderte Vater im Konzentrationslager Auschwitz seinen einzigen Sohn verloren hat oder *warum* der von mir in den Krebstod begleitete junge Mann an Krebs erkrankt ist."

„Mitvollzug der Inkarnation" 333

Auch von C. Münz her dürfte Menke also einen ganz entscheidenden Impuls erhalten haben zur Ausarbeitung seines „Plädoyers". Von ihm her wird er geradezu provoziert, seine eigene Option endlich auch in den laufenden Theodizee-Diskurs einzubringen. Einige der von Münz „sehr dezidiert vorgetragenen Argumente" gegen die christliche Theologie, denen Menke bei vollem Respekt und aller Anerkennung für dessen wissenschaftliche Leistung, wie könnte es anders sein, „mit gleicher Vehemenz [begegnet]"[17], werde ich hier kurz vorstellen. Sie münden u. a. in den ganz großen und sicherlich nicht völlig aus der Luft gegriffenen, sondern durchaus berechtigten und vor allem nachvollziehbaren – bei Münz ganz und gar vom jüdischen Denken her perspektivierten – Vorwurf der „signifikanten *Geschichtsinsensibilität*"[18] an die Adresse christlicher Theologie: dass sie in puncto „Sensibilität [...] gegenüber dem Bruch und Brüchigen in der Geschichte, den Krisen und Unsicherheiten des Lebens"[19] äußerst schwach unterwegs ist und dementsprechend ständig in der großen Gefahr steht, zynisch zu werden, ein Vorwurf, den man mit dem Bildwort von der „Dickfelligkeit" (C. Münz[20]) im Sinne der „Verblüffungsfestigkeit" (J. B. Metz[21]) auf den Punkt bringen könnte. Dass dieser massive Vorwurf – gegenüber der christlichen Theologie – Menkes christologisch gewendete Theologie nicht treffen kann, obwohl er ganz entschieden die Gegenwart des Heils und der Erlösung in Christus „akzentuiert" (J.-H. Tück; s. o.), werde ich jetzt gleich, vor allem dann aber im Anschluss an die Münz-Kritik, ebenfalls in aller Kürze, aufzuweisen versuchen. Karl-Heinz Menkes Theologie ist von ihrer Ausgangslage und von ihrer Gesamtanlage her genau dies eben *nicht – „geschichtsinsensibel"*. Das Gegenteil ist der Fall, und das hat meiner Ansicht nach wesentlich damit zu tun, dass Menke die Einzigkeit und Heilsuniversalität Jesu Christi konsequent mit der Heilsuniversalität der Kirche zusammendenkt. Es ist m. E. gerade die Konsequenz, mit der er diesen denkwürdigen Zusammenhang energisch verfolgt und in immer wieder neuen Anläufen zu Ende zu denken versucht, die sein eigenes Denken davor bewahrt, jener

---

17 *Menke*, Die Vermittlung des Glaubens an Gott mit der Geschichte der Shoa, 221.
18 *Christoph Münz*, Der Welt ein Gedächtnis geben. Geschichtstheologisches Denken im Judentum nach Auschwitz, Gütersloh 1995, 466.474.
19 *Münz*, Der Welt ein Gedächtnis geben, 472.
20 *Münz*, Der Welt ein Gedächtnis geben, 466.
21 Vgl. etwa: *Johann Baptist Metz*, Ökumene nach Auschwitz. Zum Verhältnis von Christen und Juden in Deutschland, in: Eugen Kogon – Johann Baptist Metz (Hg.), Gott nach Auschwitz. Dimensionen des Massenmords am jüdischen Volk, Freiburg – Basel – Wien 1979, ⁴1986, 121–144, 133.

der christlichen Theologie inhärenten Gefahr des Zynismus zu erliegen, die Münz als eine verderbliche „*Immunisierung des Glaubens gegenüber der historischen Wirklichkeit*, gegenüber der Geschichte selbst"[22] demaskiert und, wie wir gleich noch sehen werden, eindrücklich beschreibt. Doch zunächst ein Blick auf den besagten denkwürdigen Zusammenhang und überhaupt auf den Kern der Theologie von Menke.

2 Die Mitte, um die sich alles dreht

Die Herzmitte des Denkens von Karl-Heinz Menke, das wurde mir in der Zeit meiner Assistententätigkeit in Bonn mit den Jahren zunehmend klar, kommt immer genau dann zum Vorschein und zum Tragen, sobald es ihm, und das kann je nach Situation einmal mehr auf der Ebene des abstrakten philosophisch-theologischen Denkens, einmal mehr auf der Ebene der konkreten Lebenspraxis und Spiritualität stattfinden, zentral – konzentriert und fokussiert – darum geht, Gott als unbedingte, oder wie er selbst gerne formuliert: als absolute Liebe (Trinität) zu verstehen, die sich in jenem einmaligen und unableitbaren historischen Ereignis im Raum Israels, das wir Inkarnation nennen, letztgültig offenbart hat, wenn es ihm also vor allem darum geht, „die Bewegung seiner kenotischen Liebe nachzuvollziehen – eine Liebe, die sich dem Äußersten, Sünde und Tod, ausgesetzt hat"[23]. Damit ist klar, dass diese Mitte, um die sich bei Karl-Heinz Menke alles dreht, eine ausgesprochen christologische ist. Dementsprechend stark ausgeprägt ist bei ihm auch ein Grundzug, der all sein theologisches Denken wie eine Entelechie zuinnerst bestimmt und markant koloriert: die Wendung ins Christologische mit dem entscheidenden Akzent der Betonung der Einzigkeit Jesu Christi.

Seine weit ausgreifende und dennoch punktgenau auf ebendiese Einzigkeit zentrierte[24] Christologie „Jesus ist Gott der Sohn. Denkformen und

---

22 *Münz*, Der Welt ein Gedächtnis geben, 471.
23 *Magnus Striet – Jan-Heiner Tück*, Vorwort, in: Dies. (Hg.), Die Kunst Gottes verstehen. Hans Urs von Balthasars theologische Provokationen, Freiburg – Basel – Wien 2005, 3–5, 4. – Was M. Striet und J.-H. Tück in Bezug auf Hans Urs von Balthasars Kreuzes- und Höllenabstiegstheologie formulieren, trifft exakt auch den Punkt bei Menke – den inhaltlichen Dreh- und Angelpunkt seines inkarnatorischen Denkens. Überhaupt steht Menke, was die theologischen Grundoptionen angeht, Hans Urs von Balthasar recht nahe.
24 Vgl. etwa: *Karl-Heinz Menke*, Jesus ist Gott der Sohn. Denkformen und Brennpunkte der Christologie, Regensburg 2008, 7 und 9: „Die vorliegende Christologie will gegen alle Spielarten des Relativismus die unbedingte und unableitbare Einzigkeit

„Mitvollzug der Inkarnation" 335

Brennpunkte der Christologie" (2008), die im Grunde genommen bereits mit der Vorarbeit „Die Einzigkeit Jesu Christi im Horizont der Sinnfrage" (1995) auf den Weg gebracht worden ist und schon dort eine ganz klare Stoßrichtung gegen jegliche Spielart einer Pluralistischen Religionstheologie hat, eben weil genau diese Einzigkeit Jesu Christi nicht aufs Spiel gesetzt werden darf, kann sicherlich als sein Hauptwerk angesehen werden. Sie kann bei näherem Hinsehen allerdings wohl „nur" als der erste Teil seines Hauptwerkes gelten. Denn es muss zugleich notiert werden, dass sie mit seiner Studie „Sakramentalität. Wesen und Wunde des Katholizismus" (2012) eine Einheit bildet. Die Einzigkeit und Heilsuniversalität Jesu Christi kann seiner Auffassung nach – gerade auch in der Spur des Zweiten Vatikanischen Konzils – gar nicht anders gedacht werden als im engen Zusammenhang mit der Heilsuniversalität seiner Kirche. Beides gehört untrennbar zueinander: „Denn wie der historische Jesus nicht der bloße Mittler des göttlichen Geistes, sondern die reale Offenbarkeit des Wortes Gottes (des Logos) ist, so ist die Kirche keine bloße Interpretationsgemeinschaft, sondern *Sakrament* des Fleisch gewordenen Logos."[25] Das bedeutet, sie *stellt* in ihrem Handeln seine die Welt zur Eigentlichkeit befreiende Liebe – die unbedingte Anerkennung des Anderen als des Anderen – sakramental *dar*. Zur Erlösung der Welt ist Christus also in einer sehr radikalen Weise bleibend auf seine Kirche und die Menschen guten Willens in ihr angewiesen. Er braucht sie und jeden Einzelnen in ihr im Hier und Heute zum Vollzug dessen, was wir Befreiung und Erlösung nennen; denn Erlösung geschieht nach christlichem Verständnis nicht jenseits der Geschichte, sondern inmitten der Geschichte, in Raum und Zeit, eben geschichtlich konkret, und zwar auch in der Zeit nach Jesu Tod und Auferstehung. Zugespitzt formuliert: Durch sie und mit ihr und in ihr vollzieht er – konkret und anschaubar – die Erlösung der Welt. Von daher erhält die Aussage ihren Sinn: „Die Kirche [d. h. ihr *darstellendes* Handeln] ist ebenso heilsnotwendig wie das Christusereignis"[26]. Die eine Wahrheit, die „nur personal vermittelt werden [kann]" – eben weil die Wahrheit

---

Jesu Christi begründen – in fairer Auseinandersetzung mit möglichst allen relevanten Einwänden der Vergangenheit und der Gegenwart. [...] Und die Auswahl der ausführlicher diskutierten Brennpunkte richtet sich nach ihrer Relevanz für das Generalthema der unableitbaren Einzigkeit Jesu Christi." Vgl. zudem ebd., 506: „In allen genannten Problemfeldern der jüngeren Christologie geht es um die Einzigkeit Jesu Christi. Denn sie wird in Frage gestellt [...]".
25 *Karl-Heinz Menke*, Sakramentalität. Wesen und Wunde des Katholizismus, Regensburg 2012, 250.
26 *Menke*, Sakramentalität, 264.

„Person ist"²⁷ (Joh 14,6) – bedarf einer konkret sichtbaren Kirche (mit geweihten Amtsträgern), die die „hingehaltene Hand des […] Erlösers"²⁸ „auf sakramentale Weise selber"²⁹ zu allen ausstreckt.

Beim Lesen all dieser steilen theologischen Überlegungen, die hier lediglich nur angetippt werden können, gilt es allerdings genau hinzusehen und zu beachten: Die katholische Kirche, wie sie im apostolischen Glaubensbekenntnis bekannt wird, ist natürlich nicht abschließend zu identifizieren mit der institutionell verfassten römisch-katholischen Kirche, und gerade ein sakramentales Denken, wie Menke es versteht, insistiert ganz entschieden auf dem Gedanken, die Kirche sei „ganz und gar von Christus verschieden"³⁰; was allerdings keineswegs gleichbedeutend damit sein muss, dass sie nicht „von sich behaupten könne, diese Wahrheit [die Jesus Christus in Person ist] authentisch (sakramental) zu bezeugen"³¹.

Von Maurice Blondel (1861–1949) her kommend formuliert Menke dementsprechend in beiden innerlich eng miteinander verschränkten Werken, die sein (bislang noch³²) zweibändiges Hauptwerk bilden, was für

---

27 *Menke*, Sakramentalität, 10.
28 *Menke*, Sakramentalität, 233.
29 *Menke*, Sakramentalität, 235.
30 *Menke*, Sakramentalität, 187.
31 *Menke*, Sakramentalität, 250.
32 An dieser Stelle sei angemerkt, dass es mich nicht wundern würde, wenn die zwei Bände des Hauptwerkes irgendwann noch durch einen weiteren, aber dieses Mal ausgesprochen trinitätstheologischen Band ergänzt würden. Dann wäre von einem dreibändigen Hauptwerk zu sprechen. Eine Vorstudie zu einem solchen trinitätstheologischen Werk sehe ich in *Karl-Heinz Menkes* „Grundriss der Gnadenlehre" mit dem Titel „Das Kriterium des Christseins" (Regensburg 2003), aber auch in dem den Grund (frei)legenden und die Weichen stellenden, weit ausgreifenden und doch auf einen einzigen Zentralbegriff konzentrierten Werk „Stellvertretung. Schlüsselbegriff christlichen Lebens und theologische Grundkategorie" (Einsiedeln – Freiburg 1991, ²1997). Denn es ist völlig klar, dass dem Bekenntnis zum trinitarischen Gott in Menkes Theologie eine ganz zentrale Bedeutung zukommt (Stichwort: Ignatius von Loyola). Bei einem weit intensiveren und ausgiebigeren Blick, als dies in meinem Beitrag hier geschehen kann, auf sein theologisches Profil kann dessen markant christozentrische Theologie durchaus als eine trinitarische Theologie gelesen werden. Immer dann, wenn er von der absoluten Liebe spricht, die Gott *ist*, von der Selbst-Mitteilung und Anerkennung des Anderen als des Anderen, die Gott *ist*, aber auch immer dann, wenn er von dem spricht, der als ein geschichtlich-konkreter Mensch das Handeln Gottes bzw. der Sohn Gottes *ist*, hebt er ab auf das genuin christliche Bekenntnis und Verständnis von Gott als Trinität. Ohne Letzteres wäre Ersteres unsinnig. Kurz und bündig könnte man sagen: Menkes Theologie ist trinitätstheologisch fundiert, christologisch zentriert und geschichtssensibel konzentriert auf den durch den Heiligen Geist ermöglichten und getragenen „Mitvollzug der Inkarnation" (s. u. Anm. 79) durch uns Menschen, denn Gott tut nichts ohne uns. Letztgenanntes wird in Abschnitt 4 gleich noch etwas deutlicher werden.

ihn in der theologischen Denkbewegung und im lebenspraktischen und spirituellen Vollzug zu einem seiner wichtigsten Leitgedanken geworden ist:

„Der vertikalen Selbsttranszendenz Gottes in Christus, d. h. dem Ereignis der Anerkennung des sündigen Menschen durch das Christusereignis entspricht auf Seiten der gerechtfertigten Sünder die horizontale Selbsttranszendenz der wechselseitigen Anerkennung des jeweils Nächsten. Der vertikalen Inkarnation des Christusereignisses entspricht die horizontale Inkarnation der Kirche. Es gibt aus der Sicht von Blondel kein Christentum ohne Kirche. Denn erst die Kirchlichkeit des eigenen ‚Christus-Tuns' garantiert, dass der Einzelne sein Christentum nicht in einer privat-innerlichen Beziehung zu Gott sucht, sondern die ‚action' Gottes, nämlich das Ereignis der Inkarnation, mitvollzieht (durch die eigene ‚action' verleiblicht bzw. zwischenmenschlich darstellt)."[33]

Wenn wir nun schon bei einem seiner wichtigsten Leitgedanken sind, und es ist vielleicht der durchgängigste in seinem Hauptwerk, können wir auch gleich ganz ins Zentrum vorstoßen und fragen: Was ist denn – aller Vermutung nach – Karl-Heinz Menkes zentralster Leitgedanke, der Kerngedanke also? M. E. lässt sich bei ihm tatsächlich ein solcher innerster Kern des gesamten philosophisch-theologischen Denkgefüges ausfindig machen. Dort, wo er ihn ausformuliert, spricht er recht kühn, wenn man bedenkt, dass uns eben erst eine letztlich von Nietzsche herkommende Welle erreicht hat, die eine Art Herrschaft des „Zynismus" (im Sinne von Peter Sloterdijk[34]), unter der alles egal zu werden droht, aufzurichten versucht,

---

33 Menke, Jesus ist Gott der Sohn, 74f.; Menke, Sakramentalität, 149.
34 Vgl. Peter Sloterdijk, Kritik der zynischen Vernunft, Bd. I (es 1099 NF 99), Frankfurt a. M. 1983, 9f.: „Wir spüren eine zweite Aktualität Nietzsches, nachdem die erste, die faschistische Nietzschewelle verebbt ist. Erneut wird deutlich, wie die westliche Zivilisation ihr christliches Kostüm abgetragen hat. [...] die Zeit ist zynisch [...] – Unsere schwunglose Modernität [...] zweifelt [...] längst daran, in einer sinnvollen Geschichte zu leben." Die ganzen Ausführungen Sloterdijks wollen letztlich aufzeigen, inwiefern gerade heute, da das Ende von Sinn angebrochen scheint, das Diktum gilt: „Die Zeit ist zynisch an allen Enden" (ebd., 17). Nietzsche selbst, der Urvater der Postmoderne und des Posthistoire, gilt Sloterdijk als der „Neo-,Cyniker'" (ebd., 11), und er weist darauf hin: „Nietzsches entscheidende Selbstbezeichnung, oft übersehen, ist die eines ‚Cynikers'" (ebd., 10). Von Nietzsche stammt auch das Wort: „Alles Unbedingte gehört in die Pathologie" (aus: Jenseits von Gut und Böse; zit. ebd., 203). Da Sloterdijk die Begriffe „zynisch" und „Zynismus" in einem vom üblichen Verständnis der Worte abweichenden Sinn verwendet, sei nachdrücklich auf seine Klärung des „zynischen Phänomens" hingewiesen (ebd., 33–43), insbesondere auf

und es inzwischen als ausgemacht gilt, dass es nur Perspektiven gibt, somit keine Wahrheit, jedenfalls nicht im Singular. So formuliert also Menke in seiner scharfsinnigen und tiefgehenden Ergründung des „Wesens und der Wunde des Katholizismus" frei heraus, was ihn zutiefst bewegt: „*Die Wahrheit ist allein Jesus Christus selbst.*"[35] – Das ist der Kernpunkt für ihn, weshalb bei ihm auch alle Theologie früher oder später beherzt und bisweilen geradezu kühn einbiegt in die Christologie mit besagtem Akzent der Einzigkeit Jesu Christi. Das ist der Ausgangs- und Endpunkt, von dem aus er seine Kreise zieht, und genau damit legt er auch den Finger in die „Wunde des Katholizismus".

Was hier im Kontext unserer Zeit, in der eine „unbedingte Abneigung vor allem Unbedingten" (H. Verweyen[36]) festgestellt werden kann und eine ausgesprochene „Schlaffheit gegenüber der Wahrheit"[37], geradezu hemmungslos ausgesagt ist, hat, wird es ernst genommen, theologisch ganz enorme Konsequenzen. So bedeutet es – neben vielem anderen – auch: Außerhalb der „Traditio Jesu Christi" gibt es keine Erlösung und kein Heil, keinen Zugang zur Wahrheit, zur Freiheit und zum Leben. Dies bedeutet in letzter Konsequenz: Der Mensch auf seiner Suche nach Sinn und Wahrheit kann die befreiende Antwort nur dort finden, kann also nur dort wirklich verstehen, wo auch Christus ist; und dort, wo er ist und

---

seine erste Definition des Zynismus als „das *aufgeklärte falsche Bewusstsein*", dessen „Falschheit [...] bereits reflexiv gefedert" ist (ebd., 37f.).

35 *Menke*, Sakramentalität, 148 (Hervorhebung B. J. Claret). – Das bedeutet für Menke dann aber auch: „Die Identifikation der Wahrheit, die Christus ist, mit der Summe aller Dogmen ist genauso falsch wie deren Identifikation mit dem Kanon der neutestamentlichen Schiften" (ebd.). Vgl. zudem ebd., 20: „Die Wahrheit, zu der sich Christen aller Konfessionen bekennen, ist eine Person, kein Buch und kein Register von Dogmen."

36 Dazu: *Hansjürgen Verweyen*, Gottes letztes Wort. Grundriss der Fundamentaltheologie, Düsseldorf 1991 [1. Aufl.!], 91–96 (Die unbedingte Abneigung vor allem Unbedingten); *Hansjürgen Verweyen*, Jesus in der Kirche künden – aber wie? Philosophische Aspekte der heutigen Verwirrung, in: Günter Biemer – Bernhard Casper – Josef Müller (Hg.), Gemeinsam Kirche sein. Theorie und Praxis der Communio (FS Oskar Saier), Freiburg – Basel – Wien 1992, 150–161, 151–153.

37 *Gabriel Marcel*, Auf der Suche nach Wahrheit und Gerechtigkeit [1960], in: Ders., Auf der Suche nach Wahrheit und Gerechtigkeit. Vorträge in Deutschland, hg. von Wolfgang Ruf, Frankfurt a. M. 1964, 40–65, 47. Vgl. auch *Thomas Pröpper*, Theologische Anthropologie, Bd. I, Freiburg – Basel – Wien 2011, 27f.: „Inzwischen freilich scheint es, als ob dem abgeklärten, müden Bewusstsein unserer eigenen späten Kultur der Ernst und die Authentizität verbindlichen Fragens überhaupt abhanden zu kommen drohten."

"Mitvollzug der Inkarnation" 339

zu Wort kommt, „Gottes letztes Wort"[38], ist wohl auch eine Antwort zu finden auf die bedrückendsten Fragen, die einen Menschen überkommen können. Wenn nicht hier, dann nirgends auf der Welt, dann bleibt nur die Hoffnung, dass Gott uns später – post mortem – eine Antwort geben kann auf unsere äußersten Fragen. Die Frage, die sich hier stellt, ist aber: Kommt diese nachträglich zu unserem irdischen Leben und Leiden erfolgende Antwort dann aber nicht entschieden „zu spät"? Denn gelitten wird hier und heute, die Fragen entstehen und werden voller Not gestellt im Hier und Heute und haben, wenn es eine Antwort geben sollte, eine Antwort im Hier und Heute verdient und nicht eine Antwort im Nachhinein.[39]

Vor diesem aufgespannten Hintergrund wundert es nicht, dass K.-H. Menke im Kontext der Theodizee-Debatte, die innerhalb der katholischen Theologie im deutschsprachigen Raum nun schon recht lange andauert und überhaupt nicht mehr zu Ende zu gehen scheint, für eine – wie er es nennt – „christologische Theodizee" votiert. Bevor wir uns ihr abschließend dann noch einmal zuwenden, zunächst wie angekündigt ein Blick auf die scharfe Kritik von Christoph Münz an der „christlichen Theologie", die sich eigentlich genau dort enorm verschärfen müsste, wo sich das gesamte theologische Denkkonzept, wie bei Menke, forciert christologisch zentriert.

3 Die der christlichen Theologie inhärente Gefahr einer *„Immunisierung des Glaubens gegenüber der historischen Wirklichkeit, gegenüber der Geschichte selbst"* (C. Münz)

Der Historiker Christoph Münz, der kein Jude ist, sondern Christ, hat in seinem bereits genannten Werk „Der Welt ein Gedächtnis geben" aus dem Jahr 1995 diejenigen theologischen Entwürfe gesichtet und ausgewertet, die von jüdischer Seite selbst erarbeitet wurden, um den Holocaust[40] zu verarbeiten. Auf der Basis von gründlichen Einzelanalysen stellt er das „geschichtstheologische Denken im Judentum nach Auschwitz" vor (so der

---

38 Mit dieser Formulierung sei auch auf das Risiko einer jeden echten und ehrlichen Frage hingewiesen: „Jede ehrliche Frage setzt sich aber doch dem Risiko aus, durch eine Antwort überholt zu werden." (*Hansjürgen Verweyen*, Gottes letztes Wort. Grundriss der Fundamentaltheologie, 3., vollständig überarb. Aufl. Regensburg 2000, 69).
39 S. o. Anm. 10 (3. These).
40 Zum Begriff „Holocaust" vgl. *Münz*, Der Welt ein Gedächtnis geben, 100–110. Dort wird die Problematik rund um den Begriff erörtert.

Untertitel), und zwar in einer Weise, wie dies vor ihm noch keiner getan hat. Schon in dem kurz vor seiner Dissertation veröffentlichten Beitrag „Geschichtstheologie und jüdisches Gedächtnis nach Auschwitz" spricht Münz in ausdrücklichem Rückbezug auf Johann Baptist Metz pointiert von der „Erinnerungsfeindlichkeit und Geschichtsvergessenheit des Christentums" und sieht darin einen der ganz grundlegenden Unterschiede zwischen der jüdischen Kultur, die ganz wesentlich „gedächtniszentriert" ist, also eine ausgesprochen „anamnetische Kultur" darstellt, und der christlich geprägten Kultur, die dies seiner Ansicht nach eben gerade nicht ist.[41] Uns fehlt eben, wie Metz bemerkt – und Münz kann das nur ganz dick unterstreichen, indem er ihn zustimmend zitiert –, „der anamnetisch verfasste Geist" und dementsprechend auch „eine anamnetische Kultur [...], die tiefer verwurzelt ist als unsere wissenschaftliche und unsere moralische Anschauung von der Geschichte"[42]. Gegen Ende seiner überaus lesenswerten und für eine christliche „Theologie nach Auschwitz" ungemein wichtigen Untersuchung nun, die im Übrigen durchgehend „glänzend geschrieben"[43] ist, entfaltet Münz diese Grundthese und begründet sie genauer. Mit dieser These will er letztlich wieder etwas anderes erklären bzw. ergründen, nämlich – wie er selbst formuliert – „diese offenkundige Dickfelligkeit der christlichen Theologie, über ihre eigene Verantwortung am Zustandekommen des Holocaust zu reflektieren"[44]. Er will verstehen, wie christliche Theologie dazu kommt,

„sich der theologischen Relevanz dieses historischen Ereignisses zu verweigern und den Diskurs um eben diese theologische Relevanz auf jüdischer Seite zu ignorieren [...]. Die Grundthese lautet: Anders als im Judentum, wo kraft der Zentralität und Struktur von Gedächtnis

---

41 Alle Zitate: *Christoph Münz*, Geschichtstheologie und jüdisches Gedächtnis nach Auschwitz. Über den Versuch, den Schrecken der Geschichte zu bannen (Materialien 11), hg. von der Arbeitsstelle Fritz Bauer Institut. Studien- und Dokumentationszentrum zur Geschichte und Wirkung des Holocaust, Frankfurt a. M. 1994, 24.

42 *Johann Baptist Metz*, Für eine anamnetische Kultur, in: Hanno Loewy (Hg.), Holocaust: Die Grenzen des Verstehens. Eine Debatte über die Besetzung der Geschichte, Reinbek bei Hamburg 1992, 35–41, 36; zit. bei: *Münz*, Geschichtstheologie und jüdisches Gedächtnis nach Auschwitz, 24f.; *Münz*, Der Welt ein Gedächtnis geben, 487.

43 So auch *Menke*, Die Vermittlung des Glaubens an Gott mit der Geschichte der Shoa, 219. Vgl. zudem ebd., 220: „Dabei sei von vornherein betont, dass ich auf wenigen Seiten nicht einmal einen blassen Eindruck vermitteln kann von der Fülle wertvoller Informationen, Analysen und Einzeldarstellungen, die Münz in einer brillanten Sprache ausbreitet."

44 *Münz*, Der Welt ein Gedächtnis geben, 466.

eine dauerhafte und sehr stark ausgeprägte Geschichtssensibilität vorzufinden ist, haben wir es im Christentum und den von ihm geprägten Kulturen mit einer signifikanten *Geschichtsinsensibilität* und *Gedächtnisarmut* zu tun."[45]

Im Rahmen der Begründung dieser These zeichnet Münz „stichwortartig" eine Problemskizze, die „mit einigen wenigen, prägnanten Begrifflichkeiten", wie er sagt, „ein paar der wesentlichen Unterschiede zwischen Christentum und Judentum"[46] herausschälen will. Er schreibt u. a.:

„Das Judentum hat einen dynamischen Offenbarungsbegriff, das heißt, die göttlichen Wahrheiten entfalten sich […] mittels Kommentar und Exegese auf der Zeitachse ‚geschehender Geschichte' (Martin Buber) in Auseinandersetzung mit den historisch immer sich wandelnden Verhältnissen des Lebens auf dieser Erde. Das Christentum hingegen hat einen statischen Offenbarungsbegriff. Die Offenbarung hat in Jesus Christus ihre Vollendung und ihren Abschluss gefunden. Folgerichtig ist das Christentum den Weg der Dogmatisierung gegangen. Weil der Glaube an diese Offenbarung, an die eine Wahrheit zum alles entscheidenden Angelpunkt für das Schicksal der Seele wurde, musste der Glaube in dogmatisch gültiger – und das bedeutet in erkenntnismäßig und sprachlich fixierbarer – Form vorliegen. Das Judentum hingegen vermeidet weitestgehend konsequent eine Systematisierung und Dogmatisierung seiner Religion. Daher, vereinfacht gesagt [und er sagt das nun wirklich sehr vereinfachend], ist vom Judentum als einer Ortho*praxis*, als einer Lehre vom rechten Tun, zu sprechen und vom Christentum als einer Ortho*doxie*, einer Lehre vom rechten Glauben."[47]

Mit dieser massiven Kritik am Christentum ist aber noch lange nicht Schluss bei ihm. Er fährt fort: „Und schließlich, ganz entscheidend, die Frage nach dem Messias, der für die Christen in Gestalt des Gottessohnes Jesus Christus bereits gekommen ist und durch seinen Tod und Auferstehung Welt und Mensch erlöst hat." Münz fügt hier nur ganz lapidar dazu:

---

45 *Münz*, Der Welt ein Gedächtnis geben, 466. Vgl. auch ebd., 474: „Im Kontext und [in] der Konsequenz aber all des bisher Erörterten liegt es – eben gerade auch im vergleichenden Blick auf die Geschichtssensibilität und Gedächtniszentriertheit im Judentum – von einer signifikanten *Geschichtsinsensibilität* und *Gedächtnisarmut* des Christentums zu sprechen."
46 *Münz*, Der Welt ein Gedächtnis geben, 467.
47 *Münz*, Der Welt ein Gedächtnis geben, 468. Dort auch die folgenden beiden Zitate.

„Dass dies im Judentum gänzlich anders gesehen wird, braucht nur noch erwähnt zu werden." Weitere Erläuterungen erübrigen sich für ihn, denn die Sache ist ja klar. Wer hier die einzig angemessene und glaubwürdigere Sicht der Dinge vertritt, braucht nicht noch groß herausgestellt zu werden – in einer Situation „nach Auschwitz". Für den, der „nach Auschwitz" noch nicht ganz von der Unerlöstheit der Welt überzeugt ist, für den hat er noch einen kleinen Hinweis in Form eines Zitates in der Anmerkung. Dieses Zitat präsentiert die These von Arthur Allen Cohen (1928–1986): „[…], denn der Jude ist ein Experte für unerfüllte Zeit, während der Christ ausschließlich ein gläubiger Adept erlöster Zeit ist"[48].

Nachdem Münz genügend auf die – wie er es nennt – „Konstruktionen"[49] hingewiesen hat, die sich das christliche Denken so gemacht hat, also den Absolutheitsanspruch, den Dogmatismus und das Erlösungsverständnis, beschreibt er den Habitus, also die Grundeinstellung, zu der das alles führen musste. Für ihn bedeutet die Offenlegung dieser Grundeinstellung gleichsam so viel wie den Ort anzugeben, von dem her das christliche Denken und natürlich auch die Theologie geradezu kontaminiert ist:

„Das für die Geschichte der Menschheit einzig wichtige und zentrale – und damit auch das einzige der Erinnerung werte – Ereignis fand in Leben, Tod und Auferstehung Jesu Christi statt. Mit Kreuz und Auferstehung sind Mensch und Welt erlöst, das Reich Gottes auf Erden hat seinen Anfang genommen. […] [Und] von der Annahme und Zustimmung, das heißt dem Glauben, in diese und *nur* diese Wahrheit [hängt das ewige Heil meiner Seele allein ab]."[50]

Das Fatale nun an diesem Denken ist, dass damit – so Münz – „die Realitäten des diesseitigen Lebens zu zeitirrelevanten Augenblicken zusammen[schrumpfen]". Es erfolgt eine „Abwendung vom diesseitsorientierten und diesseitssensibilisierten" Denken, wie es im Judentum vorherrschend ist. Hier nun ist wichtig zu sehen, so Münz, dass

„das in den Augen der Christen ,verstockte' Beharren der Juden etwa auf der Unerlöstheit der Welt zugleich ein Plädoyer [darstellt] für die reale Wahrnehmung dieser Welt, so wie sie ist, für die Konzentration

---

48 Arthur A. Cohen, The Myth of the Judeo-Christian Tradition, New York 1971, S. XX; zit. nach: *Münz*, Der Welt ein Gedächtnis geben, 468[12].
49 *Münz*, Der Welt ein Gedächtnis geben, 468.
50 *Münz*, Der Welt ein Gedächtnis geben, 469. Dort auch die folgenden vier Zitate.

„Mitvollzug der Inkarnation"   343

auf das zu gestaltende und zu verändernde Leben in dieser konkreten Schöpfung".

Nur in einem solchen Denken, also im jüdischen Denken, ist die intensive und ehrliche „Auseinandersetzung mit [...] [der] Geschichte" eminent wichtig. Demgegenüber interessiert im christlichen Denken die Geschichte im Grunde genommen überhaupt nicht mehr wirklich, denn sie ist entscheidend „entdramatisiert" (s. u.). Die „christliche Aufmerksamkeit" ist gleichsam abgezogen aus dieser Welt, weg „von der zeitlichen Sphäre der Welt"[51]. Das „ernsthafte Interesse an der Geschichte dieser Welt"[52] ist dem christlichen Bewusstsein entschwunden. In dem Maße, in dem eine Fixierung auf das Christusereignis erfolgt ist, ist auch das Interesse an der weitergehenden Geschichte verblasst. Das vernichtende Fazit von Münz lautet demnach:

„Wir haben es also beim Christentum mit einem groß angelegten und eminent wirksamen Prozess der *Immunisierung des Glaubens gegenüber der historischen Wirklichkeit*, gegenüber der Geschichte selbst, zu tun. Die Geschichte, alle Potenz des Geschichtlichen, wird insgesamt gewissermaßen auf einen Punkt fixiert, so wie man einen Nagel mit dem Hammer an einen Punkt in der Wand schlägt. Alles geschichtlich Relevante wird auf einen Moment in der Zeit reserviert und auf diesen begrenzt, nämlich den Zeitraum des Lebens und Sterbens Jesu. So wie der auferstandene Gott Christus über den am Kreuz gestorbenen Mensch Jesus triumphiert, so triumphiert fortan immer und überall der Glaube über die Geschichte, die Transzendenz über die Immanenz, das Jenseits über das Diesseits."[53]

Jetzt schon ist deutlich zu sehen, es geht hier ganz schön zur Sache. Denn behauptet wird, dass das christliche Denken gleichsam strukturell und von Haus aus unfähig ist, das, was in der Geschichte geschieht, wirklich zu würdigen, der Geschichte wirklich Rechnung zu tragen. Dass mit dieser – wie Münz es nennt – „exklusiven Wahrnehmung und Interpretation von Wirklichkeit"[54] auch jede Theodizee-Empfindlichkeit korrodiert wird und stattdessen eine „Verblüffungsfestigkeit" dominiert, vor allem „gegenüber

---
51 *Münz*, Der Welt ein Gedächtnis geben, 470.
52 *Münz*, Der Welt ein Gedächtnis geben, 470.
53 *Münz*, Der Welt ein Gedächtnis geben, 471 (Hervorhebung C. Münz).
54 *Münz*, Der Welt ein Gedächtnis geben, 471.

den Abgründen geschichtlicher Katastrophen" (J. B. Metz[55]), versteht sich für ihn von selbst. Der Jude, so sagt Arthur A. Cohen, sieht „seine eigene Geschichte als das zentrale Ereignis eines göttlichen Dramas an"[56]. Der Christ, so könnte man von Münz her sagen, sieht nur Jesu Geschichte als das zentrale Ereignis eines göttlichen Dramas an. Der Rest der Geschichte ist weitgehend „entdramatisiert" (s. u.). „Die Sensibilität christlicher Theologie und Kirche gegenüber dem Bruch und Brüchigen in der Geschichte, den Krisen und Unsicherheiten des Lebens", so schreibt Münz in seiner unerbittlichen Kritik christlicher Theologie,

„ist entsprechend schwach ausgeprägt. Die Theologie ist sich ihres Zentrums zu gewiss (Christologie; die theologische Wahrheit; die abgeschlossene Offenbarung). Jede historische Krise, jeder zivilisatorische Bruch wird tendenziell von ihr nicht vermerkt oder aber mit dem Werkzeug des Glaubens theologisch gekittet. Angst und Sorge, Not und Krise, Bruch und Abgrund, Leid und Schuld sind aufgehoben im erlösenden Leben, Sterben und Auferstehen Christi."[57]

Gegen dieses theologische Kitten von Krisen, Brüchen und Katastrophen und dieses Aufheben im Sinne der Einordnung in einen größeren Sinnzusammenhang erhebt Münz sein Veto, weil dies letztlich nur eines zeigt, nämlich *ein Nicht-Ernstnehmen der Geschichte*.[58]

Damit ist für Münz klar: Auschwitz kann den Christusglauben und die Theologie eigentlich nicht mehr bis ins Mark hinein treffen und verwunden. Auch ein solches Ereignis – ich karikiere nun ein wenig – perlt gleichsam am theologischen System ab, wie Regen auf einer imprägnierten Jacke. „Verblüffungsfestigkeit" nennt man das mit Metz oder „Dickfelligkeit" mit Münz. Dementsprechend sieht auch die Arbeit der Theologie

---

55 *Johann Baptist Metz*, Im Angesicht der Juden, in: Conc(D) 20 (1984) 382–389, 384; zit. bei: *Münz*, Der Welt ein Gedächtnis geben, 472.
56 *Arthur A. Cohen*, Der natürliche und der übernatürliche Jude. Das Selbstverständnis des Judentums in der Neuzeit, dt. Freiburg – München 1966, 289; zit. nach: *Münz*, Der Welt ein Gedächtnis geben, 113.
57 *Münz*, Der Welt ein Gedächtnis geben, 472.
58 Im Zuge seiner heftigen Vorwürfe greift Münz dann auch noch den damaligen Bonner Neutestamentler Helmut Merklein an, wobei es ihm hier sicherlich weniger um diesen selbst geht. Er dient lediglich als Negativbeispiel für ein verkorkstes christliches Denken. Vgl. *Münz*, Der Welt ein Gedächtnis geben, 472. Menke wendet sich in seiner „Auseinandersetzung" in diesem Fall besonders scharf gegen Münz. Vgl. *Menke*, Die Vermittlung des Glaubens an Gott mit der Geschichte der Shoa, 240[47].

aus, insbesondere der Systematischen Theologie. Münz geht darauf ein, wenn er schreibt:

„Aufgabe der Theologie ist, begründet und reflektiert das, was ihrer Bestimmung und ihrer Basis auf der Ebene des Historischen zuwiderläuft, integrierend in das Gebäude ihres Denkens einzubinden. So ist theoretisch kein Phänomen des Lebendigen denkbar, das nicht seinen Platz, seinen Sinn und seine Erklärung im christlich gedeuteten Heilskosmos fände."[59]

Damit hat sich die christliche Theologie aber selbst versklavt, denn sie ist, ob sie will oder nicht, regelrecht einem Diktat unterworfen. Sie unterliegt einem Zwang – und das ist schon fast als tragisch zu bezeichnen, wenn die Theologie sich gleichsam selbst in den Untergang, d. h. in die Bedeutungslosigkeit chauffiert, und zwar genau in dem Maße, in dem sie ihre spezifische Aufgabe zu erfüllen versucht:

„Die End-Gültigkeit ihrer Botschaft zwingt sie, in allen herausfordernden Veränderungen des Lebens eben diese End-Gültigkeit als das Bewahrende und immer wieder sich Bewährende herauszuarbeiten. Christliche Theologie ist von daher ihrer Natur nach konservativ. Zugleich macht sie dies erschütterungsfest. Ihre Kreativität zielt darauf, das Erschütternde als das Vorübergehende aufzuweisen, indem sie die Signatur des Ewigen selbst in Erschütterung und Bruch aufzuzeigen sich gerufen fühlt. Ihr Reich ist die Antwort, nicht die Frage."[60]

---

59 *Münz*, Der Welt ein Gedächtnis geben, 472.
60 *Münz*, Der Welt ein Gedächtnis geben, 472. – Die ganze Misere, in die die christliche Theologie hineingeraten ist, verdeutlicht Münz dann schließlich im Rückgriff auf die Musik. Er findet zu einem interessanten Vergleich, wenn er schreibt: „In musikalischen Metaphern von Thema und Variation gesprochen, ist christliche Theologie der beständige Versuch, das eine, gültige, wahre und unabänderliche Thema in den endlosen Variationen alles Vergänglichen dingfest zu machen und zum Vorschein zu bringen. Die Verhältnisse mögen dazu herausfordern, die Tonart und Tempi zu wechseln; vielleicht muss auch eine neue Orchestrierung vorgenommen werden, oder aber sogar die Erfindung und Einführung neuer Instrumente vonnöten sein. Das Grundthema aber bleibt das gleiche und muss es auch bleiben. Gäbe es eine Macht, die in der Lage wäre, ein neues Thema zu stiften, so würde die göttliche Gültigkeit des alten Themas widerlegt. Es gibt keine anderen Themen neben dem einen!" (Ebd., 472f.). Christliche Theologie, das eben ist der Vorwurf von Münz, kennt nur ein wirklich brisantes Thema, und das ist das Christusereignis. Dieses Thema ist absolut interessant. Darüber hinaus sind alle anderen Themen nur relativ interessant – bezogen auf das Christusereignis. Formuliert man es ganz scharf, so gibt es streng genommen

Da ist ja nun wirklich etwas dran. Aber mit der letzten Aussage: „Ihr Reich ist die Antwort, nicht die Frage", betreibt Münz eine horrende Desavouierung der christlichen Theologie, insbesondere der Dogmatischen Theologie.[61]

Soviel zu der Kritik von Münz, der also allen Ernstes die Auffassung vertritt, dass das christliche Denken – J. B. Metz wird dabei ausdrücklich ausgenommen – in einer gefährlichen Weise *signifikant geschichtsinsensibel* ist, gleichsam von Haus aus, und letzlich eine verhängnisvolle „Entdramatisierung der Geschichte" (P. Eicher und M. Weinrich[62]) betreibt. Ein solches Denken, das die „Evidenz der Geschichte" leugnen muss „zugunsten einer als tiefer empfundenen, letztlich allein und entscheidenden Realität"[63], steht in letzter Konsequenz – noch dazu in der Situation „nach Auschwitz" – in der Gefahr, zynisch zu werden.

Münz selbst verwendet diesen harten Begriff „zynisch", soweit ich sehe, allerdings an keiner Stelle und erhebt diesen harten Vorwurf der „*Geschichtsinsensibilität*" nie direkt und namentlich gegen Menke. Was das angeht, hat er sich auch damals, als er von Menke persönlich nach Bonn zur Diskussion um seine provokanten Thesen eingeladen worden ist, vornehm zurückgehalten. Sondern Münz argumentiert durchweg immer nur allgemein, und selbst dann, wenn er einige konkrete Namen nennt (Karl Lehmann, Walter Kasper, Franz Wolfinger, Helmut Merklein), gegen eine „christliche Theologie", die das große Thema der Erlösung entschieden christologisch zentriert. Man hat den Eindruck, je stärker und entschiede-

---

sogar nur ein einziges Thema, und „es gibt keine anderen Themen neben dem einen!" Am Grunde dieses christlichen Denkens vermutet Münz eine tief sitzende Angst, nämlich die „Angst vor Veränderung, vor einer das eigene Fundament in Zweifel ziehenden historischen Realität"; und er ist der Auffassung, dass diese „das Christentum in besonderer Weise aus[zeichnende Angst]" (ebd., 473[16]) in gewisser Weise sogar den christlichen Antijudaismus erklärt.

61 Ich bin mir nicht sicher, ob er selbst darum weiß, welch giftige Pfeile er hier auf die Theologie abschießt. Machen wir uns klar, was das im Grunde genommen heißt, wenn da behauptet wird: „Ihr Reich ist die Antwort, nicht die Frage." Jesus stirbt mit einer Frage auf den Lippen: „Mein Gott, mein Gott, warum hast du mich verlassen?" (Mk 15,34), die wenn überhaupt nur sehr, sehr verhalten eine Antwort impliziert. Und die Theologie nun, die sich auf diesen Jesus bezieht, hat auf alles eine Antwort parat und eigentlich keine eigenen Fragen mehr, die sie quälen. Kann eine solche Theologie, die den Schrei des Gekreuzigten nicht mehr im Ohr hat – und demnach auch nicht mehr hörbar machen kann –, überhaupt noch christlich genannt werden?

62 Vgl. *Michael Weinrich*, Privatisiertes Christentum. Von der neuzeitlichen Entschärfung der jüdisch-christlichen Tradition, in: Einwürfe 2 (1985) 126–147, 137.142; zit. bei: *Münz*, Der Welt ein Gedächtnis geben, 475[19].

63 *Münz*, Der Welt ein Gedächtnis geben, 474.

ner die christologische Wendung vollzogen und damit in aller Regel einhergehend die Gegenwärtigkeit des Heils und der Erlösung betont wird, umso schlimmer steht es in den Augen von Münz um die Theologie. Insofern Menke aber genau so verfährt, indem er nämlich das Thema „Inkarnation" geradezu auf den Sockel stellt und gegen eine „Eschatologisierung der Antwort Gottes auf die vielleicht drängendste Frage des Menschen"[64] argumentiert, müssten ihn eigentlich auch die theologiekritischen Einwürfe von Münz zentral treffen, eben weil bei ihm der Fokus so ganz auf das Christusereignis gerichtet bleibt. Muss also nicht gerade in Bezug auf Menkes Theologie von einer „signifikanten *Geschichtsinsensibilität*"[65] gesprochen werden, von einem theologischen Denken, das dann eben auch in der Gefahr steht, den Leidenden und den Opfern der Geschichte gegenüber zynisch zu werden? Auch wenn dies, wie gleich zu sehen sein wird, nicht der Fall ist, die Frage jedenfalls ergibt sich beim Lesen der Münz-Kritik quasi wie von selbst.

4 Christologisch zentriert *und* geschichtssensibel: „Inkarnation ist immer ärgerlich konkret" (K.-H. Menke)

Christoph Münz hat sicherlich eine der ganz großen Gefahren bzw. eine der gefährlichsten Tendenzen, die christlichem Denken stets innewohnen, den Strukturen christlichen Denkens, vor allem dort, wo es sich forciert christologisch zentriert, tatsächlich inhärent sind, offengelegt, ja demaskiert. Insofern klärt er auf; und diese seine Aufklärung ist – soweit ich sehe – originell und wichtig.

Was nun Karl-Heinz Menkes theologisches Profil ausmacht und was eben an seiner Option im Theodizee-Diskurs ganz deutlich zum Vorschein kommt, wenn er für eine „christologische Theodizee" plädiert, ist das Vermögen, dieser Versuchung zu trotzen. Denn was sein theologisches Denken auszeichnet und ihm Profil verleiht, ist ja gerade eine hohe Geschichtssensibilität. Sie entspringt einem in seiner Tragweite ungeheuerlichen Gedanken, dass nämlich „der Gipfel der Selbstmitteilung des trinitarischen Gottes" (s. u.) und damit der Gipfel dessen, was wir Erlösung der Welt nennen, eben noch nicht in Leben, Tod und Auferstehung Jesu Christi erreicht ist. Was das in der Sache genau bedeutet, möchte ich ab-

---

64 *Menke*, Der Gott, der jetzt schon Zukunft schenkt, 98.
65 *Münz*, Der Welt ein Gedächtnis geben, 466.474.

schließend versuchen zu erklären, indem ich jetzt noch einmal auf Menkes Option im Theodizee-Diskurs zu sprechen komme. Wenn z. B. Yong Sung Kim in seiner Dissertation feststellt: „Gegenüber Metz' Interpretation plädiert K.-H. Menke für die christologische Theodizee, die die Gegenwärtigkeit des Heils in Christus mit Nachdruck betont"[66], dann ist dies sicherlich insoweit richtig, als Menke in der Tat auf dem Feld der Theodizee gegen die Position von Metz seine eigene setzt, indem er „gegenüber Metz' Apokalyptisierung der Theodizeefrage" (J.-H. Tück; s. o.) vor allem damit argumentiert, dass wir es beim jüdisch-christlichen Gott mit einem zu tun haben, „der jetzt schon Zukunft schenkt", und dass die Antwort von Gott her auf das Leiden nicht erst nach dem Tod erfolgen kann. Aber wenn dies so ausgesagt wird, dann muss – m. E. unbedingt – sogleich etwas sehr Wichtiges hinzugefügt werden, denn ansonsten könnte tatsächlich leicht der Eindruck entstehen, als übergehe Menke „die Differenz zwischen der anfanghaften Vollendung der Schöpfung in Jesus Christus und der noch ausständigen Vollendung der menschlichen Freiheitsgeschichte" oder würde eben diese soteriologisch hochbrisante Differenz zumindest „zu gering veranschlagen"[67], was dann aber bedeutete, dass Menke von der schwergewichtigen Münz-Kritik an der christlichen Theologie zentral getroffen würde und sich allen Ernstes fragen lassen müsste, ob sein Denken nicht latent zynisch, jedenfalls aber geschichtsinsensibel und damit wenig theodizeesensibel sei.

Dass dies ganz und gar nicht der Fall bei ihm ist, hat – ich habe auf diesen theologisch hochbrisanten Punkt bereits hingewiesen – ganz entscheidend damit zu tun, dass Menke die Einzigkeit und Heilsuniversalität Jesu Christi konsequent mit der Heilsuniversalität der Kirche zusammendenkt. Es ist m. E. gerade die Konsequenz, mit der er diesen Zusammenhang – letztlich von Antonio Rosmini-Serbati (1797–1855) her motiviert,

---

66 *Yong Sung Kim*, Theodizee als Problem der Philosophie und Theologie. Zur Frage nach dem Leiden und dem Bösen im Blick auf den allmächtigen und guten Gott (Forum Religionsphilosophie 3), Münster – Hamburg – London 2002, 94[245]. So schon Jan-Heiner Tück (s. o. Anm. 11), auf den Y. S. Kim dann auch verweist.
67 *Tück*, Christologie und Theodizee bei Johann Baptist Metz, 212[225]. – Dieser letztere Eindruck jedenfalls konnte selbst bei Jan-Heiner Tück entstehen, der Menkes Theodizee-Beitrag aber dennoch als „eindrucksvoll" würdigt. Vgl. dazu auch: *Johann Baptist Metz – Johann Reikerstorfer*, Theologie als Theodizee – Beobachtungen zu einer aktuellen Diskussion, in: ThRv 95 (1999) 179–188, 183f. Dass Johann Baptist Metz sich mit dem transzendentalen Freiheitsdenken, wie es bei Menke – gerade auch in seinem Plädoyer für eine christologische Theodizee – theologisch beansprucht wird, überhaupt nicht anfreunden kann, macht er in dieser Sammelrezension zum Thema noch einmal sehr deutlich – auch gegenüber Magnus Striet (vgl. ebd., 184f.).

wie wir gleich sehen werden – in immer wieder neuen Anläufen zu Ende zu denken versucht, die sein eigenes Denken davor bewahrt, jener der christlichen Theologie inhärenten Gefahr des Zynismus zu erliegen, die der Historiker Christoph Münz als „*Immunisierung des Glaubens gegenüber der historischen Wirklichkeit*, gegenüber der Geschichte selbst" beschreibt.

Die Aussage von der Gegenwärtigkeit des Heils und der Erlösung in Christus wäre falsch verstanden, nähme man an, das Erlösungsgeschehen sei mit dem Tod und der Auferstehung Jesu vor 2000 Jahren auch schon geschichtlich-konkret an sein endgültiges Ziel gelangt. Das ist nach Menke, wenn ich ihn recht verstehe, eben genau nicht der Fall. Denn erst dort kommt das Erlösungsgeschehen durch, mit und in Christus an sein Ziel, wo der von Gott angesprochene Mensch in der Tat mitvollzieht, was er von Gott her empfängt. Erst in dieser geschichtlich-konkreten Tat in Raum und Zeit an einem geschichtlich-konkreten Ort durch eine geschichtlich-konkrete Person, die sich in der Tat zu Jesus als dem Christus bekennt, indem sie mitvollzieht, was sie empfängt, kommt auch das „Heil in Christus" wirklich auch an in dieser Welt, wird es tatsächlich auch gegenwärtig und erfahrbar und anschaubar – eben, wie Menke unablässig betont, im Akt des „Hereinlassens" durch Menschen guten Willens, die Christus in ihrem Tun „anziehen" – die „Christus tun". Denn der Mitvollzug der Selbstmitteilung des Absoluten in der Geschichte (Inkarnation) durch konkrete Menschen, das „Christus-tun" ist eben „*nicht erst die nachträgliche Konsequenz, sondern Konstitutivum des Erlösungsgeschehens*" (s. u.). Das eben ist für Menke der ganz und gar entscheidende Punkt in seinem Erlösungsverständnis. Und von daher ergibt sich auch sein theologisches Profil, das sich, was die entscheidenden Optionen angeht, sicherlich auch als eine Frucht seiner intensiven Rosmini-Forschung verstehen lässt.

Wenn also tatsächlich der Fall sein sollte, was Menke unter der Überschrift „Rosminis christozentrische Theologie der Geschichte"[68] im Zuge der Heraushebung eines der ganz zentralen theologischen „Anliegen* des Priester-Philosophen aus Rovereto"[69] wie folgt formuliert, dann ergibt sich eine ganz neue Perspektive für den christlichen Blick auf „die historische Wirklichkeit", auf „die Geschichte selbst" (C. Münz; s. o.):

---

68 Karl-Heinz Menke, Die theologische Rosmini-Forschung der letzten Jahrzehnte, in: Antonio Autiero – Karl-Heinz Menke (Hg.), Brückenbauer zwischen Kirche und Gesellschaft – A. Rosmini, J. H. Newman, M. Blondel und R. Guardini (Theologie 20), Münster 1999, 329–348, 344.
69 Karl-Heinz Menke, Vernunft und Offenbarung nach Antonio Rosmini. Der apologetische Plan einer christlichen Enzyklopädie (IThS 5), Innsbruck – Wien – München 1980, 5.

„Wo die Sünde auf die Liebe trifft, da wird die nichts erzwingende (die wehrlose) Liebe gekreuzigt. Aber – und das ist nach Rosmini der eigentliche Inhalt der Osterbotschaft – die scheinbar ohnmächtige Liebe ist stärker als der tötende Hass der Sünder. Denn weil Jesus im Erleiden des Kreuzestodes Beziehung zum Vater bleibt, besiegt das Kreuz nicht ihn, sondern umgekehrt er das Kreuz. Allerdings liegt der Gipfel der Selbstmitteilung des trinitarischen Gottes nicht in den geschichtlichen Ereignissen von Inkarnation, Kreuz und Auferstehung, sondern erst im Werden und Wandern der Kirche: darin, dass die Adressaten der gekreuzigten und auferstandenen Liebe zu deren Gebern werden. Für Rosmini ist die Kirche ebenso heilsnotwendig wie Inkarnation, Kreuz und Auferstehung des Erlösers, weil dieser Erlöser seine Selbstmitteilung an den Mitvollzug derer bindet, denen er sich schenkt."[70]

Menke – und damit denkt er ganz in der Spur Rosminis – begreift „den Bundesgedanken als Mitte der biblischen Offenbarung"[71] und insistiert unmissverständlich klar und unermüdlich auf dem Gedanken:

„Erst da, wo der Adressat der Selbstmitteilung Gottes das mitvollzieht, was er empfängt, kommt das Erlösungsgeschehen an sein Ziel. Denn der Mitvollzug der Selbstmitteilung Gottes von seiten des Menschen ist *nicht erst die nachträgliche Konsequenz, sondern Konstitutivum des Erlösungsgeschehens.*"[72]

Die Erlösung der Welt kommt demnach also geschichtlich-konkret immer erst dort ins Ziel, wo Menschen – konkret Einzelne – sich (im Gebet) freiwillentlich bereit erklären und den Mut aufbringen, sich „in die gekreuzigte Liebe Christi inkludieren zu lassen"[73]. Denn es gilt – und für

---

70 *Menke*, Die theologische Rosmini-Forschung der letzten Jahrzehnte, 346. – Und er fährt fort mit den Worten: „Wer die gekreuzigte Liebe annehmen will, muss selbst vollziehen, was er empfängt. Nur indem er seinen Nächsten liebt, kann er die Liebe des Erlösers annehmen. Die Liebe zum Nächsten ist der konkrete Modus der Annahme des Erlösers. Deshalb beschreibt Rosmini nicht erst in der ‚Teodicea', sondern schon in der Frühschrift ‚Storia dell'amore' den Bundesgedanken als Mitte der biblischen Offenbarung."
71 Vgl. die vorherige Anmerkung. Vgl. zudem etwa: *Menke*, Sakramentalität, 52.122–125.129.
72 *Menke*, Die theologische Rosmini-Forschung der letzten Jahrzehnte, 346f. (Hervorhebung B. J. Claret).
73 *Menke*, Die theologische Rosmini-Forschung der letzten Jahrzehnte, 346[51]. Vgl. die gesamte Anmerkung: „Immer wieder betont Rosmini – und jetzt werden viele Stel-

Menke gilt dies ausnahmslos immer: Gott als ein Gott des Bundes tut nichts ohne uns.[74] Offenbarung, Inkarnation, Gottesbegegnung, Erlösung – all dies geschieht nicht ohne uns und ohne unsere Zustimmung. Gottes Selbstmitteilung braucht auch die einzelnen Menschen und ihre Zustimmung, um realgeschichtlich in der Welt wirklich auch anzukommen. Die Wahrheit, die den Menschen frei machen und erlösen will – „eine Wahrheit, die Person ist"[75] –, so könnte man mit Formulierungen von Ludwig Wenzler, der hier in der Spur von Emmanuel Lévinas denkt, fortfahren, aber ganz im Sinne von Menke, findet uns nur in unserer Antwort, sie *braucht* [...] *mich*, meine Zustimmung, nicht als bloß formalen Akt, sondern gesprochen mit dem Einsatz meiner Existenz. Sie braucht meine Zustimmung, um vernommen zu werden, und erst recht braucht sie meine Zustimmung, um befolgt, verwirklicht zu werden. Die persönliche Wahrheit will *bezeugt* werden."[76] Denn: „Was ER für uns, sind wir für IHN: Das Allerheiligste" (Daniel Schilling[77]). Erst im Vollzug dieses

---

len aus seiner „Teodicea" genannt –, „dass Gott den Menschen nicht ohne sein eigenes Tun, nicht ohne sein personal-freies Mitwirken erlösen wollte. Deshalb wird der Sieg der Liebe über die Sünde gerade dort sichtbar, wo der Sünder die leidvollen Folgen eigener und fremder Schuld annimmt, um sich so in die gekreuzigte Liebe Christi inkludieren zu lassen."

74 Vgl. pars pro toto: *Karl-Heinz Menke*, Gemeinsames und besonderes Priestertum, in: IKaZ 28 (1999) 330–345, 342: „Der Gott, der sich so konkret mitteilt, dass er Fleisch, dass er Sakrament wird; der Gott, der so konkret wird, dass er nichts tun will ohne uns; der Bundes-Gott, der uns Christus ‚zugesellen' (Ignatius von Loyola) will, [...]. Der inkarnierte Gott rückt mir auf die Haut, ist ärgerlich konkret, ist unbequem und anspruchsvoll."

75 *Menke*, Sakramentalität, 10.

76 *Ludwig Wenzler*, Wahrheit ereignet sich als Mitteilung, in: Ders. (Hg.), Welche Wahrheit braucht der Mensch? Wahrheit des Wissens, des Handelns, des Glaubens (Tagungsberichte der Katholischen Akademie der Erzdiözese Freiburg), Freiburg 2003, 7–17, 15. Vgl. auch die schöne Schlusspassage von Wenzlers Beitrag, ebd., 17: „Wahrheit währt und bewährt sich, indem sie bewahrheitet wird vom Menschen. Die Wahrheit, die der Mensch braucht, ist jene Wahrheit, die ihn braucht. Es macht seine Daseinsberechtigung aus, gebraucht zu werden von der Wahrheit. Es macht sein Menschsein aus, er lebt davon."

77 *Daniel Schilling*, Der Tabernakel. Ort der bleibenden Gegenwart, in: Organ and Spirit. Meditationen [Daniel Schilling] und Orgelimprovisationen [Wolfgang Seifen] zum Wallfahrtsdom in Neviges (CD), 2012. – Dieses schöne Diktum der allerfeinsten Art, mit dem Daniel Schilling seine Meditation über den Tabernakel beschließt, lässt – als gesprochenes Wort – für einen Augenblick auf den Grund der Liebe sehen und erhellt für einen Moment, *warum* Christus sich allen so gibt, wie er sich (hin-)gibt, nämlich „so, dass wir nicht nur Objekte, sondern zugleich Subjekte seines Opfers werden" (*Menke*, Stellvertretung, 438). Es macht verstehbar, warum uns Gott – um unserer Subjektwerdung willen – nur in unserer Antwort finden will und warum erst die „Mit-Stellvertretung *in* Christus" (ebd., 439) und das Gebet, in dem sich

Bezeugens der Wahrheit – im Empfang „des Geschenks unverwechselbarer *Personalität*"[78] – kann die Wahrheit aufgehen, ist also auch ein Verstehen und ein Vernehmen der Antwort Gottes auf das menschliche Fragen möglich. Erst in diesem „*Mitvollzug der Inkarnation*"[79], wie Menke das bisweilen sogar nennt, und damit erst im Raum der Kirche, wird das in Christus der Welt – im Kontext jüdischen Lebens – geschenkte Heil für den Einzelnen und mit ihm für viele andere wahrhaft gegenwärtig und anschaubar, geht der „Sinn an sich" wahrhaft auf als „Sinn für mich".[80] Für Menke ereignet sich demnach Erlösung – wie verborgen diese auch im einzelnen Fall konkret geschehen kann – „auf dem Schauplatz der Geschichte und im Medium der Gemeinschaft" (Gershom Scholem[81]): „Inkarnation ist immer ärgerlich konkret."[82] Das Sich-Entbergen der Wahrheit und des Sinnes des eigenen Lebens und Leidens kann überhaupt erst dort wirklich zustande kommen, wo ein Mensch, ob er ausdrücklich darum weiß oder nicht, „Christus ‚tut'" und selbst konkret-geschichtlich zum „Segen" wird in dieser Welt.[83] Ist dies der Fall, darf dann auch darauf gehofft werden,

---

Menschen eben genau für dieses Geschehen immer wieder öffnen, den Erlöser wirklich ankommen lassen in dieser Welt, und zwar so, dass nun wirklich auch glaubhaft von Erlösung inmitten einer unerlösten Welt gesprochen werden kann.

78 *Menke*, Sakramentalität, 115. Dazu ebd., 122: „[...] Im Heiligen Geist ist der Gläubige in eben dem Maße ‚er selbst', in dem er eins ist mit Christus. [...]"

79 *Menke*, Das Kriterium des Christseins, 188 (Hervorhebung B. J. Claret). Vgl. zudem etwa: *Menke*, Sakramentalität, 9f.

80 Vgl. *Menke*, Der Gott, der jetzt schon Zukunft schenkt, 107f., bes. Anm. 39 (Blondel-Zitat).

81 Vgl. die ganze Passage: *Gershom Scholem*, Über einige Grundbegriffe des Judentums (edition suhrkamp 414), Frankfurt a. M. 1970, 121f.; zit. bei: *Gisbert Greshake*, Erlöst in einer unerlösten Welt? (TTB 170), Mainz 1987, 18. – Damit kommt Menke dem jüdischen Denken einen großen Schritt näher, und der Vorwurf einer „illegitimen Vorwegnahme" (G. Scholem) an die Adresse der christlichen Soteriologie trifft auf ihn nicht mehr voll zu. Zu diesem gravierenden Einwand gegen den christlichen Glauben vgl. *Bernd J. Claret*, „Warum ist die Schöpfung so, warum nicht anders?" Ein Denkversuch über „*die* eschatologische Frage" im Anschluss an Joseph Bernharts geschichtstheologische Reflexionen, Lindenberg im Allgäu 2011, 28–34.

82 *Menke*, Gemeinsames und besonderes Priestertum, 343.

83 Wo der Mensch in seiner leibhaftigen Ausdrucksgestalt eben dies wird, zu einem Segen, erfüllt sich – und bewahrheitet sich an ihm – das gutheißende Wort: „Du bist von Christus her etwas völlig Unersetzliches, etwas ganz und gar Einmaliges" (*Menke*, Gemeinsames und besonderes Priestertum, 332). Vgl. ebd., 331–333. Wie dies – „ärgerlich konkret" (ebd., 343) – geschehen kann, dass ein Mensch zum Segen wird in dieser Welt, hat Menke in mehreren Publikationen anhand ganz konkreter Geschehnisse beispielhaft aufgezeigt (etwa in: *Menke*, Die Einzigkeit Jesu Christi im Horizont der Sinnfrage, 159–164 [Die inkarnierte Liebe des trinitarischen Gottes: Stärker als der Tod]; *Menke*, Der Gott, der jetzt schon Zukunft schenkt, 115–119 [Jesus Christus oder: Das Ankommen Gottes im Leiden und Handeln des Menschen];

„*Mitvollzug der Inkarnation*" 353

dass sich Gott als einer erweisen kann, der dem leidenden Menschen „jetzt schon" unverlierbar Zukunft zu schenken vermag, so dass für ihn „jetzt schon" erfahrbar wird – „*anfanghaft* wenigstens!"[84] –, dass ihm der physische Tod im Grunde genommen nichts mehr anhaben kann.

Menke, Handelt Gott, wenn ich ihn bitte?, 22–28 [Beten oder: Das „Hineinlassen" der gekreuzigten Liebe]). Für ihn hat eben genau in dieser Praxis des *Christus-tuns*, die er *Mitvollzug der Inkarnation* nennt und zu der alle Menschen berufen sind, das Christentum sein Zentrum – sein Herz: „Mir scheint, nichts ist in der gesamten Heiligen Schrift so eindeutig greifbar wie die Berufung jedes einzelnen Menschen, auf je einmalige Weise hier in dieser Welt und ihrer Geschichte Bundespartner, Empfänger und Täter der Selbstmitteilung des Absoluten, ‚Täter' der Fleisch gewordenen Tora, Sohn im Sohn, Glied des mystischen Leibes Jesu Christi, Mitvollzieher einer alle Sinnlosigkeit in Sinn verwandelnden Liebe zu sein. Jeder von uns ist in dieser Welt eine Öffnung, durch die hindurch der Sinn, nach dem sich so viele Menschen sehnen, Hand und Fuß bekommen kann. [...]" (*Menke*, Gemeinsames und besonderes Priestertum, 343f.).

84 *Menke*, Handelt Gott, wenn ich ihn bitte?, 25. – Diese Hinzufügung in der Form: „– zumindest anfanghaft –", „– anfanghaft wenigstens! –", „zumindest anfanghaft schon hier und jetzt" findet sich noch nicht 1995 (vgl. *Menke*, Die Einzigkeit Jesu Christi im Horizont der Sinnfrage, 162), sondern erst im Theodizee-Aufsatz von 1998 (*Menke*, Der Gott, der jetzt schon Zukunft schenkt, 104.117.130) und zeugt von einer zunehmenden Behutsamkeit. Im Jahr 2000 formuliert Menke dann mit Hilfe des Kursivdrucks (s. o. im Text).

„Alleinwirksamkeit Gottes" oder
„direkte Proportionalität"?

Zur „Sakramentalität" als möglicher lutherisch-katholischer Grunddifferenz

Markus Lersch

„Daraus mus folgen, das ynn meiner macht nicht stehe, eine hand zu regen, sondern das allein Gott alles ynn mir thue und wircke, Da wil es hynaus und da mus mans hyn lencken, so ist der verstand recht." (Martin Luther)[1]

„Wenn Gott uns ohne unser Mittun hätte retten wollen, dann hätte das bloße Opfer Christi genügt. Aber setzt nicht schon das Dasein des Erlösers eine lange Mitarbeit des Menschen voraus? Und obendrein wäre ein solches Heil unser nicht würdig gewesen, die wir nach Gottes Plan Personen mit Verstand und freiem Willen sein sollen. Gott hat die Menschheit nicht wie ein Wrack retten wollen." (Henri de Lubac)[2]

1 Die Fragestellung

Ist die „Gemeinsame Erklärung zur Rechtfertigungslehre" (GER) von 1999 doch nicht der „Meilenstein" der lutherisch-katholischen „Konsensökumene" gewesen, sondern ihr Schlusspunkt? Es wäre wohl zu kurz gegriffen, die ausbleibenden ekklesialen oder wenigstens ekklesiologischen Konsequenzen der GER unter Verweis auf einschlägige Verlautbarungen[3] allein mit kirchenamtlicher Beharrungspolitik oder Rezeptionsunwilligkeit

---

1 WA 24.21a.35-22b.7f.
2 *Henri de Lubac*, Glauben aus der Liebe. „Catholicisme". Dt. u. eingel. v. Hans Urs v. Balthasar, Einsiedeln ³1992, 197.
3 Hier ist natürlich gedacht an die wechselweise scharf kritisierten Dokumente „Dominus Iesus" der Glaubenskongregation (2000), „Kirchengemeinschaft nach evange-

zu begründen. Vielmehr erscheint neuerdings die überwunden geglaubte Grunddifferenzthese wieder auf der Bildfläche, die Annahme eines latenten „metadogmatischen" (Harding Meyer) Gegensatzes im Wirklichkeits- und Glaubensverständnis der Konfessionen, der allen noch so zahlreichen Einzelkonsensen das Fundament nähme. Seitens lutherischer Theologie liegen eine ganze Fülle entsprechender Positionierungen vor (freilich meist unter Leugnung des kirchentrennenden Charakters dieser Differenz). Unter den wenigen katholischen darf diejenige Karl-Heinz Menkes[4] wohl als die profilierteste betrachtet werden.

Die mögliche evangelisch-katholische Grunddifferenz ist wohl am häufigsten im kontradiktorischen Gegensatz von Alleinwirksamkeit Gottes und gottmenschlicher Kooperation bzw. von rein innerlichem Gotteshandeln und sichtbar-verleiblichender Interaktion zwischen Gott und Mensch situiert worden, den Luther selbst schon als die „cardo rerum" bezeichnet hatte[5] und der oft am Begriff der Sakramentalität „aufgehängt" wurde (am prominentesten vielleicht bei Gerhard Ebeling). Letzteres leuchtet mir ein, ist ein Sakrament (sofern ihm Effizienz zugesprochen und es nicht als bloße Bezeugung einer innerlich bereits vollzogenen Wirklichkeit verstanden wird) doch das Musterbeispiel dafür, „daß Gott *in* den Akten der menschlichen Freiheit, in den von Menschen gläubig vollzogenen Zeichen sein Werk tut"[6], dass die innerliche Heilswirkung der göttlichen Gnade

---

lischem Verständnis" des Rates der EKD (2001) und „Ökumene nach evangelisch-lutherischem Verständnis" der Kirchenleitung der VELKD (2003).

4 Zu nennen sind hier v. a. folgende Veröffentlichungen Menkes (in chronologischer Reihung): *Karl-Heinz Menke*, Das Kriterium des Christseins. Grundriss der Gnadenlehre, Regensburg 2003; ders., Rechtfertigung: Gottes Handeln an uns ohne uns? Jüdisch perspektivierte Anfragen an einen binnenchristlichen Konsens, in: Cath(M) 63 (2009) 58–72; ders., Argumente statt Verdikte. Eine kurze Replik auf Oberdorfers „rhapsodische Anmerkungen", in: Cath(M) 63 (2009) 138–142; ders., Was ist das eigentlich: „Gnade"? Sechs Thesen zur Diskussion, in: ThPh 84 (2009) 356–373; ders., Sakramentalität. Wesen und Wunde des Katholizismus, Regensburg 2012.

5 Vgl. den berühmten Passus in „De servo arbitrio" (1525): „Si enim credimus verum esse, quod Deus praescit et praeordinat omnia, tum neque falli neque impediri potest sua praescientia et praedestinatione, Deinde nihil fieri, nisi ipso volente, id quod ipsa ratio cogitur concedere; simul ipsa ratione teste nullum potest esse liberum arbitrium in homine vel angelo aut ulla creatura. […] Deinde et hoc in te [Erasme; M. L.] vehementer laudo et praedico, quod solus prae omnibus rem ipsam es aggressus, hoc est summam caussae, nec me fatigaris alienis illis caussis de Papatu, purgatorio, indulgentiis ac similibus nugis potius quam caussis, in quibus me hactenus omnes fere venati sunt frustra. Unus tu et solus cardinem rerum vidisti et ipsum iugulum petisti, pro quo ex animo tibi gratias ago" (WA 18.786.3–31).

6 *Ulrich Kühn*, Lehre und Ordnung der Taufe in der Zeit der Hochscholastik, in: NZSTh 12 (1970) 196–220, 207; vgl. zu Kühns Sakramententheologie mit seinem

einen menschlichen Freiheitsakt der Annahme zur Bedingung (nicht aber zur Ursache!) hat und sich beide in geschichtlicher und leiblicher Konkretion vollziehen.[7]

Auch Menke fasst die Grunddifferenz im Titel seiner viel beachteten Studie aus dem Jahr 2012 unter das als „Wesen und Wunde des Katholizismus" gekennzeichnete Schlagwort „Sakramentalität"[8]. Wenn ich richtig sehe,[9] lässt sich Menkes Sakramentalitätsbegriff in zwei zusammenhängenden Prinzipien zusammenfassen: 1. Das göttliche Handeln ist Bundeshandeln in dem Sinne, dass es in Schöpfungs- und Erlösungsordnung durchgängig geschöpfliche Freiheit voraussetzt und wahrt, so dass von einer direkten Proportionalität von göttlich-zuvorkommendem (inklusivem) und menschlich-antwortendem (inkludiertem) Handeln gesprochen werden kann (Kooperationsprinzip). 2. Die direkt proportionale Kooperation von göttlicher und geschöpflicher Freiheit vollzieht sich in Schöpfungs- und Erlösungsordnung (v. a. in Person und Werk Jesu Christi und

---

Modell eines Gotteshandelns im Menschenhandeln Burkhard Neumann, Sakrament und Ökumene. Studien zur deutschsprachigen evangelischen Sakramententheologie der Gegenwart (KKTS 64), Paderborn 1997, 251–315.

[7] Neumann weist hier mit Recht auf die logische Widersprüchlichkeit zwischen Alleinwirksamkeitslehre und exhibitivem Sakramentsverständnis hin: Ein Ausschluss menschlicher Mitwirkung im Sakramentsgeschehen sei „schon allein deshalb nicht möglich, weil die Sakramente Taufe und Abendmahl auch menschliche Handlungen sind und somit dieses Handeln in einer (dann genauer zu bestimmenden) Weise zum Sakrament gehören *muß*, ohne daß dadurch der Primat Gottes aufgehoben wird" (*Neumann*, Sakrament und Ökumene, 325).

[8] Zu ergänzen wären hier die von Menke verwendeten Gegensatzpaare „*Bundes*-Gott" statt „Gott [...] der *Allein*wirksame" (*Menke*, Sakramentalität, 52), „Inkarnationslogik" statt „Inspirationslogik" (ebd., 135; vgl. 169) oder auch „Zugesellung" statt „Ergriffensein" (ders., Das Kriterium des Christseins, 135).

[9] *Wolfgang Beinert* hat in seiner Rezension die späte Definition des Begriffs Sakramentalität innerhalb des Buches kritisiert und dessen hinreichende sachliche Begründung in Frage gestellt (vgl. ThRv 109 [2013] 227f.); eine Kritik, der allenfalls insofern zuzustimmen ist, als die zahlreichen und teils komplementären Definitionen und Begründungen des Begriffs über das Buch verstreut sind. Ein tieferes Verständnis erfordert dazu sicherlich auch die nähere Beschäftigung mit Menkes in der Habilitationsschrift entwickeltem Begriff der (inklusiven) „Stellvertretung", den er ebenfalls mit der Denkfigur der direkten Proportionalität (vgl. Anm. 67) beschreibt und somit geradezu als Synonym für „Sakramentalität" erscheint. Zunächst hatte er ihn freilich als „Alternative" zu diesem, als „Schlüsselbegriff" und „Grundkategorie" einer ökumenischen Soteriologie (vgl. *Karl-Heinz Menke*, Stellvertretung. Schlüsselbegriff christlichen Lebens und theologische Grundkategorie [Sammlung Horizonte N. F. 29], Einsiedeln ²1997, 361.436–440) und damit gerade als mögliche Überbrückung der evangelisch-katholischen Grunddifferenz vorgeschlagen; vgl. ders., Die Annahme der Gnade als Mitvollzug der Erlösung. Ökumenische Reflexionen über das Verhältnis von Rechtfertigung und Kirche, in: Cath(M) 46 (1993) 1–19, 15–19.

seiner bleibenden Vermittlung durch die Kirche) immer in geschichtlicher und leibseelischer Konkretion und Kontinuität (Inkarnationsprinzip).

Die folgenden Überlegungen beziehen sich primär auf das erste Prinzip und fragen nach der Verhältnisbestimmung von göttlichem und menschlichem Handeln in den beiden Konfessionen durch Analyse und Vergleich der beiden laut Menke[10] gegeneinanderstehenden Modelle „Alleinwirksamkeit" und „direkte Proportionalität" – notgedrungen nur exemplarisch und zugespitzt auf den wohl entscheidenden Anwendungsbereich, nämlich die Rechtfertigung bzw. die „spiritualia"[11]. Dabei werden sich zwangsläufig weiterführende Fragen ergeben sowohl allgemein hinsichtlich des Gottes-, Freiheits- und Wirklichkeitsverständnisses als auch konkret, speziell mit Blick auf die Christologie. Der ganze Themenbereich des zweiten Prinzips, also die vielleicht augenscheinlicher trennenden Fragen nach der Kirche, nach dem Autoritäts-, Amts- und Traditionsverständnis, können dabei nicht behandelt werden, allerdings fußen sie m. E. auf dem hier behandelten Thema, so dass die Einigung an dieser Stelle dringlicher und zielführender erscheint. Ob eine solche – womöglich in Gestalt der GER (vgl. deren Absatz 4.1) – vorliegt, soll abschließend als Frage formuliert werden.

2 Das Modell „Alleinwirksamkeit" – Zur Verhältnisbestimmung von göttlichem und menschlichem Wirken in der lutherischen Theologie

Die These von der strikten Alleinwirksamkeit, wenigstens in den „spiritualia", durchzieht der Sache nach (freilich nicht ohne Widerspruch!)[12] die ganze Geschichte der lutherischen Theologie; wörtlich dürfte sie Anfang

---

10 Vgl. *Menke*, Sakramentalität, 22.
11 Bekanntlich nimmt die Apologie diesen Bereich (die „Heilsdinge") vom freien Willen aus, den sie allein bezüglich der inferioren „opera/rei externa" konzediert (vgl. Apol. XVIII, BSLK 311–313).
12 Karl Holl beschreibt die Geschichte des Protestantismus kritisch als Abfall von Luthers Lehre von göttlicher Alleinwirksamkeit und Prädestination, der zu einer „Entleerung der Religion" geführt habe, die es durch die Rechtfertigungslehre zu ihrem „eigentliche[n] Wesen" zu befreien gelte (*Karl Holl*, Die Rechtfertigungslehre im Licht der Geschichte des Protestantismus, in: Ders., Gesammelte Aufsätze zur Kirchengeschichte. Bd. III: Der Westen, Tübingen 1928, 525–557, 556f.).

des 20. Jahrhunderts entstanden sein und lässt sich mehrfach für das Jahr 1917 belegen.[13] Die These kann sich mit Fug und Recht auf Luther selbst berufen, zielt sie doch auf das Kernstück seiner Theologie, die völlig passive Rechtfertigung des Gottlosen. Es gibt wohl kaum ein zweites Themenfeld der Theologie Luthers, über das so viel Tinte und Druckerschwärze vergossen worden ist und zu dessen Erläuterung so kontroverse und komplexe Erklärungsmodelle entwickelt worden sind, und es dürfte auch kaum ein anderes Gebiet geben, in dem Luther so scharf und kompromisslos[14] formuliert: Mag menschliches „cooperari" vor und nach der „iustificatio" bedeutsam sein,[15] mag die verkündigende Christenheit im Vorfeld der Rechtfertigung eines Menschen eine noch so große Rolle spielen („nur durch Wort und Sakrament") und mag der Gerechtfertigte danach noch so aktiv sein im Erbringen der Früchte seiner Rechtfertigung – im Rechtfertigungsvorgang selbst ist sein Mitwirken ausgeschlossen. Dort ist der Sünder nichts als das fremdbestimmte „iumentum", nichts als der „cadaver primi hominis", dem die Rechtfertigung „mere passive" und rein innerlich widerfährt (als „raptus", „motio", „tractio", „ductio", „passio" oder „imputatio"); ja, er ist als Sünder „creatura diaboli", die erst neu geschaffen werden muss, um Person zu sein („fides facit personam", „hominem iustificari fide")[16] und *dann* mit Gott zu kooperieren.

---

13 *Erich Przywara* benannte den Begriff der Alleinwirksamkeit Gottes bereits 1923 als Grunddifferenz (vgl. Gott in uns und Gott über uns, in: Ders., Ringen der Gegenwart. Gesammelte Aufsätze 1922–1927, Bd. 2, Augsburg 1929, 543–578) und verortete seine Entstehung bei *Franz Xaver Kiefl* (Martin Luthers religiöse Psyche. Zum 400jährigen Reformationsjubiläum, in: Hochl. 15 [1917] H.1, 7–28, 10) und *Ernst Troeltsch* (Luther und der Protestantismus, in: Die neue Rundschau 28 [1917] 1297–1325; dort allerdings als „Allwirksamkeit" [ebd., 1321] bzw. „alleinwirkende Gnade" [1307]). *Martin Seils* (Der Gedanke vom Zusammenwirken Gottes und des Menschen in Luthers Theologie [BFChTh 50], Gütersloh 1962, 7) führt den Begriff zurück auf *Karl Holl*, der ihn ebenfalls 1917 verwendet hat (Was verstand Luther unter Religion?, in: Ders., Gesammelte Aufsätze zur Kirchengeschichte. Bd. I: Luther, Tübingen ⁶1932, 45.85; vgl. ders., Die Rechtfertigungslehre, 539f.).
14 Es ist freilich immer zu beachten, dass Luthers im Folgenden angeführte (und aufgrund ihrer Prominenz nicht eigens belegte) Ausführungen kontextgebunden einseitig sind; Luther argumentiert hier an der „Mönchsfront", im Sinne der „fides absoluta" und gemäß dem „canon fidei"; andernorts (etwa an der „Bauernfront") können seine Aussagen weit weniger apodiktisch und unversöhnlich sein und dem von ihm beschriebenen „canon charitatis" folgen bzw. die „fides incarnata" beschreiben.
15 Vgl. hierzu immer noch *Seils*, Der Gedanke.
16 Versuche, die lutherischen Definitionen des Menschen über die Rechtfertigung bzw. den Glauben mit dem Mensch- und Personsein auch nichtgerechtfertigter Menschen zu vereinbaren, haben etwa Dalferth, Härle, Herms und Jüngel vorgelegt. *Joseph*

Den Ausschluss einer aktiven Beteiligung des Sünders an seiner Rechtfertigung sichert bei Luther die Exklusivpartikel „sola fide", die denn auch von der neueren lutherischen Theologie als entscheidend (Pesch: das „Schibboleth")[17] für die Einigung über die „iustificatio sola gratia" betrachtet wird.

„Nach lutherischem Verständnis der Rechtfertigung überhaupt entscheidet sich aber gerade daran, ob man streng sola fide sagen kann, auch, ob man das sola gratia richtig verstanden hat. Fehlt jenes, so geht man auch im Verständnis der Gnade auseinander, denn das sola fide erst sichert exklusiv das sola gratia, weil der Glaube allein Gottes Alleinwirksamkeit entspricht"[18].

Die Frage ist hier allerdings, was unter der „fides" zu verstehen ist und, wichtiger noch, wie der Mensch zu ihr gelangt. Luther grenzt sie als Heilsgewissheit des Gläubigen mit Röm 3,28 und Gal 2,16 zunächst gegen die Werke des Gesetzes, schließlich aber gegen jedes menschliche Tun ab, so dass der Glaube zum reinen innerlichen Widerfahrnis[19] wird (wobei zu

---

Ratzinger (Wie weit trägt der Konsens über die Rechtfertigungslehre?, in: IKaZ 29 [2000] 424–437, 426) hat sich – in diesem Zusammenhang exemplarisch – scharf gegen Heike Schmolls Begründung der Menschenwürde mit der Rechtfertigung gewandt, worin ihm der lutherische Theologe *Theodor Dieter* beipflichtet (Die „Gemeinsame Erklärung zur Rechtfertigungslehre" – einem Christenmenschen heute erklärt, in: Günter Frank – Albert Käuflein [Hg.], Ökumene heute, Freiburg 2010, 254–276, 255). Zur Problematik einer Begründung der Menschenwürde aus und mit der Rechtfertigung vgl. *Reiner Anselm*, Die Würde des gerechtfertigten Menschen. Zur Hermeneutik des Menschenwürdearguments aus der Perspektive der evangelischen Ethik, in: ZEE 43 (1999) 123–136.

17 *Otto Hermann Pesch*, Theologie der Rechtfertigung bei Martin Luther und Thomas von Aquin. Versuch eines systematisch-theologischen Dialogs (WSAMA.T 4), Mainz 1967, 192.

18 *Joachim Ringleben*, Der Begriff des Glaubens in der „Gemeinsamen Erklärung zur Rechtfertigungslehre". Ein theologisches Gutachten, in: ZThK 95 (1998) 232–249, 236. Zu dem entsprechenden Streit im Kontext der GER, in der die Partikel nur in der lutherischen Präzisierung zu GER Abschnitt 4.3 (Nr. 26) auftaucht, und der Genugtuung angesichts ihrer Aufnahme in die Gemeinsame offizielle Feststellung etwa seitens Dalferths und Jüngels vgl. *Martin Seils*, „Sola fide" im ökumenischen Dialog. Zur Problemgeschichte einer reformatorischen Exklusivpartikel, in: Johannes Brosseder – Markus Wriedt (Hg.), „Kein Anlass zur Verwerfung". Studien zur Hermeneutik des ökumenischen Gesprächs (FS Otto Hermann Pesch), Frankfurt 2007, 220–249.

19 WA 6.530.16–18: „Est enim opus dei, non hominis, sicut [Eph. 2,8.] Paulus docet. Caetera nobiscum et per nos operatur, hoc unicum in nobis et sine nobis operatur".

diskutieren wäre, ob dies wirklich der Intention der paulinischen Aussage entspricht!)[20].

Ist der Glaube für lutherische Theologie nun aber spezifischer Bewusstseinsinhalt („Heilsgewissheit"), passiv verliehene Grundbestimmung des Selbstbewusstseins (Härle/Herms/Schwöbel: „Selbsterschlossenheit") oder bloß transzendentales und womöglich unbewusstes Gottesverhältnis des Gerechtfertigten („nos extra nos esse", „coram"-Relation)? Die Antworten variieren hier stark, ebenso wie die Antwort auf die davon untrennbare Frage, ob Glaube nun als *menschliche Tat* (um den inkriminierten Begriff „Werk" zu vermeiden) und *Entscheidung* zu betrachten ist oder aber als reines Tun des eben darin alleinwirksamen Gottes. Ist Glaube „Weise der Hinnahme (Aneignung)"[21] des göttlichen Handelns oder ist er ausschließlich (Neu-)Schöpfung und „*Entscheidung Gottes*"[22]? Die Mehrzahl der lutherischen Theologen scheint hier in Richtung des alleinigen göttlichen Tuns zu tendieren (explizit anders votieren etwa Rudolf Bultmann, Heinrich Ott, Horst Georg Pöhlmann und Paul Tillich), wobei es zu hochdialektischen Aussageweisen kommen kann, die bis zur *contradictio in adiecto* reichen. Hier ist etwa zu denken an Eberhard Jüngels wiederholte Rede von der „höchst lebendigen Passivität", die er mal als Gegenteil von „menschliche[r] Tat oder Entscheidung"[23], mal als „identisch mit der

---

20 Dass Paulus dem Glauben jede aktive Komponente auf menschlicher Seite abgesprochen hat, darf mit der neueren Exegese sehr wohl bezweifelt werden. Es ist ärgerlich, wenn etwa *Ringleben* in seiner Abrechnung mit der Exegese in GER 10 seinerseits kurzerhand die paulinische Formel χωρὶς ἔργων νόμου um die Genitivergänzung kürzt („denn Röm 3,28 leugnet jede Bedeutung von Werken für die Rechtfertigung als solche": Der Begriff des Glaubens, 234) und so die Frage nach menschlicher Aktivität im Glauben bei Paulus präjudiziert.
21 *Eilert Herms*, Glaube, in: Wilfried Härle – Reiner Preul (Hg.), Glaube (MJTh 4), Marburg 1992, 79–97, 95.
22 *Gerhard Friedrich*, Glaube und Verkündigung bei Paulus, in: Ferdinand Hahn – Hans Klein (Hg.), Glaube im Neuen Testament, FS Hermann Binder, Neukirchen-Vluyn 1982, 93–113, 109: „Er [der Glaube; M. L.] ist keineswegs ein Werk des Menschen […], er ist nicht das Resultat von Überlegungen, nicht der freie, selbstständige Entschluss, sondern *Glaube ist eine Entscheidung Gottes*. Er entsteht durch den Ruf des Evangeliums und durch das Wirken Gottes". Vgl. *Wilfried Joest*, Ontologie der Person bei Luther, Göttingen 1967, 304: „Im *Innern* seines Alleinwirkens lässt Gott im Menschen das Wahrhaben dieses Wirkens, das fiat mihi aufbrechen. […] Er tut es so, daß er dieser Kreatur das Wort zuspricht, das sich die Antwort des Glaubens schafft."
23 *Eberhard Jüngel*, Art. Glaube. IV. Systematisch-theologisch, in: RGG⁴, Bd. 3, 953–974, 974; vgl. u. a. ders., Das Evangelium von der Rechtfertigung des Gottlosen als Zentrum des christlichen Glaubens, Tübingen ⁵2006, 155⁷⁷.

Tat der Entscheidung"[24] beschreibt. Zu nennen wäre auch das Modell der „responsorische[n] passivitas"[25] Wilfried Joests, die „Selbstauslieferung an das Alleinwirken"[26] sei. Stellvertretend für viele hier noch drei weitere Belege: „Sich im *Wissen* um das Bestimmtwerden [...] bestimmen zu *lassen*"[27] (Härle), eine „gottgewirkte[.] Haltung antwortender Hingabe"[28] (Kühn) oder ein „Ergreifen Christi [...] nicht in psychischer oder denkender Passivität, aber gerade so *mere passive*, als Widerfahrnis"[29] (Baur). Selbst der stets hochkomplex, aber präzise formulierende Eilert Herms schreibt hier allem Anschein nach Widersprüchliches.[30]

Die ganze Dialektik dieser Aussagen summiert und erklärt Martin Seils wie folgt:

„Glaube ist ergreifendes Ergriffenwerden durch ein rechtfertigendes, erlösendes, befreiendes Nahekommen Gottes in Jesus Christus. Es herrscht die Zeiten hindurch Einverständnis darüber, daß das Zuvorkommend-Schöpferische in ihm entscheidend ist, Glaube also eigentlich als ein Geglaubtwerden verstanden werden muss [...]. Es wird aber auch dieses, daß der Mensch personhaft betroffen, beteiligt, mithin auch willentlich engagiert ist, mitbedacht und mitbehauptet. [...] Sowohl der Gedanke an das Zuvorkommen der Güte Gottes als auch der Gedanke an das Entfremdetsein des Menschen hindern daran, dem menschlich-willentlichen Hinnahme- und Anerkennungsgeschehen im

---

24 *Eberhard Jüngel*, Glauben und Verstehen. Zum Theologiebegriff Rudolf Bultmanns, in: Ders., Wertlose Wahrheit. Zur Identität und Relevanz des christlichen Glaubens. Theologische Erörterungen III, München 1990, 16–77, 60.
25 Vgl. *Joest*, Ontologie der Person bei Luther, 302.
26 *Wilfried Joest*, Die tridentinische Rechtfertigungslehre, in: KuD 9 (1963) 41–69, 69.
27 *Wilfried Härle*, Der Glaube als Gottes- und/oder Menschenwerk in der Theologie Martin Luthers, in: Ders. – Reiner Preul (Hg.), Glaube (MJTh 4), Marburg 1992, 37–77, 77.
28 *Kühn*, Sakramente (HST 11), Gütersloh ²1990, 44⁹⁶; ebd., 219 wird diese Hingabe als „Vorgang[.]" beschrieben, „in dem Sünder sich vertrauend auf die Barmherzigkeit Gottes werfen".
29 *Jörg Baur*, Die Rechtfertigungslehre in der Spannung zwischen dem evangelischen „Allein" und dem römisch-katholischen Amts- und Sakramentsverständnis, in: EvTh 58 (1998) 140–155, 145.
30 Die Gnade wird wirksam „allein durch Gottes eigenes Wort, seine freie Selbstvergegenwärtigung im Christus Jesus durch den Heiligen Geist für den Erwählten einzeln (solo verbo) und allein durch den als Gewissheit geschaffenen und [!] als Gehorsam ermöglichten und verlangten Glauben (sola fide)" (*Eilert Herms*, Genau hinsehen – konstruktiv reagieren – Klarheit schaffen, in: Epd-Dokumentation 3/1998 [12.1.1998] 1–20, 18).

„Alleinwirksamkeit Gottes" oder „direkte Proportionalität"? 363

Glaubensakt eine irgendwie eigenständige Bedeutung zuzusprechen. Jedoch ist die Skala von Aussageweisen, mit denen dieses Geschehen beschrieben wird, umfangreich. Vom Ergreifen über das Kenntnisnehmen, das Erkennen, das Verstehen, das Empfangen, das Aufnehmen, das Zustimmen, das Bezwungenwerden, das Sichhingeben, das Wagen, das Anvertrauen, das Vertrauen sind eine Fülle von Ausdrücken im Gebrauch, die den inneren Vorgang des Glaubens erfassbar zu machen versuchen. Mehr und mehr wird der Glaube als ein ganzheitliches, personales Bestimmtwerden und Sichbestimmenlassen durch die heilsame Wirklichkeit Gottes gesehen und beschrieben"[31].

Aufgrund dieser dialektischen Bestimmung des Glaubens*akts* wird meist selbst dort, wo ausschließlich von göttlichem Handeln in Glauben und Rechtfertigung die Rede ist, in aller Regel Einspruch gegen die Wendung „truncus et lapis"[32] erhoben, also gegen eine Sichtweise des Menschen als leblosem Objekt des göttlichen Handelns (Luther: „Der Himmel ist nicht für Gänse da"). Karl Barth (und mit ihm Kühn und Wenz) verwehrt sich gegen die *Allein*wirksamkeit Gottes in der Rechtfertigung und spricht von menschlichem Tun, um dieses dann aber doch gleich wieder dialektisch einzuziehen,[33] von ontischer „Notwendigkeit des Glaubens"[34] zu sprechen und die Entscheidung gegen Glauben und eigene Rechtfertigung als „von Haus aus unmögliche Möglichkeit"[35] zu bezeichnen. Nicht wenige lutherische Theologen kommen ohne diese subtilen Distinktionen aus, indem

---

31 *Martin Seils*, Glaube (Handbuch Systematischer Theologie 13), Gütersloh 1996, 399f.
32 Vgl. FC SD II,59 (BSLK 894–896). Der Text befasst sich hier unmittelbar mit Flacius, vgl. allerdings schon „De servo arbitrio" (WA 18.754.37).
33 KD I/1, 258: „Der Mensch handelt, indem er glaubt, aber daß er glaubt, indem er handelt, das ist Gottes Handeln. Der Mensch ist Subjekt des Glaubens. Nicht Gott, sondern der Mensch glaubt. Aber gerade dieses Subjektsein des Menschen im Glauben ist eingeklammert als Prädikat des Subjektes Gott, so eingeklammert wie eben der Schöpfer sein Geschöpf, der barmherzige Gott den sündigen Menschen umklammert, d. h. aber so, daß es bei jenem Subjektsein des Menschen bleibt, und gerade dieses, gerade das Ich des Menschen als solches, nur noch von dem Du des Subjektes Gott her ist."
34 KD IV/1, 834.
35 *Karl Barth*, Das christliche Leben (Fragment). Die Taufe als Begründung des christlichen Lebens (Kirchliche Dogmatik IV/4), Zürich 1967, 24. *Seils*, Glaube, 343 bezeichnet Barths Ansatz zum Glaubensvollzug („das freie, aber seinsmäßig alternativlose Einstimmen in die dem Menschen von Gott bereitete Lebenswirklichkeit") als den „eigenartigsten" unter den evangelischen Dogmatikern des 20. Jahrhunderts.

sie selbst die passive Beteiligung[36] an der Rechtfertigung oder die Möglichkeit ihrer wenigstens aposteriorischen Ablehnung bestreiten, mit der doppelten Begründung, damit sowohl die Erhabenheit und Souveränität Gottes als auch die radikale Sündigkeit und Verlorenheit des Menschen zu verteidigen.[37] Dabei wirken teils noch fundamentalere, metaphysische (Vor-)Entscheidungen bezüglich des Verhältnisses von Schöpfer und Schöpfung und der Frage nach der Wirklichkeit und Freiheit der Letzteren. So glaubt Martin Seils, einen möglichen Determinismus in Luthers Theologie durch das Argument widerlegen zu können, dass dem Menschen dort immerhin eine bestimmte Zeit (relativ, weil nicht endgültig) freien Wirkens eingeräumt sei, bevor Gott zu seiner „Stunde" dann doch seinen als „necessitas immutabilitatis" qualifizierten Willen durchsetze.[38] Bei Härle und Herms ist zu lesen, Paulus entlarve „den in der Lehre von der Gerechtigkeit aus Werken des Gesetzes enthaltenen Irrtum, der Mensch selber sei Schöpfer wenigstens eines Stückchens Wirklichkeit *neben Gott*"[39], jenen Irrtum, der Mensch sei „in der Lage, Wirklichkeit zu produzieren, deren Grund nicht Gott ist und die doch vor Gott und neben der von Gott geschaffenen

---

36 *Ingolf U. Dalferth*, Existenz Gottes und christlicher Glaube. Skizzen zu einer eschatologischen Ontologie (BEvTh 93), München 1984, 243: „Eine solche Passivität [als Vermögen des Erleidens; M. L.] wäre nur die Kehrseite des menschlichen Wirkungsvermögens und damit eine Form aktiven Erleidenlassens des Menschen, nicht jedoch die menschliche Kehrseite des göttlichen Wirkens. Doch im Glaubensgeschehen ist der Mensch so ausschließlich betroffener Nutznießer, daß er von sich aus in keiner Weise, weder aktiv noch passiv an diesem Geschehen beteiligt ist. […] Ist dieses Geschehen doch nichts, was er als Mensch machte oder an sich geschehen ließe, sondern im strengen Sinn das Geschehen, das ihn überhaupt erst zum Menschen macht, und zwar so, daß es ihn zum menschlichen Menschen macht".
37 Für *Carl Heinz Ratschow* ist die Behauptung menschlicher Freiheit ein „Angriff auf Gottes Gottsein. Denn das Gottsein Gottes besteht in seiner schöpferischen Alleinwirksamkeit. Ja, was bleibt dem Menschen dann noch zu tun? Es ist wohl so, daß nur der Dank bleibt. Aber auch der Dank ist acceptum donum" (Rechtfertigung. Diakritisches Prinzip des Christentums im Verhältnis zu anderen Religionen [EZW-Texte 96], Stuttgart 1985, 10). *Jörg Baur* pflichtet ihm hier bei (Die Rechtfertigungslehre in der Spannung zwischen dem evangelischen „Allein" und dem römisch-katholischen Amts- und Sakramentsverständnis, in: EvTh 58 [1998] 140–155, 144). Vgl. ähnliche Aussagen zur durch Behauptung menschlicher Freiheit verletzten oder zerstörten Ehre Gottes oder Christi etwa bei *Holl*, Die Rechtfertigungslehre im Licht der Geschichte des Protestantismus und *Ernst Volk*, Mahl des Herrn oder Mahl der Kirche? Theologische Anmerkungen zu einem ökumenischen Dokument, in: KuD 31 (1985) 33–64.
38 Vgl. *Seils*, Das Zusammenwirken, 116–121 passim.
39 *Härle – Herms*, Rechtfertigung, 28.

Wirklichkeit standhält"[40]. Härle bestreitet denn auch eine selbst „(relative[.]) Selbstständigkeit des Menschen gegenüber dem Wirken Gottes"[41], ähnlich wie Joest mit seiner Ablehnung „einer grundsätzlichen *Differenz* der Subjektität [sic!] zwischen Gott und Mensch, eines relativ selbstständigen Gegenübers des Menschen zu Gott"[42].

Ist aber (selbst) der Mensch aufgrund seiner Kreatürlichkeit außerstande, durch Entscheidungen Wirklichkeit (wenigstens verändernd) zu setzen, münden die entsprechenden Systeme letztlich im „bedingungslose[n] Determinismus"[43] wo nicht Monismus, entfällt doch auch noch die Differenzierung der Seinsbereiche in der Apologie („spiritualia" und „inferiora") und ist selbst die göttliche Urheberschaft des Bösen/der Sünde (des „malum physicum" ohnehin) unausweichlich.[44] Dann führt auch kein Weg mehr an unbedingter Prädestination vorbei, die etwa Hartmut Rosenau konsequent als notwendiges Implikat der von ihm vertretenen völligen „soteriologischen Ohnmacht"[45] bezeichnet, wobei sein Votum für eine einfache Prädestination (sc. ausschließlich zum Heil: „Allversöhnung") allerdings nicht einem gewissen Willkürverdacht entgeht. Barth vertritt bekanntlich gut calvinistisch (wenngleich grundlegend anders als Calvin) eine doppelte Prädestination, von der auch andere explizite Verfechter der Prädestinationslehre auszugehen scheinen.[46] Mit Wenz und anderen wäre

---

40 *Härle – Herms*, Rechtfertigung, 95.
41 *Härle*, Der Glaube als Gottes- und/oder Menschenwerk in der Theologie Martin Luthers, 44.
42 *Joest*, Ontologie der Person bei Luther, 306. Vgl. ebd., 305: „Nicht erst die falsch gebrauchte Eigenständigkeit, sondern das Einnehmen einer Position der Eigenständigkeit überhaupt ist die Grund- und Personsünde." Das gegenteilige Votum findet sich etwa bei *Ulrich Kühn,* Via caritatis. Theologie des Gesetzes bei Thomas von Aquin (KiKonf 9), Göttingen 1965, 240–252: „Der Mensch als Gottes selbständiges Gegenüber".
43 *Troeltsch*, Luther und der Protestantismus, 1321.
44 Vgl. etwa *Holl*, Die Rechtfertigungslehre im Licht der Geschichte des Protestantismus, 551f., dem die Vorstellung eines bloßen göttlichen Zulassens des Bösen als „Schwächlichkeit" erscheint. Ratschow erkennt hierin „das ‚groß Kreuz', das wir als Christen zu tragen haben" (Rechtfertigung, 28), während Joest diesen Sachverhalt gerade als Vorzug der Theologie Luthers deutet: „Und wir glauben, daß das Versagen der Antwort an dieser Stelle nicht in einer Schwäche seines Denkens begründet ist, sondern eine Stärke dieses Denkens ist. Denn muss nicht eben dies, inwiefern Sünde überhaupt möglich ist, wenn Gott Gott und der Mensch sein Geschöpf ist, als grundsätzlich Unbegriffene bleiben?" (*Joest,* Ontologie der Person bei Luther, 310).
45 *Hartmut Rosenau*, Allversöhnung. Ein transzendentaltheologischer Grundlegungsversuch (TBT 57), Berlin – New York 1993, 42.
46 Hier ist etwa *Holl* zu nennen, der die „wachsende Abneigung gegen die Prädestinationslehre" schon in der Reformationszeit beklagt, so dass selbst Luther diese „in seinen späteren Jahren praktisch – nur praktisch! – außer Geltung gesetzt" habe (Die Recht-

angesichts dieser vollendeten Alleinwirksamkeitsthese allerdings zu fragen, ob sie der christlichen Glaubenserfahrung und dem biblischen Zeugnis[47] entstammt oder nicht doch eher einem „theologisch[.] falschen logisch-metaphysischen Konsequenzzwang"[48] geschuldet ist. Es gehört sicher zu den großen Errungenschaften der GER, gegenüber solchen Extrempositionen die Freiheit des Menschen bezüglich der „inferiora" (vgl. GER 19) und die Möglichkeit der Ablehnung der Gnade (vgl. GER 21) festgehalten zu haben. Hier bleibt aber die Frage bestehen, ob bzw. inwieweit der rechtfertigende Glaube menschliche Entscheidung und Antwort oder eben doch rein göttliches Tun ist, dessen Ergangensein und Abschluss alles menschliche Handeln immer nur nachfolgen kann. Setzt das etwa in der zuletzt zitierten lutherischen Präzision genannte „[E]mpfangen… *(mere passive)"* eine menschliche Entscheidung voraus oder ist

---

fertigungslehre im Licht der Geschichte des Protestantismus, 539f.). *Hans Martin Müller* hingegen lobt diese pragmatische Vorgehensweise und stellt fest, dass die (von ihm affirmierte) Theorie der doppelten Prädestination nicht in die Predigt gehöre (vgl. Luthers Lehre vom unfreien Willen und ihre Konsequenzen für die Predigt des Evangeliums, in: Wilfried Härle [Hg.], Befreiende Wahrheit, FS Herms, Marburg 2000, 191–203, ab 197). Zur doppelten Prädestination vgl. etwa auch *Berndt Hamm*, Was ist reformatorische Rechtfertigungslehre?, in: ZThK 83 (1986) 1–38; *Troeltsch*, Luther und der Protestantismus, 1322 sowie der Sache nach *Ratschow*, Rechtfertigung.

47 *Walter Klaiber* etwa schreibt in Abgrenzung von dem selbst passive Beteiligung im Glauben ablehnenden Dalferth: „Dadurch scheint zwar das ‚Aus Glauben, damit aus Gnaden' radikal ernst genommen, allerdings um den Preis, daß der ursprüngliche Sinn von Worten wie ‚glauben', ‚sich bekehren' oder ‚umkehren' als aktive, intransitive Verben nicht mehr zur Geltung kommt. […] Die Distanz dieser Auffassung zu den biblischen Aussagen wird noch deutlicher, wenn wir daran erinnern, daß diese Verben im Neuen Testament häufig im Imperativ gebraucht werden, also zweifellos an ein Tun bzw. ein Verhalten des Menschen appellieren" (Ruf und Antwort. Biblische Grundlagen einer Theologie der Evangelisation, Stuttgart 1990, 203).

48 *Gunther Wenz*, Für uns gegeben. Grundzüge lutherischer Abendmahlslehre im Zusammenhang des gegenwärtigen ökumenischen Dialogs, in: Miguel Maria Garijo-Guembe – Jan Rohls – Gunther Wenz, Mahl des Herrn. Ökumenische Studien, Frankfurt – Paderborn 1988, 223–338, 305: „Hierzu ist in aller Deutlichkeit zu sagen, daß die einander ergänzenden Spitzensätze von der absoluten göttlichen Allwirksamkeit, von der doppelten göttlichen Prädestination und dem offenbarungstranszendenten ‚deus absconditus' den Zugang zu Luthers zentralen Einsichten geradezu verstellen, weil sie nicht ausschließlich vom biblischen Christuszeugnis her gewonnen sind, um hierauf allein zu verweisen, sondern weil sie dieses aus einem theologisch falschen logisch-metaphysischen Konsequenzzwang heraus tendenziell hintergehen […]. Mit gutem Grund hat sich Luthers Schrift vom unfreien Willen in der lutherischen Bekenntnistradition nicht als konsensfähig erwiesen."

die im selben Abschnitt als möglich beschriebene Ablehnung[49] erst nach vollzogener Rechtfertigung möglich? Mit Kühn (und Menke!) wäre in diesem Falle dann noch weiter zu fragen, inwieweit den Sakramenten (zumal der Taufe) als *auch* auf menschlicher Entscheidung beruhenden Vollzügen Heilseffizienz zugesprochen werden könnte. Und allgemeiner, inwieweit ein solcher innerlicher Empfangsakt nicht auch eine konkret-geschichtliche und damit auch leibliche Dimension haben müsste und zugleich inhaltlich wie formal ermöglicht ist durch die konkret-geschichtliche und damit leibliche Tradition des Christusgeschehens („viva vox evangelii"!).

Abschließend ein Ausblick auf die Christologie: Der Lackmustest für die Behauptung einer zumindest aposteriorischen menschlichen „Freiheit in Heilsdingen" ist wohl nach wie vor Congars berühmte These von Luthers „Alleinwirksamkeitschristologie" bzw. die Frage nach der Funktion der menschlichen Natur Jesu Christi im Heilswerk.[50] Die neuere Forschung hat Luthers bewusstes Festhalten am Chalcedonense (ungeachtet seiner strittigen Deutung der *communicatio idiomatum*) breit belegen können und die Kontextgebundenheit („Mönchsfront"!) seiner scharfen Aussagen über die menschliche Natur als „larva Dei" bzw. „totes Würmlein" und „Köder" am „Angelhaken" der göttlichen Natur betont.[51] Dies hat auch Congar in einer späteren Präzisierung anerkannt, allerdings nicht ohne aufs Neue die Frage nach einem Monotheletismus bzw. „Monergismus" Luthers (also nach seiner Einstellung zum dritten Constantinopolitanum) zu stellen.[52] Die Heilswerkzeuglichkeit der menschlichen Natur Jesu Christi als solche scheint in der lutherischen Theologie unstrittig zu sein, genau

---

49 Auch die Bekenntnisschriften gehen von der nachträglichen Möglichkeit der Gnadenablehnung bzw. des Glaubensabfalls aus, vgl. etwa CA XII,7 (BSLK 67); Apol. IV,219 (BSLK 201); GK IV,82 (BSLK 707).
50 Vgl. *Yves M.-J. Congar*, Regards et réflexions sur la christologie de Luther, in: Aloys Grillmeier – Heinrich Bacht (Hg.), Das Konzil von Chalkedon. Geschichte und Gegenwart, Bd. 3, Würzburg 1954, 457–486.
51 Vgl. hierzu v. a. die gründliche Studie *Marc Lienhard*, Martin Luthers christologisches Zeugnis. Entwicklung und Grundzüge seiner Christologie, dt. v. Robert Wolff, Berlin 1980, v. a. 210–227.274–282 sowie *Theobald Beer*, Der fröhliche Wechsel und Streit. Grundzüge der Theologie Martin Luthers (Sammlung Horizonte N.F. 19), Einsiedeln 1980, 338–351.378–382.428–453 und *Peter Manns*, Fides absoluta – Fides incarnata. Zur Rechtfertigungslehre Luthers im Großen Galater-Kommentar, in: Erwin Iserloh – Konrad Repgen (Hg.), Reformata reformanda. Festgabe für Hubert Jedin zum 17. Juni 1965 (FS Jedin), Bd. 1 (RGST.S 1,1), Münster 1965, 265–312. Zur Congar'schen These vgl. auch *Monika-Maria Wolff*, Gott und Mensch. Ein Beitrag Yves Congars zum ökumenischen Dialog (FTS 530), Frankfurt 1990, 147–214.
52 Vgl. *Yves Congar*, Nouveaux regards sur la christologie de Luther, in: Ders., Martin Luther. Sa foi et sa réforme. Études de théologie historique, Paris 1983, 105–133, v. a. ab 128.

wie die Betonung der Asymmetrie der beiden Naturen und die Ablehnung eines meritorischen Wirkens des Menschen Jesus. Herrscht aber nach lutherischem Verständnis Konsens darüber, dass die „Ölbergsentscheidung" des Menschen Jesus keine Rolle für das Heil spielt, Gott also – wie Wenz in seiner Affirmation der Congar'schen These behauptet – wirklich „alleiniges ‚Subjekt' des Versöhnungsgeschehens"[53] und selbst eine „oboedentiale[…] Instrumentalität"[54] der menschlichen Natur ausgeschlossen ist? Jüngel scheint diese Frage jedenfalls zu bejahen: „Und auch der [Jesus; M. L.] hat gerade nicht *mit*gewirkt, sondern nur eben *gelitten*."[55]

3 Das Modell „direkte Proportionalität" – Zur Verhältnisbestimmung von göttlichem und menschlichem Wirken in der neueren katholischen Theologie

Der Ausblick auf die Christologie leitet über zur Betrachtung des für protestantische Theologie sicherlich zunächst bedenklich nach Synergismus klingenden[56] katholischen Modells einer direkten Proportionalität von göttlichem und menschlichem Handeln auch und gerade in den „spiritualia"[57], denn es ist wohl zunächst in christologischem Kontext entwickelt worden.[58] Das heutige Modell (mit freilich reichlich theologiegeschichtlichen Hintergründen, namentlich in der thomanischen Zweitursachenlehre) scheint als solches erstmals in christologischen Beiträgen Karl Rahners der 1950er Jahren auf[59] und entfaltet sich dann – in Ausweitung

---

53 *Gunther Wenz*, Geschichte der Versöhnungslehre in der evangelischen Theologie der Neuzeit (MMHST 9), Bd. 1, München 1984, 64.
54 *Wenz*, Für uns gegeben, 306.
55 *Jüngel*, Das Evangelium, 153.
56 Vgl. *Christoph Gestrichs* Anfrage an das Menke'sche Modell: „Warum Proportionalität? Warum *direkte* (und nicht etwa ‚umgekehrte') Proportionalität?" (Christentum und Stellvertretung. Religionsphilosophische Untersuchungen zum Heilsverständnis und zur Grundlegung der Theologie, Tübingen 2001, 108).
57 Auf diese seien die folgenden Ausführungen beschränkt, das Modell ließe sich freilich ausweiten auf das menschliche Handeln im Allgemeinen und darüber hinaus auf das Phänomen kreatürlicher Freiheit überhaupt; ich erlaube mir hier den Verweis auf meinen Vorschlag einer „analogia libertatis" (*Markus Lersch*, Triplex Analogia. Versuch einer Grundlegung pluraler christlicher Religionsphilosophie, Freiburg 2009, 468–478).
58 Diese Ansicht vertritt auch *Ludwig Weimer*, Die Lust an Gott und seiner Sache. Oder: Lassen sich Gnade und Freiheit, Glaube und Vernunft, Erlösung und Befreiung vereinbaren?, Freiburg – Basel – Wien 1981, 23.
59 Vgl. *Karl Rahner*, Die ewige Bedeutung der Menschheit Jesu für unser Gottesverhältnis, in: Ders., Schriften zur Theologie, Bd. 3, Einsiedeln 1956, 47–60, 53f.56 (1953);

der schöpfungs- und gnadentheologischen Implikationen – zunächst bei Hermann Volk[60], Felix Malmberg[61], Johann Baptist Metz[62] und Walter Kern[63]. Weiterentwickelt haben das Modell etwa Gisbert Greshake[64], Walter Kasper[65], Theodor Schneider[66] und eben Menke[67], bei von Balthasar und Lubac findet es sich in Gestalt des Gedankens von der „anima ecclesiastica" wieder.

Hier sei es am Gedankengang Rahners entwickelt, dem es darum geht, die Heilsmittlerschaft Christi gerade durch sein wahrhaftes Menschsein und seinen menschlichen Gehorsam zu betonen.[68] Wo die Gehorsamstat

---

ders., Probleme der Christologie von heute, in: Ders., Schriften zur Theologie, Bd. 1, Einsiedeln 1954, 169–222, 182f.; ders., Zur Theologie der Menschwerdung, in: Ders., Schriften zur Theologie, Bd. 4, Einsiedeln 1960, 137–155, 151 (1958). Vgl. aus dem späteren Schrifttum Rahners v. a. ders., Dogmatische Randbemerkungen zur „Kirchenfrömmigkeit", in: Ders., Schriften zur Theologie, Bd. 5, Einsiedeln ²1964, 379–410, 393; ders., Grundkurs des Glaubens. Einführung in den Begriff des Christentums, Freiburg – Basel – Wien 1976, 86f.; ders., Immanente und transzendente Vollendung der Welt, in: Ders., Schriften zur Theologie, Bd. 8, Einsiedeln – Zürich – Köln 1967, 593–609, 601; ders., Zur Theologie des Symbols, in: Ders., Schriften zur Theologie, Bd. 5, Einsiedeln – Zürich – Köln 1960, 275–311, 283f.

60 Vgl. *Hermann Volk*, Art. Entwicklung, in: LThK², Bd. 3, 906–908, 907 (1959).
61 Vgl. *Felix Malmberg*, Über den Gottmenschen (QD 9), Freiburg 1960, v. a. 35.
62 Vgl. *Johann Baptist Metz*, Art. Freiheit III. Theologisch, in: HThG, Bd. 1, 403–414, 404f. (1962); ders., Glaube in Geschichte und Gesellschaft. Studien zu einer praktischen Fundamentaltheologie, Mainz ²1978, 59; ders., Zur Theologie der Welt, Mainz 1968, 17–29.
63 Vgl. *Walter Kern*, Zur theologischen Auslegung des Schöpfungsglaubens, in: MySal II, 464–545, 536f. (1967).
64 Vgl. v. a. *Gisbert Greshake*, Der dreieine Gott. Eine trinitarische Theologie, Freiburg – Basel – Wien 1997, 277–283; ders., Geschenkte Freiheit. Einführung in die Gnadenlehre, Freiburg 1977, 91–95; vgl. ders., Gnade – Geschenk der Freiheit. Eine Hinführung, Kevelaer 2004, 111f.
65 Vgl. etwa *Walter Kasper*, Autonomie und Theonomie. Zur Ortsbestimmung des Christentums in der modernen Welt, in: Ders., Theologie und Kirche, Mainz 1987, 149–175; ders., Gegebene Einheit – bestehende Schranken – gelebte Gemeinschaft, in: Richard Kolb (Hg.), Confessio Augustana – Den Glauben bekennen. 450-Jahr-Feier des Augsburger Bekenntnisses: Berichte – Referate – Aussprachen, Gütersloh 1980 (Gütersloher Taschenbücher Siebenstern 381), 151–158, 154f.
66 *Theodor Schneider*, Was wir glauben. Eine Auslegung des Apostolischen Glaubensbekenntnisses, Düsseldorf ²1991, 151–156.
67 Vgl. u. a. (!) *Menke*, Stellvertretung, 20–24.47.65–72.264.305f.314.338.344.430. 434.436.445.453–456; ders., Sakramentalität, 22.51 (der Sache nach: ebd., 53.122. 130.163); ders., Die Annahme der Gnade, 11f.
68 *Rahner*, Probleme der Christologie von heute, 181f.: „Sonst wäre er nur der in Menschengestalt an uns handelnde Gott, aber nicht der wahrhafte Mensch […], der in freiem menschlichen Gehorsam vor Gott auf unserer Seite stehend, Mittler ist, und zwar nicht in der ontologischen Vereinigung zweier Naturen, sondern Mittler durch sein Handeln, das sich auf Gott (als Gehorsam gegenüber dem Willen des Vaters)

des Menschen Jesus zugunsten bloßer Instrumentalität ausgeblendet würde, bliebe „seine Menschheit die Livree, die Vermummung"[69] bzw. „nur die Verkleidung Gottes" und die Christologie in „Doketismus, Apollinarismus, Monophysitismus und Monotheletismus" gefangen.[70] Aus dem Dogma der hypostatischen Union leitet Rahner dagegen ab, dass die eigentliche Pointe des christlichen Offenbarungsverständnisses die Selbstoffenbarung Gottes gerade *in* der Menschheit Jesu (als Realsymbol des Logos)[71] und die eigentliche Pointe des christlichen Erlösungsverständnisses weniger der Charakter seines Todes als meritorische „satisfactio condigna", sondern sein Charakter als (freilich nur diesem spezifischen Menschen mögliche) *menschliche Gehorsamstat* ist.[72] Jesus Christus sei deswegen universaler Heilsmittler, weil in ihm die göttliche Selbstmitteilung

---

richtet und nicht *bloß* als Handeln Gottes in und durch eine rein instrumental gefasste menschliche Natur gedacht werden kann, die dem Logos gegenüber ontologisch und moralisch rein passiv wäre." Man vergleiche hierzu die Gegenthese bei *Volk*, Mahl des Herrn oder Mahl der Kirche?, 63f.: „*Christus* handelt nach seiner *göttlichen Natur* und gab sich dahin unter die Mächte des Todes und der Hölle und hat sie sterbend überwunden. Seine menschliche Natur ist in diesem Geschehen lediglich gehorsames Werkzeug. Seine Opferhingabe aber ist die des *ganzen* Christus; doch so, daß die göttliche Natur die menschliche in sich aufgenommen hat und daß *sie*, die göttliche Natur, der ewige Logos, personbildend war und ist und allein das Heil schafft."

69 *Rahner*, Zur Theologie der Menschwerdung, 149. Hier liegt wohl eine bewusste Anspielung auf Luthers Klassifizierung der vermeintlichen Kontingenz der Geschichte als göttliche „mummerey" (WA 15.373.7.15) vor; vgl. hierzu *Seils*, Das Zusammenwirken, 172; *Holl*, Die Rechtfertigungslehre im Licht der Geschichte des Protestantismus, 548.

70 *Rahner*, Zur Theologie der Menschwerdung, 152.

71 Vgl. etwa *Rahner*, Probleme der Christologie von heute, 212: „Dieses Menschliche als Menschliches (freilich nicht als Abstraktes) in seiner ‚bloßen' Menschlichkeit kann nur theologisch belangvoll sein, wenn es als solches (als dieses solche) und nicht nur als logisch nachträglich Geeintes die Erscheinung Gottes in der Welt ist". Auf Rahners Symboltheorie kann an dieser Stelle ebenso wenig eingegangen werden (vgl. hierzu *Menke*, Sakramentalität, 48–53) wie auf seine Erkenntnismetaphysik und Ontologie.

72 *Rahner*, Probleme der Christologie von heute, 214–216: „[W]ir sind durch den Tod (mit all dem, was der Tod, und eben nur er, einschließt) und durch den Gehorsam Christi (den konkreten, der sich gerade am Tod realisiert und nur an ihm realisieren konnte) erlöst worden [...]: warum sind wir durch den Tod Christi (und durch nichts anderes) erlöst worden, und wie sieht genau eine Erlösung aus, die gerade so und nicht anders bewirkt worden ist? [...] Der Tod [...] müsste in seiner unauflöslichen Einheit von Aktion und Passion gesehen werden. Nur so kann deutlich werden, daß die Erlösung durch den Gehorsam (Aktion) Christi geschieht und doch durch seinen Tod (selber)". Man vergleiche diese Aussage mit der oben zitierten von Jüngels, s. Anm. 55.

„Alleinwirksamkeit Gottes" oder „direkte Proportionalität"?

und deren menschliche Annahme in eins fielen,[73] weil er also der erste und einzige Mensch sei, „der die einmalige absolute Selbsthingabe an Gott [ge]lebt"[74] habe, als „der einmalig *höchste* Fall des Wesensvollzugs der menschlichen Wirklichkeit, der darin besteht, daß der Mensch – ist [sic!], indem er sich weggibt."[75]

Hier zeigen sich die weitreichenden ontologischen und anthropologischen Folgerungen, die Rahner an dieser Stelle aus der Offenbarung ziehen zu können glaubt (und nicht umgekehrt!).[76] An Jesus Christus liest er ab, dass der Mensch als „potentia oboedentialis" angelegt ist auf die Hingabe an Gott, ohne diese Anlage von sich aus, d. h. ohne das Heilswerk Christi und dessen bleibende Vermittlung durch die Gnade (die immer „gratia Christi" ist!), erfüllen zu können. Dies wiederum impliziert für Rahner, dass Gott Freiheit geschaffen hat und im Erlösungsprozess wahrt, dass Gott dem Menschen und seiner Entscheidung also „Eigentlichkeit" verleiht und dass, und damit sind wir bei der These der direkten Proportionalität, Gehorsamshingabe und Eigenständigkeit des Menschen sowie göttliches Handeln am Menschen und menschliches Sichöffnen für dieses Handeln im gleichen, nicht umgekehrten Maße wüchsen.

„Der wahre Gott ist nicht derjenige, der tötet, um selber lebendig zu sein. Er ist nicht ‚das Eigentliche', das vampyrartig die Eigentlichkeit der von ihm verschiedenen Dinge an sich zieht und gewissermaßen aussaugt; er ist nicht das esse omnium. Je näher man ihm kommt, um so wirklicher wird man; je mehr er in einem und vor einem wächst, um so eigenständiger wird man selber."[77]

Die gegenteilige Behauptung einer Nichtigkeit und Unfreiheit des Geschöpfs sei dagegen Ausdruck einer „pantheistischen oder theopanistischen [...,] noch nicht genug getauft[en]" Philosophie und „der erbsündigen Verfallenheit an das *sündige* Dilemma: Gott oder Welt"[78] geschuldet. Rah-

---

73 *Rahner*, Die ewige Bedeutung der Menschheit Jesu für unser Gottesverhältnis, 154: „So daß eins wird: die Selbstaussage des Wortes Gottes und seine Vernommenheit".
74 *Rahner*, Probleme der Christologie von heute, 193.
75 *Rahner*, Zur Theologie der Menschwerdung, 142.
76 Vgl. *Rahner*, Zur Theologie der Menschwerdung, 147: „Hier hat sich die Ontologie an der Botschaft des Glaubens zu orientieren und ihn nicht zu schulmeistern." Vgl. ders., Probleme der Christologie von heute, 207.
77 *Rahner*, Die ewige Bedeutung der Menschheit Jesu für unser Gottesverhältnis, 53.
78 *Rahner*, Die ewige Bedeutung der Menschheit Jesu für unser Gottesverhältnis, 53f. *Greshake* sieht die gesamte westliche Gnadenlehre unter ebendiesem „Grunddilemma [...] ‚Gott *oder* Mensch' bzw. Gott *oder* Geschöpf" (Geschenkte Freiheit, 92).

ner betrachtet also (umgekehrt etwa zu Ratschow)[79] die Alleinwirksamkeitsthese als Verletzung der göttlichen Ehre und als Ungehorsam gegen das biblische Zeugnis.[80] Das Modell der direkten Proportionalität göttlichen und menschlichen Handelns geht von einem wechselseitigen Bestimmungs-, nicht aber Konkurrenzverhältnis von göttlichem und menschlichem Wirken aus,[81] von der aus der Offenbarung abgeleiteten Erkenntnis, dass „Gott sich selbst in Freiheit dazu bestimmt hat, sich von der Freiheit des Menschen bestimmen zu lassen", als „Ausdruck und Konsequenz einer Liebe, über die hinaus Größeres nicht gedacht werden kann"[82].

In diesen Worten Thomas Pröppers zeigt sich eine zweite, komplementäre Begründungslinie des Modells (neben der christologischen), nämlich ihre Begründung mit der göttlichen Liebe und der Erschaffung des Menschen auf die freie Erwiderung dieser Liebe hin (Duns Scotus). In diesem Zusammenhang wird häufig ein kreatürliches Analogat des beschriebenen Modells angeführt, nämlich „die frappierende Erscheinung" einer direkten Proportionalität von Selbstständigkeit und Bindung in zwischenmenschlicher Liebe; die Erfahrung, dass der Liebende „in einer höchst selbststän-

---

79 Vgl. Anm. 37.
80 Vgl. *Rahner,* Zur Theologie der Menschwerdung, 150: Es ist „dem Menschen verwehrt, gering von sich zu denken, da er dann von Gott gering dächte". Vgl. auch *Louis Bouyer,* Reformatorisches Christentum und die eine Kirche. Dt. v. Lore Deubzer – Hans Waltmann, Würzburg 1959, 155f.: „Auf eine kurze Formel gebracht: bei der Lektüre so mancher protestantischer Darstellungen, vom 16. Jahrhundert bis in die Gegenwart, gewinnt man den Eindruck, als ob die Souveränität Gottes nicht behauptet und aufrechterhalten werden könne, ohne gleichzeitig die Schöpfung und insbesondere den Menschen herabzuwürdigen. [...] Gewiss ist die Hl. Schrift beständig auf der Hut gegen das im sündigen Menschen – auch im Christen, insofern er Sünder bleibt – tief eingewurzelte Bestreben, sich anzueignen, was nur Gott zukommt, sich oder die Welt, der der Mensch zugehört und deren Teil er ist, als letzte Quelle der Gaben Gottes zu verstehen. [...] Doch darin zeigt sich nur umso klarer die direkte Art der Hl. Schrift, unzweideutig die Wirklichkeit der Gaben Gottes, die Wirklichkeit der ersten Schöpfung und die um nichts weniger gültige Wirklichkeit der neuen Schöpfung zu bestätigen. [...] Im Gegenteil: die Hl. Schrift widerspricht entschieden dem Axiom, Gott sei umso größer, je kleiner sein Geschöpf. Er sei nur souverän, wenn dieses ein bloßes Nichts bleibe."
81 Vgl. *Menke,* Sakramentalität, 163.
82 *Thomas Pröpper,* Erlösungsglaube und Freiheitsgeschichte. Eine Skizze zur Soteriologie, München ²1988, 178; vgl. ders., Art. Allmacht Gottes, in: Ders., Evangelium und freie Vernunft. Konturen einer theologischen Hermeneutik, Freiburg – Basel – Wien 2001, 288–293, 292.

digen, freien Antwort stärkste personale Bindung vollzieht" und dies als „gesteigerten Selbstvollzug"[83] erlebt.

Mit dem Modell der direkten Proportionalität – ob nun christologisch oder schöpfungstheologisch begründet – sind freilich fundamentale Fragestellungen nach der Unveränderlichkeit, Präszienz und Überzeitlichkeit Gottes aufgeworfen und ist nicht zuletzt die wirkmächtige augustinische These von der notwendig siegreichen Gnade („gratia indeclinabilis et insuperabilis")[84] in Frage gestellt. Deren letzte Unvereinbarkeit mit der ebenfalls betonten menschlichen Freiheit machte das ganze Elend des abendländischen Gnadenstreits aus, der aufgrund kontradiktorischer Prämissen von vorneherein zum Scheitern verurteilt war.[85] Auch die spätere katholische Gnadenlehre hat mit diesem Dilemma zu kämpfen und versucht es im Gefolge der thomanischen Zweitursachenlehre[86] dadurch zu lösen, dass die direkte Proportionalität als Kongruenz gedeutet, die Rechtfertigung also als *ganz* Gottes (der Erstursache) und *ganz* des Menschen (als Zweitursache) Tun beschrieben wird.[87]

---

83 *Schneider*, Was wir glauben, 156. Die Liebe muss hier freilich – gegen ein gewisses romantisches Klischee – seitens beider Beteiligter als Freiheitsgeschehen gedeutet werden: Liebe ist nicht nur frei, weil dem Liebenden die Antwort des Geliebten unverfügbar ist, sondern schon die Liebe des Liebenden muss, um menschlich zu sein, als ein eigene Freiheitsentscheidungen implizierendes Geschehen betrachtet werden und nicht einfach als Überwältigtwerden durch eine fremdevozierte Emotion („Coup de foudre", „Verliebtsein"). Dies sei gegen *Joest* (Ontologie der Person bei Luther, 318f.: „Nicht zur Liebe kann man sich entschließen, aber in und aus Liebe wird man sich entschließen, etwas zu tun") und auch gegenüber Beschreibungen des Glaubens als einer unmittelbar evidenten „Selbstvergegenwärtigung Gottes" (etwa bei Herms) festgehalten.
84 Vgl. De correptione et gratia liber unus XI,38 (MPL 44,940).
85 Vgl. hierzu *Michael Greiner*, Gottes wirksame Gnade und menschliche Freiheit. Wiederaufnahme eines verdrängten Schlüsselproblems, in: Thomas Pröpper, Theologische Anthropologie, Bd. 2, Freiburg – Basel – Wien 2011, 1351–1401.
86 Vgl., mit Verweis auf S. th. I^a q.23 a.5, *Réginald Garrigou-Lagrange*, Mystik und christliche Vollendung. Autorisierte Wiedergabe, dt. v. Paulus Obersiebraße, Augsburg 1927, 499: „Tatsächlich sind die Erstursache und die Zweitursache nicht zwei nebengeordnete Teilursachen wie zwei Menschen, die ein Schiff ziehen, sondern zwei untergeordnete Ganzursachen, so daß die Erstursache die Zweitursache appliziert, zum Handeln bewegt."
87 Vgl. etwa *Alfons Auer*, Das Evangelium der Gnade. Die neue Heilsordnung durch die Gnade Christi in seiner Kirche (Kleine katholische Dogmatik 5), Regensburg 1970, 246–249; *Piet Fransen*, Das neue Sein des Menschen in Christus, in: MySal IV/2, 921–984, 934; *Menke*, Das Kriterium des Christseins, 136; *Otto Hermann Pesch*, Katholische Dogmatik aus ökumenischer Erfahrung. Bd. 1: Die Geschichte der Menschen mit Gott. Teilbd. 1: Wort Gottes und Theologie, Christologie, Ostfildern 2008, 140; *Weimer*, Die Lust an Gott und seiner Sache, 22–24.

Ungeachtet der hiermit eingehandelten philosophischen Hypotheken und der damit keineswegs überwundenen Monismusgefahr (Stichwort: Partizipationsontologie)[88] fragt die evangelische Theologie hier m. E. zu Recht nach der hinreichenden Unterscheidung von göttlichem und menschlichem Tun, ist Christi Heilswerk bzw. die dieses applizierende Gnade doch allein *Ursache* der Rechtfertigung und menschliches „Verdienen" hier ausgeschlossen. Allerdings ist aus katholischer Sicht eben auch (im Sinne der direkten Proportionalität, nicht aber der Kongruenz) zu ergänzen, dass die menschliche Zustimmung zum göttlichen Handeln dessen selbst gewählte *Bedingung* ist, die, allein durch Gnade ermöglicht, dennoch als eigener Beitrag des Menschen zu seiner Rechtfertigung aus der letzten Unhintergehbarkeit seiner Personalität heraus zu betrachten ist – was die entsprechende katholische Präzisierung in GER 21 deutlicher hätte unterstreichen können. Die augustinische Dialektik von „libertas" und „liberum arbitrium" darf demnach im Modell der direkten Proportionalität innerkreatürlich nicht als vollkommene Disjunktion[89] verstanden werden, sondern als Prozess der Befreiung des „liberum arbitrium" hin zur „libertas" („Je mehr menschliches Sichöffnen, desto mehr göttliches Gnadenwirken", oder mit Augustinus: „Haec enim voluntas libera tanto erit liberior [...] quanto divinae misericordiae gratiaeque subiectior"[90]). Das Höchstmaß (!) geschöpflicher Freiheit ist dann in der Tat als geschenktes „Frei sein aus Gnade" (Pesch) zu betrachten, aber Freiheit ist auch nicht erst „mit der Existenz von Gott her und auf Gott hin *identifiziert*"[91]. Einerseits ist also – soll die Gnade als Angebot und nicht als unbedingte Prädestination verstanden werden – am „tridentinischen Rest" an „liberum arbitrium [...], viribus licet attenuatum et inclinatum" (DH 1521) festzuhalten, dieser ist aber andererseits so abhängig von der Gnade, dass er nicht einmal zur Vorbereitung auf sie reicht (vgl. DH 1551–1553). *So* kann auch katholische Theologie sagen, dass „der Mensch ohne die Gnade nichts für sein Heil vermag; daß er sich für die Gnade nur kraft eines ers-

---

88 Vgl. hierzu *Greiner*, Gottes wirksame Gnade und menschliche Freiheit, 1423–1430.
89 So erscheint sie bei Rosenau, der die „libertas" als einzige wahre Freiheit beschreibt und so stark (im Sinne völliger Entschiedenheit für das Gute) idealisiert, dass er sie aller Kreatur absprechen muss. Sein pauschales Urteil über einen katholischerseits „unterentwickelten philosophischen Begriff von Freiheit" zeugt allerdings von völliger Ignoranz der Freiheitsdiskurse innerhalb der katholischen Theologie (vgl. *Rosenau*, Allversöhnung, 460f.).
90 Ep. 157,2,8 (MPL 33,676).
91 *Menke*, Was ist das eigentlich: „Gnade"?, 373; vgl. ders., Rechtfertigung: Gottes Handeln an uns ohne uns?, 64.

ten Geschenks dieser Gnade zu öffnen vermag; und endlich, daß auch der Glaube, der die Gnade erkennt, reines Gnadengeschenk ist"[92].

4 Differenzierter Konsens mit GER 4.1? – Zur Frage nach der Vereinbarkeit der konfessionellen Verhältnisbestimmungen von göttlichem und menschlichem Wirken

Das gemeinsame Bekenntnis zur Rechtfertigung allein aus Gnade in GER 19 spricht dem Menschen eine „Freiheit auf sein Heil hin" ab und präzisiert dies dahingehend, dass ihm die Erstzuwendung zu Gott, das Verdienen des Heils und dessen Erreichen aus eigener Kraft unmöglich seien. Aber inwieweit ist der Mensch mit seiner Freiheit dennoch „voll personal beteiligt" (vgl. GER 21)?

Konsens dürfte heute in jedem Fall darüber herrschen, dass das Zusammenwirken von Gott und Mensch als Glaubensgeheimnis[93] einer letzten Einsicht entzogen bleibt, dass es lutherischer Theologie nicht gelingt, das ‚Wie' dieses ‚Zusammen' zu formulieren"[94], und dass „auch kein katholisches System das Mysterium der freien Gnaden-Tat des Menschen mit letzter Klarheit zu behandeln vermocht"[95] hat.

Im Modell des differenzierten Konsenses (dem einzig gangbaren Weg der Ökumene!) ist keine Einigung im philosophischen Referenzmodell oder bis ins Detail der Aussageweisen und Akzentsetzungen erforderlich, aber Letztere müssen sich insofern als komplementär erweisen, als sie als Explikationen einer gemeinsam erfahrenen *res* logisch vereinbar sind. Unter welchen Bedingungen gilt dies für die Akzentsetzungen in der Bestimmung der gott-menschlichen „cooperatio" in der Rechtfertigung? M. E. ist hinreichender Konsens in dieser Frage dann gegeben, wenn lutherische Theologie mit der eingeräumten Möglichkeit der Ablehnung der Rechtfertigung die göttliche „Alleinwirksamkeit" (oder besser mit Barth: „Allwirksamkeit"?) nicht im Sinne unbedingter Prädestination interpretiert

---

92 *Bouyer*, Reformatorisches Christentum und die eine Kirche, 59.
93 *Piet Fransen*, Das neue Sein des Menschen in Christus, 972: „Deshalb ist es unmöglich zu ‚erklären', wie diese beiden Freiheiten einander durchdringen. Wir können nur dartun, daß das Paradox des Primates Gottes und der Freiheit des Menschen nicht widersinnig ist. Der Rest ist anbetendes, dankbares Schweigen."
94 *Rudolf Hermann*, Von der Klarheit der Heiligen Schrift. Untersuchungen und Erörterungen über Luthers Lehre von der Schrift in De servo arbitrio (Gotteswort und Menschenwort in der Bibel 2), Berlin 1958, 124.
95 *Manns*, Fides absoluta – Fides incarnata, 271.

und die Korrelation der innerlichen Rechtfertigung mit dem leiblichen Handeln des Menschen nicht aufgibt; und wenn katholische Theologie im Modell der „direkten Proportionalität" deutlich die (logische und chronologische) Asymmetrie göttlichen und menschlichen Handelns unterstreicht, den Verdienstbegriff aus dem Rechtfertigungskontext eliminiert und hier klar zwischen „Ursache" und „Bedingung" unterscheidet. Könnten beide Seiten folgenden Kompromiss „unterschreiben"?

„Der *Mensch* ist es, der sich, angerufen von Gott, diesem *völlig* übergibt. Die These von Gottes Alleinwirksamkeit [...] will ein wichtiges christliches Anliegen durchhalten. Sie wird aber unmenschlich, unbiblisch und nicht zuletzt unökumenisch, wenn sie zur Theorie ausgebaut wird, die den Menschen als auch in Sünde und Rechtfertigung verantwortlich Entscheidenden auflöst."[96]

Beide Theologien wären heute aber weiter zu befragen, in welcher (auch konkret leiblichen und sozialen!) Weise sich die menschliche Zustimmung/Nichtablehnung der Rechtfertigung realisiert und ob bzw. wie sie auch jenseits explizit christlichen Glaubens und sakramentalen Lebens denkbar ist. Und es bliebe die Frage, welche Rolle die Kirche (nicht nur als missionarische, sondern auch als supplikativ-stellvertretende) für ein derartig „anonymes" Christentum hätte. Erst auf Basis solcher Einigung über die heilsgeschichtliche Funktion der Kirche wäre dann auch zielführend über ihre notwendigen Strukturen zu sprechen. All dies sind Fragen, die das Denken des Geehrten durchziehen und auf die er konzise Antworten gegeben hat, deren ökumenisch-theologische Auswertung noch aussteht.

---

96 Ulrich Kühn – Otto Hermann Pesch, Rechtfertigung im Disput. Eine freundliche Antwort an Jörg Baur auf seine Prüfung des Rechtfertigungskapitels in der Studie des Ökumenischen Arbeitskreises evangelischer und katholischer Theologen „Lehrverurteilungen – kirchentrennend?", Tübingen 1991, 28f.

Glaube, der sich bildet

Zur freiheitstheoretischen Begründung religiöser Bildung

Paul Platzbecker

Glaube und Bildung – zwei Größen, deren überaus komplexes und spannungsvolles Verhältnis in der Geistesgeschichte nie leicht zu fassen war. Dies gilt erst recht für die Gegenwart, in der beide in eine tief greifende Umbruchsituation geraten sind. Seit internationale empirische Studien immer wieder entsprechende ‚Defizite' attestieren, ist Bildung zwar zum feuilletonistischen ‚Megathema' avanciert, gleichzeitig ist der Begriff der Bildung selbst inzwischen aber nahezu vollständig entleert, so dass er mit beliebigen Inhalten und entsprechenden reformerischen Erwartungen nur allzu leicht überfrachtet werden kann. Von einer einheitlichen, konsensfähigen Bildungstheorie kann derzeit kaum noch geredet werden.

Daneben muss die Situation des christlichen Glaubens – vor allem im gesellschaftlichen Raum – schon seit längerem als prekär bezeichnet werden, bestätigen doch empirische Studien eine scheinbar stetige ‚Verdunstung', auch wenn der erreichte Grad der sich verschärfenden Säkularisierung zu Recht umstritten ist. Wurde auch hier zwischenzeitlich eine ‚Renaissance'[1] beschworen, so ist doch ein spät- oder postmoderner Traditionsbruch des Einflusses kirchlicher Sozialisation in unserer radikal pluralisierten Gesellschaft unbestreitbar. Dass Glaube im öffentlichen Raum der Schule noch ‚gelernt' werden kann, hält *Rudolf Englert* von daher schon seit geraumer Zeit für ausgeschlossen, bleiben doch mehr und mehr die Glaubenserfahrungen der Schüler und Schülerinnen aus, an die man im religiösen Lehrprozess korrelativ anknüpfen könnte.[2]

---

1 Vgl. das Herder Korrespondenz Spezial „Renaissance der Religion – Mode oder Megatrend?", Freiburg 2006.
2 Vgl. *Rudolf Englert*, Die Korrelationsdidaktik am Ausgang ihrer Epoche – Plädoyer für einen ehrenhaften Abgang, in: Georg Hilger – George Reilly (Hg.), Religionsunterricht im Abseits? Das Spannungsfeld Jugend – Schule – Religion, München 1993, 97–109, 98.103.

Wenn es trotz allem stimmt, dass Glaube und Bildung aufeinander verwiesen sind, worauf *Friedrich Schweitzer*[3] insistiert, welche Herausforderung stellt dann angesichts einer Situation, deren Komplexität hier lediglich angedeutet werden kann, die Auffassung des evangelischen Pädagogen *Dietrich Benner* dar, nach der die Zukunft von Glaube und Religion in ihrer ‚Bildung' zu suchen sei?[4] Religion und Glaube sollen demnach im öffentlichen Raum (der Schule) ‚gebildet' und ‚aufgeklärt', d. h. dann auch vor der Vernunft gerechtfertigt werden, zumal in jüngster Zeit etwa in interreligiöser Perspektive mehr und mehr deren Ambivalenzen (konkret z. B. deren Gewaltpotenzial) sensibel wahrgenommen und kontrovers diskutiert werden. Den Glauben schon aus diesem Grund argumentativ darzulegen und rational zu verantworten, darin sehen die katholischen Bischöfe eine der *‚Neuen Herausforderungen'* für den Religionsunterricht in einer pluralen und weitgehend säkularen Gesellschaft.[5] Kurzum: *Religiöse Bildung* erscheint unter diesen Umständen also ebenso notwendig wie im eigentlichen Sinne begründungsbedürftig.

Hier aber liegt nun eine noch größere Herausforderung, erscheint doch das, worin Glaube und Bildung *gleichermaßen* gründen, nicht minder umstritten; gemeint ist: die Freiheit des Menschen als unhintergehbarer, letzter Grund seines Denkens und Handelns.

So sieht sich eine Anthropologie der Freiheit philosophischer wie theologischer Kritik zugleich ausgesetzt. Entweder in naturalistischer Sicht als Illusion dementiert oder aber subjektkritisch als grenzenlose und absolute Selbstermächtigung diskreditiert, Freiheit ist alles andere als fraglos. Theologisch wird ihre unleugbare Ambivalenz schließlich im Kontext ihrer bleibenden Kontamination durch die Erbsünde diskutiert. Dabei ist sie doch als ursprüngliche Schöpfergabe Ausweis der unverlierbaren Würde und Gottebenbildlichkeit des Menschen. Dass sie im freien Gegenüber zu diesem ihrem Schöpfer als die unabdingbare und von seiner Offenbarung und Gnade selbst beanspruchte ‚natürliche', anthropologische Voraussetzung gilt, die auch durch die Sünde (Röm 3,23) niemals *so* ausgelöscht werden kann, dass sie von der Gnade nicht wieder aktualisiert und freige-

---

3 *Friedrich Schweitzer*, Bildung als Dimension der Praktischen Theologie, in: Pastoraltheologische Informationen (1/1999) 75–84.
4 Vgl. *Dietrich Benner*, Bildung und Religion. Überlegungen zu ihrem problematischen Verhältnis und zu den Aufgaben eines öffentlichen Religionsunterrichts heute, in: Achim Blattke u. a. (Hg.), Schulentwicklung – Religion – Religionsunterricht, Freiburg 2002, 51–70, 58ff.70.
5 Vgl. Der Religionsunterricht vor neuen Herausforderungen, 16.2.2005 (DDB 80), Bonn 2005, 27ff.

setzt werden könnte, ist dabei keineswegs (überkonfessioneller) Konsens.[6] Da die Freiheit in ihrer sündhaften Verschlossenheit für die Zuwendung Gottes in der Person Jesu Christi immer noch ansprechbar bleibt, aus dieser geöffnet und zur Zustimmung befähigt werden kann, ist verstehbar, wie uns Christus in der Anerkennung der Freiheit eben zu dieser ‚Freiheit befreit hat' (Gal 5,1) und uns so dem Zwang zur vergeblichen Selbstrechtfertigung angesichts systemischer wie existenzieller Zwänge entrissen hat. In der Annahme und dem Mitvollzug dieser Erlösung ist menschliche Freiheit das ‚Gegengift' zu der Versuchung, sich eben selbst zu verabsolutieren und so willkürlich zu zerstören.

Der Streit um die Freiheit ist aber nicht selten Ausdruck einer postmodernen Subjektkritik bzw. Subjektmüdigkeit, die einer notwendigen Restituierung des Bildungsbegriffs entgegenwirkt. Ein Bildungsbegriff, der Englert zufolge indes mehr und mehr „seiner substantiellen Gehalte entleert, anthropologisch entkernt und seiner humanisierenden und visionären Kraft beraubt worden"[7] ist, droht zum leeren Containerbegriff zu werden, der nach Belieben ökonomischen Effizienz- und Zweckkalkülen unterworfen werden kann. Angesichts einer immer noch fortschreitenden ökonomischen ‚Kolonialisierung der Lebenswelt' (Habermas), die einen schon totalitär zu nennenden ‚universalen Funktionalismus' (Leo O'Donovan) begünstigt, droht schließlich die „Verzweckung und Domestizierung des Menschen"[8] als wünschenswertes ‚Humankapital' selbst.

Das faktische Ende des Bildungsbegriffs wäre nach Ladenthin tatsächlich dann gekommen, „wenn Vorstellungen eines einheitlichen Subjekts, einer autonomen Vernunft, eines freien Willens [sowie] des Wahrheitsanspruchs von Vernunft [als in sich] widersprüchlich nachgewiesen werden könnten"[9]. Solange dieser Nachweis trotz der angedeuteten Bestreitungen nicht wirklich überzeugend erfolgt, kann und muss eine subjekt- und frei-

---

6 Dies arbeitet Menke in seinen ökumenischen Studien zur Gnadenlehre heraus. Vgl. *Karl-Heinz Menke*, Rechtfertigung. Gottes Handeln an uns ohne uns? Jüdisch perspektivierte Anfragen an einen binnenchristlichen Konsens, in: Cath(M) 63 (2009) 58–72.
7 *Rudolf Englert*, Religiöses Lernen und sein Beitrag zu einer umfassenden Bildung, in: Kontexte. Bildung und Kirche (2/2002) 3–9, 4.
8 So urteilt *Robert Zollitsch*, Die Kirche muss sich einmischen, in: Rheinischer Merkur (Nr. 8/19.02.2009). Als Vorsitzender der Bischofskonferenz fordert er die kritische Intervention der Kirche. Vgl. *Leo O'Donovan*, Tempi-Bildung im Zeitalter der Beschleunigung. Bildungskongress am 16. November 2000 in Berlin, in: Engagement – Zeitschrift für Erziehung und Schule (1/2001) 37–48.
9 *Volker Ladenthin*, Was ist „Bildung"? Systematische Überlegungen zu einem aktuellen Begriff, in: EvTh (4/2003) 237–260, 244.

heitstheoretische Argumentation die Begründung *religiöser Bildung* konsequent leiten. Die Vorstellung von Bildung als selbstbestimmtem Vorgang der ‚Personalisation der Person' bzw. als reflektiertem Selbst- und Weltverhältnis in der Entwicklung einer ganzheitlichen und zweckfreien Subjektivität kann und muss so also nicht nur weiter fundiert und konturiert werden. Solange vom Anspruch einer wahrheitsverpflichtenden Vernunft nicht (weiter) dispensiert wird, kann das kritisch-prophetische Erbe der christlichen Religion angesichts der vielfältigen Gefährdungen ins ‚Forum externum' einer allgemeinen Bildung eingebracht werden und so den eskalierenden Pluralitätszumutungen trotzen. Auf diese Weise kann der sich bildende Heranwachsende auch in religiöser Hinsicht zu einer urteils- und handlungsfähigen Mündigkeit gelangen und so frei und selbstbestimmt in einen bleibenden und herausfordernden Bezug zu Gott treten und dies in seinem Leben praktisch bezeugen. M. a. W.: Es geht also weniger um die Vermittlung einer vorgegebenen Glaubensgestalt als vielmehr darum, den Heranwachsenden zu einer selbstständigen Auseinandersetzung mit dem Wahrheitsanspruch der christlichen Tradition zu ermutigen und zu befähigen.[10]

Wie aber soll die freiheitstheoretische Substanzialisierung eines Bildungsbegriffs aussehen, der sich gleichzeitig für Religion und Glaube öffnet, ohne daraus abgeleitet zu sein?

---

10 Im Zentrum des Vermittlungs- und Bildungsprozesses steht keine abstrakte, unbestimmte und ‚wertfreie' Religiosität, sondern vielmehr der aus der Praxis einer konkreten ekklesialen Bekenntnisgemeinschaft erwachsende Anspruch des Glaubens an die geschichtliche Selbstoffenbarung der universal geltenden Liebe Gottes, die in eben jener Glaubenspraxis ankommen und tradiert werden will. Dieser christliche Glaube sucht nicht nur das ihm angemessene Verstehen, er trägt auch bereits das Moment der Vermittlung in sich. Verantwortung und Vermittlung, Reflexion und Weitergabe des Glaubens sind in diesem also bereits ursprünglich angelegt und nicht voneinander zu trennen. Der vom Wesen des Glaubens vorgegebene Zusammenhang gilt grundsätzlich für alle sich lebenslang vollziehenden religiösen Bildungs- und Erziehungsprozesse, egal ob sie sich im Elternhaus, im Kindergarten, in der Schule oder in der Gemeinde abspielen. Dieser Konnex aus Erschließung und Aneignung des Glaubens verweist praktische und systematische Reflexion also sehr eng und bleibend aufeinander.

1 Bildung aus Freiheit heraus

Spätestens mit Schleiermacher verbreitete sich die Einsicht, dass eine Bildungstheorie auch ohne theologische Begründung plausibel sein muss.[11] So soll dieses Unterfangen im Folgenden allein aus dem Denken der Freiheit geschehen, bevor dann die hier nur andeutbaren Grundlagen über eine Grenzreflexion hinweg für eine religiöse Dimension geöffnet werden.

1.1 Zur Restituierung des Bildungsbegriffs: Bildung als ‚praktisches System' der Freiheit

Freiheit soll hier als transzendentaler Grund für die Wirklichkeit des Menschen gedacht werden. Dabei ist sie zwar offen für eine theologische *Deutung*, als unbedingte weist sie indes alle theologische und philosophische *Herleitung* zurück. Sie liegt allem menschlichen Denken und allem Handeln, aller Möglichkeit zur Gestaltung des Selbst- und Weltverhältnisses und damit auch aller Bildung voraus. Als ‚Apriori der Ordnung' ermöglicht transzendentale Freiheit die unbedingte Aktualität, die allem naturalen Streben Regelhaftigkeit, Gesetze und Ziele erst gibt. So begründet sie die mit *Krings* gesprochen ‚praktischen Systeme', wie den Markt, die Arbeit, das Recht und eben auch die Bildung. Diese Systeme sind durch unbedingte Freiheit, durch das Strukturmoment des Sichöffnens für möglichen Gehalt sowie durch den Entschluss zur Anerkennung anderer Freiheit eröffnete, geschichtlich geprägte ‚Räume' der möglichen Selbstverwirklichung des Menschen. In all diesen ‚Systemen' bildet sich unbedingte Freiheit ab bzw. konkretisiert sie sich als endliche Freiheit. Anders gewendet: In diesen verwirklicht sich geschichtlich das ‚Kommerzium von Freiheit', indem sich Freiheiten wechselseitig interpersonal anerkennen. Genau das aber macht den unaufgebbaren Kern der so perspektivierten Bildung und Erziehung aus: dass sich der Mensch dem Akt der Aufforderung zur Selbsttätigkeit folgend *zu* und *in* seiner Menschwerdung selbst bestimmt. Denn wie alle praktischen Systeme, so ist bereits das ‚System der eigenen Individualität' durch Freiheit als transzendentaler Handlung

---

11 Damit wird u. a. die Intuition Biehls aufgenommen. Vgl. *Peter Biehl – Karl Ernst Nipkow*, Bildung und Bildungspolitik in theologischer Perspektive, Münster 2003, 9–102, 12. Für den katholischen Bereich ist mit Scharer an das II. Vatikanum (Gaudium et spes, Nr. 63) zu erinnern, das die Autonomie von Bildung und Wissenschaft anerkannt hat. Vgl. *Matthias Scharer*, Die Wozu-Falle in der (religiösen) Bildung. Ein kultureller Grenzgang, in: RpB 50 (2003) 39–48, 41.

gesetzt. Freiheit ist von daher *Grund*, *Weg* und *Ziel* von Bildung und Erziehung.[12] Der gebildete Mensch kann nach *Ladenthin* nur Verantwortung für sich übernehmen, weil Bildung, wie *Heydorn* emphatisch formuliert, die „Verfügung des Menschen über sich selbst, Befreitsein" bedeute. Der Bildungsprozess meine „nichts anderes als fortschreitende Befreiung des Menschen zu sich selber, als Weg ins Freie".[13] Aus diesem freiheitstheoretischen Verständnis ergeben sich einige wesentliche Implikationen für das Bildungsverständnis.

Bildung zielt also auf die Genese unverfügbarer Subjekte. Anders als das Lernen ‚weiß' die selbstreflexive Bildung um ihre Ziele, die in der Entwicklung einer sich selbst bestimmenden, urteils- und handlungsfähigen Identität – unter natürlichen und gesellschaftlichen Bedingungen – liegen. Nur wenn es dem Subjekt gelingt, in der Pluralität und der Differenz der es umgebenden Rationalitäts- und Praxisformen mit sich identisch zu bleiben, wird es auch tatsächlich handlungs- und mitbestimmungsfähig (Klafki) sein können.[14] Die dauerhafte Stärkung der Ich-Identität und ihrer integrativen Kraft ist ein besonderes Interesse von Erziehung und Bildung.

Zielt Bildung auf Freiheit, so zielt sie immer auf Bestimmungen, in denen Freiheit (ihrer selbst) im und durch das Subjekt ansichtig wird. Dessen Bildsamkeit bezieht dabei die Ganzheit seiner Möglichkeit zur Selbstmitteilung mit ein. Anders gewendet: Denkt man vom Gedanken unbedingter Freiheit her, die sich im ‚praktischen System' der Bildung als endliche Freiheit realisieren will, gibt es keine Handhabe, bestimmte Dimensionen ihres Selbstausdrucks – seien sie leiblich, ästhetisch o. a. – aus dem Bildungsprozess auszuschließen. Allein die sich so bildende Freiheit kann bestimmen, *wie* sie sich real-symbolisch öffnen, ausprägen und mitteilen will. Da sich selbst bildende Freiheit in ihrem ganzheitlichen Lernprozess als endliche Freiheit aber keine *endgültige* Gestalt annehmen kann – bleibt ihr doch das Moment der Unbedingtheit inhärent –, muss

---

12 „Bildung geschieht immer als Bildung von Freiheit", so Siller. *Pius Siller*, „Die bildende Kraft des Religionsunterrichts" – Eine Erinnerung, in: RU*heute* (03–04/2005) 10–13, 11.
13 *Biehl*, Bildung und Bildungspolitik in theologischer Perspektive, 14; vgl. *Ladenthin*, Was ist „Bildung"?, 254.
14 Vgl. *Ladenthin*, Was ist „Bildung"?, 254; vgl. *Biehl*, Bildung und Bildungspolitik in theologischer Perspektive, 14.17. Es geht um die Möglichkeit, „im Laufe seiner Lebensgeschichte innerlich kohärent" zu bleiben – eine Möglichkeit, die Dressler zu Recht fordert. Vgl. *Bernhard Dressler*, Unterscheidungen, Religion und Bildung, Leipzig 2006, 158.

der Bildungsprozess notwendig unabschließbar sein. Bildung ist von daher ein lebenslanger, unausschöpflicher Prozess.¹⁵ Bildung wird aber noch in weiterer Hinsicht vom Wesen der Freiheit geprägt. Denn in dem hier vertretenen Verständnis ist sie hinsichtlich ihrer Verwirklichung zutiefst auf andere Freiheit verwiesen, d. h., sie ist relational, nicht monadisch. So ist es die Freiheit des anderen, die das ‚Bildungsbedürfnis' am meisten herausfordert, wie die *Bildende Kraft* betont. „An ihr bildet sich die eigene Freiheit, weil Freiheit durch und durch kommunikativ ist."¹⁶ Die Selbstwerdung des Einzelnen im und aus dem ‚Kommerzium von Freiheit' lässt auch dieses dabei nicht unverändert. Individuation und Sozialisation bedingen einander. Im ‚praktischen System' der Bildung sind Kommunikation und Dialog demnach entscheidende Größen. Mit *Nipkow* kann Bildung von daher auch als ‚Leben im Gespräch' bezeichnet werden. Wo das Gespräch gelingt, fließt der Bildung eine erneuernde, verändernde, gar verwandelnde Kraft zu. Kommunikative Freiheit trägt in sich den Anspruch, dem Wort anderer Freiheit zu antworten, also Ver*antwort*ung für die Selbstverwirklichung anderer Freiheit zu tragen. Soll eine ‚universale Solidaritätsfähigkeit', wie sie die deutschen Bischöfe als Bildungsziel¹⁷ andeuten, realistisch sein, so wäre von der Einsicht auszugehen, dass sie die Selbstwahl der Freiheit notwendig voraussetzt. Konkret: Bildungs- und Erziehungsprozesse müssen so von wirklicher, zuvorkommender Anerkennung und vertrauender Liebe geprägt sein, dass sich die Freiheit der Heranwachsenden dazu ermutigt erfährt, sich auf den Anspruch ihrer eigenen Unbedingtheit zu verpflichten, um in der (prinzipiell unbegrenzten) Affirmation anderer Freiheit ihren einzigen angemessenen Gehalt zu finden.¹⁸ Solidarität und Selbstbestimmung

---

15 Vgl. *Biehl*, Bildung und Bildungspolitik in theologischer Perspektive, 57.77f.; vgl. *Dietrich Benner*, Allgemeine Pädagogik. Eine systematisch-problemgeschichtliche Einführung in die Grundstruktur pädagogischen Denkens und Handelns, 5., korr. Auflage, Weinheim – München 2005, 37f.76.160. Bildung kann ihr Ziel – anders als es das Bildungsideal des Humanismus noch nahe legt – niemals erreichen. Daraus ergeben sich die Möglichkeit und die Notwendigkeit ‚lebenslangen Lernens', um angesichts einer unwägbaren Zukunft ‚handlungsfähig' zu bleiben.
16 Die bildende Kraft des Religionsunterrichts. Zur Konfessionalität des katholischen Religionsunterrichts, 27.9.1996 (DDB 56), Bonn 1996, 28.
17 Vgl. Bildung in Freiheit und Verantwortung – Erklärung zu Fragen der Bildungspolitik, 21.9.1993 (DDB Kommission für Erziehung und Schule 13), Bonn 1993, 15. Eine „Identität in universaler Solidarität" strebt auch Mette an. Vgl. *Norbert Mette*, Religionspädagogik [= Leitfaden Theologie 24], Düsseldorf 1994, 139.
18 Vgl. *Bernhard Dressler*, Menschen bilden? Theologische Einsprüche gegen pädagogische Menschenbilder, in: EvTh (4/2003) 261–271, 267; vgl. *Ladenthin*, Was ist „Bil-

dürfen von daher nie gegeneinander ausgespielt werden; das eine macht vielmehr das andere erst möglich und zieht es nach sich.

Das Verhältnis von Freiheiten ist also nicht im Sinne einer Begrenzung oder gar einer Negation gedacht, sondern als das einer wechselseitigen Ermöglichung. Freiheit will, dass andere Freiheit sei! Nimmt sie also ihre Verantwortung an, so möchte sie, dass die von ihr anerkannte Freiheit sich ebenso verwirklichen kann, wie sie selbst.[19] M. a. W.: Sie wird nicht nur darauf achten, dass ihre Selbstbestimmung nicht auf Kosten anderer Freiheit geht, sondern sie wird solidarisch für all jene eintreten, die das Recht auf selbstbestimmte Bildung gemäß ihren Neigungen und natürlichen Anlagen nicht wahrnehmen können.

Eine Bildungstheorie in dieser Perspektive muss im Sinne *Biehls* ideologie- und gesellschaftskritisch sein, um den Anspruch aller Menschen auf Entfaltung all ihrer Möglichkeiten einzuklagen. Sie muss alle Formen gesellschaftlicher Verhinderung von Freiheit aufdecken und real erfahrene Unfreiheit und Entfremdung klar benennen. Wo sie darauf stößt, muss sie entschieden Widerstand leisten und das Bestehende provozieren. Umgekehrt muss sie an der Schaffung gesellschaftlicher Bedingungen und Lebensverhältnisse interessiert sein, die die Realisierung von Freiheit bzw. die Subjektwerdung aller in gerechter Weise fördern. Konkret sucht sie Bildungsinstitutionen strukturell so anzulegen bzw. zu verändern, dass sie dem kommunikativen Verständnis von Freiheit möglichst optimal entsprechen.

Kurzum: Wenn es stimmt, was *Heydorn* für die Bildung annimmt, dass sie nämlich unter den menschlichen Praxen am elementarsten auf Zukunft hin ausgerichtet ist, dann muss die Zukunft als Ermöglichung der ‚Menschwerdung des Menschen' ständig freigelegt werden, und es müssen alle destruktiven Kräfte und Blockaden in ihr beseitigt werden.[20]

---

dung"?, 44. Verantwortung ist an der freien Selbstwahl festzumachen. Dies bedeutet, der Bildung folgt das ethische Handeln nicht gleichsam ‚von selbst'.

19 Damit ist auch auf die Tatsache angespielt, dass nach Auskunft der OECD die Chancengleichheit auf Bildung in der Bundesrepublik Deutschland so gering ist wie in keinem anderen Industriestaat. Ohne instrumentell werden zu können, hat Bildung immer auch die Optimierung sozialer Gerechtigkeit im Blick! Dies schließt eine *inklusive* Bildung mit ein. Vgl. die Bonner Erklärung zur inklusiven Bildung in Deutschland, *verabschiedet von den Teilnehmenden des Gipfels „Inklusion – Die Zukunft der Bildung"* am 20.3.2014 in Bonn. http://www.unesco.de/gipfel_inklusion_erklaerung.html.

20 Bildung als Subjektwerdung des Menschen stößt nämlich lokal wie global auf gravierende reale Verhinderungen. Diese reichen von sozialer und wirtschaftlicher Ausbeutung, von politischer Verfolgung bis hin zur militärischen Bedrohung. Vgl. *Biehl, Bildung und Bildungspolitik in theologischer Perspektive*, 46.59.21.

Bildung von Freiheit ist weniger die Vermittlung von ‚Kulturgütern' im Sinne des Humanismus, sondern die freie Wechselwirkung zwischen Mensch und Welt. Es gehört aber zur bleibenden Struktur des durch Freiheit konstituierten Systems, dass Freiheit dem System widerspricht und so ihren Charakter der Unbedingtheit, mit dem sie die selbstgesetzten Realisierungsbedingungen transzendiert, weiterhin behauptet. Systeme – auch das der Bildung – eignen sich nur dann zur Verwirklichung von Freiheit, wenn sie den Widerspruch von System und Freiheit in sich abbilden. So ist denn der Widerspruch nicht nur Garant bzw. Bedingung der Existenz realer Freiheit, sondern auch dafür, dass die Freiheit in ihrer Bedingtheit ihre eigene Unbedingtheit und die Unbedingtheit anderer Freiheit behaupten kann. Der strukturelle Widerspruch von System und Freiheit impliziert aber die Möglichkeit zur permanenten Systemveränderung: Bildung als kritische, wechselseitige Vermittlung von Subjekt und Objekt kann von daher nur *nichtaffirmativ* sein. Weder das ‚System der Individualität' noch das der ‚Gesellschaft' oder ‚Kultur', weder ein vermeintliches ‚anthropologisches' noch ein ‚geschichtliches' Telos könnten dem Bildungsprozess eine unverrückbare Gesetzlichkeit oder gar eine dauerhafte materiale oder formale Zielperspektive geben. Der Prozess der Bildung muss vielmehr der einer wechselseitigen Transformation sein; in ihm verändern sich beide – Mensch und Welt.[21] Weder waren sie noch werden sie jemals ‚fertig' sein. Nicht nur das Subjekt ist bildsam und bildungsbedürftig, auch die Welt ist veränderungsbedürftig und -fähig. Angesichts einer unwägbaren Zukunft kann und muss das (stets neu zu konkretisierende) Ziel von Bildung am Maßstab der sich selbst verpflichteten Freiheit ausgerichtet sein. Freiheit selbst bleibt als unbedingtes Sinnprinzip das geltungskritische Kriterium für die Beurteilung und Veränderung der Systeme. Sie ist wohlgemerkt die Orientierung, nicht das anvisierte Ziel eines real anzunehmenden Entwicklungsprozesses – etwa der ‚Selbstbefreiung' der Vernunft. So wie Geschichte Freiheitsgeschichte ist und nicht die Geschichte *der* Freiheit, so ist Bildung Freiheitsgeschehen und nicht die Bildung *der* Freiheit. Der

---

21 Vgl. dazu auch *Biehl*, Bildung und Bildungspolitik in theologischer Perspektive, 58.82. In einer *nichtaffirmativen* Bildungstheorie meint Schülerorientierung nicht die Bestätigung ihrer bisherigen Erfahrungen und Sachbezogenheit, meint nicht die bloß bestätigende Aneignung von Welt oder gar die Anpassung an ihre ‚Sachgesetzlichkeiten', sondern eben eine kritische, wechselseitige Auseinandersetzung von Subjekt und Welt, die in ihrem Ergebnis offen ist. Vgl. ebd., 59; vgl. *Benner*, Allgemeine Pädagogik, 58.179. Reflektierende Bildung gilt einer ‚Welt', die nicht so bleiben kann, wie sie ist, sondern sich so verändern muss, dass in ihr sich alle zur Freiheit bestimmten Subjekte gemäß ihren natürlichen Anlagen selbst bilden können.

Widerspruch von Freiheit und System ist also auf der einen Seite die kritische Instanz, die hybride Bildungsideale und (totalitäre) Vollkommenheitsansprüche gleichermaßen aufzudecken vermag, die die Endlichkeit und Fehlbarkeit menschlicher Freiheit ausblenden. Im Namen realer und zugleich offener Freiheit ist vor unrealistischen Verheißungen und falschen Versprechungen, die in der Geschichte der Bildung immer wieder artikuliert wurden, zu warnen. Pädagogisches Handeln ist und bleibt immer fragmentarisch und kontingent. Gleichwohl verhindert der Widerspruch auf der anderen Seite, die Möglichkeiten von Bildung zu unterschätzen und Systeme welcher Art auch immer in eine ‚affirmative Erstarrung' verfallen zu lassen. Beide Extreme können auf eine inhumane Weise totalitär werden. Praktische Systeme aber sind immer entwicklungsoffen auf eine je neue, kreative Realisierung von Freiheit.

So das reflexive Selbstverhältnis in die Struktur von Freiheit eingezeichnet ist, lernt Freiheit über die ihr innewohnende Spannung von Bedingtheit und Unbedingtheit die Kontingenz ihrer endlichen Wirklichkeit kennen. Sie muss einsehen, dass sie sich nicht selbst hervorgebracht hat und sich nicht selbst im Sein halten kann. Ferner muss sie erkennen, dass sie über den Sinn und die Wahrheit dessen, was sie sich als ‚Wirklichkeit' erschließt, nicht verfügen kann. Die theoretische Einsicht in das Partikulare und Fragmentarische ihres Erkennens verdankt die freie Vernunft aber der Vorstellung von der ‚Einheit und Ganzheit' der Wirklichkeit, die sie als nicht bloß instrumentelle Vernunft zumindest immer schon postulieren muss (Kant). Bildung bezieht sich also auf das (Sinn-)Ganze der Wirklichkeit, das sie als endliche Größe niemals erreichen oder herstellen kann. Als der *einen* Wahrheit verpflichtet (s. o.), bleibt die freie Vernunft aber auf dem Weg zu ihr.[22]

1.2 Bildung in der Reflexion ihrer Grenze

Bildung ist, wie gesehen, nicht nur ein Anliegen theoretischer, sondern vor allem auch der praktischen Vernunft, fragt sie doch nach den Handlungs- und Realisierungsmöglichkeiten menschlicher Freiheit. So die oben angedeutete ‚universale Solidarität' ein Implikat selbstverpflichteter Freiheit

---

22 Dies bedeutet indes keineswegs die Rückkehr zu Hegels Bildungsutopie einer subjektiv werdenden und wachsenden Teilhabe an der Fülle der Wahrheit, die sich erfüllt (!), sobald subjektive Produktivität und objektive Realität sich zum Ganzen fügen. Vgl. *Dietrich Korsch*, Bildung und Glaube – Ist das Christentum eine Bildungsreligion?, in: NZSTh 36 (1994) 190–214, 193.

ist, stößt diese in der Reflexion auf ihre endlichen Grenzen auf das Problem, dass sie den Sinn, den sie bereits in der Anerkennung einer einzigen Freiheit intendiert und real-symbolisch antizipiert, angesichts der eigenen Endlichkeit und Verletzlichkeit im Letzten nicht selber garantieren kann. Mehr noch, sie kann erst recht nicht für die zahlreichen Geschlagenen und vernichteten Opfer der Geschichte aufkommen. Kann sich aber eine sich im ‚Kommerzium von Freiheit' herausbildende Freiheit damit abfinden, dass die Gerechten, die sich für „eine solche Gemeinschaft aufgeopfert haben und deshalb umgebracht worden sind, vergessen und im Tod für immer von ihr ausgeschlossen bleiben"?[23], so wäre im Sinne *Helmut Peukerts* zu fragen. Wäre damit der Begriff *un*begrenzter Kommunikationsgemeinschaft nicht doch wieder empiristisch und positivistisch verkürzt und damit in sich widersprüchlich? Was bedeutet es für eine Bildungstheorie, wenn dasselbe für den Begriff ‚universaler Solidarität' gilt? Worauf gründet dann die Hoffnung auf Humanität, das uneingelöste Versprechen, das in der Bildung liegt?[24] Was aber, wenn sich Freiheit weigert, vernichtete vergangene Freiheit (und mögliche zukünftige Freiheit) aus dieser Solidargemeinschaft auszuschließen? Dies womöglich, weil, mit *Biehl* gesprochen, im Bewusstsein universaler Solidarität, „das konkret werden will und sich nicht einschränken" lässt, ein „unbedingtes Moment" liegt. Wenn sich Freiheit aber, von diesem Unbedingten bewegt, angesichts ihrer konstitutionellen Antinomie mit der drohenden Möglichkeit ihres absurden Daseins nicht abfinden will, dann muss sie die Frage nach der Rettung der vernichteten Opfer, die Frage nach „einer absoluten, im Tod befreienden Freiheit" aufwerfen.[25] Mit dieser Frage nach dem Sinngrund, der das verbürgt, was sie selbst in ihrer unbedingten Anerkennung des Anderen schon voraussetzt,[26] öffnet sich aber das praktische System der Bildung

---

23 Zitiert bei *Hermann Pius Siller*, Religiöse Bildung in einer fragmentierten Lebenswelt, in: RpB (50/2003) 59–72, 66. Peukert erkenne so auch in Habermas' Begriff der unbegrenzten Kommunikationsgemeinschaft eine Aporie, sei bei ihm doch der Tod nicht ‚theoriefähig'. Vgl. ebd. Ähnlich *Mette*, Religionspädagogik, 120ff.
24 Vgl. auch *Dressler*, Unterscheidungen, Religion und Bildung, 33.91. Die Ausbildung einer ‚erinnernden Solidarität der Lebenden mit den Toten' schreibt Benner eben der Religion zu. Vgl. *Benner*, Bildung und Religion, 57.
25 *Biehl*, Bildung und Bildungspolitik in theologischer Perspektive, 24. Sich solche Fragen nicht ausreden zu lassen, auch wenn sie ohne Trost blieben, das sei ein „konstruktives Element von Bildung", so Biehl ebd. Darin liege der wichtigste Punkt der Auseinandersetzung zwischen Theologie und Pädagogik um das Bildungsverständnis. Vgl. ebd., 25.55. Sicher, das Paradox anamnetischer und proleptischer Solidarität sprengt eine normative Handlungstheorie.
26 Die Vernunft, die nach Ladenthin Handlungen und das Wollen zu begründen versuche, spüre in der Frage nach dem letzten Grund von Handlungen und in der Frage nach dem

für eine es transzendierende, religiöse Dimension. Diese Dimension ist als Postulat eines letzten Sinnganzen im praktischen Vollzug der Freiheit, so er Unbedingtes intendiert, immer schon erreicht. Bildung ist somit in den Horizont einer eschatologischen Hoffnung gerückt. Wo dies nicht nur implizit gilt, sondern explizit thematisiert wird, da öffnet sich Bildung für Religion. Daraus wären dann die Konsequenzen zu ziehen.

2 Religiöse Bildung als Freiheitsgeschehen

2.1 Zur wechselseitigen Verwiesenheit von Bildung, Glaube und Religion

Glaube als solcher kann, da er unverfügbare Gnadengabe ist, kein intendierbares Lernziel sein. Seine Gratuität und das darin zum Tragen kommende Vertrauen auf die in Christus zugesagte personale Beziehung kann nicht lehrhaft vermittelt werden.[27] Und doch können religiöse Lehr-Lern-Prozesse die Bedingungen für den Glauben möglichst günstig (vor-)bereiten, indem sie z. B. die Inhalte und die Art und Weise des Glaubens so nahebringen, dass sie zum Wagnis der ‚fides qua' einladen, um so gewissermaßen ein Lernen ‚auf Glauben *hin*' (Werbick)[28] zu gestalten. Glaube, so er sich als Geschenk einstellt, ‚lernt' und bildet sich also dort, wo Religion ‚gelehrt' wird.[29]

Alle drei Größen *Bildung*, *Glaube* und *Religion*, die über die Freiheit des Subjekts miteinander verknüpft sind, sind wechselseitig aufeinander verwiesen. Mehr noch: Der Glaube braucht die Religion, die seine notwendige, wenn auch nicht hinreichende Bedingung darstellt. Glaube und

---

letzten Grund unseres Wollens ein Problem auf, das sie benennen, aber nicht lösen könne. Vgl. *Ladenthin*, Was ist „Bildung"?, 255.
27 Der Vollzug des Glaubens (als fides qua) ist eine Sache, die sich „zwischen dem gnadenhaften Geschenk Gottes und der freien Zustimmung des einzelnen Menschen im Verborgenen" vollzieht, so *Reinhold Boschki*, Einführung in die Religionspädagogik, Darmstadt 2008, 45.
28 Vgl. *Jürgen Werbick*, Glauben als Lernprozess? Fundamentaltheologische Überlegungen zum Verhältnis von Glauben und Lernen – zugleich ein Versuch zur Verhältnisbestimmung von Fundamentaltheologie und Religionspädagogik, in: Konrad Baumgartner u. a. (Hg.), Glauben lernen – Leben lernen. Beiträge zu einer Didaktik des Glaubens und der Religion, FS Feifel, St. Ottilien 1985, 3–18, 6.
29 Zum Versuch der Unterscheidung und Zuordnung von Glaube und Religion vgl. *Paul Platzbecker*, Religiöse Bildung als Freiheitsgeschehen. Konturen einer religionspädagogischen Grundlagentheorie (Praktische Theologie heute 124), Stuttgart 2013, 141–167.179–185.

Religion aber bedürfen beide der Bildung, wie umgekehrt die Bildung auf Glaube und Religion angewiesen ist.

Im Einzelnen: Freiheit, die den unverfügbaren Grund ihres Verdanktseins entdeckt, verlebendigt diese ihr angebotene Beziehung als Glaube, der sich als unverfügbares Geschenk in der Religion artikulieren und so mitteilen kann, wie es ihm als Anspruch bereits von jeher innewohnt.[30] Denn sie will die mit dieser Beziehungswirklichkeit verbundene Erfahrung unbedingten Erwünscht- und Anerkanntseins in Gemeinschaft[31] praktisch weitergeben und darüber kommunizieren. Um mitteilungsfähig zu werden, ist der Glaube, der sich dem Anderen vermitteln will, aber auf religiöses Lernen angewiesen. Nur so wird er zu einem *gebildeten* Glauben. Im Vollzug der Bildung kommt der Glaube als gelebter und tätiger Glaube eines konkreten Ichs zu sich selbst. Er wird welthaft, weil er, so *Biehl*, durch die Erweiterung des Selbst- und Weltverhältnisses der Bildung an Erkenntnis durch ‚Lernen aus Erfahrung' gewinnt. Qua Bildung erhält der erfahrungsfähige Glaube damit Anteil „an der Aufgabe der Wahrnehmung und Gestaltung der uns anvertrauten Welt"[32]. Zugleich gewährleistet religiöse Bildung die Integration des so Gestalt annehmenden Glaubens in die sich ihrerseits bildende personale Identität des Subjekts.[33]

Auch wenn der keineswegs gradlinige Prozess des Glaubenlernens weder im Einzelnen operationalisierbar noch abschließbar ist, Glaube bleibt auf religiöse Bildung angewiesen, damit er sich sein vor der Vernunft verantwortetes Selbstverständnis aneignen und sich erst so anderen zumuten kann.[34] Denn es gilt auf der Suche nach seinem authentischen Verständnis etwaige (und immer mögliche) Verkürzungen, Ambivalenzen und Missbräuche kritisch aufzudecken und zu überwinden, so dass seine befreiende Kraft im und durch das Medium religiöser Bildung zur Geltung kommen kann. Glaube ist von daher auf Verstehen und Verständnis angewiesen. Wo er unvertretbar Glaube jedes Einzelnen sein soll, setzt er nach *Schweitzer* „Bildung voraus und zieht Bildung nach sich"[35]. M. a. W.: Religiöse

---

30 *Platzbecker*, Religiöse Bildung als Freiheitsgeschehen, 177ff.
31 Vgl. ebd., 191ff.
32 *Biehl*, Bildung und Bildungspolitik in theologischer Perspektive, 56; vgl. ebd., 50f.
33 Vgl. *Rudolf Englert*, Art. Bildung. IV. Religionspädagogisch, in: LThK³ 2 (1994) 454f., 454. Weil ich mich in einem reflexiven Selbstverhältnis befinde, weiß ich, dass es *mein* Glaube ist, der sich je individuell ausprägt.
34 Vgl. *Platzbecker*, Religiöse Bildung als Freiheitsgeschehen, 60f.
35 *Friedrich Schweitzer*, Bildung als Dimension der Praktischen Theologie, in: Pastoraltheologische Informationen (1/1999) 75–84, 77. Für Dressler ist „Religion ohne Bildung" gefährlich. Vgl. *Dressler*, Unterscheidungen, Religion und Bildung, 67. Nach Scharer dient religiöse Bildung in Anlehnung an aufklärungsmotivierte Bildungskon-

Bildung ‚klärt' Glaube im Lichte wahrheitsverpflichteter Vernunft auf; so begegnet sie im weitgehend säkularen Raum der Herausforderung, jedem ‚Rede und Antwort' (1 Petr 3,15) zu geben. Wird Glaube auf diese Weise urteils- und dialogfähig, so ist er für die radikale Pluralität konkurrierender Deutungsmodelle gewappnet.[36] Religiöse Bildung zielt so auf die ‚Befähigung zu verantwortbarem Denken und Verhalten im Hinblick auf Religion und Glaube' (*Neue Herausforderungen*), freiheitstheoretisch formuliert: Sie zielt auf religiöse Mündigkeit als Voraussetzung dafür, dass auch unter spätmodernen Bedingungen die bewusste, freie und begründete Entscheidung für (oder gegen) eine religiöse Lebensform möglich bleibt.[37] Glaube braucht also religiöse Bildung. Umgekehrt ist Bildung, wie oben gesehen, ohne Religion und Glaube unvollständig.

Wenn Bildung auf die Ausgestaltung des Selbst- und Weltverhältnisses abzielt, so gewinnt dieses durch den Transzendenzbezug der Religion eine Weite und Tiefe, die ihr ohne sie verwehrt geblieben wäre. Religion bringt so in Bildung einen unverzichtbaren Horizont menschlichen Wahrnehmens, Fühlens, Denkens und Handelns ein – einen Sinnhorizont, der Freiheit die Möglichkeiten ihrer endlichen Selbstverwirklichung erweitert. Schon deswegen ist Religion kein bloßes Additum allgemeiner Bildung – sie ist vielmehr für sie konstitutiv. Denn wird sich Bildung ihrer zugrunde liegenden transzendentalen Freiheit bewusst und verdrängt sie von dieser her weder die Endlichkeitserfahrung des sich bildenden Ichs noch den ‚Sinn für das Absolute',[38] so wird sie der Frage nach ihrem letzten Grund bzw. ihrer ursprünglichen ‚Quelle' nicht ausweichen können. So hält *Biehl* religiöse Bildung für erforderlich, um an den Grenzen des Menschlichen „die Quellen der Freiheit zum Handeln zu erschließen"[39]. Aus demselben Grund ist sie für *Englert* der „Kern lebendiger menschlicher Bildung"; ohne Reflexion auf das, „was die letzten und wesentlichen Anliegen des Menschen" sind, werde das Lernen selbst grundlos.[40] Daher

---

zepte der Selbstaufklärung religiöser Subjekte hinsichtlich eines begründeten Glaubens. Vgl. *Scharer*, Die Wozu-Falle in der (religiösen) Bildung, 42.
36 Vgl. *Platzbecker*, Religiöse Bildung als Freiheitsgeschehen, 67–71.
37 Vgl. ebd., 11.
38 Vgl. *Dressler*, Unterscheidungen, Religion und Bildung, 62f.121; vgl. *Benner*, Bildung und Religion, 58.
39 *Biehl*, Bildung und Bildungspolitik in theologischer Perspektive, 69. Die Notwendigkeit, nach dem Grund von Freiheit angesichts der Erfahrung der Unfreiheit zu fragen, erwachse aus dem Bildungsprozess selbst. Vgl. ebd.
40 Vgl. *Englert*, Religiöses Lernen und sein Beitrag zu einer umfassenden Bildung, 6.

sieht *Ladenthin* im religiösen Verhältnis gar „die Bestimmung von Bildung selbst"[41].

Bildung als dialogisches Geschehen in einem ‚Kommerzium von Freiheiten' impliziert eo ipso das Moment der (Selbst-)Überschreitung auf das Andere, auf das Du hin. Wo sie in einer radikalen ‚Grenzreflexion'[42] tatsächlich den Grund dessen erfragt, was die sie tragende Freiheit im Letzten erfüllt, da erreicht sie schließlich den Gottesgedanken. Diesen Gott aber nicht nur als möglichen Grund und Ziel von Freiheit und Bildung zu *denken*, sondern ihm auf das Angebot seiner Erfüllung verheißenden Beziehung tatsächlich existenziell zu antworten, dies setzt Vertrauen im Sinne von Glauben voraus. Vertrauen, das ganz auf die Verheißungen setzt, die im sich selbst mitteilenden göttlichen Du gründen, und das allein sich von Gottes Heil schaffendem Willen bestimmen lässt.

Glaube ist der Bildung von daher nichts Fremdes oder gar äußerlich, sondern er ist ihr zutiefst innerlich. Denn Glaube ist der Vollzug menschlicher Existenz in ihren äußersten Möglichkeiten. Von daher findet wahre Bildung für den Glaubenden erst ihre Vollendung in der Religion als einer lebendigen Beziehungswirklichkeit.[43]

Inhalt und Grund dieses Glaubens werden aber durch seinen Hauptzeugen, Jesus Christus, nahegebracht – näherhin durch dessen Verkündigung, dessen Handeln, Leiden und Sterben und vor allem durch das, was ihm an Ostern widerfuhr.[44] Nach Auffassung der deutschen Bischöfe wird hierin das Evangelium als ‚Liebeserklärung Gottes'[45] und damit die eschatologische Bestimmtheit des Menschen und seiner Wirklichkeit im Ganzen greifbar. Theologisch betrachtet gründe Bildung auf der Erfahrbarkeit dieser Bestimmung, gemäß der die alle Wirklichkeit tragende Kraft, die Liebe Gottes, faktisch realisiert und ‚zur bildenden Kraft' der Heranwachsenden werden könne. Dieses ‚Bildungspotenzial' werde

---

41 *Ladenthin*, Was ist „Bildung"?, 255.
42 Vgl. *Platzbecker*, Religiöse Bildung als Freiheitsgeschehen, 256–263.
43 Vgl. *Helmut Peukert*, Sprache und Freiheit, in: Franz Kamphaus – Rolf Zerfass (Hg.), Ethische Predigt und Alltagsverhalten, München – Mainz 1977, 44–75, 66. Der Glaube hat für Biehl eine kritische Kraft gegenüber dem Bildungsvorgang (s. o.), aber „diese Kraft soll Bildung zu ihrer Wahrheit bringen". *Biehl*, Bildung und Bildungspolitik in theologischer Perspektive, 52.67.
44 Theologisch universal ist dieser Ereignis- und Bedeutungszusammenhang, weil an „ihm der aller Schöpfung und Geschichte vorausgehende, sie bedingende, tragende, begleitende und über alle Katastrophen zu einem guten Ende führende Heilswille Gottes offenbar" wird. *Dt. Bischöfe*, Die bildende Kraft des Religionsunterrichts, 31; vgl. *Platzbecker*, Religiöse Bildung als Freiheitsgeschehen, 105–124.179–185.
45 Vgl. *Dt. Bischöfe*, Die bildende Kraft des Religionsunterrichts, 34.

„erfahren, wo immer geglaubt, gehofft, geliebt wird. […] Die eschatologische Bestimmung durch die Liebe ist kein abstraktes Konstrukt. Nicht eine abstrakte innere Freiheit also, sondern die leibhafte, kommunikative, soziale, kulturelle und gesellschaftliche Wirklichkeit ist angezielt. […] Sie ist konkret, existenznah, alltäglich, als Voraussetzung für ein gelingendes Leben notwendig."[46]

Gläubige Freiheit lernt ihr ‚Bildungspotenzial' also im Gegenüber zu Gott entdecken.[47] Nicht obwohl, sondern weil der Sichbildende frei ist, ist er um seiner selbst willen auf das Zeugnis des Glaubens verwiesen, aus dem heraus er immer wieder neu Möglichkeiten seiner endlichen, konkreten Freiheit zur Verwirklichung eines gelingenden Lebens gewinnen kann.

Das Zeugnis vom universalen Heilswillen Gottes, mehr noch das der *eschatologischen Verheißung*, dass „alles zu einem guten Ende" geführt wird, ist aber von höchster Bildungsrelevanz.[48] In ihm liegt die Antwort auf die oben aufgeworfene Frage nach dem Grund der Hoffnung auf universale Humanität, mit ihm verbunden ist das uneingelöste Versprechen, das alle Bildung vermittelt. Diese Verheißung ist nach *Kasper* keineswegs eine ‚billige Jenseitsvertröstung', sondern vielmehr eine Botschaft der Ermutigung,[49] dem Bestimmtsein durch den göttlichen Heilswillen im eigenen Leben hier und im Leben der anderen jetzt immer wieder eine konkrete Chance zu geben.

Aus dieser Verheißung heraus lädt religiöse Bildung ein, Kontingenzen und Grenzen offen wahrzunehmen und zusammen mit den Erfahrungen der Vergeblichkeit und des unvermeidlichen Scheiterns aushalten

---

46 *Dt. Bischöfe*, Die bildende Kraft des Religionsunterrichts, 33f.
47 Auch Mette deutet das Gegenüber von Gott und Mensch als Bildungsprojekt. Vgl. *Mette*, Religionspädagogik, 60. So die „Wahrheit des Glaubens als Erfüllung menschlicher Freiheit" aber erst „in deren autonomer Zustimmung zum Ziel" komme, wird Pröpper zufolge auch die Frage nach den realen Bedingungen für „die Konstitution verantwortlichen Subjektseins unabweisbar und dringend". *Thomas Pröpper*, Freiheit als philosophisches Prinzip der Dogmatik. Systematische Reflexionen im Anschluss an Walter Kaspers Konzeption der Dogmatik, in: Eberhard Schockenhoff – Peter Walter (Hg.), Dogma und Glaube. Bausteine für eine theologische Erkenntnislehre, FS Kasper, Mainz 1993, 165–192, 191.
48 Vgl. Die bildende Kraft des Religionsunterrichts, 35.
49 Vgl. *Walter Kasper*, Schule und Bildung aus katholischer Sicht: in: Reinhard Ehmann u. a. (Hg.), Religionsunterricht der Zukunft – Aspekte eines notwendigen Wandels, Freiburg 1998, 57–66, 57f. Selbst der Tod erscheint zwar als unüberwindbarer, aber doch nicht endgültiger Horizont, der seinen Schrecken einbüßt. Von daher können auch vergangene Generationen im Bewusstsein bleiben. Vgl. *Siller*, Religiöse Bildung in einer fragmentierten Lebenswelt 68.

zu lernen. So bewahrt sie vor Resignation und Verzweiflung, befreit von Ängsten und Abhängigkeiten, weil sie den Glauben mit einer Hoffnung nährt, die nicht allein auf dem menschlich Machbaren gründet. Aus der Hoffnung aber erwächst eine Kraft, welche die eigenen Kräfte übersteigt; es erwächst eine Ermutigung zum Leben, die alles übersteigt, was wir Menschen einander geben können. Und „was ist wichtiger für Bildung und Reifung eines Menschen als der Mut, sich in Freiheit und Verantwortung auf die Wirklichkeit einzulassen", so *Kasper*.[50] Da auch die religiöse Bildung auf die Subjektwerdung in ‚universaler Solidarität' zielt, müssen Heranwachsende immer wieder ermutigt werden, die eigene wie die gemeinsame Lebenswelt unter der Perspektive der Verheißung Gottes zu deuten und angesichts der bedrängenden Gegenwarts- und Zukunftsprobleme gemeinsam zu handeln.[51]

Kurzum: Bildung und Glaube stehen damit für einen religionspädagogischen Bildungsbegriff in einer Beziehung der Wechselseitigkeit. Bildung läuft „ohne eine das Bildungsstreben sinnvoll kontextualisierende Vision wahren Lebens letztlich ins Leere"[52]. Diese Vision bringt die schon jetzt praktisch zu bewahrheitende Verheißung eines ‚Lebens in Fülle' (Joh 10,10) in Bildung ein. Diese wird damit mit der annäherungsweisen Realisierung einer ‚relativen Utopie' verknüpft, mit der Vision des ‚Reiches Gottes', das weder mit den anderen Bereichen menschlicher Praxis identisch noch jenseits derselben angesiedelt ist. Hieraus oder anders gesagt aus dem eschatologischen ‚Horizont universaler Humanisierung' gewinnt Bildung die normative Vorstellung von einer humanen Gesellschaft. Als ‚Reich sich wechselseitig erfüllender Freiheit' setzt das Gottesreich *Biehl* zufolge „Vorweg-Realisationen im Reich der Notwendigkeit" frei.[53] So rückt die Vision Welt und Mensch und damit dessen mögliche Bildung in ein anderes Licht: Das Bestehende verliert den Schein des Unverrückbaren, die herrschenden Plausibilitäten geschlossener Systeme können über-

---

50 *Kasper*, Schule und Bildung aus katholischer Sicht, 57–66, 57f.; vgl. *Benner*, Bildung und Religion, 57.
51 Glaube nimmt Gestalt an, indem er lernt, die Wirklichkeit im Medium der Religion wahrzunehmen, zu deuten und auszulegen. M. a. W.: Glaube rückt die Welt in eine andere Perspektive – in die der Verheißung, dass der Horizont möglichen Sinns am Ende der einer tatsächlichen, geschenkten Sinns sein wird. Dabei entspringt der Sinnhorizont nach Benner der Erfahrung der Abhängigkeit des Endlichen von etwas, das nicht vom Menschen willkürlich und planvoll gesetzt und gestiftet wird. Vgl. *Benner*, Bildung und Religion, 57.
52 *Kasper*, Schule und Bildung aus katholischer Sicht, 57f.
53 *Biehl*, Bildung und Bildungspolitik in theologischer Perspektive, 47. Im ‚Reich Gottes' sieht Biehl die Bestimmung des Kosmos und der Geschichte. Vgl. ebd., 53.

wunden und gesellschaftlich-kulturelle Fixierungen transformiert werden. Nach *Mette* gewinnt das ‚utopische' Moment von Bildung schließlich Gestalt in solidarischem, befreiendem Handeln. Dieses Handeln bleibt ausgespannt zwischen dem unvermeidlichen Risiko, dem der Glaube nicht entkommen kann, und einer fundamentalen Hoffnung, die an den Grenzen empirischer Gewissheiten nicht Halt macht: „der Hoffnung auf die Unwiderrufbarkeit einer letzten Zusage an menschliche Geschichte"[54].

Angesichts der nicht seltenen Erfahrung der Vergeblichkeit ist eben der eschatologische Horizont, den die christliche Tradition eröffnet, für pädagogisches Handeln gerade konstitutiv – und gehört zu „einem umfassenden Verständnis von Bildung" wesentlich dazu.[55]

2.2 Vom ‚Nutzen' und ‚Über-Nutzen' religiöser Bildung

Bildung dient, wie dargestellt, der selbstbestimmten Menschwerdung des Menschen. Sie folgt demnach einem Ziel, kann aber im eigentlichen Sinne nicht zweckgebunden sein, da sie, mit *Gadamer* gesprochen, ähnlich wie die Natur keine außerhalb ihrer selbst gelegenen Zwecke kennt. ‚Selbstzweck' ist Bildung aber insofern, als sie Maß an der unverfügbaren Freiheit des Menschen nimmt. Dessen Entwicklung einer zweckfreien Subjektivität kann weder operationalisierbar noch konkret planbar sein. Es ist die Idee der Freiheit, die die Unverfügbarkeit der Person im Prozess ihrer Bildung sichert. Kein ‚naturales' oder ‚geschichtliches' Telos könnte diesen fremdbestimmen; die Intentionen von Bildung liegen letztlich allein in der Freiheit des Subjekts begründet.

Wenn nun vor diesem Hintergrund vom ‚Nutzen' *religiöser* Bildung die Rede ist, dann geht es in der Regel darum, sie bildungstheoretisch als konstitutiven Anteil allgemeiner Schulbildung auszuweisen. So leistet religiöse Bildung, wie spätestens die Würzburger Synode resümiert, u. a. einen Beitrag zur Entwicklung personaler Identität, zum gesellschaftlichen Zusammenleben, zur Entstehung eines allgemeinen Wertebewusstseins und der Moral, zur Gewährleistung kultureller Kontinuität sowie zur ‚Zivilisierung' von Religiosität.[56] Alle diese ‚Leistungen' sind für die Genese endlicher Freiheit unabdingbar, braucht sich Wirklichkeit erschließen-

---
54 *Norbert Mette – Folkert Rickers (Hg.)*, Lexikon der Religionspädagogik (2 Bde.), Neukirchen-Vluyn 2001, 196. Damit ist für Mette auch die Sehnsucht wachgehalten, dass die „Ankunft des ganzen Menschen noch aussteht" (ebd.).
55 Vgl. *Mette – Rickers*, Lexikon der Religionspädagogik, 122.
56 Vgl. Synode, Nr. 2.3.2 / 2.3.3 / 2.3.4. Das Zivilisierungsargument stammt indes von

de Freiheit doch Gehalte (u. a. Kultur), Orientierung (u. a. Werte) und kritische Selbstreflexion (u. a. Anthropologie als Sinnfrage). Gleichzeitig übersteigt die vor allem sich der Religion öffnende Freiheit alle Bedingungen ihrer Realisierung. M. a. W.: Religiöse Bildung dient legitimerweise Zwecken, ohne in diesen aufzugehen. Denn sie verfügt, wie *Schmid* dies formuliert, über „etwas Eigenes, einen Überschuss, ein Originäres, etwas, das sich nicht in Zwecken, Funktionen und Aufgaben erschöpft und nicht von ihnen ableitbar ist"[57]. Der Gewinn aus religiöser Bildung lässt sich mit einem instrumentellen Blick letztlich nicht ermessen, so *Englert*.[58]

Die Selbstzwecklichkeit der Religion aber ist in ihrem Transzendenzbezug begründet – Religion ist nicht ohne ‚Nutzen', steht aber per definitionem ‚über' jedem Nutzenkalkül. Religiöse Bildung gibt aber dem Unbedingten, auf das Freiheit in ihrem Vollzug hin ausgreift, einen ansprechbaren Namen, d. h., sie sucht die Beziehung des Menschen zu dem, wodurch er sich von jeher unbedingt ‚beansprucht' (‚gebeten' nach Werbick) fühlt, zu artikulieren und zu kultivieren. Wird diese immer schon dem Menschen mögliche Beziehung im Glauben tatsächlich ergriffen, so erhält der religionskritische Impuls des Gottesgedankens ein zusätzliches motivationales Moment. Der Bildungsbegriff gewinnt durch diese religiöse Dimensionierung *Peukert* zufolge sein „eigentliches ‚Potential von Widerstand'" gegenüber allen Versuchen der Reduktion und der Vereinnahmung.[59] Darin sieht *Englert* den spezifischen Beitrag religiösen Lernens für eine umfassende Bildung: dass es „die dekonstruktive Kraft relativierenden Bewusstseins und in die schöpferische Kraft transzendierenden Denkens"[60] einübt.

Benner. Vgl. *Dietrich Benner*, Bildungsstandards und Qualitätssicherung im Religionsunterricht, in: RpB (53/2004) 5–19, 11.
57 *Hans Schmid*, Assoziation und Dissoziation als Grundmomente religiöser Bildung. Zur Frage nach dem ‚Wozu' religiöser Bildung heute, in: RpB (50/2003) 49–57, 49.
58 Vgl. *Englert*, Religiöses Lernen und sein Beitrag zu einer umfassenden Bildung, 5. Das Evangelium, so betonen die deutschen Bischöfe, ist kein Bildungsprogramm, weil es mehr sei als Bildung: „Es lässt sich für nichts einfach in Dienst nehmen." Die bildende Kraft des Religionsunterrichts, 34.
59 Vgl. *Bernhard Grümme*, Das Bildungskonzept der PISA-Studie: Herausforderung für die Religionspädagogik, in: Orientierung 67 (2003) 89–93, 91.
60 *Englert*, Religiöses Lernen und sein Beitrag zu einer umfassenden Bildung, 7. Zu den Größen, die fraglose Geltung beanspruchen, gehört auch all das, was als technologische Unaufhaltsamkeit oder als ökonomischer (oder sonstiger) Sachzwang begegnet. Vgl. ebd.; vgl. *Dressler*, Unterscheidungen, Religion und Bildung, 159. Schon die Synode deutet diese Aufgabe religiöser Bildung an, wenn es mit Blick auf das Ganze darum gehe, ‚Teillösungen und Vorläufigkeiten' besser als solche kenntlich zu machen, so dass ‚ihre unsachliche Absolutsetzung erschwert ist". Es gehe auch darum,

Denn von einem ‚absoluten', transzendenten Standpunkt aus müssen sich alle funktionalen Lebensbereiche (Wissenschaft, Wirtschaft, Medien, Kultur etc.) immer dann einer harschen Kritik ausgesetzt sehen, sobald sie ihre Vorläufigkeit und Begrenztheit überschreiten und totale Geltung beanspruchen. Dasselbe gilt natürlich auch für deren spezifische Rationalitätsformen (Naturalismus, Ökonomismus, Utilitarismus etc.), sobald sie zu totalitären, alles erklärenden Immanenzideologien werden.[61] Dies gilt schließlich besonders auch für den von *Leo O'Donovan* ins Spiel gebrachten ‚subjektlosen' und inzwischen allgegenwärtigen Funktionalismus, der auch vor der Bildung nicht Halt macht. Für *O'Donovan* ist es die mit der Ausbreitung des Monotheismus verbundene jüdische Aufklärung, die nach *Kraml* die Entscheidung zwischen einer (gelingendes) Leben und Beziehung ermöglichenden und einer (gelingendes) Leben und Beziehung zerstörenden Orientierung fordert[62]:

„Der Gott der Bibel ist das Andere des Funktionalismus. [… Er kann] nicht ausgerechnet und manipuliert werden […]. Gegen alle Ideologien der totalen Erklärbarkeit und Machbarkeit stellt er seinen Vorbehalt, dass die letzten Dinge ihm gehören und nicht den Menschen. So sorgt der Gott der Juden und Christen für Offenheit und schützt das Subjekt."[63]

Der universale Wille des Allein-Gottes nimmt den Menschen im Interesse seiner eigenen Freiheit zum Widerstand gegen die ‚Vergötzung' endlicher Wirklichkeit unbedingt in Anspruch. ‚Unbedingt' bedeutet dann auch, dass der damit verbundene Wahrheitsanspruch keineswegs sektoral eingrenzbar ist, was sich entscheidend auf das Verständnis von Bildung und deren Bereich auswirkt. So impliziert religiöse Bildung als Freiheitsgeschehen notwendigerweise eine ‚prophetische' Kritik an ‚Götzen', *wo* und *wie* auch immer sie menschliche Freiheit destruktiv zu binden versuchen. Eine so verstandene Bildung darf den Konflikt nicht scheuen und von

---

eine ‚unbegrenzte Wissenschaftsgläubigkeit und Ideologieanfälligkeit' zu desillusionieren. Synode, Nr. 2.3.3.
61 Wo sich die Eigenlogiken des Wissenschaftlichen, des Ökonomischen, des Politischen etc. überdehnen. Vgl. *Dressler*, Unterscheidungen, Religion und Bildung, 133.
62 Vgl. *Martina Kraml*, Religiöse Bildung als Lebenskultivierung, in: KatBl (5/2003) 326–333, 328f.; vgl. *O'Donovan*, Tempi-Bildung im Zeitalter der Beschleunigung, 45.
63 *Kraml*, Religiöse Bildung als Lebenskultivierung, 328f. Es geht „um nichts weniger als um die Rettung des Subjekts, um die Rettung der Freiheit" (ebd.).

der geforderten Entscheidung, welchem ‚Herrn' man dienen will, nicht dispensieren. Für *Englert* geht Glaube heute einher mit Unglaube „an allem, was sich fraglos Geltung" zuspricht.[64] Noch offensiver formuliert *Scharer*: In der konfrontativen Auseinandersetzung der religiösen Bildung mit den ‚neuen Göttern' reiche es nicht aus, über den ‚wahren Glauben' zu informieren. Der Mensch müsse „als Ganzer mit seinem Denken, Fühlen und Handeln in Konfrontation treten". Religiöse Bildung dürfe sich nicht in Nischen zurückziehen, um lediglich die funktionierende Gesellschaft zu stützen.[65]

Indem religiöse Bildung an die eschatologische Bestimmung[66] aller Wirklichkeit erinnert, widerspricht sie schließlich auch im Bildungsbereich selbst dem „naiven Optimismus, alles machen, organisieren und in vorher geplanten Lernschritten vermitteln zu können", wie schon die *Synode* dies formulierte.[67] Sie relativiert dort kritisch, wo hypertrophe Erwartungen an Bildung und Erziehung zu einer ‚angestrengten Diesseitigkeit' führen.

So impliziert der Glaube an Gott, den Schöpfer, nach *Dressler* eine Kritik aller Bildungsideale, die den Prozess der Bildung als die Verwirklichung des neuen Menschen begreifen; der Glaube an Gott, den Versöhner, ziele auf eine Kritik aller Bildungsvorstellungen, die die Fehlbarkeit, ja sogar das Gefallensein des Menschen ignorieren; der Glaube an Gott als Voll-

---

64 *Englert*, Religiöses Lernen und sein Beitrag zu einer umfassenden Bildung, 7; vgl. *Scharer*, Die Wozu-Falle in der (religiösen) Bildung, 40.
65 *Scharer*, Die Wozu-Falle in der (religiösen) Bildung, 47. Für Scharer steht die unbefragte totale Geltung „von Effizienz, Markt, Information, Wissen" der nur sektoralfunktional zugestandenen Geltung von Religion gegenüber. Sobald Religion diese ihr zugewiesenen Grenzen überschreite, komme es zu dem eingangs angedeuteten Konflikt. Entweder ordne sich religiöse Bildung „als Motivations- und Orientierungswissen mit dem Zweck der Aufrechterhaltung eines effizienten Wirtschafts-, Kommunikations- und Informationsystems ein" oder sie werde bekämpft. Demgegenüber müsse religiöse Bildung als „kommunikatives Konflikthandeln" begriffen werden. Ebd., 47f.
66 Zeit-Zeichen des göttlichen Vorbehalts ist nach O'Donovan der Sabbat. Denn der Sabbat (oder der Sonntag) entschleunigt bzw. lässt heraustreten aus dem eindimensionalen Beschleunigungskonformismus, der den Reichtum des Lebens zu vernichten droht. So macht er eine ‚über-nützliche' Reflexion möglich und installiert ein transfunktionales Paradox: „Die Aufhebung des Zwangs zur Arbeit gibt dem Nutzenkalkül ein positives Vorzeichen. Sie ermöglicht die Frage nach dem Nutzen des Nutzens und eröffnet die lange Perspektive" auf die nächsten Dinge, die über-nächsten wie schließlich auf die letzten. Hier gilt: Die Wirkung des übernützlich Nützlichen tritt nur dann ein, wenn sie nicht intendiert ist. Vgl. 8. Tempi-These der *Dt. Bischöfe*, Zentralstelle Bildung. Tempi – Bildung im Zeitalter der Beschleunigung, Bonn 2000.
67 Synode, Nr. 2.3.3; vgl. Die bildende Kraft des Religionsunterrichts, 66.

ender der Welt nehme schließlich alle Perfektibilitätsideale kritisch in den Blick. In dieser dezidiert theologischen Perspektive werde der Instrumentalisierung des Lernens ebenso gewehrt wie den Vollkommenheitsidealen menschlichen Gebildetseins. Schlussendlich vermögen Bildung und Erziehung – und darin ist Dressler ausdrücklich zuzustimmen – weder die Würde der Person zu konstituieren noch diese in selbsterlöserischer Absicht vor Gott zu rechtfertigen.[68]

Unverzichtbar erinnert religiöse Bildung also auch an das, was „nicht machbar ist, sondern entgegengenommen werden muss" – so schon die *Synode*.[69] Bildungseffekte treten oft genug da ein, wo sich jenseits strenger Zweckorientierung Erfahrungen und unverhoffte Begegnungen absichtslos einstellen. Religiöse Bildung bringt *Grümme* zufolge solche ‚non-funktionalen' Momente in allgemeine Bildung ein – Momente des „Selbstzwecks, des ästhetischen Genusses, der Erfahrung von Stille, von Gratuität, der kreativen Unterbrechung einer zweckrationalen Leistungsfixierung"[70]. So wird auch hier die potenzielle Zweckfreiheit des Glaubens greifbar, wie sie vor allem im liturgischen und diakonischen Handeln der Kirche zum Ausdruck kommt.

Fazit: Religiöse Bildung dient also durchaus ‚Zwecken', ohne allerdings in ihnen aufzugehen. ‚Plausibel' ist religiöse Bildung im öffentlichen Raum (der Schule), wenn ihr ‚Nutzwert' ausgewiesen werden kann. Plausibel ist sie aber auch und erst recht, wenn sie darüber hinaus ‚trans-funktional' die Sinnfrage als herausfordernde Nachfrage an den ‚Nutzen des Nutzens' jeglichen Bildungsbemühens überhaupt stellt. Mit dieser komplementären Sicht können zwei Extreme vermieden werden: die Nivellierung religiöser Bildung wie ihre Alterisierung bzw. Isolierung.[71]

---

68 Vgl. *Dressler*, Unterscheidungen, Religion und Bildung, 68f. Deswegen sei Bildung als „Norm der Pädagogik mit der Rechtfertigung allein aus Glauben in ein kritisches Verhältnis zu setzen", ebd. 23; vgl. ebd., 23.67.123; vgl. Platzbecker, Religiöse Bildung als Freiheitsgeschehen, 215–219.
69 Synode, Nr. 2.3.3.
70 *Grümme*, Das Bildungskonzept der PISA-Studie: Herausforderung für die Religionspädagogik, 92.
71 Eine totale Abgrenzung oder Verweigerung, wie sie Scharer vorschwebt, erscheint indes wenig vermittelbar. Vgl. *Scharer*, Die Wozu-Falle in der (religiösen) Bildung, 45. Mit Kuld lässt sich nämlich fragen, welches Interesse das öffentliche Bildungssystem an einer Religion haben könnte, die „sich nicht gebrauchen lassen darf?" *Lothar Kuld*, Was heißt religiöses Lernen? Religionsunterricht zwischen den Bildungsstandards und der Unverfügbarkeit des Glaubens, in: Ludwig Rendle (Hg.), Was heißt religiöses Lernen? 2. Arbeitsforum für Religionspädagogik 27. bis 29. März 2007 [Dokumentation], Donauwörth 2007, 9–25, 10.

Religiöse Bildung bewegt sich demnach im Spannungsfeld der beiden Pole zwischen ‚Anpassung' und ‚Provokation' – eine Spannung, die nicht einseitig aufgelöst werden darf. Weder ordnet sie sich blind dem ‚Status quo' unter noch verweigert sie sich ihm gänzlich, nur weil es eben der Status quo ist. So ist sie ein unverzichtbarer, weil durch anderes nicht substituierbarer, eigener Bereich menschlicher Bildung.

Zeugnis für die Wahrheit

Franz Jägerstätter und die Frage des Gewissens auf dem II. Vatikanischen Konzil

Manfred Scheuer

In seiner 2012 unter dem Titel „Sakramentalität" vorgelegten Analyse des Katholizismus, die dessen „Wesen und Wunde" erstaunlich klar eruiert und eindrucksvoll erhellt, zeigt Karl-Heinz Menke unmissverständlich deutlich auf, was für ihn kennzeichnend ist für die spezifisch katholische Denkform. Das markanteste Erkennungszeichen jener – wie er es nennt – „sakramentale[n] Lebens- und Denkform des katholischen Christentums"[1], die sowohl das systematisch-theologische als auch das lebenspraktische Denken im Katholizismus zuinnerst prägt und von der letztlich auch alles Verstehen von Wirklichkeit und alle Einschätzung von Wert und Unwert abhängt, ist die kognitive und lebenspraktische Abkehr von dem, was Karl-Heinz Menke ein „desinkarniertes Christentum" nennt. Ein solches „desinkarniertes Christentum" ist für ihn geradezu „ein Widerspruch in sich"[2], zielt doch auch und gerade das Wirken des Heiligen Geistes, anders als man das vielleicht vermuten könnte, ganz entschieden auf die inkarnatorische Bewegung, auf die „Fleischwerdung" der Wahrheit und damit auf leibhaftige Konkretion. Mit Joseph Ratzinger / Benedikt XVI. sieht dann auch Karl-Heinz Menke „das Besondere des Christlichen" eben genau „darin, dass die christliche Vergeistigung zugleich eine Inkarnation ist"[3]. Denn für ihn gilt – mit allen Konsequenzen, die das theologisch und lebenspraktisch gesehen nach sich zieht: „Es gibt kein Geistwirken

---

1 *Karl-Heinz Menke*, Sakramentalität. Wesen und Wunde des Katholizismus, Regensburg 2012, 29.
2 *Menke*, Sakramentalität, 294.
3 Vgl. *Joseph Ratzinger*, Die Feier der Eucharistie – Quelle und Höhepunkt christlichen Lebens, in: Ders., Gesammelte Schriften XI, Freiburg 2008, 235–497, 459; zitiert bei: *Menke*, Sakramentalität, 294.

Gottes an dem inkarnierten Logos, an Christus, vorbei."[4] Das bedeutet dann aber auch, das befreiende Wirken des Heiligen Geistes ist in erster Linie eben genau dort zu vermuten, wo Christ(inn)en mit ihrem Glauben sichtbar-konkret ins Fleisch gehen, indem sie zum Beispiel, wie im gleich vorzustellenden Fall des Franz Jägerstätter, konsequent ihrem Gewissen folgen und mit ihrem zerbrechlichen Leben – in der Verweigerung und im Widerstand gegen das Unrecht – Zeugnis ablegen für die Wahrheit und für die Gerechtigkeit. Eben genau dort, an den Orten in der Geschichte, an denen eine solche Passion in der Kraft des Heiligen Geistes real geschieht, ist Gott dem Einzelnen zutiefst verbunden und in ihm „selbst als er selber unsagbar nahe"[5]; und über die mit – und *zusammen mit* – diesem Einzelnen geschlagene Brücke ebenso auch verbunden mit vielen anderen Menschen.[6]

Wo Gott dem Menschen „als er selber unsagbar nahe" kommt und sich mit ihm immer tiefer verbindet, während sein Heiliger Geist in die konkrete Entscheidung und Wahl und Tat drängt, geschieht immer auch das, was sein soll und was wir formal Person- und Subjektwerdung des Menschen vor Gott nennen können, auch und gerade in Kontexten, in denen solche Bestrebungen mit Gewalt niedergehalten werden. Das geschieht immer dann, wenn Menschen den Mut aufbringen, zu hören und sich ihres eigenen Verstandes zu bedienen, und in solcher aufrechter Haltung Gottes Wort Schritt für Schritt entgegenwachsen. Dass im Übrigen „das antwortende Sprechen des Menschen unverzichtbar ist für das Sprechen Gottes [zum Menschen] und Gott nur *in* der Antwort des Menschen [als er selber] vernommen werden kann"[7], „dass Gott uns sein Wort [und die Wahrheit] nur *in* unserer Antwort geben will"[8], er als Gott des Bundes

---

4   *Karl-Heinz Menke*, Sakramentalität, 294. Vgl. ebd., 263: „Der Heilige Geist ist eher die Potenzierung als die Aussetzung der Geschichtsgebundenheit des Handelns Gottes in der Welt. Denn er ist, wie gesagt, das Prinzip der Eingestaltung der Gerechtfertigten in die Inkarnation des Sohnes; er ermöglicht, vergegenwärtigt, expliziert und integriert mit dem Ziel, der Gekreuzigte und Auferstandene möge alles in allem und in allen (Eph 1,10; Kol 1,15–20) werden."
5   *Karl Rahner*, Einzigkeit und Dreifaltigkeit Gottes, in: Ders. (Hg.), Der eine Gott und der dreieine Gott. Das Gottesverständnis bei Christen, Juden und Muslimen (SKAF), München 1983, 141–160, 159.
6   Vgl. *Menke*, Sakramentalität, 263: „Wo immer ein Mensch ‚Christus anzieht' (Röm 13,14; Gal 3,27), empfängt er nicht nur das Geschenk der Rechtfertigung für sich selbst, sondern zugleich auch eine Sendung für die Anderen."
7   *Ludwig Wenzler*, Erfahrungen mit Gott, in: Ders. (Hg.), Die Stimme in den Stimmen. Zum Wesen der Gotteserfahrung (Freiburger Akademieschriften 3), Düsseldorf 1992, 7–29, 7.
8   *Wenzler*, Erfahrungen mit Gott, 23.

ganz ausdrücklich „will, dass ich sein Sprechen mitspreche"[9] – im gelebten Zeugnis für die Wahrheit also –, auch das ließe sich zweifelsohne am Fall Jägerstätter studieren, dem ich mich nun zuwende, indem ich allerdings zunächst zur schärferen Profilgewinnung meines Themas auf drei Ideologien kurz zu sprechen komme.

1 Der Einzelne und der Staat

Georg F. W. Hegel schreibt in seinen „Grundlinien der Philosophie des Rechts"[10] dem Staat einen gottgleichen Charakter zu: „Es ist der Gang Gottes in der Welt, dass der Staat ist, sein Grund ist die Gewalt der sich als Wille verwirklichenden Vernunft" (WW 7, 403). Hegel geht es dabei primär um die Idee des Staates, nicht um real existierende Staaten. Der Staat stellt die Wirklichkeit des Rechts dar. In ihm realisiert und vollendet sich die Freiheit.

„Der Staat ist als die Wirklichkeit des substantiellen Willens, die er in dem zu seiner Allgemeinheit erhobenen besonderen Selbstbewusstsein hat, das an und für sich Vernünftige. [...] Wie dieser Endzweck das höchste Recht gegen die Einzelnen hat, deren höchste Pflicht es ist, Mitglieder des Staats zu sein" (WW 7, 399),

weswegen es „nicht von der Willkür der Einzelnen abhängig" sein darf, den Staat wieder zu verlassen (WW 7, 159). Der Staat hat für Hegel einen Selbstzweck. Es muss eine Institution geben, in der „das Interesse der Einzelnen als solcher" nicht der „letzte Zweck" ist (WW 7, 399). In ihm durchdringen sich objektive und subjektive Freiheit. Das oberste Prinzip des Staates soll ein objektiver Wille sein, dessen Geltungsanspruch nicht davon abhängt, ob das Vernünftige „von Einzelnen erkannt und von ihrem Belieben gewollt werde oder nicht" (WW 7, 401).
In der Hegel'schen Sicht der Weltgeschichte[11] ist das Leben im Staat und die Hingabe an ihn der absolute Geist als wirklich und vollständig

---

9 *Wenzler*, Erfahrungen mit Gott, 23. – Für Karl-Heinz Menke sind solche Gedanken, wie sie Ludwig Wenzler im Anschluss an Emmanuel Levinas entfaltet, ebenfalls ganz und gar zentral. Gottes Handeln, so wird er nicht müde zu betonen, ist bis in die letzten Konsequenzen hinein kompromisslos als Bundeshandeln zu verstehen.
10 *Georg F. W. Hegel*, Grundlinien der Philosophie des Rechts (WW 7, ed. Moldenhauer – Michel), Stuttgart 1970.
11 Gegen die politische Theorie Hegels vgl. *Karl R. Popper*, Die offene Gesellschaft und

absoluter. Dabei tritt in der Ethik Hegels das subjektive bzw. personale Moment außerordentlich zurück. Sich in die sittliche Substanz zu versenken, erscheint als die eigentliche Aufgabe des Subjekts. Das Einzelne ist für Hegel im Grunde genommen das Böse: „Dem allgemeinen Bewusstsein gilt die Einzelheit als das Böse" (WW 2, 506). Böse sein heißt „mich vereinzeln" (WW 16, 264). Das Endliche muss für Hegel abgearbeitet und schließlich in den Taumel des absoluten Geistes hinein geopfert werden. Der Gehorsam des endlichen Subjektes ist dementsprechend ein Selbstopfer, das am Ende vom absoluten Geistsubjekt absorbiert und in sich hinein gefressen wird (WW 16, 257ff.). Der Einzelne ist bloß Futter, Material für das Ganze. In der Hoffnung auf eine personale Auferstehung der Toten sieht Hegel eine Hybris des Subjektes. Der Hegel'sche absolute Geist ist letztlich ein Moloch, dessen Gott-Sein am Tod des Menschen erkannt wird. – Der Nationalismus, die Ersatzreligion des 19. Jahrhunderts, verkündete ein „heiliges Vaterland", feierte den Heldentod als neues „Selbstopfer", darzubringen auf dem „Altar des Vaterlandes". Der Erste Weltkrieg, so Reinhart Koselleck, wurde als „heilige Geschichte" erlebt, als „das Gethsemane des deutschen Volkes". So predigte mit am lautesten die deutsche Elite in Wissenschaft und Kunst, und das auch weiter nach der Niederlage. Ernst Jünger verkündete in seinem „Arbeiter" von 1923: „Das tiefste Glück des Menschen besteht darin, dass er geopfert wird, und die höchste Befehlskunst darin, Ziele zu zeigen, die des Opfers würdig sind."[12]

2 Das Gewissen – eine Krankheit

Friedrich Nietzsche behauptete, das Gewissen sei die tiefste Erkrankung des Menschen, deshalb müsse der Wahn von Schuld und Gewissen beseitigt werden:

„Das schlechte Gewissen ist eine Erkrankung der Gesellschaft. In ihm versagen sämtliche *Instinkte*. Instinkte, die nach außen gehen sollten, müssen nun durch die drohenden Strafen nach Innen gehen. So bilden sie die Seele und wenden sich gegen den Menschen selbst in Form des schlechten Gewissens. Der Mensch leidet schließlich an sich selber. *Staat*

---

ihre Feinde. II: Falsche Propheten: Hegel, Marx und die Folgen, München ⁶1980, 36–101 (Hegel und der neue Mythos der Horde).
12 *Ernst Jünger,* Der Arbeiter. Herrschaft und Gestalt, Hamburg 1932, 71.

und Recht formen den Menschen. Der Herr braucht keinen Vertrag mit seinem Sklaven, deshalb kennen die so genannten Herrenmenschen auch keine Schuld, keine Rücksicht. Sie sind es aber, die das schlechte Gewissen bei den Schwächeren formen. Der Mensch selbst schafft sich sein schlechtes Gewissen, er formt sich selber. Die Lust zur Grausamkeit kann umschlagen zur Selbstlosigkeit, Selbstverleugnung. Als Unegoistisches bezeichnet er Dinge, die durch den Willen zur Selbstmisshandlung entstehen."¹³

Das schlechte Gewissen ist also eine Krankheit. Je größer die Schuld wird, desto größer der Gott, bis hin zum Monotheismus. Atheismus dagegen bringt eine neue Unschuld und so könnte es sein, dass man heutzutage wieder zurückfindet. Moralisierung von Schuld und Pflicht tragen zum schlechten Gewissen bei.

3 Das Gewissen – eine jüdische Erfindung

Diese beiden Ideologien, der Staat habe gottgleichen Charakter und das Gewissen sei im Grunde eine Krankheit, sind massiv in das perverse Denken des Nationalsozialismus eingegangen.

„Das Gewissen ist eine jüdische Erfindung und wie die Beschneidung eine Verstümmelung des menschlichen Wesens [...]. Die Vorsehung hat mich zum größten Befreier vorbestimmt. Ich befreie die Menschen [...] von den schmutzigen und erniedrigenden Selbstpeinigungen einer Gewissen und Moral genannten Schimäre und von den Ansprüchen einer Freiheit und persönlichen Selbständigkeit [...]. Der christlichen Lehre von der unendlichen Bedeutung der Einzelseele und der persönlichen Verantwortung setzte ich mit eiseskalter Klarheit die erlösende Lehre von der Nichtigkeit und Unbedeutendheit des einzelnen Menschen [...]. An die Stelle eines göttlichen Erlösers tritt das stellvertretende Leben und Handeln des neuen Führergesetzgebers, das die Masse der Gläubigen von der Last der freien Gewissensentscheidung entbindet."¹⁴

---

13 *Friedrich Nietzsche*, Zur Genealogie der Moral. Zweite Abhandlung: Schuld, schlechtes Gewissen und Verwandtes, in: KSA 5, 291f.
14 *Adolf Hitler*, zitiert nach: Hermann Rauschning, Gespräche mit Hitler, in: Die Wandlung, Heidelberg 1 (1945/46) Heft 8, 685.

Und 1934 tobte Hitler in einem Tischgespräch: „Wir beenden einen Irrweg der Menschheit. Die Tafeln vom Berge Sinai haben ihre Gültigkeit verloren. Das Gewissen ist eine jüdische Erfindung."[15] Und Göring donnerte: „Ich habe kein Gewissen. Mein Gewissen heißt Adolf Hitler"[16]. Die nationalsozialistische Ideologie, das Hakenkreuz mit allen Prozessen hatten sich verschworen, das Individuum zu annullieren, die Individualität zu entmachten, personale Verantwortung und Kreativität abzuschaffen. Die Nazi-Barbarei mit dem Krieg, den Konzentrationslagern, der Vernichtung der Gegner ist ein Extrembeispiel für die Vernichtung des Individuums. Individualität und Individuum gelten als eine Gattung, die auf dem Weg ist, ausgerottet zu werden, die wie bestimmte Tierarten, die Dinosaurier, aussterben. Beim nationalsozialistischen Verständnis von Arbeit und Bildung geht es z.B. nicht um Person- und Subjektwerdung des Menschen, vielmehr um „Hineinprägung" der „Ideen der Gliedschaft und der Dienstschaft in Hirn und Herz"[17]. Pädagogik und Erziehung insgesamt wurde Erziehung zu Überwältigung, Drill und Dressur. Da wird die Person von der Rolle, der Aufgabe im Volksganzen abgespalten. Niemand ist verantwortlich. Jeder ist nur ein Glied des Ganzen. Der Einzelne fühlt sich als einer aus der großen Zahl, die der Weltgeist zermalmt hat, als eine Nummer. Der Einzelne galt im Nationalsozialismus als nichts, das Volksganze als (dämonisch) alles. Und doch sind das Gewissen und das Individuum bei diesem Prozess auch einzigartig und unvergänglich geworden, gerade auch durch einzelne Personen wie Franz Jägerstätter. Im Martyrium fokussierte sich schon in der Alten Kirche die Freiheit des Einzelnen gegenüber dem Staat. Wolfhart Pannenberg sieht in dieser Freiheit der Märtyrer der staatlichen Obrigkeit gegenüber die historische Wurzel der individuellen Freiheitsrechte:

„Die Märtyrer der Alten Kirche bewiesen vor der Welt die im Tode Christi [...] begründete Freiheit des einzelnen gegenüber der Gesellschaft und dem Staat. Durch den Märtyrertod ist der einzelne radikal unabhängig geworden von jedem absoluten Anspruch der Gesellschaft oder des Staates auf sein Leben. Was man heute als Prinzip der individuellen Freiheit kennt, hat hier seine historische Wurzel."[18]

---

15 Zitiert nach: *Hermann Rauschning*, Gespräche mit Hitler, Zürich 1940, 210.
16 *Rauschning*, Gespräche mit Hitler, 77.
17 *Alexander Gündel*, Arbeit als Bildungsfaktor im Dienste nationalsozialistischer Erziehung, zitiert nach: Wolfgang Keim, Erziehung unter der Nazi-Diktatur, Band II: Kriegsvorbereitung, Krieg und Holocaust, Darmstadt 1997, 78.
18 Zitiert nach: *Arnold Angenendt*, Bilder und Idole. Vom himmlischen Menschen und

4 Ein Märtyrer des Glaubens

Franz Jägerstätter (1907–1943) bezieht seine Widerstandskraft gegen die Nazis aus der zu seiner Zeit gängigen moraltheologischen Tradition: „Die Gebote Gottes lehren uns zwar, dass wir auch den weltlichen Oberen Gehorsam zu leisten haben, auch wenn sie nicht christlich sind, aber nur soweit sie uns nichts Schlechtes befehlen."[19] Weil es das Bestreben der NSDAP war, das Christentum auszurotten, sieht er es als sündhaft an, dieser Partei beizutreten. „Wie wir, glaub ich, alle wissen, die wir in der katholischen Religion erzogen wurden, sie es uns nämlich nicht erlaubt, einer kirchenfeindlichen Partei beizutreten, auch nicht für eine solche zu opfern, damit sie sich immer mehr ausbreiten könne." (GBA 159)[20] Jägerstätters Entscheidung, nicht an Hitlers Krieg mitzuwirken, ist von seiner persönlichen Überzeugung her eindeutig eine Glaubensentscheidung bzw. eine Konsequenz seines Glaubens und seiner Verbundenheit mit der Kirche. Er hat den Wehrdienst wegen seines Glaubens verweigert. Der Tod ist die Konsequenz seiner Entscheidung für Gott bzw. Christus den König. Für ihn ist der Glaube an Gott mit einer radikalen Ideologie- und Götzenkritik verbunden. Kurzum: Franz Jägerstätter realisierte die Widerstandskraft des Glaubens gegenüber barbarischen Systemen der Menschenverachtung und der Gottlosigkeit.

Wendet man ein, er sei formal ja nicht wegen des Glaubens oder um eines Glaubensartikels willen, sondern wegen der Wehrdienstverweigerung hingerichtet worden, so würde zwischen Glaubens- und Sittenlehre ein garstiger Graben gezogen. Diese Spaltung zwischen Glaube und Sittenlehre ist ein Produkt der Neuzeit und entspricht nicht der Tradition z. B. des Thomas von Aquin, wie S. th. II-II,124,5 zeigt. Franz Jägerstätter war davon überzeugt, dass der Angriffskrieg Hitlers ungerecht war und dass er deshalb nicht mitmachen könne. Das hat er wiederholt anderen gegenüber geäußert. So sagt ein Mitgefangener im Linzer Wehrmachtsuntersuchungsgefängnis aus: „Er [Franz Jägerstätter] hat einfach gesagt, es

---

vom irdischen Übermenschen, in: Heinrich Schmidinger (Hg.), Vor-Bilder. Realität und Illusion, Graz 1996, 259–292, 275.
19 *Erna Putz*, Gefängnisbriefe und Aufzeichnungen (= GBA). Franz Jägerstätter verweigert 1943 den Wehrdienst, Linz 1987, 135.
20 Vgl. auch die zehn (elf) Fragen in: GBA 177; Jägerstätter bezieht sich bei dieser Unvereinbarkeit auf den Hirtenbrief des Linzer Bischofs Gföllner gegen den Nationalsozialismus aus dem Jahre 1933 und auf die Enzyklika von Pius XI., Mit brennender Sorge (1937).

ist ein ungerechter Krieg, da kämpft er nicht mit."²¹ Zur Ungerechtigkeit des Angriffskrieges äußert er sich auch wiederholt in seinen schriftlichen Aufzeichnungen. „Welcher Katholik getraut sich, diese Raubzüge, die Deutschland schon in mehreren Ländern unternommen hat, für einen gerechten und heiligen Krieg zu erklären?" (GBA 177) Bei der Beurteilung des Krieges geht er nicht von Siegesmeldungen, sondern von der Frage nach der Schuld an den Opfern aus: „Wir brauchen ja nur ein wenig nach Russland zu schauen, was haben die zu leiden und wann werden sie wieder aus ihrer Not befreit werden?" (GBA 129) Franz Jägerstätter benennt das gewalttätige Subjekt:

„Gibt es denn noch viel Schlechteres, als wenn ich Menschen morden und berauben muss, die ihr Vaterland verteidigen, nur um einer antireligiösen Macht zum Siege zu verhelfen, damit sie ein gottgläubiges oder besser gesagt, ein gottloses Weltreich gründen können." (GBA 169)

Er nennt die Gier beim Namen, die an der Wurzel von Krieg und Mord steht:

„Kämpft man gegen das russische Volk, so wird man sich auch aus diesem Land so manches holen, was man bei uns gut gebrauchen kann, denn kämpfte man bloß gegen den Bolschewismus, so dürften doch diese andren Sachen wie Erze, Ölquellen oder ein guter Getreideboden doch gar nicht so stark in Frage kommen?" (GBA 138.150)

Jägerstätter war zunächst kein absoluter Pazifist. Er denkt aber immer mehr vom biblischen Prinzip der Gewaltlosigkeit und der Seligpreisung der Friedensstifter her. Und er will lieber die Militärpflicht verweigern als andere morden.
Jägerstätter hat so auch objektiv Zeugnis für die Wahrheit und für die Gerechtigkeit, insofern sie auf Gott bezogen sind, abgelegt. Ansonsten würde man das nationalsozialistische System und den von ihm ausgelösten Krieg als gerecht und wahr hinstellen.²² Jägerstätter war in seiner Diagnose nicht geblendet, sondern klarer und weitsichtiger als viele seiner Zeitge-

---

21 Lucien Weyland, geb. 24.8.1923 in Metzingen / Frankreich, war mit Franz Jägerstätter von März bis Mai 1943 im Wehrmachtsuntersuchungsgefängnis in Linz. Protokoll der Zeugenaussage vom 22.10.1991, Bekräftigung am 17.11.1999.
22 Der Angriffskrieg der Nationalsozialisten ist schon aufgrund der traditionellen Kriterien für eine mögliche Rechtmäßigkeit eines Krieges (Legitimität der Autorität, *ultima ratio* für ein friedliches Zusammenleben, gerechter Grund, rechte Intention,

nossen. In dieser Hinsicht ist die Aufhebung des Todesurteils gegen Franz Jägerstätter durch das Berliner Landgericht am 7. Mai 1997 von großer Bedeutung. Diese Rehabilitierung erweist das Todesurteil juristisch als Unrecht und somit als eine rechtswidrige vorsätzliche Tötung. Das Landgericht geht davon aus, dass der Zweite Weltkrieg Unrecht war, dass er nicht dem deutschen Volke, sondern nationalsozialistischem Machtstreben sowie der Durchsetzung nationalsozialistischen Gedankengutes gedient hat.[23]

Jägerstätters prophetisches Zeugnis für die christliche Wahrheit beruhte auf einer klaren, radikalen und weitsichtigen Analyse der Barbarei des Menschen und Gott verachtenden Systems des Nationalsozialismus, dessen Rassenwahns, dessen Ideologie des Krieges und der Staatsvergottung wie dessen erklärten Vernichtungswillens gegenüber Christentum und Kirche. Er ist Märtyrer, der vor die Alternative: Gott oder Götze, Christus oder Führer, gestellt war. Aus einem gebildeten und reifen Gewissen heraus hat er ein entschiedenes Nein zum Nationalsozialismus gesagt und ist wegen seiner konsequenten Weigerung, in Hitlers Krieg als Soldat zu kämpfen, hingerichtet worden.

5 Franz Jägerstätter und das II. Vatikanische Konzil[24]

Das Lebens- und Glaubenszeugnis des seligen Franz Jägerstätter war Thema bei den Beratungen des II. Vatikanischen Konzils (1962–1965). Hildegard Goss-Mayr, Ehrenpräsidentin des Internationalen Versöhnungsbundes, war mit ihrem Mann Jean Goss durch ihre gemeinsame Friedensarbeit maßgeblich daran beteiligt, dass im II. Vatikanischen Konzil die Anerkennung des Gewissens in Bezug auf Kriegsdienstverweige-

---

Gewalt beschränkende Maßnahmen, Proportionalitätsprinzip) als Unrecht zu qualifizieren. Vgl. *Gerhard Beestermöller*, Art. Krieg, in: LThK³ 6 (1997) 475–479.
23 Vgl. *Reinhard Moos*, Die Rehabilitierung Franz Jägerstätters durch das Landgericht Berlin, in: Franz Jägerstätter. Zur Erinnerung seines Zeugnisses. Eine Handreichung. Hg. von Pax Christi Oberösterreich, Linz 1999, 31–40; ders., Die Aufhebung der Todesurteile der NS-Militärgerichtsbarkeit, in: Journal für Rechtspolitik 5 (1997) 253–265.
24 Wir beziehen uns auf Vorträge von *Hildegard Goss-Mayr*, „Jean Goss – ein Leben für die Gewaltfreiheit", am 9. Juni 2012 im Haus der Begegnung in Innsbruck, zum Thema „Aus den Fängen von Macht und Gewalt zum Befreiungsweg Jesu. Zwei Zeugen für unsere Zeit: Franz Jägerstätter (1907–1943) und Jean Goss (1912–1991)" am 9. August 2012 in Tarsdorf / St. Radegund sowie zum Thema „Konzil des Friedens" am 15. Oktober 2012 im Haus der Begegnung in Innsbruck.

rung in der Pastoralkonstitution zu Kirche und Welt „Gaudium et spes" verankert wurde. Gemeinsam mit ihrem Mann bildete Goss-Mayr eine Friedensgruppe und engagierte sich besonders im Internationalen Versöhnungsbund, dessen Anliegen es war, dass das Konzil „angesichts der damaligen großen Spannungen in der Welt eine starke Friedensbotschaft setzen" sollte. Als Forderungen wurden in das Konzil u. a. eingebracht: die Verurteilung des modernen Krieges und der Herstellung von ABC-Waffen, das Recht auf Militärdienstverweigerung und Ungehorsam gegen unmoralische Gesetze und Befehle sowie die Anerkennung der Gewaltfreiheit Jesu als Leitlinie der Friedenslehre und des Friedensengagements der Kirche. In der Konzilsdebatte seien die Fragen nach einem „gerechten Krieg" und Militärdienstverweigerung aufgrund der Gewissensentscheidung aus dem Glauben heraus auch vor dem Hintergrund des Beispiels Jägerstätters besprochen worden. Stellungnahme von Erzbischof T. D. Roberts beim II. Vatikanischen Konzil:

„[…] Franz Jägerstätter, der in Berlin am 9. August 1943 hingerichtet wurde, weil er sich weigerte, in einem Krieg zu dienen, der später in Nürnberg als Verbrechen gegen die Menschheit bezeichnet wurde. Franz Jägerstätter war ein Mann, einfach und arm; wir wissen doch, dass auch Männer und Frauen, einfach und wenig unterrichtet, durch den Heiligen Geist ausgewählt wurden, um Wahrheiten aufzuzeigen, welche mächtigere Männer, oder (wie die Welt sie sieht) weisere Männer nicht erkennen oder annehmen […]. Jägerstätter wusste von Anfang an, dass seine Weigerung, zu welcher ihn sein Gewissen verpflichtete, seinen Tod bedeutete, und er war darauf vorbereitet […]. Märtyrer wie Jägerstätter sollen nie das Gefühl haben, dass sie allein sind. Ich lade die Väter ein, diesen Mann und sein Opfer in einem Geiste von Dankbarkeit zu betrachten, damit sein Beispiel unsere Beschlüsse inspiriere."[25]

Der Beitrag von Erzbischof Roberts bezieht sich auf die Pastoralkonstitution über die Kirche in der Welt von heute. Dort werden im fünften Kapitel Überlegungen zur Vermeidung der Unmenschlichkeit von Kriegen angestellt. Das Konzil erinnert an die bleibende Geltung des natürlichen Völkerrechts und seiner allgemeinen Prinzipien:

---

25 Zitiert nach: *Georg Bergmann*, Franz Jägerstätter. Ein Leben vom Gewissen entschieden, Stein am Rhein 1980, 294f.

„Das Gewissen der gesamten Menschheit bekennt sich zu diesen Prinzipien mit wachsendem Nachdruck. Handlungen, die in bewusstem Widerspruch zu ihnen stehen, sind Verbrechen; ebenso Befehle, die solche Handlungen anordnen; auch die Berufung auf blinden Gehorsam kann den nicht entschuldigen, der sie ausführt. Zu diesen Handlungen muss man an erster Stelle rechnen: ein ganzes Volk, eine Nation oder eine völkische Minderheit aus welchem Grunde und mit welchen Mitteln auch immer auszurotten. Das sind furchtbare Verbrechen, die aufs schärfste zu verurteilen sind. Höchste Anerkennung verdient dagegen die Haltung derer, die sich solchen Befehlen furchtlos und offen widersetzen. Für den Kriegsfall bestehen verschiedene internationale Konventionen, von einer recht großen Anzahl von Ländern mit dem Ziel unterzeichnet, die Unmenschlichkeit von Kriegshandlungen und -folgen zu mindern, etwa die Konventionen zum Schutz der Verwundeten und Kriegsgefangenen und verschiedene ähnliche Abmachungen. Diese Verträge müssen gehalten werden. Außerdem müssen alle, insbesondere die Regierungen und die Sachverständigen, alles tun, um diese Abmachungen nach Möglichkeit zu verbessern und dadurch die Unmenschlichkeiten des Krieges besser und wirksamer einzudämmen. Ferner scheint es angebracht, dass Gesetze für die in humaner Weise Vorsorge treffen, die aus Gewissensgründen den Wehrdienst verweigern, vorausgesetzt, dass sie zu einer anderen Form des Dienstes an der menschlichen Gemeinschaft bereit sind." (GS 79)[26]

6 Exkurs: Gewissen in *Gaudium et spes*

Mit dem Verweis auf Röm 2 wird das sittliche Gewissen in GS 16 als der Ort bestimmt, an dem Gott sein Gesetz den Menschen ins Herz schreibt:

„Das Gewissen ist die verborgenste Mitte und das Heiligtum im Menschen, wo er allein ist mit Gott, dessen Stimme in diesem seinem Innersten zu hören ist. Im Gewissen erkennt man in wunderbarer Weise jenes Gesetz, das in der Liebe zu Gott und dem Nächsten seine Erfüllung hat. [...] Im Inneren seines Gewissens entdeckt der Mensch ein Gesetz, das er sich nicht selbst gibt, sondern dem er gehorchen muss

---

26 Vgl. dazu den Kommentar von *Hans-Joachim Sander,* in: Peter Hünermann – Bernd Jochen Hilberath (Hg.), Herders Theologischer Kommentar zum Zweiten Vatikanischen Konzil, Bd. 4, Freiburg – Basel – Wien 2005, 581–869, 804ff.

und dessen Stimme ihn immer zur Liebe und zum Tun des Guten und zur Unterlassung des Bösen anruft." (GS 16)[27]

Im Gewissen zeigt sich eine humane Hoffnung der Menschenwürde und hier liegt auch ein Widerstandspotenzial gegen die Macht der Sünde. Die Treue zum Gewissen führt auf die Spur der Wahrheit des Lebens. Es zeichnet sich dadurch aus, dass man die Wahrheit sucht und danach strebt, „die so vielen sittlichen Probleme, die sich sowohl im Leben der Einzelnen wie im gesellschaftlichen Zusammenleben ergeben, in der Wahrheit zu lösen". (GS 16) Die Beziehung des Menschen zu diesem Gesetz wird in dieser authentischen Lehre der Kirche nicht heteronom bestimmt. Hier wird in einer ursprünglichen Weise der theologische Charakter des Gewissens zum Ausdruck gebracht. Aber auch der dialogische Charakter des Gewissensgeschehens wird in GS 16 zumindest angedeutet:

„Durch die Treue zum Gewissen sind die Christen mit den übrigen Menschen verbunden im Suchen nach der Wahrheit und zur wahrheitsgemäßen Lösung all der vielen moralischen Probleme, die im Leben der einzelnen wie im gesellschaftlichen Zusammenleben entstehen."

Das Problem des irrigen Gewissens wird im fraglichen Artikel in einer Weise entfaltet, die das Gegenteil des vorbereiteten Textes darstellt: „Nicht selten geschieht es, dass das Gewissen aus unüberwindlicher Unkenntnis irrt, ohne dass es dadurch seine Würde verliert." (GS 16) Im vorbereiteten Text hieß es noch, dass das irrige Gewissen keinerlei Würde hat, dass es kein Grundrecht auf Gewissensfreiheit gibt, weder in der Natur des Menschen noch insofern der Mensch Person ist.[28]

Diese Ausführungen sind denn auch die Grundlage aller weiteren Positionierungen des Lehramtes zum Gewissen geblieben. Im II. Vatikanum besteht eine Spannung in der Erklärung der Wirkungsweise des Gewissens, die vom Kompromisscharakter der Konzilstexte herrührt. Nach der Pastoralkonstitution ist das Gewissen ausgezeichneter Ort der Gottesbegegnung, „verborgenste Mitte" und „Heiligtum im Menschen", jedoch

---

27 Vgl. dazu den zuvor genannten Kommentar von *Hans-Joachim Sander* (732); außerdem *Joseph Ratzinger*, Kommentar zum ersten Kapitel des ersten Teils, in: LThK[2] E.3 (1968) 313–354.
28 Vgl.: „[…] und aus dieser höchst abscheulichen Quelle des Indifferentismus fließt jene widersinnige und irrige Auffassung bzw. vielmehr Wahn *(deliramentum)*, einem jeden müsse die Freiheit des Gewissens zugesprochen und sichergestellt werden." *Gregor XVI.*, Enzyklika Mirari vos (1832), in: DH 2730.

ist an anderer Stelle auch von einem „Gesetz" die Rede, dem der Mensch gehorchen „muss" (GS 50).

7 Religions- und Gewissensfreiheit

Am 7. Dezember 1965 hat das II. Vatikanische Konzil nach durchaus dramatischen Auseinandersetzungen die „Erklärung über die Religionsfreiheit" beschlossen und noch am gleichen Tag feierlich verkündet. War die Anerkennung des Prinzips der Religionsfreiheit verbunden mit der Neutralisation der Wahrheitsansprüche und mit dem Bedeutungsverlust von Religion, zumindest einer Religion wie des Christentums mit einem dogmatischen Wahrheitsanspruch?[29] Das Evangelium setzt Freiheit und damit auch Religionsfreiheit voraus. Jede Religion müsste sich für den freien, ungezwungenen Zugang der Menschen zur religiösen Wahrheit einsetzen. So verstanden führen auch die Überzeugung von Gottes unüberbietbarer Selbstmitteilung und die damit verbundene Sendung nicht zur Beeinträchtigung der Meinungs- und Gewissensfreiheit. Die Wahrheit macht frei, aber nur die Freiheit führt zur befreienden Wahrheit. „Die Verteidigung der Menschenrechte durch die Kirche ist eine wesentliche Forderung ihrer Sendung, für Gerechtigkeit und Liebe im Geiste der Frohbotschaft zu wirken."[30]

Im Hinblick auf die Beurteilung der Freiheit des Menschen, des Gewissens und der Religionsfreiheit liegt der wirkliche Dissens zwischen dem II. Vatikanischen Konzil und der Priesterbruderschaft Pius X. vor.[31] Die neuscholastische Auffassung hatte das Grundrecht auf Religionsfreiheit nur dem Katholiken zugebilligt, denn nur der Katholik konnte in voller Übereinstimmung mit der Wahrheit stehen. Das II. Vatikanische Konzil hält nun in seiner Erklärung über die Religionsfreiheit als authentische Lehre der Kirche das Gegenteil fest (DH 2). Diese Freiheit besteht darin, dass alle Menschen frei sein müssen von jedem Zwang sowohl von Seiten

---

29 Vgl. *Hermann Lübbe*, Religion nach der Aufklärung, Graz – Wien – Köln 1986; dazu auch *Walter Kasper*, Kirche und neuzeitliche Freiheitsprozesse, in: Ders., Theologie und Kirche II, Mainz 1999, 213–228.
30 Päpstliche Kommission *Justitia et Pax*, Die Kirche und die Menschenrechte, Rom 1974, § 44.
31 Vgl. dazu *Günter Virt*, Wie ernst ist das Gewissen zu nehmen? Zum Ringen um das Gewissen am II. Vatikanum, in: Ders., Damit Menschsein Zukunft hat. Theologische Ethik im Einsatz für eine humane Gesellschaft, hg. von Gerhard Marschütz und Gunter M. Prüller-Jagenteufel, Würzburg 2007, 14–27.

Einzelner wie gesellschaftlicher Gruppen, wie jeglicher menschlicher Gewalt, so dass in religiösen Dingen niemand gezwungen wird, gegen sein Gewissen zu handeln, noch daran gehindert wird, privat und öffentlich, als Einzelner oder in Verbindung mit anderen – innerhalb der gebührenden Grenzen – nach seinem Gewissen zu handeln. Ferner erklärt das Konzil, das Recht auf religiöse Freiheit sei in Wahrheit auf die Würde der menschlichen Person selbst gegründet, so wie sie durch das geoffenbarte Wort Gottes und durch die Vernunft selbst erkannt wird. Dieses Recht der menschlichen Person auf religiöse Freiheit muss in der rechtlichen Ordnung der Gesellschaft so anerkannt werden, dass es zum bürgerlichen Recht wird. Auch haben die religiösen Gemeinschaften das Recht, keine Behinderung bei der öffentlichen Lehre und Bezeugung ihres Glaubens in Wort und Schrift zu erfahren. Schließlich ist in der gesellschaftlichen Natur des Menschen und im Wesen der Religion selbst das Recht begründet, wonach Menschen aus ihrem eigenen religiösen Sinn sich frei versammeln oder Vereinigungen für Erziehung, Kultur, Caritas und soziales Leben schaffen können. – Es ist kein Zufall, dass Erzbischof Marcel Lefebvre seinen Dissens am II. Vatikanischen Konzil genau an diesem Punkt der Gewissens- und Religionsfreiheit festmachte.

8 Habe den Mut

Franz Jägerstätter hatte den Mut, sich seines eigenen Verstandes zu bedienen. „Habe den Mut, dich deines eigenen Verstandes zu bedienen." So hieß Kants Antwort auf die Frage „Was heißt Aufklärung?"[32] Die selbst verschuldete Unmündigkeit hatte ihren Grund nach dem seligen Franz Jägerstätter darin, dass seine Zeitgenossen ihr eigenes Denken und ihre eigene Verantwortung abgegeben hatten. Für ihn ist im Gegensatz zu Kant und unseren Spätaufklärern heute das vorzügliche Objekt solcher Aufklärung nicht die Religion, sondern die gesellschaftliche und politische Ideologie. Motiv für seine Form der Aufklärung ist dabei nicht die eigene Entschließung einer sich als autonom vorkommenden Vernunft, sondern schlicht eine Passage aus der Pfingstsequenz, die er ironisch im Blick auf den Führergehorsam anführt: „Die Gabe der Weisheit und des Verstandes dürfen wir dann bei den sieben Bitten, um die wir zum Hl. Geist beten, gleich streichen. Denn wenn wir ohnedies blindlings dem Führer zu

---

32 *Immanuel Kant*, Beantwortung der Frage: Was ist Aufklärung?, in: Ders., Akademie-Ausgabe, Bd. VIII, Berlin 1968, 33–42.

gehorchen haben, zu was brauchen wir da viel Weisheit und Verstand?" (GBA 161)

Es gibt ein ziemlich verkürztes und individualisiertes Missverständnis von Autonomie. Immanuel Kant beschreibt Autonomie so: Die „Tauglichkeit der Maxime eines jeden guten Willens, sich selbst zum allgemeinen Gesetze zu machen, ist selbst das alleinige Gesetz, das sich der Wille eines jeden vernünftigen Wesens selbst auferlegt"[33]. Von Kant her ist Autonomie durchaus in der Spannung zwischen dem Selbst *(autos)* und dem Gesetz *(nomos)* zu verstehen. Die Selbstgesetzgebung der sittlichen Vernunft setzt also einen kommunikativen Prozess mit allen anderen voraus. „Handle so, dass die Maxime deines Willens jederzeit zugleich als Prinzip einer allgemeinen Gesetzgebung gelten könne."[34] „[Handle so], dass der Wille durch seine Maxime sich selbst zugleich als allgemein gesetzgebend betrachten könne."[35] Und der kategorische Imperativ verbietet die Instrumentalisierung und Verzweckung der anderen für eigene Interessen. In der „Zweck-an-sich-Formel" heißt es: „Handle so, dass du die Menschheit sowohl in deiner Person, als in der Person eines jeden anderen jederzeit zugleich als Zweck, niemals bloß als Mittel brauchst."[36] Freiheit – das heißt andere nicht als Mittel für eigene Interessen ge- oder missbrauchen. Freiheit – das heißt andere nicht hörig oder abhängig machen. Freiheit ist gefährdet, wenn sie auf Egoismus reduziert wird und von einem reinen Anspruchs- und Versorgungsdenken geprägt wird. Freiheit ist mit der ethischen Verpflichtung und Forderung verbunden, andere nicht gering zu schätzen, nicht zu verachten, nicht als Material zu missbrauchen.[37] Selige in der NS-Zeit wie Franz Jägerstätter haben sich die innere Freiheit in der Diktatur und im Gefängnis bewahrt: „Besser die Hände gefesselt als der Wille", schreibt er in seinen Aufzeichnungen. Lebensraum dieser Freiheit und Individualität, die Jägerstätter vor der Menschenfurcht und vor dem Aufgehen in der Masse bewahren, sind übrigens Gebet, Sonntag und Eucharistie. An Hans Rambichler schreibt er am 30.11.1941: „Gib ja das

---

33 *Immanuel Kant*, Grundlegung zur Metaphysik der Sitten, hg. von Karl Vorländer, Hamburg 1965, 444, 70.
34 *Immanuel Kant*, Kritik der praktischen Vernunft, 9. Aufl., hg. von Karl Vorländer, Leipzig 1929, 54, 36.
35 *Kant*, Grundlegung zur Metaphysik der Sitten, 434, 57.
36 *Kant*, Grundlegung zur Metaphysik der Sitten, 429, 52.
37 Vgl. dazu *Emmanuel Levinas*, En découvrant l'existence avec Husserl et Heidegger, Réimpression conforme à la première suivie d'Essais nouveaux, Paris [4]1982, 165–178; deutsch: Die Spur des Anderen. Untersuchungen zur Phänomenologie und Sozialphilosophie. Übersetzt, herausgegeben und eingeleitet von Wolfgang Nikolaus Krewani, Freiburg – München 1983, 185–208.

Beten nicht auf, damit Du nicht von dieser Schwachheit der Menschenfurcht überwältigt wirst." (GBA 20; zur Eucharistie 19; 39; 150) Franz Jägerstätter versteht Gebet nicht fatalistisch oder quietistisch, „sondern als Résistance der Innerlichkeit, als höchste innere Freiheit, die gerade dazu befähigt, angstfreier und nicht korrumpierbar sich einzumischen in die Verhältnisse, wie sie sind"[38].

9 Mut zum Gewissen

Von Hannah Arendt stammt das Wort von der „Banalität des Bösen". Es sollte die Durchschnittlichkeit des Täters bezeichnen und nahelegen zu sagen: Die große Masse war nicht besser als Eichmann. Es war der Sachverhalt des moralisch durchschnittlichen Schreibtischtäters, der kein Unrechtsbewusstsein aufzubringen vermochte. In einer technisierten und bürokratisierten Welt wurden der Völkermord und die Ausrottung „überflüssig" erscheinender Bevölkerungsgruppen geräuschlos und ohne moralische Empörung der Öffentlichkeit zur Gewohnheit. Die Einzigartigkeit des Holocaust erblickte Arendt im Fehlen jeglicher moralischer Dimensionen. Eichmanns Handlungen und Entscheidungen waren banal, gedankenlos, gewissenlos, vordergründig, ohne teuflisch-dämonische Tiefe. Eichmann entschuldigt sich damit, dass er nicht als Mensch, sondern als bloßer Funktionär gehandelt habe.[39]

Franz Jägerstätter verweigerte jeder menschlichen Instanz den absoluten Gehorsam. „Keiner irdischen Macht steht es zu, die Gewissen zu knechten. Gottes Recht bricht Menschenrecht." (GBA 280) Er blieb seinem Gewissen treu, selbst als ihn alle priesterlichen Begleiter, alle staatlichen und kirchlichen Autoritäten an die gebotene Sorge gegenüber seiner Familie und an seine Pflichten gegenüber Volk und Vaterland erinnerten. Er wollte sich nicht auf allgemeine Vorschriften und Regeln berufen. Von den Grundsätzen der allgemeinen Moral hätte ihm auch der leichtere Weg offengestanden. Jägerstätter verlangt von sich selbst mehr, als in dieser vergleichbaren Situation allen anderen zugemutet werden könnte. Jägerstätter war aber mit seiner Entscheidung der Wahrheit näher als eine vordergründige Kasuistik. Zu stark war nach dem Krieg noch die Verklärung

---

38 *Gotthard Fuchs*, Und alle Fragen offen?, in: Ders. (Hg.), Angesichts des Leids an Gott glauben? Zur Theologie der Klage, Frankfurt 1996, 264.
39 *Hannah Arendt*, Eichmann in Jerusalem. Ein Bericht von der Banalität des Bösen, München 1964.

der Tugenden der Soldaten im Krieg, zu zurückhaltend die Verurteilung und Ächtung des Krieges. Mit der Berufung auf das Gewissen wird nicht selten das Ziel verfolgt, die individuellen Kosten einer Entscheidung niedrig zu halten.[40] – Demgegenüber haben Gewissenstäter der Vergangenheit wie Thomas Morus oder Franz Jägerstätter einen hohen Preis für die Treue zu ihrem Gewissen bezahlt, einen Preis, der das Opfer des eigenen Lebens einschloss. Im Zeugnis von Franz Jägerstätter strahlt die Würde der menschlichen Person auf, die Würde des menschlichen Gewissens. Das Gewissen so gelebt ist kein Handlanger der Eigeninteressen. Es gibt nicht die Erlaubnis für alles und jedes, es ist nicht die Instanz der Beliebigkeit oder der Auflösung der Normen. Das Gewissen ist der Ort der Erfahrung des Unbedingten, das uns in Anspruch nimmt. Es ist der Ort der Begegnung zwischen Gott und Mensch. Bei der Entscheidung Jägerstätters geht es um sittliche Urteilskraft, um ein Gewissensurteil, das nicht im Geschrei der Massen mitplärrt. Der damalige Kontext waren Krieg und Frieden, Gerechtigkeit und Terror, Leben oder Tod. Beim Gewissenszeugnis Jägerstätters geht es also ganz und gar nicht um Willkür oder Unverbindlichkeit, auch nicht um eine Skepsis gegenüber Ethik und Moral. Im Gegenteil: Aus der Rückschau erinnert sein Gewissensprotest gegen das nationalsozialistische Unrechtsregime daran, dass die Maßstäbe von Gut und Böse unverrückbar bleiben, auch wenn sie in der damaligen pervertierten öffentlichen Moral kaum Widerhall fanden. Heute sind die Kontexte vielleicht anders, aber es geht auch um Fragen des Rechts auf Leben, um Menschenwürde, um Gerechtigkeit, um die Gottesfrage.

Jägerstätter war also keiner, der der Mehrheit nach dem Mund geredet hat. Die Zeiten des Kollektivismus in Nationalsozialismus oder Kommunismus sind vorbei. Und doch: Auch wenn seit Jahrzehnten von Überwindung der Entfremdung, von Selbstfindung, Subjektivität, Identitätsbildung und auch von Selbstverwirklichung gesprochen wird, haben doch viele eine riesige Angst vor dem Ich, sie gehen auf im Man, in der Rolle, sie schwimmen in der Masse mit. Als Man lebe ich aber immer schon unter der unauffälligen Herrschaft der anderen. „Jeder ist der andere und keiner er selbst. Das Man ist das Niemand."[41] Jürgen Habermas spricht hier von der Kolonisierung der Lebenswelt durch systemische Intervention, z. B.

---

40 Vgl. dazu *Eberhard Schockenhoff*, Das Gewissen: Quelle sittlicher Urteilskraft und personaler Verantwortung, in: Kirche und Gesellschaft, hg. von der Sozialwissenschaftlichen Zentralstelle Mönchengladbach, Nr. 16, bes. 4f.
41 *Martin Heidegger*, Sein und Zeit, Tübingen 1980, 128.

durch das Recht, aber auch durch Macht und Geld.[42] Die Kolonisierung der Lebenswelt durch die modernen Kommunikationsmedien ist zur universellen Wirklichkeit geworden.

Einsamer Zeuge des Gewissens, Anwalt einer wahren Aufklärung ist Jägerstätter gerade in einer Zeit, in der ethische Werte auf den Kopf gestellt werden, in der nicht die ethische Existenz und die Verantwortung entscheidend sind, sondern die ästhetische Lebensform. Er steht wie ein Leuchtturm gegen die Resignation und die Ergebung in das Schicksal, er bezeugt, dass der Einzelne nicht einfach machtlos anonymen Prozessen ausgeliefert ist.

10 Gewissen und Schuldfähigkeit

Franz Jägerstätter spricht sehr deutlich von Verantwortung und Verantwortungslosigkeit, von Sünde und Schuld (GBA 97), auch im Hinblick auf den Krieg und die damit verbundenen Verbrechen:

„An der Diebsbeute wollen wir uns zwar fast alle ergötzen, die Verantwortung über das ganze Geschehen wollen wir nur einem in die Schuhe schieben!" (GBA 140) „Und noch immer sind viele der Ansicht, dass über das ganze Toben des Krieges, das schon bald die ganze Welt erfasst hat, nur einige die Schuld und Verantwortung tragen. Wie sehr ist man dafür aber gleich beängstigt, es könnte einem an zeitlichen Gütern irgendein Schaden entstehen, das kommt eben daher, weil man sich am ganzen Weltgeschehen für schuldlos hält." (GBA 140; 177)

Sündenbewusstsein ist dabei alles andere als ein pathologisches, unreifes Gefühl, auch nicht Ausdruck eines infantilen Bewusstseins, das noch an einem Über-Ich hängt: „Sündenbewusstsein ist nicht knechtseliges Minderwertigkeitsgefühl, sondern ehrliche Selbsterkenntnis im Lichte des Allheiligen Gottes. (Vgl. 1 Joh 1,8–10)" (GBA 205)

So sind Selbstbestimmung, Mündigkeit, Gewissen und Verantwortung nicht abzukoppeln von der Schuldfähigkeit des Menschen. Das darf in einem Klima der Verdrängung, der Verharmlosung und der Wegrationalisierung der Schuld und des Bösen nicht vergessen werden.[43]

---

42 *Jürgen Habermas*, Theorie des kommunikativen Handelns, Bd. 2: Zur Kritik der funktionalistischen Vernunft, Frankfurt a. M. 1981, 522ff.
43 Vgl. dazu: Unsere Hoffnung. Ein Bekenntnis zum Glauben in unserer Zeit (1975), in: Gemeinsame Synode der Bistümer in der Bundesrepublik Deutschland, Bd. 1, Freiburg – Basel – Wien 1976, 93.

„Was ich bin, das gebe ich dir"

Anmerkungen zum christlichen Unterschied in der Liebe

Georg von Lengerke

Was die Apostel dem ersten Bettler der nachpfingstlichen Kirchengeschichte sagten, wird sich in unseren Breiten heute kaum ein Vertreter der Kirche mehr zu sagen trauen, ohne fürchten zu müssen, sich gründlich zu blamieren: „Silber und Gold besitze ich nicht. Doch was ich habe, das gebe ich dir: Im Namen Jesu Christi, des Nazoräers, geh umher!" (Apg 3,6) Die Blamage wäre vielschichtig: Zum einen mangelt es hierzulande der Kirche in der Regel nicht an „Silber und Gold", zum anderen hat sich die Welt um sie herum daran gewöhnt und erwartet von ihr, dass sie nicht zuletzt in solch gängiger Währung hilft. Und wenn ihnen heute schon den ersten Halbsatz kaum jemand abnähme, wie sollte jemand den Christen dann glauben, dass ihr Zeugnis von Jesus dem Christus einem Gelähmten auf die Beine hilft?

Einer der Bereiche, in dem sich die Frage nach dem christlichen Unterschied mit besonderer Dringlichkeit stellt, ist jener, in dem der karitative Dienst der Kirche gesellschaftlich gefragt ist. Diese Nachfrage ist zunehmend mit einem erheblichen Anpassungsdruck verbunden: Darf die Kirche z. B. darauf bestehen, dass ihre Dienste zuerst und vor allem von Christen geleistet werden? Und wenn ja, warum sollte sie das tun? Darf sie darauf hinwirken, dass sie in diesen Werken von solchen Christen vertreten wird, die sich nicht nur bei der Arbeit, sondern in ihrem ganzen Lebensstil zu ihr bekennen und mit ihr leben, beten, glauben? Diese Fragen werden umso schwerer zu beantworten sein, je mehr die Liebeswerke der Kirche auch institutionell von Menschen mitgetragen werden, die – sei es religiös heimatlos und suchend oder indifferent oder offen ablehnend – dem sakramentalen und gemeindlichen Leben fremd gegenüberstehen. Dieses ist auch der gesellschaftlichen Situation geschuldet: Die Größe der christlichen Hilfswerke, die zum großen Teil aus dem 19. Jahrhundert stammen, und ihr gesellschaftspolitischer Einfluss stehen in Deutschland in einem umgekehrt proportionalen Verhältnis zur abnehmenden Zahl der Getauften und erst recht derjenigen, die am Leben der Ortskirche teilnehmen. Darüber hinaus hat die Professionalisierung und die damit einhergehende Ausgliederung vieler Dienste der Kirche aus dem gemeindlichen Leben einerseits die Gemeinden im kirchlichen Grundvollzug der Diakonia und andererseits die Einrichtungen in den Grundvollzügen der Martyria und der Leiturgia geschwächt.[1]

Vor diesem Hintergrund soll im Folgenden vom christlichen Unterschied in der Liebe gesprochen werden. Gibt es den überhaupt? Was ist anders, wenn ein Mensch, der die Menschwerdung Gottes in Jesus Christus und Ihm die Liebe zu allen Menschen glaubt, seinem Nächsten gut ist, ihm dient, ihn liebt? Diese Frage wird ja nicht nur der Kirche allgemein, sondern auch dem einzelnen Christen gestellt. Und je weniger dieser in einer Gesellschaft christlicher Selbstverständlichkeiten lebt, umso mehr ist er herausgefordert, „jedem Rede und Antwort zu stehen, der nach der Hoffnung fragt", die ihn erfüllt (1 Petr 3,15). Wo allerdings keine Hoffnung mehr ist, nach der gefragt werden kann, oder wo die „Rede und Antwort" von ihr ausbleibt, weil man meint, über sie nicht mehr sprechen zu sollen, dort lautet eine heutige medientaugliche Antwort an den Bettler vor der Schönen Pforte in Apg 3 ungefähr so: „Mit Jesus Christus wollen wir dich nicht weiter behelligen (das hätte Er sicher auch nicht gewollt); aber Silber und Gold haben wir reichlich, und solange das (mit Gottes Hilfe) so ist, helfen wir dir als Christen gerne."

Nach dem christlichen Unterschied soll in diesem Beitrag jedoch nicht zuerst in Abgrenzung nach außen, sondern im Blick auf das Leben der Kirche und der heutigen Jünger und Jüngerinnen gefragt werden – in ihrem Verhältnis zu Jesus Christus und zu ihren Nächsten.[2] Ich will dabei an zwei Grundbegriffe aus dem Werk Karl-Heinz Menkes anknüpfen und deren konkreten Vollzug im Glauben reflektieren. Gemeint ist zum einen die Annahme des Menschen und sein Sich-annehmen-Lassen durch Jesus Christus (Stellvertretung) und zum anderen die Hineinnahme und das

---

1 Vgl. *Klaus Baumann*, Caritas – mehr als Sozialarbeit? Theologie und Proprium kirchlicher Caritas, in: Giampietro Dal Toso – Peter Schallenberg (Hg.), Nächstenliebe oder Gerechtigkeit? Zum Verhältnis von Caritastheologie und christlicher Sozialethik, Paderborn 2014, 103–118, 115.
2 Es geht um denselben Unterschied, von dem Jesus in der Bergpredigt spricht: „Tun das nicht auch die Heiden?" (Mt 5,47), und nach welchem Er die Jünger fragt: „Für wen halten die Leute […], für wen haltet ihr mich?" (Mt 16,13.15).

Sich-hineinnehmen-Lassen der Christen in die Kirche als Zeichen und Werkzeug der Sendung Jesu Christi in die Welt (Sakramentalität).[3]

1 „Jeder, der liebt" (1 Joh 4,7) – Was keinen Unterschied macht

Um Missverständnissen vorzubeugen: Eine spezifisch *christliche* Liebe gibt es nicht. Es gibt nur die Liebe und ihr Fehlen. Was sie sei und worin sie besteht, darum kann gerungen werden.[4] Die Gabe, lieben zu können, gehört zur Schöpfungsordnung, nicht erst zur Erlösungsordnung. Diese Begabung ist freilich beschädigt und verschüttet, seitdem und je mehr der Mensch meint, ohne ihren Geber und also unverdankt leben und überleben zu können. Seine Fähigkeit zu lieben, von sich abzusehen und dem, was um ihn ist, die Größe zu gönnen, die nicht von ihm selber kommt, ist zwar nicht völlig zerstört. Aber sie ist versehrt und die menschliche Liebe damit uneindeutig und ‚fallsüchtig' geworden.

Der christliche Unterschied besteht nun in der Behauptung der Christen, die Liebe sei aus dem Schatten der Ambivalenz und Uneindeutigkeit herausgetreten und habe *sich selbst* gezeigt. Sie offenbart sich an einem Punkt der Geschichte als ein konkreter Mensch, in dem Gott selbst als einer der Ihren zu den Menschen kommt, um in ihnen die verlorene Gabe der Liebe, die Einheit mit Ihm und so das ganze Leben zu erneuern. An dieser Stelle der Weltgeschichte wird die Liebe selbst hörbar, kann erkannt und angefasst werden (vgl. 1 Joh 1,3). Wo diesem Einen geglaubt wird, dort wird „die Liebe erkannt" (1 Joh 4,16).

Das bedeutet nicht, dass nicht auch dort geliebt werden könne, wo Jesus Christus nicht erkannt wird. Wahre Liebe ist letztlich immer christusförmig. Und auch unter denen, die nicht an Christus glauben, sind solche, die ihre Feinde lieben, einander vergeben oder für andere sterben. Zwar kann (aus Sicht der Christen) keiner ohne Christus lieben, weil alle wahre Liebe von Gott kommt und zu Ihm führt (vgl. 1 Joh 4,7); aber deshalb ist

---

3 Als Postgraduierter, gewissermaßen Spätberufener in die Schüler- und Freundschaft des hier Geehrten, haben diese beiden Grundthemen für mich bereits Erkanntes ins Wort, Neues ans Licht gebracht und schließlich geholfen, sowohl die eigene Beziehung zu Jesus als Gott dem Sohn als auch die von Ihm kommende Begabung zur Liebe und die Sendung zu den Anderen tiefer zu verstehen.
4 Liebe soll hier heißen, einen Menschen zu bejahen, ihm zu gönnen und das Meine dazu zu tun, dass er immer mehr der Mensch wird, als der er von Gott geschaffen und gemeint ist, und so zu seiner Erfüllung kommt.

nicht jeder, der liebt, schon ein bekennender Christ.⁵ Denn den Christen macht offensichtlich nicht seine sittliche Vollkommenheit aus, und seine Liebe unterscheidet sich von der seiner Mitmenschen auch nicht etwa per se olympisch dadurch, dass sie höher steht, schneller zur Stelle ist oder weiter geht. Die Liebe der Christen unterscheidet sich dadurch, dass sie die vollkommene Liebe, die von Gott kommt, in Jesus Christus „erkannt und gläubig angenommen" haben (1 Joh 4,16).

2 „Wenn Christus in euch ist" (Röm 8,10) – Stellvertretung als christlicher Unterschied

Was bedeutet die in Christus erkannte und geglaubte Liebe Gottes für die Liebe der Christen? Zum einen erkennt sich in ihr die menschliche Liebe – zunächst umrisshaft, dann aber von Angesicht zu Angesicht (vgl. 1 Kor 13,12). Darüber mag man lächeln, aber das wäre ja schon mal etwas: zu wissen, wo in der Welt die Liebe eindeutig und unfehlbar erkannt und erfahren werden kann. Die Liebe aber kann nur erkannt werden, wo geliebt wird. Es geht also mehr um Performation als um Information,⁶ es geht darum, dass dem schlechthin Liebenden die Liebe „geglaubt" wird – von Menschen, die sich lieben lassen.

Daher genügt es nicht, das Unterscheidende der heutigen Liebe der Christen zu den Ihren in einem parallelen Nachvollzug, einer Imitation der damaligen Liebe Jesu Christi zu den Seinen zu sehen. Zwischen Christus und den Christen muss es eine Beziehung geben, die über eine bloße Analogie ihrer jeweiligen Beziehungen zum Nächsten hinausgeht. Es braucht also eine theologische ‚Denkform', die einerseits verstehen hilft, was gemeint ist, wenn die Schrift sagt, Christus wohne in den Herzen der Gläubigen (vgl. Eph 3,17), rede selbst, wo seine Zeugen sprechen (vgl. Lk 10,16), und Ihm sei getan, was seinen geringsten Brüdern und Schwestern getan wird (vgl. Mt 25,40). Praktischer noch: Es braucht in die Sprachlosigkeit der Christen heute hinein eine Verstehenshilfe, um Jesus und seinen Zeugen glauben, mit Ihm leben und von Ihm reden zu können; und zwar so, dass annäherungsweise verständlich wird, dass und wie Jesus, der auferstandene Herr, in seiner Kirche und mit ihr an den

---

5   Auf den Streit um Rahners Formulierung vom „anonymen Christen" soll hier nicht näher eingegangen werden. Hier soll der Hinweis genügen, dass es die christusförmige Liebe nicht ohne Christus selbst, wohl aber ohne das Bekenntnis von Ihm geben kann.
6   Vgl. *Benedikt XVI.*, Spe salvi 4.

Menschen heute wirkt, unter ihnen lebt, sie erlöst und aus der Entfremdung nach Hause holt. Die für Menke zentrale Kategorie, mit der diese Einung Gottes mit den Menschen (in bleibender Unterschiedenheit) in der Menschwerdung beschrieben und verstanden werden kann, ist die der *Stellvertretung*. Damit ist nicht der bevollmächtigte Ersatz eines abwesenden, noch die entmündigende Verdrängung eines eigentlich lieber selbst anwesenden oder die Fremdbesetzung eines bestenfalls als Gefäß instrumentalisierten Menschen durch Christus gemeint. Stellvertretung Christi bedeutet vielmehr, dass Christus in der Menschwerdung so an die Stelle eines jeden Menschen tritt und sich mit ihm verbindet,[7] dass dieser an seiner Stelle er selbst werden und sein kann.[8] Von einer „Stelle" ist hier im dreifachen Sinn zu sprechen:

Erstens tritt Gott in der Menschwerdung an die Stelle, wohin es mit dem Menschen gekommen ist. Im Leiden und Sterben Jesu lässt Gott der Sohn sich bis dorthin verfügen, wo die Menschheit schreit: „Mein Gott, mein Gott, warum hast du mich verlassen?" (Mt 27,46) Der Sündlose wird „zur Sünde" (2 Kor 5,21) und hängt an dem für den Verfluchten bestimmten Pfahl (vgl. Gal 3,13). So durchmisst und unterfängt Er alles Leiden, alle Entfremdung von Gott in einem unendlichen Unterschied, ja Abstand in Gott.[9] Alles menschliche Leid erleidet Er mit, alle Tode stirbt Er mit und alle Auferstehung geschieht durch Ihn, mit Ihm und in Ihm. Durch Ihn werden die Nächsten „zum Bruder und zur Schwester, für die Christus starb"[10] und von denen der wiederkommende Christus sagen wird: „Was ihr einem dieser Geringsten (nicht) getan habt, das habt ihr mir (nicht) getan" (vgl. Mt 25,40.45).

Zweitens ist Jesus als Gott der Sohn die Stelle in der Welt, an der der neue Mensch in Erscheinung tritt und das neue Menschsein geschenkt wird (vgl. Röm 5,12–19). Durch sein Hintreten an die Stelle des Menschen wird der Raum geschaffen, in dem der Mensch aus der Entfremdung von Gott und der damit einhergehenden Selbstdeformation befreit und neues Leben möglich wird. Der christliche Unterschied besteht nun darin, dass diese Stellvertretung Gottes, die in der Menschwerdung Jesu

---

7 GS 22.
8 Vgl. *Karl-Heinz Menke*, Stellvertretung, Schlüsselbegriff christlichen Lebens und theologische Grundkategorie, Freiburg ²1997, 19–20.267.
9 *Hans Urs von Balthasar*, Theodramatik III. Die Handlung, Einsiedeln 1980, 301–302.
10 *Hans Urs von Balthasar*, Herrlichkeit. Eine theologische Ästhetik III/2: Theologie 2. Teil: Neuer Bund, Einsiedeln ²1988, 411.

Christi allen Menschen gilt, im Glauben angenommen und (bei sich selbst und zu den Anderen) mitvollzogen wird. Damit wird schließlich drittens der Mensch, der Christus annimmt und sich in seine Sendung zu und sein Wirken an den Menschen mit hineinnehmen lässt, selbst zur Stelle Jesu Christi für die Anderen. Die Zusage der Gegenwart Christi gilt jedem Menschen. Als Stelle des neuen Lebens wird sie ausdrücklich, erkennbar und wählbar nur dort, wo sich Menschen diese stellvertretende Hingabe Jesu Christi an jeweils ihrer Stelle zusagen lassen, sie glauben, bejahen und mitvollziehen.

3 „Tun das nicht auch die Heiden?" (Mt 5,47) – Glaubensvollzüge der Stellvertretung

Auch nach dem Zweiten Vatikanischen Konzil ist die Theologie in weiten Bereichen den Ruf nicht losgeworden, mit dem Leben der Kirche und vor allem dem ‚praktischen' Glauben der Christen wenig zu tun zu haben. Im Gegenteil: Für die eigentlich anstehenden Herausforderungen wird die (insbesondere dogmatische) Theologie vielfach nur noch für hinderlich gehalten und die konkrete Gestaltung des Lebens der Kirche lieber in den Händen der Politisch-Praktischen gesehen.[11] Auch die theologische Denkform der Stellvertretung bleibt so lange eine für Christen irrelevante Quisquilie, wie nicht gezeigt werden kann, dass sie eine konkrete Verstehenshilfe ist für die von Jesus Christus geschenkte Gottesbeziehung und den damit *von Ihm* gesetzten Unterschied eines Glaubens, der in der Liebe wirksam ist (vgl. Gal 5,6). Der soll im Folgenden an fünf konkreten Beispielen gezeigt werden. Dabei geht es jeweils zuerst um Lebensvollzüge, die für die einen zum Glauben gehören, für andere aber genauso gut mit bestimmten Werten, allgemeinen sittlichen oder für das gesellschaftliche Zusammenleben unverzichtbaren Normen begründet werden können. Und es geht jeweils um jenen Überschritt vom allgemein Plausiblen (dem, was „auch die Heiden tun" [vgl. Mt 5,47]) zum unterscheidend Christlichen, zum Plus des Glaubens.

---

11 Vgl. den Aufruf *Ökumene jetzt: ein Gott, ein Glaube, eine Kirche,* http://oekumene-jetzt.de/index.php/aufruf-im-wortlaut.

3.1 Beispiel nehmen – und Anteil bekommen

Der erste Unterschied besteht darin, wer Christus für die Christen ist. An Beispielen und von Vorbildern lernen wir Menschen leben – und sei es negativ dadurch, dass wir anders sein wollen als sie. Wird nach der Bedeutung Jesu gefragt, so ist (auch unter Christen) eine der häufigsten Antworten, Er sei Vorbild, Beispiel und Motivation für sittliches Handeln und insbesondere die Nächstenliebe. So wie Jesus zu seinen Zeitgenossen gewesen ist, sollen die Jünger aller Zeiten jeweils zu ihren Zeitgenossen sein. Und in der Tat sind das Neue Testament und die christliche Tradition voll von Aussagen, die den Christen das Leben Jesu als Beispiel vor Augen führen und die Frage nach dem stellen, was Jesus an ihrer Stelle getan haben würde.[12]

Allerdings scheint dieser pädagogische Impuls des Christentums seine eigentliche Botschaft geworden zu sein: Wie Er den Seinen, so wir den Unsren. Die Fußwaschung wird zum Beispiel des Dienens und die Eucharistie zur Schule des Teilens. Christsein wird zu einer Nachahmung Jesu aus der Ferne, Jesus selbst wird Lebenslehrer unter anderen und der Christ hält sich selbst nicht länger für einen *Christianus*, sondern für Jesus Nr. 2.[13] Und so ist es kein Wunder, dass Jesus einerseits auch ein Vorbild für Nichtchristen ist, andererseits sich aber für Christen auch andere Vorbilder näherlegen. Albert Schweitzer, Mahatma Gandhi oder andere eignen sich als Beispiele für uns Heutige in der Tat besser. Sie sind moderner, lebensnäher, praktischer. Und dagegen ist auch nichts zu sagen. Nur können sie uns alle zwar etwas vormachen, das wir nachmachen – aber *für uns* kann keiner von ihnen mehr etwas tun; und es spricht für sie, uns nicht versprochen zu haben, das über den Tod hinaus zu vermögen.

---

12 Zum Beispiel soll der Knecht Erbarmen haben wie sein Herr (Mt 18,33); die Jünger sollen einander dem Beispiel ihres Meisters folgend dienen (Joh 13,15) und einander so lieben, wie Jesus sie geliebt hat (Joh 13,34 und 15,12). Von christlichen Lehrern finden sich später häufig Hinweise wie dieser: „Frage dich in allen Dingen: Was hätte unser Herr getan? Und handle ebenso! Sie ist die einzige Regel, aber es ist deine unbedingte Regel" (*Charles de Foucauld*, Der letzte Platz, Einsiedeln ³1960, 52, zit. nach *Gisbert Greshake*, Gottes Willen tun, Freiburg 1984, 66).

13 Eine solche Ersetzung findet sich übrigens auch in einem vermeintlich frommen Vollkommenheitsstreben, das letztlich ohne Christi Stellvertretung auszukommen versucht, indem einer statt und ohne Gott sein Heil wirken will. Das Wort des Erlösers: „Ihr sollt also vollkommen sein, wie es auch euer himmlischer Vater ist" (Mt 5,48), ist unbemerkt verkehrt worden in das Wort des Versuchers: „Ihr werdet wie Gott" (Gen 3,5). Und in der Tat trennt beide nur jene Haaresbreite, die zwischen der Verheißung Gottes, den Menschen zu vergöttlichen, und der Versuchung des Menschen, sich selbst zu vergotten, liegt.

Wenn Jesus am Ende der Fußwaschung seinen Jüngern sagt, Er habe ihnen „ein Beispiel gegeben" (Joh 13,15), ist damit nicht gesagt, Er dürfe darauf reduziert werden.[14] Denn hier redet nicht nur *einer*, der wie andere auf gelingendes Leben, Sinn und Heil beispielhaft *verweist*, sondern *der Eine*, der das gelingende Leben, Sinn und Heil für alle Menschen *ist* – auf so viele Weisen, wie Ihm Menschen begegnen.[15] Nicht das Beispiel als solches ist das Entscheidende, sondern dass die Jünger es *an sich* geschehen lassen und Jesus ihnen gerade so Anteil an sich gibt (vgl. Joh 13,8). Deshalb bedeutet Nachfolge auch nicht bloß Nachahmung, sondern Anteilgabe und Anteilnahme an seinem Leben.[16] Jesus wäscht den Jüngern nicht die Füße, um sie zu erziehen, sondern um zu zeigen, wie Er an ihnen wirkt und wie Er sie gottfähig macht. „Das Stehen in seinem Leib, das Durchdrungenwerden von seiner Gegenwart ist das Wesentliche."[17] Wo Christus für den Christen mehr ist als nur Vorbild, sondern der an, in und mit dem Menschen handelnde Gott, da überschreitet Er die Schwelle von *exemplum* zu *sacramentum*[18], da geht es nicht mehr um die Nachahmung eines vergangenen, sondern um den Mitvollzug eines gegenwärtigen Geschehens.

Vielleicht ist für viele Menschen der ‚Gott der Christen' auch deshalb fern und die Kirche belanglos und langweilig geworden, weil wir Christen aus dem Leben Jesu ein pädagogisches Lehrstück und so aus der Kirche eine Moralanstalt gemacht haben. Christen sollten nicht bloß danach fragen, was Jesus an ihrer Stelle *getan hätte*, sondern auch danach, was Er an ihrer Stelle *tut*. Der christliche Unterschied handelt davon, wie Jesus von Nazareth als Gott der Sohn ‚für uns und zu unserem Heil' und dem unserer Nächsten da ist.

---

14 Seine Gestalt „verliert alle Ursprünglichkeit, wenn man ihn beständig in pädagogischer Haltung sieht. Dadurch kommt eine Unnatur und letztlich auch eine Unwahrheit in sein lauteres Bild." *Romano Guardini*, Der Herr. Betrachtungen über die Person und das Leben Jesu Christi, Paderborn u. a. [14]1980, 429.
15 *Joseph Ratzinger*, Salz der Erde. Christentum und katholische Kirche im neuen Jahrtausend. Ein Gespräch mit Peter Seewald, Augsburg 2000, 35.
16 „Nachfolge aber heißt nicht, Ihm nachzuahmen – was für unnatürliche und anmaßende Dinge werden daraus entstehen! – Sondern in Ihm zu leben und aus seinem Geist heraus von Stunde zu Stunde das Richtige zu tun." *Guardini*, Der Herr, 430.
17 *Joseph Ratzinger/Benedikt XVI.*, Jesus von Nazareth. Zweiter Teil, Freiburg 2011, 77.
18 *Ratzinger/Benedikt XVI.*, Jesus von Nazareth, 79.

3.2 Lieben – und mich lieben lassen

Dem, wer Gott der Sohn für uns Menschen ist, entspricht, wer wir für Ihn und von Ihm her sind. Wo Christus nur Vorbild der Liebe ist, da sind Christen nur Nachahmer der Liebe und alle Nachahmer der Liebe irgendwie Christen. Wo sich von da aus ‚Christlichkeit' allerdings nur noch über das Dasein für andere (und sei es auch einstweilen noch ‚im Geist Jesu') definiert, wird die Frage nach dem Dasein Gottes für die Menschen entweder vergessen oder für identisch mit der zwischenmenschlichen Beziehung gehalten. „‚Gott will nicht frömmelnde Gebete, er will Taten sehen', hatte ich gelernt. Und dieser Geist hatte meinen Glauben verseucht"[19], schreibt Esther Maria Magnis über ihre Glaubenserziehung in den 1990er Jahren; und die Verdächtigung des ‚Frommen' als per se frömmelnd, die Fixierung auf Taten und die damit einhergehende Verseuchung des Glaubens scheinen für unsere Zeit symptomatisch zu sein. Dem Dasein Gottes für die Christen antworten viele von ihnen mit einer Art altruistischem Reflex, innerhalb dessen die Beziehung Gottes zum Menschen bestenfalls noch als – wiederum vorbildhafte – Beziehung zum Nächsten thematisiert wird. Aber schon im irdischen Leben Jesu ist das Entscheidende der Beziehung zu seinen Jüngern nicht, dass *sie* etwas für *Ihn*, sondern dass *Er* etwas für *sie* tut. Der Weg der Apostel mit Jesus zeigt, wie das hinderlich zuvorkommende Handelnwollen der Jünger *für Jesus* (und an seiner Stelle) durch das Handeln Jesu *an ihnen* überwunden und geheilt werden soll.[20] Insbesondere bei der Fußwaschung macht Jesus deutlich, dass sein Beispiel nur dort im Dienst an den Brüdern und Schwestern recht verstanden fruchtbar wird, wo die Jünger zugleich den Dienst der Liebe Jesu an sich und sein Dasein für sie erlauben. Der Reflex Petri ist der Reflex vieler Christen bis heute: Sie sind ambitioniert und gut darin, anderen die Füße zu waschen. Doch sich selbst die Füße waschen zu lassen, weckt kaum überwindbare Widerstände. Dieses Sich-nicht-dienen-lassen-Wollen kommt zwar demütig daher, hindert aber letztlich – wie aller Hochmut – das Dasein Gottes als Mensch für uns.

---

19 *Esther Maria Magnis*, Gott braucht dich nicht. Eine Bekehrung, Reinbek 2012, 32.
20 Das gilt insbesondere für den zuweilen vorausirrenden Gehorsam des heiligen Petrus: Nicht die Jünger haben Jesus, sondern Jesus hat die Jünger erwählt (Joh 15,16); nicht Petrus (als Satanas) geht Jesus voran, sondern Jesus ihm (als Fels der Kirche, vgl. Mt 16,22f); nicht er wäscht Jesus die Füße, sondern Jesus ihm (Joh 13,8); nicht er gibt für Jesus sein Leben, sondern Jesus für ihn (Joh 13,37f), und schließlich besteht die Liebe nicht darin, dass die Jünger Gott geliebt haben, sondern Gott die Jünger geliebt und um ihretwillen den Sohn gesandt hat (1 Joh 4,10).

Wie Gott in Christus für uns da ist, wird ein für alle Mal deutlich in seinem Leben, in seinem Sterben und in seiner Auferstehung. Gerade das „Schauen auf den Gekreuzigten" rührt an die Stellen, an denen sich lieben zu lassen am meisten Widerstände weckt. Der den meisten Zeitgenossen absurde Gedanke, dass der Gekreuzigte ‚unsere Schuld trägt' (auch jene, die wir Menschen an seinem Geschick haben), wird erst dann verständlich und tröstlich, wenn wir uns von Ihm zuvor unsere eigene Erfahrung von Schmerz, Verlassenheit, Untreue, Einsamkeit, Angst, Verlust und Getrenntsein von Gott als zur Gänze mitdurchlittene vor Augen führen lassen. Es geht darum, den leidenden Christus gerade dort an meiner Stelle bei mir und für mich da sein zu lassen, wo der Schmerz und die Schuld am größten ist. Wo Jesus Christus einem Menschen an diesem tiefsten Punkt der Hingabe der Liebe aufgeht als der, der das ganze Leben mitlebend, mitleidend, mitliebend bis in die Trennung von Gott in Sünde und Tod teilt und unterfängt, dort bekommt die Menschwerdung jene welt- und lebenswendende Bedeutung, die ihr zukommt: „Ich lebe im Glauben an den Sohn Gottes, der mich geliebt und sich für mich hingegeben hat." (Gal 2,20) Die Einwilligung darein, dass Gott mich liebt, sich für mich dorthin gibt und geben lässt, wohin es mit mir gekommen ist – sie macht den Unterschied. Die Liebe der Christen erwächst aus deren Erfahrung, dass etwas mit ihnen geschehen ist.[21] Und wo Christen dieses liebende Dasein Christi erlauben, dort sind sie nicht mehr bloß nachahmend Liebende, die am Anspruch ihres Vorbildes notwendigerweise und dauernd ‚tapfer sündigend' scheitern, sondern Menschen, deren Gebrochenheit, Elend und Gottesferne die Liebe selbst zu ihrer Stelle gemacht hat, damit die so Geliebten gerade dort zur Stelle der Liebe auch für die Anderen werden.

---

21 Hierher gehört das berühmte Diktum von Karl Rahner, der Fromme der Zukunft werde ein ‚Mystiker' sein, „einer, der etwas ‚erfahren' hat, oder er wird nicht mehr sein, weil die Frömmigkeit von morgen nicht mehr durch die im Voraus zu einer personalen Erfahrung und Entscheidung einstimmige, selbstverständliche öffentliche Überzeugung und religiöse Sitte aller mitgetragen wird, die bisher übliche religiöse Erziehung also nur noch eine sehr sekundäre Dressur für das religiöse Institutionelle sein kann". *Karl Rahner*, Frömmigkeit früher und heute, in: ders., Glaube im Alltag. Schriften zur Spiritualität und zum christlichen Lebensvollzug (= Gesammelte Werke 23), Freiburg – Basel – Wien 2006, 31–46, 39.

3.3 Sich ändern – und aufhören, ein anderer zu sein

Die Umkehr des jüngeren der beiden Söhne im Gleichnis vom barmherzigen Vater beginnt damit, dass er „in sich geht" (vgl. Lk 15,17). Zu sich kommen und zu Gott kommen ist schon für die Kirchenväter ein und dieselbe Bewegung. Umkehr zu Gott ist zugleich Umkehr zu dem, der wir von Gott her eigentlich sind.[22] Es gehört zu den häufigen Missverständnissen in der christlichen Katechese, es ginge bei Umkehr und Buße darum, ein anderer zu werden, als wir sind. So als wäre der Mensch schon ursprünglich nicht der, der er sein sollte, und als müsste er völlig neu werden. So verwundert es nicht, wenn ‚Selbstwerdung' und die Frage nach der eigenen Identität geradezu als Alternative verstanden werden zu der ermüdenden und vergeblichen Suche nach jenem anderen gottgefälligen Menschen, der wir angeblich erst noch werden sollen. Zwar ist Sünde als Absehung von Gott und daher als Verlust der Sicht auf Ihn der von uns vorgefundene, auf uns kommende (und insofern – missverständlich – „ererbte") und uns prägende Zustand der Welt. Aber sie ist eben gerade nicht unser Urzustand, sondern die Entfremdung von ihm und die Entstellung dessen, was wir von Gott her ursprünglich sind. Deshalb geht es bei der christlichen Umkehr gerade nicht darum, jemand anderes zu werden, als wir sind, sondern im Gegenteil „wunderbarer *erneuert*" (Weihnachtsoration) aufzuhören, andere zu sein, als wir von Ihm her eigentlich sind und wieder werden dürfen.

Das setzt allerdings – gegen alle Anthropologien, die von der nahezu voraussetzungslosen Selbstkonstruierbarkeit des Menschen ausgehen – voraus, dass wir uns als so und nicht anders Seiende gegeben sind, auch wo uns dieses einstweilen verborgen ist, und dass es ein Wissen um dieses Sosein gibt. Juden und Christen preisen Gott als den, der mein wahres Selbst erschaffen hat, kennt und liebt (vgl. Ps 139). Christen bekennen, dass in Christus dieses liebende Erkennen in die Welt kommt, indem Er das Leben der Menschen, wie es geworden ist, annimmt, mit allen Konsequenzen zu seinem macht und so in das Leben eines jeden Menschen eintritt. Er nimmt uns an, wie wir geworden sind, damit wir nicht so bleiben, wie

---

22 Der verlorene Sohn „kehrt zu sich selbst zurück, nachdem er sich selbst verlassen hatte. Denn wer zu Gott zurückkehrt, kehrt zu sich selbst zurück; und wer sich von Christus entfernt, der entfernt sich von sich selbst." *Ambrosius* zu Lk 15,17, in: Thomas von Aquin, Catena Aurea. Kommentar zu den Evangelien im Jahreskreis, hg. von Marianne Schlosser u. a., Sankt Ottilien 2012, 704.

wir wurden, aber eigentlich nicht gedacht waren.[23] Er ist die Stelle, an der das, was wir von Ihm her sind, offenbar und geschenkt werden kann. Umkehr beginnt daher mit der Annahme meiner selbst als der Mensch, zu dem ich geworden bin.[24] Das meint nun nicht Gutheißung all dessen, was war, aber doch Annahme und Bejahung dessen, was ist. Diese Selbstannahme (des mitunter Unannehmbaren) wird möglich, wo der Mensch glaubt, was ihm sakramental zugesagt wird: dass er von Gott in Jesus Christus bereits angenommen ist, dass das Ja, das von ihm verlangt ist, von Gott bereits gesprochen und zum Menschen gekommen ist (vgl. 2 Kor 1,20) und dass darum von ihm zunächst nicht mehr (und nicht weniger) verlangt ist, als einzustimmen. Als der gute Hirte auf der Suche nach dem Verlorenen geht Gott als Mensch an die Stelle, wohin es mit uns gekommen ist, um uns als die zu finden, zu denen wir uns gemacht haben. Annahme meiner selbst bedeutet für den Christen Annahme sowohl der De-facto-Stelle meines Lebens als auch dessen, dass Jesus Christus an diese meine Stelle getreten ist. Der christliche Unterschied und die christliche Umkehr werden dort vollzogen, wo der Mensch sich vom Gekreuzigten an der Stelle seiner Entfremdung finden lässt; dort wird er den Auferstandenen als die Stelle finden, an der das erneuerte Menschsein und so das eigentliche Selbstsein geschenkt wird.

3.4 Gebot – und Verheißung

Die Notwendigkeit bestimmter sittlicher Forderungen ist weitgehend unbestritten. Sehr umstritten ist allerdings zum einen, woraus sich dieses Sollen ergibt und worin es jeweils besteht. Wo sogenannte ‚christliche Werte' als Maßstab sittlichen Verhaltens angeführt werden, wird eine Identität zwischen dem christlichen Glauben einerseits und dem politisch Korrekten und allgemein Plausiblen andererseits behauptet, die es nicht gibt. Denn erstens wird hier suggeriert, der Gründer des Christentums habe vor allem Werte gebracht, und damit der Blick auf seinen bis heute skandalö-

---

23 Der zweite Halbsatz sollte nicht vergessen werden. Ohne ihn ist der erste Halbsatz im Reden der Kirche bereits zu einem banalen und folgenlosen Allgemeinplatz geworden.

24 Romano Guardini beschreibt die Annahme seiner selbst als der sich Gegebene als jene große Aufgabe, „welche allen einzelnen Aufgaben zugrunde liegt. Sie ist die Grundform all dessen, was ‚Beruf' heißt, denn von hierher trete ich an die Dinge heran, und hierhin nehme ich die Dinge auf" (*Romano Guardini*, Die Annahme seiner selbst, Kevelaer ⁹2008, 15).

„*Was ich bin, das gebe ich dir*" 431

sen Anspruch verstellt, in seiner Person Gott selbst in die Welt gebracht zu haben. Zweitens werden diese Werte mit den konsensualen Werten der Gesellschaft oder Europas erst identifiziert und dann verwechselt. Drittens werden dabei Werte als Ergebnis menschlicher Wertungen verstanden und nicht andersherum als unverfügbare Vorgaben, an denen sich menschliche Wertungen orientieren.[25] Insofern scheiden sich am christlichen Unterschied (wo er sich zeigt) umso vehementer die Geister, weil die Christen das Woher der Liebe und ihrer Erkenntnis und das Wohin der Liebe und der Geliebten außerhalb menschlicher Machbarkeit und Verfügbarkeit glauben und anbeten.

Umstritten ist zum anderen auch die Frage nach dem Zweck sittlichen Handelns. Der Antworten sind viele: das größte Glück der größten Zahl, Abwesenheit von Leid, Gesundheit etc. In dieser Diskussion müssen sich die Christen fragen lassen, wie es eigentlich um ihren Glauben an das ihnen zugesagte letzte Ziel (Eschaton) und das Ankommen der Welt in ihm bestellt ist. Wo vom Glaubensleben der Christen nicht mehr übrig geblieben ist als Pädagogik, dort ist über die allgegenwärtige Frage danach, was Gott *von* den Menschen will, Seine Antwort darauf, was Gott *für* die Menschen will, verloren gegangen. Wo Verheißung über das persönlich oder politisch Machbare hinausgeht, wird ihr Trost der Vertröstung verdächtigt. Aber wo die Forderungen Gottes von seinen Verheißungen abgeschnitten werden, dort wird Politik mit dem Heilshandeln Gottes, werden die Reiche der Menschen mit dem Reich Gottes und vorletzte mit letzten Zielen verwechselt.

Wo mit der Menschwerdung Gottes Ernst gemacht wird, dort ist die Verheißung Gottes nicht einfach nur ein ausstehendes Versprechen, dessen Erfüllung vom Wohlverhalten der damit gegebenenfalls zu Beschenkenden abhängt. Gott tritt an meine Stelle und bleibt zugleich das an mich gerichtete, mich herausrufende Wort, das „mir nahe, in meinem Mund und in meinem Herzen ist" (vgl. Röm 10,8; Dtn 30,11–14). Gott will nichts *vom* Menschen, das Er nicht auch *für* den Menschen will; was Gott dem Menschen gebietet, das verheißt Er ihm auch.[26] Wenn Gott in die Welt und das Leben der Menschen eintritt, dann ist der Grund der

---

25 Der Rückgriff auf Werte geschieht nach Robert Spaemann gerade in Widerstand gegen jeden Wahrheitsanspruch. „Es ist zwar ständig von ‚Werten' die Rede, aber dieser Begriff ist in seiner heutigen Verwendung durch und durch von Relativismus infiltriert. […] Sie suggeriert ja, dass Werte in Wertungen gründen statt umgekehrt Wertungen in Werten." *Robert Spaemann*, Schritte über uns hinaus. Gesammelte Reden und Aufsätze I, Stuttgart ²2010, 321.
26 Vgl. *Johannes Paul II.*, Veritatis splendor, Nr. 12.

Hoffnung schon zu den Hoffenden, der Himmel auf die Erde und Gott zu den Menschen gekommen. Nicht so, dass die Hoffnung im Faktischen aufgeht, sondern dass ihre Erfüllung hier beginnt und sich bei Gott von Angesicht zu Angesicht vollendet. „Das Unterscheidende der Christen [ist], dass sie Zukunft haben."[27]
In der Stellvertretung des fleischgewordenen Wortes Gottes ist also die Voraussetzung für die liebende „Gemeinschaft des Denkens und Fühlens" gegeben, durch die „der Wille Gottes nicht mehr ein Fremdwille ist für mich, den mir Gebote von außen auferlegen, sondern mein eigener Wille aus der Erfahrung heraus, dass Gott mir innerlicher ist als ich mir selbst. [...] Dann wird Gott unser Glück."[28] Der christliche Unterschied besteht darin, dass die menschliche Erfüllung der Gebote mit der göttlichen Erfüllung des Verheißenen in eins fällt, der Verwirklichung des ‚rechten Menschseins', des mir von Gott und vor Gott Gemäßen.[29]

3.5 Der Anzunehmende – und der Angenommene

Schließlich hat die Annahme der Stellvertretung Christi Folgen für das christliche Menschenbild. Dass wir unsere Mitmenschen annehmen sollen, so gut es geht, gehört wiederum zum Allgemeingut. So gut es geht eben – denn die geforderte Annahme stößt irgendwann immer auf das Unannehmbare und die Toleranz früher oder später auf das Unerträgliche. Wo aber geglaubt wird, dass der auferstandene Gekreuzigte sich ein für alle Mal mit dem Leben des Menschen verbunden hat, dessen Gestalt Er bis ans Kreuz angenommen hat, dort ist die Grenze des Unannehmbaren und des Unerträglichen zum Nächsten hin von zumindest *einem* schon überschritten. Damit ist der Andere nicht mehr nur ein anderer, niemals bloß der unter die Räder gekommene, sich selbst überlassene, entwürdigte und von seinem göttlichen Ursprung und Ziel getrennte und irgendwann entbehrliche Mensch. Vielmehr ist er für Gott der um alles in der Welt ge-

---

27 Benedikt XVI., Spe salvi, Nr. 2. „Die christliche Botschaft war nicht nur ‚informativ', sondern ‚performativ' – das heißt: Das Evangelium ist nicht nur Mitteilung von Wissbarem; es ist Mitteilung, die Tatsachen wirkt und das Leben verändert. Die dunkle Tür der Zeit, der Zukunft, ist aufgesprengt. Wer Hoffnung hat, lebt anders; ihm ist ein neues Leben geschenkt worden" (ebd.).
28 Benedikt XVI., Deus Caritas est, Nr. 17.
29 So ist Tugend jenseits aller bürgerlichen Strebsamkeit die antwortende Verwirklichung des göttlichen Guten und das Stehen darin, „welche Tugend vollendetes Leben, Freiheit und Schönheit bedeutet". *Romano Guardini*, Die Tugenden. Meditationen über Gestalten sittlichen Lebens, Würzburg 1963, 9.

liebte Mensch und für die Christen der Bruder und die Schwester, für die Christus starb.[30] Damit ist eine Annahme geschehen, vor der alle *menschliche* Liebe scheitern muss, weil sie sich nie annehmend und tragend an die Stelle des Anderen begeben kann, und jene einzige Toleranz geschenkt, von der die christliche Liturgie sagt, dass sie „die Schuld der Welt trägt" (vgl. Joh 1,29).

Das ist der Grund, warum sich der Weltenrichter eines Tages der Welt und mit ihr der vergesslichen Christenheit („Wann haben wir dich hungrig gesehen?" Mt 25,17) als der offenbaren wird, dem sie getan hat oder nicht getan hat, was sie ihren Nächsten tat oder nicht tat (vgl. Mt 25,40.45).

Wo die Gegenwart und das Wirken Christi im Nächsten und besonders in den Geringsten unter seinen Schwestern und Brüdern geglaubt wird,[31] ist allerdings vor zwei Fehlschlüssen zu warnen: erstens, dass Christus den Armen ersetzt, so dass dieser auf eine Hülle oder etwa einen „Tabernakel"[32] der Gegenwart Christi reduziert wird. Denn er ist ja *als er selbst* und *um seiner selbst willen* gemeint und geliebt, damit er als so Angenommener immer mehr (und nicht immer weniger) er selbst werde. Und zweitens ist davor zu warnen, dass der Arme zur Inkarnation Christi und zum Erlöser der Welt für den wird, der ihm begegnet.[33] Denn auch er ist auf das Erlösungswirken des bleibend anderen, ein für alle Mal inkarnierten Erlösers Jesus Christus angewiesen und von Ihm als Angerufener gemeint.

Wo ich als Christ damit Ernst mache, dass Christi Annahme mir in gleicher Weise gilt wie meinem Nächsten – weil ich es wie dieser *nötig habe* und weil ich es Ihm wie dieser *wert bin* –, dort entsteht eine Verbundenheit in Christus, die nicht abgeguckt, anerzogen oder geboten, sondern dort eingeübt werden kann, wo ich sie mir zuvor habe schenken lassen. Ich

---

30 1 Kor 8,11; Röm 14,15; vgl. *Hans Urs von Balthasar*, Herrlichkeit. Eine theologische Ästhetik. III/2: Theologie. 2. Teil: Neuer Bund, Einsiedeln ²1988, 411. Vgl. dazu auch *Georg von Lengerke*, Das Kreuz mit den Armen, in: Julia Knop – Ursula Nothelle-Wildfeuer (Hg.), Kreuz – Zeichen. Zwischen Hoffnung, Unverständnis und Empörung, Mainz 2013, 276–291, bes. 282–283.

31 Vgl. dazu meine bei Karl-Heinz Menke geschriebene Dissertation: *Georg von Lengerke*, Die Begegnung mit Christus im Armen, Würzburg 2007. So kann auch anschaulich werden, dass das Leiden des Gekreuzigten nicht nur das Erleiden des von mir Erlittenen, sondern auch des von mir verursachten Leidens anderer ist – und es also in der Tat der Gekreuzigte ist, der sich antun lässt, was ich anderen tat.

32 So etwas missverständlich der sonst um Unterscheidung zwischen dem Armen und Christus bemühte *Jean Vanier*, Heile, was gebrochen ist. Die Botschaft vom ganzen Menschen, Freiburg 1990, 136, vgl. 124.

33 So z. B. *Ignacio Ellacuría*, Das gekreuzigte Volk, in: ders. – Jon Sobrino (Hg.), Mysterium Liberationis. Grundbegriffe der Theologie der Befreiung 2, Luzern 1996, 823–850, 849.

selbst gehöre zu dem Einen, der meinen Nächsten unbedingt annimmt, sein Leben teilt, das Wort Gottes an ihn, sein Weg, seine Wahrheit und sein Leben ist. Und weil ich zu Ihm, zur Liebe selbst als Geliebter gehöre, kann ich den Anderen auch in meiner eigenen Schwachheit und Versehrtheit durch die Bresche des gekreuzigten Auferstandenen hindurch mit Ihm lieben. Auch das macht den christlichen Unterschied der Liebe aus: das Wissen darum, niemals die zuerst und die zuletzt Liebenden zu sein. Wir kommen zu immer schon Geliebten; und sie sind es über unsere Liebe hinaus auch noch jenseits der Grenze, von der an wir nicht mehr mitgehen können. Das Miteinander-von-Gott-geliebt-Sein zum Vorschein bringen zu dürfen –, im Dasein füreinander, im Leiden aneinander, darin, dass wir einander staunend und dankbar wirklich und groß werden lassen –, das macht die unterscheidende Freude der Christen an Gott aus, die ihre Kraft ist (vgl. Neh 8,10).

4 Gabe der Liebe werden – Sakramentalität

Der christliche Unterschied in der Liebe ist ein Überschritt vom allgemein Plausiblen zu dem von Christus Geschenkten, der eine neue Sicht auf das Ganze bedeutet. Dieser Überschritt des Glaubens im Erkennen, Annehmen und Tun ist Antwort auf den Überschritt Gottes in Jesus Christus, der in seiner Menschwerdung, seinem Leiden, seinem Tod und seiner Auferstehung an die Stelle des Menschen tritt. Zu den konkreten Vollzügen, durch die Christus dieses Hintreten offenbart und durch dessen Annahme durch den Menschen wirksam werden lässt, gehören vor allem das von der Kirche verkündete Wort Gottes, die Sakramente, das Zeugnis der Heiligen und das der Brüder und Schwestern. Hier offenbart sich die Liebe Gottes nicht durch ein von äußeren Umständen losgelöstes inneres Überwältigtwerden, sondern durch Zeichen, an die Gott sein Heilswirken so bindet, dass sie schenken, was sie bezeichnen. Alle diese Weisen setzen voraus, dass es Menschen gibt, in deren Leben sichtbar wird, dass sie es sind, von denen Christus sagt: „Wer euch hört, hört mich" (Lk 10,16) und „Wem ihr vergebt, dem wird vergeben" (Joh 20,23). Sie sind die Stelle, an der Gott der Sohn mir begegnet und sein Wort an mich, sein Handeln an mir auf verschiedene Weisen konkret wird. Das bedeutet zugleich, dass auch ich in dem Maße, in dem ich das Hintreten Gottes an meine Stelle und mein Angenommensein durch Ihn bejahe, selbst zur Stelle des Offenbarwerdens und der Wirksamkeit der Liebe Gottes für die Anderen werde. Alle sakramentalen Vollzüge sind nicht zuerst Reparatur meines beschädigten

Menschseins, sondern vor allem Hineinnahme in die Konkretion der Liebe Gottes, die als solche in der sichtbaren Kirche bekannt und erfahrbar wird. Noch einmal: Außerhalb der Kirche wird nicht unbedingt weniger geliebt. Aber in der Kirche wird das Ganze dessen, was Liebe meint, nämlich die Liebe Gottes in Jesus Christus, erkennbar und erkannt und geglaubt (vgl. 1 Joh 4,16). Wo das geschieht, werden die Empfänger der Gabe der Liebe Gottes selber zur Gabe für ihre Brüder und Schwestern, werden die Empfänger des Leibes Christi selbst zum Leib Christi für die Anderen, werden die Adressaten der Sakramente selber zum Zeichen und Werkzeug der von ihnen angenommenen Liebe Gottes.

Karl-Heinz Menke hat den Zusammenhang zwischen Empfangen und Geben in den Satz gefasst: „Das Geben (die inklusive Stellvertretung) ist der *Modus* des Empfangens."[34] Nun darf dieser Satz nicht so verstanden werden, als wäre der Empfänger eine Art Kanal der Gnade, der (schlimmstenfalls selbst unberührt) bloß durchreicht, was er empfangen hat. Dies wäre wieder die „Marta-Falle", in der die Schwester des Lazarus zwar funktioniert, indem sie sich selbst verausgabend gibt, jedoch nicht auch *selbst* empfängt und erlaubt, dass es dem Geber ihrer Gaben um *sie* geht: „Fragst du nicht nach mir?"[35] Gott meint niemanden nur oder primär um der Anderen willen, denen dieser zum Zeugen werden soll; so als wäre das ihm geschenkte Heil nur ein Mittel zum Zweck des Heils seiner Nächsten. Andersherum darf das Sakrament aber auch nicht individualistisch als Heilsgabe an den Einzelnen verstanden werden, die nebenbei möglicherweise auch noch den Anderen zum Heil nützt. Vielmehr wird derjenige, der sich von Christus im Sakrament *selbst* und *um seiner selbst willen* ansprechen, lieben und verwandeln lässt, gerade *dadurch* zur Gabe, zur Stelle und zum wirksamen Zeichen des Heils für die Anderen.[36] Wo diese Inanspruchnah-

---

34 *Karl-Heinz Menke*, Sakramentalität. Wesen und Wunde des Katholizismus, Regensburg 2012, 135 u.ö. Vgl. ebd.: „Deshalb kann niemand in der Eucharistie die von Gott durch Jesus Christus im heiligen Geist geschenkte Gemeinschaft des neuen Lebens empfangen, ohne sich mit diesem Empfangen in die geschichtliche Selbsthingabe des Sohnes an den Vater und an die Menschen einbeziehen zu lassen."
35 Vgl. Lk 10,40. Es geht der Marta nicht nur um die Faulheit der Schwester, sondern um die Sorge des Gastes um sie (vgl. die Frage der Jünger im Seesturm Mk 4,38).
36 So darf auch die Aussage Menkes, es ginge „beim Empfang des Sakramentes der Eucharistie gar nicht primär um den Empfänger, sondern um dessen Bedeutung für die Kirche" (*Karl-Heinz Menke*, Die Sakramentalität der Eucharistie, in: IKaZ 42 [2013] 249–269, 257), nicht so verstanden werden, als könne auf das personale Gemeintsein des Empfängers um der Einbeziehung in die sakramentale Sendung Jesu Christi willen verzichtet werden. Menke wendet sich hier vor allem gegen das (protestantische) Missverständnis, nach dem sich im Empfang des Sakramentes zuerst und vor allem ein individuelles Heilsgeschehen zwischen Christus und dem Christen vollzieht, das

me durch das Geschenk der Liebe, die mit dem Geliebten zu den Brüdern und Schwestern will, verweigert wird, dort kann auch die Liebe nicht *als sie selbst* ankommen und wirksam werden. Mit seiner Liebe schenkt Gott uns das Gut-sein-sollen-Dürfen.[37] Und die eine ist ohne das andere nicht zu haben. Wir können uns von Gott nicht alleine lieben lassen – weil Er uns nicht ohne die Anderen und sie nicht ohne uns lieben will.

Die Liebe der Christen unterscheidet sich nicht zuerst darin, *wie,* sondern *als wer* sie den Menschen dienen: als solche, die Ihn und seine Liebe angenommen und sich zu eigen gemacht haben, was die offenbarte Liebe nicht ohne sie wirken will und was sie nicht ohne die offenbarte Liebe wirken können. Den Christen kann die Liebe Gottes geglaubt werden, wenn und insoweit sie sich mit der ganzen Wahrheit ihres Lebens von Ihm lieben lassen, seiner Menschwerdung in ihrem Leben Raum und Stimme geben. Sakramentalität der Liebe hieße hier, dass der christliche Unterschied nicht in einer zur Liebe Christi bloß analogen Liebe der Christen besteht, sondern darin, als von Ihm Geliebte und Versehene mit Ihm (und *so* auch Ihm ähnlich) auf ihre je eigene Weise[38] befähigt zu werden, als Zeichen und Werkzeug der Liebe Gottes den Menschen gut zu sein.

5 „Was ich bin, das gebe ich dir"

Die theologische Reflexion und insbesondere das ökumenische Gespräch werden über das, was Karl-Heinz Menke über die Annahme und den sakramentalen Mitvollzug der Stellvertretung Christi eingebracht hat, nicht einfach hinweggehen können – auch wenn ihm das (außer bei Gelegenheiten wie dieser) vermutlich erst viel später angemessen gedankt wird. Über vieles davon muss sicherlich weiter trefflich gestritten werden. Aber schmerzliche Entscheidungen, die sich daraus ergeben, scheinen jedenfalls unvermeidbar: Alle Glieder der Kirche müssen sich fragen, ob sie Ort der angenommenen Liebe Gottes zu allen Menschen oder gesellschaftlich

---

    darüber hinaus möglicherweise auch noch Folgen für sein Verhältnis zu den Nächsten hat.
37 „Dass wir gut sein sollen, ist etwas, was wir dürfen. Es wird uns geschenkt. Und schon, dass wir es sollen – nicht erst, dass wir es wären – gibt dem Menschen seinen Rang." *Jörg Splett,* „Zeugnis vom Licht". Philosophie als Wahrheitsdienst, in: Hanns-Gregor Nissing (Hg.), Der Mensch als Weg zu Gott. Das Projekt Anthropo-Theologie bei Jörg Splett, München 2007, 11–32, 20.
38 Insofern könnte man im Anschluss an Joseph Ratzinger (vgl. Anm. 16) sagen, dass nicht nur so viele Wege zu Gott wie Menschen existieren, sondern auch so viele Wege Christi zu den Menschen, wie es Christen gab und gibt, die ihm Weg sein wollen.

umworbene Anbieter dessen sein wollen, was „auch die Heiden tun"; ob sie *ge*liebt oder *be*liebt sein wollen. Nur eines dürfen sie nicht: Sie dürfen nicht so tun, als gäbe es den Unterschied nicht. Denn hier geht es um viel mehr als darum, was sie *tun* oder wie; es geht darum, wer die Christen für ihre Mitmenschen und wer diese für die Christen *sind*.

Entscheidend und (wiederum) unterscheidend ist, dass die Christen den Menschen nicht nur *etwas* geben, sondern *sich*; und zwar als jene Gabe, zu der sie als Empfangende von Christus für die Nächsten geworden sind. „Silber und Gold" (und damit alles davon Ermöglichte) mögen dazu helfen. Aber wo diese zum Eigentlichen, zum allein ‚Realen' werden, unterscheidet sich die Liebe der Christen nicht mehr von der ehrenwerten Liebe der Heiden – außer vielleicht, dass sie noch irgendwie pastoral oder wissenschaftlich rhetorisch aufgehübscht wird und dann allerdings erst recht geheuchelt und lächerlich wirken muss. Wo die Liebe der Christen sich nur noch rhetorisch vom verdienstlichen Engagement anderer Institutionen und echten Philanthropen unterscheidet, dort kommt der Christen wegen der Name Gottes in Verruf,[39] da ist der Glaube (und also der Mensch) wirklich und existenziell in Gefahr – allem bewahrten gesellschaftspolitischen Einfluss und Ansehen der Kirche zum Trotz.

Vielleicht muss der Kirche, weil und insofern sie ihrer Sendung in Dienst und Zeugnis treu bleiben (oder wieder werden) will, ihr Vertrauen auf die Möglichkeiten von „Silber und Gold" erst wieder genommen werden; und wo sie sich von ihnen zu sehr abhängig gemacht hat, vielleicht auch diese Währung selbst. Vielleicht wird sich die Kirche und werden wir Christen uns erst so wieder als die Gabe Christi verstehen, die wir den Menschen und mit der wir ihnen Christus schulden. Wir dürfen zumindest nicht ausschließen, dass die Forderung Jesu, einerseits in der Welt zu sein, andererseits aber uns selbst und unsere Möglichkeiten nicht von ihr und ihren Möglichkeiten her zu definieren, nicht an der Feststellung „Silber und Gold haben wir nicht (mehr)" vorbeiführt, ehe wir wieder mit uns selbst herausrücken: „Was ich *bin*, das gebe ich dir." Weniger darf die Liebe der Christen nicht sein wollen als die angenommene und bezeugte, die weitergeschenkte und gefeierte Liebe Christi zu ihnen und (mit ihnen) zu ihren Nächsten. Sie ähnelt zum Verwechseln dem Erbarmen der Barmherzigen, der Verzeihung der Vergebenden, der Liebe der Liebenden, die sich an Jesus ein Beispiel genommen haben. Auch dort liebt Christus mit, weil nie ohne Ihn wirklich geliebt wird. Aber die Liebe der Christen

---

39 Vgl. Ez 36,20–22; Röm 2,24.

verdankt sich dem, den sie bezeugt: Sie ist das Erbarmen der Erbarmten, die Verzeihung der Gerechtfertigten, die Liebe der Geliebten.

6. Epilog: Was der Liebe der Christen nicht fehlen darf[40]

1. *Die Liebe hat sich gezeigt.* Der christliche Unterschied besteht zuerst im Erkennen der Liebe. In einem konkreten Menschen an einem konkreten Punkt der Geschichte hat sich die am Anfang der Menschheitsgeschichte entstellte und verletzte Liebe selbst gezeigt. Alle wahre Liebe hat (ob gewusst oder nicht) in Ihm ihren Ursprung, ihren Maßstab und ihr Ziel.
2. *Lieben zu können ist eine Gabe.* Von Gott geliebt werden heißt, das Geschenk zu empfangen, lieben sollen zu dürfen. Die Gabe der Liebe erwächst aus der Bereitschaft, mich lieben zu lassen. Wir kommen zur Liebe nur wie die Jungfrau zum Kinde.
3. *Die Liebe ist entschieden.* Liebe ist nicht zuerst ein Gefühl und damit eine Sache der emotionalen, zerebralen oder hormonellen Wetterlage. Sie ist zuerst eine Frage der Entscheidung zur Annahme der Gabe der Liebe und des zu liebenden Anderen.
4. *Liebe ist Erbarmen.* Die Liebe scheut das Erbärmliche nicht, sondern erkennt, liebt und erhebt es – und damit den ganzen Menschen. Sie lässt sich hinab auf die Höhe der Augen – auch dort, wo jede Herablassung für Demütigung gehalten wird.
5. *Liebe ist Annahme seiner selbst.* Wer sich von der Liebe annehmen lässt, kann sich selbst mit-annehmen – sowohl als der so und so Gewordene als auch so, wie er ursprünglich von Gott gewollt ist. Wer liebt und sich lieben lässt, wird, wer er von Gott her ist.
6. *Der Geliebte wird zur Gabe der Liebe.* Wer Gott und den Menschen die Liebe glaubt, der liebt als ein Geliebter; der hat empfangen, was er schenkt; als Liebender verwirklicht er, wozu die Liebe ihn gemacht hat: zur Vergegenwärtigung der von ihm angenommenen und jedem angebotenen Liebe Gottes zu den Anderen.
7. *Kein Mensch liebt als Erster.* Der Andere ist zuvor immer schon der von Gott Geliebte, an dessen Stelle Christus getreten ist. Dessen Ja zu ihm

---

40 In diesem Artikel ging es vor allem um den christologischen Unterschied in der Liebe. Hier soll abschließend zusammenfassend von dem die Rede sein, was die Liebe noch zur Liebe macht. Einiges davon findet sich auch in anderen Religionen oder Denktraditionen.

ist seine Würde; auch die Würde des ungeborenen, kranken oder behinderten, des leidenden, dementen oder komatösen, des teuer gewordenen, schwierigen oder bösen Menschen. Und des eigenen Feindes.
8. *Kein Mensch liebt allein.* Daher ist die Liebe zum so schon Geliebten immer Mit-Liebe mit Gott und an der Stelle Gottes (bei mir und beim Anderen), der den Menschen nicht ohne den Menschen lieben will. Alle Liebe ist in diesem Sinne trinitarisch.
9. *Liebe um des Geliebten selbst willen.* Wer in Wahrheit liebt, liebt den Anderen um seiner selbst willen, nicht als Mittel zu irgendeinem Zweck oder um einer Gegenleistung willen. Er liebt nicht, weil es gut tut, sondern gut ist.
10. *Die Liebe will des Anderen höchstes Glück.* Christlich unterscheidend ist schließlich, dass die Liebe nichts vom Menschen will, was sie nicht auch für den Menschen will – und dass sie nichts für den Menschen ohne den Menschen will. Die Liebe will des Nächsten höchstes Glück. Und das nennen (auch) die Christen Gott.

Autorinnen und Autoren

Bernd J. Claret, Dr. theol., ist Privatdozent für Dogmatik an der Katholisch-Theologischen Fakultät der Rheinischen Friedrich-Wilhelms-Universität Bonn und Gymnasiallehrer in Mannheim.
Georg Essen, Dr. theol., ist Professor für Dogmatik und Dogmengeschichte an der Katholisch-Theologischen Fakultät der Ruhr-Universität Bochum.
Thomas Peter Fößel, Dr. theol., ist Akademischer Rat am Fundamentaltheologischen Seminar der Katholisch-Theologischen Fakultät der Rheinischen Friedrich-Wilhelms-Universität Bonn.
Bernd Irlenborn, Dr. phil., Dr. theol., ist Professor für die Geschichte der Philosophie und Theologische Propädeutik an der Theologischen Fakultät Paderborn.
Julia Knop, Dr. theol., ist außerplanmäßige Professorin für Dogmatik an der Theologischen Fakultät der Albert-Ludwigs-Universität Freiburg i. Br. und derzeit Lehrstuhlvertreterin am Seminar für Dogmatik und Dogmengeschichte an der Westfälischen Wilhelms-Universität Münster.
Fra' Georg von Lengerke, Dr. theol., ist Leiter des Geistlichen Zentrums der Malteser Ehreshoven.
Magnus Lerch, Dr. theol., ist Universitätsassistent am Lehrstuhl für Dogmatik und Dogmengeschichte an der Katholisch-Theologischen Fakultät der Universität Wien.
Markus Lersch, Dr. theol., ist Akademischer Rat für Dogmatik und Ökumenische Theologie an der Theologischen Fakultät Fulda und Geschäftsführer des Katholisch-Theologischen Seminars Marburg.
Thomas Marschler, Dr. theol., Dr. phil., ist Professor für Dogmatik an der Katholisch-Theologischen Fakultät der Universität Augsburg.
Paul Platzbecker, Dr. theol., OStD i. K., ist Privatdozent an der Theologischen Fakultät der Albert-Ludwigs-Universität Freiburg i. Br. und stellvertretender Leiter des Instituts für Lehrerfortbildung Mühlheim / Ruhr.
Sabine Pemsel-Maier, Dr. theol., ist Professorin für Dogmatik und ihre Didaktik an der Pädagogischen Hochschule Freiburg i. Br.
Manfred Scheuer, Dr. theol., war zuletzt Professor für Dogmatik und Dogmengeschichte an der Theologischen Fakultät Trier und ist Bischof der Diözese Innsbruck.
Michael Schulz, Dr. theol., ist Professor für Philosophie und Theorie der Religionen an der Rheinischen Friedrich-Wilhelms-Universität Bonn.
Klaus von Stosch, Dr. theol., ist Professor für Systematische Theologie am Institut für Katholische Theologie der Universität Paderborn.
Jan-Heiner Tück, Dr. theol., ist Professor für Dogmatik und Dogmengeschichte an der Katholisch-Theologischen Fakultät der Universität Wien.
Hansjürgen Verweyen, Dr. theol., ist emeritierter Professor für Fundamentaltheologie an der Theologischen Fakultät der Albert-Ludwigs-Universität Freiburg i. Br.
Saskia Wendel, Dr. phil., ist Professorin für Systematische Theologie am Institut für Katholische Theologie der Universität Köln.
Friedrich Cardinal Wetter, Dr. theol., war zuletzt Professor für Dogmatik an der Katholisch-Theologischen Fakultät der Johannes-Gutenberg-Universität Mainz und ist emeritierter Erzbischof der Erzdiözese München und Freising.